张学继　刘红　著

张学良传

上

不怕死　不爱钱

丈夫决不受人怜

顶天立地男儿汉

磊落光明度余年

张学良

中国大百科全书出版社

图书在版编目（CIP）数据

张学良传 / 张学继 , 刘红著 . -- 北京 : 中国大百
科全书出版社 , 2024. -- ISBN 978-7-5202-1583-1

Ⅰ . K827=7

中国国家版本馆 CIP 数据核字第 2024WH5145 号

出 版 人　刘祚臣
策 划 人　曾　辉
出版统筹　程　园
责任编辑　林思达
责任校对　齐　芳
责任印制　李宝丰
封面设计　今亮后声 HOPESOUND · pankouyugu@163.com 张张玉
出版发行　中国大百科全书出版社
社　　址　北京阜成门北大街 17 号
邮政编码　100037
电　　话　010–88390635
网　　址　http://www.ecph.com.cn
印　　刷　北京君升印刷有限公司
开　　本　710 毫米 × 1000 毫米　1/16
印　　张　56
字　　数　750 千字
版　　次　2024 年 8 月第 1 版
印　　次　2024 年 8 月第 1 次印刷
书　　号　ISBN 978–7–5202–1583–1
定　　价　168.00 元

本书如有印装质量问题，可与出版社联系调换。

目
录

第八章　从反共泥潭中超拔

再版序言

　　本书自 2006 年由经济日报出版社以《张学良全传》的书名首次出版问世以来，一直受到广大读者的喜爱与好评，曾经在多地登上畅销书排行榜。

　　一些读者在互联网上写下了他们的读后感。一位佚名读者曾经深情地写道："这本书主题鲜明，史料翔实，文笔流畅。作者不是根据研究张将军的现成结论去表达主题，而是以大量文献、资料和活生生的史实为依据，并注意吸收近年来国内外有关研究张将军的最新科研成果，秉笔直书。本书立论公允，既写史、也写人，既写景、也写情，力求以更广阔的历史背景为传主立传，因而使它既有相当的文学特色，又有一定的学术价值。它从张学良的青少年一直写到他幽居台湾的晚年，展现出张将军所走过的曲折坎坷、又极富传奇色彩的人生道路，与他那丰富复杂和波澜壮阔的精神世界，从而较深刻地揭示了他是怎样从一个封建统治集团的成员演变为一个杰出的爱国将领的。因此，与其说它是一位爱国名将的奋斗史，不如说它是从民国初年至今的历史画卷。"还有一位读者写道："这本书被认为是目前海峡两岸及华人世界里最为完整的一部关于张学良将军生平的传记著作。如果要选择一本权威的张学良传记，《张学良全传》会是最佳的选择。"

《张学良全传》首版问世已经近20年，海峡两岸及海外有关的史料又有进一步的发布，学术界的相关研究成果更加丰富，为本书的修订再版提供了很好的外部条件。与此同时，作者对张学良将军的认识也在不断地深化。我们深深感到，张学良将军之所以能够成为国人敬仰的"民族英雄"和"千古功臣"（周恩来语），既与20世纪二三十年代特殊的国际国内局势有关，更与张学良将军的个人素质有关。清末民国以来日本军国主义对东北的侵略日益加深，张学良自小心灵上受到强烈刺激，在著名教育家张伯苓先生的点拨与启示下，张学良牢固地树立了爱国主义的情怀与志向，以奋发有为挽救民族危亡为己任，自称为"爱国狂"。他有大格局、大胸怀、大智慧、大韬略，又有拿得起、放得下的非凡魄力，这些优秀的品质使他得以成为近代中国少数能够创造历史、改写历史的伟人之一。就以张学良政治军事生涯中的最后一记撒手锏——西安事变来说，它本质上是一场军事政变，风险性极高。如果处置不当，极有可能把中华民族推入万劫不复的深渊；如果处置得当，圆满解决事变，则中华民族从此结束自相残杀的悲剧，保全中华民族经过千锤百炼的数万脊梁，一致对外、抵抗外来侵略，最终将外寇驱于国门之外，从此走向民族复兴的伟大征途。西安事变爆发后出现的错综复杂的局面，也极大地考验张学良的智慧和应对能力。张学良与杨虎城两位将军在中国共产党及以周恩来为首的驻西安代表团的全力支持与指导下，沉着冷静应对纷繁复杂的局面，并使局势最终朝着有利于国家民族的方向发展，使事变得以和平解决，基本上实现了预期的目标。一个年仅36岁的年轻将军能有如此的战略定力与智慧，不能不令人击节赞叹！当然，我们也应该指出，张学良是人不是神，他也有他的缺点与局限性，他的政治军事生涯中也曾有过不少失误与错误。但是，他的缺点与失误，与他的建立的丰功伟绩比起来毕竟是次要的，是支流。评价一个历史人物，不能求全责备，要看其主流。

正是在这样的认识基础上，作者对原书稿做了较大的修订补充，不仅修正了原书史实错误或者不够准确的地方，也增加了不少生动有趣的细节。比如，张学良本人在晚年对于中东路事件、九一八事变、西安事变的回忆与思考；挟至台湾后的幽禁岁月，尤其是与陪伴他半个世纪之久的妻子赵一荻的令人动容的生活细节；更重要的是由中国共产党领导的社会各界人士对张学良将军的声援与营救；等等。修订后的《张学良传》即将由中国大百科全书出版社出版。相比于首版，再版不仅史实更加丰富准确，评价更加中肯全面，张学良将军的形象也更加丰满。

当前，在以习近平同志为核心的党中央领导下，中华民族复兴已经进入关键阶段。古语云："行百里者半九十。"中华民族复兴越是接近登顶成功，越是需要全体人民更加坚韧努力，奋发有为。张学良将军身上体现出来的强烈的爱国主义、英雄主义和自我牺牲精神，仍然是中华民族立于不败之地的宝贵财富和强大精神动力。《论语·里仁》有云："见贤思齐焉，见不贤而内自省也。"读《张学良传》，从张学良将军身上汲取精神力量，仍然具有重要的价值与意义。因此，特向广大读者郑重推荐新版《张学良传》。

张学继

2024 年 7 月 20 日

前　言

2001 年 10 月 14 日 20 时 50 分，张学良将军在美国夏威夷悄然去世，享年 101 岁。

这位与 20 世纪相始终的百岁老人，无疑是这个世纪里中华民族最具有传奇色彩的风云人物之一。由于 20 世纪二三十年代特殊的时代环境，作为拥有四省地盘、数十万大军的第二代"东北王"，张学良始终扮演着一个举手投足就可以旋乾转坤的叱咤风云的重要角色，成为政局的焦点和中心人物之一。1936 年 12 月 12 日，在中华民族处于生死存亡的关键时刻，张学良将军与杨虎城将军联合发动西安事变，有力地促成了第二次国共合作与抗日民族统一战线的建立，为中华民族的解放做出了独特的历史性贡献，也改写了中国现代历史的进程。西安事变后，张学良亲自送蒋介石回南京，从此失去人身自由，沦为"政治囚徒"达半个多世纪，其被软禁时间之长，创下了世界纪录。笔者认为，张学良的百岁生涯，堪称爱国主义、英雄主义与自我牺牲精神三者完美结合的典范，张学良是中华民族无私无畏的千古功臣，值得大书特书。

　　张学良爱国主义思想的形成有着深刻的时代背景。众所周知，我们的东邻日本在明治维新之后逐步走上了对外侵略扩张的军国主义道路。在吞并琉球王国后，将侵略矛头直接指向了中国。按照日本军国主义分子规划的侵略路线，其步骤是：第一步征服台湾，第二步征服朝鲜，第三步征服"满蒙"，第四步征服全中国，第五步征服全世界。日本通过发动甲午战争，迫使腐败的清王朝于1895年4月17日与日本签订《马关条约》，清王朝被迫承认朝鲜完全"自主"，割让辽东半岛（后在英、法、俄三国的干预下，清政府以3 000万两白银暂时赎回）、台湾岛及其附属岛屿、澎湖列岛，赔偿日本军费2亿两等。1904年日、俄两个帝国主义强盗为争夺我国东北而开战，日本战胜俄国，迫使沙皇俄国政府于1905年9月5日与日本签订《朴次茅斯条约》，从沙皇俄国手中接管了我国东北南部（即所谓南满）的侵略权益。从此，日本侵略者的魔爪伸入了东北并逐步扩大其侵略权益，直至建立伪满洲国。

　　在这样的时代背景下，相继统治东北的张作霖、张学良父子两代所受日本侵略者的压力之大是可以想见的。日本侵略者在东北横行无忌，欺凌中国官吏与百姓，中国人凡是稍有血性者，无不对日本侵略者恨之入骨。张学良晚年在接受台湾记者采访时说："因为我们东北人啊……我们受日本的压迫很厉害。您知道我们在东北受日本的压迫，'二十一条'的时候，我真是痛苦，我到现在还是痛苦的。"[1]日本帝国主义的压迫给予张学良心灵的伤害是刻骨铭心的。

　　少年时代的张学良目睹国势之陵夷，曾经一度异常悲观绝望，以为中国将从此任凭列强宰割，不再有任何希望。1916年10月底，南开中学堂校

---

1. 毕万闻主编：《张学良赵一荻合集》第6部，时代文艺出版社2000年版，第30页。

长张伯苓先生应邀到奉天基督教青年会做《中国之希望》的演讲，张伯苓在演讲中强调："面对内忧外患，中国之希望在每一个中国人之发奋图强，努力救国。"这段话，对于年轻的张学良有如醍醐灌顶，"大悟悲观之非当，乃立誓本个人之良心，尽个人之能力，努力以救中国"。张学良此后毫不掩饰自己是一个"爱国狂"[1]。

二

尽管在青年时代就确立了爱国、救国思想，但囿于自身所处的环境，张学良走了一条曲折起伏的传奇式的人生道路。

28岁以前的张学良只是奉系军阀首领张作霖的长公子，人称"少帅"。这个时期的"少帅"是张作霖麾下的一员大将，他独当一面，为乃父的霸业冲锋陷阵，是军阀混战中的猛将。但参加军阀混战，对于张学良内心来说却是恪于父命，不得已而为之，并且在内战中他也不断地进行反思，终于认识到了军阀混战的非正义性和给人民带来的严重灾难。他说："余于19岁时即参加战争，历年来对于战争不论其为战胜或失败，均感觉万分痛苦，余曾因战事至马牧集，下车后，至附近加以视察，该地人民多躺卧地上，面黄肌瘦，呻吟憔悴，痛苦不堪言状。姑询之，则均谓家中壮丁均被拉夫。田产房屋又被军队占领，于是余之内心即感觉万分痛苦。盖人民之所以流离失所者，全因军人之压迫；而军人之所以压迫人民者，又因战事之发生，故内战实为罪恶之母。于是，余之人生观即从此改变。且作战时不择手段，不论方法，只以争得最后胜利为目的，故作战时只知破坏，专事残杀，受害者人民而已。在作战之将士莫不以抛头颅溅热血为无上之光荣，殊不知男儿不协力对外，为国牺牲，徒事内讧，实为极大耻辱。其实内争之肇始，并非全体将士之意旨，不过一二军阀为争夺地盘而已。故余常谓如今后军阀欲争胜利者，

---

1. 毕万闻主编：《张学良赵一荻合集》第3部，时代文艺出版社2000年版，第367页。

不如同聚一堂，赤手空拳，决一胜负。决不宜耀武于战场，而贻人民莫大之痛苦也。"[1]

在意识到军阀混战的罪恶后，张学良逐步形成了"息内战，御外侮"及"和平统一"等政治主张，这也成为他执政以后的政治指导方针。

三

1928 年 6 月 3 日，日本侵略者悍然以阴谋手段炸死了张作霖，这对张学良又是一个极大的刺激。

张作霖的一生与日本侵略者有着不可解的关系，张作霖从草莽崛起到称雄东北乃至数次进关问鼎中原，与日本侵略势力的扶植利用有很大的关系。但仅仅因为张作霖不甘心做一个被驯服的傀儡，最终遭到日本军国主义者的暗算，死于非命。张作霖的遇难给予张学良的一个明确的教训就是，决不能与侵略者合作。所以，在张作霖遇难后，年仅 28 岁的张学良，毅然顶住了日本侵略者所施加的巨大压力（包括赤裸裸的武力恫吓），宣布东北易帜，加入中华民国国民政府，希望以中华民族举国一致的力量来抵抗日本帝国主义的侵略，而不仅仅是以东三省的力量独自御敌。东北易帜是张学良爱国主义思想的第一次具体实践。

张学良在主政东北后，一方面全力推行"东北新建设"，增强抵抗日本帝国主义的实力；另一方面，对于关内国民党各派系之间的混战，张学良则采取劝和息争的态度，不再参与任何内战，其目的在于保存国力以抵抗外来侵略势力。

应当说，张学良"息内战，御外侮"的指导思想在客观上是有助于蒋介石消灭异己政策推行的。1928 年北伐结束后，全国形成了蒋（介石）、冯（玉祥）、阎（锡山）、李（宗仁）、张（学良）五大军事集团和十余个次一级的军事集团，其中五大军事集团对政局具有决定性的意

---

1. 同上，第 212 页。

义，蒋介石集团占据了中央政府的名号，在政治上、经济上处于最有利的地位。但从军事实力上讲，蒋介石的第一集团军约50万人，冯玉祥的第二集团军约40万人，阎锡山的第三集团军约20万人，李宗仁的第四集团军约20万人，张学良的东北军约30万人。[1]单纯从军事实力上说，蒋介石要凭借他的第一集团军打败所有异己的军队，以建立清一色的蒋系中央军并不是一件容易的事。蒋的战略是远交近攻，张学良不参与内战的态度正好可为蒋利用，蒋因此可以不必顾虑张学良而全力对付冯、阎、李三个集团，集中军事力量，一一击破，先打败李宗仁的第四集团军，然后打击冯玉祥的第二集团军。1930年中原大战爆发后，拥有四省地盘和数十万东北军的张学良就具有了举足轻重的地位，成为左袒左胜、右袒右胜的时局中心人物，交战双方不遗余力地争取张学良。张学良在权衡利弊后终于决定站在南京国民政府一边，使内战得以早日结束。张学良为何最终选择拥护南京国民政府，其出发点还是"倘蒋介石胜，中国可以统一；倘阎锡山、冯玉祥胜，内战还将继续下去"。[2]为了促成统一以抵抗外来侵略，张学良决定出兵关内威胁阎、冯的侧背，导致反蒋派的垮台。从客观上讲，张学良的东北军在这个时期起到了蒋介石战略总预备队的作用，为蒋介石政权的巩固起了不可忽视的作用。

四

张学良拥护蒋介石，当然是指望蒋介石控制的南京国民政府可以作为他抵抗日本侵略的坚强后盾。但事与愿违，蒋介石从其狭隘的阶级和集团利益出发，视中国共产党及其领导的中国工农红军为"心腹大患"

---

1. 郭廷以：《近代中国史纲》下册，中国社会科学出版社1999年版，第572页；张友坤、钱进主编：《张学良年谱》上册，社会科学文献出版社1996年版，第330页。
2. 王家桢：《我的求学和外交生涯》，载中国人民政治协商会议全国委员会文史资料研究委员会编《文史资料选辑》总第149辑，中华书局1960年版，第17页。

和最大的敌人而视一心一意要灭亡中国的日本帝国主义为所谓"癣疥之疾"，在长达十年的时间里，顽固推行所谓"先安内后攘外"的反动国策。十年内战，严重摧残了中华民族抵抗外来侵略的能力。

九一八事变前夕，面对日本侵略者咄咄逼人的进攻态势，蒋介石于9月12日赶到石家庄与张学良会晤，对张学良说："最近获得可靠情报，日军在东北马上要动手，我们力量不足，不能打，我考虑只有提交国际联盟主持正义，和平解决。我这次和你会面，最主要是要你令东北军凡是遇到日本进攻，一律不准抵抗。"[1]九一八事变发生后，蒋介石又电令张学良："沈阳日军行动，可作地方事件，望力避冲突，以免事态扩大，一切对日交涉，听候中央处理。"[2]张学良忠实地执行了蒋介石的不抵抗政策，下令东北军放弃抵抗，导致东三省130多万平方公里的国土和3 000余万东北人民沦于日本殖民统治下。这一恶果主要是由南京政府的"不抵抗政策"造成的。张学良作为东北地方长官，守土有责，也应承担相当大的责任，但张学良执行不抵抗政策，显然有难以明言的苦衷。有学者分析张学良执行不抵抗政策，主要是由以下几种思想决定的：听命中央思想、依赖国际联盟思想、全国共同抗战思想、以和止战思想、保存实力思想等[3]。笔者认为，张学良最重要的一个思想就是：要抗日就必须举全国之力；如果仅凭东北军一家抗日，必定失败，而且无济于事。正如他后来在接见北平抗日救国市民大会代表时所答复的："兄弟诸事皆听命中央办理，欲抵制日本，则中国必统一。"[4]他还说："日本这次来犯，其势甚大，我们必须以全国之力赴之，始能与之周旋。如我不服从中央

---

1. 张友坤、钱进主编：《张学良年谱》上册，社会科学文献出版社1996年版，第573—574页。

2.同上，第575页。

3. 王维远：《九一八事变张学良执行不抵抗政策原因初探》，《辽宁师范大学学报》（社科版）1996年第4期。

4. 毕万闻主编：《张学良赵一荻合集》第4部，时代文艺出版社2000年版，第191页。

命令，只逞一时之愤，因东北而祸及全国，余之罪过，当更为严重。"[1]
由于丢失东北，张学良被国人骂为"不抵抗将军"，承受了巨大的精神压力。

张学良在丢失东三省后，率20多万东北军进驻河北、热河两省。但日本侵略者得陇望蜀，贪得无厌，在完全吞下我国东三省后又把侵略的魔爪伸向了我国的华北地区，热河省首当其冲。至此，张学良已退无可退，他本想以东北军主力与日本侵略者一战，保全热河以屏障河北之安全。但无奈防守热河的军阀汤玉麟是张作霖的把兄弟，是一个残民以逞的腐败无能的军阀，他无心抗战，不战而弃热河。热河不战而失，致使张学良再次成为舆论攻击的焦点。当时，蒋介石为了继续推行其对日不抵抗政策，决定以张学良为替罪羊，让他于1933年3月11日宣布辞职下野"以谢国人"。同时派亲日派头面人物何应钦、黄郛分别以军事委员会北平分会代委员长和行政院驻北平政务整理委员会委员长的名义坐镇北平，主持华北军政，并负责对日妥协投降外交政策的执行。

五

张学良辞职下野后，首先来到上海，在朋友的帮助下，他痛下决心，戒断了多年的毒瘾，恢复了正常人的生活。随后游历欧洲大陆各国。20世纪30年代的欧洲大陆，德国、意大利的法西斯主义逆流甚嚣尘上，不可一世。张学良在意大利首都罗马期间，几度与意大利法西斯头子墨索里尼见面交谈，因此对法西斯主义产生了特殊的兴趣，并对法西斯党的运动、组织等进行了专门研究。他对德国、意大利的法西斯统治持赞赏和肯定的态度，并认为中国也应像德国、意大利那样，需要一个希特勒、墨索里尼式的专制独裁的领袖人物，而且他认

---

1. 方正等编：《张学良和东北军》，中国文史出版社1986年版，第212页。

为只有蒋介石有资格做这样的独裁领袖。游欧归来，他在上海发表书面谈话说："意、德两国，都是（第一次世界）大战后残败不堪的国家，皆能转否为泰，墨索里尼成旋乾转坤之大业于前，希特勒造起死回生之伟绩于后，固由于两个领袖忠诚无私，努力奋斗之力，实是人民拥戴之热烈有以成之。反顾我们的国里，想要当领袖的人太多，互争雄长，你猜我忌。假如一个首领有成功之势，必阻力横生，使之功败垂成。所以我感触到中国人第一个亡国病症是既不能令，又不受命，以致组织无力，团结难成，结果宁可受外国人的强力压迫，也不许自家兄弟来统治，弄到今日，国不成国，连自卫的能力都没有。全国人若是不愿当亡国奴，必大彻大悟，痛改这个弱点，姑容许一个领袖有试验的机会，姑拥护一个主义，使得发展其效能，然后中国始得成为有组织的国家，然后中国始得免于沉沦永劫之祸。"[1]他在私下里与友人王化一谈话时还明确说："中国必须真正统一，拥护一个强有力者做领袖，像德、意两国那样，先把国内搞好，然后才能对外抗战，现在只有蒋先生有资格做这样的领袖，因此，我们决心拥护他做领袖。"[2]欧洲之行，是张学良思想的又一个转折点。他受法西斯主义的影响，开始积极鼓吹法西斯理论，从而构成了他回国以后拥蒋"剿共"的思想基础。

笔者认为，这一时期，张学良的思想陷入了严重的认识误区，错误地以为法西斯主义可以拯救中国，并在这样的思想状态下，于1934年3月接受了蒋介石任命的豫鄂皖三省"剿匪"副司令（代行司令蒋介石的职权）职务，从此陷入反共内战的泥潭。这个时期，张学良不断宣传蒋介石"先安内后攘外"的国策，鼓吹安内是攘外的先决条件，鼓吹"'剿匪'是现阶段救亡的唯一任务"。在红军长征离开华中后，张学良

---

1. 毕万闻主编：《张学良赵一荻合集》第4部，时代文艺出版社2000年版，第521页。
2. 张友坤、钱进主编：《张学良年谱》上册，社会科学文献出版社1996年版，第659页。

又担任了蒋介石委任的西北"剿匪"总部副司令（代行总司令蒋介石的职权），在反共内战泥潭中越陷越深。但蒋介石的反共内战历来是"一石两鸟"的借刀杀人之策：一方面是要消灭红军；另一方面是要尽可能削弱乃至消灭杂牌军，以达到清一色的蒋系目的。东北军在华中没有与红军打多少恶仗，因此使东北军官兵滋长了骄傲与轻敌态度，在东北军官兵中甚至一度流行着这样的论调："打日本不行，打红军没有问题。"张学良本人也认为，中国工农红军经过艰苦的长征，实力已经大为削弱，不难在短时期内"剿灭"。所以，初到西北时，张学良和东北军高级将领对进攻红军非常卖力。但与红军开战的结果却是东北军接二连三遭受惨败，从1935年9月至11月的3个月中，东北军损失了两个师，两名师长何立中、朱元峰阵亡，两名师参谋长、六名团长非死即俘，损失惨重。

反共惨败的结局，使张学良认识到两点：第一，中国工农红军是正义之师，具有强大的生命力和战斗力，是支撑起中华民族不屈的脊梁，张学良从此认识到先消灭红军然后再去抗日的路是根本走不通的，是一条亡国之路。第二，蒋介石借刀杀人之计十分险恶，如果自己再不醒悟，东北军将完全消耗于无意义的反共内战中，打回东北、赶走日本鬼子就会成为一句空话。正因为张学良意识到了这两点，才促使他重新思考拥蒋反共之错误，从反共内战的泥潭中及时超拔出来，并在中共和进步人士的帮助下及时回头，在苦口婆心劝说蒋介石停止反共内战无效的情况下，联合杨虎城将军，以大无畏的英雄主义气概，毅然对蒋介石实行兵谏，迫使他放弃推行了十年之久、给中华民族带来无穷灾难的反共内战政策，从而有力地促成了第二次国共合作与抗日民族统一战线的建立，为中华民族的解放事业做出了独特的历史贡献。西安事变是张学良、杨虎城两位将军爱国主义和英雄主义相结合的产物，没有这两者的结合也就不可能有西安事变的发生。

六

张学良的爱国主义思想具有丰富的内涵，值得认真总结和发扬。笔者在研究过程中感到，张学良的爱国主义思想有无数的闪光点，其中给我们留下最深刻印象的就是，他对中华民族复兴的强烈信念和对自我牺牲精神的弘扬与身体力行。

张学良认为，近代中国之所以沦为被帝国主义列强随意蹂躏的半殖民地半封建社会，在很大程度上是由于中上层社会（也就是所谓精英集团）的自私自利劣根性造成的。他说："我更敢说一句大胆的话，中国之所以弄到这个地步，都是中上层社会的罪恶！无论是军人、政客、学者……多半是太自私自利了。正因为有地位、有知识、有学问，所以做好事有能力，做坏事也有能力。譬如一个作文章的人，他只为一时的快意而信笔写作，出出风头，弄点稿费，当他提笔的时候，毫未顾及说出这些话之后，对于国家民族社会人心有什么不良影响。就是一般作官吏的也绝不问他的贪污行为对于国家社会有怎样危害。就是中国国势濒于如此危急，一般民众蒙受重大苦痛，我们作军人的还不是要负大部分责任吗？推求过去一切罪恶的形成，就是由于国人过于自私自利了。"[1]

在另外一篇演讲中，张学良还说："我们一切落后是因为国人过于自私。人类生来有自私心，这是毫无疑问的。不过自私心有广义和狭义的分别，广义的自私心以不妨害旁人作出发点，先谋得团体的福利，由团体的福利中去求个人的福利，这种自私心不但不是短处，而且是美德。我常说英国人极端自私，唯其极端自私，他们才事事认真，处处有礼貌，结果彼此都有好处。至于狭义的自私心，只顾个人眼前的福利，不顾未来，也不顾团体，结果不但谁也得不到福利，反而迟早都要受

---

1. 毕万闻主编：《张学良赵一荻合集》第5部，时代文艺出版社2000年版，第5页。

害，这种狭义的自私心最要不得……许多（中国）人心口不一致，凡事口里说得非常冠冕堂皇，肚子里却肮脏不堪。遇着一桩事情，先打算于自己有没有利益，要是认为于自己没有利益，无论怎样容易，怎样有益于旁人，也不肯去做。要是于自己有利益，虽然特别艰难，或明知道妨害旁人，也要去做。于是大家的利害互相冲突，结果大家都受害，以致民族整个文化不能进展，事事落伍。这能说不是由狭义的自私心引出的弊病吗？"[1]

由于对国人自私自利心理的危害有深切的认识，所以张学良在演讲中总是念念不忘提醒同胞要认清自私自利的危害性，告诫大家要摒弃这种不健康的民族心理，把自私心的范围扩大，自利而利他，利他以自利，养成牺牲小我为大我的健康的国民心理和民族品格，为中华民族的复兴贡献力量。

有一年，张学良从一位美国朋友那里听到这么一个故事："当中日关系紧张的时候，在船上看到一个负责烧火的中国人，不断地到甲板上看报，关注中日问题，问他何以不回到祖国去参战，他却老实地回答，因为怕死，但整天在希望日本大地震。"张学良听了这个故事，心中十分难过，并发表感想说："这就是我们国民不肯为公牺牲的一种表现。国家弄到这步田地，人各有责，谁也推不干净。你说他没有国家思想，自然是因为他太为自己打算了。殊不知他来看你，亦正复如此。所以你笑骂人，人亦笑骂你。大家都无妨回归自身来检查自己的事业，把平日狭义的自私心去掉，拿出广义的自私心来，为我国家，为我民族去吃亏，去吃顶大的亏。凡事只争义务而不争权力，我敢担保最后结算，你绝不会吃亏，必会救了国家，救了自己。"[2]

翻开张学良的文集，笔者发现类似的论述还有很多。这里无须一一

---

1. 毕万闻主编：《张学良赵一荻合集》第 5 部，时代文艺出版社 2000 年版，第 91—92 页。
2. 同上，第 166 页。

列举。

张学良认为，中华民族有着辉煌的历史，在世界民族史上占有极光荣的一页，虽然近代以来中华民族落伍了，但这只是暂时的现象，他从中国古代历史上由衰落到复兴的历史事例，得出这么一个结论："一个有着悠久文化的民族是不会长期沉沦下去的。我们是中国人，我们应该坚定对于中国民族复兴的信念。……今日的中国，虽然沦于风雨飘摇中，但终有复兴的一天，我们应该有这种信念，不可妄自菲薄。"在另一篇演讲中，张学良同样肯定说："我们中国的复兴条件一点不成问题，是绝对够的！对此，我们要有一种最大的信心！我们打开历史看看，我们的祖先曾给我们留下了伟大的遗产，那么，只要我们肯努力，在不久的将来，一定还会有伟大的事业出现！"[1]

张学良认为，中华民族的复兴需要一个条件，那就是中华民族的每一份子都能明白自己的责任和义务，并为之努力。他指出："个人是国家的单位，国家是个人的集体，所以每一个人对于国家的复兴都负有很大的责任。你们不要以为个人是很渺小的一个单位，在四万万人中不过九牛之一毛而已，但没有个人，怎能有四万万人？……在民族复兴运动中，我们不要藐视个人的地位，我们应该承认个人在民族复兴中的责任。我们应该知道，我们的祖宗，在古代文化领域里，确曾有过伟大的贡献与创造，假设我们甘愿沉沦，不知自强，那不但对不起我们的国家，对不起我们的总理，简直更对不起我们的祖宗。所以大家要承认自己在民族复兴运动中的责任与地位。"[2]

近代著名教育家张伯苓有一句名言："中国不会亡，何以不亡？有我在！"这句话对张学良早年爱国思想的形成影响最大，张学良也经常用这句话来告诫自己的部下和所有听他演讲的人，并由此发挥说："中

---

1. 毕万闻主编：《张学良赵一荻合集》第5部，时代文艺出版社2000年版，第380页。
2. 同上，第180—181页。

国绝对能复兴，何以能复兴？有我在！如果四万万同胞都能这样想，都能自觉自动，从自身做起，中国怎能不复兴呢？"[1]

张学良这些精辟的论述，即使在今天看来仍然闪烁着真理的光芒，仍然富有启发和教育意义，是中华民族宝贵的精神财富。中华民族的复兴确实有赖于中华民族每一份子的自尊自强和努力奋斗。

张学良不仅苦口婆心地向大家宣传牺牲小我为大我的道理，而且身体力行，亲身实践了自己的诺言，为我们树立了一个崇高的榜样。其表现就是西安事变后亲自送蒋介石回南京，这是他从民族最高利益出发不惜牺牲小我的伟大壮举。

对于张学良放蒋乃至亲自送蒋回南京，学术界有种种议论。有人认为张学良此举是轻率和错误的，它产生了一系列的严重后果，蒋介石对张学良的终身监禁、东北军的瓦解都因此而起。这种说法，从表面上看似乎有几分道理，但实际上是不能成立的。扣留蒋介石后，事实上张、杨只有两种选择：其一，不顾一切，杀死蒋介石。这样做的结果，必然会导致全国性的内战。这种结局是全国绝大多数人包括张、杨都不愿看到的，因而也是不可取的。其二，"不留痕迹"地放蒋，其结果必然是牺牲东北军和十七路军两个团体的利益。那种认为既要放蒋，又要保全张、杨及东北军和十七路军的利益的看法是不现实的。因为，只要你放了蒋介石，那么即使逼迫他做出了某种保证，蒋到了南京以后照样可以不认账，随时都可以翻脸。对于这一点，张学良看得很清楚，他说："我们提出的条件，只要他在原则上承认了，就让他走。签字不签字都没有什么关系，签了字要撕毁，还不是一样地撕毁。"[2]张学良明了问题的症结后，毅然决然采取"不留痕迹"放蒋的办法，这无疑是处置蒋介石的最佳选择，绝不是什么轻率之举。

---

1. 毕万闻主编：《张学良赵一荻合集》第 5 部，时代文艺出版社 2000 年版，第 385—386 页。
2. 申伯纯：《西安事变纪实》，人民出版社 1979 年版，第 160 页。

西安事变后，张学良有许多肺腑之言，他说："我们这次举动，把个人的荣辱生死完全抛开，一切都是为了国家民族！……假如无利于国家民族，我们无论如何也不干，反过来说，我们一定要干！"[1]在致傅作义的电报中，张学良还说："弟此次举动，绝对为国家，为介公，毫无私意。如介公即能领导抗日，立即发动对外战争，弟虽置身鼎镬，亦所不惜，弟之要求中枢者仅此。"[2]这样的语言，只有无私无畏的伟大爱国者才有底气说出来，不可想象自私自利之徒能有这样的胸怀和境界。因此，西安事变从捉蒋到放蒋乃至亲自送蒋，从张学良的角度来说，正是其爱国主义、英雄主义和自我牺牲精神三者完美结合而产生的伟大壮举，在中华民族历史上留下了闪光的一页。

张学良为了中华民族的解放事业做出了巨大的自我牺牲，包括他的显赫地位、他的东北军团体及他的家人和自己大半生的自由，正如他自己所说的："在我的一生中，我为了救国救民的目的，放弃了一切，牺牲了自己……"[3]但他从不后悔，到了晚年，他以自豪的口气说："我为我的国家，到今天也是这样，我为我的国家！国家要用我，赴汤蹈火，在所不辞！我毫不顾惜我的生命。"[4]

七

张学良在其漫长的人生道路中，爱国的初衷始终不改。到了耄耋高龄，他依然关注着祖国的统一大业，他认为台湾根本没有"独立"的条件，"台独"是一条走不通的死胡同，他希望"台独"分子改弦易辙，为海峡两岸和平统一创造前提条件。张学良还表示："如果在和平统一大

1. 毕万闻主编：《张学良赵一荻合集》第5部，时代文艺出版社2000年版，第445—446页。
2. 同上，第483页。
3. 同上，第208页。
4. 同上，第30页。

业上，国家民族有用得着我的地方，我愿意出来做些事。"[1]

为了摆脱恶劣的政治环境，张学良、赵一获夫妇于1993年底离开台北，最终选择在美国的夏威夷定居下来。

2001年10月14日，101岁高龄的张学良在夏威夷驾鹤归去。消息传出后，全球华人同声哀悼。时任中国共产党中央委员会总书记、中华人民共和国主席江泽民在唁电中高度评价了张学良将军为中华民族做出的历史性贡献，称他为"伟大的爱国者""中华民族的千古功臣"。

---

1. 毕万闻主编：《张学良赵一获合集》第5部，时代文艺出版社2000年版，第98页。

军阀之长公子

我们家上辈子的人，没有一个是正经在床上死的。我父亲一提到这事儿就掉眼泪。

——张学良

良年方 11 岁，慈母见背，先大夫宠爱有加，但忙于军政，素少庭训，又乏良师益友，而及弱冠，出掌军旅，虽数遭大变，但凭一己独断孤行，或有成功，或能渡过，未足而立之年，即负方面，独握大权，此真古人云"少年登科，大不幸"者也。处事接物，但凭一己之小聪明和良心直觉，关于中国之礼教殊少承受，热情豪放，浪漫狂爽，怂事急躁，有勇无义，此种熏陶，如今思来，恐受之西方师友者为多也。

——张学良

"双喜" 临门

清光绪二十七年四月十七日（1901 年 6 月 3 日），在广袤的东北平原上，一辆为躲避仇人追杀而飞驰前进的大马车在行驶至奉天省黑山县桑树林子乡（今辽宁省台安县九间房乡）张家窝堡村时，车上一位临盆待产的中年妇女在这辆大马车上生下了一个男婴。他，就是张学良——一个绿林豪杰的嫡长子，日后成为叱咤风云，被誉为伟大爱国者、千古功臣的民族英雄。

张学良的父亲张作霖，从一个绿林小头目摇身一变而为清朝的军官，步步高升，成为民国时期奉系军阀的首领。张作霖不仅是拥兵数十万、雄踞东三省的"东北王"，而且凭东三省之实力几度问鼎中原，最后成为中华民国北洋政府的末代元首——安国军政府大元帅。这样显赫的家世，无疑使本书主人公张学良的人生起点不知高出同辈多少。

美籍华裔史学家唐德刚先生对于张氏父子的关系有如下一段堪称精彩的议论：

学良的大官大位，是与他有个好爸爸分不开的。但他那好爸爸也幸好有这么一个好儿子，学良是他的"先大元帅"麾下不可或缺的助手、智囊和副指挥。他们的父子档，正如京戏舞台上所创造的"杨家将"，没有这个儿子，则张老令公的光彩也要逊色多了。没有这个儿子，老令公于"碰碑"之后，余众也就统率无人了。[1]

张学良的先世是关内闯关东的移民，但张氏究竟从何处迁移而来，现有著述众说纷纭，大体上有直隶（今河北省）大城、大名、河间、高阳（或高城）及山东五说。还有人说张氏先世本姓李，后改姓张，其说法亦不一。一说其先人李家姑奶奶嫁给张家，婚后没有生育子女，过继李家子为嗣，由李姓改为张姓；二说张的曾祖父过继给张姓舅舅后，随舅舅姓张；三说其先人本姓李，迁移关外后改姓张。[2]张学良本人认可河北大城说，也一直认同其先人由李姓改为张姓的说法。[3]

近年来，有学者利用《张氏宗族谱书》及实地调查证实：张氏远祖在山西洪洞县，明永乐五年（1407）张继业由山西洪洞县迁移至河北大城县城东十五里的堤北村居住，是为大城张氏始祖，第五代张禄宗从堤北村迁移到大城冯庄村，第十三代张永贵携带妻儿逃荒闯关东。当时，张永贵所有的家当就是自己肩上挑着的几件破衣服和一条破棉絮。他们一路乞讨来到关外，首先在今属辽宁省黑山县的高山子落户。张永贵在这里开荒种地，经过20余年的辛勤耕耘，成为当地殷实的庄户人家。张永贵之子张发继承父业，生有四子，其第三子张有财即张学良的祖父。

张有财自小不务正业，喜好赌博，先娶邵氏，生下一女，因张有财不事生产，邵氏在贫病交加中早亡。张有财续娶本村寡妇王氏，王氏给张有财带来一个螟蛉子，改名张作泰，后王氏与张有财又连续生下二子

1. 郭冠英：《张学良在台湾》，中国友谊出版公司1993年版，第155页。
2. 胡玉海：《奉系纵横》，辽海出版社2001年版，第36页。
3. 1990年3月，张学良在台北接受美籍华裔历史学家唐德刚采访时，说了这么一段话："我们家本来姓李，不姓张。我们是大城人，原籍河北大城县。是这么回事。是张家的姑娘嫁到了李家，可是姓张的家里没有男孩子了，怎么办呢，就把我们李姓的男孩子抱了一个给张家，就这样姓了张。后来，我把我们李姓的祖宗都找到了。我曾跟我父亲说，现在我们李家已没有人了，你干脆把我再过继过去吧。我父亲听后还连连说'好'，可实际上也没有再去做。"［美］王书君：《张学良世纪传奇（口述实录）》上册，山东友谊出版社2002年版，第3—4页。

第一章 军阀之长公子   003

一女，两个儿子即张作孚、张作霖，女儿名字不详。

张作泰成年后不学好，与一个有夫之妇勾搭，被村里人在背后指指点点。张有财知道后，认为张作泰如此胡闹让自己很没有面子，就想惩罚一下这个让自己没了面子的螟蛉子。一天，一家人正在吃饭，张有财拿了一根木棒朝张作泰腰上狠狠打去，击中要害，把张作泰活活给打死了。据说，张作泰与张作霖两人长得清秀，平时很要好，对于大哥的惨死，张作霖十分伤心，以后只要一提起此事就眼泪长流。[1]

张作霖（1875—1928），字雨亭。张有财在其出生后不久举家从黑山县迁移到海城县（今海城市）驾掌寺村，在这里开设了小杂货铺，兼设赌局抽红谋生，成为远近闻名的赌徒。

张作霖 14 岁那年，张有财与栾家堡子的一个王姓赌徒赌钱，姓王的赌输了，无钱还赌债，张有财戏言要他以其妻子抵债，王姓赌徒信以为真，对张有财衔恨在心。有一天，在张有财回家途经一片小树林时，伏候在此的王姓赌徒趁张有财不备将其打死。张有财之妻王氏见丈夫久出不归，四处寻觅，后在家里养的一只看门狗的引导下才找到张有财的尸首，王氏将丈夫尸首草草埋在乱坟堆中了事。王氏孤儿寡母，无钱请县衙缉凶，只好自行解决。一天，张作孚、张作霖兄弟带着一杆土枪前往王家报仇，慌乱中，张作霖开枪打死了王家的老太婆。仇案发生后，张作霖逃之夭夭，逃脱了惩处。而他的二哥张作孚被官家抓走，被判了十年徒刑。据张学良晚年交代，通过上下打点活动，张作孚并没有去坐牢，而是由他们本家的一位二大爷代替张作孚去坐牢，后来这大爷就死在牢房里。[2]

张有财死后，张作霖一家孤儿寡母，无法维持生计，王氏遂将 3 间住房变卖，携带子女，投奔黑山县小黑山附近二道沟的娘家。张作霖因家贫无法上学，后经人说情，为外公村里的私塾先生做饭，顺便念书，

---

1. 张学良口述、唐德刚撰写：《张学良口述历史》，山西人民出版社 2013 年版，第 7—8 页。
2. 同上，第 6 页。

不用交学费。但张作霖生性顽皮，不受拘束，私塾先生因张作霖不守规矩，时常对其加以责备，惹得张作霖不耐烦，一怒之下竟动手打了私塾先生，还扬言："干啥都吃饭，我不念了！"张作霖失学后，先后卖过面包，做过小货郎，学过木匠、兽医，在此期间也学会了赌博并且成为终身嗜好。在做兽医期间，又因给土匪治马，结交了不少绿林中人。

1894年甲午战争爆发，正在营口流浪的张作霖投到清军宋庆所部"毅军"马队，其顶头上司就是于学忠[1]的父亲，后因精于骑射，被提升为哨长。战后，毅军撤回关内，张作霖携械潜逃，开小差回家了。回家以后，因为有过当兵的资本，张作霖常常招摇过市，自吹自擂，自抬身价。赵家庙土财主赵占元认为张作霖见过世面，将来一定会有出息，便将次女许配给张作霖为妻。婚后，张作霖随妻子搬到岳父家居住，做了倒插门的女婿。但张作霖本性难改，一有钱就到赌局鬼混。日子长了，难免引起岳父母的焦虑。在岳父的资助下，张作霖到营口大高坎镇开设兽医桩子，干了一段时间，张作霖又嫌来钱少，甩手不干了，干脆学父亲张有财的样，以赌博和放赌债为生。一次，张作霖赌输了，无钱还赌债，一群赌徒向张作霖索债，扬言要扒掉张作霖的衣服活活冻死他。张作霖在赌徒的逼迫下，冒着东北大地刺骨的严寒落荒而逃。逃跑途中，遇见好心的小豆腐店老板钟三，钟三见其可怜，脱下身上穿的羊皮背心给张作霖御寒。赌徒们发现后，逼迫钟三索回他的羊皮背心。钟三骑上毛驴追上张作霖后于心不忍，不仅没有向其索要羊皮背心，而且将当天卖豆腐的钱及所骑的毛驴一并送给张作霖，让张逃命。[2]

张作霖在外躲避一段时间后，回到原来的家。张作霖的二哥张作孚

---

1. 于学忠（1890—1964），字孝侯，山东蓬莱人。因张作霖在于学忠父亲手下当过兵，后来于学忠反过来投奔张作霖，受到张作霖、张学良父子的重用，后来成为东北军的台柱之一。
2. 张作霖发迹后，不忘钟三当年的恩情，将其请到奉天省城（今辽宁沈阳）并奉为上宾。后来，钟三又随张作霖进了北京中南海的大元帅府，被当成张作霖不忘恩的活标本以示天下人。

也是一个有名的赌徒，兄弟俩继续在赌场鬼混。当时，赌场中常有绿林土匪参与，张作霖兄弟与这批土匪早已相识。有一次，张作孚在赌场与人闹翻，李老恒到广宁县衙门告发张作霖兄弟通匪，张作霖兄弟因此被县捕盗营以通匪的罪名抓去投入大牢。后经张作霖岳父多方设法，始以查无实据释放。[1]

出狱后的张作霖仍不务正业，赌钱如故，终日与地方无赖、绿林好汉为伍。一次，赌输后的张作霖去村里偷猪变卖偿赌债，被村民当场抓获，在村中无地自容，抬不起头，走投无路的张作霖终于走上了为匪之路。1897年春，张作霖投奔辽西巨匪冯德麟，冯介绍张加入广县的董大虎匪帮，成为一名看守人质的小头目。张作霖本人也参加过一次绑票的勾当，但他觉得干这种绑票的勾当终究不是长久之计，于是，在干了一年后就脱离了董大虎匪帮。

当时辽西一带，在连续经历了中日甲午战争和庚子年沙皇俄国入侵两次大的战乱之后，清政府在这里的统治基本上处于瓦解状态。散兵游勇、地痞流氓到处滋扰，地方绅商则组织团练，护卫家产。于是，先后出现了许多绿林匪帮与豪绅相结合的保险队之类的地主土匪武装。

1898年，张作霖在其岳父的资助下，纠集汤玉麟、宋老丰、崔大楞、齐大有、赵明德、郑殿有、栾老疙瘩等30多人，成立了一支保险队，自任小头目，移驻北镇县中安镇。保险队约定为这一带保险，老百姓需按土地多少纳饷，养活保险队。在保险区以外，保险队则可以抢劫。

原来在中安镇一带，已有一个以金寿山为首的绿林武装，张作霖保险队的成立，等于把金寿山的地盘分去了一部分，从而影响了金寿山的

---

1. 张作霖当上奉天省督军后，有一年到赵家庙，李老恒闻讯后，害怕张作霖翻当年的旧账，自己性命不保，便主动带着老伴到张作霖的行辕请罪。张一笑置之，并说："我张作霖向来不记仇恨，你虽然告过我，但并未把我怎么样，反而使我奋发向上，才有了今天。"张作霖还命人给李老恒200元钱，对他们说："你们老两口不要害怕，好好回家过日子去吧。"从这件事可以看出，绿林出身的张作霖很擅长使用权术手段。

收入。金寿山趁 1901 年春节之机，对张作霖的保险队发动突然袭击。张作霖惊慌失措，仓皇之下安排突围。此时张作霖的妻子赵氏已经怀胎十月，接近临产，张作霖安排她坐马车前往黑山县张家堡屯赵氏的叔伯侄儿赵明德家匿居。就在这辆逃难的马车上，赵氏生了一个男婴，他就是本书的主人公张学良。

张学良晚年在对本家晚辈讲述自己的身世时，对自己出生的经过有这样一段陈述：

> 本来人的脑盖骨有许多缝，不过你们的都长好了，我的没长好。保罗在《圣经》上说过一段话，人没出娘胎，上帝就造就了我。我可以这样说，我的下生啊，是我妈妈在大车上把我下生的。大车，懂不懂啊？（答：是木板车吧？）我们东北有三个马、五个马、六个马拉的大车。我妈正在逃难哪，她把我生在大马车上了。所以，我是在咣当咣当行进中的车上下生的小孩，因此脑盖骨长不好。我说这些是什么意思呢？就是说，这是上帝的安排。我母亲在逃难中生完我，就病了，她没有奶水，我就没有奶吃。那我怎么活呢，所以我过去的身体很不好。曾经有个大夫说我身体很不好，很糟糕。我说，你大概说对了。我是靠喝高粱米汤活下来的，不是你们今天喝的白米汤。后来稍大一点，就由大人把煮熟的高粱米嚼碎喂我吃。我就是这么活下来的。那时我们家不是有钱人家，穷得了不得。我慢慢把这个穷给你们说清楚。当时给我雇了一个奶妈，后来我长大了，也一直养着她。奶妈是花了一块银圆雇的，（来的时候）都 40 多岁了，你想那奶水能好吗？（张学良笑）

张学良出生后不久，张作霖在汤玉麟的帮助下，杀死了另一个土匪头目项昭子，头一次打了胜仗，事业有了转机。他认为是这个小生命给他带来了好运，视儿子为掌上明珠。因为既生贵子，又打了胜仗，可以说是双喜临门，故张作霖最初给张学良起的乳名叫"双喜"。

说来也巧，自从"双喜"出世之后，张作霖就洪福齐天，一路平步青云。1902年9月，他率所部绿林武装300余人接受清政府招抚，所部被编为游击马队营，张作霖出任管带（相当于营长），驻扎在奉天省新民府，从此告别8年的绿林生涯。1905年张作霖所部扩编为3个营，1906年又扩编为5个营。之后，张作霖又因在围剿辽中一带巨匪杜立三的战役中立功，蒙清政府赏银2000两，擢升为奉天省巡防营前路统领（相当于团长），统率步骑兵共7个营，合计3500人，驻守洮南。

在双喜3岁时，母亲赵氏请人为他算命，算命先生说："这孩子命硬，克母！"按照封建迷信习惯，双喜必须拜一位和自己没有血缘关系的妇女做义母，借义母的福分才可得以消灾弭祸。但当时竟没有人肯收这个胡子的后代做干儿子。赵氏不得已在路旁选了一棵马兰，让双喜对这棵草磕头行礼认干妈。没想到不数日这棵马兰就死了。发生这样蹊跷的事，更让赵氏如坐针毡，她最后决定把孩子许给寺庙做"寄名和尚"。她选了个日子，让双喜到庙里焚香礼拜。这时师父过来说道："自小多灾害，父母担惊骇，自许入空门，全凭佛爷带，前殿不打扫，后殿不礼拜，脱下僧袍来，赶出山门外……"说着，用戒尺做一姿势，表示责打。双喜马上跳过殿前代表庙墙的板凳，跑出庙去。听到的别人第一个呼叫的名字，就借来给双喜。正好那一天有人喊了一声"小六子"，从此，"小六子"就成了张学良的乳名及另一真身，也完成了"跳墙和尚"的迷信习俗。张学良晚年自嘲道："如果那时候有人喊一声王八蛋，我就叫王八蛋了！"[1]

1911年辛亥革命爆发后，奉天省内革命派与保皇派的斗争十分激烈。张作霖看准时机，率部昼夜兼程，驰赴奉天省城，协助东三省总督赵尔巽镇压东北革命党人，在此过程中，张作霖的队伍猛增至15个营。

---

1. 张之宇：《张学良探微：晚年记事》，江苏人民出版社2004年版，第21—22页。

1912年3月，袁世凯就任临时大总统后，张作霖摇身一变，又成了民国新贵，所部被改编为中华民国陆军第二十七师，张作霖升任中将师长，成为奉天省乃至东北地区的最大军事实力派。

民国元年（1912），张作霖的二哥张作孚率领部队到黑山县围剿杨花子等土匪武装时，身中流弹，不治身亡，留下四个未成年的子女（两儿两女），其中两个儿子为学成、学文。此后，张作孚的寡妻及四个子女均由三弟张作霖负责抚养。张学成兄弟说他们"所有饮之、食之、教之、诲之，胥惟叔是赖"，张作霖"待遇侄等鞠育恩勤，提携教养如同己出，外人视之，若不知侄之为侄，子之为子也者"[1]。学成、学文兄弟成年后，张作霖送他们兄弟俩到日本留学，从日本回来后安排他们兄弟进奉军任职，从营长做起，数年后分别升任旅长、师长。在世俗眼光看来，张作霖对张学成等侄儿已是仁至义尽，无可挑剔。但人心难测，张学成认为自己才干不低，心中一直埋怨叔父张作霖太偏心于培养张学良，而不大力栽培他，故一直对堂哥张学良心怀怨恨。这是后话。

张作霖在取得奉天一省军权后，即以武力为后盾，施展政治手腕，利用袁世凯急于称帝的企图，与冯德麟等东北实力派人物合谋，于1916年3月至4月间设计赶走了袁世凯派驻东北的心腹大将——镇安上将军、奉天将军兼巡按使段芝贵，迫使袁世凯不得不任命他暂代督理奉天军务兼巡按使。4月23日，袁世凯特任张作霖为盛武将军、督理奉天军务兼巡按使（袁死后，黎元洪政府于7月实行官制改革，张任奉天督军兼省长），张作霖一举掌握了奉天省的军政大权。[2]

同时，张作霖又以"甘言厚币"笼络了一批文官与文人，为他出谋划策。这样，在张作霖左右，既有绿林兄弟汤玉麟、张景惠、张作相、张烈臣等众多武将，又有王永江、袁金铠、杨宇霆、王树翰等一批文

---

1. 张大元帅治丧委员会编印：《张大元帅哀挽录》第2编，1928年版，第48—49页。
2. 辽宁省档案馆编：《奉系军阀密电》第1册，中华书局1984年版。

官，初步形成了以张作霖为首的奉系军阀集团。

"人苦不知足，既平陇，复望蜀。"张作霖在牢牢控制奉天后，立即着手兼并黑龙江、吉林两省，以称霸整个东北。

1917年8月，张作霖利用黑龙江省内部的混乱局面，保荐他的同乡和儿女亲家鲍贵卿（时任中央陆军讲武堂堂长）为黑龙江督军，调吴俊升率第二十九师北上护驾，轻而易举地夺取了黑龙江省的地盘。

1918年9月，北京政府屈服于张作霖的军事压力，任命他为东三省巡阅使（相当于清朝的东三省总督），总揽东三省军政大权。

此后，张作霖即以此职发号施令，向吉林夺权，于1919年7月以武力逼走前吉林督军孟恩远。至此，张作霖统一了东北三省，成为名副其实的"东北王"，在北洋军阀集团中，取得了与袁世凯北洋嫡系——直、皖两系平起平坐、鼎足而立的地位，成为全国举足轻重的三大军阀集团的首领。

1912年，张学良的生母赵氏病故，张学良年仅11岁。作为大军阀的嫡长子，张学良具有比他的弟弟们优越得多的地位。从一开始，野心勃勃的张作霖就把张学良当作"太子"来培养，对他寄予厚望，父子之情异常深厚。张作霖这个崛起于草莽之间、周旋在民国政治军事舞台之上的一代枭雄，因忙于军政，虽然很少与儿子交流，但他的一言一行，无一不给儿子留下深刻的印象。

1917年，张勋在江苏徐州召集各省督军（有的督军派代表出席）开会，酝酿复辟。张作霖派他的参谋长赵锡福出席了徐州会议，外界误以为张作霖也赞成复辟帝制。有一次，张作霖出行，有三位东北的热血青年朝张作霖扔炸弹，结果没有炸到张作霖，扔炸弹的三个人中两个当场被炸死，一个被张作霖的卫队活捉。张作霖亲自审问这名刺客："你为什么要杀我？"刺客回答说："听说你和张勋一起，企图复辟。"张作霖听了这样的回答，连忙说："你弄错了，弄错了，牺牲了生命岂不可惜了吗？"于是，他下令把刺客放了，并说："如果我真的要和张勋一起复辟，你再回来把我杀死也没关系。"张作霖这种宽宏大量的气度赢得了儿子的尊敬，张学良认为父亲是个具有非凡才能的人。[1]

但张作霖给儿子更多的印象则是可怕的威权。有一年春节，张学良兄弟八人向父亲的把兄弟、黑龙江省督军吴俊升拜年，吴俊升发给张氏八兄弟每人一个5 000元现洋的大红包。张作霖看到后说："你这是干什么？给小孩们那么多钱做什么？"吴笑着说："我的钱，还不都是大帅的！"张听了，突然厉声地说："这是你说的？你说的？"吴俊升立刻跪在地上磕头告罪，张说："好，真是这样，你给我在黑龙江好好干，莫让父老们说我张作霖不是人。"当时，张学良站在旁边，吓得头发都竖起来了。父亲的威权固然可怕，老辈们对父亲的敬畏更让他难以想象。[2]

张作霖这种豪爽的江湖英雄和唯我独尊、高高在上的形象，无疑给予年轻的张学良巨大而深刻的影响。

附录：张氏世系表[3]

大城张氏始祖继业——德祥——永发——元成——禄宗（迁冯庄）——紊——应琦——九臻——焕——钦重——仪普——士龙——天达——永（允）贵（闯关东）——发——有财——

立志救国

张作霖幼年只读过几天私塾，发迹后深感文化浅薄、知识贫乏，与时代潮流脱节，所以一心想把自己的儿子培养成能文能武的全才。尤其

---

1. 管宁、张友坤译注：《缄默50余年——张学良开口说话》，辽宁人民出版社1992年版，第8页。
2. 郭冠英：《张学良在台湾》，中国友谊出版公司1993年版，第9页。
3. 李玉川：《张学良祖籍大城考证》，《廊坊师专学报》1999年第3期。

是对嫡长子张学良，他更是倾尽心血，全力栽培。

张学良六七岁时，张作霖就在家设馆，请台安县举人崔骏身和海城老儒杨雨辰为家庭教师，为其启蒙。后来，张作霖又聘辽阳名儒白永贞为张学良讲授经史典籍，教他学习中国的传统文化。但顽皮、淘气的张学良并不安心学习，专爱弄恶作剧，搞得教师经常向张作霖报告说："你这个儿子要不得！"[1]

辛亥革命后，11岁的张学良随父亲来到东北政治、经济和文化的中心——奉天城（今沈阳市），一时眼界大开。他头一次看到人家早上漱口，拿个小痰盂，心想这个人怎么的，他嘴里有粑粑（东北土话，屎的意思）吗。当年的奉天城是一个国际性的大都市，设有日、英、法、美、俄等国的领事馆，还有一些商务、宗教和文化机构。特别是日本，在沈阳不仅有庞大的领事馆，还有警察署、独立守备队和特务机关等。张学良就在这样一个混乱、复杂的环境中，开始了新的学习生活。

张作霖为母亲治丧时，从北京请来能工巧匠，在奉天城大南门内住宅搭起一座布棚当作灵堂，布棚用白布、蓝布扎成，分为三层，疏苏四垂，素衫耀目，可谓"高棚跨路，广幕凌云"，在城外就远远可见。张学良时方12岁，一天竟攀缘直上到棚顶，万一失足，后果不堪设想。家人被吓得目瞪口呆，不知所措。他却从容不迫，由棚顶缓缓滑下来，被父亲痛责一番，说他简直以性命做儿戏。这是张学良少年时代淘气的代表作。[2]

顽皮归顽皮，张学良确是一个天资聪慧、领悟力强的孩子，虽然没有上过正规的小学、中学，但经过几年的熏陶，耳濡目染，也算是学有所成，能诗善词，略通书画，在中国传统文化方面，早已超过了他的父亲。不过，张学良的注意力始终没有集中到学习中国传统文化上来，这

---

1. 管宁、张友坤译注：《缄默50余年——张学良开口说话》，辽宁人民出版社1992年版，第8页。
2. 王益知：《张学良二三事》，载晓萧编《张学良与台湾》，光明日报出版社1991年版，第203页。

使得传统的封建文化并未在他身上产生太深的影响。

这时，张学良已不满足于中国传统文化，开始接触西方文化。1916年，张作霖请奉天交涉署英文科科长徐启东教张学良学英语。每次上课时，徐老师先奉茶，再向张学良一鞠躬，然后才开始讲课。这样学，岂能学好？[1] 于是，经密友周大文与杜泽先医师介绍，张学良于1917年加入了奉天基督教青年会。在青年会，他不仅学习英语，而且学会了打乒乓球、网球、高尔夫球以及骑自行车、开汽车等时髦事物，享受着在封建家庭里得不到的乐趣和自由。不久，张学良成为青年会的正式会员，积极参加各种活动。每遇募捐，他首先倡导，并担任队长，向各方劝募，所得往往最多。有一年，河北省发生水灾，青年会举行义卖，张学良在会场甚为活跃，身着紫色长衫，手中拿大把物品，逢人即劝购，高呼"密斯特"（英文，即"先生"之意），卖得最多。

通过参加青年会的活动，张学良结识了基督教青年会美籍总干事普赖德和丹麦籍干事华茂山。此后，张学良又结识了东北教育界中的一些外籍学者，如文汇书院的派克尔夫妇，以及惠特先生等一批英美朋友，对西方的生活方式产生了浓厚的兴趣，也接触到了西方资本主义的自由、平等、博爱口号和基督教宣扬的为他人服务、和平、发展、容忍等观念。

在基督教青年会，张学良还结识了该会华人干事阎宝航、肖树军、张国栋、贾连山、王卓然、杜重远和医师王少源、杜泽先、刘玉堂、刘进之等人；张学良还先后与周大文、李壮飞、胡若愚等志气相投的人结拜为金兰兄弟。以上这些人，是与张学良的父亲及其部属迥然不同的东北新派人物，张学良不由得被他们深深吸引。他的思想发展也逐渐表现出忤逆父旨而行，厌恶暴力和战争，希冀和平、安定，不想做军人，只希望过普通人的生活，学一门专业知识，以报效祖国。

张学良最初的想法是当一名医生，希望进入日本人在奉天开办的南

---

1. 郭冠英：《张学良在台湾》，中国友谊出版公司1993年版，第16页。

满医学院深造，但遭到父亲的坚决反对。于是，他又想去美国，进美国的大学学习制药（因当时中国的医用品皆来自国外，张学良遂有此志），连出国的钱都准备好了。美国朋友也非常赞成，答应帮助他，并让他谎称是为了成为军人才想到美国进军校学习。[1]这点雕虫小技自然瞒不过父亲的眼睛，出国计划最终化为泡影。

基督教青年会及其西方朋友虽然对张学良青年时代思想的形成产生了很大影响，但对他影响最大的却是著名教育家张伯苓先生。张学良幼年耳闻目睹日本人在东北的暴行，痛恨日本对中国的侵略，忧心于国家民族的前途，一度感到悲观失望。

1916年10月下旬，南开中学堂校长张伯苓应邀到吉林、哈尔滨、双城、安东（今丹东）、奉天等地演讲。在奉天基督教青年会做了题为《中国之希望》的演讲，使张学良的精神为之一振。讲演开始后，张伯苓劈头就说："中国是不会亡的！"张学良正诧异他的自信心太大，仿佛对于中国不会亡具有绝对把握，张伯苓继续说："中国何以不会亡呢？"听讲的人一下子都聚精会神地静听他这"中国不会亡"的高论，谁知他只是用力回答了三个字："有我在！"张学良听了，很不以为然，觉得他在说大话。接着，张伯苓具体阐述了他的观点："假使每一个中国人都能这样想'有我在，中国就绝对不会亡！'四万万人，一心一德，中国焉有不强之理呢？"[2]

听完张伯苓的演讲，张学良大受启发，顿时有醍醐灌顶的感觉。他对张伯苓的至理名言深为佩服，并痛下决心——"不能总是扮演这种有钱的纨绔子弟的角色，必须为国家为社会做点什么"，"乃立誓本个人之良心，尽个人之能力，努力以救中国"，他救国的志愿就此确立。

1930年12月10日，已身为中华民国陆海空军副司令的张学良到

---

1. 管宁、张友坤译注：《缄默50余年——张学良开口说话》，辽宁人民出版社1992年版，第9页。
2. 毕万闻主编：《张学良文集》第2卷，新华出版社1992年版，第721页。

南开大学视察，提及当年张伯苓先生讲演的情形，不无感慨地对南开师生说："予幼时对国事异常悲观，以为中国将从此任列强之割宰，无复望矣。及 14 年前于辽宁青年会（奉天基督教青年会）聆贵校校长张伯苓先生《中国之希望》之演讲，中有'中国之希望不在任何党派，亦不在任何官吏，而在每一个中国人之发奋图强、努力救国'云云。予闻此，大悟悲观之非当，乃立誓本个人之良心，尽个人之能力，努力以救中国。予之有今日，张先生一言之力也。"[1]他对张伯苓一直感念不忘，总是以张伯苓私淑弟子自居，并向南开大学慷慨捐款，扶植南开大学的发展。

后来，张学良多次用张伯苓的这篇讲演来教育、激励部属，坚定民族复兴的信念。一直到 1990 年 8 月，幽居 54 年的张学良在台湾首次接受日本 NHK 电视台采访，当被问及"年轻时受谁的影响最大"时，他依然不加思考即脱口而出："张伯苓先生。"[2]

王卓然曾说张学良一身兼有佛教、基督教、道教三种思想，认为他的济世救人的怀抱有如佛门弟子；他的自我牺牲、愿为他人服务的心情，是一个真正的耶稣信徒；他的谦虚达观、看破世事人情、不在乎一切名利的态度，又极像老庄之流。[3]确实，在那种特殊而复杂的环境里，张学良身上既受忠孝仁义等中国传统思想的影响，又深受西方文化的熏陶，中西兼容，思想庞杂。但最基本的、最具影响力的，则是他立志救国的爱国主义思想。年轻的张学良已经强烈地意识到民族、国家的生死存亡问题，开始认真思考如何完成民族独立和国家统一的重任。这一点是我们理解张学良，理解他后来一系列军事、政治行动的最关键因素。

---

1. 毕万闻主编：《张学良赵一荻合集》第 3 部，时代文艺出版社 2000 年，第 367 页。
2. 管宁、张友坤译注：《缄默 50 余年——张学良开口说话》，辽宁人民出版社 1992 年，第 18—19 页。
3. 汪树屏、汪纪泽：《我所认识的张学良》，中国广播电视出版社 1990 年版，第 14 页。

"小丈夫"

张作霖除原配夫人赵氏外，还先后娶了五位姨太太，可说是妻妾成群，过着挥金如土的奢侈生活。在这样的环境中，深得父亲宠爱的张学良耳濡目染，自然也会学父亲的样，变成了一个放荡不羁的花花公子、军阀大少，吃喝嫖赌，样样都来。他后来自诩自己年轻时最喜欢女人和赌博，非常荒唐。当张作霖有事找不到他时，就说去那两个地方找，一定找得到。[1]

对于儿子的荒唐，张作霖一向不以为然，但在婚姻大事上，却非常慎重。他看不上奉天城里那些浓妆艳抹的女子，不希望放荡好赌的儿子再娶个时髦妖冶的女人为妻，他把目光投向了偏僻山区小镇里一个聪明贤淑、才智过人的姑娘。

1908年，张作霖奉命剿匪，率前路巡防营进驻郑家屯（后来成为吉林省梨树县府所在地，今属双辽市），营部设在一个叫"长聚长"的商号的后院里。商号老板于光斗生性好客，加之憎恶土匪，对张作霖款待十分热诚。日久天长，两人结下深厚友情，成为推心置腹的知己朋友。

第二年春天，张作霖在漠北龙王庙与反叛的蒙古军劲旅决战时，由于援兵不足，粮食不济，处在岌岌可危的困境之中。在此关键时刻，于光斗闻讯亲赴洮南，说服了对张作霖持有敌意的后路巡防营统领吴俊升，促使吴俊升派出精锐骑兵前往龙王庙助战，使张作霖得以反败为胜。张作霖感激于光斗临危救难，声言日后若有出头之日，必当报答。

1913年，张作霖已是大权在握，亲自回郑家屯与于光斗叙旧，偶然在客厅的茶几上发现了于光斗为其长女于凤至卜算的庚帖（即写有一个人出生年、月、日、时的生辰八字帖）。他随手拿起来翻看，只见庚帖上书有"凤命"二字，心头一亮，急忙请于光斗唤出女儿来相见。此

---

1. 郭冠英：《张学良在台湾》，中国友谊出版公司1993年版，第20页。

前，张作霖已耳闻于凤至是个天资聪颖、温文尔雅、善良仁慈的姑娘，是郑家屯有名的才女，今日亲见，果然不差。他一边打量着于凤至，一边不停地叨念着："凤至，凤至，凤凰将至，好吉利的名字呀！"

张作霖一向自命是天上星宿下凡，他儿子张学良自然是"将门虎子"，既然于凤至是"凤命千金"，那她和儿子岂不就是天作之合、地造良缘吗？于是，张作霖把于凤至的庚帖带回奉天，请高人算了一下，正好和张学良八字相配。张作霖当即派人到郑家屯，请吴俊升的"天合长"粮栈掌柜张杏天做媒，玉成此事。

张学良当时还是一个年仅 12 岁的少年，根本无心娶妻，何况又是个山区姑娘。他对父亲的包办极为愤慨，表示强烈不满。张作霖恩威并施，一面明确告诉他说："这门婚事就这么订下了！"一面又答应儿子成亲后，媳妇可以跟卢夫人（张作霖的二姨太）生活，不干涉他在外边再找女人。张学良这才不再反对，于 1914 年去郑家屯拜见岳父、岳母，订了婚。

1916 年，15 岁的张学良和 18 岁的于凤至正式结婚，十足一对小丈夫、大媳妇，这是当地的时尚。[1] 婚后两人感情倒也不错，于凤至对张学良的生活关怀备至，体贴入微；张学良佩服于凤至的才学和品德，一直以"大姐"呼之。两人情投意合，生活美满。在大帅府里，面对复杂的人事关系，于凤至谨慎处事、谦和为人，很快得到包括张作霖在内的全家男女老幼的敬重。[2]

第二年，于凤至生下大女儿，取名闾瑛。后来，又连生三子：长子闾珣，字琰东；次子闾玕；三子闾琪，长得最像张学良，可惜早年夭折。于凤至在生第四个孩子的时候得了重病，中外医生束手无策，大家都认为于凤至是死定了。这时，双方的长辈认为，要是于凤至死了，给张学良留下四个年幼的孩子，将来的抚养就是大问题，于是，双方家长

---

1. 张学良晚年告诉唐德刚，于凤至比他大 3 岁。参见张学良口述、唐德刚撰写：《张学良口述历史》，山西人民出版社 2013 年版，第 39 页。
2. 汪树屏、汪纪泽：《我所认识的张学良》，中国广播电视出版社 1990 年版，第 62—63 页。

商定，让于凤至的侄女给张学良做续弦夫人，让她照料姑姑于凤至遗留的四个孩子。对此事，张学良坚决不同意，他说："现在于凤至的病这么严重，要是在这个时节娶她的侄女，不是等于催她早死吗？于凤至心里会有多难受？"张学良允诺："如果于凤至将来真死了，我一定娶她侄女，但现在不行。"双方长辈一听有道理，就答应了。而大家认为死定了的于凤至也出现了奇迹，身体慢慢康复了。这样，张学良再娶之事打消。[1]

经此事件后，于凤至对张学良十分感激。她知道她与张学良的婚姻完全是父母之命，并不是张学良的选择。此后，于凤至对张学良在外面的放纵行为采取不闻不问的态度。于凤至是如此，张作霖也是纵容的。据说，张作霖有一次借着酒劲对着张学良说："妈的，你这小子啊，你当我不知道你呢，你净出去跟女人在外头混。我告诉你，玩女人可以，你可别让女人把你玩了。"在一旁的五姨太立即说："得了吧，你儿子够坏的了，你还教呢！"[2]

在这样的家庭气氛下，英俊潇洒、权势熏天的张学良少帅时常惹出一桩桩风流韵事。但正如张学良晚年说的："我从来不追女人的，很少，没有。可以说，一两个女人我追过，其他的我没追过，都是女人追我。"[3]

张学良晚年回顾，发现他一生除了正式结婚的于凤至、赵一荻外，至少还有11个女朋友。[4]

与于凤至结婚后不久，张学良便在外面结识了一个名妓谷瑞玉，因她身材高大、体态轻盈，人送绰号"大洋马"。谷虽是风尘中人，但忠厚善良、豪爽热情，很得张学良的欢心。两人租屋同居。张作霖得知后，大骂"小六子混账！"张学良最初难以割舍，后考虑到自己的地位

1.张学良口述、唐德刚撰写：《张学良口述历史》，山西人民出版社2013年版，第40页。
2.同上，第42页。
3.同上。
4.同上，第44页。

和影响，又怕对不起于凤至，只得与谷瑞玉分手。临到分别，两情依依。张学良提出给谷瑞玉 10 万元，让她跳出风尘，另择佳偶，幸福地安度一生。但谷拒收赠款，表示不愿再为人妇，更不愿意再沦落风尘。最后，张学良在奉天城三经路四段找了一幢房子给她住。谷氏再未嫁人，终老此生。[1]

据张学良晚年自述，他最喜欢的女朋友是天津的梁九小姐。梁九小姐的父亲是天津怡和洋行的买办。梁家有四位貌美如花的千金小姐，张学良喜欢其中的九小姐和十小姐，但他最喜欢的还是九小姐，这位九小姐也喜欢张学良，曾当面说她喜欢张学良，并一再追问张学良："你喜不喜欢我？你能娶我吗？你真能娶我吗？"但阴差阳错，好事未能成双。后来，由父母做主，这位九小姐嫁给了叶公超的哥哥。双方虽然门当户对，但叶公超的哥哥却看不起这位九小姐，九小姐在叶家经常受到虐待。有一次，因一点小事九小姐被她的丈夫当众抽了一记响亮的耳光。个性刚烈的九小姐受此大辱，万念俱灰，登上从青岛开往上海的火车，在火车上吞食大把洋火头自杀了。[2]张学良晚年回忆此事，还是感到万分惋惜与遗憾。

张学良的另一位名气较大的女朋友是蒋士云，她是江南苏州的名媛。两人在 20 世纪二三十年代有很长时间的交往，甚至一度谈婚论嫁，但也是缘分不够，两人最终分手。蒋士云后来嫁给中年丧妻的著名银行家贝祖贻，她就是当代著名美籍建筑设计大师贝聿铭的继母。据报道，中华人民共和国驻美利坚合众国大使馆新馆就是贝聿铭大师设计的。张学良与蒋士云女士的友谊一直维持到垂暮晚年。

传说，宋美龄也是张学良早期结识的一位女朋友，他们认识于 1925 年的夏天。1925 年 5 月 30 日，上海发生著名的五卅惨案：上海租界的

---

1. 汪树屏、汪纪泽：《我所认识的张学良》，中国广播电视出版社 1990 年版，第 18 页。
2. 张学良口述、唐德刚撰写：《张学良口述历史》，山西人民出版社 2013 年版，第 42—43 页。

帝国主义巡捕房开枪镇压中国反帝爱国运动，造成重大伤亡，震惊中外。惨案激起中国人民的无比愤怒，打倒帝国主义的口号响彻云霄。在这样的背景下，张学良代表其父亲——镇威上将军张作霖南下上海调查五卅惨案，于6月13日率领2 000名精锐奉军进驻上海。被中国人民的怒火吓怕了的上海租界当局，一改历来傲慢自大的做派请求张学良派奉军入驻租界加以"保护"，这是史无前例的。这时的张学良年仅24岁，风流潇洒，又官拜陆军中将，成了上海滩最有权势的人物，他周旋于五光十色的十里洋场中，如鱼得水，大出风头。有一次，在前国务总理唐绍仪女公子（外交家顾维钧的妻姐）举行的招待各方名流的宴会上，张学良第一次见到了待字闺中的宋美龄，觉得宋美龄不仅美如天仙，而且人很聪明，英文十分流利，对她十分倾心。而宋美龄对张学良的印象也不错。在宋美龄垂暮之年，有人问她对张学良最初的印象如何，宋美龄称张学良很聪明、很有才能，对其评价很高。[1]张学良在晚年也对故人之子说："我比蒋介石更早认识宋美龄。1925年东北军打到上海，那时我们就认识了。我和她约会她都同意，很高兴。我穿西装比蒋介石漂亮。我要想娶宋美龄，说不定也能娶到，不信你去纽约问她。"[2]如此看来，张学良如果不是早已与于凤至结了婚，他是很可能会娶宋美龄的。假如此事成真，历史就要改写了。

张学良还有一位很离奇的女朋友，她是意大利法西斯独裁者墨索里尼的女儿，名叫爱达，也是当时意大利驻华公使齐亚诺的夫人。张学良在担任中华民国陆海空军副司令的时候驻节北平，爱达女士带着一位女秘书到北平游览观光，张学良尽地主之谊招待她并陪她游览北平风景名胜。短短几天的接触，爱达女士居然暗恋上了张学良这位副司令，但张学良对此一点反应也没有，这让爱达女士很伤心。离开北平前，她对

---

1. 王冀：《从北京到华盛顿——我的中美历史回忆》，华文出版社2012年版，第233页。
2. 同上，第220页。

张学良留下两句话——"把不良嗜好戒掉，积极抗日"。爱达离开北平那天，张学良派自己的座驾送她到天津。后来，爱达的秘书传话给张学良，说爱达喜欢上你了，你却不理睬她，她很伤心，在车上大哭了一场。张学良认为，他对爱达的应酬招待是尽朋友之谊，与感情无关。但爱达女士对张学良倒是念念不忘，张学良在上海戒毒期间，爱达女士每天早晨都要给主治医生米勒大夫打电话，询问张学良戒毒的进展情况。张学良戒毒成功以后，与齐亚诺、爱达夫妇同船去欧洲。张学良在意大利停留期间，爱达女士给予了热情周到的接待。[1] 这是后话。

到了晚年，张学良经常就他早年的风流事跟友人吹牛皮。他说："我这一辈子就数朋友最多，尤其是女朋友最多，别看我 90 多岁了，还有很多女朋友呢！"[2] 他还说："我年轻时什么都来，最喜欢女人和赌博。"张学良且赋诗说："平生无憾事，唯一爱女人。"[3] 到了垂暮之年，张学良又赋诗云："自古英雄多好色，未必好色尽英雄。我虽并非英雄汉，唯有好色似英雄。"

迈进讲武堂

张作霖是一个很有政治头脑的雄霸之才，称霸东北之后，深感单靠绿林兄弟不能创立大业，必须广招人才，提高部队的军事素质。1919 年初，他下令在奉天城小东门外重建东北讲武堂，张作霖亲自兼任堂长、熙洽任教育长、孙烈臣任总队长，学制一年，目的是培养中下级军官，加强奉军实力。张作霖对讲武堂寄予了很大的希望，课程设置与日本陆

---

1. 张学良口述、唐德刚撰写：《张学良口述历史》，山西人民出版社 2013 年版，第 134—135 页。
2. 王冀：《从北京到华盛顿——我的中美历史回忆》，华文出版社 2012 年版，第 3 页。
3. 郭冠英：《张学良在台湾》，中国友谊出版公司 1993 年版，第 20 页。

军士官学校相差无几，教官也多聘请日本士官学校、保定军官学校、北京陆军大学的毕业生担任，如郭松龄、邱天培、刘新等。

张学良学医不成，出国未果，万般无奈之下，只好老老实实地走父亲安排好的道路——当一名军人，成为父亲霸业的继承人，遂提出想进讲武堂学习。张作霖听了自然很高兴，为试探儿子的决心，便故意说道："你甭去了，去了怕给我丢人！"张学良最受不得刺激，坚决表示一定要去，并好好表现。张作霖这才郑重告诫他说："你真要做一个军人，那就要把头割下来，拴在裤腰带上，随时准备牺牲。敌人会杀你，长官也会杀你。"这番话深深印在张学良的脑海里。[1]

1919 年 3 月，张学良作为炮兵科第一期学员，走进了东北讲武堂，迈出了成为军人的第一步。

在讲武堂，他一改过去的浪漫狂躁，严于律己，自觉遵守学校的各项规章制度和纪律，对教官尊敬，对同学谦和，从不以自己的特殊身份而骄人，深得教官和多数同学的好评。在学习训练中，他吃苦耐劳，刻苦自励，演习再艰苦也从不掉队，野外作业再寒冷也不叫苦。有一次野战演习，第一天行军 20 公里，第二天一大早就要返回，并跑步 10 多公里，然而张学良并没有掉队，而且面无倦容、精神抖擞。

张学良在讲武堂的同班同学陈庆祥有如下的回忆：

> 我和张学良都分在第一课堂，我们一起学习、上课，一起军训、打靶。下课以后，他又和大家一起游戏。我记得他和育才（督军鲍贵卿的儿子）、学成（张的叔伯弟弟）三个人住一个宿舍。张学良平易近人，对同学都很和气，同学们也很愿意接近他。记得那时下课休息时，特别是冬天，经常"挤香油"（即两边的人往中间挤一个人）玩，而且专找不用功的同学作挤的对象。张学良也喜欢和

---

1. 郭冠英：《张学良在台湾》，中国友谊出版公司 1993 年版，第 5、17 页。

大家一起"挤香油"，因为我平时不很用功而学良学习比较好，所以他常把我作为挤的对象。一次他和几个同学，又合计要挤我，我就赶紧拿起书本，假装看着书，结果他们就另找对象去了。还有一次，我和学良等几个同学一起，在学校门外的大泡子上滑冰玩，我用几条皮带接在一起，拴上大冰块，然后叫学良坐上，拉着往前跑，跑着跑着突然大冰块翻了，结果把学良从大冰块上滑了出去，足足有十来米远，弄得他满身是雪，他也不生气。他对同学从不摆架子，每星期六，城内有家的都放假回家，如在路上遇见同学，他都争先敬礼。有时坐着汽车，遇见同学，他也在车上举手敬礼。张学良不但能和大家打成一片，而且对同学很熟悉了解。记得有一次轮到我值星，在清点人数时，学良说："庆祥，花名册上的人是从哪个部队来的，他们的名字叫什么，我全能说出来，不信你问我。"我不相信，就一边点名，一边问他，一连问了好几个，他全都答对了。如果平时他不和同学们打成一片，是很难了解这么清楚的。还有一件事，我印象很深。有一天他看见我，对我说："陈庆祥，讲武堂同学都是你朋友吧？"我当时开玩笑地说："不然，少帅就不是我的朋友。"他很认真地问我："为什么？"我说："高攀不上呀。"他说："看你说哪儿去了。"我赶紧说："和你开玩笑呢。"

学良在学习上也是很努力的，他不仅在上课时用心听讲，而且在课下也常和同学们讨论军事课题。记得有一次他同炮兵队长朱力军辩论炮兵课题，争论十分热烈，谁也说服不了谁。但张学良始终保持不急不躁，心平气和，并且对朱一直是尊重服从的态度。而朱队长当时就不够冷静，有好几分钟不说话，最后说一声"张学良坐下"就走了。事后同学们都一致赞扬说："学良脾气真好，有度量。"后来张学良接替了父职成为东北保安总司令后，还提拔朱力军为团长、旅长，可见张的为人。这些都是后话。

还有一次，在快毕业前，大家都在准备毕业考试。他拿着教材和图示提问同学，他也提问了我。记得他叫我看一种队形图，问我为什么部队前进时右边是横队、左边是梯形。我回答说，敌人炮兵阵地在右边。后来他又问了好几个同学。由于他努力好学，他的成绩始终保持在前3名之内，毕业考试得了个全堂第一，打靶成绩也是全优。[1]

讲武堂第一期的大多数学员都是行伍军人，没有多少文化。张学良因为受过几年较好的私塾教育，加之天资聪明、刻苦勤奋，进校第一个月就考了第一名，第二个月又考了第一名，第三个月也是第一名，期末考试仍是第一名。学校里便有些风言风语，说这大概是因为他父亲的缘故，教官跟他有勾结。于是，有一天，教育长熙洽突然来到张学良所在教室，要大家把座位变动一下，每个人都不能坐自己的位子，同桌的人分开，然后当场出了4道题考试。结果，只有张学良一个人全部答对，众人这才心服口服。[2]

在讲武堂，张学良结识了他一生中唯一一位亦师亦友的人物——郭松龄。这对他的思想发展及其后来的军事政治生涯都产生了巨大而深刻的影响。

郭松龄（1883—1925），字茂宸，生于奉天城东郊渔樵寨村。1906年考入奉天陆军速成学堂，毕业后在盛京将军衙门任卫队哨长。1909年随陆军统领朱庆澜赴四川，秘密加入新军同盟会，参加了辛亥革命。1913年考入中国陆军大学，毕业后任北京讲武堂教官。后因朱庆澜任广东省省长，他随朱赴广东，任韶关讲武堂教官，结识了孙中山先生。护法运动失败后，他回到奉天投靠张作霖，先任奉天督军署参谋，东北

1.陈庆祥：《在讲武堂时的张学良》，载中国人民政治协商会议全国委员会文史委员会编《文史资料存稿选编——晚清北洋》下册，中国文史出版社2002年版，第921—922页。
2.管宁、张友坤译注：《缄默50余年——张学良开口说话》，辽宁人民出版社1992年版，第10—11页。

张学良传·上

讲武堂重开后，被聘为战术教官。在奉系军官中，郭松龄独树一帜，别具特点。他不抽烟、不喝酒、不赌博、不嫖妓，无论冬夏，总是身穿制服，生活异常俭朴；为人刚愎任性，不通世故，不与腐败势力同流合污。加之长得深目方腮，相貌有些像欧美人，故同人送他"郭鬼子"的外号，这个"郭鬼子"与其他腐败习气很重的奉系军官们在一起，就显得很特别，他们之间更是格格不入。

"郭鬼子"事实上却是一位具有强烈民族主义思想的爱国军人，他对张作霖依附具有狼子野心的日本侵略者以称霸东北的做法深表不满，暗中立志夺取兵权，改造东北。他在讲武堂看到张学良虽然是大军阀的公子，但毕竟是新一代的年轻人，有爱国热情，有正义感，有进取心，在思想、道德品质上，与其父截然不同，很有培养前途。于是，他就经常向张学良宣传"练精兵，御外侮"的爱国思想，不仅教授他战术学课，还辅导他学习数学、物理及高等军事学等课程，打算通过张学良来实现自己改造东北的愿望。

张学良几乎是一下子就被这位博学多识的教官所吸引，对郭的人品、学问、思想、作风极为敬佩。郭松龄在战术学上理论造诣很深，且善于表达。他那热情洋溢、滔滔不绝的讲课，常常使张学良为之倾倒，仰慕不已。他所具有的坚强意志、果敢勇武，又是标准的军人气质。他的"强兵救国"之道和抵御外侮的雄心，也深深打动了张学良火热而年轻的心。在私生活方面，两人的作风正好相反，也可以说是格格不入。但张学良对郭松龄的正直、严肃、书生气却非常欣赏，视为不可多得的人才。很快，这对年龄相差18岁的师生成了推心置腹、形影不离的好朋友。张学良暗下决心，一旦出掌军旅，一定要将郭松龄罗为己用，委以重任。

一年之后，1920年3月，张学良以第一名的优异成绩从东北讲武堂毕业。这是他平生进过的唯一一所军事学校。张学良本来希望学医，成为救人的医生，终因难抗父命，结果却成了杀人的职业军人。

从 1922 年第 4 期开始，在父亲的安排下，张学良当上了东北讲武堂的学监，后又自任监督，并一度在北京设立分校，所以东北军由讲武堂出身的，多半是张学良的学生。东北军能自成系统，东北讲武堂起了很大的作用。

　　东北讲武堂不仅使张学良完成了由时髦浪漫青年到一名职业军人的重大转折，也奠定了他后来事业的基础，张学良就此开始了他的戎马生涯。

非凡的"少帅"

在少帅还是老帅麾下一名年青指挥员的时候，端纳便知道他是一位具有巨大勇气的青年，为人坦率和敢于自我批评，这些品质在中国是难能可贵的。不过，端纳虽然承认少帅是位不错的领袖人物，但也觉得他太年轻，往往容易感情冲动。必须对他进行一些改造，而此正是端纳注意之所在。

——符致兴编译《端纳与民国政坛秘闻》

最年轻的将领

1920 年 3 月，张学良从东北讲武堂毕业后，张作霖以儿子既年纪轻，平素又无战功，刚一穿上军装即就高位，怕声望未孚，众人议论为由，乃命他代理东三省巡阅使署卫队旅营长，实授炮兵少校衔，实际领略军队生活。张作霖还逢人就说："乍出茅庐的小孩子，就当营长，已够越级，看他这一年辛苦面上，同时要鼓励讲武堂别的同学才这样做，也算他的时运。干好了实任下去，干不好照样革退。"部下听了这番话，也感到十分悦耳。

在父亲的精心栽培下，张学良先后擢升为卫队旅第二团团长、卫队旅旅长，军阶也由少校升至上校，以未及弱冠之年（20 岁）即出掌军旅。许多行伍士官看到他不到 20 岁就当了旅长，便戏称他为"黄嘴丫子旅长"（"菜鸟"之意，因小麻雀嘴丫子是黄色之故），颇有轻视的意味。[1]

为树立自己的威望，实现改造奉军的抱负，张学良屡次向父亲推荐自己的教官郭松龄，希望把他调到身边，辅佐自己。张作霖也觉得郭松龄既有丰富的理论与经验，又能练兵打仗，是弥补儿子缺憾的最理想人物，便一口答应，任命郭为卫队旅参谋长兼第二团团长。

郭松龄来到卫队旅，做了张学良的副手之后，专心整治军队。他治军严明，训练有方，而且与士兵同甘共苦，有时吃睡在一起，亲自挑水

---

1. 郭冠英：《张学良在台湾》，中国友谊出版公司 1993 年版，第 164 页。

煮饭，深受官兵爱戴。不到一年的时间，卫队旅军容为之一新，士兵身强力壮，服装整齐，枪械精良，纪律严明，一跃成为奉军劲旅。

1920 年 7 月，直皖战争爆发，张作霖支持直系军阀首领曹锟、吴佩孚，出兵关内相助。张学良出任奉天省城戒严司令，留卫队旅一部驻守，主力悉交郭松龄率领入关。在天津小站，郭松龄以一团兵力一举击溃皖军两旅之众，初露锋芒。

同年秋天，吉林、黑龙江两省土匪猖獗，张学良奉命率卫队旅前往剿匪。当时，吉林剿匪司令阚朝玺，由于不分良莠，滥杀无辜，被当地人称为"阚大铡刀"，引起舆论的强烈不满。张学良鉴于此，乃改取剿抚并重的政策，与郭松龄一道，身先士卒，在道路崎岖、丛林茂密的山区每天步行百余里，追剿土匪，军士无不佩服。

在剿匪期间，卫队旅纪律严明，一改旧奉军的绿林习气，遇有违法乱纪行为，立予严惩。有一个连长入城后大掠财物，被郭松龄碰见，连长说这是"土匪所遗留的财物"，郭厉声道"匪遗私取，亦违军法"，下令立即枪毙，以肃军纪。另外，还有两个军官，跑到当地妓院白吃白嫖，妓院老板前来告状。张学良当场下令把这两个人拉出去，在妓院门口就地枪决，并曝尸不收。[1]

最后一战，张学良、郭松龄知难而进，首先登城，一举歼灭盘踞佳木斯城多时的悍匪，胜利完成了剿匪任务，卫队旅声名大振。郭松龄更加为张学良所倚重，也逐渐得到张作霖的赏识。

1921 年 5 月，张作霖以东三省巡阅使兼任蒙疆经略使，节制热河、察哈尔、绥远 3 个特区，张作霖的奉系势力由东三省深入华北，奉军也乘机扩编为 10 个旅。张学良统率的卫队旅改编为第三旅，张学良晋升少将衔，并推荐郭松龄升任第八旅旅长，两个旅合署办公，组成联合司令部，通称"三八旅"。此后，张、郭两人睡一张炕，在一间房办公。

1.郭冠英：《张学良在台湾》，中国友谊出版公司 1993 年版，第 164 页。

举凡部队行政管理、训练、人事任免等都由郭松龄负责，张学良从不过问。他还经常对人说："我就是郭茂宸，郭茂宸就是我。"张作霖曾骂儿子说："你这个人，除了老婆不给郭鬼子睡外，什么都听他的！"[1]张、郭关系更进一层，已成为莫逆之交，张学良对郭松龄信任有加、推心置腹；郭松龄对张则尽心辅佐、不遗余力，两人真是相得益彰。

张学良、郭松龄之间，不但相知，而且相谅。郭为人胸襟狭窄，不能容物，脾气又急躁，求好心切，张都能容忍。两人时常争论吵架，吵完后就抱头痛哭。但凡事如果张坚持，郭最终还是服从。张学良喜欢读中国古书，郭松龄读的则是宣传新知识的书籍。两人在一间房内办公，郭见张一天到晚抱着线装书看，就一肚子气，有一天把那些四书五经之类的书一齐撕了，还狠狠地说："读这些书有什么用？"张学良也来气了，伸手把郭的书箱扔到院子里。两人又跳又吵，最后大哭一场，又言归于好。[2]

这年秋天，张作霖看见儿子指挥有方，心中暗喜，为了进一步开阔他的眼界，遂派他赴日本观看日军秋季军事演习。张学良在日本顾问本庄繁[3]的陪同下，来到日本。日本军队准确协调、娴熟自如的操练，给他留下了深刻印象。在第一次参观军事演习的时候，发生了一件有趣的事。由于张学良长得很像日本皇太子裕仁（即后来的昭和天皇，与张同岁），当他跟在演习官后面走时，军乐队错把他当作皇太子，立即奏起了日本国歌，后来才知道是闹了误会。在皇宫，裕仁授予张学良

---

1. 郭冠英：《张学良在台湾》，中国友谊出版公司 1993 年版，第 156 页。
2. 丁中江：《北洋军阀史话》（四），中国友谊出版公司 1992 年版，第 272—273 页；郭冠英：《张学良在台湾》，中国友谊出版公司 1993 年版，第 157 页。
3. 本庄繁（1876—1945），日本兵库县人，法西斯军官、陆军大将。早年曾任张作霖的顾问，与张学良私交甚好，曾陪同张学良访问日本。1931 年 8 月起任日本关东军司令官。1945 年日本无条件投降后被列为甲级战犯，为逃脱惩处于同年 11 月 20 日在关押监狱内畏罪自杀。

一枚勋章。[1]

在日本期间，本庄繁领着张学良到处跑，参观了陆军、海军、兵工厂，到过军港，上过军舰，甚至进过库房，浏览摆满一屋的炮筒（兵器中炮筒是较难做的），以显示日本的军事实力。这在张学良心中激起了极大的反感，认为这是赤裸裸地向他示威，想吓唬他。所以，当本庄繁问他有什么感想时，他毫不畏惧地说："你们日本能做到的，我们中国也能做到；日本不能做到的，中国也能做到。请君等拭目以待。"[2]

此次东洋观操，张学良目睹了日本强大的军事实力，痛感日本对中国，尤其是对东北所构成的巨大威胁，从而萌生了抗日和希望加强国内团结以御外侮的意识。回国以后，他就向父亲提出了"整顿军队，加强训练，选拔军官，全面整治"的十六字整军建议，以加快奉军的近代化步伐，努力追赶日本。

同时，张学良更加积极地支持郭松龄率先在三八旅推行的整军工作。其主要内容包括：（1）重用军校毕业生，逐步淘汰绿林、行伍出身的军官；（2）招募良家子弟入伍，裁减匪兵、兵痞，严格纪律，不许骚扰百姓；（3）军需独立，严禁长官贪占公款和兵饷，违者严惩；（4）加强爱国教育，树立"军人守土卫国"的天职观念；等等。

经过这些改革，三八旅一扫旧奉军的绿林习气等诸多弊端，军纪严明，军事素质、战斗力大大提高，由此拉开了奉军正规化、近代化的序幕。张学良正是凭借这两个旅，在奉系中的地位和威望迅速上升，逐渐成为奉系新派领袖人物。

---

1. 管宁、张友坤译注：《缄默 50 余年——张学良开口说话》，辽宁人民出版社 1992 年版，第 20 页。
2. 郭维城：《张学良半生事迹浅论》，载孟凡主编《民族功臣张学良》，辽宁人民出版社 1988 年版，第 3 页。

崭露峥嵘头角

1922年4月29日，直、奉两大军阀集团为争夺北京中央政府的控制权，爆发了第一次直奉战争。

张作霖自任镇威军总司令，坐镇天津附近的军粮城，兵分东、西两路，沿津浦铁路和京汉铁路，向曹锟、吴佩孚的直系军队发起全面攻势。张学良任东路第二梯队司令，统率三八旅及第四旅，位居中锋，矛头直指直系军阀的大本营——保定。

在战斗中，张学良作战勇敢，临危不乱，指挥若定。在河北唐家铺，直军一股骑兵突然攻到张学良的司令部不远处，随从建议他立即撤退，他立予拒绝，说："战事危急，我能动乎？宁死于此，亦不能动。"[1]他亲登房头，指挥不足200人的卫队和幕僚迎击，主将坚定，众人奋战，终将来犯之敌击退。

不料，一周以后，风云骤变。长辛店一仗，奉系西路军溃不成军，一败至军粮城，再败至滦州。奉系东路军也支持不住，遂全线崩溃，一片混乱。奉军在向关外败退途中，一路烧杀抢掠，军纪松弛，完全是土匪作风，给当地民众留下了极坏的印象。曾有一首打油诗曰："头戴双沿帽，身持盒子炮，后脑勺子是护照，妈拉个巴子免票。"这首打油诗形象地反映了奉系军队的腐败习气和作风。

相对来说，奉系三八旅因平时训练有素，军纪严明，士气未衰，在张学良、郭松龄的指挥下，且战且退。第四旅也紧跟三八旅有秩序地撤退，使东路第二梯队得以全师而退，几无伤亡。

张学良率部撤到山海关，稍事休整，直军就追击了上来。张学良立即重整旗鼓，迎战直军。从6月8日至13日，奉、直两军在九门口、山

---

1. 荆有岩：《第一次直奉战争的回忆》，载辽宁省政协文史资料研究委员会编《辽宁文史资料》第4辑，辽宁人民出版社1964年版，第40页。

海关一带展开激战。当战斗进行到最激烈的时候，第三旅第一团团长李长荣负伤，张学良迅派猛将王兴文接替，并采用日本军队的作战方式，用团旗为先导，团长亲立阵头，率领全团官兵向直军冲锋。最后，王团长阵亡，营、连长也所余无几，但却顶住了直军咄咄逼人的攻势，粉碎了吴佩孚一举突破山海关、直取奉天的作战计划。随后，双方在英美传教士的调停下，于6月18日在秦皇岛英国"克尔富"号军舰上签订了停战协定，以山海关为两军分界线，奉军撤回关外，直军除酌留一部驻防山海关外，大部撤回原防。战事结束。

在第一次直奉战争中，奉军遭到惨败，死伤3万余人、被俘4万人。唯独张学良借助郭松龄的指挥才能，崭露头角，尤其是山海关一战，为保全东北立下奇功。三八旅也随之名冠奉系各军之首，得到奉系老派人物的认可。

经此惨败，张作霖痛定思痛，认识到绿林式的旧式军队的战斗力太差了，又从三八旅身上看到了希望，再次想起张学良赴日归来的十六字整军建议，遂下定决心重用新人、信任新人，以卧薪尝胆的精神，整军经武，以雪战败之耻。

奉系大败而归，直系军阀曹锟、吴佩孚把持北京中央政府，曹、吴通过北京政府总统徐世昌于5月10日颁布命令：东三省巡阅使、奉天督军兼省长张作霖免去本兼各职，听侯查办；东三省巡阅使、蒙疆经略使职务均予以裁撤。张作霖立即指使东三省议会、教育会、商会、农会、工会等机关和社会团体发表通电，宣布不承认北京政府所发的命令；并由他们推举张作霖为所谓的东三省保安总司令。5月26日，张作霖、孙烈臣、吴俊升等联名发表通电，宣布自5月1日起，东三省一切政务由东三省人民自作主张。1922年7月，张作霖正式宣布东三省"自治"，将东三省巡阅使署和奉天督军署合并，组成东北保安司令部，自任总司令；并在保安司令部之下设立东三省陆军整理处，作为整军经武的最高执行机构，张作霖自兼统监，孙烈臣为总监，张作相、姜登选、韩麟春为副监，张学良出任参谋长，负责整军的实际工作。这是张作霖为培养儿子做出的精心安排。

张学良大权在握，遂任命郭松龄为副参谋长，仍然辅佐自己，并向张作霖提出了一个两全其美的整军方针。他说："建军计划，必须从根本做起，小改小换是不行的，但彻底整顿军队，既要照顾到当年和父亲在一起打江山的老一辈人物，又要精选一批后起之秀。"在得到父亲的完全同意后，张学良便开始着手整顿奉军，实施全面改革计划。其主要内容有：（1）打破地域观念，广收全国军事人才，整顿讲武堂，创办教导队、军官教育班、步兵学校，加速培养中下级军官；（2）废除推荐制度，实施考试办法，以学术能力、战功为标准，定期考核，提拔军官；（3）军需、军械独立，杜绝长官私吞军饷，保证部队供给；（4）完善后勤制度，建立完备的军需、电讯、交通、军医等系统；（5）严格军事训练，注重实效；等等。张学良以三八旅（整编后改为第二、第六旅）为模范旅，有些制度先在三八旅试行，再令各军效仿，加以推广。

除整顿和充实陆军外，张作霖还竭力加强海、空军建设。第一次直奉战争时，奉军在京奉铁路山海关内外的行动均暴露在直系海军大炮射程之内，进退极为困难，深感无海军之苦。因此，张作霖决定筹建海军，在保安司令部内设立航警处，由沈鸿烈任处长，并分别在哈尔滨和葫芦岛建立航警学校，训练军官，培养海军人才。到第二次直奉战争前，东北海军已拥有"镇海""威海"两艘大型军舰，初具规模。

奉系的空军建设开始较早。1920年直皖战争后，张作霖接收了皖系军阀段祺瑞的8架飞机，用火车将其运回奉天，并于1921年1月成立航空处，派参谋长乔赓云为处长，在奉天城东塔农业实验场空地修建机场，筑造厂房、仓库等，开始招生，训练飞行人员。

在这次直奉战争中，奉军在长辛店一带被直军的飞机炸得鸡飞狗跳，引起全线溃退，张作霖才深知空军的重要性，痛感在未来战争中空军战斗力的重要性，乃于1923年初任命张学良兼任航空处总办，投入重金发展空军。3 月，又创办了航空学校，张学良自兼校长，并向国内外聘请教官十几人，向德、意、英、法、日等国购买了几十架新式飞机，开始严格的训练工作。张学良年轻好学，很快就学会了驾驶飞机，并经常参加飞行演习。到 1924 年，东北空军组建完成，编为飞龙、飞虎、飞豹、飞鹰等 4 个飞行大队，约有 120 架飞机，张学良兼任空军司令。

至此，东北空军包括了飞机、机场、维修工厂、机械设备、航空人员、地勤人员、机械人员以至训练机构、教官，等等，已具有相当规模，这在全国各大军阀集团中是绝无仅有的。

飞机在当时还是新鲜事物，中国的老百姓大多从未见过，由此惹出许多笑话。张学良生性幽默，晚年曾向人讲过这样一个笑话：有一次，一架飞机没有油了，迫降在海滩上。农民们带着棍棒长枪围了上来，看见飞行员从机舱下来就说其是蜻蜓精，要打死他。飞行员赶紧说我是人，农民说人怎么会有两只蜻蜓眼？他赶快把护镜摘下来。农民又说怎么还有个蜻蜓头？飞行员又急忙脱下头盔。农民说这层皮又是什么？飞行员只得赶快脱下飞行服。农民说要烧掉，飞行员又求饶说不要烧，烧了他在天上没衣服穿会冻死的，再说他绝对不是蜻蜓精，农民们上前一摸，说真是个人哩！飞行员这才说他开的是飞机。农民一听"飞鸡"，赶紧去提了一大桶水和一桶小米，说要喂这只大鸡吃。讲到这里，听者早已禁不住哈哈大笑了。[1]

经过为期两年的整军经武，奉军统一编制、统一调度，在东三省境内，各部队可以交替驻守，高级将领也可以交换防地，最终成为一支兵种齐全，初具近代化规模，富有战斗力的正规军。奉军共有步兵二十七个旅、骑兵五个旅、炮兵两个独立旅和一个重炮团，加上空军、海军，总计全部兵力约有 25 万人之众。张学良也因为主持整军的实际工作，掌握人事大权，逐渐集中了相当大的军权，成为奉系新派领袖人物，开始

---

1. 郭冠英：《张学良在台湾》，中国友谊出版公司 1993 年版，第 135—136 页。

进入奉系最高决策圈。

在整军期间，张作霖还施展政治手腕，广结友军，多方联络，建立与孙（中山）、段（祺瑞）联合的反直三角联盟。1923年，张作霖派韩麟春（字芳辰）持亲笔信到广州，寻求孙中山的支持，张学良也写了一封信托韩麟春带给孙中山。这是因为那时张学良不但已在奉系中崭露头角，而且多少还有点新思想，加上敬佩孙中山，希望得到赐教。

随后，孙中山派汪精卫作为代表前往奉天回访张作霖。孙中山除复函张作霖外，也给张学良捎来了一封回信。信件全文如下：

汉卿仁兄惠鉴：

顷诵手书，借悉一切。所论奉省暂持冷静态度，以俟时机，实为特识。文顷致书尊公，述此后军事进行，宜由西南发难，据险与敌相持，使彼欲进不得，欲退不可。然后尊公以大兵直捣北京，略定津保，以覆其巢穴，绝其归路，敌必可灭，正与高明之见不谋而合。望力持定见，他日运筹决胜，可为预期也。韩芳辰君来，连日讨论，悉东三省整军经武，养锐待发，曷胜欣慰！兹特请汪精卫先来谒，一切代述，希赐洽为荷。

专复

敬颂台绥

孙文

9月22日[1]

汪精卫在奉天期间，会见了张作霖、张学良父子及其他奉系要人，商议共同讨伐曹锟、吴佩孚的大计。汪精卫代表孙中山提出了军事、政

---

1. 何柱国：《孙、段、张联合推倒曹、吴的经过》，载中国人民政治协商会议全国委员会文史资料委员会编《文史资料选辑》第51辑，文史资料出版社1981年版，第10页。

治方案。军事方案是：由南方革命政府下令讨伐曹、吴，从南方出兵北伐，用以牵制长江以南的曹、吴军队；而由东北进军关内，直捣北京，南北夹击，打倒曹、吴。政治方案是：讨伐曹、吴胜利后，召开国民会议解决国家统一和建设问题。双方就此达成协议。[1]

同年底，孙中山又派叶恭绰前往奉天联络张作霖。叶恭绰到奉天时，张学良在外地，两人未能见面，但叶氏给张学良留了一封信。张学良回到奉天，见到信后很快写了回信，表达了他对孙中山的敬仰之情。信中写道：

> 手书敬悉。中山先生为当代人豪，世所共仰，家君钦服之余，辄有景行行止之叹，权利已早拟退让矣，宁能言此而相争耶？合作精神，愿各推诚做去，则大局幸甚！此次旌旆来沈，以公出未遇为歉。诸希原照，不备。[2]

1924年春，孙中山再派汪精卫、路丹甫访问奉天，孙中山书"天下为公"四字横幅赠张学良，上有"汉卿世兄属"的题头和"孙文"的落款。题字由汪精卫带到沈阳交给张学良。张学良收到横幅后即以自己的照片回赠孙中山。稍后，孙中山再次派路丹甫前往奉天，这次孙中山又给张学良写了一封热情洋溢的信。信函原文如下：

汉卿仁兄执事：

> 久想英风，钦迟无似。乃者精卫、丹甫来奉，备蒙优遇；国是主张，尤荷赞同。海内俊贤一时无两，甚为企叹。项致尊公长笺，于近事颇有论列，幸赐览观，并希明教。求援之举，乃以时势相

1.蔡德金、王升：《汪精卫纪事》，中国文史出版社1993年版，第43页。
2.叶遐庵先生年谱汇稿编印会编：《叶遐菴先生年谱》，1946年版，第220页。

迫，未忍以俗情自外。环顾国中，独夫已氏为吾庆父，国难不解，皆彼厉阶，合力讨除，不能不勉。执事高瞻远瞩，必有成算。荡涤之期，当匪遥待。近更猖獗，利彼金壬入室操戈，此而可容，将何所忌？不得已而再事廓清，在势为不可避免，而有待大力之扶，乃愈必要。特派路丹甫上谒尊公，并乞教益，至望不遗而维护之，感且无量。予此，即颂侍安不一。

孙文

2月1日

再者，成国屏君来，藉奉大照，英姿磊落又展玩无已。日来军情转变，并嘱成君归报一切，以供参考。成君见闻较确，必语焉能详也。孙文及。[1]

从上面的材料显示，张学良此时在奉系的内外政策方面有了一定的发言权，成为奉系的一个重要角色。

同时，张作霖又利用直系将领冯玉祥对曹锟、吴佩孚的不满，秘密派人联络冯玉祥。他通过段祺瑞，一次付给了冯玉祥300万元的军费。后来，张学良也给过冯玉祥一笔款，数目不详。在第二次直奉战争前夕，张作霖再次派人持信见冯玉祥，允诺只要他反直，奉军可不入关。

至此，张作霖已基本完成了向直系报仇雪耻的军事、政治准备。一时间，中华大地乌云密布，一场恶战在所难免。

---

1. 刘翼飞：《回忆郭松龄反奉》，载中国人民政治协商会议全国委员会文史资料委员会编《文史资料存稿选编——晚清·北洋》下册，中国文史出版社2002年版，第311页。

直奉战争一举成名

1924 年 9 月 7 日，皖系浙江督军卢永祥和直系江苏督军齐燮元之间爆发了江浙战争。张作霖随即以反对贿选总统曹锟和援助卢永祥为名，发出通电，调兵入关，正式发动第二次直奉战争，图谋夺取北京中央政权。张作霖自任镇威军总司令，下设 6 个军，总兵力 15 万人，其部署是：第一军司令姜登选、副司令齐恩铭，进攻喜峰口；第二军司令李景林、副司令张宗昌，进攻朝阳、建平、承德，到达凌源以西地区，协同第一、三军攻击山海关，并拟进入冷口，向滦州挺进；第三军司令张学良、副司令郭松龄，进攻山海关转趋北京、天津一带；第四军司令张作相、副司令丁超，驻兴城、绥中及锦县（今凌海市）一带为总预备队；第五军司令吴俊升、副司令汤玉麟，第六军司令许兰洲、副司令吴光新，第五、六军以大半之骑兵部队在彰武一带集合后分别进攻开鲁、赤峰，与第二军司令李景林部协同作战。奉系空军分为三队：第一队驻山海关，队长张学良兼；第二队驻喜峰口，队长赵玉中；第三队驻葫芦岛，队长袁烈坡。奉系的战略是对山海关方向暂取守势，对热河方向则取急进。

直系则以吴佩孚为讨逆军总司令，前线分三路，后援分十路，总兵力约 20 万人。其具体部署是：第一路以彭寿莘为总司令，指挥彭寿莘之第十五师、王维城之第二十三师、董政国之第九师负责山海关方面作战，在攻下山海关后向绥中攻击前进，司令部设在滦州；第二路以王怀庆为总司令，指挥第十三师（师长王怀庆兼）、毅军（司令米振标）等部队，自朝阳进攻义州及北镇，设司令部于朝阳；第三路总司令冯玉祥，负责赤峰方面作战，从热河进攻锦西，以切断在绥中及山海关一带奉军的后路。直系军队主力集中在山海关、九门口一线，计划击破当面奉军后，从山海关长驱直入奉天。吴佩孚行前甚至夸下海口说："我出兵 20 万，两个月内，一定可以平定奉天。张作霖下台后，他的儿子张学良可以派送出国留学。"

9月15日，奉军分南、北两路进攻热河，战争正式展开。18日，山海关战斗爆发，奉直双方都投入了最精锐的部队，是为双方的主力决战。张学良坐镇山海关东面的前线指挥所，指挥奉系第一、第三联军分别向九门口、山海关发起猛攻。直军据险坚守，吴佩孚亲自督战。战况空前惨烈，双方死伤1万多人，一时形成相持状态。

为了打破僵局，张学良和郭松龄商定，在山海关的第三军只留下一个团，其余五个团由郭松龄秘密带到九门口增援第一军，改以九门口为主攻方向。谁知在此紧急关头，郭松龄因为一个营长的任免小事，与姜登选、韩麟春大闹意见，一场风波几致影响全局。

原来，郭松龄部在战时拨归第一军指挥的炮兵团营长阎宗周，是郭的同学，此时因故被团长陈琛报请姜、韩批准将其撤职。郭松龄在听了阎宗周的申诉后，乃于盛怒之下，亲自写命令撤陈琛团长职，并令阎归队。姜、韩闻知，大感难堪。张学良得报，马上打电话给郭松龄，责怪他专横，叫他前往司令部请罪。郭松龄一气之下，摔掉电话，擅自带领所属五个团撤离前线阵地。

消息传到司令部，大家为之愕然，半天说不出话来。姜登选首先开口，气愤地对张学良说："你看你这些部下，被你宠得。郭茂宸临阵退却，真应军法处置！"

韩麟春忙在一旁打圆场说："你就别说了，你没看见我们小老弟已经急死了，别再让他难过了。"

张学良这才接着说："我去把他追回来。"

当晚，张学良只带一名卫士，骑马追了几十里路，才在一个小店找到正在睡觉的郭松龄。两人在院子里进行了交谈。张说："茂宸，你这是干什么？我视你为老师、兄长、朋友，我最尊敬你，但你别忘了我现在是你的长官，你要听我的命令。否则，你拿枪把我打死算了！"

说到这里，张学良拍拍腰间，打开衣襟，告诉郭，自己没有带枪，你可以动手。稍后，张学良又说："怎么样？你是服从命令跟我回去，还是不服从，把我杀了？"

郭松龄听了这番话，流着泪说："我的一切都是你所赐，但我实在干不下去了，只求一死！"

张学良说："要死，还不容易？你到前线去拼死，死得其所，死得漂亮！"

在张学良推心置腹的劝说下，郭松龄决定重返前线。

这就是张学良晚年最喜欢跟人谈的"张良月下追韩信"的故事。[1]

郭松龄重返前线后，带领所部第三军的五个团加入反攻队伍，一鼓作气，攻下石门寨、黑山窑，突破了直系九门口防线。接着，奉军全线总攻，攻占山海关，进入长城内。吴佩孚败退至秦皇岛，用军舰运兵3万增援，企图挽回颓势。

不料，冯玉祥联合胡景翼、孙岳于10月23日反戈一击，回师北京，发动军事政变，囚禁总统曹锟于中南海延庆楼。

至此，直军军心动摇，阵脚大乱。奉军遂长驱直入，一口气冲到海阳镇，切断其后路，将直军主力包围在秦皇岛和山海关之间，一举俘虏直军6万余众，缴获枪械数万支。前线指挥官一再电告张学良，要求速派军队，因为俘虏实在太多了。

直军败退时，由于奉军破坏了铁道，火车出轨颠覆，多节车厢重叠、挤压在一起，上千名士兵横死现场，血流成河。张学良前来视察时，张作相连忙用手遮住他的双眼，不让他看到此一悲惨景象。胜利之余，张学良深切体验到了战争的残酷性。

在奉军、冯玉祥国民军的两面夹击之下，吴佩孚走投无路，被迫于11月3日率残部由塘沽乘军舰狼狈南逃。第二次直奉战争以直系惨败，

---

1. 张学继：《胡帅班底——张作霖幕府》，岳麓书社2001年版，第279—280页；郭冠英：《张学良在台湾》，中国友谊出版公司1993年版，第6页。

奉系大胜而告终。

此次直奉战争，张学良统率的一、三联军功劳最大。山海关大捷使张学良一举扬名，声誉随之扶摇直上，名震全国。战后，张学良所部又收容大批投降的直军，一下扩编为六个步兵师、一个骑兵师，成为奉军主力。

1924年11月，张作霖下令在天津成立津榆司令部，负责从锦州经山海关至天津铁路沿线的警备。司令部设在天津蔡家花园，名义上由张学良任司令，郭松龄任副司令，但实际指挥权在郭松龄手中。津榆司令部所统率的奉军有：六个步兵师，即步兵第四师（师长张学良兼）、第五师（师长赵恩臻）、第六师（师长郭松龄兼）、第七师（师长高维岳）、第十师（师长齐恩铭）、第十二师（师长裴春生）；另有四个骑兵旅（旅长穆春、张学骞、王宝田、张树森），两个炮兵旅（旅长邹作华、魏益三）和一个重炮团（团长陈琛）。总兵力约10万人，奉军的主力部队几乎集中于此。谁掌握了这部分部队，谁就有左右大局的实力。张作霖很快就意识到奉军主力集中在郭松龄手中不免过于危险。到1925年10月，奉军进行统编时，张作霖即任命张学良、于珍为第三方面军正、副军团长，指挥第八军（军长张学良兼）、第九军（军长韩麟春）、第十军（军长郭松龄）。其中，于珍、韩麟春是奉系中的士官派人物。张作霖在张学良、郭松龄之间安插士官派骨干，并且将郭松龄降为军长，明显的是表示对郭松龄的不信任，含有牵制、监视之意。这就埋下了郭松龄不久起兵反叛张作霖的导火索。

1925年4月，不足25岁的张学良晋升陆军中将衔。

1925年6月中旬，张作霖借调查五卅惨案真相、保护居民之名，命令张学良率领奉军2 000名进驻上海，为奉系势力扩展到江苏铺平了道路。

1925年8月，张学良又奉命收编直系的渤海舰队，扩大了奉系的海军力量。

年仅25岁的张学良，得力于郭松龄的辅佐，历经直皖战争及两次直奉战争，屡建战功，已经成长为一名能征善战的青年将领、有勇有谋的"将门虎子"，被父亲倚为不可缺少的左右手，在奉军中取得了仅次于张作霖的地位。

因为奉系一班人尊称张作霖为"老帅""大帅"，他这位青春年少就驰骋沙场、手握重兵的儿子，就顺理成章地被尊称为"少帅"。后来，社会上许多人也跟着叫，"张少帅"之名便远播全国，声誉日隆。

这期间，张学良驻防天津，经常往来于天津、北京之间，广泛接触社会各界人士，视野拓宽，开始关注社会、政治问题。

1924 年 12 月 1 日，张学良在北京大学举行的欢迎大会上，做了简短演说，认为"军人所以成军阀，固不仅问分内事，且干预分外诸政"，表示他"决不愿为军阀"，"但作苦事，不争权利，以免为大军阀"，并希望"军人与教育界皆当各问自己分内事，各尽其职，勿问政事，国事或可有望"。[1]

应国民军总司令冯玉祥关于共商国是的邀请，孙中山与夫人宋庆龄及李烈钧、戴季陶、汪精卫等一众随员由广州乘坐轮船前往北京，途经香港、上海并绕道日本的长崎、神户等地，于 12 月 4 日抵达天津，在天津法租界美昌码头下船，受到天津各界的热烈欢迎。孙中山一行下榻于天津日本租界的张园。当天下午，孙中山在李烈钧、汪精卫、邵元冲、黄昌谷、孙科等 10 余人的陪同下，前往曹家花园与奉系军阀首领张作霖举行"孙（中山）张（作霖）会谈"。此次会谈历时两小时，孙中山回到张园后，即感觉肝气发痛，当即请德国医生前来诊断。从这天开始，孙中山卧病天津张园达 27 天，先后请德国医生施密特、日本医生田村、小菅勇等诊断治疗。张学良一直很佩服孙中山，认为他是一个很有头脑的人。于是，张学良在一天晚上去看望了病中的孙中山。张学良晚年回忆说："孙中山我见过一回，病重的时候，在天津……他病重的时

---

1. 毕万闻主编：《张学良文集》第 1 卷，新华出版社 1992 年版，第 3—4 页。

第二章　非凡的"少帅"　　　　　　　　　　　　　　　　　　043

候，我去看过他，晚上去的。孙先生跟我说了几句要紧的话，我到现在还记得。他对我说啊，现在国家的责任就在你们年轻人身上，你是东北人——当然他不是特别指我的身份地位。——你们介乎日、俄红白这两大帝国主义势力之间，你们很难应付，尤其是你们东北的年轻人，责任就更重。"[1]

1925 年 6 月，张学良在上海调查五卅惨案时，对记者说自己是一个军阀，"且自承认为坏军阀，然私意酷爱和平。去岁奉直之战，实不得已，至今念及，尸横遍野，犹有余痛"，并提及天津南开中学堂校长张伯苓 1916 年在奉天所做《中国之希望》的演说，勉励国人"牢记国耻，发奋图强，人人从修养人格入手，工商学界各以发展其业为职志，则 20 年后，所谓十年生聚，十年教训，谁敢再以侮辱临战"。[2]

这些情况表明，张学良已经萌生了反对内战和军阀统治的思想，对他后来爱国主义思想的发展，是一种很好的鞭策。

第二次直奉战争后，张作霖于 1924 年 11 月 10 日以"胜利者"的姿态进入北京，联合冯玉祥，推举段祺瑞为中华民国临时执政，组成临时执政府，但实权操在张作霖手中。此后，张作霖不顾与冯玉祥战前约定的奉军不入关的诺言，从 1924 年底到 1925 年上半年，调动奉军主力大举入关，相继占据了直隶、山东、安徽、江苏的大部分地区和上海市。其势力范围，除东北三省外，北起热河，南达苏皖，威逼京、津，问鼎中原，奉系势力达到顶峰，成为中国北部最大的军阀集团。

本来，第二次直奉战争前，张学良、郭松龄、李景林、张宗昌四大将曾在关岳庙歃血结盟，相约不要地盘，只掌军权。但地盘乃军阀的命

---

1. 张学良口述、唐德刚撰写：《张学良口述历史》，山西人民出版社 2013 年版，第 51 页。另有其他说法，有的著作称：张学良到北京协和医院看望孙中山。孙中山躺在病床上，让张坐在床边，语重心长地说："你们东北处在红、白两个帝国之间，东北的青年责任重大！"这句话使张学良很受感动。参见管宁、张友坤译注：《缄默 50 余年——张学良开口说话》，辽宁人民出版社 1992 年版，第 22 页。
2. 毕万闻主编：《张学良文集》第 1 卷，新华出版社 1992 年版，第 10—11 页。

根子之一，誓言根本约束不了军阀的野心。战后，不要地盘之誓言早已被抛到了九霄云外。张作霖论功行赏，任命李景林为直隶督办、张宗昌为山东督办、杨宇霆为江苏督办、姜登选为安徽督办。唯独郭松龄功高不赏，郭松龄大为不平，他愤愤不平地对张学良说："就我倒霉，谁叫你是他儿子，我是你部下呢！"[1]

郭松龄尤其对奉军总参议杨宇霆出任江苏军务督办表示极端不满，曾对左右说："真是可笑！一个摇鹅毛扇的军师，跑到第一线去挡头阵，简直不知这是什么安排？"[2]他还反对张作霖"棋胜不顾家"的做法，不同意杨宇霆、姜登选以一字长蛇形阵地向南扩张的方针，常讲奉军早晚一定要倒霉。果然，此话不久即被言中。

郭松龄反老帅

1925年秋，浙江军务督办孙传芳积极联络与奉系有矛盾的冯玉祥、吴佩孚，组织直系的反奉联盟。10月15日，孙传芳正式通电，就任浙闽苏皖赣五省联军总司令，进攻在江南的奉军，很快便把奉军驱逐出苏、皖、沪地区。

在这次战斗中，两个师的奉军大部分被俘。杨宇霆仓皇从南京坐轧道车逃命北上，姜登选也被迫离开安徽。奉军只有一个旅在从上海撤退中进行过几个小时的抵抗，该旅长后化装为和尚，隐于寺庙中，得以生还。张作霖闻讯，大为震怒，气急败坏地对这位旅长说："在江南只有你跟孙传芳打了八个钟头的仗，别人他爹妈少给他做个胆，一枪没放，全投降了。"

---

1. 郭冠英：《张学良在台湾》，中国友谊出版公司1993年版，第7页。
2. 丁中江：《北洋军阀史话》（四），中国友谊出版公司1992年版，第275页。

奉军在苏、皖、沪的惨败，进一步引发了内部的派系斗争。原来，奉系军阀在发展过程中，逐渐形成了老派和新派。老派是和张作霖一起拉杆子起家的绿林兄弟，主要有张作相、吴俊升、张景惠、孙烈臣、汤玉麟、张海鹏等人。新派又分为"洋派"和"土派"。洋派是以杨宇霆、姜登选、韩麟春为中心的毕业于日本陆军士官学校等学校的留学生，又被称为"士官派"，深得张作霖的信任。土派是以毕业于中国陆军大学的郭松龄为中心，又叫"陆大派"，这一派人数众多，但多为奉军的中下级军官，这一派以少帅张学良为后盾。其中，郭松龄和杨宇霆两人，才略相当，专横相似，积怨颇深，大有两雄不能并立、一山不能藏二虎之势。

双方矛盾在第二次直奉战争期间就有所表现，山海关战斗中的小插曲即是一例。战后，郭松龄对自己功高不赏，杨宇霆更加得势，颇有怨言。这次杨宇霆败退江苏，丧师失地，回到奉天仍任总参议，仍然大权在握，仍旧得到张作霖的宠信，更使他感到太不公平。张学良也认为这样做难以服众，向其父据理力争，张作霖不听。张学良就赌气地说："我管不了您部下，您也管不了我部下。"气得张作霖拿起茶杯就扔，父子俩大吵一架，但张作霖仍固执己见，对杨宇霆的信任丝毫未减。

当时，郭松龄正在日本观秋操。张作霖电召他回国主持军事，他以治病为由拒绝回国。张学良派人持他的亲笔信去日本，要郭以大局为重，郭这才回国。但回国后，郭松龄就公开表示不愿再打内战，称病住进了天津的一家医院。

1925年11月12日，张学良携带张作霖进攻冯玉祥国民军的命令入关，抵天津后立即召开军事会议，研究进攻国民军的对策。郭松龄、李景林都反对战争，力主和平。郭气愤地对张学良说："东北军的事，都叫老杨这帮人弄坏了。安徽、江苏之失败，断送了奉军三个师的兵力，老杨败回来还包围老将（张作霖），再叫我们卖命，给他们去打地盘子，这个炮头我不再充当了。要把东北事情办好，只有把老杨这帮留学生赶走（杨宇霆是日本士官出身，所用的人也以日本留学生为多），请少帅来当家。"[1]

郭松龄是一个具有爱国思想的军人，主张"精兵强卒，保卫桑梓，开发东北，不事内争，抵御外侮"，早就有夺取奉军、改造东北的雄心壮志。在日本期间，他曾对冯玉祥的部将韩复榘表示："张作霖若真打国民军，我就打他。"10月24日，郭松龄奉召回国，张作霖命令他去天津编组队伍，准备对冯玉祥的国民军作战。郭松龄从沈阳去天津前，悄悄对他请的参谋长魏益三说："我主张巩固国防，开发东北，最反对为少数人去争督军。试想这样谁受害，还不是东北人民吗？"暗示了反奉倒戈的意向。[2]

11月5日，韩复榘回到包头，把郭松龄的话报告给了国民军总司令冯玉祥。冯听了十分高兴，当即告诉韩复榘："这事情关系太大，不要轻率地乱做主张，最好请郭先生写个亲笔的什么东西，派两个亲信的人送来，两人从长商酌一下，方显得郑重其事。"次日，韩复榘折返天津，向郭松龄转达冯玉祥愿意合作的意向。

10月13日，张学良奉命抵达天津，召集郭松龄、李景林等高级将领举行会议，传达张作霖进攻国民军的密令。郭松龄当场明确表示了反对的态度，诘问张学良军饷、军械、兵力三项有无十分把握并述不可战之理由。张无词以应，奉军开始进攻国民军之役，遂不果行。

郭松龄公开亮明自己的态度后，加紧了与冯玉祥结盟的步伐。10月19日，郭松龄派其顾问李坚白和弟弟郭大鸣持自己亲拟的密约条款，由冯玉祥驻天津的代表王乃模陪同前往包头与冯玉祥接洽。这时，冯玉祥得知直隶军务督办李景林亦有意参加反奉，更是喜出望外，唯对于将直

1. 何柱国：《忆张学良将军》，载中国社会科学院近代史研究所现代史研究室编《西安事变资料》第2辑，人民出版社1981年版，第289页。
2. 张学继：《胡帅班底——张作霖幕府》，岳麓出版社2001年版，第281—282页。

隶、热河两省区地盘划归李景林一事颇有难色，因为冯玉祥也很想取得直隶的地盘以便取得出海口。经郭松龄的代表一再解释，冯玉祥也就不持异议了。密约缮写两份，冯玉祥首先在上面签了字，又亲笔在上面写上了"严纪律，爱百姓，就是真同志"几句话。关于郭松龄的名义问题，冯玉祥建议改称"东北国民军"。

冯玉祥与郭松龄签订的密约全文如下：

甲（冯）、乙（郭）系同志结合，为达到下列革命目的，公订条约如下：

1. 排除军阀专横，永远消灭战祸。

2. 实行民主政治，改善劳工生活及待遇。

3. 实行强迫普及教育。

4. 开发边疆，保存国土。

（1）直隶、热河均归丙（李景林）治理。甲为贯彻和平主张，对热河决不攻取。保大京汉线，甲军随意驻扎，但直省全部收入（保大在内）均归丙军，甲军决不侵夺。山东听其自然变化，但黄河以北各县，由丙军驻扎，收入亦归山东。天津海口，甲军自由出入之。

（2）乙为开发东三省、经营东部内蒙古，使国民生活愉快，消除隐患，拥护中央，促进国家统一起见，改造东三省政府。前项改造事业，甲以诚意赞助之，并牵制反对方面。

（3）乙诚意赞助甲开发西北，必要时亦以实力援助之。

5. 以后两军，犯左列条件之一者，此约无效。

（1）为攘夺权利，向内地各省战争。

（2）为达前项战争目的，订立卖国条约，向外借款。

（3）引用外国兵力，残杀本国同胞。

6. 中央政府之组织及施政方针，以不妨碍开发西北及断送国家权利为限，悉以国民公意，甲乙丙军竭诚拥护，决不干涉及掣肘。

7. 此约签字后，即发生效力。

冯玉祥印。14 年 11 月 20 日

郭松龄印。14 年 11 月 22 日 [1]

冯郭密约为郭松龄一手拟订，它集中反映了郭松龄的政治主张，具有鲜明的民族民主革命的特色。冯玉祥、郭松龄先后在密约上签字后，将密约抄给了直隶军务督办李景林，取得了李景林一致行动的承诺。

10 月 20 日，张学良到天津的医院探望郭松龄，郭乘机向张学良再次痛陈不可进攻国民军的理由，并向张学良建议："关外一片沃野，可以经营开发，不宜在关内抢夺地盘，以致引起战争。"郭松龄还说："这是他和李景林两人的共同意见，希望转达上将军（张作霖）多加考虑。"郭最后说，一切坏主意都是杨宇霆想出来的。上将军就是爱听他们的话，吃了苦头还不觉悟。并向张学良谈及上将军脑筋陈旧，在群小包围之下恐已无可挽救，建议"父让子继"，由张学良任东北最高首脑，改造东北政局，他愿竭诚相助。张学良听了这番露骨的话，不禁大吃一惊，但他当场未露声色，说是去劝劝大帅后就回来。心里有数的李景林在一旁说："不知道回得来否？"张学良知事情不妙，当晚即搭乘火车，潜行出关。

此前，冯玉祥曾建议郭松龄寻找机会扣留张学良。郭松龄不忍对张学良下手，任其离去。

郭松龄见劝说张学良和平转移东北军政权不能实现，便决定立即起兵反奉。[2]

---

1. 吴锡祺：《冯玉祥、郭松龄联合反对张作霖的经过》，载中国人民政治协商会议全国委员会文史资料研究委员会编《文史资料选辑》第 35 辑，第 172—173 页。

2. 张学继：《胡帅班底——张作霖幕府》，岳麓书社 2001 年版，第 282—284 页。

这时，张作霖已觉察到郭松龄的不稳，一天之内3次电召他回奉，郭松龄不予理睬。23日，郭松龄在滦州火柴厂召开紧急军事会议，宣布通电大意后，即席发表演说，含泪表示："我这样行动等于造反，将来成功固无问题；倘不幸失败，我唯有一死而已"。郭松龄夫人韩淑秀接着说："军长若死，我也不能活着。"随即，郭松龄拿出准备好的花名册，请大家签名。当场将不肯签名的第七师师长高维岳、第十师师长齐恩铭和第十一师师长裴春生等30多人解职软禁，后押送天津交李景林看管。

碰巧此时，原安徽军务督办姜登选从安徽回沈阳途中路过滦州，当即被郭松龄截留。姜、郭两人素来不和，姜反对郭起事，说他没良心，以怨报德，对不起张学良的知遇之恩。郭松龄一怒之下，下令把姜登选枪毙了。姜登选为人平和，在奉军中甚孚人望。郭杀姜颇不策略，也不得人心，成为郭松龄后来失败的因素之一。事后，韩麟春说："郭茂宸如果不杀姜超六（姜登选），事情是可以转变的。可是他无故杀人，总是要偿命的。"[1]

11月22日深夜，郭松龄发出第一个通电，请张作霖即日下野，将东三省军、民两政交张学良接管。该通电为饶汉祥手笔。饶是湖北人，原是黎元洪总统的秘书长，有名的酸腐秀才，以擅长起草骈四俪六、晦涩难懂的长篇电文而著称。黎元洪下台后，饶汉祥放下堂堂总统秘书长架子投入郭松龄幕中为秘书处长。此次饶汉祥为郭起草的电报仍是骈四俪六的老调，有违郭松龄讨伐张作霖的本意。因此，郭松龄又连续补发两电：一为宣布主和罢战宗旨，一为讨伐杨宇霆。

其主和罢战通电全文如下：

---

1. 刘鸣九：《张学良和他的副手郭松龄》，载方正等编《张学良和东北军》，中国文史出版社1986年版，第35页。

天祸中国，内乱迭寻，同类相残，甚于仇雠。孰无人心，而竟出此？推原祸始，不过一二穷兵黩武之人，为求一己之私欲，遂致残民以相逞。武力统一，已屡失败，效尤有人，迷不知悟。兵连祸结，民穷财尽，借债卖国，相因而至。睹国家残破之状，正军人觉悟之时。松龄等身列行间，未谙政治，只知内乱不可以延长，战祸不可以久结。有土诸公，以保境安民为上策；统兵大员，以安内御外为职责。去年榆关之战，血迹未干，彼败者急于图报，固不惜国家安危。在胜者何可无靥？无念人民之痛苦？兵燹何事，而堪年年有此？特此联合宣告国民：东省健儿向称强豪，忠爱一家，不让他人。此次奉军主战者，唯一杨宇霆，因个人丧地之羞，不惜倒行逆施以求报复。松龄等为国家之元气计，为东三省之安全计，请愿倡导和平，班师出关，要求万恶主战之杨宇霆即日去职，推举张军团长汉卿为司令，以巩固三省之根本，发达三省之实业，保卫三省人民为职志。并愿全国袍泽共谅斯旨，各卫其民，休养生息，勿恃武力相凭陵。倘有好乱之徒，悍不知悔，敢侵及三省寸土者，松龄等力负其责，誓死相抵。正仁正志，已在鉴照，郭松龄率旅团长等同叩，养亥印。

讨伐杨宇霆的通电，历数了杨宇霆祸奉的种种罪状，略谓："杨之为人，残忍性成，险阴万状，排除异己，妒忌老成"；"杨督苏后，遍树私党，滥用职权，苛敛民财，诛求无餍"；"返奉后，罔知忏悟，仍积极主战，以冀雪其苏沪之耻"。通电最后声明："此次班师回奉，一俟将祸首驱除之后，即率部屯垦边境，以巩国防。"

11月25日，原直鲁联军总指挥、直隶军务督办李景林也发电报给张作霖："请我帅毅然决心，庶政付者少帅，借息仔肩，以娱天年"。

郭松龄反奉初期，张学良一直希望劝说郭松龄回心转意。11月24日，张学良行至连山，获悉郭松龄反奉的确切消息，即日由连山转赴葫芦岛，26日乘镇海舰抵达秦皇岛，设法劝郭松龄息兵。张学良接通电话后，要求与郭通话，要郭安排面谈。郭的谋士齐世英建议说："何妨准许他来，将其扣下！"郭松龄说："我不干这种事！"也拒绝与张学良见面，只是让夫人韩淑秀回复张学良："我们没有别的意思，只是拥护你接掌东北。"

当时，在镇海舰上可以看到一列列兵车经过秦皇岛铁桥往关外开进。舰上一个炮手长向张学良请示："军舰上的主炮可以有效地射击铁桥上的兵车，是否可以开炮？"张学良摇摇头，说道："算了，都是我的手下。"[1]

张学良见郭松龄不愿与自己直接通话，便写信给郭松龄，邀请他到绥中见面商谈，信中说凡事都可以解决，对于郭的生命绝对保证安全。郭松龄依然拒绝，但给张学良回了一封长信，阐述他的立场与主张。郭信全文如下：

军团长钧鉴：

松龄自受知遇，以至今日，一身所有，皆公所赐。故以夙夜策励，欲有所建立，以报大德。况老而无嗣，独夫终身，功名事业，悉无所用。凡所希之功名，皆为公而求；所望之事业，皆为公而立。自矢此身，早为公有。区区之心，天日可鉴。近对于时局问题，因外观大势，内察真情，为公事业计，为三省之实力计，故主张稳健，不欲以公数年之经营，轻作孤注，乃竟因此招致谣言。兔死狗烹，古今同慨。然松龄素不怕死，烹亦所甘；唯可惜者，走狗之烹乃在狡兔未死之先耳！前奉钧函，犹蒙殷勤爱护，以保全生命相许，仰见我公始终为龄，而龄亦何敢不始终尽忠于公乎？然龄于奉省情势，知之甚悉，宵小禁严，互相倾轧，已为我东三省造成不良之局。此不但于公无益，即于三省前途亦非佳兆也。欲龄

---

1. 汤国祯：《郭松龄反奉时张学良的活动》，载方正等编《张学良和东北军》，中国文史出版社 1986 年版，第 50 页。

死甚易，只要公口中说一死字，龄备有手枪可以自戕，亦不容烦人一弹。然龄仍为公事业计，为东三省之幸福计，以为此时尚不应即死。现已决心，知不能回奉，故拼将此身，仍以效忠于公为职志。已约束部下，分途前进，以清君侧而驱群小，另造三省之新局面。成则公之事业，败则龄之末局。如蒙鉴谅，即请暂移租界，稍待数日。如以为不可，即请指示以善后办法。披诚直陈，不尽欲言。

郭松龄叩。[1]

张学良因郭松龄拒绝见面和交谈，便于 25 日晨由葫芦岛乘军舰赴秦皇岛。张到秦皇岛后并未下船，派日籍顾问仪我诚也少校代表他登陆，仍要求与郭见面。仪我诚也于 27 日在昌黎县见到郭松龄，劝说郭与张学良见面解释，但遭拒绝。郭松龄再次给张学良写信，详述其起兵反奉的六大原因，并规劝张不要对他父亲张作霖愚忠愚孝，要"忠于国家人民"，要成为"新世界之伟人"，不要做"旧时代之枭桀"。[2]

面对这种局面，张学良百感交集。自出掌军旅以来，郭松龄一直是自己的助手，自己的大半功绩得力于他的辅佐，视他为尊师和挚友。张学良虽敬佩郭的才干，也赞同他反对军阀混战和革新东北的主张，但却不能容忍他出兵反对自己的父亲。因为张学良这时还抱着"张氏父子打天下"的想法，封建伦理观念仍然在左右他的思想，反对张作霖也就是要铲除张家在东北的霸业。尤其是郭松龄打着他张学良的名义，更使他觉得这是陷自己于不忠不孝的尴尬境地，特复信郭松龄，表明立场。

---

1. 郑殿起：《郭松龄反奉经过》，载中国人民政治协商会议全国委员会文史资料委员会编《文史资料存稿选编——晚清·北洋》下册，中国文史出版社 2002 年版，第 285 页。
2.《晨报》，1925 年 11 月 28 日；《京报》，1925 年 11 月 30 日。

茂宸兄钧鉴：

　　承兄厚意，拥良上台，隆谊足感。唯良对于朋友之义，尚不能背，安肯见利忘义，背叛家父？故兄之所谓统驭三省，经营东北者，我兄自为犹可耳！良虽万死，不敢承命，致成千秋忤逆之名。君子爱人以德，我兄知我，必不以此相逼。兄举兵之心，弟所洞察。果能即此停止军事，均可提出磋商，不难解决。至兄一切善后，弟当誓死负责，绝无危险……[1]

　　郭松龄起兵反奉，意志十分坚定。张学良劝和之举，毫无结果。

　　此前，张作霖又与奉天省长王永江联名发给张学良一封电报，抬头就称"汉卿先生阁下"，内容是说你部下拥你做东三省领袖，我们大家准备要办移交了。张学良自知惹出大乱子，又见父亲称他为"先生"，遂想一死了之，幸亏卫士精明，一刻不离紧盯着他，才没死成。[2]

　　26 日，张学良回电张作霖，痛责自己："一无知人之明；二无用人之能；三无辅佐上将军之才；四无调和诸同僚之技，无颜再见关东父老及祖宗坟茔，抛妻弃子终身不养矣。"[3]可见，张学良此时精神处于极度痛苦之中。他在徘徊一天之后，于 27 日夜离开秦皇岛，28 日抵达旅顺。29 日偕杨宇霆由大连回到奉天（杨在郭松龄通电后即宣布辞职，赴大连休息）。

　　郭松龄起兵反奉，对于奉系军阀头子张作霖来说，犹如晴天霹雳，一时惊慌失措，开口便大骂小六子信任郭鬼子坏了大事。

　　23 日，张作霖在大帅府召集紧急会议，语气低沉地训话说："郭鬼子倒戈了，你们大家都已经知道。我有三个感想——第一，培植一个将领不容易，好不容易培植出来，他打你的翻天印，实在令人寒心。第

1. 毕万闻主编：《张学良文集》第 1 卷，新华出版社 1992 年版，第 15 页。
2. 郭冠英：《张学良在台湾》，中国友谊出版公司 1993 年版，第 7—8 页。
3. 毕万闻主编：《张学良文集》第 1 卷，新华出版社 1992 年版，第 14 页。

二，打胜仗个个都有功，个个都该赏，有一个赏不到或者认为自己功高，没有受上赏，便要造反，实在令人可叹。第三，派一个人做封疆大吏，掌握一省的生杀大权，我不能不择人而用，如果所用的人不得当，老百姓会指责我张作霖的。杨宇霆这次丧师失利，回来后我也申斥过他，他现在辞职了，我也答应了人。"说着说着，张作霖又破口大骂张学良用错了人。最后，张作霖命令张作相去山海关指挥部队阻击郭松龄，并急调吉林、黑龙江两省军队援驰前线。

24 日，张作霖颁布戒严令，以奉天宪兵司令陈兴亚为戒严司令。

11 月 25 日，郭松龄派魏益三率部熄灭车灯，潜行出关，欲一举偷袭，攻下奉天。不料，魏益三所部的张廷枢（系张作相之子）团长与齐恩铭之子向山海关守军告密，魏部遭到伏击。于是，郭松龄亲率主力出击，26 日攻下秦皇岛，27 日冲过山海关，沿京奉路，直指奉天城。

11 月 30 日，郭松龄将其司令部移驻山海关，通电宣布将所部 7 万精兵改编为东北国民军，编为 5 个军，由刘振东、刘伟、范浦江、霁云、魏益三分任第一、二、三、四、五军军长，邹作华任参谋长。[1] 此后，郭松龄以东北国民军总司令的名义发号施令。

---

1. 关于郭松龄反奉军的编制，有不同的说法。郑殿起在《郭松龄反奉经过》一文中称编为 4 个军，他说："郭松龄方面，第四、第五、第六、第七、第十、第十二等 6 个师和炮兵第一、第二两个旅及工兵 1 个团。郭松龄将这些部队改编为 4 个军。4 个军的编组如下——第一军军长刘振东，辖步兵第六旅（由原第七师改编）、步兵第二十七旅（由原第四师改编）、步兵第三十七旅（由原第十师改编）、炮兵第三团、工兵第二营；第二军军长刘伟，辖步兵第二旅（由原第六师改编）、步兵第十九旅（由原第四师改编）、步兵第三十四旅（由原第六师改编）、炮兵第四团、工兵第三营；第三军军长范浦江，辖步兵第十二旅（由原第五师改编）、步兵第三十三旅（由原第五师改编）、步兵第三十九旅（由原第十二师改编）、炮兵第五团、工兵第四营；第四军军长霁云，辖步兵第四旅（由原第十二师改编）、步兵第五旅（由原第七师改编）、步兵第十六旅（由原第十师改编），炮兵第七、第八、第九团，工兵第五营。"中国人民政治协商会议全国委员会文史委员会编：《文史资料存稿选编——晚清·北洋》下册，中国文史出版社 2002 年版，第 282—283 页。

张作霖在缓兵之计失败后，于 11 月 29 日在大帅府再次召开军事会议，吴俊升、张作相、张景惠以及军、师长均参加，张作霖将郭松龄、张学良大骂一顿后，声言："个人一息尚存，一兵犹在，决不苟且偷安，任彼辈小人得志……"

但因为奉军精锐主力均在郭松龄手中，与会将领都对打败郭松龄缺乏信心。坐镇齐齐哈尔的黑龙江省军务督办吴俊升见会场冷落，有意说些浑话插科打诨，却闭口不谈调兵的问题，吉林省军务督办张作相则一言不发。只有早已失去兵权的张景惠声言："要跟老弟（指张作霖）干到底！"

张作霖见吴俊升、张作相等拥兵的把兄弟均徘徊观望，觉得十分扫兴，遂草草宣布讨伐命令：（1）在锦西县深沟高垒，严阵固守，决一死战；（2）恢复杨宇霆的总参议职务；（3）任命张学良为前线指挥。

30 日，张作霖正式发布讨伐令，声称："郭松龄与左派相提携、欲使中国赤化，为苏俄利用，实为东三省之公敌。为东三省计，为民国计，非讨伐不可。"

12 月 3 日，郭松龄军占领兴城，奉军向锦州退却。这时，驻义县的奉军将领阚朝玺、汤玉麟、于琛澄见张作霖垮台在即，派代表到兴城见郭松龄。热河都统阚朝玺派出的代表是其参谋长邱天培。阚提出的条件是：保全张作相吉林军务督办的地位，阚自己攻黑龙江，取吴俊升而代之；奉天则要张作霖下野，让给郭松龄。当时，阚朝玺手中有一师一旅，汤玉麟、于琛澄各有一个骑兵师，实力不可小视。郭松龄的亲信部下刘振东、高纪毅及魏益三等均主张接受阚朝玺提出的合作方案。如果采取此方案，奉军中不满张作霖者，有可能群起来归，这对分化瓦解张作霖的军队是有利的，这样，郭可以不战而得奉天，只要奉天解决，则吉、黑两省可以徐图。但郭松龄不知变通，坚持要打倒督办式的军阀，决不对军阀有任何形式上的妥协，断然拒绝了阚朝玺的地盘要求，只同意发表阚为总参议，汤、于二人为参议。郭并命令霁云军扫荡奉（天）热（河）边界，进攻阚、汤等部。阚、汤、于见投郭无望，遂转而投老主子张作霖，张作霖则既往不咎，并允加官晋禄。这件事反映出，郭松龄作为一员战将，为人刚愎自用，不知权变，操之过急，将本来可以争取的力量推向了敌人阵营，成为他最终失败的最大因素。[1]

12 月 5 日，郭军攻占锦州，张作相放弃大凌河防线，郭军前锋到达沟帮子。郭军占领的消息传到沈阳，张作霖认为大势已去，连忙命令转移掠夺来的巨额私人财产，命令东三省官银号总办彭贤、军需处长栾贵田为他提款 800 万元，作逃亡之用。同时他还命令准备汽油、引火木柴等物，准备在他逃亡后将大帅府付之一炬，不让郭松龄享用他的大帅府。

5 日深夜，张作霖召集亲信开会，以凄惨的语调宣布"决计下野"，并宣布几道命令：（1）责成张学良收束军事，迅与郭议和，研究善后；（2）前方郭军仍驻原防，静待后命；（3）省城治安及善后事宜，委托王江成等人全权办理。

奉军为了与郭松龄的东北国民军相区别，官兵都发一块黄布围在脖子上。老百姓戏称："奉军黄到脖子上了。"意即垮台在即。[2]奉天城一片混乱。目击这一事件的阮振铎在《郭松龄反奉期间张作霖与日本的勾结》一文中这样描述张作霖这位"东北王"的狼狈样：

> 张作霖在当时已经把他的专用汽车整天地开在帅府的二门以内，准备一旦风声紧急，好登车往日本站逃跑，最后上大连去，依靠日本主子的保护。张作霖整天躺在小炕上抽大烟，他抽一会儿烟，又起来在屋内来回走，口口声声骂小六子（张学良的乳名）混

---

1. 张学继：《胡帅班底——张作霖幕府》，岳麓书社 2001 年版，第 288—289 页。
2. 李英夫：《略述郭松龄与张学良的关系》，载孟凡主编《民族功臣张学良》，辽宁人民出版社 1988 年版，第 78 页。

蛋，骂一阵又回到炕上去抽大烟。他废寝忘食，坐卧不安，精神已经错乱，对于一切事情，都不过问了。这时，张作霖的亲随们如承启处的赵嘏斋等，也多躲避起来。就是张作霖最得意的几名差弁，也都暗中带着便服，捆上行李，准备逃走。[1]

然而，就在张作霖绝望之时，居心叵测的日本侵略者却做出了以实力援助张作霖反击郭松龄的决策，使张作霖绝处逢生。

当初郭松龄起兵反奉，也出乎日本政府的意料之外。鉴于郭松龄的历次通电宣言有鲜明的反帝反军阀的主张，断定郭松龄反奉成功必将危及日本在中国东北的侵略权益，因此，日本陆军部、参谋本部、关东军、驻奉天总领事馆及居留东北的日侨团体，都一致要求日本政府实行干涉。驻奉天总领事吉田茂在 11 月 27 日发给币原外相的电报中说："既然郭松龄在公开宣言中称张作霖为卖国贼，若郭松龄掌握东三省政权，必将危及日本的对满政策。"吉田茂的这一判断代表了日本各方面的忧虑。

郭松龄起兵后，日本几次派人与他接洽，要求郭承认日本在东北的侵略权益，都遭到了郭松龄的严词拒绝。12 月 7 日，郭松龄致电日本外相币原，庄严声明："对东三省官员与外国官员，最近所订立之新约，概不承认。"要求币原外相宣布"不干涉内政""严守中立""不援助任何党派"，表达了一种维护国家领土主权的严正立场。这种严正立场使日本侵略者明显感到不安。他们为了维护其在东北的侵略权益，决定出兵援助面临崩溃的张作霖，并趁机向张作霖大肆敲诈。面临灭顶之灾的张作霖将全部希望寄托在本侵略者的干预上，他向日本方面表示，只要能够保住他的地位，日本的一切要求都好商量。日本侵略者遂乘人之危，向张作霖提出履行《满蒙新约》（指"二十一条"）有关条款及若干悬而

---

1. 张学继：《胡帅班底——张作霖幕府》，岳麓书社 2001 年版，第 289 页。

未决的问题，张欣然接受，在日本关东军司令官白川义则的代表斋藤参谋长提交的五项要求上签了字。日本提出的五项要求是：（1）日本臣民在东北三省和东部内蒙古，均享有商租权，即与当地居民一样有居住和经营工商业权利；（2）间岛地区行政权的移让；（3）吉敦铁路延长，并与图们江以东的朝鲜铁路接轨和联运；（4）洮昌道所属各县均许日本开设领事馆；（5）以上四项的详细实施办法，另由日中外交机关共同协商决定。

在张作霖满足了日本的侵略要求后，日本政府于12月7日举行紧急会议，一致决定由关东军司令官白川义则向张作霖、郭松龄两军"速施警告，将驻屯军队，作适宜之配置"。白川义则奉命后，于12月8日向张、郭两军发出第一次"警告"："因发生战斗及争乱，有危害或毁损帝国重大利益之时，在军人之职责上，当然不能默视。"15日，白川义则又发出第二次"警告"，声称："日本军对由南满铁路附属地两侧及由该路终末点起约20华里（约12公里）以内之直接战斗行为，及其对附属地有演乱治安之虞之军事行动，一概禁止之。"日寇司令的"警告"，表面上对张、郭两军而发，实际上是专门针对郭松龄而来。南满铁路南起大连北至长春，附属地和铁路两侧10公里内不许郭军进入，无异于把南满铁路作为张作霖的保护线。

有了日本主子撑腰，张作霖、张学良顿时有了底气。张学良劝张作霖先定下心。张作霖对张学良说："好，我再要想走，就不是你爸爸。"张学良则回答道："我若顶不住郭茂宸，就不是你儿子。"

12月8日，张作霖主持军事会议，在会上大出狂言："只要尚存一人一马，也要消灭郭逆。"

张作霖在得到日本的支持后，决定在辽西巨流河布防，做最后一战。他以张学良为中路军司令，张作相为右翼军司令，吴俊升为左翼军司令，实施"中央坚守，两翼出击"的作战计划。张学良在奉天城内搜集了各种武装人员、设备后，凑足六七万人，组成中路军，设司令部于兴隆店。张作霖还宣布参战官佐一律晋升一级，每人发两元大洋作为恩饷，以激励士气。

与此同时，日军数个师团奉命进驻奉天省城，由日本关东军司令官白川义则坐镇指挥。日军还派出炮兵200人、12门野炮加入奉军作战，日军接济张作霖大批军械、弹药，足够奉军用一两个月。日军还为张作霖提供了大量军费及日本顾问、军官、参谋，为张作霖搜集郭军情报，进行作战指导。据统计，大约有8 600名日军协助奉军作战。

郭松龄在占领锦州后，原拟分兵两路，一路渡辽河，由营口北上，一路沿京奉铁路前进，南北夹击奉天省城。12月13日，郭军右翼马恭诚旅占领营口河北车站，日军驻营口守卫队立即出来阻止郭军进入营口市区。郭松龄愤而致电日本驻华公使芳泽谦吉，向日本政府提出强烈抗议，但无济于事。由于日军的野蛮干预，郭松龄不得不放弃原定计划，集中东北国民军主要兵力，在巨流河一线与奉军决战。

12月17日，郭军占领白旗堡。20日，郭松龄以个人名义发表《痛告东三省父老书》，宣布张作霖的五大罪状，并宣示自己的十大治奉方针：（1）实行省自治，以发扬民气；（2）保护劳工，节制资本；（3）免除苛税，以苏民困；（4）练兵采精兵主义，务求实行淘汰痞兵，以除民害，而轻负担；（5）整顿金融，以维民业；（6）增加教育经费，实行强迫教育；（7）用人以人才为本位，不拘党派亲疏之见；（8）开发地利，振兴实业；（9）整理交通，以利商旅；（10）肃清匪患，整顿警察。郭松龄宣布的上述十项治奉方针，将他的主张系统化、全面化。

12月21日，郭军攻占辽河西岸重镇新民府，奉军已无险可守。郭松龄命令东北国民军按第一、二、三、四军序列，沿辽河西岸从北到南列成斜面阵地战斗前进，与奉军进行最后的决战。22日晚，郭松龄发布总攻命令。

郭军自滦州誓师反奉以来，一路破关斩将，挺进到辽河西岸，奉天省城已近在咫尺。郭松龄以为胜算在握，却未料到部队一路行军作战，不仅十分疲惫，而且因为受到张作霖、张学良父子的反宣传与收买分化，军心迅速发生了巨大变化。郭松龄的东北国民军大部分也是张学良的部下，各级军官都是张学良从讲武堂、教导队中选拔出来的，他们对张学良有感情，现在让他们指挥部队与张学良开战，感情上接受不了。部队中传言"吃张家，穿张家，郭鬼子造反是冤家"。奉军官兵还在阵地上向郭军喊话："吃张家饭，不打张家人！"这些宣传，很快瓦解了郭军的军心。

何柱国说："郭松龄反戈，失败如此之快，主要原因是军心不附，开始听郭说杨宇霆造反，追出关后知道杨并没有造反，而是出关打老帅，军心就不战而溃了。巨流河离奉天省城不过几十里，郭松龄带领的都是精兵，要攻进去很容易，事后我曾问他们为什么不进城？他们说，进城打谁呢？打老帅吗？我们不会这样没良心。"[1]可见，奉系这样一个封建军阀集团，封建伦理观念始终处于支配地位。

郭松龄的参谋长邹作华通过日本驻新民领事馆领事与张学良通话，首先表示归顺奉军，张学良立即答复："只要停止战斗，一律不追究个人责任。你们是郭松龄的部下，也是张学良的部下，不要自家人打自家人了！"邹作华叛郭，对郭军军心瓦解起了很坏的作用。

23 日，郭军与奉军在巨流河展开决战，奉军左翼张作相攻占高台子，张学良部中央军从正面猛攻，右翼吴俊升指挥骑兵迂回到郭军背后，袭击郭军后方补给基地白旗堡。吴俊升在偷袭白旗堡得手后，张学良指挥奉军发起反攻，郭松龄命令炮兵以排炮还击。但打出去的炮弹不炸，邹作华已经暗中命令炮兵将炮弹引线抽出，故打出去的炮弹都成了哑炮。与此同时，奉军和日军的炮弹却是每发必中，给郭军以很大杀伤，郭军被迫退守新民。

---

1. 何柱国：《忆张学良将军》，中国社会科学院近代史研究所现代史研究室编《西安事变资料》第 2 辑，人民出版社 1981 年版，第 293 页。

23 日晚，郭松龄在新民召开紧急军事会议。在会上，邹作华与高纪毅、陈再新等公开表示不愿再战，主张"停战议和"；但霁云、刘伟、范浦江、宋九龄几位高级将领意志仍很坚定，他们认为军队元气未伤，虽然被敌军分割，但如能趁敌军立足未稳，迅速实行逆袭，仍有可能反败为胜。郭松龄采纳后者的意见，决定于 24 日拂晓全线反攻。

这是一场事关生死存亡的战斗，郭松龄亲自到阵前督师。但在战斗的关键时刻，邹作华突然将所部炮兵旅撤出阵地，并停止供应前线子弹，导致郭军溃败，不可收拾。[1]

到 23 日晚，郭松龄知道再也打不下去了，最后召开军事会议，众将默然。郭只好说："你们都不愿意打了，现在就是因为我。我走！你们跟奉天接头就是了。" 24 日晨，郭松龄偕夫人韩淑秀出走，在新民县老达房被俘。至此，历时月余的郭松龄反奉战争悲壮地结束。

张作霖得知抓到了郭松龄，狂喜不已，立刻在电话中吩咐："你们给我好好看着，我得叫他来，问问他为什么反我！" 25 日，张作霖派出上校副官王金山带卫队前往押解。杨宇霆害怕郭松龄被押送到沈阳后于己不利，立即矫造张作霖的命令，下令将郭松龄就地枪决。临刑前，郭松龄要了纸笔，立下遗嘱，打头就写"汉卿弟"，信中希望速死，并承担一切责任，请勿罪及部下。这是郭松龄第一次以"弟"称呼张学良，以前皆是尊称，死前终于回复了兄弟之实。[2]

张学良对郭松龄始终抱着极为复杂的感情，一直没有和他绝交。张学良尽管自身处境也很困难，但仍称他为茂宸。当时，张作霖曾发布通缉令，以现洋 10 万元和 5 万元分别悬赏郭松龄和韩淑秀。张学良看到通缉令后，还幽默地说："郭大嫂的脑袋还这么值钱啊！"

郭松龄被俘后，王金山给张学良拍来电报，说他奉命押解郭氏夫

---

1. 张学继：《胡帅班底——张作霖幕府》，岳麓书社 2001 年版，第 287—293 页。
2. 郭冠英：《张学良在台湾》，中国友谊出版公司 1993 年版，第 189 页。

妇。张学良立即让秘书处长刘鸣九复电，叫王金山押解郭氏夫妇路过兴隆店。刘问："到这里干什么？去奉天又不顺路。"张说："到这里我把他放了。"刘说："这不行啊！大帅本来就对你很恼火，你再把他放了，大帅能答应吗？"张说："不要紧，你就写吧！"未等拟好电报稿，又接到王金山的第二封电报，说："奉六帅令已将郭夫妇枪决。"张学良看完电报，跺了跺脚，叹了口气，说道："完了！完了！"[1]

郭松龄夫妇被枪决后，尸体解到沈阳城，在小河沿暴尸三天，观者无不叹息。张作霖、杨宇霆为稳定人心，排泄私愤，又把郭氏夫妇的"罪行"及遗体照片，印成文发给各部队传阅。印刷品送到张学良面前时，他在文件上批了"以火焚之"四个大字，不忍见师友惨状。[2]

郭松龄反奉失败后，张作霖这位胡子大帅又表演了一出自责让贤的闹剧。

1925年12月29日，张作霖在大帅府召集张作相、吴俊升、汤玉麟、杨宇霆、王永江、袁金铠及各厅处长数十人开会商讨善后事宜。因为郭松龄一再发表通电指责张作霖穷兵黩武，祸害东三省人民，张作霖不得不发表通电自责，并假惺惺地表示在镇压郭松龄的反叛后自己将引咎下野，还政于民。为了"兑现"自己的诺言，张作霖不得不表演一出"让贤"的活报剧。张作霖走进会场后，摘掉四喜貂皮帽子放在大案子上，向会场环视一周，然后用低沉的语气说："今天这个会虽然还是由我主持，可我是出来向大家做交代的。"他望着秘书长袁金铠说："四哥，你把通电先宣布一下，明天就发表！"袁高声朗读了通电，大意是：作霖才德菲薄，招致战祸，引咎辞职，还政于民，今后将东北行政交王公岷源（永江）、军事交吴公兴权（俊升），请中央另派贤能来主持东北大

---

1. 刘鸣九：《张学良和他的副手郭松龄》，载方正等编《张学良和东北军》，中国文史出版社1986年版，第36—37页。
2. 李英夫：《东北国民军的反奉经过》，载方正等编《张学良和东北军》，中国文史出版社1986年版，第48页。

局，本人甘愿避路让贤。

张作霖说完，吴俊升、王永江立即站起来谦辞，杨宇霆等人则纷纷劝张作霖不可辞职，经过这么一番表演后，张作霖方才站起来用手往下一压，让大家坐下，然后说："照大家这么一说，我还得干！行，将来有人出来主持东北大局，我一定让贤！"

随后，张作霖脸色遽变，眼放凶光环顾四周，大声叫嚷道："常荫槐来没来？"常从会场后面的角落里站起来回答："我在这里！"张作霖大声喊道："常处长（常为军政执法处处长），我命令你坐专车去把张学良抓回来，我自己枪毙他！你要让他逃跑了，拿你的脑袋来！"

常荫槐得了令刚想走，人称吴大舌头的吴俊升连忙站起来说："唔……常处长，你慢走，我有话说。"

张作霖装出怒气冲冲的样子对吴说："你有什么说的？"吴说："唔……过去没有张（学良）军长还将就，现在没有他一天也不行……"

"你胡说！"张作霖把脚使劲一跺，全场震动。

吴俊升也不含糊，继续说："唔……没有张军长谁去招抚郭军散兵？散兵还不算，魏益三部下还有两万人马在山海关，若和冯玉祥一合股，比郭鬼子力量大几倍，打过来，奉天就顶不住。唔……收编郭军，谁也办不到，唔……我不敢去，大帅也不行，非张军长不行。他一招手，那些人就都回来了。张军长再往前一挺，天津、北京就落在咱们手里，那时候我才敢保你上北京。"

吴俊升说完，张作相也站起来替张学良求情，张作霖又大吼了一声："你住口！我姓张的用人，向来是一秉大公，赏罚分明，并不是我自己养出来的都是好的。小六子这个损种上了郭鬼子的贼船。什么他妈的讲武堂、教导队，花了几百万块现大洋，讲他妈的学科、术科，耀武扬威地装他妈的了不起。这帮杂种算狗屁！'天下好'（即王永清，当土匪时的诨号）带一个骑兵团就把这帮兔崽子打得晕头转向。郭鬼子、小六子瞧不起吉、黑两省的军队，瞧不起于澜波（于芷山）。我的天下就是这些人打的。我姓张的用人向来一秉大公，李景林、张效坤、许兰洲这些人都是外来的，和我素无瓜葛；还有于孝侯（于学忠）是吴子玉（吴佩孚）的外甥，谁不知道我和曹、吴对头多年，可是我对他外甥是重用的。郭鬼子这个鳖羔子，到沈阳来，扛个行李卷，有两个茶碗还有一个没把的。小六子说他是人才，能吃苦耐劳，我一次就给他两千块大洋给他安家，那时候他感激得把他妈给我当老婆都愿意。他自以为有功，在座的谁不比他资格老，汤二哥和我穿一条裤子，出生入死，现在和郭鬼子拉平辈。小六子上了贼船，郭鬼子教他学李世民，清君侧。我若不亲自毙了小六子，对不起在座诸位……常荫槐！你不执行我的命令，我先枪毙你！"

张作霖说完，杨宇霆站起来劝说："请大帅息怒，请大帅息怒！还是吴督军说得对，为大局计，张军长不但不能法办，还得授给他统率全军的大权，扭转大局，非张军长不可。至于郭军叛变，我们大家都有责任，不能归罪他一个人。"

王永江也站起来说："近来大帅操劳过度，应该为国家保重身体，我建议马上休会。"

这时，张作相，吴俊升二人上前一左一右架着张作霖退席。张作霖边走还边喊："张学良免去本兼各职，听候查办！"[1]

一曲"引咎让贤"的闹剧就这么收场了。这样的表演，真实地体现了奉系这个封建军阀集团的粗鄙风格，足以让人捧腹不止。

在如何处理善后问题上，奉系集团内部发生了激烈争论。吴俊升主张从严处理，为首的一律予以枪毙。张作相、韩麟春主张从宽处理。张学良自然更不想株连，但发言权很少，张作霖一看到他就骂："我这点家当都叫你给折腾光了。"

最后，还是张作相说："郭鬼子闹这么大的乱子，也是有原因的，

---

1. 方正等编：《张学良和东北军》，中国文史出版社 1986 年版，第 55—57 页。

我们不能不先反省一下，自己也有错处。现在郭鬼子已经处决了，其他的人就不必多所罗织。如果一开杀戒，都是东北青年，我们要结多少冤家？我看善后工作就交给汉卿，让他从宽处理吧！"张作霖这才点头同意，说道："好，那我就不管了，小六子你去办吧！"

张学良受命后，在新民将残余部队重新改编、整理，没杀一人，没治一罪，大多数军官各复原职。其中原为第二旅旅长的刘伟性格倔强，张学良问他："刘佩高（刘的字），你怎么干这种不是人的事？"刘答道："有不是人的长官，才有我这不是人的部下。"韩麟春听到这话，赞许地说："刘佩高，你是好样的！还回到第二旅当旅长吧！"[1]

张学良的这种宽大处理，有利于安定军心，重新赢得忠诚，使元气大伤的奉军，尤其是接近崩溃的第三方面军很快复原，重新成为奉军精锐主力。后来，张学良说："打胜了郭茂宸，我在奉军中才提高了威信。"确实，张学良至此才真正树立起了奉军"少帅"的权威。

郭松龄事件对张学良影响至深，使他不再相信他人，一切大权独揽，不再设副手，以至于在军中，除他以外再也没有第二个能统率全军的人，埋下了"西安事变"后自己被扣，东北军群龙无首，很快被蒋介石分化瓦解的隐患。

但对郭松龄本人，张学良一直念念不忘，为痛失良师益友而悲伤不已。他后来每遇不顺心的事，常常自发感叹："如果有郭茂宸在，哪用我犯这份难啊！"

一天，张学良在家里请溥杰吃饭，看到桌子上有烧茄子，便感慨地说："老郭活着的时候，就喜欢吃这个菜。"[2]怀念之情，溢于言表。

一直到晚年，1981年九一八事变50周年之际，张学良在台北'荣

---

1. 刘鸣九：《张学良和他的副手郭松龄》，载方正等编《张学良和东北军》，中国文史出版社1986年版，第37页。
2. 溥杰：《和张学良相处的日子》，载方正等编《张学良和东北军》，中国文史出版社1986年版，第97页。

总'医院探视当年的对手齐世英，回首往事，两人都认为："若是那次郭松龄反奉成功，中国历史将会改写。可能就没有民国二十年（1931）的九一八事变了……"[1]

内战中的反思

郭松龄事件刚刚平息，张作霖就不顾王永江、张学良等人的劝谏，再次调兵入关，以实现独霸北京中央政权的夙愿。

1926年1月5日，张作霖亲自致电老对手吴佩孚，正式提出联合对付冯玉祥国民军的问题。吴佩孚立即复电，说："以前冯玉祥倒戈，令我痛心。现在郭松龄倒戈，你也是痛心的……我愿意帮助你。"于是，一年多前在战场上拼得你死我活的直、奉两大军阀集团，此刻又联合起来，打着"反赤"的旗帜，联合进攻冯玉祥的国民军。

张学良迫于父命，率第三方面军入关，于1月19日占领山海关和九门口，3月20日攻占滦州。同年2至3月间，直军相继占领开封、郑州、石家庄。李景林、张宗昌的直鲁联军也逼近天津。国民军三面受敌，被迫全线撤退。4月15日，国民军撤出北京，退往北京西北面的南口，以南口为中心进行防御部署。18日，奉军及直鲁联军进入北京。

不久，张作霖下令将第三、第四方面军组成联合军团，称三、四方面军，只设一个军团部，以张学良、韩麟春为军团长，辖第十、第十一两军及炮兵、工兵、坦克等特种部队，入驻京、津地区。两个军团长不分正副，各人职权也无明文规定，但实际上以张学良为主。汲取郭松龄反奉的教训，张学良对中级以上军官的升迁调动和较大的款项收支抓得很紧。

---

1. 郭冠英：《张学良在台湾》，中国友谊出版公司1993年版，第199页。

从 6 月开始，奉（张作霖）、鲁（张宗昌）、直（吴佩孚）、晋（阎锡山）四路军队联合进攻南口和张家口的国民军。南口山高岭峻，形势险要，是幽燕北面的屏障和咽喉要道，要想在北京城里高枕无忧，就必须将南口拿下。张学良指挥三、四方面军攻打南口正面，经过两个月的苦战，在优势炮火的支援下，才于 8 月 14 日攻克南口，随即占领张家口。

南口的地形本来是易守难攻，而且冯玉祥的部队又擅长防守，张学良指挥的联军之所以能够攻克南口，主要得益于奉军炮兵的优势。当时，国内各派军阀部队都是购买国外的大炮，一门大炮顶多配备 500 发炮弹。而奉军自己创办的奉天兵工厂，可以自行制造大炮及炮弹，炮弹不受限制。这次联军进攻南口，奉军两个主攻团配备 72 门大炮，接连打出五六万发炮弹，如此密集的炮火使冯玉祥的守军无法坚持，不得不撤退。[1]

同时，奉军第六方面军吴俊升所部骑兵第十四军攻占了多伦。直军和晋军相继攻克了怀来、大同、丰镇等地，国民军不得不一路向西退至陕甘宁一带。奉军再度控制冀、热、察和京津地区。因击败国民军有功，吴佩孚提请北京政府晋升张学良为陆军上将。

奉军骑兵第十四军穆春部攻占多伦后，军纪败坏，肆行抢掠，商店、住户、寺庙无一幸免，民怨沸腾。不久，被抢的喇嘛写呈文上告吴俊升，吴俊升又报告了张作霖。9 月中旬，张作霖派张学良前往张家口查办，打算处置几个抢掠的军官以平民愤。因消息走漏，当张学良召集第十四军官兵讲话时，突然发生兵变，一时枪声大作。张学良身边的随从参谋姜化南当场被击毙，张学良所乘坐的汽车也着数弹，险些丧命，变兵随即骑马逃走。事发后，张学良奉命解散第十四军，立即将所有官兵分别遣散，以团长于奉林为首的 120 余人被枪决，并将军长穆春、旅

1.张学良口述、唐德刚撰写：《张学良口述历史》，山西人民出版社 2013 年版，第 62—63 页。

长王永清、徐永和押解至奉天，关了半年之久才开释。[1]

在攻下南口、解除对北京的威胁之后，张作霖决定奉军南下。1926年9月，他在奉天召开军事会议，决定南下，依次从吴佩孚、孙传芳手中夺取地盘，然后对抗南方的国民革命军，企图称霸全国。

11月30日，张作霖又在天津蔡园召开军事会议，纠集奉军、直鲁军将领，并邀请吴佩孚、孙传芳和阎锡山的代表，讨论如何联合对抗国民革命军。会议决定，推举张作霖为安国军总司令。会后，孙传芳、吴俊升、张宗昌、阎锡山、商震、寇英杰、陈调元、张作相、卢香亭、韩麟春、高维岳、周荫人、陈仪、褚玉璞、汤玉麟、刘镇华等16人联名发表通电略谓："赤逆披猖，黔黎困惫，纪纲失坠，邪说横行，凡有良知，莫不愤激。传芳等仗义讨贼，义不容辞，然成城有志，束箭弥坚，自非有统一指挥之谋，难收提纲挈领之效……谨愿推戴我公为安国军总司令，统驭群师，同申天讨。"[2]

12月1日，张作霖身穿大礼服，跪拜祭天，在天津正式就任安国军总司令之职，同时任命孙传芳为安国军副司令仍兼苏皖赣浙闽五省联军总司令，张宗昌为安国军副司令仍兼直鲁联军总司令。当天，张作霖发表长篇"反赤"宣言，对抗国民革命军。

1927年2月，张学良、韩麟春率三、四方面军（辖万福麟第八军、高维岳第九军、于珍第十军、赵恩臻第十一军、汲金纯第十五军、胡毓坤第十六军共6个军，全是东北军的精锐），以"援吴"（即援助吴佩孚）为名，沿京汉线南下河南，进攻吴佩孚所部靳云鹗，准备夺取河南地盘。3月17日，奉军攻占郑州，吴佩孚西走洛阳，靳云鹗南逃许昌。20日，靳云鹏组织反攻，双方在郑州南郊激战四昼夜，均损失惨重。

1. 郭希鹏：《我随奉军参加南口战役之回忆》，载中国人民政治协商会议全国委员会文史资料委员会编《文史资料选辑》第51辑，文史资料出版社1981年版，第120页。
2. 韩信夫、姜克夫主编：《中华民国大事记》第2册，中国文史出版社1996年版，第535页。

24 日拂晓，靳部将领高汝桐（时任河南自卫军军长）亲率卫队、敢死队，乘坐 3 辆铁甲车，从正面冲锋，同时派步兵从两翼出击。奉军立即兵分三路阻击，中路也以铁甲车出战，因车速太快，无意之中车前挂钩将豫军战车挂上，一时无法拆开。双方第一次见此阵仗，也不知怎么办好。相持之下，奉军急中生智，近距离向对方铁甲车开炮，炮弹平射直入，洞穿三车。豫军战车被毁，被奉军拖回自己阵地。豫军中锋受挫，两翼纷纷溃退。战后，奉军开车检查，方知高汝桐亲自在车中指挥，已中弹身亡。

张学良目睹血肉模糊的尸体，感慨万分，命人厚殓高汝桐，并亲自主祭，以笼络民心，稳定危局。他亲笔书写的巨幅挽联，赫然悬挂在会场上。上联是“陷胸断脰是男儿，死非其所，痛矣”；下联为“沐雨栉风先士卒，事不得人，惜哉”！这幅挽联，字里行间洋溢着对高汝桐身先士卒、战死沙场的赞誉，也流露出对这员虎将不能为自己股肱而是敌手的感慨。张学良亲挽敌将，一时传为佳话。[1]

不久，武汉国民政府派遣唐生智、张发奎等部出武胜关北伐，于 4 月 27 日进占驻马店。张学良最初轻视北伐军的战斗力，不料刚一接战，即连遭败绩，尤其是第十军于珍部损失惨重，富双英副军长被俘。

5 月 7 日，冯玉祥部西北国民革命军兵出潼关。奉军处于两面被突击、包围之中，又顾虑侧背拥兵观望的阎锡山，不得不于 6 月退出河南，张学良移驻保定。旋因宁汉分裂，进入河南的北伐军被调回武汉，双方战事暂时停顿下来。

自 19 岁出掌军旅以来，张学良连年为父征战，目睹因军阀混战造成国家满目疮痍、民生凋敝，同胞自相残杀，有为有志的青年多为牺牲，大伤国家元气，而外侮日亟的严重后果，他渐渐突破了“张氏父子打天下”的封建传统观念，开始反对父亲进行的内战，并激发了“息内争，

1. 习五一：《张学良亲挽敌将》，《团结报》1988 年 12 月 20 日。

御外侮"的爱国主义思想。

1926 年 9 月，京师警察总监李寿金等计划庆祝奉鲁联军攻克南口，张学良特致函坚决谢绝。他受郭松龄事件的打击，本来就反对这场奉（系）国（民军）战争，但迫于父命，不得不参加，已是苦恼万分。战争之后，又见一幅灾民遍野、将士暴骨的惨象，他悲哀还来不及，怎么敢弹冠相庆呢！何况这次战役不过是因政见不同而引发的同根相煎，胜亦何足言功！他希望李寿金等把庆功之款移作慈善之举，救济战区附近灾民，抚恤奉（系）国（民军）两军死伤将士。[1] 从此，张学良对参加这种军阀混战毫无兴趣了。

1927 年河南作战时，张学良一想到同种自相残杀，心中就十分不快，加之列强接连制造惨案（汉口惨案、九江惨案），外患严重，遂产生了"息内争，御外侮"的想法。3 月 22 日，他和韩麟春联名发出通电，本着"兄弟阋于墙，外御其侮"的精神，呼吁"海内贤豪，统筹全局，共图国事；息内争，共挽颓流"。[2]

在撤离郑州时，张学良下令保存军火库，不炸黄河大桥，并留下一封很长的书信，表示自己和奉军对国民革命军并没有敌意。信里主要说了三点意思：第一是说我们这里剩下很多粮食，按照惯例军队撤退时需要销毁粮食不能留给敌人，鉴于河南老百姓没有粮食吃，粮食不烧了，你们拿去赈济老百姓。第二是说按照惯例在撤退时应该炸毁黄河铁桥，但桥梁是国家的，我们也不炸了。第三是说我军有很多重伤的官兵不能移动，请贵官本着人道主义的原则，对这些重伤官兵加以救治，不胜感激。[3]

到达新乡后，他又命令刘鸣九以他的名义草拟了两三封电报给蒋介石，希望双方罢兵言和，共商国是。

---

1. 毕万闻主编：《张学良文集》第 1 卷，新华出版社 1992 年版，第 49 页。
2. 同上，第 67—68 页。
3. 张学良口述、唐德刚撰写：《张学良口述历史》，山西人民出版社 2013 年版，第 88 页。

张学良回到北京后，力劝张作霖停战。他质问父亲："咱们打的这场仗，有什么意义？为什么咱们非打不可？"当他叙述到一路上看见人们流离失所、饥寒交迫的惨状时，禁不住泪流满面，一边流泪，一边大叫："这究竟是怎么回事？这究竟是为什么？老百姓受这么大的苦，都是我们这个内战搞出来的！"[1]张作霖自然听不进去，斥之为儿女私情，反而加速追求多年的"元首梦"。

6月18日，张作霖在北京中南海怀仁堂，正式就任所谓的中华民国海陆军大元帅，成为北洋政府事实上的末代元首。张作霖在北洋军阀即将灭亡之前，终于爬上了他梦寐以求的最高宝座，建立了北洋军阀的最后一个小朝廷——安国军政府。但他的宝座还未坐热，他身边就爆发了一场"地震"。

9月，山西土皇帝阎锡山宣布加入国民革命军，就任第三集团军总司令，随即兵分三路出山西，图谋京津。战前，张学良曾劝告阎锡山："实不忍奉、晋相见以兵，糜烂北方，致为亲者所痛，仇者所笑也。"[2]但阎锡山并没有理睬。

9月29日，阎锡山致电南京国民政府报告誓师讨奉。同一天，晋奉战争开始，阎锡山所谓晋军分两路向奉军展开进攻：右路军由阎锡山亲自指挥，沿京汉铁路前进，第二、第三军由河北获鹿、平山一带进至滹沱河南岸，次日，第二军在滹沱河北岸进入攻击准备，第三军在平山县以北地区集结。晋军左路军由商震担任总指挥，指挥第一、第七、第九军沿京绥铁路进攻。当天下午，晋军先后占领丰镇、平地泉，奉军检阅使于珍及特派员赵侗在丰镇为晋军俘获。

阎锡山不宣而战，奉军不得不应战。在张学良指挥下，奉军凭借军队优势，很快将晋军赶回山西，唯有傅作义指挥的晋军第四师1万多人，

---

1. 管宁、张友坤译注：《缄默50余年——张学良开口说话》，辽宁人民出版社1992年出版，第23页。
2. 毕万闻主编：《张学良文集》第1卷，新华出版社1992年版，第81—82页。

自 10 月 13 日攻占涿州后，一直坚守 3 个月。张学良指挥 4 万多奉军以飞机炸、大炮轰、地道陷、昼夜攻等方式，对涿州城前后发起 9 次总攻击，始终未能攻下。后经各方调停，傅作义才同意有条件向奉军投降。傅作义于 1928 年 1 月 13 日出城，所部晋军宣布接受奉军改编，战事方告结束。张学良钦佩傅作义是一条好汉，将其安置在保定鲍文樾家中，奉为上宾。张学良与傅作义两人从此成为好友。

处于和战两难之间的张学良，心力交瘁，难堪重负，致使恶习加深。张学良吸食鸦片，最早开始于 1924 年第二次直奉战争期间。在指挥山海关战役中，因战事空前激烈，他精神高度紧张，偶尔吸几口，以松弛神经。1925 年郭松龄反奉，张学良大受刺激，为解脱忧思，开始借物消愁。事后，他接受郭松龄事件的教训，不再设立副职，军政大事一切均由自己一人决定。这样一来，重担在肩，压力增大。每当行军打仗时，张学良常靠鸦片提神。而遇有忧愁烦恼时，又每每依赖它消愁，日久天长，渐渐上瘾，酿成痼疾。

1927 年初夏，张学良从河南退守保定，战事暂时停顿下来，便决意戒除嗜好，由随从医师选择一种麻醉针剂，按时注射，用以代替鸦片，作为戒除的初步。不料，这种针剂含有吗啡。过了一段时间，张学良虽然可以不吸鸦片，却又离不开这种吗啡针了。而且因其间隔时间很短，往往在盛会之上、访谈之间，也要离席入内注射，引起诸多的误会，说他慢客。染此恶习，对于年轻有为的张学良来说，实乃大不幸，精神与身体不得不承受双重打击。[1]

---

1. 赵云声：《张学良与赵一荻》，新华出版社 1987 年版。

接纳红粉知音

这期间，唯一能给张学良带来慰藉的，便是他与赵一荻的交往与爱情。

赵一荻，本名赵绮霞，1912年出生于香港，乳名香生。一荻是她上学时的英文名字 Edith 的音译。其父赵庆华（1879—1952），字燧山，浙江兰溪县（今兰溪市）人，监生出身，历任广九铁路总办、津浦铁路局局长、交通银行上海分行经理、沪杭甬铁路局局长、交通部航政司司长、交通部次长等职务，是清末和北洋军阀统治时期显赫的交通系的一员干将，他所交往的都是达官贵人。赵家子女众多，男女分别排行，在四个女儿中，赵绮霞年龄最小，家里人都叫她赵四，有时也写作赵媞。她从小受过良好的教育，就读于天津有名的浙江小学和中西女中，与曾任北洋政府内务部、交通部总长、代理国务院总理朱启钤的五女朱湄筠（后嫁给张学良的秘书朱光沐）、六女朱洛筠（后嫁张学良弟弟张学铭）是同学。赵绮霞的姐夫冯武越在创办《北洋画报》时，得到过张学良的资助。张学良有时也写些短诗短文，用笔名在《北洋画报》上发表。因此，两人关系不错。当时，天津最有名的交际场所是蔡公馆。蔡公馆的主人是张学良三弟张学曾的岳父，此公曾留学德国，颇有西洋派头，经常在公馆内举办跳舞晚会、放电影等活动，邀请天津有钱有势人家的名流及其夫人、公子哥、小姐等参加玩乐。

1927年的某一天，年仅15岁的赵绮霞随哥哥、姐姐、姐夫参加蔡公馆的舞会，与26岁的张少帅相识，两人一见钟情。他俩一个英俊潇洒，一个豆蔻年华，从此相互倾心，永不忘怀。张学良每当征战间隙，繁忙之余，总要设法往天津跑，与赵媞见上一面。与赵媞的恋情，给处于极度苦闷、忧郁、劳顿中的张学良，带来了一丝安慰和短暂的松弛。

后来，张学良主政东北，于1929年3月派副官到天津把赵媞秘密接到沈阳，安置在北陵别墅同居。当时，张学良28岁，赵媞17岁。不久，张学良准备把赵媞接进帅府，惹得于凤至大怒。本来，于凤至对张学良在外面找女人一向大度，不予过问。但这回问题严重多了：赵媞是名门闺秀，私奔有辱门庭；张学良与十几岁的少女同居，有伤风化，而且还要进门。于是，两人大吵大闹。张学良态度很强硬，还说要拿枪打于凤至。于凤至毫不畏惧，挺胸让他打。张学良一看来硬的不行，转而软求硬磨，最后两人达成妥协：赵媞不能有"夫人"名义，对外是张学良的私人秘书，对内则称"赵一荻"。此后，于凤至与赵一荻相互忍让，三人倒也相处得不错，张学良称赵媞为"小妹"，以与称于凤至为"大姐"相统一。

赵庆华虽然是见过世面的洋务派，但在家庭伦理上却是一个传统的封建大家庭的家长，对于女儿的私奔，他认为是极为丢脸面的事情。赵庆华奈何不了大军阀的公子、少帅张学良，只能把气出在女儿身上，加之赵媞的异母兄长为助其母亲争宠火上浇油，赵庆华一怒而在天津《大公报》《庸报》等报纸上刊登与赵媞断绝父女关系的启事：

> 我族世祖清献公，系属南宋后裔，居官清正，持家整肃，家谱有居家格言，家祠有规条九例，千余年来，裔孙遵守，未尝败坏。历朝御赐文联，地方官吏春秋致祭，即民国前大总统、总理亦赠匾对，荣幸何似！讵料四女绮霞，近为自由平等所惑，竟自私奔，不知去向。查照家祠规条第十九条及二十二条，应行削除其名，本党为祠任之一，自应依遵家法，呈报祠长执行。嗣后因此发生任何情事，概不负责，此启。[1]

---

1. 张之宇：《张学良探微：晚年记事》，江苏人民出版社2004年版，第110页；赵燕生：《关于张学良与四妹绮霞的点滴回忆》，载中国人民政治协商会议全国委员会文史资料委员会编《文史资料存稿选编——西安事变》，中国文史出版社2002年版，第788页。

这个启事虽未提张学良的名字，但也引起了许多亲友和读者的注意，一时众说纷纭，传为趣闻。赵庆华同时还宣布，因自感惭愧，从此不再为官。从此，他携一妾，隐居北京香山。

1930年11月，赵媞在天津协和医院产下一子，取名闾琳。因怀孕时，赵媞背上生了"瘩背"，疼痛难忍，又不能仰卧，致使早产。为照顾好小闾琳，赵媞自愿做了绝育手术。为应付外界，于凤至假称为己生，把他当作自己的亲生儿子看待。

"老帅"遭日本暗算

1928年1月9日，蒋介石通电复任国民革命军总司令之职。2月，他自兼第一集团军总司令，以冯玉祥、阎锡山、李宗仁分任第二、三、四集团军总司令，分别由津浦、京汉、正太、京绥等线开始第二次"北伐"，会攻京津及华北地区。3月，张作霖在北京召开最高军事会议，决定张宗昌、孙传芳在津浦路取守势，张学良在正太、京汉路方面采攻势。

4月，战争爆发。张学良、杨宇霆（1927年秋，韩麟春病重辞职，杨继任）率三、四方面军主力重下河南，进攻冯玉祥的第二集团军，颇为得手。但津浦线方面，蒋介石的第一集团军于5月1日攻克济南，张宗昌、孙传芳节节败退。

5月9日，张学良、杨宇霆应张作霖之召，从前线返回北京讨论当前和战大计。张学良目睹形势严峻，力劝父亲息兵言和，一致对外。张作霖表示同意，于当天发出息争通电，呼吁停战议和，但仍不愿和平让出京、津。张学良、杨宇霆连夜出京回防，布置撤兵，下令三、四方面军退守保定一带。

10日，张学良、杨宇霆复电北洋元老朱启钤，表示："但能息争救国，无不遵从。"[1]

11日，张、杨等又致电上海总商会，称："南北一家，彼果无弯弓而射之成心，我确有免胄寻盟之真意。"[2]

张学良这时还采纳杨宇霆的建议，动员以东三省议会联合会议长范朗清为首的东北各界代表，前来北京，大家联合吁请张作霖回东北坐镇。

到5月下旬，国民革命军4个集团军相继占领邯郸、石家庄、大同、张家口等地，逼近京、津。30日，张作霖再次召集张作相、张学良、杨宇霆、孙传芳等在北京开会。张学良又提出把奉军先全部撤至滦东，再逐次退出关外，以保存实力的主张。张作霖见大势已去，终于点头同意，随即向奉军下达了总退却令。

6月1日，张作霖在中南海怀仁堂同各国使团话别，强调自己始终矢志"讨赤"。2日，他发表出关通电，宣布因厌恶穷兵黩武，决定退出京师。在离京前（6月1日），他命令许兰洲将安国军大元帅印信、国务院印信，外交部的重要档案等全部运往关外，企图有朝一日，卷土重来。他万万没有想到，日本人已经决定对他下毒手了。

张作霖一生的飞黄腾达，是与日本帝国主义者的大力支持与扶植分不开的。在与日本帝国主义的相互勾结和相互利用中，以张作霖为首的奉系军阀集团得以长期控制东北，进而多次向关内扩张势力，问鼎中原。每当张作霖身陷绝境之际，又往往在日本侵略者的支持下化险为夷，绝处逢生。然而，张作霖没有想到，1927年夏日本侵略者就决定了在中国东北换马的政策，准备对他下手了！

1927年4月20日，日本政友会总裁、长州阀山县有朋的继承人田中义一出任日本首相兼外务大臣、拓务大臣。田中义一是一个罪恶昭彰

---

1. 毕万闻主编：《张学良文集》第1卷，新华出版社1992年版，第89—90页。
2. 同上，第91页。

的大陆扩张主义者，他在《滞满所感》一书中提出为把中国东北建设成为"世界上最昌盛的殖民地而斗争"。早在1916年，担任参谋次长的田中义一主持制定了"满蒙独立计划"，并挑起了第二次"满蒙独立运动"。田中义一出任首相后，迫不及待要推行其侵略计划，指示外务省政务次官森恪着手筹备一次有陆海军首脑、驻华使领、关东军司令官等参加的东方会议，专门讨论对华政策。森恪是一个根本不承认东北主权为中国所有的"满蒙第一主义者"，是日本军国主义的急先锋。他受命筹备东方会议后，同军部一批狂热的军国主义者进行了频繁磋商。森恪明确表示，"日本应当确保满蒙"，"将满洲从中国本土分割出来，划为特殊的区域，在这块土地上渗入日本的政治势力"。森恪的主张赢得了日本参谋本部和关东军的赞同。1927年6月27日至7月7日，田中义一主持在东京召开有外务省、大藏省、陆军省、海军省、参谋本部、军令部及驻中国各地外交官、关东行政长官、关东司令官等参加的秘密会议，讨论日本对华政策，史称东方会议。在会议召开前，外务省政务次官森恪同日本法西斯少壮派协商，达成了使"满洲从中国分离出来"的共识。在东方会议上，田中义一以训示的方式提出《对华政策纲领》，在策略上明确为"确保在满蒙特殊的地位权益"，必须决心维持"满蒙"的治安；贯彻"满蒙分离政策"，并应促进"满蒙"铁道问题的解决，着手进行铁道问题的交涉；在中国内部谋求支持国民党右派势力以镇压共产党；确立以武力保护日本在华"居留民"等一系列原则。这次会议把日本侵略中国的政策推向了一个新阶段。[1]

东方会议后，日本即通过各种渠道向张作霖索取"满蒙"权益。7月23日，日本驻沈阳总领事吉田茂出面同奉天省长莫德惠进行交涉。吉田茂是一个臭名昭著的披着外交官外衣的侵华分子，他一出场就指责奉天当局违反条约，建造与南满铁路平行的打虎山—通辽铁路等线，应

---

1. 章伯锋、庄建平主编：《抗日战争》第1卷，四川大学出版社1997年版，第1页。

当反省。接着,吉田茂提出日本要在东北建造吉会线的敦化—图们江段、长春—大赉线和新丘运煤线,态度极为蛮横。对此,莫德惠采取拖延策略。吉田茂急不可耐,在同关东军高级参谋河本大作策划后于8月4日向莫德惠发出警告:如果奉方不同意日本的要求,将从8月7日起禁止京奉线军用列车穿越南满铁路附属地。吉田茂这种一味蛮横高压的手段,连日本内部也认为不妥,田中义一得报后,赶赴旅顺,召集吉田茂、芳泽谦吉等驻华文武官员磋商实施东方会议决议的措施。会议决定把"满蒙问题"的交涉移往北京,由日本驻华公使芳泽谦吉与张作霖直接进行。

8月24日,芳泽谦吉从旅顺回到北京,向张作霖递交田中义一手书和"满蒙觉书"(日语觉书即备忘录),要求解决一切悬案。张作霖推说自己不知情,让芳泽谦吉找杨宇霆交涉。从8月27日至9月19日,芳泽谦吉与杨宇霆进行了3次会谈,杨宇霆奉张作霖的旨意采取拖延战术,谈判没有取得实质性进展。由于张作霖不愿完全按照日本侵略者的意图行事,在修路、筑港等问题上,张作霖还接受英、美贷款,企图将英美资本势力引进东北以牵制日本,这自然为日本侵略者所不能容忍,产生了中途换马的想法。

1928年春,南京国民政府二次北伐,张作霖的北京政权危在旦夕。日本先是出兵山东,制造震惊中外的济南惨案,企图阻挠蒋介石北上。接着,日本侵略者又趁火打劫,向张作霖提出一系列掠夺东北权益的要求。张作霖在日本侵略者施加的巨大压力下,于5月13日亲自签署了同意日本修建延海(延化—海林)、洮索(洮南—索伦)两条铁路的合同。15日,由交通部代理次长赵镇签署了日本修建敦图(敦化—图们江)、长大(长春—大赉)两条铁路的合同。另将吉五(吉林—五常)铁路合同暂时保留,待日后在奉天签署。这样,在拖延了7个月之后,张作霖最终还是在出卖东北路权的密约上签了字。

5月12日,南京政府决定绕道北上,继续逼近京、津。日本在英、美等国的压力下，不敢轻举妄动，转而要求张作霖撤兵关外，但遭到拒绝。18日，日本政府又以"觉书"分致北京、南京政府，宣称如"动乱涉及'满蒙'"，日本政府为维持"治安"，将采取"适当而有效的措施"。并警告张作霖：如果兵败再回东北，日军将解除奉军的武装。[1]张作霖极为恼怒，于25日发表声明，反对日本干涉中国内政，同时也准备接受日本要求，将奉军撤回东北。

当时，日本军部，特别是日本关东军坚持主张"为伸张日本在满权益，必须使用武力"，一再要求日本政府向山海关、锦州等地增兵，准备解除败退奉军的武装，逼迫张作霖下野，另以他人代之。5月20日，日本参谋本部下达秘密动员令，命令驻东北日军集中于奉天，并派出劲旅向锦州、山海关、新民屯一带出击。关东军认为这是占领东北的开始，极为兴奋。

美国不能容忍日本独霸中国东北，于5月23日出面干涉，表示东三省行政权属于中国。日本田中政府被迫暂时取消出兵计划，主张继续保留张作霖，使之成为日本武力威逼之下的傀儡。关东军司令官冈村宁次和高级参谋河本大作认为张作霖已经成为"日本在满洲建立新国家的障碍"，他们在对田中义一失望之余，决定拒不受命，以谋杀手段除掉张作霖。

河本大作精心挑选了一个理想的暗杀地点——距离奉天城1公里多的皇姑屯车站附近的京奉铁路和南满铁路交叉的铁路桥。桥上是南满铁路，桥下为京奉铁路，一向为日军警戒。河本指挥关东军工兵在桥墩上埋放了30袋黄色炸药，将电线引到南面距离200米左右的日军哨所，并在那里安装了起爆装置。另外，在铁桥北面又装置了脱轨机，埋伏一排冲锋队，准备在爆炸不成时，颠覆列车，乘混乱之机打死张作霖。同时，日本侵略者还在京奉铁路沿途各车站安排人员，随时通报张作霖专

1.《张作霖被炸与东三省近况》，《时事新报》1928年6月14日。

车经过的时间及他所乘坐车厢的位置，做到万无一失。[1]

张作霖虽对日本侵略者的图谋有所警觉，回奉日期一再更改，但他总认为日本人不至于明目张胆地谋害他，因而没有采纳部下提出的乘坐汽车，取道古北口出关回奉天的建议，于6月3日凌晨1时悄悄乘车离开北京西城顺承王府官邸，开往前门车站。在月台上，只有张学良、杨宇霆、孙传芳等几个人送别。张作霖表面显得镇静、愉快，但回首中南海时，眼里闪耀着泪光。临登车前，他还关切地对张学良说："小六子，明天是你的生日（1928年6月4日，正好是农历四月十七日），你自己过吧！"

凌晨1时30分，张作霖乘坐的专列启行。同行者有潘复、莫德惠、刘哲、于国翰、六夫人、三公子学曾以及日籍顾问町野武马、嵯峨诚也等人。车到天津，潘复、町野武马下车，常荫槐上车。到山海关时，黑龙江督办吴俊升专程前来在此迎接。两车合并，张作霖所坐车厢便由第三节变为第四节，是前清慈禧太后用过的装饰豪华的花车，目标非常明显。

6月4日，凌晨5时23分左右，当火车驶入皇姑屯附近的交叉铁路桥下时，日本独立守备队第二大队第四中队中队长东宫铁男大尉按动了起爆开关。随着一声巨响，一股黑烟腾空而起，高达200米，铁桥桥墩轰然塌下，刚好压在第三、四、五节车厢上。吴俊升因穿透车顶的钢梁铆钉刺入头部，当场毙命。

张作霖的胸部被沉重的车顶压着，身负重伤。随从人员迅速挪动炸坏的车顶，只见张作霖满身是血，一只手臂折断。他艰难地睁开眼说："抓住没有（指刺客）？"旁边人忙说："抓住了！抓住了！"众人七手八脚把他抬进汽车，径直驶入帅府，由医生进行紧急治疗。

1.［日］河本大作：《我杀死了张作霖》，载中国社会科学院近代史研究所《近代史资料》编辑室编《近代史资料》总47号，中国社会科学出版社1982年版。

这时，张作霖虽已奄奄一息，但神志还算清醒。他对卢夫人说："我受伤太重了，两条腿没有了（实际并未断），恐怕不行了！告诉小六子，以国家为重，好好地干吧！我这臭皮囊不算什么，叫小六子快回奉天。"[1]

3个小时后，9时30分，张作霖死去，时年53岁。这个称霸关内外多年的大军阀、一代枭雄，最终死在他过去曾依靠的日本侵略者手中，落得个悲惨的结局，这就是震惊中外的皇姑屯事件。张作霖之惨死再次证明，挟外寇以自重的人，最终是没有好下场的。政治人物应该永远记住这一点！

河本大作等人的计划是想通过炸死张作霖，引发东三省的混乱，挑起中日军事冲突，再以维持满洲治安为借口，使关东军一举占领东北，建立一个受日本操纵的傀儡政权。所以，在炸车的第二天，日本侵略军又在山海关至锦州间的一个车站，制造了奉军军车脱轨事件。河本大作还唆使日本浪人在奉天城挑起骚乱和冲突，接连发生了几起炸弹案，甚至向日本侨民会投掷炸弹，以寻找出兵的借口。6月16日，日军1.8万人在奉天城南浑河沿岸演习，高唱"南满是我们的家乡"。

一时间，奉天城人心惶惶，社会秩序紊乱。东北处于极度危机之中，内忧外患，前途莫测。人们一下子把目光投向了东北，尤其是焦急地注视着年仅27岁的张学良少帅的一举一动。皇姑屯事件把他推上了中国乃至远东的政治舞台，成为他人生道路的又一重大转折。

---

1. 周大文：《张作霖皇姑屯被炸事件亲历记》，中国人民政治协商会议全国委员会文史资料研究委员会编《文史资料选辑》第5辑，中华书局1960年版。

第三章

第二代"东北王"

张学良在东北现代化建设中，已知有 10 个项目居中国第一：东北军武器装备的现代化水平，在全国军队中首屈一指；肇新窑业公司为中国第一家机器陶瓷制造工业；辽宁迫击炮厂制造了中国第一台载重汽车；东北农业公司和东北军兴安屯垦区，开中国军民使用农业机械（拖拉机等）之先河；东北自建自营铁路里程居全国之冠；张学良驾驶飞机从沈阳到营口送邮件，开中国民航事业之始；东北无线电总台首开中国与欧美各国国际通信网络；张学良兴办东北现代教育的私人捐款居全国首位；张学良支持刘长春参加第十届奥运会，为中国体育代表队首次参加奥运会；奉天体育场是中国第一座现代化体育场。

——张德良《张学良年谱·序》

沉着应对危局

1928年6月3日晚，张学良在送走父亲后，全力处理撤军和京、津和平接收等事项。他下令奉军一律退守滦河地区，孙传芳、张宗昌、褚玉璞残部则集中在军粮城、唐山一带。当晚，张学良夜不能眠。4日早晨起床后，他看见吴泰勋（吴俊升之子）在扶乩，就问大帅如何，沙盘中出现"大帅归矣"四个字。张学良见后，还讥笑吴泰勋说："这乩太灵了，谁不知道大帅已经回去了。"[1]

中午，张学良即接到张作霖在奉天附近被炸负伤的消息。闻此噩耗，张学良力持镇静，处变不惊。他竭力促成北京社会各界头面人物王士珍、熊希龄等出面，接洽和平让渡北京办法，最后商定奉军留鲍毓麟旅在北京暂时维持秩序，待国民革命军进城接防后，鲍毓麟旅再退出。当天的生日宴会也照常进行，张学良神色依然如常，一点也没有惊慌的样子，只是不像平常那样爱讲笑话而已。[2]

傍晚，张学良、杨宇霆专车由北京开赴滦州，暂住滦河西的北山大觉寺内，指挥奉军陆续撤出关外，并筹划如何处置张宗昌、褚玉璞的直鲁联军和孙传芳的五省联军。

---

1. 司马桑敦：《张老帅和张少帅》，载《团结报》编辑部编《张学良的往事和近事》，岳麓书社1986年版，第21页。
2. 溥杰：《和张学良相处的日子》，载方正等编《张学良和东北军》，中国文史出版社1986年版，第99页。

因为父亲的忌日，正好是自己的生日，张学良从此以后不再在 6 月 4 日过生日。他说他不能过自己的生日，一过生日就想起父亲。由此点，我们不仅可以看出张学良对父亲的至爱，父子情深，而且也能体会到父亲的惨死在他心中留下的创伤，从此埋下了坚决抗日的种子。

大约在 6 月 10 日左右，张学良获知父亲已于被炸当日身亡的确切消息，一下子惊呆了，但也感到自己责任的重大，稍一疏忽，就有可能酿成大乱。他把痛苦埋在心里，每天装着若无其事的样子，照常工作，到各军视察，只是在私下里跟亲信谈及此事时，泪流满面地说："我父亲死了，我很痛苦，但现在，再苦也不能说出来。"[1]

直到滦州撤军、布防基本部署妥当后，张学良才把前线军事指挥权暂时交给杨宇霆，自己化装乘坐闷罐车杂于士兵中秘密出关潜回奉天城。

当时，大家都明白皇姑屯事件是日本关东军干的，但谁也不知道日本侵略者下一步要干什么。日本侵略者既然敢谋害张作霖，也就有可能同样对张学良下手。为防止重蹈父亲的覆辙，张学良身穿灰色士兵服装，剃光了头发和胡须，化装成一个炊事员，只带了副官谭海、卫队营营长崔成义、外交助手王家桢等几个亲信随行，他们坐在一列运载撤退奉军的闷罐车中出山海关。车过皇姑屯时，他探身窗外，神色惨淡，默然无声。6 月 17 日，张学良平安抵达奉天城。[2]

皇姑屯事件后奉天省当局立即识破了日本侵略者的阴谋，采用奉天省督办公署参谋长臧式毅的建议，决定暂时秘不发丧，对外宣布张作霖只是身受轻伤，以稳定局势，防止关东军借机行事。厨房每天照常开张作霖的饭，医生天天按时来帅府换药，填写治疗的经过和处方。还把张

1. 管宁、张友坤译注：《缄默 50 余年——张学良开口说话》，辽宁人民出版社 1992 年版，第 45 页。
2. 崔成义：《张学良奔丧返奉》，载方正等编《张学良和东北军》，中国文史出版社 1986 年版，第 83—84 页。

作霖头部用绷带包扎起来，仅露出眼、鼻、口、躺在床上，旁边照常摆了鸦片烟具和水果，甚至重新为张作霖配制了爆炸时损坏的老花镜，置于床头。中外客人探病问伤，一律请其在卧室外隔着窗户遥望，使日本人一度信以为真。[1]

一直到6月8日，关东军才确认张作霖已死。但由于奉天当局沉着应对，力戒与日军冲突，河本大作所期望的两军武装冲突始终没有发生，日本人找不到出兵的合适借口。日本陆相白川义则曾在内阁会议上提议授予关东军向京奉铁路沿线出击的权限，内阁多数成员以事关重大，予以拒绝。结果，河本的计划仅仅是炸死了张作霖而已。

同时，在张作霖继承人问题上，日本内部意见也很不一致。曾任张作霖顾问的松井七夫主张扶植杨宇霆，日本驻奉天特务机关长秦真次主张拥立张学良，关东军参谋长斋藤恒看上了张作相，河本大作则拟定张景惠。这反而为张学良顺利继承父位，创造了有利条件。

张学良返回奉天帅府，一见到父亲的遗体，便放声大哭，把十几天来憋在心中的悲痛与苦闷一下子倾泻了出来。经此发泄，他情绪有所好转，马上考虑善后问题。

当晚，奉天省长刘尚清、督办公署参谋长臧式毅、外交处长王家桢等齐聚帅府，连夜讨论，认为既然大帅在弥留之际有话，理应由张学良先主持奉天军务，以防不测。最后，他们商定用张作霖的名义草拟手令一份，内称：

> 本上将军现在病中，所有督办奉天军务一职不能兼顾，着派张学良代理，仰即知照，并转所属一体知照。
>
> 张作霖 铣

---

1. 丁中江：《北洋军阀史话》（四），中国友谊出版公司1992年版，第543—544页。

张作霖的签名是由张学良代签的，他模仿父亲的签名，写得一模一样，完全可以乱真。因为前方将领和奉天要员都知道张学良17日回到奉天，为避免内部生疑，日期落上"铣"（16日）字。[1]

第二天，6月18日，刘尚清发表"奉天省长公署令"，宣布奉"张作霖手令"，张学良已于17日代理奉天军务督办。20日，张学良通电全国，正式就职。电文的主要内容如下：

> ……自今以后，谨当遵大元帅佳日息争通电（张作霖5月9日息争通电），停止一切军事行动，抱息争宁人之旨，以期贯彻初衷，自非他方危害侵及生存，决不轻言战争，此为我父老敬告者一。
>
> 国于天地，必有与立，交邻亲善，古有明言，东省地介边陲，尤宜讲求外交。自今以往，当以最诚恳之态度与友国相周旋，屏除挑拨离间之阴谋，祈达共存共荣之目的，此为我父老敬告者二。
>
> 东省为国防地带，整饬戎政固职责所当然，然古有明言，兵在精不在多，比年因战事发生，编制不无冗滥。自今以后，当取精兵主义，力谋收缩，一面厉行兵农政策，即以收束军队从事农垦，期于开发地利，为国实边，但使畎亩中多一耕农，即社会上少一游惰。彼时生产之力日增，军费亦因之自然日缩，袍泽同感生存之乐，而饷需亦无竭蹶之忧，此为我父老敬告者三。
>
> 奉省金融困滞，公私痛苦同深，勉事补苴，终非善策。自今以往，当厉行开源节流主义，实事求是，蠲除一切苛捐杂税，以利民生，一面提倡实业，奖励生殖，其他推广教育，整理司法，凡百内政，均协助民政长官切实进行，俾民治早日观成，即政治之改革可期完善，此为我父老敬告者四。

---

1. 王维礼、范广杰：《蒋介石和张学良》，吉林文史出版社1994年版，第30页。

至于国家之大，主体在民，民意所归，即国是所在。自今以往，以全体民意为准则，循序渐行，其一切制度规章悉采取众意，归于公决，庶将来政治入于正轨，全国可企同风，此为我父老敬告者五。

以上所列，上之则秉承于庭训，内之则发动于良心，端绪虽繁、精神不贰。志愿所在，生死以之。[1]

通电提出了治理东北的五项方案，可以说是张学良的施政纲领，归纳起来即是：（1）罢兵言和，反对内战；（2）交邻亲善，讲求外交；（3）整饬戎政，实行兵农政策；（4）提倡实业，整顿金融；（5）顺从民意，改革政治。[2]

当时，张学良就任的是代理奉天军务督办之职，但电文中讲的多是全东北的问题。这实际上是为他不久主政东北三省做了理论准备。

在通电就职的当天，张学良还采取同样的办法，用"张作霖手令"，调吴俊升的侄子、黑龙江省军务督办吴泰来为奉军三、四方面军骑兵集团军军长，委派万福麟为代理黑龙江省军务督办。[3]

未完成的营葬

在用父亲的名义，解决了奉、黑两省军政当局继承问题后，张学良才于6月21日正式公布父亲的死讯，宣布张作霖因伤势过重于当天子时去世，开始发丧，举行隆重的祭奠活动。在帅府内，搭起了一座高达20

1.《国闻周报》第5卷第25期。

2. 同上。

3. 管宁、张友坤译注：《缄默50余年——张学良开口说话》，辽宁人民出版社1992年版，第45—46页。

多米的灵棚，中央设祭坛，安置张作霖的灵柩，前有戎装照片，左右两旁摆满了社会各界送的花圈。灵棚悬挂各界人士送来的挽联，包括蒋介石、冯玉祥、阎锡山、吴佩孚、段祺瑞等军政显赫人物。中外吊丧宾客络绎不绝。东北各省城、市县也先后搭设灵棚，公祭张作霖。一时间，好不热闹。这其中也包含了对日本帝国主义的抗议。

在为张作霖治丧期间还发生了惊心动魄的一幕。张学良自述说：

> 我父亲开吊之日，日本关东（军）司令官（菱）刈隆大将率宪兵一小队，亲来吊祭，我因仇愤，冲动万分，拟杀之以祭我父，被张辅忱（张作相字）、王维宙（王树翰字）二人所制止。张以强词不准我乱动。王则劝我说，东三省父老，对我有所期望，付托以大任，非有私爱于我也。我虽不计一己之利害，我不能不顾东三省父老之遭殃，不可徒逞一时之愤，而害无辜。何况人来行吊祭之礼，我则杀之，此非丈夫之行也。成大业者，须能忍辱负重，非逞快之徒，语云："打落门牙，带血吞。"愿我三复斯言。当（菱）刈隆祭毕去后，我行家祭未能终祭，曾悲痛昏倒于父亲的灵前。[1]

如果不是张作相、王树翰及时制止了张学良的一时冲动，真的杀了日寇关东军司令官，那后果是十分严重的。

8月，张学良为父亲举行了盛大的出殡仪式，停灵柩于奉天东关竹林寺待葬。

从1928年秋天开始，张学良投入1 400万元现洋（其中包括大帅府拨款500万元，东三省捐款800万元）巨款，在抚顺市东约60里（30公里）的铁背山麓，开始为张作霖修建规模宏大的陵墓。这块墓地是张学良带领风水先生亲自勘定的。在张学良主持下，成立了大元帅墓葬工

---

1. 张之宇：《张学良探微：晚年记事》，江苏人民出版社2004年版，第47页。

程处，东三省官银号总办彭相亭任总办，石辑吾为经理。墓地临山环水，苍松翠柏。风水先生称此地：前照铁背山，后坐金龙湾，东有凤凰泊，西是金沙滩，是一块罕见的风水宝地。张学良对墓葬工程十分关注，多次亲临工地视察指导，并将墓地取名为"元帅林"。工程历时3年，工程尚未竣工，日寇即于1931年发动九一八事变，东北沦陷，工程被迫停止。日本统治东北的14年间，张作霖墓地屡遭严重破坏，成为一片废墟。

1979年，辽宁省政府根据文物保护政策，拨款重修"元帅林"。整个墓地坐北朝南，由方城、圆城、墓室三部分组成。圆城南大门内新铺游览的甬道，建一花坛，外围栽植上千棵果树。台阶两旁有高耸的华表和一对石狮。台阶尽头，翁仲对立。墓室内浮雕飞天，汉白玉的盘龙、瑞兽栩栩如生，顶上有日月星辰。

重修"元帅林"后，留在大陆的原张学良旧属卢广绩（96岁）、刘鸣九（91岁）、荆有岩（91岁）、郭维城（78岁）、张庆泰（80岁）、吴家兴（80岁）、杨志信（80岁）于1990年4月18日联名写信给张学良，邀请他回乡移葬张作霖。信中写道：

汉公钧鉴：

岁次庚午，适逢我公90高龄之期，南望云天，别情离绪，实不胜怆然。所幸苦难之祖国日趋振兴，统一之局面为期不远。大陆人民，特别是公之旧属亲朋莫不衷心默祝，深盼能不放过我公一生之唯一之90寿诞，为公当面祝南山不老之寿，借叙离情。我公亦可假此机会探视、扫墓、移葬先人。公曾一再亲口说过，先大帅壮烈遇难，简葬辽西，尸骨未寒，其灵柩必须由公本人安葬辽东。铮铮斯言令人难忘。现驿马坊旧坟地，已由锦州市和令孙大壮出资修葺，元帅林新墓园一直由抚顺市政府负责，保护完好。移葬条件已具备，只待我公亲临主持，如此良机实不可失。我等深知我公一向谦虚大量，但对此办寿扫墓探亲移葬之奉当允不辞也。对此台湾当局亦当本人情大义不予拒绝。引领神驰，不尽欲言。谨祝健康长寿。[1]

此信寄给台湾著名大报《中国时报》社编辑部并由其转交张学良。但由于种种原因，张学良没有接受邀请回乡。同年 10 月 9 日，张学良复信卢广绩做了答复。信中说："寄来剪报及报纸均收到，多谢！最近甚忙，迟迟未能复信，请原谅。请代为问候各位乡弟。"[2]信的抬头称卢广绩为"广绩乡弟"，实际上卢广绩长张学良 7 岁，应当称"乡兄（哥）"才对。也许是分别半个多世纪，张学良记忆模糊搞不清楚谁大谁小了。

九一八事变打断了张学良安葬父亲的全盘计划。张作霖的灵柩停在东关竹林寺无法入土为安。一直到 1937 年 6 月 3 日，即张作霖遇难身亡第 9 个年头的前一天，才由在伪满洲国中任职的原张作霖部属出面，将张作霖安葬在辽西黑山县驿马坊（今属锦州市，距城区约 39公里）。

此墓地位于东北三大风景名山之一的医巫闾山余脉石山脚下。石山古称十三山，因有 13 座山峰而得名。《奉天通志》载："十三山高一里余，周二十里，峰峦罗列，大小相错，凝冈积翠于大荒中，若远若近，宛若图画，海山之奇观也。"清康熙帝东巡经过此地曾咏曰："迤逦峰连大道间，凭空青削十三山。"其孙乾隆帝也曾咏诗："自是闾山行尽处，画图云拥十三峰。"[3]这个墓地原本是张作霖请风水先生为其母亲王太夫人选中的一块风水宝地（这里离王太夫人老家不远）。1916 年，张作霖将其母亲由黑山县迁葬到这里，立为主坟，依次安葬。墓园中立有两通九眼透龙碑，通高 3 米，宽 0.9 米，厚 0.3 米。南面一通为清朝宣统皇帝之诏

1. 赵杰：《留住张学良——赴美采访实录》，辽宁人民出版社 2002 年版，第 32—33 页。
2. 同上，第 34 页。
3. 同上，第 17 页。

书，张作霖将其以碑立于家母坟前，以光宗耀祖。屹立北侧的石碑立于1916 年 5 月。此时，张作霖已升任奉天督军兼省长，绝非老母辞世时师长之职可比。于是整修驿马坊墓地，刻石勒碑。命他的秘书长、"关东大儒"袁金铠撰写了 547 字的碑文，"以彰懿德而垂后世"，此碑文由谈国桢书写，张公权勒石。后来，张作霖原配赵夫人即张学良生母死后也埋葬在这里。张作霖发迹成为东北王后，以为是坟地风水显灵，再次大兴土木，在茔地的四周砌成花墙。墓门前边立了牌坊及凉亭，并立有粗大石柱子，石柱顶上饰有石狮。茔地坟前立有石碑，碑前设有长方形石桌，可供摆祭品之用。茔地外边盖些房子，以供看坟的人居住。看坟选最可靠的人或至近亲友，带家属长期居守，看护茔门，任何人都不准进入。看坟者耕种茔地附近的土地，收获归己。[1]

张作霖旧部将其灵柩在奉天行"慰灵祭"移葬驿马坊。事前由地方雇民工，傍其妻坟的南侧，打一个比棺材大些的墓穴，然后在三面用砖石砌墙，灌以水泥。灵柩下安，再以水泥板封口，然后与其妻共同培成一个大坟。当时报纸曾以"张氏遗骸埋葬，协和会之美举"为题做了报道。

从此，这里成为张作霖墓园。墓园大门坐东朝西，正对十三山的中峰。门前百余米处，原为一南北流向小溪，现今雨季水汩，平日多涸。墓园由墓门、墓墙、墓碑和冢丘组成。墓门原为三柱式石质牌楼，早年圮废，后来整修为水泥砖石结构的门柱。门外，两根两米多高的方形石柱，分立南北。柱面有刻正楷楹联："佳兆千秋开驿马；孝思百代仰慈乌。"墓园里的青砖甬道，直抵冢丘。冢丘共计两座，东面为王太夫人宿地，西面为张作霖与赵氏合墓。[2]

---

1. 赵杰：《留住张学良——赴美采访实录》，辽宁人民出版社 2002 年版，第 20—21 页。
2. 同上，第 20—22 页。

继承父亲霸业

在交代完张作霖安葬的始末后，我们再回头叙述 1928 年夏季的东北政治、军事、外交局势。

随着张作霖死讯的公布，东北军政最高长官人选的确定，就成为迫在眉睫的头等大事。按照封建军阀集团家天下的传统做法，嫡长子继承父位是天经地义的准则，张作霖生前不遗余力培养张学良，这是奉系集团成员大家心知肚明的事。早就以"少帅"闻名全国的张学良，应是新统治者的法定人选，但并非唯一的人选。当时，鉴于张学良过于年轻，奉系一批老人竭力拥戴老成持重的张作相为领袖，另有少数人支持有"小诸葛"之称的杨宇霆。日本人在占领东北的阴谋失败后，这时又在继承人问题上大做文章，推波助澜，在张学良、张作相、杨宇霆等人之间制造矛盾，弄得一时间谣言四起，飞短流长。

吉林省军务督办张作相，祖籍直隶（今河北省）深州，1881 年生于奉天义县，是张作霖的绿林老伙伴、结拜兄弟。在张作霖的早期绿林伙伴中，张作相享有"忠厚"之美名，是奉系军阀集团内部的一剂"甘草"，在张作霖与其集团成员中起着调和阴阳的作用，张作霖也很尊重他，在东北军界、政界深得人心，资历和声望俱佳，是有力的人选。

当时，张学良只掌握部分兵权，刚刚使用手腕谋得奉天省军务督办之职，基础尚未巩固，如果公开与张作相争夺，不一定能成功。因此，在 6 月 24 日举行的东三省议会联合会会议上，张学良以退为进，谦逊地推举老把叔张作相为东三省保安总司令兼吉林省司令，自己只任奉天省保安司令，万福麟为黑龙江省保安司令。

张作相对张作霖一直忠心耿耿，自然不愿辜负老帅。而且，他自知无力应付当前的复杂局面，认为张学良年少有为，他一手培养的新派势力雄厚，一定能够担当危局，应付内外，保持东北的团结，继承父位顺理成章。所以，他力辞不就，并推举张学良为总司令。他当着大家的面，对张学良说："汉卿，你放心干好了，我们都会支持你。在公务方面，如果我们不服从你的命令，你只管拿军法来办我们。可是私底下，你还是我的侄儿，如果知道你不好好干，我会在没有人的时候，打你的耳光。"作为奉系中老一辈最有分量的人物，张作相这一番话，等于一锤定音，解决了张学良的继承权问题。[1]

7月2日，东三省议会联合会再开大会，张作相恳请辞职，并全力推举张学良。最后，大会一致推举张学良为东三省保安总司令兼奉天省司令。7月4日，张学良宣誓就任本兼各职。7月23日，东北临时保安委员会宣告成立，推张学良为委员长，统一管理东北各省区所有内政、外交重大问题。

至此，张学良继承父位，取得了东北最高权力，主政东北，成为第二代"东北王"。此后，东北进入了所谓的少帅时代。"少帅"这一非正式的但极为流行的称呼，才算是具有了名副其实的意义。

顶住压力易帜

张学良继承父位、主政东北后，并非如人们想象的那样轻松自在。在显赫的权力和令人目眩的威风背后，是几乎使他不堪重负的责任与压力。当时，他所面临的最紧迫、最根本的问题，就是东北向何处去，是继续走父亲的老路，在日本的扶植下，把东北变成一个"自治"的独立王国，还是毅然易帜，实现中国的统一？这是张学良必须首先做出明确抉择的最重大问题。

第一条道路，是日本人极力追求的。当时，日本特务土肥原公开跟张学良讲，你不要跟南京政府合作，你当东北的皇帝，我们日本人捧

---

1. 张学继：《胡帅班底——张作霖幕府》，岳麓书社 2001 年版，第 174 页。

你、帮你。[1] 这一点，对于与日本有杀父之仇的张学良来说，基本上没有考虑的余地。他少年时代就痛恨日本对中国的侵略，1921年东洋观操萌生了抗日的志向，及至皇姑屯的爆炸声敲碎了他心中残存的对日本的最后一点幻想，形成了坚决抗日的思想。父亲一生对日本人小心翼翼，虚与委蛇，从不公开得罪，基本上保持了合作关系，仍不免惨遭毒手。如果自己还和日本合作的话，岂不是比父亲更容易被暗杀吗？严酷的现实，使张学良深深认识到，决不能再走父亲的老路，决不能和侵略者合作，企图在日本侵略者的庇护下以求得东北的发展，无异于引狼入室，自取灭亡，迟早会使东北落入日本侵略者的魔掌。

第二条道路，与张学良早先"息内争，御外侮"的主张正好吻合。张学良一向有国家民族观念，主张国家统一。他既已决定不与日本侵略者合作，就必然要承受来自日本方面的强大压力，甚至要冒与日本直接对抗的危险，但光凭东北一隅，难以抵抗日本一国，要想免除东北的危险，必须国家统一。只有国家统一，才有希望转弱为强，否则豆剖瓜分的局面终难幸免。

因此，张学良就任不久，即于1928年7月1日发出通电，宣布与南京方面停止军事行动，决不妨碍统一，并派遣邢士廉、王树翰、米春霖、徐祖贻等人前往北平，与蒋介石及其代表商谈东北易帜的问题。

南京政府和平接收京津地区，结束北洋政府长达16年的统治。不久，新疆督办杨增新宣布易帜，接受南京政府的领导，使得关内地区都挂起了青天白日旗，只有东北四省仍悬挂北洋政府的五色旗。这样，东北的归属问题，就成为南京政府能否统一全国的焦点，中外注目。蒋介石害怕出兵关外，日本干涉，酿成第二个济南惨案，因而也力主和平统一。

7月6日，蒋介石、冯玉祥、阎锡山、李宗仁四位集团军总司令在北平（6月20日，国民政府宣布改直隶省为河北省，北京市改为北平市——

1.张学良口述、唐德刚撰写：《张学良口述历史》，山西人民出版社2013年版，第95—96页。

笔者注）香山碧云寺孙中山灵柩前举行祭告孙中山典礼。典礼结束后，在北平召开善后裁军会议。在此期间，蒋介石亲自接洽处理东北问题。

张学良的代表邢士廉、王树翰等于7月10日下午抵达北平，即由何成濬、蒋作宾陪同前往香山拜会蒋、冯、阎、李四位总司令，洽商一切。

此前，东北方面对于和平统一问题提出过如下的条件：（1）东北政治分会由张学良任主席；（2）国民革命军不进入东北；（3）南京政府不干涉东北军政；（4）南京政府不在东北设立宣传分支机构；（5）热河划归东北。而南京政府方面提出的对案则是：（1）奉军出关；（2）悬挂青天白日满地红旗；（3）服从三民主义；（4）东北政治分会主席由国民政府委派；（5）东三省归第六军区，长官由国民政府委派。

关于东北和平易帜问题，在北平的四位总司令意见并不一致。张学良自述说：

> 我派王维宙（树翰）为代表赴北平进见，并陈述服顺中央之志愿。会谈席间，冯玉祥对王说："东北军军备甚丰，须缴出步枪若干万支，炮若干百门，而后才能谈投降的问题。"王维宙徐徐答称："我本文人，对于军事不甚知晓，不过听说冯先生所索要的武器可能是有的，但现在车辆缺乏，交通不大方便，运送如许多的东西，有点困难，还是请冯先生自己到关外去取吧！"王维宙即拟退返奉天。夜间，蒋主席单独约王谈话，对王言："你不要听冯焕章（冯玉祥字）的那一套无谓的言语，政府大计是由我负责主持，不必归去，我们要从长计议。"遂派何雪竹（成濬）、张岳军（群）同王商谈，蒋主席派何雪竹、方本仁、吴铁城先后来到沈阳，组成东北政府分会，中央任我为东北政府分会主席，兼东北边防司令长官。[1]

---

1. 张之宇：《张学良探微：晚年记事》，江苏人民出版社2004年版，第49—50页。

7月14日，蒋介石在香山别墅宴请张学良的代表邢士廉、王树翰、米春霖、徐祖贻4人。席间，邢士廉等进一步陈述东北现状及张学良期望统一之忧。蒋表示赞许，仍主张以三民主义统一东北，绝无其他主张。

当天，蒋指派参谋本部第一厅厅长刘光等作为他的代表，随同张学良的代表前往奉天与张学良当面会商东北易帜问题。

刘光到奉天后向张学良提出：（1）东三省归国民政府节制；（2）奉行三民主义；（3）改悬青天白日旗。张学良表示这三条均可办到，但必须首先解决以下四项：（1）外交问题，请立示机宜；（2）党务方面，先派员赴南方见习，再举办党部；（3）政治分会由其组织请求南京委任；（4）停止对热河的军事行动。刘光当即将张学良上述意见电告北平蒋介石。[1]

7月16日，蒋又加派何成濬、孔繁蔚为南京全权代表赴奉，直接同张学良商谈。经双方往来洽谈，顺利达成了协议，决定于7月22日正式宣布易帜。

不料，日本侵略者从斜路杀出，施加巨大压力，公然干涉东北易帜。

日本侵略者在炸死张作霖、扶助复辟派一举夺取东北三省的罪恶图谋失败后，转而决定向张学良施加强大的压力，强迫他在东北搞独立王国，使东北成为日本控制下的傀儡政权。[2]

早在6月25日，日本驻奉天总领事馆总领事林久治郎曾谒见张学

---

1. 张友坤、钱进主编：《张学良年谱》，社会科学文献出版社 1996 年版，第 289—290 页。
2.《日本并吞满蒙之秘密计划》说："帝国在'满蒙'之特殊地位，乃因东北长官有特殊的政权而确保之，请稽张作霖未入关时代自可了然。及张作霖入关而后，帝国地位因之动摇，幸当时张作霖之野心，专一统一中原，对我'满蒙'之特殊权益，不敢有何等露骨行动。然帝国至此，益感'满蒙'之地位，必须早日确定。盖中国之统一如果实现，我现有之地位必然被其蹴倒，最后目的更难达到。加之革命势力日盛，英美监视益严，帝国之危机间不容发。当时田中外相乃商诸关系官厅，乘革命军北伐机会，利用以华制华策略，炸害张作霖，扶助复辟派掠取'满蒙'；继见形势不利，转而劝告张学良独立者，无非欲确保帝国在'满蒙'现有之地位，遂行伟大之皇图。"章伯锋、庄建平主编：《抗日战争》第一卷，四川大学出版社 1997 年版，第 64 页。

良，声称接到田中义一首相的训令，劝告张学良："为今之计，东北宜以保境安民为重，勿过于向南方采取接近态度。"

7月12日，林久治郎第二次奉命谒见张学良，公然表示日本反对东北当局与南方妥协而易帜，并威胁称此举将导致东北治安秩序陷入混乱。

7月16日，张学良亲自拜访林久治郎，告以东北与国民政府商洽和平统一的条件，并征求其意见。林答以容请示日本政府后再行答复。林久治郎得到政府的训示后，于7月19日谒见张学良。林久治郎直接把田中首相的书面警告交张学良，内容为：（1）南京政府含有共产色彩，其地位尚未稳定，东北实无与其联系之必要；（2）如果南京政府以武力压迫东北，日本愿不惜牺牲，尽力相助；（3）如东北财政发生困难，日本银行愿予以充分接济。张学良阅后，很冷静地问道："我是不是可以把日本不愿中国统一的意见，或东北不能易帜是由于日本干涉的情形向南京政府报告？"林久治郎无言以对。只是说日本政府的意见，希望予以充分考虑。两人不欢而散。[1]

鉴于日本侵略者的强硬态度和巨大压力，张学良不能不有所顾虑。他授意奉系势力统治下的热河特别区都统汤玉麟于7月19日首先发出通电，宣布"改易青天白日旗，一体服从三民主义"[2]。日本对热河尚鞭长莫及，对热河的易帜没有阻挠。

7月19日，张学良分别致电王树翰、何成濬等，要他们将日本人的警告转陈蒋介石。

7月21日，张学良致电蒋介石，表示不能马上践约，要求蒋指定地点，他愿与蒋见面当面商谈。[3]

---

1. 张友坤、钱进主编：《张学良年谱》，社会科学文献出版社1996年版，第290页。
2. 钱进：《张学良与东北易帜新释》，《民国档案》2000年第4期。
3. 秦孝仪主编：《中华民国重要史料初编·绪编》（一），台北国民党中央委员会1991年版，第218页。

但蒋介石坚持认为日本未必敢立即采取军事行动，即使出兵，全国必为东北后援，要求张学良当机立断，毅然宣布易帜。当天，蒋介石在北平接见王树翰等，说："应催张学良不可为倭奴恫吓所折服，当即决定通电表示服从中央，以救东北救中国。"

同一天，何成濬、刘光复电张学良转达蒋介石的意见："总座之意，以日人态度如此，尊处愈有当机立断，毅然宣告之必要。盖日人此等举动，非仅悍然干涉我国内政，直已视东三省为彼俎上物。今惧别生枝节，而犹豫不决，以后将永远受宰割，东三省不复为我国领土，先生亦岂能更有立足之地？""东三省存亡，即中国之存亡，系乎先生今日之举措，务望即日宣告易帜，完成统一。"[1]

7月23日，蒋介石复电张学良，再次要求"请先毅然断行，以救中国"。

面对南京政府的一再催促，张学良在7月23日对记者发表谈话，表明其拥护统一的态度与不能立即宣布易帜的苦衷。他说："余现感到欲救中国之危亡，宜速谋南北之统一。故自先父去世，即迭派代表与国府要人接洽妥协。一两日来已急遽接近，（即将）成为事实，断不因日本警告即行终止，或当藉日本警告便诚心地进一步与国府早谋妥协。质言之，余与国府精神上已趋一致，现不过形式上之易帜之问题，尚须迟缓一二日实行而已……"[2]

7月24日，张学良再次致电蒋介石进一步解释："东省易帜不能立时实行，弟对兄方深愧疚，乃蒙曲垂爱护，益觉汗颜。或有疑日方警告系弟故弄手段，弟可誓诸天日，且弟之为人，向不肯欺人自欺，请询君实、小岱即可尽知。如再怀疑，并可派员来奉监督一切。总之，弟现在实处两难，不易帜无以对我兄，无以对全国；易帜则祸乱立生，

1. 张友坤、钱进主编：《张学良年谱》上册，社会科学文献出版社1996年版，第292页。
2. 毕万闻主编：《张学良赵一荻合集》第1部，时代文艺出版社2000年版，第332页。

无以对三省父老。数日前探知田中意旨，如我方不听劝告，即用武力，确非空言恫吓。观奉垣形势，我公定悉。今日接东京电云，民政党联合贵族院反对政友会对于东省之举动，以为破坏统一，干涉中国内政，此种拙劣外交，徒伤中国国民感情，使日本益立于不利之地位，而政友会少壮派亦起而反对干部等语。是田中地位行将摇动，我倘于此时予以借口，彼转可借对外问题以延长其政治生命，故为大局计，似不必急此一时。如兄以为非易帜不可，则弟只有去职，以谢我兄相待之盛意，弟亦知兄因东省之事，受众指谪。弟年未三十，相报之日方长，倘蒙爱护于前，更复维持于后，则感刻曷其有极。披沥肺肝，敬祈鉴察。"[1]

张学良不能立即宣布易帜的理由充足，且合情合理。蒋介石不能不考虑。7月25日，蒋介石复电张学良表示谅解。电云："兄之为难，弟亦深悉。弟现请方耀庭（方本仁）君到奉，面达一切详情。……时局虽艰难，我辈当忍耐奋斗。如一去了事，绝非所宜。且于兄于弟仍无所益也。东三省关系重要，唯兄是赖，务望努力前进，以达最终志愿。"[2]

张学良之所以不同意立即宣布易帜，除了来自日本方面的巨大压力外，东北内部意见不一致也是张学良不能不考虑的问题。何柱国说："东北换旗，不仅外受日本之阻挠，内部意见也不一致，老派的张作相等，新派将领中的杨宇霆等也都反对换旗子，他们反对的理由是说换了旗子，就失去自主，听别人的指挥，东北这个老家就保不牢。杨宇霆说北伐军对关内还没有统一，大局还没有定，国民党无力伸手关外，不换旗，可以举足轻重，战守自如，主动在我；换了旗，就得听命蒋介石，进退失据。他力劝张学良闭关自守，暂作壁上观。老一派的意见也是如此，但是新老两派之中却有很大一部分人拿不定主意，要张学良自己决

---

1. 秦孝仪主编：《中华民国重要史料初编·绪编》（一），台北国民党中央委员会1991年版，第219—220页。
2. 同上，第220页。

定……"[1]

张学良富有民族气节和爱国思想，对于奉系内部的反对意见，他的态度是坚决和果断的，他说："换旗不换旗，这是关系东北前途，也是关系中国大局的问题，日本不愿意我们换旗，其用心所在，大家都清楚，就是要挟持东北独立，但要俯首听命于它，做一个傀儡。这等于出卖民族利益，成为历史罪人，我们决不能这样做，先大元帅尸骨未寒，我们认贼作父，良心上也不许我们这样做。要靖国难，报家仇，只有全国统一，合力对付日本，换旗以后，北伐军要进兵关外，师出无名，而且只要拥有实力，也不会失去自主。"[2]张学良的一番话，大义凛然，充满正气，让人无以辩驳。

但是，张学良不是一个莽撞的领导人，他虽然主张易帜，但也要考虑到日本可能采取武力干涉的步骤，因此要等待外部条件成熟时才能正式宣布易帜。7月23日，东北保安委员会开会，确定了实现和平统一的总方针。但基于此事涉及内政、外交，极其复杂，决不能操之过急，故决定暂缓易帜。

7月29日，方本仁作为蒋介石所派的驻奉天代表，由王树翰、邢士廉陪同离开北平赴奉天，同行者尚有李宗仁、白崇禧的代表，第四集团军总参议何家驹。方本仁等于8月2日抵营口，3日抵奉天。4日，张学良接见方、何二人，商洽易帜之事。方本仁向张学良转达蒋介石对奉天态度详情，张学良提出：（1）停止对热河及津京以东地区奉军的军事行动；（2）东三省政治分会人选由三省人员充任；（3）党务指导委员会须经三省政府同意后方始成立；（4）外交问题请蒋立示机宜。方、何与张会见后，当即发电到北平，报告称：张学良服从三民主义，希望统一，确甚诚恳，唯外交等问题，不得不慎重处理；对关内直鲁残部，亦正谋

---

1. 何柱国：《忆张学良将军》，载中国社会科学院近代史研究所现代史研究室编《西安事变资料》第2辑，人民出版社1981年版，第297页。
2. 同上，第297—298页。

整理。方本仁并有同样内容电报到南京，向蒋介石报告。因此，蒋已令东路军停进，白崇禧亦令津东之左右两路军暂缓前进。均本政治方法解决东三省问题。[1]

日本政府见阻拦东北易帜初战告捷，便趁热打铁，于8月初任命前驻华公使、元老政客林权助男爵为特使，专程赴奉天，以参加张作霖葬礼的名义，游说张学良不要易帜。

8月3日，林权助抵达奉天，8月4日，日本驻沈阳总领事林久治郎在日本领事馆设宴会招待林权助和张学良并举行会谈。张学良带外交秘书王家桢赴宴。出席宴会的有10余人，中方出席的只有张学良、王家桢二人，其余都是日本人，气氛非常紧张。

会谈一开始，林久治郎就用蛮横的口气对张学良说："林权助男爵阁下这次来沈吊唁张大元帅，第一件事就是叫你不要换旗！"[2]

在随后的会谈中，林权助向张学良转达了日本政府意见：满洲历史上同日本及朝鲜有密切关系，堪称日本的外围地；不能让共产主义势力侵入满洲；日本不反对中国统一，但不能为此牺牲日本在"满蒙"的权益；日本可以取消在满洲的治外法权，但作为补偿，要保障日本人的居住、营业自由；日本不许中国南方势力侵入满洲，希望维持已故张作霖和日本的友好关系，为此而不惜进行必要的援助。

8月6日，林权助向张学良递交日本首相田中义一的一封信。田中在信中声称日本反对东三省同关内统一，要张学良实行"东北自治"。

8月8日，林权助由林久治郎总领事陪同正式拜访张学良，林权助根据田中的意旨对张说："东三省应听从日本之忠告，中止对南妥协，取观望态度。"并威胁说，"田中已具决心，将以强固之意思，决取自由行动，那将会发生重大之事情"。

---

1. 张友坤、钱进主编：《张学良年谱》，社会科学文献出版社1996年版，第292—293页。
2. 王家桢：《我的求学和外交生涯》，载中国人民政治协商会议全国委员会文史资料委员会编《文史资料选辑》第149辑，中国文史出版社2002年版，第12页。

8月9日，张学良回访林权助，双方在日本驻奉天总领事馆展开了一场激烈的唇枪舌剑。在座的还有张学良的外交秘书兼翻译王家桢、林久治郎和林权助的助手佐藤安之助。在会谈中，林权助、林久治郎撕破了外交官彬彬有礼的虚伪面孔，对张学良极尽威逼利诱之能事，其态度之蛮横、气焰之嚣张，至今读来，仍令人发指。

张学良首先表示："感谢此次林特使吊丧盛意。此后彼此善邻关系，益将亲密，甚愿本诸共存共荣本旨，与日提携，而实现东三省和平经济政策。"

林久治郎说："屡次传达帝国政府对于南北妥协反对意志，谅贵总司令已经理解日本的意向。总之，日本政府此刻认为国民政府内部杂乱无章，行为尚多共产主义色彩，东三省若与国民政府妥协，势必侵略日本之既得权益与特殊地位。因此，日本政府此刻劝贵总司令暂取观望态度，较为妥当。不幸倘若东三省蔑视日本之警告，擅挂青天白日旗，日本必具强固决心，而取自由行动。此刻务请贵总司令毅然决心行其所是，勿为浮言所动，倘有不逞分子，尽可以武力弹压，日本愿出全力相助也。"

张学良不卑不亢地答道："我是中国人，我的思想自然以中国的立场为出发点。这就是我想完成中国统一，实行分治合作，以实现东三省经济和平政策的原因所在。贵国政府的警告，我因照顾邦交，愿以个人资格加以考虑，不过必须以东三省人民的利益和志愿为依归。如果东三省人民公意要求统一，我唯有依照人民公意。贵总领事提到日本将采取自由行动，如果以国际关系言之，我想日本政府当不至甘冒干涉中国内政之不韪。今天，我不能理解的是，日本政府何以种种威胁，反对中国实现统一。"

林久治郎竟蛮横地说："理论业已终结。简而言之，日本政府具有决心，反对东三省对南方妥协，即谓干涉内政，亦所不辞。请贵总司令三思而行。"

林权助也强调说："简单言之，田中首相已具有决心。我愿意听听贵总司令之决心如何。"

张学良坚定地表示:"我的决心以东三省人民为转移,我决不能拂逆东三省人民之心理而有所作为也。"

佐藤安之助这时插话说:"田中首相决心已下,贵总司令如果违背田中首相心理,就将发生重大事情。"

林权助又倚老卖乖地说:"令尊和我是好朋友,我把你当作自己的子侄。你还年轻,希望你听我的话。我要奉告你,你的思想是危险的。"

张学良闻言,立刻还以颜色,说道:"我和贵国天皇同庚,阁下知不知道?对于阁下刚才的话,我所能回答的,就是这些。"[1]

这场唇枪舌剑充满了火药味,年轻的张学良少帅坚决顶住了日本老牌侵略者施加的种种压力,并且以机智的反应对侵略者以牙还牙,显示了大无畏的勇气和胆略,张学良不愧是中华民族顶天立地的英雄好汉。

张学良返回帅府后,鉴于局势严重,立即召开东北保安委员会会议,将上述谈话情形据实相告。各委员在愤怒之余,提出了三种对策:一是强硬,二是软化,三是圆滑。强硬则必用武力,不但东三省力有不足,即全国协力亦无把握;软化则东三省将成保护国,为朝鲜第二,非所敢出;故决定暂用圆滑之法,以延宕之,一面于国际间着手运用,折其野心,始有办法。

张学良一面将日本严重阻挠中国统一的情况电告蒋介石,一面派东北保安委员会委员刘哲出面向林权助疏通,双方达成了3个月内东三省不易帜、期满后日本不加干涉的谅解,林权助总算没有白跑一趟。

8月14日,林权助离开奉天返回日本。张学良在为他设宴送行时说:"林老先生,您替我想的事比我自己想的都还要周到,但有一件事,您没有替我想到。"林权助很惊讶,问道:"什么事?"张学良严肃地说:"我是一个中国人!"林权助听了哑口无言。

1.《国闻周报》第13卷第30期。

易帜之事虽再度搁浅，张学良切盼统一之心并未消减。他明确表示，只要外交上有办法，东北易帜即可实行。这主要是希望南京方面能帮助解决日本对东北外交上的压力。

为此，南京政府于8月中旬宣布，只要日本政府对于东北不抱有任何领土要求，国民政府将承认它在这一地区的特殊地位。9月下旬，蒋介石又派张群以国民政府代表的身份访问日本，表示国民政府愿意着手讨论中日之间的各种悬案，但前提是日本不干涉东北易帜和中国统一。此后，中日关系开始有所缓和。

在这种背景下，蒋介石认为争取东北早日易帜的时机已经成熟。10月6日晚，蒋介石邀请张学良驻南京的代表邢士廉到他的国民革命军总司令部进行了一次长谈，蒋将他写的致张学良、杨宇霆的亲笔信交邢士廉带回奉天转交。邢士廉即于次日偕方本仁离开南京取道上海返回奉天。

10月8日，在国民党中常会上蒋介石力排众议，提名张学良为国民政府委员，获得通过。当天，蒋即电告张学良，说国民政府委员定于双十节（10月10日）在南京就职，希望张学良同时宣布就职。10月9日，蒋又去电，希望张学良乘此时机，同时更换旗帜，宣布就职，以双十节（10月10日）为完成统一的纪念日。[1]

张学良复电，说明东省易帜，早具决心在前，实因某方之压迫，致生障碍；现正积极准备，事前秘不使知，筹备就绪，即行通电宣布，以三省同日实行，以免彼方又生狡计。[2]

10月12日，蒋介石再复张学良指出："易帜之事，全属我国内政，彼方本不能公然干涉，况目下党国形势，团结一致，彼尤无可借口，为从来所未有，此正其时。如尊处果能出此决心，中深信彼绝不敢有所举

---

1. 秦孝仪主编：《中华民国重要史料初编·绪编》（一），台北国民党中央委员会1981年版，第231页。
2. 同上，第232页。

第三章　第二代"东北王"　　　　　　　　　　　　　　　　105

动。故希毅然主持，三省同日宣布，愈速愈妙。"[1]

13 日，张学良复电，仍表示因外交环境关系，不得不分别缓急，徐图解决，免滋意外纠纷。总期实践前约，昭示国人。[2]

东北易帜的背后，反映了日本同英美在华利益、在华势力范围的矛盾和斗争。美国曾明确表示东北是中国的领土，支持蒋介石统一中国。8 月 13 日，美国驻华公使马慕瑞借故到朝鲜旅行，途经奉天，停留一天，力劝张学良早日实现东北易帜。美、英两国还先后通过与中国签订关税条约的形式，在事实上承认了南京国民政府，使日本在国际上处于孤立地位。

同时，日本国内的在野党派也猛烈抨击田中内阁的强硬对华政策。田中内阁内外交困，不得不开始谋求改善中日关系，从而放松了对东北易帜的阻挠。

11 月 6 日，日本昭和天皇在京都举行加冕典礼，张学良特派莫德惠、王家桢为正副专使，带着贵重礼品前往祝贺。典礼结束后，田中义一首相邀请莫德惠、王家桢到他的官邸用便餐并举行会谈，日方参加的还有内阁官房长官铃木。

因为莫德惠不懂日语，谈话主要在田中义一与王家桢之间进行，谈话从晚 6 时一直进行到 10 时 30 分，直到田中义一心脏病发作才不得不终止谈话。在长达 4 个半小时的谈话中，田中义一谈话的中心意思就是千方百计劝诱王家桢帮助张学良搞独立王国，与日本合作，夺回苏联夺取的中国领土，并涉及吉会铁路交涉悬案等具体问题。[3]

下面是会谈的一些具体内容：

田中首先说："日本在东北有许多既得权益，素以防共为重，如东

1. 秦孝仪主编：《中华民国重要史料初编·绪编》（一），台北国民党中央委员会 1981 年版，第 232—233 页。

2. 毕万闻主编：《张学良文集》第 1 卷，新华出版社 1992 年版，第 131 页。

3. 王家桢：《我的求学和外交生涯》，载中国人民政治协商会议全国委员会文史资料委员会编《文史资料选辑》第 149 辑，中国文史出版社 2002 年版，第 12 页。

北易帜，苏俄凭恃中东铁路，得寸进尺，因东北力量不足以应对苏俄一国之侵略，日本愿以全力协助，引为邦交友好应尽之义务。"

莫德惠答："东北对日本此项盛意，只好存之于心，唯东北决不容赤化，与贵国防共之意相同，但东北一隅之力，抵抗苏俄，自有不逮，故有易帜之举。若中国全国统一，则苏俄野心自可戢止，因此必须易帜。"

田中说："这是中国内政问题。"

莫德惠顺势答道："诚如君言，这的确是中国内政问题。"

田中最后的表示，实际上是默许东北易帜。[1]

于是，张学良这才放下心来，于11月初再派邢士廉、王树翰去南京，与何成濬、张群等商谈东北易帜、军事善后、东北四省政府改组等一系列问题，经过商谈，达成了四项协议：（1）东北设边防司令长官公署，以张学良为司令长官，张作相、万福麟副之；（2）设立东北政务委员会，委员人选须经中央同意；（3）东三省及热河省委员人选，由张学良推荐，中央明令任命；（4）易帜不迟于民国十八年（1929）元旦。

12月14日，东北保安委员会和东三省议会联合会召开联席会议，一致决定：东北三省将于1929年1月1日易帜。蒋介石急不可待，认为当年事情应该当年完成，东北易帜不必等到1929年元旦，必须于1928年12月29日宣布东北易帜，定于1929年元旦庆祝，张学良表示同意。

1928年12月24日，张学良向东北三省发出电报命令，决定于12月29日宣布易帜，东三省同时取下北洋政府的五色旗，悬挂国民政府的青天白日满地红旗，要求东北各省秘密赶制青天白日旗。[2]

这样，经过长达半年的艰苦曲折的外交斗争，1928年12月29日凌晨，张学良领衔发表《东北易帜通电》，通电全文如下：

1.《张学良将军资料选》，载辽宁省政协文史资料研究委员会编《辽宁文史资料》第18辑，中国文史出版社1986年版，第98页。
2. 辽宁省档案馆编：《奉系军阀密电》第4册，中华书局1985年版，第30—31页。

南京中央党部、国民政府主席暨各委员钧鉴，各院长、各部长、各委员会、各政治分会、各省党部、省政府、各总司令、总指挥、各司令、各师旅长、各法团、各报馆钧鉴：

中山先生三民主义，在癸亥甲子之际，先大元帅赞助最早，提携合作，海内共知。自"共党"横施阴谋，流毒海内，不特中外皆为疾首，即中国国民党及总理之主义，亦几为之不彰。先大元帅发起讨赤之师，首先述明与中山先生合作历史，词旨恳切，专注反共，本无黩武之意。五月佳日，又有息争通电，临终以力主和平，促成统一为嘱，苦心远虑，益复昭然。现在国府诸公，反共清党，与此间宗旨相同，彼此使者往来，一切真相，更加明澈，自应仰承先大元帅遗志，力谋统一，贯彻和平，已于即日起宣布，遵守三民主义，服从国民政府，改易旗帜，伏祈诸公不遗在远，时赐明教，无任祷盼。

张学良、张作相、万福麟、汤玉麟、翟文选、常荫槐叩。

艳。[1]

在同一时刻，奉天、吉林、黑龙江三省各政府机关、团体、工厂、民居一律悬挂起青天白日旗，降下了代表北洋政府统治的红黑蓝白黄五色旗。

通电发表后，东北当局在辽宁省政府礼堂举行易帜典礼。张学良在典礼上演说时阐明了易帜的理由："我们为什么易帜，实则是效法某先进国（指日本——笔者注）的做法。某方起初也是军阀操纵权力，妨害中央统治，国家因此积弱。其后军阀觉悟，奉还大政于中央，立致富强。我们今天也就是不想分中央权力，举政权还给中央，以谋真正统一。"[2]

---

1. 毕万闻主编：《张学良赵一荻合集》第 1 部，时代文艺出版社 2000 年版，第 516 页。
2. 张友坤、钱进主编：《张学良年谱》上册，社会科学文献出版社 1996 年版，第 328 页。

30 日，南京国民政府任命张学良为东北边防军司令长官，张作相、万福麟为副司令长官。奉军列入国民革命军序列，改称东北边防军；同时任命翟文选、张作相、常荫槐、汤玉麟分任奉天、吉林、黑龙江、热河四省省政府主席。

1929 年 1 月 2 日，又组成以张学良为主任委员的东北政务委员会，委员有张学良、张作相、万福麟、翟文选、常荫槐、张景惠、汤玉麟、王树翰、刘哲、方本仁、莫德惠、刘尚清、袁金铠 13 人。除方本仁外，全是东北军政要员。

1929 年 1 月 4 日，在奉天省政府大厅内外行就职宣誓典礼。除日本外，各国驻奉使节均应邀参加。张学良第一次身穿中山装，精神抖擞，在南京国民政府代表方本仁监誓下，正式宣誓就职："余以至诚，实行三民主义，服从长官命令，捍卫国家，爱护人民，恪尽军人天职，此誓。"

宣誓后，张学良即席发表演讲，说明易帜的目的，并表示今后唯有竭尽智能，效忠党国，务期边防巩固，中央少北顾之忧，内政修明，黎庶具春台之乐。

3 月 1 日，奉天省改称辽宁省，省会改称沈阳市。

至此，中国南北实现了形式上的统一，北洋军阀从此成为一个历史名词，这是中国社会的一大进步。

东北易帜结束了新老军阀混战的局面，促成了国家的和平统一，维护了国家领土主权的完整，沉重了打击了日本帝国主义企图分离东北的野心。张学良在易帜斗争中所表现出来的反日爱国思想和高尚的民族气节，令人钦佩，值得赞扬。《大公报》后来这样评论张学良："数年来反对内战，促成统一成功，终有其不可湮没者在。其富于爱国思想，实旧军人所罕见者也。"[1]

---

1. 天津《大公报》第 2 版，1933 年 3 月 13 日。

当然，通过和平易帜，张学良保住了东北集团的地盘和军队，达到了分治合作的目的，并增强了他的权力基础，使他得以在此后将近 3 年的时间里平稳地掌握东北政权，按照他的理想建设东北。

日本侵略者是不会甘心失败的。对于东北易帜，中国实现统一，日本侵略者已是气急败坏。1928 年 12 月 31 日，林久治郎拜见张学良，转达了田中首相 30 日的电令：帝国政府对此颇感意外，今后在此新的情况下，万一无视与帝国之条约协定，或阻碍与东三省进行中的交涉，以及因东三省治安紊乱可能影响我方权益时，帝国政府为维护权益及维持治安，自当断然采取必要的措施。[1]

果然，3 年后，日本侵略者即悍然发动了九一八事变。

"杨常事件"

东北易帜所激起的外交震荡还未平息，从寒冷的东北又传出一个惊人的消息：1929 年 1 月 10 日，张学良枪毙了东北军集团内的两位显赫人物——杨宇霆和常荫槐，史称"杨常事件"。有人把这件事与张作霖、吴俊升被日本鬼子炸死联系起来，戏称是"炸烂吴（俊升）张（作霖），扬（杨宇霆）长（常荫槐）而去"。

张少帅为何在初主东北、百事待举之时，出此极端手段处决元老重臣？话还得从杨宇霆、常荫槐两人与张学良之间的恩怨说起。

杨宇霆（1885—1928），原名玉亭，字麟阁，后改为邻葛，以诸葛亮为邻的意思，足见其抱负不凡。杨系奉天法库县人，比张学良长 16 岁。20 岁考取清朝末科秀才，后留学日本，1911 年毕业于日本陆军士官学校

---

1. 日本防卫厅战史室编：《日本帝国主义侵华资料长编》（上），四川人民出版社 1987 年版，第 171 页。

炮兵科。归国后，他受到张作霖赏识，历任奉军参谋长，总参议，奉天兵工厂督办，江苏省军务督办，奉军三、四方面军军团长等要职。杨宇霆勇于任事，敢于负责，精明干练，才略过人，素有张作霖智囊之称，被倚为左右手，是当时东北要人中一个不可多得的人才。在奉军几次入关、称霸中原和对日交涉中，他运筹帷幄，纵横捭阖，作用显著。有一个故事可以看出杨宇霆在张作霖心目中的特殊地位。张作霖是东北胡子出身，对人常作丑骂，但对杨宇霆、王永江从来不说一句粗话。有一次，张作霖和杨宇霆争论一件事，张气急之下，顺口说了"妈的"两个字，杨宇霆站起来质问："你骂谁？"张作霖觉得自己理亏，立即作揖赔罪，说："这是咱的口头话，一个不留心溜出来了，敢是骂谁？"[1]

在奉系军阀集团的发展过程中，杨宇霆先后引荐了不少留学日本士官等军校的毕业生，分居奉系各军政部门要职，逐渐形成了以己为首的"士官派"，成为奉系中一股重要的势力。

常荫槐（1899—1928），字瀚襄，吉林省梨树县人。奉天法政学堂毕业后，历任黑龙江军法官、奉天军警执法处处长、清乡督办、京奉铁路局局长、北京安国军政府交通部代部长、东北交通委员会副委员长、黑龙江省政府主席等职。他精明干练，敢作敢为，办起事来雷厉风行，富有魄力，在顶住日本压力，迅速修建大通铁路（大虎山至通辽）和大刀阔斧整顿京奉铁路方面功绩卓著。1922年第一次直奉战争，奉军败退山海关，常荫槐奉命代表许兰洲到总部办理事务，为杨宇霆赏识，后一直深得杨的器重和信任，被认为是杨党的骨干。但何柱国认为，常、杨的关系虽然密切，但说不上是私党，只是杨宇霆器重常的才干而已。

张学良与杨、常之间的矛盾，主要是张、杨之间的矛盾。张学良对杨宇霆的不满由来已久，主要源于奉军内部士官派与陆大派、杨宇霆与郭松龄之间的矛盾。当杨宇霆兵败江苏，仍得张作霖宠信，引起郭松龄

---

1. 曹伯言整理：《胡适日记全编》第6册，安徽教育出版社1996年版，第322页。

不满时，张学良曾据理力争，与父亲大吵一架。郭松龄反奉的目标之一就是要求杨宇霆下台，失败后被杨矫命枪决。张学良痛失师友，心中颇为不快。而且经此事件，张作霖对杨宇霆信任有加，并畀以重要职务，对张学良则时加斥责，不像过去那样信任。张、杨在和与战以及如何对待国民革命军北伐等问题上，也时有意见分歧。

1927年秋，韩麟春突然中风，半身不遂，不得不辞去三、四方面军军团长职务。杨宇霆毛遂自荐，为抓军权不惜以总参议身份屈就军团长一职。张学良对此非常反感，但因他是父亲的左右手，不便反对，只好说："那就请他来吧！他不是要抓我的军队吗？看看我的军队能不能被他抓去？"[1] 可见张、杨之间矛盾已深，只是碍于张作霖，双方只有暗斗而无明争。

皇姑屯事件后，张学良为处理父亲丧事，不得已把三、四方面军的兵权暂时交给杨宇霆指挥。回到奉天后，张学良仍放心不下，曾两次派亲信随从副官给军团秘书处处长刘鸣九送去亲笔信，告诉他和鲍文樾（军团参谋长）要严密注意杨宇霆的一举一动，并谆谆嘱咐一定要把杨看住。[2]

张学良继承父位后，为稳定政权，巩固地位，以大局为重，开始重新考虑与杨宇霆的关系，希望能摒弃前嫌，团结合作。有段时间，张学良偕夫人于凤至几乎每天晚上都到杨宇霆家去，联络感情。他还亲自为于凤至写兰谱，备厚礼，提出愿与杨的三姨太交换兰谱，结为干姐妹，以示亲近。三姨太也答应了，但不久又将兰谱退了回来，说："杨督办认为彼此辈分不同，不能接受。"[3]

最初，张学良拟任杨宇霆为黑龙江省军务督办，嘱托王树常代为征

---

1. 刘鸣九：《张学良与杨常事件（一）》，载方正等编《张学良和东北军》，中国文史出版社1986年版，第151页。
2. 同上，第152—153页。
3. 同上，第153—154页。

求意见，并从旁劝驾，结果遭到拒绝。张学良又请杨继续统率三、四方面军，杨也不肯，说道："你那些部下把你当个神一样，我哪管得住？"无奈，张学良又命王树常就商于杨，请他到欧美各国考察，依然遭到拒绝。[1]张对杨既不能令，杨对张则绝不受命，两人关系已经到了相当不正常的地步。

杨宇霆既对张学良的善意毫不领情，又不能认清局势，退避三舍，韬光养晦，反而更加专横跋扈，目中无人，连张学良也不放在眼里。何柱国对杨宇霆的自大自傲有如下一段描写：

> 杨之为人，精明干练，才略过人，勇于任事，敢于负责，张作霖在日，倚之如左右手，言听计从，宠信弥深，总揽军政大权，总参议、参谋长，又兼兵工厂督办，位同首辅，由于其所处地位之特殊，也就养成了专断跋扈，盛气凌人的作风，平日除老帅以外，什么人都不放在眼里，凡事他说了算。张学良特别是郭松龄，对杨不满由来已久，但由于是老帅信得过的人，亦无可如何。老帅死后，少帅继承父业，杨不仅不稍自敛抑，专横更甚，对张学良以父执自居，视张为后辈，认为张既年轻经验不足，凡事都是自作主张，事前不请示，事后也不报告，甚至张提出不同意见，也不予以理睬，有时在稠人广众之中，予张以难堪。记得有一次我们在议事厅议论问题，形式上是张学良主持，实际上都是杨宇霆做主，张有时在会议中途要上楼去注射毒针，就由杨主持会议，当张从楼上下来，问大家讨论得怎么样？杨就说："你不要管，你不知道，我们会做决定。"这种态度，我们在座的也看不惯……[2]

1. 刘鸣九：《张学良与杨常事件（二）》，载方正等编《张学良和东北军》，中国文史出版社1986年版，第159页。
2. 何柱国：《忆张学良将军》，载中国社会科学院近代史研究所现代史研究室编《西安事变资料》第2辑，人民出版社1981年版，第299—300页。

更让张学良难堪的是，杨宇霆经常当着众人面，用带有蔑视性的字眼喊张学良"司令官儿"，甚至公然叫张"小伙"，有事则说"小伙来，我有话对你说"，就像训诫自己的子弟一样，背地里还称张学良为"阿斗""小孩子"等。当时，杨宇霆完全以监辅少主的元老重臣自居，到处指手画脚，想以无职之身，斡旋政局，明曰引退，暗执政柄。凡是新发表的县、局长以上的官员，他都一律召见，优礼有加，进行拉拢，言语之间常流露出东北军政大计今后要靠他来决定的意思。[1]他也不时召集张学良的部下，说有事别找张，要钱、要枪可以找他，以拉拢军队。一时间，奔走钻营之士从者如云。奉天小河沿杨公馆经常门庭若市，宾客云集，甚至国内各省军政代表到奉天也多往访谒，杨宇霆公馆俨然成为东北另一政治中心，与张学良的大帅府分庭抗礼，使张学良"东北王"的威信大打折扣。张学良在处决杨、常后很激动地对部下说："我不管办什么事，他都不同意，他决定要办的事，不许我有二话，一定要照他的办，他哪把我放在眼里呢？我不杀他，我这个司令无法干了，都听他的，我算什么司令呢？"[2]很显然，杀人立威的思想支配了张学良，这是杨常事件发生的根本原因。

常荫槐其人，很有才干，在杨宇霆的大力推荐下，出任东三省交通委员会副委员长（委员长郑谦不管事，由副委员长常荫槐代理委员长职权）。常荫槐长期主管交通，形成了以他为首的"东北交通系"势力，把持东北路政，这也使张学良感到不安。在对待张学良的态度上，常荫槐和杨宇霆一样，倨傲无礼，飞扬跋扈，根本没有把张学良看成是自己的长官。而且与杨宇霆比起来，常荫槐更加粗野少文，他有时遇有公

---

1. 高纪毅：《杨常事件的前因后果》，载《团结报》编辑部编《张学良的往事和近事》，岳麓书社1986年版，第147页。
2. 何柱国：《忆张学良将军》，载中国社会科学院近代史研究所现代史研究室编《西安事变资料》第2辑，人民出版社1981年版，第298—299页。

事请示，径直上楼，到张学良的卧室，甚至于凤至在床上，他也毫不在乎。每次有什么请示和要求，都带有强制性和威胁性。对于张学良的命令，他经常拒不接受。奉军撤出北京时，常荫槐把所有京奉路的机车、客餐车都拖到关外。阎锡山要求放回车辆以维交通，张学良表示同意，常荫槐却拒不执行，并且说："这是我的事，他管不了我。"对于常荫槐的霸道，好心的同僚曾经这样劝他："你与杨（宇霆）为一党，杨与张（学良）犯比肩。现在'小爷'恨杨，将来国人骂你，你将何以处之？我劝你辞去一切职务，而求远祸。"常荫槐听了这番朋友忠言，脸上表情很受感动，连说："我听你的！我听你的！"最后还说："我打算去外国游历。"[1]常荫槐口头这样说，却没有行动，结果招来杀身之祸。如果常荫槐远走外国游历的话，也许可以保住性命。

对杨宇霆、常荫槐的所作所为，张学良最初保持了相当的克制和忍耐，但也常常在有意无意之中，明里暗里表达自己的不满。有一次，张学良略带抱怨地对杨宇霆说："我说我干不了的。老杨，还是你来干的好！"旁人听了颇感愕然，杨宇霆却满不在乎地笑着说："咳，甭说那个，不要焦心。你现在身体不好，少烦神，多保养，有事大家商量，我代你张罗张罗。"

尤其是正值奉军缩编之际，常荫槐反而在黑龙江新成立山林警备队，扩编武装 2 万人，并得到杨宇霆的大力支持。杨宇霆一向对于部队请领武器弹药卡得很严，有时甚至借口不发，但对常荫槐的这支山林警备队所需全部武器，如数交给，且全是精良的装备。不久，又有常荫槐向捷克订购 3 万支枪的传闻（实际订购的是火车头 33 辆，轮船 16 艘、拖船若干艘）。杨、常为什么这样积极抓军队？这不能不引起张学良的怀疑和不满。

---

1. 卢景贵：《东北铁路十年回忆》，载中国人民政治协商会议全国委员会文史资料委员会编《文史资料选辑》第 149 辑，中国文史出版社 2002 年版，第 128 页。

杨宇霆咄咄逼人，他的士官同学何柱国也感到很不安，曾婉转地劝告过他，何柱国对他说："督办，你是熟读历史的，历史上的事有很多值得我们借鉴。主少国疑，邻国易侵；功高震主，居安思危。"

杨宇霆听了，知道何柱国是在讽劝他，不等何把话说完，即不以为然地说："我忠于老帅，也忠于少帅。老帅去世，我要把这个家管好。第一，我要对得起老帅；第二，我要对得起东北老百姓，我没有野心。为了管好这个家，用人权我要管，大小事我要抓，但是我不抓军权，我没有任命过一个团长。我知道外面有些流言，都不要去听。"

何柱国见杨宇霆很激动，就说："督办，我背两句前人的诗词你听听。"随即便背了唐代诗人白居易的诗："周公恐惧流言日，王莽谦恭未篡时；若使当年身便死，一生真伪有谁知？"杨宇霆听了受到很大震动，沉默不语。[1]

当然，杨宇霆也不是没有政治野心，但因为没有掌握奉系的军权，所以他不可能通过非正当的手段篡权取代张学良，而是寄希望于张学良短命。杨宇霆经常在背后对人说："他（指张学良）每天注射毒针甚多，将来必会自毙。"[2]常荫槐也时时散布张将不久于人世，接替者非杨莫属的流言。当时，杨宇霆的如意算盘是等张学良死后，老派已垂垂老矣，新派失其领袖，顺理成章地应由他来接掌东北军政大权。

同时，日本人对杨宇霆也越来越不满。张作霖生前总是让杨宇霆去应付最为棘手的对日交涉问题。杨或纵横捭阖，或软硬兼施，总是设法把损害降低到最低限度，使日本人很感头疼。张作霖死后，仍坚持反日立场的杨宇霆被视为东北最有实权的人物，自然招致日本人的忌恨，不断加以攻击。

---

1. 何柱国：《记杨常事件》，载孟凡主编《民族功臣张学良》，辽宁人民出版社1988年版，第155页。

2. 高纪毅：《杨常事件的前因后果》，载《团结报》编辑部编《张学良的往事和近事》，岳麓书社1986年版，第148页。

1928 年 8 月 11 日，日本东京《朝日新闻》社论曾以《狡猾哉！杨宇霆》为题，极尽诽谤、挖苦之能事，以发泄不满。社论写道："我们过去把杨宇霆看成是诚恳、恭谨、孝顺的，是我们心目中最理想的养老女婿，实指望他来对我们养老送终，顶半个儿子使用。不承想，他的良心和心眼一转间都变了，幸而我们的姑娘还没有给他，如果真给了他，不但对我们不能养老送终，还把我们的姑娘白白骗走了。"[1] 日本与杨宇霆的关系到底如何，从中可见一斑。

于是，日本人便利用张、杨之间的矛盾，挑拨离间，以达到除掉杨宇霆的目的。林权助在完成吊丧使命返回日本时，曾在东京火车站举行记者招待会，宣称："今天的东北实际情况，同我们日本当年幕府时期德川家康时代很相似。"这个谈话刊登在日本各大报纸上，张学良的外交秘书将其翻译成中文，引起了张学良的注意。有一天，张学良从北陵别墅回城，路过鼓楼北时特意到商务印书馆营业部购买了一本《东洋史》，对德川家康这一段史实，阅读得特别仔细。

这段历史说的是在日本幕府时期，权势显赫的丰臣秀吉死去，其子丰臣秀赖继承了大权。他虽年少英敏，但贪图享乐，不甚理国政，一切政务均委托给他的岳父德川家康来执掌。当时，他认为自己能够控制岳父，他岳父也不会对他有何异谋。不料后来德川家康突然发动政变，杀死丰臣秀赖，取而代之，建立了德川幕府。张学良读了这段历史，自然就联想到东北现实的政治状况，心里就很不踏实。张学良后来对亲信解释他当时的心理状态说："老将（指张作霖）死去，东北各军政领导人拥戴我为东北保安总司令。在这中间，有的是老将旧部，有的是经我培育出来的新干部，绝大多数对我可说是真诚拥护的。但是因为我年纪尚轻，身体又不好，也有的对我轻视，甚至桀骜不驯，特别是杨宇霆和常荫槐两人。杨在老将掌政时，做过参谋长、总参议和三、四方面军团长

<hr />

1. 王维礼、范广杰：《蒋介石和张学良》，吉林文史出版社 1994 年版，第 54—55 页。

等要职。1925年郭松龄反奉，其原因很复杂，但郭对杨仇恨不满也是主导原因之一。郭失败后，老将对杨仍很信任，并畀以重要职务，而对我则因郭的叛变，时加斥责，虽有父子关系，但不如过去那样相信。而我同杨宇霆之间的关系，也有时意见参商。至常荫槐先为军警执法处长，三、四方面军政务处长，后又任北宁铁路局长，确实是一个精明干练、敢作敢为的人。也就因为这样，深得杨的器重和信任，两人的关系极其密切。他们对我总是抱着藐视态度，对我有什么请示和要求都带着强制性和威胁性；尤其是常荫槐倨傲无礼，飞扬跋扈，并没有把我看成是他的长官，若以旧时代的话来说，真是'怏怏非少主臣'。但我对他们总是尽最大克制和忍耐。在我就任东北边防司令长官时，还提升常荫槐为黑龙江省省长。当时万福麟为黑龙江省军务督办。常对万并不是相互尊重，遇事协商，而是傲慢不恭，轻蔑鄙视。他在黑龙江时，编山林警备队，本来不是正规军，但杨宇霆给以大力支持，能得到优良的装备。为什么要这样积极抓军队呢？不能不使人生疑。杨宇霆在我就任东北边防军司令长官时，未安排他任何职务，一则感到他是老将的'老臣'，地位很高，一时无恰当的位置；二则是我对他确有戒心。虽然东北军政重要措施，都征询他的意见，重要会议也请他参加，但是并非信任不疑，这是事实。看到林权助在东京答记者问的讲话和我翻阅日本历史有关德川家康幕府时代的史实，联想到东北当时的政治情况，我有些感到不安。"[1]

这时，张学良从日本人手中花重金买了不少所谓的情报，这些是一些明信片大小的照相卡片，约有一二百张，要用放大镜才能看清上面写了些什么。这些所谓的情报一大半源于日本设在东北的警察署，还有一部分来自日本设在东北的特务机构。其内容全是一些似是而非的日常生

---

1. 卢广绩：《张学良将军一夕话》，载《文史集萃》编辑部编《文史集萃》第5辑，中国文史出版社1985年版。

活琐事：如某某人到杨公馆密谈了两个钟头；杨家的私人某某和常家的私人某某为避免外人耳目，在一家小饭馆密谈许久，等等。还有一些无中生有的事，如说兼任东北兵工厂督办的杨宇霆为支持常荫槐组织黑省山林警备队两万人的武器，不惜叫兵工厂工人加班加点，等等。[1] 于是，"杨宇霆暗通日本，要篡夺张氏政权"一类的流言蜚语就在张学良脑海中扎了根，并逐渐动了杀人的念头。正所谓"邻国之贤，敌国之患"，张学良杀了杨宇霆，正是中了日本侵略者的反间计。

东北易帜后不久，又发生了一作事，使张学良下定了非杀杨、常不可的决心。1929 年 1 月 7 日，杨宇霆为显示自己的地位和实力，不顾同乡好友的劝告，为父亲大摆寿宴。杨公馆门前张灯结彩，车水马龙，不仅东北显要云集其门，而且蒋介石、白崇禧、阎锡山以及四川、广东等地方实力派、日本政界要人都派有代表前来祝贺。一时间，冠盖如云，盛况空前。

张学良偕夫人于凤至也亲往拜寿，进门时，正好杨宇霆不在家，但客厅已挤满了人，杨的副官见张学良驾到，遂高声喊道："总司令到！"客厅中的人闻言，只有少数人起立，多数人半起半立，也有的只略一欠身就坐下了。隔了一会，外边有人高喊："杨督办到！"整个客厅都静了下来，杨宇霆昂首挺胸进入客厅，大家全体肃然起立，和对张学良的随便敷衍完全两样。席间，杨的一举一动俨然以东北第一领袖自居。来自全国各地的贺客也对杨恭维备至，谀称他是东北众望所归的人物。杨宇霆欣然接受，一副不可一世的样子。

此情此景给予张学良以很大的刺激，他坐在观戏席上，始终以手支着下巴，不停地想："假如杨、常取我而代之，可以兵不血刃地掌握东北政权。林权助说的不就是这种情况吗？我应该怎样来处理呢？我是等

---

1. 王家桢：《一块银元和一张收据》，载中国人民政治协商会议全国委员会文史资料委员会编《文史资料选辑》（全国）第 3 辑，中华书局 1960 年版，第 62—63 页。

待如秀臣之子那样最后为德川所杀呢，还是先把他们除掉？"因为事关杀人，尤其是杀这样显赫的人物，张学良一时还犹豫不决。

返回帅府后，于凤至气愤地说："你哪里像东北的主人，杨宇霆才是东北真正的主人！看看他那副德行，他眼里还有你吗？"张学良顺口说道："那我把他关起来。"于凤至又说："你能关得住他吗？张作相等人为他求情，你是放，还是不放？"张学良一想也对，遂下定杀人决心，并用银圆占卦。他对于凤至说："为这件事，我们占一课。古人说，卜以决疑。今天我拿一块银圆向高处连抛3次，落地时，假如3次银圆的'袁头'都在上面，我们就决定把他们杀掉，否则就不杀。我来掷，你来看。"张学良连抛3次，落地时，都是"袁头"在上面。但于凤至说："这不可信，因为银圆两面有轻有重，'袁头'面轻，自然在上面。"张学良又说："既然你认为这样不可信，那么我现在重抛。要是3次银圆有字的在上面，我们就可以做最后决定。"于是，张学良又连抛3次，3次都是有字的那面在上面，便说道："这样，我们可以下最后决心了吧！"[1]于凤至仍不同意，哭了起来，知道丈夫要杀人了。[2]

第二天，张学良又找秘书长王树翰商量，谈起杨、常欺人太甚，说："我不想干了！"王树翰劝说："东北父老推你继位，并不是有爱于你，而是没有人能收拾这个局面，你走了，有谁能稳定这个局面？如果有人，你走也可以。"张又说："我实在忍受不了。"王说："好汉打落牙和血吞。"张便说道："现在何止门牙，连大牙都打掉了，我要放炮了（意即要采取非常手段）。"王树翰听了，大吃一惊，急忙劝道："这可千万不可！千万不可！"[3]但张学良决心已下。

杨宇霆、常荫槐不知死期将至，很快让张学良找到了一个借口。1

---

1. 卢广绩：《张学良将军一夕话》，载《文史集萃》编辑部编《文史集萃》第5辑，文史资料出版社1985年版。
2. 郭冠英：《张学良在台湾》，中国友谊出版公司1993年版，第20页。
3. 同上，第10页。

月 10 日下午 5 时左右，他俩相偕来见张学良，要求成立东北铁路督办公署，以常荫槐为督办。因为中东铁路是中苏合办的，不受东北交通委员会的管辖，如果成立铁路督办公署就可以把东北所有铁路纳入管辖范围之内。杨宇霆、常荫槐已经把有关成立东北铁路督办公署的公文办好，只要张学良签字即可。对此，张学良表示，目前东北甫经安定，涉及外交之事应该慎重考虑，不能草率行事，此事须从长计议。杨、常逼着张学良马上签字，张学良已经是十分不耐烦，就说："吃饭的时候了，你们在此晚餐，吃了饭再从长计议。"杨称临来时已告家人回去用饭，表示饭后再来。说完，杨、常即告辞而去。

至此，张学良忍无可忍，决定先发制人，立即将警务处处长高纪毅叫来，对他说："杨宇霆、常荫槐欺我太甚，他们要成立东北铁路督办公署，事先也不和我商议一下，私下决定了，逼我马上签字，他们现在回去吃饭去了，吃过饭还要来，你立刻就去准备一下，我命令你，他们来时，将他二人处死。"高问在什么地方执行，张答："就在老虎厅执行。"（老虎厅是大帅府接待客人的客厅，厅内摆了两只老虎标本，故称老虎厅。）

两小时后，晚上 7 时左右，杨、常如约而来，径入老虎厅就座。高纪毅和张学良的副官谭海率领 6 名卫士持枪一拥而入，当场宣布："奉长官命令，杨宇霆、常荫槐阻挠国家统一，立即处死，即刻执行。"杨、常闻言，顿时木然，脸色惨白，一句话也说不出来，随即分别被两名卫士抓住，一名卫士开枪，当场毙命，陈尸老虎厅。

当晚，张学良一面长途电话指示驻天津代表胡若愚，要他立即向南京的蒋介石报告处死杨、常的原因和经过，一面电召臧式毅、刘鸣九、米春霖等几名亲信即刻入帅府，研究起草《枪毙杨宇霆、常荫槐通电》《东三省保安总司令部布告》《致三省父老电》《杨常伏法之判决书》等文件。同时，臧式毅连夜派人包围并接收了奉天兵工厂。张学良和留在帅府的人整整忙了一夜，处理善后事宜。

11 日凌晨，天还未亮，各项准备大体就绪。张学良这才叫副官通知张作相、翟文选、张景惠、王树翰、袁金铠、汤玉麟等东北保安委员会委员进府，宣布此事经过。这些人乍闻之下，惊愕万状，面面相觑，最后又都投以服从的表情。经过各位委员讨论和修改，各项电文、布告及判决书相继发出，昭告天下。临近中午，始将杨、常尸体用地毯包裹，从老虎厅抬出，用汽车送往沈阳南关的风雨台姜庙（杨宇霆为姜登选修的庙）装棺，听由他们的家人、亲友吊祭。[1]

消息传出，顿时轰动沈阳全城。但因张学良同时明令宣布："凡是杨、常委用和推荐人员，均各安心工作，杨、常之事与他人无关，不必害怕，绝不株连。"故人心转瞬即趋安定，社会也未发生任何动乱。只有寄居在沈阳的前五省联军总司令孙传芳担心张学良对他下手，决定不辞而别。他于是日晨间离开帅府后，悄悄前往日本车站，乘车潜赴日本占领下的大连躲了起来。

原来，孙传芳随奉军败退关外，在奉天颇受张学良礼遇，敬为上宾，又似顾问。张学良处决杨、常后，觉得应该告诉他，看看他有什么意见。两人一见面，张学良就说："馨远（孙的字），我又放了一炮！"孙传芳一时摸不着头脑，问道："什么事？"张说："我把邻葛和瀚襄都处决了。"孙传芳马上把大拇指一伸，说道："英雄，英雄！要想做大事，不杀几个人行吗？杀得好，杀得好！"[2]孙传芳话虽这么说，但他内心极为震动，想不到这个少帅竟然不动声色就处决了东北两个重要的人物，手段之狠，较其父犹过之。他离开帅府后，担心张学良对他也下手，越想越害怕，立即不辞而别，离开了沈阳。到达大连后，他才写信给张，称家中有事，未及告辞。张学良闻讯，笑着对部下说："馨远为什么这样胆小？"

---

1. 高纪毅：《杨常事件的前因后果》，载《团结报》编辑部编《张学良的往事和近事》，岳麓书社 1986 年版，第 149—151 页。
2. 任作楫：《张学良和孙传芳的政见分歧》，载方正等编《张学良和东北军》，中国文史出版社 1986 年版，第 164 页。

在《杨常伏法之判决书》中，他俩的罪名是"暗结党羽，图谋内乱，勾结共产，颠覆政府，阻挠和议，把持庶政，侵款渎职"。[1]这些罪状多是不实之词，有的是莫须有，有的属政见分歧，有的则虽有嫌疑，但无确证，构不成死罪。当然，这主要是郭松龄事件给张学良留下了深刻的教训。当初，张学良早就知道郭松龄有叛意，本可以果断地解除兵权并扣押郭松龄，但因怕别人说他太狠心，不忍采取行动。而且，他认为自己可以管住郭，郭会听他的。结果，由于自己的一念之差，终致郭松龄倒戈反奉，造成东北军民生命财产的惨重损失。如果早点采取行动，战祸本可避免。所以这一次，张学良吸取郭松龄事件的教训，决心不能再让这种事发生了，对他认为意图反叛的杨宇霆、常荫槐，只有当机立断，先发制人。如果再迟疑，不采取果断行动，等到事发后再兵戎相见，不知又会造成多少东北军民的伤亡。他宁可让人责备他辣手处置老帅旧部，再也不愿东北军民又起战端。一直到晚年，张学良还常常说："我杀杨宇霆，就是因为郭松龄。"[2]"杨宇霆、常荫槐两人可以说是死在郭茂宸的手里。"[3]

不过，张学良也自知杨、常虽有谋反篡权的嫌疑，但并没有确凿的证据。不杀太危险，杀了又有点可惜，因为他们都是不可多得的人才。他杀了杨、常后，内心感到十分痛苦。他怕杨、常两家恐慌，特派专人去慰问杨、常的妻子，各送慰问费1万元。张学良还给杨的妻子写了一封信解释他杀杨的苦衷，信件全文如下：

杨大嫂鉴：

弟同邻葛相交之厚如同手足，但为国家计，弟受人民之嘱托，国家之寄托，不能顾及私情。唐太宗英明之才，古今称颂，建成、

1.《国闻周报》第6卷第4期。
2. 郭冠英：《张学良在台湾》，中国友谊出版公司1993年版，第17页。
3. 毕万闻主编：《张学良文集》第2卷，新华出版社1992年版，第1183页。

元吉之事，又有何策乎？弟受任半载以来，费尽苦心，百方劝导，请人转述，欲其稍加收敛，勿过跋扈，公事或私人营业，不必一人包办垄断。不期骄乱性成，日甚一日，毫无悔改之心，如再发生郭（松龄）、王（永江）之变，或使东三省再起战祸，弟何以对国家、对人民乎？然论及私交，言之痛心，至于泪下。弟昨今两日，食未入口，寝未安眠，中心痛耳！

关于后事，请大嫂放心，弟必尽私情。父母子女，皆如弟有，弟必尽力抚养教育，望大嫂安心治理家务，成其后事为盼。弟之出此书，非欲见谅于嫂，弟之为人，向来公私分明，自问俯仰无愧，可质天日。此书乃尽私交，慰家中老幼，勿奔走流离，胡乱猜疑。已令潘桂庭、葆健之办理后事，一切请同该二人相商可也。

小弟良手启

如大元帅出此，弟必叩首求情。然弟身受重任，十目所视，十手所指，不能不顾及全局，为国家、为人民计也。望大嫂三思而宥之！又及。

张学良为杨、常分别写了挽联。
给杨宇霆的挽联是：

讵同西蜀偏安，总为幼常挥痛泪；
凄绝东山零雨，终怜管叔误流言！

给常荫槐的挽联是：

天地鉴余心，同为流言悲蔡叔；
江山还汉室，敢因家事罪淮阴！

挽联十分准确地表达了张学良上述复杂而痛苦的心情。

后来，张学良又让王家桢详细研究了从日本人手中买来的所谓"情报"，发现全属无稽之谈，证实中了日本人的离间之计。张学良也有懊悔之意，但已无可补救了，只好对王家桢说："事情已经过去了。算了吧！""咱们真得好好地干了。要不然，那真对不起邻葛和瀚襄于地下了！"[1]

对此事件，孙传芳曾有一精辟评论，他说："杨宇霆取死有道。他与汉帅（指张学良）的关系，究是君臣，还是朋友？如果是君臣，就应该北面而朝之，以部下自居；如果是朋友，就应该洁身隐退，仅备咨询。而他现在要居于汉帅之上，事事过问，甚至对汉帅发号施令多所阻碍，真是古今中外所少有的，怎能不死？"[2]

所以说到底，杨常事件是东北军集团内部一场争夺领导权的斗争。张学良杀杨、常，是为了巩固自己的统治地位，是杀人立威。这一点确实做到了，整个东北军政人员对于少帅不再有"阿斗"的看法，无人再敢闲言碎语。从此，人心统一、政令统一、军令统一，张学良事无掣肘，政治威望空前提高。同时，这一行动也震动了南京政府，使全国为之一惊，国人对张学良更加刮目相看，认为他不愧是张作霖的儿子。

但也有人认为，张学良杀杨、常也造成了严重的不良后果。杨宇霆死后，在对日外交方面，失去了一个折冲樽俎，在紧急时期可以缓冲局势的得力人物。在事隔多年后，胡适甚至说："杨宇霆若不死，东北四省必不会如此轻易失掉。"[3]当然，这样的结论是不可能得到证实的一家之说。在内政方面，杨宇霆一死，张学良失去了一个能掌握全局深入实际

---

1. 王家桢：《一块银元和一张收据》，载中国人民政治协商会议全国委员会文史资料委员会编《文史资料选辑》第 3 辑，中华书局 1960 年版，第 63、66 页。
2. 任作楫：《张学良和孙传芳的政见分歧》，载方正等编《张学良和东北军》，中国文史出版社 1986 年版，第 164—165 页。
3. 曹伯言整理：《胡适日记全编》第 6 册，安徽教育出版社 2001 年版。

的辅佐人才。因此，一些人指责张学良此举太轻率、太鲁莽，是自毁长城。在老帅尸骨未寒之时，遽杀旧臣，致使老帅时代的人物兔死狐悲，人人自危。奉系元老袁金铠送给杨宇霆的挽联曰："顿使精神增剧痛，欲伸哀婉措辞难！"写尽了东北军政要的震撼以及不知如何表达哀婉的情景，可谓传神之至！[1]

此后，他们对张学良考虑不周、贻误之处，都不敢直言相谏，使之不能及时得到匡正。此后，张学良身边再也没有像郭松龄、杨宇霆那样能够独当一面的干才了。

东北新建设

张学良上台伊始，就公布了施政纲领。他在 1928 年 6 月 20 日就任奉天省军务督办的通电中，本着开源节流、休养生息的精神，提出了收缩军队，寓兵于农；整顿金融，免除苛捐杂税；发展实业，奖励生殖；推广教育，整理司法等一系列治理东北的政策，励精图治，全力建设。

第一，裁减军队，兴办屯垦。

十余年以来，奉系军队不断扩充，并连年用兵，引起奉票贬值，金融波动。为使收支平衡，休养生息，必须缩减军费开支。为此，张学良将其父亲多年来推行的穷兵黩武的对外扩张政策改为裁军自守，取消了方面军、军、师番号，以旅为基本战略单位。师长改任旅长，师长以上的将官均予以军事参议官名义，享受优厚待遇。到 1928 年 11 月，东北四省国防军及省防军编成步兵 30 个旅、骑兵 7 个旅、炮兵 3 个旅。步兵每旅 8 000 人，军队总人数由 40 万减为 30 万。部队番号各旅、团均冠以"东北军"的字样，东北四省统一编排。此外，航空、海军及军事教

---

1. 丁中江：《北洋军阀史话》（四），中国友谊出版公司 1992 年版，第 555 页。

育学校均缩减开支，但仍保持原有实力。东北兵工厂经费减为200万。[1]

经此调整和精简，旧派老人只有张作相、汤玉麟、张景惠等几个人仍握有兵权，大部分被张学良精心挑选的新派军官所取代，顺利完成了东北军的新老更替。此后，东北每月可节省军费开支200万元以上，军费开支只占整个财政收入的2/5。裁减下来的军队，一部分遣散，大部分基于寓兵于农的政策，从事军垦。1928年7月，正式成立了兴安屯垦区公署。9月，张学良任命炮兵司令邹作华为兴安屯垦区督办。10月，邹作华率部抵达洮南、索伦一带安家落户，开荒种田。兴安屯垦区地处东北西部，南以热河为界，西与内蒙古接壤，北到中东铁路，东连吉林，包括辽宁省的5个县，黑龙江省的4个县和内蒙古的4个旗，一向无军队把守，无民垦殖，土地荒芜，边防松弛，土匪横行，自从实行屯垦以后，粮食丰收，边防巩固，既解决了编余军队的安置问题，又促进了经济的发展。张学良这种整军与建设相结合，屯垦与开发边陲、巩固国防相促进的办法，收到了良好的效果，可谓一举多得。[2]

同时，张学良为加速开发东北，实行奖励移民的政策，大力推广民垦，使关内移民不断涌入东北。据文献记载，1924年由关内（主要是河北、山东）来的移民人数是38万，1925年为49万，1927年猛增到100万。此后的3年均保持在100万以上，特别是1929年达到110万人。[3]大量移民的涌入，给开发东北提供了源源不断的劳动力，极大促进了东北的农业生产。

第二，整顿金融，稳定财政。

经过一系列的努力，从1928年底到1929年底，东北政局稳定，财

1.荆有岩：《张学良执政时期东北华北的财经》，载漠笛编《张学良生涯论集》，光明日报出版社1991年版，第90页。
2.王维远：《论张学良时期东北经济的发展》，载漠笛编《张学良生涯论集》，光明日报出版社1991年版，第78页。
3.同上，第110页。

政经过缩减、整顿，初步达到了收支平衡，并略有节余。但由于裁军、屯垦处处用款，奉票发行量仍然很大。加之日本人从中捣乱，以日元抢购粮食；南满铁路沿线的日本银行、钱庄子兑换金银日钞，制造奉票与现洋、日元的比价差距，引起奉票持续贬值，1929 年 6 月 24 日到达最低点，奉票 72 元兑换现大洋 1 元。[1]

为整顿金融，张学良于 1929 年 12 月中旬主持召开了东北财政会议。会议成员均为东北财政金融方面的负责人，包括东三省的财政厅厅长，东三省官银号总办、会办，东北边业银行总裁、副总裁。会议为稳定奉票，做出了一项重要决定，即奉票 50 元兑换现大洋 1 元（当时奉票比值已有回升，此价略高于现价），以七成现金银和三成有价证券为准备金。

会后，又由东三省官银号、东北边业银行约同中国银行、交通银行成立四行联合准备库，共同发行现大洋票，并规定可随时兑换奉票，从而稳定了东北的金融。到 1930 年，奉票基本维持在 60 元兑换现大洋 1元左右的水平。

此次财政会议还决定发行整顿金融公债现洋 5 000 万元。经东三省官银号会办荆有岩赴南京，与国民政府财政部部长宋子文、立法院院长胡汉民接洽，由国民政府立法手续通过，得以在上海发行一部分公债。这笔公债后来都用作建设资金。[2]

不久，孔祥熙主持的中国国货银行欲与东北发生经济关系，设立东省国货银行于沈阳、哈尔滨两地。经张学良同意，在沈阳小南门里成立了东省国货银行，由上海国货银行总行拨来 20 万，东三省官银号出资 80 万元，以荆有岩任经理。[3] 东北与南京政府的经济联系有所加强。

———————————

1. 荆有岩：《张学良执政时期东北华北的财经》，载漠笛编《张学良生涯论集》，光明日报出版社 1991 年版，第 90 页。
2. 同上，第 90—91 页。
3. 同上，第 91—92 页。

第三，发展经济，抵制日本。

东北土地辽阔，资源丰富。自 1904 年日俄战争后，日本帝国主义大举入侵，逐渐垄断了东北的经济命脉，并以南满株式会社、关东厅、关东军以及散布东北各地的领事馆为据点，不断夺取东北的权益，时刻威胁着东北的生存与发展。张学良深知经济是命脉，经济不能复兴，政治就永远没有独立的一天，乃决心发展实业，振兴经济，以抵制日本侵略势力，尤其是在交通运输业方面，与日本形成了直接抗衡的局面。

张学良刚刚上台，日本人就找上门来，要求履行张作霖出关前在北京签订的"满蒙"铁路合同。张学良以有关文件在皇姑屯事件中全部被烧毁，口说无凭为由，予以拒绝。东北易帜后，张学良干脆把问题推给南京政府，宣布有关铁路交涉的谈判权已上交中央政府，东北地方当局无权过问，要日本人直接同南京中央政府谈判。对此，日本人极为不满，一时却也无可奈何。[1]

1928 年 7 月，张学良改组东北交通委员会，直属东北保安司令部，全力推进东北的铁路建设。继 1927 年 9 月修通奉海路（奉天至海龙）后，又于 1929 年 5 月建成吉海路（吉林至海龙），并通过与已经完成的铁路联结，完成了从吉林省敦化，经吉林、海龙到北宁路（旧称京奉路）的东干线。同时，继 1927 年建成大通路（大虎山至通辽）后，到 1931 年九一八事变前，相继修通了洮索（洮南至索伦）、昂齐（昂昂溪至齐齐哈尔）、齐克（齐齐哈尔至克山）等 3 条铁路，实现了从黑龙江省克山，经齐齐哈尔、昂昂溪、洮南、通辽、大虎山，联结北宁路的西干线。

东西两大干线建成后，日本人控制经营的南满铁路客运、货运大受影响，加上受世界性经济危机影响，运输量不足往年的 40%。1931 年，满铁停止了定期的工资升级，夏天的红包也只发了一半，甚至开始解雇

---

1. 常城等：《现代东北史》，黑龙江教育出版社 1986 年版，第 135—136 页。

高级职员。为此，日本方面认为东北当局违反了两国间关于不得铺设与满铁并行的铁路规定，不断向张学良提出严重抗议。

为了对抗日本控制下的大连港，张学良着手开发辽西的葫芦岛，准备修建一个大规模的港湾码头，作为东北的出海口。1930 年 1 月 24 日，东北交通委员会代委员长高纪毅与荷兰筑港公司驻华总代表陶普施在天津签订了葫芦岛筑港合同，建筑费 640 万美元，限于 1935 年 10 月 15 日竣工。同年 7 月 2 日，举行了筑港开工典礼，张学良出席，并发表演说。葫芦岛工程一旦完成，就可以通过东西两大干线把黑龙江、吉林两省与葫芦岛连接起来，使东北丰富的物产直接销往海外。到 1931 年九一八事变爆发时，葫芦岛已完成了 1/3 的工程。

1930 年，东北交通委员会又制订了一个雄心勃勃的《建设东北铁路网计划》，准备在 10 年内修筑铁路 10 万公里，至少要修好"三大干线"，即延长东西两大干线，增修南大干线。东大干线从葫芦岛起，经绵州、沈阳、海龙、吉林、五常、依兰，直达黑龙江下游的同江；西大干线从葫芦岛起，经锦州、大虎山、通辽、洮南、昂昂溪、齐齐哈尔、克山，直达黑龙江省最北部的黑河；南大干线从葫芦岛起，经热河省的朝阳、赤峰，直达内蒙古的多伦。三大干线均通过葫芦岛。但这一宏伟的铁路建设计划终因日本侵略者发动九一八事变而夭折。[1]

除了交通运输业，张学良还采取了一系列办法抵制日本的侵略：在满铁沿线设立税卡；发布禁止购买日货密令，以限制和抵制日货；颁布"禁止土地房屋出售给日本人"的法令，防止日本人任意租房、租地，向内地发展；发布"禁止中日合办合作事业"的法令和"取缔日本人旅行东北内地的护照"；等等。[2]

同时，张学良积极鼓励、扶植东北民族工业，使之得到蓬勃发展。

---

1. 王维远：《论张学良时期东北经济的发展》，载漠笛编《张学良生涯论集》，光明日报出版社 1991 年版，第 79 页。
2. 常城等：《现代东北史》，黑龙江教育出版社 1986 年版，第 136—137 页。

他曾亲自从东北边业银行拨款 12 万元，援助著名爱国人士杜重远的肇兴窑业公司，解决了其资金短缺问题。当时，肇兴窑业公司的产品以其质高价廉，畅销东北各地，闻名国内外，被誉为"东北工业界之一福音"和"东北之模范工厂"，挤垮了日本人开办的大连大华瓷厂。[1]

在张学良的卓越领导下，经过几年艰苦努力，东北经济迅速得到恢复和发展。这集中表现在对外贸易上：一方面，日本对华贸易锐减，1930 年比 1929 年下降 34%，1931 年又比 1930 年下降 20%（当时日本对华贸易的大部分在东北）；另一方面，东北对外贸易激增，输出额一年高过一年，输入额则相对平稳，故出超额年年递增，到 1931 年竟高达 394 673 000 元。[2]

第四，重视教育，培养人才。

张学良常自叹年少不努力求学，只在东北讲武堂打个转，没有学到多少文化，对发展教育的重要性有切身体会。他认为："中国唯一希望在青年，青年之根本，在教育。"[3] 国家要富强起来，就必须培养各方面的有用人才。培养人才，靠教育，教育是建国的根本。因此，他主政东北后，尽管面临财政、金融困难，仍大幅度增加对教育的投入，甚至慷慨解囊，捐献家产，发展教育。

张学良还亲自兼任了东北最高学府——东北大学的校长。

东北大学的前身是创办于民国初年的奉天高等师范学校。1922 年，在时任奉天省省长王永江的建议下，张作霖决定将奉天高等师范学校升级扩建为东北大学，1923 年 8 月正式成立并招生，第一任校长是王永江，第二任校长是刘尚清。1928 年 8 月，东北政务委员会任命张学良兼任校长，留美毕业生刘凤竹为副校长，实际主持校务。张学良兼任校长

---

1. 王维远：《论张学良时期东北经济的发展》，载漠笛编《张学良生涯论集》，光明日报出版社 1991 年版，第 77 页。
2. 同上，第 82 页。
3. 毕万闻主编：《张学良文集》第 1 卷，新华出版社 1992 年版，第 4 页。

后，对东北大学的建设倾注了极大的心血。他宣布不继承父亲的遗产，从中结算出 1 000 万元作为东北大学发展经费。他请人重新设计了白山黑水盾形校徽，取代先前的圆形校徽，以此提醒全校师生勿忘记祖国和家乡。张学良还请人谱写了东北大学校歌："白山兮高高，黑水兮滔滔。有此山川之伟大，故生民质朴而雄豪……"[1]

由于东北大学南、北两个校区之间来往不方便，张学良又捐资 100 万元，并从财政中拨款 120 万元，在北陵风景区建设新校，先后兴建了理学院和工学院大楼、文学院大楼（汉卿南楼）、法学院大楼（汉卿北楼）、教育学院大楼、图书馆和供学生实习的化学馆、纺织馆，以及学生宿舍、50 多栋教授住宅。1929 年竣工，全校迁入，再无南北校区之分。[2]同时，将文科改为文学院，法科改为法学院，理科改为理学院，工科改为工学院，师范部改为教育学院。到 1929 秋，东北大学发展成为拥有 5 个学院 21 个系的综合性大学。

为了办好东北大学，张学良还不惜优礼厚币，以高出关内高等学校教师一两倍的薪酬，从全国各地聘请著名专家、学者来校授课讲学。一时名流学者纷纷应聘，包括章士钊、梁漱溟、刘仙洲、罗文干、梁思成、林徽因、唐兰、黄侃、刘复、高亨、郝更生等人，最盛时有教授 99 名。一般教授月薪 400 元现洋，最高者为章士钊，月薪 800 元现洋，并在校内供给独院的眷属住宅。这些学者、专家的到来，不仅充实了教师队伍，增设了课程门类，而且活跃和提高了学校的学术研究水平。同时，张学良每年还从毕业生中推荐品学兼优者，公费资助其送往欧美留学深造，以培养优秀的专门人才。由此，东北大学吸引了远至四川、湖南、湖北、江西、福建、安徽以及华北各地的学生纷纷前来投考。短短 3 年，东北大学以其经费充足、设施先进、师资雄厚、学生优秀，一跃

---

1. 赵杰：《留住张学良——赴美采访实录》，辽宁人民出版社 2002 年版，第 47 页。
2. 李宗颖：《东北大学校长张学良》，载方正等编《张学良和东北军》，中国文史出版社 1986 年版，第 288—289 页。

成为全国有名的最高学府之一，跻身一流大学行列。[1]

1929 年 7 月 1 日，东北大学举行第一届毕业典礼，张学良以校长的身份出席典礼讲话，对毕业生提出六大希望：

一、勿自满。满招损，谦受益——至理名言，无庸喋喋。盖存自满之心，作骄必败，诸君勉之。

二、学与德俱进，勿懈怠。世间无处无学问，诸君勿以为毕业后而学足矣，因之懈怠。仍希望努力前进。

三、打破恶劣环境，努力奋斗。青年人心理纯洁，一入社会，往往变改常态。希望诸君出校改造社会，勿被社会改造。

四、做事有恒。青年人遇事务，始则极其热烈，终则意冷心灰。希望诸君要永久保持适宜温度，成则不喜，败则勿馁。

五、本良心做事，为社会服务。

六、为东大争光荣，具百折不挠之精神。诸君为东大天字第一号之先锋，希望好好打开出路，领导后起同学，为东大创一块有荣誉之招牌。

张学良最后说："希望诸君勿忘母校，精神勿涣散，感情永存在，双方互相期望，努力救国。"[2]

训话后，张学良亲自为毕业生一一颁发毕业证书，然后与毕业班全体师生合影留念。

这一届毕业生刊印了华美的《东北大学年鉴》，张学良亲自写了《民国十八年东北大学年鉴叙》，对自己的学生寄予殷切的希望和期待。《叙》全文如下：

---

1. 赵守任：《张学良与东北大学》，载漠笛编《张学良生涯论集》，光明日报出版社 1991 年版，第 98—104 页。
2. 毕万闻主编：《张学良赵一荻合集》第 2 部，时代文艺出版社 2000 年版，第 88 页。

逾榆关以东方数千里之地，总称之曰东三省。生斯地者多以武功显名，论者遂谓无学问文章之士。此殊不然。以余所知，若辽阳之张浩，义州之耶律楚材，皆以科第勋名著于金元二代，它若熊岳王遵古、庭筠、曼庆祖孙父子，尤以学问文章见称于大定明昌之间，特以族望不明，称引者希，遂致为武功所掩耳。海通以还，三省处于边陬，日与外族相见，语其进化之程，反视内地为尤速。庠序之设，三十年于兹矣，唯高者仅及中学，求深造者必负笈以远游，士子病焉。民国十二年，先大元帅乃创建东北大学，礼延硕儒，庄治黉舍，罗致出器，经画百端，文理法工四科咸备，迄今七载，而第一期诸生毕所业矣。语曰："前事之不忘，后事之师也。"又曰："后生可畏，来者难诬。"毕业诸生年方富盛，校其成器所至，未识比于古人何若？然往者既平流而竞进，来者复日出而靡穷，则安知张王耶律诸贤不重见于今日！矧来日人文之盛或竟与往代之武功比隆，又非张、王、耶律诸贤之所能限，安得援古人以自画，以厚诬将来哉！是为序。中华民国十有八年五月，张学良叙于东北边防军司令长官公廨。

1931 年，日本发动九一八事变，侵占东北三省，东北大学被迫迁往北平。大学规模虽然小了许多，但仍保持文、法、工 3 个学院。1936 年3 月，东北大学工学院及补习班迁往西安，张学良拨款万元修建校舍，并在礼堂内立了一块石碑，上面刻有：

沈阳建校，经始唯艰。

至九一八，痛遭摧残。

流离燕市，转徙长安。

勖尔多士，复我河山。

校长张学良立

从 1928 年起，张学良一直兼任东北大学校长。1937 年后张学良因西安事变失去人身自由，这才辞去校长职务。

在发展大学教育的同时，张学良也十分重视中小学教育和社会教育。1925 年，他与郭松龄等人一起，开办了同泽中学。1928 年 3 月，他深感女子教育不发达，又开办了同泽女子中学。同年 9 月，张学良捐资 500 万元建立汉卿教育基金会，用每年所得的利息 70 多万元，作为中小学教员的薪水。[1]

当时东北乡村里一般很少有正规的小学，很多地方还是靠传统的私塾馆教学，而日本却以满铁为名出资在一些地方设立公学堂、高等公学堂、日语学堂，专门招收中国学生，实施文化侵略。张学良鉴于此，决定在东北全境大力兴办新民小学。

第一所新民小学，最初是 1927 年张学良夫人于凤至在她的家乡大泉眼屯捐款兴建的。张学良加以推广，在辽宁省各县首先普遍开办新民小学。1929 年 1 月，张学良为创办新民小学致函奉天各县县长：

> 学良近鉴于奉省人民知识浅陋，而其原因端在于教育之不普及，兹拟在各县酌设新民小学若干处，借使失学儿童均有受教机缘。唯是需款过多，绝非一人财力所克担负，故拟将该小学等开办经费，如觅定校舍、购置桌凳等项，统请各县自行筹备，至经常费用一节，则由学良处按月发给之。凤仰台端对于教育素具热心，如蒙赞同，希即裁复，以便进行，办理一切也。[2]

在张学良的推动下，奉天省先后创办了 36 所新民小学，由张学良直接领导，亲自委派校长，统一建设校舍，不受当地教育机关的节制。在

1. 毕万闻主编：《张学良文集》第 1 卷，新华出版社 1992 年版，第 147—148 页。
2. 毕万闻主编：《张学良赵一荻合集》第 1 部，时代文艺出版社 2000 年版，第 585 页。

课堂上，加强了国耻和爱国思想教育。[1]张学良本来计划在东北各省每个县建立一所新民小学，后因九一八事变爆发，这个计划未能实现。[2]

在张学良和东北当局的大力倡导下，东北教育有了长足的进步。1916年，东北的各级公私学校只有近7 000所。到1929年，东北的国立小学已达13 000多所。到1930年，东北的中等学校有258所、高等学校5所（除东北大学外，另有私立的冯庸大学、1929年由交通部锦县交通大学改成的东北交通大学、1930年创建的吉林大学和黑龙江法政专门学校），民众自办的图书馆有43个、通俗教育馆42个、赠阅报所78个、讲习所109个。[3]整个教育事业呈现出兴旺发达的景象，培养了大批人才，与同时期关内地区因欠薪而时时发生罢教风潮相比，形成强烈的反差。

此外，张学良自少年时代就酷爱体育运动，经常参加各项体育活动，及掌东北三省大权后，更加认识到体育一事足以代表国家民族的精神。在每一个国民的人生过程中，都须永远注重体育的讲求，才能造就一个健康而有生气的民族。倡导体育的最大目的是形成复兴民族的生力。为此，张学良在东北大学增设体育专修科，不惜重金聘请国内外体育专家、名流来执教，添置先进的体育器材设备，使东北大学的体育成绩跃居全国各大学之冠。

为在沈阳举办第十四届华北运动会，张学良特捐款30万元，在东北大学西侧兴建了一座当时被称为全国第一流的罗马式现代体育场（即现在的沈阳体育学院体育场）。1929年5月29日，第十四届华北运动会在沈阳举行，张学良担任大会名誉主席，并身穿短袖汗衫、短裤，下场亲自参加跳远比赛。全场欢呼，为他加油。6月4日，第十四届华北运动

---

1. 魏奎一：《张学良兴办新民小学》，载方正等编《张学良和东北军》，中国文史出版社1986年版，第275—276页。
2. 赵希鼎：《张学良办教育》，载《团结报》编辑部编《张学良的往事和近事》，岳麓书社1986年版，第210页。
3. 王维远：《论张学良时期东北经济的发展》，载漠笛编《张学良生涯论集》，光明日报出版社1991年版，第84—85页。

136   张学良传·上

会举行闭幕仪式，张学良到会致闭幕词："此次运动会成绩绝佳，全国均引为荣幸。竞赛之胜负，固定悲乐，唯胜忌骄败忌妒。运动道德为运动之要素，否则一切兴趣均拙劣。希望在已有的基础上，加功练习，务其在下届远东运动会上，取得同样胜利。"[1]

1929年10月19日，中、日、德三国田径邀请赛在沈阳北陵的东北大学运动场举行，所需的经费5 000元全由张学良个人捐助，张学良在该比赛中任总裁判。

1930年4月，在浙江省杭州市举行第四届全国运动会。在张学良的积极倡导和支持下，东北各省均派代表团参加，尤其是辽宁运动员大显身手，成绩突出。短跑名将、东北大学体专第一期学生刘长春，在德国著名田径运动员步奇（时任东北大学讲师）的指导下进步很快，在这届运动会中的百米赛上跑出了10秒7的好成绩，创造了全国纪录（这个纪录直至中华人民共和国成立后才被刷新），并进入世界先进行列。

九一八事变后，张学良又慷慨解囊，资助8 000元，支持刘长春参加了1932年在美国洛杉矶举行的第十届奥运会，挫败了日本侵略者企图拉拢刘长春以伪满洲国代表身份参赛的阴谋。[2]

从1928年6月到1931年9月，在这短短的3年中，张学良怀着抗日自强的抱负，在"东北新建设"的口号下，励精图治，把东北建设成一个全国少有的经济发展、社会稳定、文教事业进步的地区，与关内连年军阀混战、民生凋敝的局面恰成鲜明对照，从而与穷兵黩武、劳民伤财的父亲张作霖拉开了距离，树立起了不同于全国其他地方军阀的新形象。

这一切又必然要与日本谋求在东北的特殊权益发生利害冲突。张学良卓有成效的新东北建设动摇了日本在东北的特殊地位，是对日本分

---

1. 张友坤、钱进主编：《张学良年谱》上册，社会科学文献出版社1996年版，第263页。
2. 李生：《张学良与东北体育》，《团结报》1990年7月14日和21日。

离"满蒙"国策的严重挑战。日本军国主义自然不会就此善罢甘休，开始不断叫嚣"满蒙危机"，并开动战争机器，制造九一八事变，用最野蛮、最无耻的暴力手段，一举摧毁了张学良耗尽心血、惨淡经营的建设成果。

中东路事件

张学良自主政东北后，在内政方面颇为顺手，地区日益巩固，各项建设事业渐有成效，但在对外方面，却因严重的判断错误，以武力强行收回中东铁路主权，引发了中苏边境战争，结果东北军惨遭失败，被迫接受苏联的条件恢复中东路战前状态。史称中东路事件。

中东铁路是沙皇俄国侵略中国的产物。根据 1896 年的《中俄密约》，沙俄修筑了从中国满洲里经哈尔滨到绥芬河的铁路，东西两端与俄国境内的西伯利亚大铁路相接；后沙俄又根据《旅大租地条约》，建成了从哈尔滨经长春到大连的铁路，构成了贯通东北三省的"T"字形铁路，有利于沙俄对东北的全面控制。1905 年日俄战争后，沙俄战败，被迫将中东铁路长春至大连段转让给日本，此即所谓的南满铁路。

俄国十月革命后，苏俄政府曾于 1919 年宣布愿意把中东铁路无偿地归还给中国人民。但在 1920 年的第二次对华宣言中，又改为中俄共管。1924 年 5 月，苏联政府同中国北京政府签订了《中俄暂时管理中东铁路协定》，规定中东路为纯商业性质企业，由两国在均等原则上共管，直到中国政府赎回为止。为使协定生效，苏联代表又以赔偿曾在东北广为流通的贬值旧卢布、不支持冯玉祥和不宣布赤化为条件，于同年 9 月与张作霖签订了《奉俄协定》，内容与《中俄暂时管理中东铁路协定》基本一致，只是将中东路交还中国的期限由 80 年改为 60 年。此后，长期统治中东铁路的白俄势力被驱逐，苏联重新获得了对中东铁路的控制权。

中东铁路名义上由中苏共管，但实际控制权操在苏联人手中。中东铁路最高权力机构本是理事会，由 10 名理事组成，中苏各 5 人，中方任理事长。但因协定规定理事会开会的法定人数是 7 人，所有决议案须得 6 票通过始能生效，实际使理事会无法形成任何决议，丧失了应有的权力，形同虚设。于是，中东铁路管理局就掌握了一切大权，而局长一向由苏方人员担任，权力很大。局内所属主管业务和财务的机务处、车务处、商务处、财务处等几个大处的正处长都是苏联人，路局的行政文件以俄文为主，财务上以卢布为核算单位，利润全部存入苏联的远东银行。

中国方面虽接管了中东铁路警备、司法、军务等方面的权力，但仍有许多涉及中国主权的权力没有按办定收回，如矿山、林场、疗养院等。苏方还擅自扩大中东铁路沿线电信局的营业范围，使其成为东北北部的公用事业，并经营国际电信业务，破坏了中国的电信主权。更为严重的是，苏联以此为据点，把中东路所经过的地区视为自己的势力范围。1925 年 1 月 20 日，苏联同日本签订的《日俄协定》，仍承认瓜分东北的《朴次茅斯条约》（日俄于 1905 年签订）继续生效。

俄国十月革命后，苏联将沙皇俄国在中国"北满"的侵略权益大都放弃了，虽然对中东铁路尚保持了经济上的特权，但毕竟属于商业性质，与日本侵略者时刻要并吞东北相比，已经不可同日而语。在当时的国际形势下，东北当局只有保留苏联在东北的部分经济与商业权益，联苏俄以抵制日本，才是正确的战略决策，万不可本末倒置，却采取向苏联挑衅以取悦日本的错误战略。然而，张学良主政后，事态却朝相反的方向发展，导致重大战略错误。

导致这一战略错误发生的背景十分复杂。当时，中东铁路管理局和理事会都设立在哈尔滨，哈尔滨还有 20 万人以上的白俄侨民居住，哈尔滨属于东省特别区管辖，东省特别区长官张景惠是张作霖的绿林伙伴，是一个庸碌无能、事理不清、是非不明的家伙。在张景惠手下办理对苏联外交的，是特别区教育厅厅长张国忱及中东铁路理事邹尚友、李绍庚等人，他们都是哈尔滨商业学校的毕业生，这所学校是沙俄在哈尔滨办的专门培养殖民统治代理人的学校。这个学校的毕业生，其生活习惯和世界观都是帝国主义的那一套，他们对社会主义的苏联充满了敌意。张国忱还聘请了一个名叫玛舍夫斯基的白俄人做顾问，此人是沙俄时代的一名将军。玛舍夫斯基经常对张国忱吹风说："苏联有大饥荒，人民奄奄待毙，对于共产党政权极度不满，欧美各国对于苏联也有仇恨，倘若有人此刻发难，苏联共产党必倒台。中国若能趁这个机会将中东路主权一举收回，不但苏联此刻无力进行反抗，就是世界列强也必双手高举，赞成中国的行动。"[1]

张国忱、邹尚友这类人本来就不懂什么政治，而且他们认为吕荣寰不懂俄语、不识俄情，却占着全东北最大的肥缺——中东铁路督办，心有不甘，他们一直在酝酿搞掉吕荣寰，由张国忱取而代之。而且，张国忱、邹尚友与南京国民政府内部的反共反俄分子勾结在一起。由于种种恶缘的作用，借中东路挑起反苏风暴的政治阴谋在迅速酝酿之中。

从经济上说，中东铁路每年巨额的盈余对张学良无疑也有很大吸引力。张学良主政东北后，在各种势力集团的怂恿下，加快了收回中东铁路主权的步伐。

1928 年 12 月 24 日，张学良命令东省特别区长官张景惠强行接收中东铁路电话局，苏联政府对此事件居然未及时做出反应，这对张学良来说无疑是一个鼓舞。

1929 年 3 月 1 日，张学良命令中东铁路督办吕荣寰向中东铁路苏方副理事长齐尔金提出了要求苏联一方履行的一系列要求，主要内容为：（1）路局一切文件及命令，须由局长和中方副局长会同签字，否则不生

---

1. 王家桢：《一九二九年中东铁路事件片断》，载方正等编《张学良和东北军》，中国文史出版社 1986 年版，第 172 页。

效；（2）路局用款必须经稽核局（稽核局长由中方担任）同意，否则不得动支；（3）路局各处处长、科长及沿线的段长、站长，应以半数改派华员；（4）其他各职员，亦应逐渐实行平衡办法；（5）中东路一切文书，必须中俄文并用。3月6日，苏方答复：对中方提出的文件及命令会签一条，完全拒绝；对局长负责支款之例，仍主保留；仅将不关紧要的几个处的正处长拟派中方人员担任。

3月27日，中方再次要求召开中东铁路理事会会议，苏方除向莫斯科报告外，苏方理事拒绝出席会议，致使理事会无法召开。[1]

苏联方面不妥协的强硬态度，迫使张学良改变了和平协商解决的初衷，决心用武力强行收回中东路，造成既成事实，再逼苏联政府认可，最后以金钱赎回。4月2日，张学良召集张作相、张景惠、王树翰、吕荣寰等人开会讨论，要求制订收回中东路的具体行动计划。张作相、王树翰等人认为不应轻启兵端，主张慎重。张作相对张学良说："我看用全国力量对付苏联，也未必能打胜，只凭我们东北军能行吗？为收回中东路，恐怕反而惹出麻烦，也怕日本人乘机捣乱，还是请总司令慎重考虑。"[2]

张学良则根据各方面"情报"，断定苏联绝不能打仗。[3]其实，张学良的所谓"情报"，主要来自设在哈尔滨的东省特别区行政长官张景惠、特别区教育厅厅长张国忱等人，他们受白俄顾问的恶意怂恿，分不清利害关系。1928年年底东北当局强行收回中东路电话局，苏联未做出强硬反应，也更坚定了张学良的信心。

当然，做出这一决策也与张作霖、张学良父子一贯的反苏反共思想有关。他认为苏联是中国赤化之源，只有反苏，才能灭赤。而且，苏联

1. 张友坤、钱进主编：《张学良年谱》上册，社会科学文献出版社1996年版，第352页。
2. 李宗颖：《张作相事略》，载辽宁参事室、文史馆编印《文史资料》1968年号，第71页。
3. 刘翼飞：《张学良对苏联远东形势的判断》，载方正等编《张学良和东北军》，中国文史出版社1986年版，第169页。

作为对东北构成严重威胁的两大敌人之一，正可趁收回中东路之机，消除隐患，转而全力对付日本。所以，张学良仿效其父当年（1927年）在北京搜查苏联驻华大使馆的做法，于1929年5月27日借口苏联驻哈尔滨领事馆召开远东共产党大会宣传赤化，命令东省特别区特警处数百名警察突然包围总领事馆，强行进行搜查，逮捕了39名苏联人，其中大多数是中东路职员，并抢走了一批有关中国政治、军事的机密文件，从而揭开了中东路事件的序幕。

搜查苏联总领事馆的消息传到沈阳，大帅府秘书厅里议论纷纷，有的说："东联孙权，北拒曹操，乃策之上也；而今东抗孙权，北拒曹操，是乃走麦城之路也！"还有人说："言忠信，行笃敬，虽蛮貊之邦行矣；今也，不顾条约上诸言，又没有什么正当的理由，竟将邻邦的使臣押解出境，这怎么能叫四夷宾服呢？"从这些议论可以看出，张学良下令搜查苏联总领事馆是一种欠考虑的鲁莽行为。只有居心叵测的日本侵略者对此表示了喝彩，日本驻沈阳总领事林久治郎兴高采烈，向东北集团负责外交的王家桢极力表示日本朝野对中国此举一定支持，并盛赞哈尔滨中国当局英明果断。[1]

事后，张学良一面令人翻译文件，一面将此事报告南京政府。正好，蒋介石为拉拢阎锡山反冯玉祥，于6月25日抵达北平，遂电召张学良前来会晤。7月5日夜，张学良率王树常、邢士廉、于学忠、王树翰、王家桢等文武官员离开沈阳，乘专列赴北平。这是他自1928年主政东北以来首次入关。

6日晚，车抵天津，张学良在蔡家花园停留一夜，发表了一份书面声明，称："余赴平之目的，因蒋主席之电召，躬亲对蒋报告自东北易帜以来东北四省之外交、军政、党部诸问题。东北之态度以中央之意志

1. 王家桢：《一九二九年中东铁路事件片段》，载方正等编《张学良和东北军》，中国文史出版社1986年版，第173页。

为意志，以民众之响应为响应，扶助中央统一政策，以便建设三民主义的国家。"[1]

张学良在天津还对记者发表了谈话，在谈到东北外交问题时，张学良说："东北为国防重地，外交繁杂，由来已久。近复有苏俄之煽乱，情势愈益复杂，而日本在东北之关系，尤为国人所深知。本人年来勉力支撑，凡有损失国家权利之事，丝毫不敢放松，其困心衡虑之处，凡知悉东北情形者，当能鉴及。唯东北乃全国人之东北，断非一人之力，可胜保卫之责。故希望全国同胞，放大眼光，摒除内争，共注意于国防大计。"

当记者问及最近发生的搜查哈尔滨俄领馆事件时，张学良回答："该案已送交中央主持办理。至办理该案，系以迅雷不及掩耳之手段为之，稍纵即逝。事前即本人亦多未深悉。所获文件中，带重要性质者殊不少，特未便发表而已。本人对俄意见，以为凡条约以内已允我之权利，应当强硬主张，不能放弃。"[2]

7月7日，张学良一行抵达北平。故地重游，如今主客易位，张学良不免感慨万千。当天晚上8时，张学良与蒋介石在北平饭店会晤。这是两人第一次见面，互道寒暄，相谈甚欢。谈话进行了约两个小时，主要商谈收回中东铁路问题。

8日，张学良与蒋介石、阎锡山举行首次会谈。张学良详细报告了东北易帜后的政治、军事、党务、外交等各方面的情况，重点谈及东北的外交和对苏联的政策，张学良允诺东北对外交涉，无论对日或对苏，均移归中央办理。蒋介石对张学良收回中东路主权的计划表示完全同意，并保证南京政府将予以全面支持。

7月9日下午，张学良与蒋介石、阎锡山在北平香山举行正式会议。

---

1. 毕万闻主编：《张学良文集》第1卷，新华出版社1992年版，第198页。
2. 同上，第199—200页。

与会者还有马福祥、何成濬、方本仁等人。会议讨论了政治、外交、西北善后、党务、编遣等问题。政治上既已统一，地方应服从中央政府，但需分片负责，东南由蒋介石兼领，东北责成张学良负责，西北责成阎锡山负责，如有问题发生，应与中央协商解决。东北外交，对苏应取强硬态度，由张学良负责办理，具体方案与外交部部长王正廷商议办法。西北善后，责成阎锡山负责办理，请阎暂勿出洋。

10 日，张学良与蒋介石、阎锡山及刚抵北平的外交部部长王正廷、亚洲司司长周龙光、驻苏代办朱绍阳等举行会议，讨论东北及西北外交问题。蒋介石仍主张对苏采取强硬态度，武力接管中东铁路，防止"赤化"，甚至与苏断交，在所不惜，一旦中苏开战，中央可出兵 10 万，拨几百万元军费。[1] 由于蒋介石的极力主张，张学良最终同意收回中东铁路管理权，驱逐所有苏联籍人员，之后收回整个中东铁路的方针。

在对苏联外交方面，张学良与蒋介石的主张本来有很大的不同。张学良解决中东路问题的基本思路是，以 1924 年中苏及奉苏协定为前提，收回中方应有的权利，并在此基础上以外交和赎买的方式收回中东铁路主权，并不想以武力强行夺回中东铁路。而蒋介石和王正廷的态度则相反。王正廷的想法很简单，中央正在实行所谓"革命外交"，废除不平等条约，收回国家各项权益，正好可以把中东路问题与蒙古、新疆等问题一并向苏交涉解决。蒋介石这时虽未提出同时解决蒙古、新疆问题的想法，但他明确认为，应当乘机坚决收回中东铁路全权，大不了与苏联彻底绝交。蒋在 7 月 19 日的日记中写道："唯吾人深望能达到（对苏）绝交目的，而复对国内'共党'方有彻底办法耳！"[2] 可见，蒋介石从一开始就想以故意挑衅的方式收回中东铁路，彻底与苏联断绝外交关系。

---

1. 张魁堂：《张学良传》，东方出版社 1991 年版，第 60 页。
2. 张友坤、钱进主编：《张学良年谱》上册，社会科学文献出版社 1996 年版，第 375 页。

蒋介石 1928 年 6 月在济南惨案中对凶残的日寇表现得如此软弱难堪，而如今对苏联却如此强硬。笔者认为其理由无非有两点：

第一，蒋介石集团自 1927 年发动四一二反革命政变，实行反苏反共以来得到了很多政治红利，赢得了各帝国主义列强的一致喝彩，却从来未受到苏联政府认真和有力的回击，这无疑加强了蒋介石集团反苏反共的信心。[1]

第二，蒋介石企图挑起外交争端以达到控制张学良的目的。职业外交家顾维钧对此分析说："很可能张（学良）之所以卷入对俄问题，乃是南京对付不听号令的所谓四大集团军的不同战略的一部分。第一种方法据说是用财政手段对付冯玉祥的第二集团军，因为冯有财政困难。第二种方法是用政治手段对付阎锡山的第三集团军。第三种方法是用军事手段对付李宗仁的第四集团军，就是以武力摧毁它。但是对付少帅则用外交手段。中央政府打算把少帅诱入圈套，因为少帅妄自尊大又无充分外交经验。吴铁城、张群甚至李石曾可能设法使他陷于对俄的困境，使之必须依赖南京，这样中央政府就能控制他了。这种战略如果是杨永泰向蒋委员长提供的，那正合乎杨的权术和机智，此人精通中国历史上战争时期的哲学和战略。我在北京认识他，那时他是国会中政学系的领袖。由于熟悉他的政治哲学和当政治顾问的敏锐观察力，并且也了解蒋介石统一中国的坚定政策，我个人认为很可能杨永泰先生在某个时候用函件提出过他的见解，委员长可能曾把它搁置一旁并

1.蒋介石集团在日本虎视眈眈随时准备灭亡中国的背景下，继续主动向苏联挑衅，这是极为不明智的举动。当时南京政府驻德国兼奥地利全权公使蒋作宾在日记中对此有严厉的批评。其 1929 年 6 月 12 日日记写道："报载中俄因哈尔滨领馆事，日本拟从中调解，可发一笑，此真所谓失之毫厘，谬以千里。吾国本可利用与俄亲，以制帝国主义者，今反为帝国主义者利用，以制吾国，吾国可谓真无人矣。一喟。"其 6 月 13 日日记又写道："致电儒堂（王正廷字），力言与俄恢复邦交，须出自动。自动则可利用以制帝国主义者；被动则反为帝国主义者挟以制我。先后缓急均有关系，不可徒恃帝国主义者以图生存，双重外交所必要也。"北京师范大学、上海市档案馆编：《蒋作宾日记》，上海古籍出版社 1990 年版，第 60—61 页。

未立即实行。虽然如此，他必定在制订他统一中国的策略时充分考虑过它，我认为委员长甚至有可能发现有必要用不同的手段来对付不同的集团。这往往是各朝各代的开创者，在对待傲慢专横的军事将领时都要考虑的课题，尽管这些人曾经为新朝代的开创者立过功勋。少帅过于自信的对俄政策，导致了在伯力城接受哀的美敦书。"[1] 顾维钧的分析应当说是有道理的。

由于蒋介石及王正廷等人的一再恶意怂恿，年轻而且易于冲动的张学良终于上了圈套。在北平期间，张学良还与外交部部长王正廷商讨了关于收回中东铁路的具体办法，决定分工合作。东北方面负责采取行动，有关赎路、断交、撤领各问题，均由南京国民政府外交部负责。[2]

在与王正廷商谈后，张学良于当天即向哈尔滨特区长官张景惠、中东铁路督办吕荣寰下达了强行接收中东铁路的命令。张学良继续在错误的道路上越走越远。

7月10日，东北当局出动大批武装人员，强行占领中东路全线，宣布解除苏方全部职员的职务，逮捕200余人，并将中东铁路管理局局长穆沙诺夫、副局长艾斯蒙特第等59名苏方高级职员遣送回国，由中方副局长范其光暂代该路管理局局长；同时，解散中东铁路各职员工会，查封苏联国家远东贸易局、煤油局、商船局和苏联商业联合会等在哈尔滨的苏联商业机关。这就是张学良一手制造的中东路事件。

12日，张学良致电张景惠、吕荣寰，对他们的行动予以肯定和嘉慰。

中东路事件发生后，苏联政府立即做出了强烈反应。13日，苏联政府向南京政府发出照会，声明愿意通过和平谈判解决中东铁路问题，并提出3项建议：立即召集会议处理与中东路有关的一切问题；中国当局立即取消关于中东路的一切断然命令；立即释放一切被拘留的苏联人

---

1. 中国社会科学院近代史研究所译：《顾维钧回忆录》第1分册，中华书局1983年版，第406页。
2. 毕万闻主编：《张学良文集》第1卷，新华出版社1992年版，第203页。

员，停止一切针对人民和苏联机关的行动。照会同时警告南京政府，苏联政府将在 3 日内等候中国政府做出答复。如不能得到满意之答复，苏方将不得不采用其他方法以保护苏联之合法权利。同时，苏联政府将照会的复本递交给了东北当局。

对于苏联的照会，南京政府当局采取了满不在乎的态度，认为苏联是在恫吓，不足为虑，蒋介石甚至不准备答复。但在最后一刻，蒋还是指示外交部复会苏联政府，拒绝苏联照会中的要求，只是表示要派人去莫斯科与苏联政府谈判解决争端。同时，蒋介石在南京发表强硬讲话，宣称：“我们的步骤，为计划取得中东路，我们的手腕，并无甚特别，我们须先取中东路，然后再谈判一切问题。”[1]

苏联方面在规定的时间内没有得到满意的答复，随即决定与南京国民政府断绝外交关系。1929 年 7 月 17 日，苏联外交人民委员会照会中国驻苏联代办夏维崧，略称：中国政府否决苏联三条和平提议，用友善态度调解中东铁路争执问题之方法业经罄尽，苏联政府不得已采取下列方法：（1）召回苏联在华全体外交官、领事及商务代表；（2）召回苏联政府任命之中东路全体职员；（3）停止中苏间全部铁路交通；（4）命令驻苏中国外交官、领事即时离开苏联国境。同时声明保留 1924 年中俄、奉俄两协定中所规定的一切权利。[2]

7 月 18 日下午，蒋介石召集胡汉民、戴季陶、孙科等人开会讨论对策，他们一致认为苏联的断交通告不过是一种恐吓，苏联不可能动员军队，以武力争取中东铁路的控制权，其依据一是苏联国内的情势不允许；二是日本也会借口出兵，与苏联对抗。[3] 蒋介石等人的判断仍然是一种无根据的盲目乐观的态度。会后，蒋介石将南京政府处理中东路事件

---

1. 曾自陵：《中东路交涉史》，北平公记印书局 1931 年版，第 236 页。
2. 韩信夫、姜克夫主编：《中华民国大事记》第 5 卷，中国文史出版社 1986 年版，第 3420 页；杨奎松：《蒋介石、张学良与中东路事件之交涉》，《近代史研究》2005 年第 1 期。
3. 天津《益世报》，1929 年 7 月 19 日。

的方针电告阎锡山、张学良，同时声称："务须保我主权，绝不受其胁迫。唯中俄接壤，绵亘万里。狡谋侵占，不可不防"[1]云云。7月19日，南京政府为苏联对华绝交事发表对外宣言，声称："此次中东路事件之发生，乃由苏俄政府违反中东路协定精神之全部，及指使苏俄驻哈尔滨领事馆，与利用中东路机关及其人员之名义，为其宣传共产主义等事实而起。"[2]同日，南京政府外交部公布了张学良从苏联驻哈尔滨领事馆搜获来的文件。

7月20日，张学良电告蒋介石等人，声称："现在苏联政府调动军队，积极筹备，迫近满洲里、绥芬河等处，确有以武力压迫情势，绝非局部之事故，亦非东三省独力所能应付，应请中央预定方案，详为指示，俾中央与地方连贯一气，相机应付。事机危迫，不容再迟。否则牵动大局，关系重大，自应预为虑及。"[3]7月21日，蒋介石立即给张学良发去打气的电报，声称："中央对苏俄作战及军队调遣事，已由参谋部负责调制全盘计划，并派葛（敬恩）次长或刘局长光亲送来辽。如有必要，全国军队可以随时增援也。"[4]

有了蒋的这封大包大揽的电报，张学良犹如吃了定心丸，他拿着蒋的电报信心十足地从北戴河回到沈阳。25日，在回答美国记者鲍威尔的提问时，他仍然信心满满地表示："中国固不欲诉之武力，俄人似亦未必愿为戎首。近日绥芬河方面，颇为平静，满洲里方面，却有俄方调动军队之报告，但我方于自卫上已有妥帖布置，决不足虑。"[5]

但事实却并非如蒋介石、张学良等人所想象的那样乐观。自中东路事件发生后，苏联政府鉴于中国政府当局的言行，已意识到要想恢复中

---

1. 韩信夫、姜克夫主编：《中华民国大事记》第5卷，第3420页。
2. 同上，第3421页。
3. 毕万闻主编：《张学良赵一荻合集》第2部，时代文艺出版社2000年版，第104页。
4. 同上，第105页。
5. 《国闻周报》第6卷第30期。

东铁路原状，除非采取军事行动，别无他法，开始积极备战。8月6日，苏联革命军事委员会下令成立远东特别集团军，任命曾担任过蒋介石军事总顾问的布留赫尔（即加伦将军）为总司令，设司令部于哈巴罗夫斯克（伯力），计有3个步兵师、1个骑兵师和1个蒙古骑兵营，加上苏联远东舰队，总兵力约8万人。除装备有飞机、大炮、战舰外，还首次使用了先进的MC-1坦克。此后，苏军陆续集结中苏边境，与东北军在边境线中国一侧不断发生武装冲突，规模也逐渐扩大。

到这时，张学良才从"苏联不能打仗"的幻想中惊醒，匆匆忙忙进行军事部署。8月15日，他以东北边防军司令长官名义下达作战动员令，组建防俄军，任命张作相为总司令，万福麟为副总司令，编成两个军，分别开往中东路东西两线作战。第一军军长兼中东路东段总指挥王树常，辖3个步兵旅，1个暂编骑兵师，1个炮兵团；第二军军长兼中东路西段总指挥胡毓坤，辖3个步兵旅，1个骑兵旅，1个炮兵团，6个工兵营。防俄军总兵力开始为6万人，后增加到10万人。但战争初期，苏军兵力主要集中在中东路东西两端向绥芬河、密山、满洲里、扎赉诺尔等地发起小规模的攻势。

尽管大战在即，蒋介石仍然固执己见，坚持其强硬立场。蒋介石甚至大唱高调说："与其不战而亡，以污我民族光荣之历史，宁愿背城借一，同归于尽，以保我国民革命之光荣。"[1]

与此同时，蒋介石继续给张学良打气说："以现势判断，俄实外强中干，彼除用利诱威胁之外，再无其他方法。如正式开战，乃正彼所忌。兄能多一时之忍耐即增多无穷之国威，且表现吾兄政治之能力，不久在国际地位上将生莫大之影响。"[2]

蒋介石同时指派与张学良私交甚好、八面玲珑、长于敷衍应付的油

---

1. 杨奎松：《蒋介石、张学良与中东路事件之交涉》，《近代史研究》2005年第1期。
2. 同上。

滑老官僚——北平行营主任何成濬立即前往沈阳，继续做怂恿张学良的工作。

到这时，尽管南京当局依然是一派盲目乐观的气氛，但身处国防第一线的张学良则怎么也自信不起来了，他不断发电报给蒋介石申述所面临的巨大军事压力及种种困难，希望蒋介石能确实给予他军事和财政上的支持。例如，张学良8月14日给蒋介石的复电说："承嘱坚持不屈，并军事应急做准备各节，自当遵办。良忝寄疆膺，始终以报效党国为职志，重以尊喻，尤当竟尽愚诚，无如一言用兵，动需巨款，东北一隅之力，实有未逮，前电略陈，谅蒙鉴察。尤有陈者，东北与俄接壤之处，绵亘千里，现在防御所能及者，仅在东路两端，即绥芬（河）与满洲里，而近来俄人寻衅，率由陆路交界处节节进窥，顾此失彼，极感困难，此防不胜防者一。中、日、韩、俄之'共党'，分布东北各省，平时尚未敢发动，一旦有机可乘，势必到处爆发，不易遏止，此防不胜防者二。凡此情形，当邀洞鉴。但无论如何，良必当尽力支撑，详筹应付，期保地方之秩序，纾钧座之忧劳。"[1]这样诉苦并乞求援助的电报，张学良接连发了无数封。

8月中下旬，德国外交部主动出来调停中苏争端，蒋介石表示同意后，中国驻德国兼奥地利王国全权公使蒋作宾开始与德国外交部部长紧急磋商。德国外交部告诉蒋作宾："俄大使已接训令，谓喀拉罕声明之二条件，无论如何不能改变，即由俄另任局长，并由两国宣言。现在中东路局面与《中俄协定》不合，应照该协定改正，是与中国主张相差太远，似无助成直接交涉之可能，甚愿吾国想一新方式，表面满足俄国之要求，实际收回中国之主权。且云俄人实愿永远解决中东路问题，即不照新旧约年限，提前由中国赎回，亦可考虑。"[2]

---

1. 秦孝仪主编：《中华民国重要史料初编·绪编》（二），台北国民党中央委员会1981年版，第225—226页。
2. 北京师范大学、上海市档案馆编：《蒋作宾日记》，江苏古籍出版社1990年版，第83页。

8月20日，德国外交部又告诉蒋作宾："俄人面子上问题，不能不有一转圜方法，谓局长问题须先得我方承认，同时彼宣言开议，照《中俄协定》第九条第二款解决东路问题，我方并须宣言，照《中俄协定》改正现时局面。又，副局长对于用人须副署，有不适当者，可反对之，以维持用人各半之原则。"[1]

经过数日的磋商，蒋作宾与德国外交部部长于22日达成一个初步解决办法，其内容为：（1）苏联政府推举新局长、副局长，由理事会委派，苏联政府训令苏籍中东路职员，严格遵守《中俄协定》第六条规定；（2）双方立将5月1日后因此次纠纷被捕之人释放；（3）双方按照《中俄协定》解决一切问题，尤须按照该协定第九条第二款，即中国有权赎回该路之规定，根本解决中东路问题，且双方须立即派遣全权代表开议；（4）双方承认自纠纷发生以来之中东路现状应照中俄、奉俄协定变更之，但此种变更须先由其两国代表会商决定。[2]对于上述解决办法，一直唱高调的南京国民政府外交部拒绝接受，坚持收回中东铁路的强硬立场。

对此，负责北方军政的大员张学良、阎锡山、何成濬等都表示难以理解。在接到南京政府外交部声称只能在实际收回主权的前提下才能与苏联交涉的电报之后，张学良当即复电外交部部长王正廷，十分尖锐地指出："尊意拟就蒋使报告乘机将东路问题彻底解决，收回主权，如能迅速办到自属甚善。唯是东路应照协定办理为中央与地方始终一致之主张，这次声明，世人皆悉，今若超过协定范围而作进一步之希冀，不唯后先歧异易起群疑，且必治丝益棼，绝非短时间所能结束。尊电云客拉罕主张二条件无论如何不能改变，其态度坚强可见一斑，倘进而讨论主权问题，彼更乌能轻于让步？""近得梯云（伍朝枢）、亮畴（王宠惠）、

1.北京师范大学、上海市档案馆编：《蒋作宾日记》，江苏古籍出版社1990年版，第84页。
2.杨奎松：《蒋介石、张学良与中东路事件之交涉》，《近代史研究》2005年第1期。

衮公（汪荣宝）诸兄来电所述各国意见，均以为俄如要求另任局长，按诸协定中国难予以拒绝。足见东北最初主张，非良个人之私见，亦非因希图了事而云。"[1] 这封电报对外交部不切实际的强硬立场表达了强烈的不满。

面对国内外越来越多的质疑和异议，南京政府内部的意见也开始发生变化，蒋介石首先从原来的强硬立场缓和下来，准备对苏联让步以结束争端。但苏联的立场却强硬起来，双方的谈判一直进行到9月下旬陷入停顿，德国的调停宣告结束，中苏之间的外交谈判渠道中断。

从10月10日开始，苏军以陆海空联合作战，在东线改攻三江口，一举突破东北军防线，溯松花江而进，直指哈尔滨。12日，同江战役打响。当天凌晨，苏军出动飞机25架、军舰10艘、机关炮车40余辆、骑兵800余名、步兵3 000余名，向同江中国守军猛烈进攻。沈鸿烈指挥东北海军江防舰队、吉林省依兰镇守使李杜指挥的一个步兵旅进行顽强抵抗，激战竟日。沈鸿烈利用苏军轻敌，贸然推进，奇袭成功，一举击沉苏舰四艘，击落飞机两架，击毙苏联远东舰队司令及其他四名指挥官。但终因实力相差悬殊，很快转胜为败，东北海军江防舰队有五艘军舰被击沉，一艘被击伤，整个舰队几乎全军覆灭，陆军有十七名军官阵亡，伤亡士兵700余名。战至下午3时，苏军夺取同江县城。19日，苏军突然从同江自动退去。30日，苏军再次攻入同江。31日，苏军攻占富锦县（今富锦市）城和绥滨县城。沈鸿烈、李杜退守桦川地区，设置第三道防线。由于松花江快到结冰期（每年约11月中旬封江），苏舰主动返回伯力。

从11月上旬开始，苏军再次发动大规模进攻。苏军仍分东西两路，西路主攻满洲里和札赉诺尔，东路攻打绥芬河与密山县（今密山市），并出动飞机轰炸牡丹江。自战事爆发以来，哈满护路司令梁忠甲率领第

---

1. 杨奎松：《蒋介石、张学良与中东路事件之交涉》，《近代史研究》2005年第1期。

十五旅一直固守满洲里达百日之久。满洲里地形突出，东、西、北三面处于苏蒙边界包围之下。苏军数次猛攻，均未得手。11月7日，苏军改变战术，出动一个师的兵力，配合苏蒙骑兵和坦克，从侧面包抄扎赉诺尔，以切断满洲里后路。东北守军第十七旅在旅长韩光第率领下，激战两昼夜。韩光第与5 000名官兵阵亡，全旅只剩下1 200余人，损失了2/3。18日，苏军攻占扎赉诺尔，完成了对满洲里的包围。梁忠甲率所部7 000余名将士两次突围未果，在处于被歼灭的绝境下，于20日被迫投降，全部被苏军俘虏。随即，海拉尔又告失守，哈尔滨震动。至此，东北军已不能再战。

东北军的武器装备，在当时堪称全国一流。海军、陆军、空军、步兵、骑兵、炮兵、工兵，军容整齐，兵种齐全，在战争中也显示了一定的战斗力。但和强大的苏军相比，依然相形见绌。仅就双方战舰而言，苏联远东舰队船坚炮利，炮位多、口径大、射程远、射速快；东北海军江防舰队八艘炮艇中，有三艘是由商船改装的，炮位少、口径小、射程短、射速低。苏舰发射四十发炮弹，东北炮艇才发射一发。在制空权方面，张学良虽曾调遣东北航空大队的轰炸机前来助战，却因没有防冻油，没有防寒设备，到了东北北部，启动不了发动机。有两次勉强起飞，也只是在空中飞了一下，做做样子，又赶紧降落，用柴草掩盖起来，害怕苏机侦察到加以炸毁，完全丧失了制空权。两军相较，总体实力相差悬殊，东北军很难取胜。而且，东北军是一支带有浓厚封建色彩的地方武装力量，腐败习气甚多，战斗力十分有限，让他们去与强大的苏联红军对阵，无异于鸡蛋碰石头，是注定要失败的。

与此同时，开战以前蒋介石信誓旦旦保证调动中央军参战的诺言完全成了画饼。到东北战事最激烈的10月中旬，蒋介石不仅未向东北提供一兵一枪，反而在冯玉祥率西北军发动反蒋战争后，却向张学良提出借调东北军若干重炮营去助攻潼关，蒋还甚至无厘头地安慰张学良说：

"解决西北问题即是间接解决俄事。"[1]蒋介石的始乱终弃，使上当受骗的张学良哭笑不得。

至此，张学良已处于军队不能战，后援断绝的极端不利局面。一天，张学良在沈阳北陵别墅，非常悲伤地对负责外交的王家桢说："我最心爱的好军人韩光第旅长死了，他所统率的全旅人马也伤亡惨重，俄国军队已经越过海拉尔，指向哈尔滨了。"王家桢问张学良说："那么，你打算怎么办？"张学良喟然长叹说："我有什么办法？南京只叫我们打，什么也不管。打既然不行，就得和吧。可是南京又不叫我们管和的事，这简直是整我们呀！"

说到这里，王家桢建议说："和外国打仗，这是多么大的事情呀！怎么由一个地方独当其任呢？前清末年，丧国辱国，就是这样造成的。现在是什么时代，南京还来这套旧把戏，其中必有诡计。至于如何处理这件事，这是关系东北存亡利害的问题，您可以不必顾虑那么多，自己独断专行好了！"[2]

鉴于南京政府外交部仍然在唱高调，张学良毅然决定撇开只会唱反苏反共高调的南京政府外交部，直接与苏联政府交涉。11月下旬，张学良在沈阳官邸召集东北军政要员，开会讨论对苏政策。大家都感到事态严重，关系全局，谁也不敢贸然发表意见。最后，还是元老袁金铠打破沉默，说道："能战则战，不能战则和，现在打不了，就和吧！决不能像叶名琛守广州不战不和，作海上苏武。"[3]袁金铠说出了大家的心里话，于是众人纷纷附和，求和的决策就此定下来。

当时，蒋介石正忙于与冯玉祥等新军阀混战，自顾不暇，也不得不

---

1. 秦孝仪主编：《中华民国重要史料初编·绪编》（二），台北国民党中央委员会 1981 年版，第 249 页。
2. 王家桢：《一九二九年中东铁路事件片段》，载方正等编《张学良和东北军》，中国文史出版社 1986 年版，第 174 页。
3. 王泽久：《中东路事件》，载惠德安《张学良将军戎幕见闻》，辽宁人民出版社 1993 年版，第 71 页。

悄悄改变以前对苏联的强硬姿态，指示张学良："如有接洽机会，亦可与相机进行。"[1]

11月26日，张学良致电苏联代理外交人民委员会委员长李维诺夫，请求停战谈判，表示完全接受苏方条件，承诺中东路恢复原状。苏联政府本来对东北没有领土要求，因此决定接受张学良的谈判请求。27日，李维诺夫复电张学良，提出开始谈判的3项前提条件：（1）中国无条件承认恢复事前状态；（2）中东路正副局长，均准即时复职；（3）因中俄纠纷而被捕之苏俄人员，一律即行释放。电报还说："期待足下即时承认，即希派代表前往杜拉诺夫斯基，俾资进行。"27日，张学良复电表示完全承认苏方的3项前提条件。

11月28日下午，张学良在北陵别墅召开会议，讨论对俄交涉问题，张作相及全体东北政务委员出席会议。会议决定委派蔡运升、李绍庚为东北地方当局对俄交涉全权代表，由张学良发正式委任状。张并将此决定报告南京政府。外交部复电认可后，蔡、李于30日上午由哈尔滨前往绥芬河。12月1日，前往伯力。蔡、李所持交涉大纲为：（1）恢复中东路原状，然反对如前之片面经营，须照1924年协定实行平等经营；（2）中东路为营利性质，然原俄方正副局长利用中东路宣传赤化，故反对叶穆沙诺夫及艾斯孟杜复职；（3）俄如同意其正副局长易人，中方亦可更易负责人；（4）互相释放被监禁人员；（5）即时停止国境线的武力行动。

12月3日，蔡、李与苏联代表西门诺夫斯基签订了《奉天政府与苏联政府间议定书》（又称《双城子会谈纪录》）。双方声明遵守中俄、奉俄协定，该路正副局长，苏俄另行推荐新人，中方亦另派新人。

7日，在张学良的请求下，南京政府委派蔡运升为正式代表，负责

1.秦孝仪主编：《中华民国重要史料初编·绪编》（二），台北国民党中央委员会1981年版，第248—249页。

与苏联谈判。22 日，蔡运升和苏联代表西门诺夫斯基在双城子会谈基础上，签订了《预备会议记录》（又称《中苏伯力会议议定书》），确认两国立即停战；恢复 7 月冲突以前之状态；关于中东路争议及恢复两国外交问题，另由中苏会议解决，并声明自签字之日起即发生效力。中东路事件结束。

就这样，在短短的半年时间里，中东铁路在经历了由沧海变成桑田，又由桑田变为沧海的急剧转换之后，一切又恢复了原貌。事后，南京政府指责蔡运升越权签字，《中苏伯力会议议定书》于中东路事之外，涉及其他问题，故不能接受。在苏联表示强烈不满的情况下，南京政府又采取了所谓补救办法，对《中苏伯力会议议定书》半迎半拒：关于恢复中东路原状及中苏互释侨民问题，因事实上已生效力，准予承认；其他问题，声明在将来的正式会议上，应赓续以前北京中俄会议，而不受《中苏伯力会议议定书》之约束。同时，南京政府对张学良不好直接发难，便把不满发泄在几个根据张学良指令具体办理交涉事宜的人身上，下令将蔡运升等人免职查办，认定他们是对俄交涉失败的责任者，惹得天津《大公报》大发感慨，为其申冤：

　　国人集矢蔡运升，诚出于爱国热诚。然而，以蔡为惟一责任人，果有当于事实乎？夫签字于城下之盟者，诚蔡氏，然蔡绝非以个人地位一己意见而可以签字者。其签字之权限，必系其高级长官所赋予，易言之，彼虽未随时呈报国府，自系呈报边防长官……此事性质为边防长官负责解决，而请政府追认者。故由第一层理论言，边防长官之张学良不能无责任也。然张氏者，秉国府方针，办东路案件，一旦兵兴，独支四月，国府事实上未能负执行军事之责任，坐令敌军深入，祸患不测，然后于得国府大训令之下，而有派蔡运升赴双城子开始接洽之事。是以伯力纪录未得国府外交部承认而签字，自断不能为合法，然当危急之时，政府既不能御寇，自不能深责边吏之急于息兵。故由第二层理论言，国府本身不能无责任也。今者国府对张学良表示谅解，信任如常，此就问题性质论为意中之事。然不责长官之张学良，而独责属吏之蔡运升。党部及一部分言论界将对俄问题之一场大失败，都写在区区文吏蔡姓账上，朝野上下对于丧权辱国之愤慨，俱向蔡运升发泄，仿佛若无蔡运升，则根本不至失败者然，是国民之良知，殆麻痹矣。[1]

从中东路事件的发动来看，张学良收回中东路主权的要求虽然是合理的，愿望是美好的，体现了他一贯的爱国主义思想，但由于反苏反共思想作祟和战略判断上的严重失误，不能认清当时危害东北最主要的、最危险的敌人是日本帝国主义，从而导致他在选择时机和采用的方式方法上的双重性错误。张学良晚年反思此事时说："我跟俄国打仗，是很自不量力呀。那个时候就很想要施展一下子，不是旁的施展，不是扩张，就是想要把东北的地位提高了，那就必须打败外国人。"[2]

南京的蒋介石集团出于其一贯的强烈的反苏反共心理和不可告人的政治的目的，对年轻的张学良进行恶意的唆使和怂恿，对事件的发生负有不可推卸的责任，是这次事件主要的幕后推手。

张学良匆匆起事，草草收兵，不仅使东北军损兵折将，东北人民蒙受生命财产的巨大损失，造成了极其严重的后果，而且东北军的弱点从此也在虎视眈眈的日本侵略者面前暴露无遗。

何柱国说："中东路事件不仅是损兵折将，产生的影响也很坏，既结仇于苏俄，又更加引起日本人的轻视，认为东北军不堪一击，贪小利

1. 转引自郭冠英：《张学良在台湾》，中国友谊出版公司 1993 年版，第 12 页。
2. 张学良口述、唐德刚撰写：《张学良口述历史》，山西人民出版社 2013 年版，第 110 页。

而损大局，是十分失策的。"[1]

王卓然也说："中东路问题，伤了东北军元气，暴露了东北军的弱点，这使日本人看在眼里，记在心里，种下了九一八事变之一因。"[2]

事后，张学良一想起这一事件就伤感不已："老的各自为政，不顾整体；军人阳奉阴违，不能效忠；督战大将王树常在哈尔滨天天打牌，其旅长张廷枢、刘翼飞夜夜玩乐……"有人问："不说是旅长梁忠甲壮烈牺牲了吗？"张学良说："别骗人啦，他是被煤气熏死的呀！"[3]

1. 何柱国：《回忆张学良将军》，载中国社会科学院近代史研究所现代史研究室编《西安事变资料》第 2 辑，第 305—306 页。

2. 王泽久：《中东路事件》，载惠德安《张学良将军戎幕见闻》，辽宁人民出版社 1993 年版，第 72 页。

3. 张国忱：《1929 年中东路事件内幕》，载中国人民政治协商会议全国委员会文史资料委员会编《文史资料选辑》总第 137 辑，中国文史出版社 2000 年 1 月出版，第 43 页。

第四章

一人之下的副司令

到阎百川、冯焕章都反对南京时，又去拉拢了张汉卿，做了海陆空军副司令。十九年冬，汉卿到南京，大家欢喜得了不得，要简某人做国府委员，又要简某人做××部部长。事先，介石、季陶、稚晖一流人来说："现在要与汉卿合作，非这样办不可。胡先生以为如何？"我仍旧反对。我说："在一个政府的立场，不应该用这种拉拢凑合的卑劣手段。我们不能自己做郑庄公，把人家当公叔段。在过去，把这种手段施之于阎（锡山）冯（玉祥），我已经反对。现在施之于汉卿，我也当然反对。我以为合作并不在分配官职，国家的名器也不应该这么滥给人，而且既然是一个中央政府，在'中央'的意义下，对于国内的任何人都谈不到什么'合作'。"

——胡汉民

时局中的中心人物

中东路事件是张学良主政东北以来所遭受的最严重的一次挫折，使之在全国的威望顿时下降。但时隔不久，在国民党新军阀的空前大混战中，拥有东北四省地盘和数十万大军的张学良又成为举足轻重的关键人物，使他的地位骤然上升，成为各方全力争取、拉拢的对象，一时成为时局中众星捧月般的中心人物。

自 1928 年 6 月北伐军和平接收京、津地区，结束北洋军阀统治之后，国民党内部又陷入四分五裂，争权夺利，连年混战，蒋介石凭借雄厚的财力和军力，纵横捭阖，各个击破，在 1929 年一年之中，先后打败了李宗仁、冯玉祥、张发奎、唐生智、石友三诸路军阀，只剩下老奸巨猾的山西军阀阎锡山的实力没有受到任何损失。

阎锡山知道蒋介石的下一个打击目标就是他自己，于是决定主动向蒋介石出击，广泛联络已经受到蒋介石打击的失意势力，如李宗仁、白崇禧领导的桂系，冯玉祥领导的西北军集团、粤系张发奎等各种军事力量，对汪精卫、陈公博领导的国民党改组派和谢持、邹鲁为首的西山会议派政客也一律加以利用，酝酿各派大联合以反对蒋介石。蒋介石面临着前所未有的强大挑战。

1930 年 1 月，阎锡山公开提出"整个的党，统一的国"的主张，揭开了阎、蒋之间为期两个多月的电报战。阎锡山要求蒋礼让为国，下野负责。蒋介石指责阎此举无异为反动者解除本党武装，阻止本党革命，声称对凭借武力谋危党国者，应以武力制裁之外，别无他法。[1]

论战一开，蒋介石的文臣武将纷纷发表文章或电报攻击阎锡山，为蒋介石帮腔。双方你来我往，口诛笔伐，相互攻击，火药味越来越浓。

在双方紧张的备战过程中，蒋、阎双方不约而同地把目光投向了东北，投向了少帅张学良。从当时各军事集团的军事力量来看，蒋介石指挥的中央嫡系和杂牌武装总兵力约 60 万；而反蒋派的兵力总数约为 51 万。其中，冯玉祥的西北军 25 万，阎锡山的晋军 19 万，李宗仁的桂系 7 万。蒋阎双方在总兵力上相差不大，蒋介石略占优势。

这时，张学良的东北军拥兵 30 万，其海军、空军的数量超过蒋系中央军与反蒋各各派系之总和，是一支对双方来说都极为重要的、必须争取的力量。这个兵力对比说明，谁争取到了张学良的支持，谁就能取得战争的胜利。正所谓左祖左胜，右祖右胜。在这样的背景下，张学良理所当然地成为时局的中心人物。各方对张学良的拉拢包围也是无所不用其极。

一时间，北宁道上，山海关内外，各方使者络绎不绝，热闹非凡。2 月 18 日，阎锡山的代表梁汝舟在东北驻晋代表葛光庭的陪同下，首先抵达沈阳，把反蒋通电底稿面交张学良，请他在通电上签名。不久，阎锡山又加派其军械处长张维清、山西省建设处处长温寿泉为代表到沈阳。同时，冯玉祥的代表邓哲熙、石友三的代表门致中也先后抵达，展开游说。

2 月 22 日，蒋介石派出的说客——前江西省政府主席方本仁、参谋本部第一厅厅长刘光到达沈阳。方本仁、刘光向张学良提出两点：（1）希望劝张学良不要附和阎锡山；（2）希望张学良帮助南京政府制服阎锡山。传说，方本仁与张作霖曾经是结拜的金兰兄弟，若此说属实，那他就是张学良的老把叔，他们间的关系就非同一般。此后，方本仁即长驻

1.《国闻周报》第 7 卷第 6 期。

沈阳，除了游说张学良，还承担着搜集北方情报的任务，直到同年9月东北军入关后才结束使命回到关内。

在拉拢张学良方面，蒋介石大致有以下三个渠道：第一个渠道是蒋本人与张学良保持密切的电报联系，随时沟通。第二个渠道是何成濬与张学良保持密切的电报联系。何成濬与张学良关系不错，因何成濬要统帅杂牌军（这些杂牌军非何成濬不能统率）在平汉铁路线上与反蒋军作战，无法分身前往沈阳，故主要以电报联络的办法游说张学良，他前后给张学良发去不下100封电报，对其展开心理攻势，反反复复要张学良拥护蒋介石。第三个渠道是先后派出方本仁、吴铁城、李石曾、张群等得力说客前往东北当面纠缠与游说。

张学良一向反对内战，尤其是在中东路事件刚刚平息、东北迫切需要休养生息的时候更是如此。一个苏联已经够他受的了，另一个强敌日本正在卧榻之侧虎视眈眈，张学良一旦陷入关内的内战之中，将使本来就不强大的东北军更加难以抵挡虎视眈眈的日本侵略者。内战容易招致外患，这是张学良深知的道理。所以，张学良本着早先"息内争，御外侮"的精神，于3月1日向全国发出通电，恳切劝告蒋介石、阎锡山平息内战，培养国力。这就是有名的"东"电（因1日的韵目代日为东），兹照录如下：

> 邦家多难，非息争不足以图存；建设方殷，非和衷不足以济事。介公主席和百公副司令，党国柱石，物望所归，近者偶以报国之术，积极消极异其途，致救国之方，戡乱止乱殊其论，函电往复，易启误会之端，众口宣腾，尤虑兵戎相见，恻焉忧之。
>
> 溯自统一完成，瞬逾一纪，以言军政，自应如期结束，以言训政，尤须努力进行。然而回首前尘，国内之兵革屡见；环顾中土，民间之喘息未苏，加以灾祲频仍，工商凋敝，交通半梗，匪寇

方张。当此之时，若不各捐成见，共息争端，势必至元气亏竭，根本动摇，而外人之环伺我侧者，求全大欲，亦遂起而乘之。自亡人亡，不演成灭国灭种之惨剧不止。兴念及此，能无凛然？区区之愚，以为政见无妨磋议，而不可为意气用事之争，武力有时必需而不可为其豆相煎之具。自维陋劣，政治上固未敢率为主张，然一年以来，迭经内乱，纵无曲突徙薪之力，深知扬汤止沸之非，故不惮苦口呼吁，冀和平早现。此次介、百二公政见分歧以后，亦曾以和平息争之义，迭电分陈，冀邀采纳。复以愚见所及，贡诸国内各首领之前，以期一道同风，共消隐患。口未敢安于缄默，行非敢稍涉模棱，耿耿在心，当蒙共鉴。夫殊途原可同归，图终贵乎慎始。在介公力任艰苦，固鞠躬尽瘁之心；在百公析里毫芒，亦实事求是之意。特恐词纵详明，意难周到，每滋一时误会，驯启众人之猜疑，或且推波助澜，酿成战祸，循环报复，未有已时，则是二公救国之愿未偿，亡国之祸先至，非二公之所及料，亦非良之所忍言也。

所冀举国同胞，洞察危局，注视于国外，立泯内争，本诚意以相维，共图匡济。尤望介、百二公，融袍泽之意见，凛兵战之凶危，一本党国付与之权能，实施领袖群伦之工作。良则职在防边，身已许国，凡事之有利党国，不背和平者，必当沥胆陈词，期回避忌，果使万众一律，急起直追，中国前途庶有其豸！[1]

在通电中，张学良表明了中立的立场，以调解人的姿态，对阎、蒋既有赞美之词，又有批评之意，希望两人能停止争吵，共同维护和平的局面。

第二天，阎锡山复电张学良，称："和平息争，弟之素志，日来与介公迭电商承，戡乱不如止乱，亦正为吁恳和平起见。循诵大电，实获

1.毕万闻主编：《张学良赵一荻合集》第2部，时代文艺出版社2000年版，第397—398页。

我心。"这显然是一种敷衍的态度，没有实质内容。

蒋介石则复电说："中央以和平统一为宗旨，对于反动分子背叛党国行为，不得不加以武力制裁……以正义促阎锡山之反省。"[1]3 日，蒋介石又补发一电，称："我兄负党国重任，视民如伤，见义勇为，必有拥护和平统一、维护和平之道。谅不至视此为中正与百川兄私人意见之争，实乃党国存亡所关。甚望我兄更有以明教之也。"[2]蒋介石的意思很明确，阎锡山是反动分子，是反叛中央，而他代表中央讨伐叛逆。既然顺逆分明，就不容调和，要张学良明确表明态度。

同时，为了讨好和拉拢张学良，南京政府于当天将青岛完全交给东北海军维持，命令青岛中央驻军撤回南京。7 日，又批准了张学良的请求，撤销了对原北洋政府著名官僚政客王克敏、梁士诒以及职业外交家顾维钧的通缉令。

张学良的一纸电文，当然不足以阻止箭在弦上的对抗之势。3 月 15日，西北军、晋军、桂军即北伐时期的第二、三、四集团军将领 57 人，由鹿钟麟、商震、黄绍竑领衔，联名发出反蒋通电，历数蒋介石六大罪状，要求他立即下野，以党政还之国人，化干戈为玉帛，并拥戴阎锡山为中华民国陆海空军总司令，冯玉祥、李宗仁、张学良为副总司令。3月 18 日，国民党中央宣布开除阎锡山的党籍并明令讨伐。

3 月 22 日，张学良致电蒋介石，表明自己并没有参与阎、冯等反蒋之事："查鹿钟麟等通电用意所在，良事前毫无闻知。电到后良以为个人心迹，屡于呼吁和平通电中明白表示，不啻钧座所深悉，亦为全国所共知，当非一纸电文可以淆混视听也。"[3]同时，他又对阎锡山表示：东北四省对日、对俄关系复杂，外交上不便与南京政府断绝关系。际此时局，处境较具苦衷，外交问题今后仍与宁府联络进行，尚希谅解为幸。

---

1. 王维礼、范广杰：《蒋介石和张学良》，吉林文史出版社 1994 年版，第 75 页。
2. 同上。
3. 天津《大公报》第 3 版，1930 年 3 月 25 日。

但因东北四省与山西省有维持华北治安之责，所以视其形势如何，除出兵协助碍难实行外，在维持治安上必要之范围内，不妨接济武器弹药。[1] 张学良这种模棱两可的观望态度，使阎、蒋双方看到了希望，对其展开了新一轮的游说策动工作。

蒋介石认为仅派方本仁一个人难以完成任务，于 1930 年 3 月中旬加派游说高手吴铁城前往沈阳，加大了游说力度。

吴铁城（1888—1953），广东香山县（今中山市）人。其父吴玉田于光绪初年到江西九江经商，吴铁城生于九江。1909 年，同盟会会员林森从上海调到九江海关任职，在交游中与吴铁城相识，两人订为忘年生死之交。经林森介绍，吴铁城加入了同盟会。吴铁城利用其父在九江商界的地位，联络新军官兵和帮会力量，从事秘密反清活动。1911 年 10 月 10 日武昌起义后，吴铁城策动九江新军标统马毓宝于 10 月 23 日独立，成立九江军政府，由马毓宝任都督，吴铁城任总参议，林森负责对外交涉。11 月中旬，吴铁城、林森被选为江西代表，赴上海、南京出席各省都督代表会议。12 月下旬，孙中山从海外回国，当选为中华民国临时大总统，在接见各省代表时，了解到吴铁城是广东同乡，决定将他留在身边工作。"二次革命"失败后，吴铁城亡命日本，进入明治大学学习法律。在校期间，加入了中华革命党，1915 年赴美国檀香山办理党务，任华侨《自由新报》主笔，抨击袁世凯的帝制行动。1917 年 7 月，孙中山南下护法，成立护法军政府，吴铁城回国任大元帅府参军，追随孙中山，先后参与讨伐旧桂系和陈炯明叛军的军事斗争，历任讨贼军代总指挥、东路讨贼军第一路军司令等。1923 年 2 月，孙中山重返广州设立大元帅府，吴铁城历任广州市公安局局长兼广东省警备处处长、广东省警卫军司令，广州市党部组织部部长。1924 年 1 月，孙中山召开国民党一大，确立联俄、联共、扶助农工三大政策，吴铁城持反对意见，成为国

---

1. 毕万闻主编：《张学良文集》第 1 卷，新华出版社 1992 年版，第 267 页。

民党右派之一。蒋介石为抑制粤系势力，以吴铁城与国民党左派领袖廖仲恺遇刺案有牵连为由，撤销了吴的广州市公安局局长职务，随后又于1926年5月30日将吴铁城扣押起来，囚禁于虎门要塞，直到同年10月才将其释放。1927年，蒋介石发动四一二反革命政变，在南京成立蒋记国民政府。吴铁城对蒋介石当年的囚禁之举不记恨，表示坚决支持蒋介石发动的反革命政变，并力促武汉方面的汪精卫、孙科与蒋介石合作，从而赢得了蒋介石的好感。1927年6月，吴铁城重新被起用，先后任广东省政府委员、建设厅厅长等职务。

吴铁城是国民党内一个比较独特的人物。虽然他不是蒋介石的嫡系，但他既是政学系巨头，又与国民党元老派、孙科"太子系"、CC系、复兴社、朱家骅派以及海外华侨都有一定的联系甚至好感，因而在国民党内的派系纠纷和矛盾中能够起调和作用。吴铁城不仅资历老，而且有"笃厚俊爽的风度，庄谐并发的辞令"，逐渐成为蒋介石游说各方的最理想人物之一。

关于吴铁城的交际游说本领，张震西是这么描述的："先生生平，勤于治事，不厌其烦，早兴晚休，精力过人……好友，喜谈，岁时休假，常约宴亲友以为欢……举动不脱略，亦不矜持，虽袭急装便服，人见之亦肃然起敬。在稠人广众之中，先生一来，全场为之注目，所谓千人亦见，百人亦见也。善演讲说辞，每拟一稿，不论中文、英文，先生口说，僚佐笔录，完成读之，即一篇好文章也，积演讲文稿等身，中经数次散佚，而所存尚在百万言也。对人和蔼易亲，清谈中间有幽默语，人骤听之不解，及再思之，乃哄堂大笑矣。"[1]

还有人说，吴铁城什么朋友都可以交，什么人才都可以用，无论什么人都愿意和他交朋友。他的交游最广阔，无论哪一方面，哪一个阶层，他均有广泛的接触。其人际关系情谊之密，在近代人物中，无与伦比。

---

1. 张震西：《吴铁城》，台北《革命人物志》第2集，第217页。

吴铁城接受的第一桩游说任务便是于 1928 年秋，代表蒋介石赴东北游说张学良易帜，统一于国民党政权之下。由于张学良执意和平易帜，吴铁城不辱使命，圆满完成任务而归。这次，吴铁城与方本仁等再次承担起游说张学良倒向蒋介石的重任。

当时，反蒋派方面先后派往东北游说张学良的有：阎锡山先后派出的代表贾景德、梁汝舟、张维清、温寿泉、傅作义、杨廷溥、孔繁霨等；冯玉祥派出的代表薛笃弼、邓哲熙、门致中等；改组派和西山会议派的代表陈公博、郭泰祺、覃振等；此外，与张学良私交甚好的职业外交家顾维钧（字少川）也是站在反蒋派阵营的。面对这么庞大的游说队伍，张学良穷于应付。为了表示自己中立的决心，他以养病为由，从沈阳跑到北戴河躲了起来。尽管如此，还是甩不掉说客们的纠缠。尾随而来的改组派和西山会议派的代表陈公博、郭泰祺、覃振借着张学良的好友顾维钧的面子，才与张学良会了一次面。陈公博对此有生动的描写，可见张学良当时的态度：

顾少川替我们约了张汉卿，他打算第二天夜里请张汉卿和英国公使蓝浦森食饭，并且在饭后玩扑克，请我们于夜里 10 时到他的别墅见面。我们依约而去，10 时后蓝浦森才走，扑克局面已在开场，我们——顾少川、张汉卿、覃理鸣（覃振）、郭复初（郭泰祺）和我——五个人就在客厅外的走廊朝着海谈话。顾少川是主人，只负介绍之责，不参加意见的，郭复初因为他自己是一个敲边鼓的人，也不大说话。我为着年龄起见，让覃理鸣发挥他的宏论。

覃理鸣先生运用战国策的口吻，想游说张汉卿，说他这次来见，不但是要救中国，还要救张汉卿本人，他的理论很长，我也记不清楚。但好玩的张汉卿，本来中国就不在他的眼内，自己更不需乎拯救，覃先生的高论当然一毫也听不进他的耳朵。

张汉卿的话匣开了，说他姓张的不会听任何人的游说，只于东四省有利的事他都愿做。他说他父亲交给他东四省，如果做得不好，对不起他的父亲，并对不起东北人民，也对不起一班老前辈。张汉卿说了半阵话，又起身说对不起，要入内解手，良久良久才出来，说他夫人闹肚痛，他要招呼她。但后来有人告诉我，他是吗啡针瘾发，要找副官打了针才能继续谈话。

"汉卿先生的意见我很明白。"我单刀直入，"但东四省是没有可以中立的。今日战事已成僵持的局面，我以为你不帮助阎，径直帮助蒋也是一个办法！"

"公博先生，你的意见很对。但无论如何，我非从长考虑不行"。张汉卿真认我干脆，故也直接表明他的意见。

这场谈话算是告终了，扑克场内已再三催促张汉卿。座内真是珠光宝影，无数的夫人小姐们正兴高采烈地在斗扑克。这种玩意我是玩不来，仅和张汉卿摸了四圈麻将便归旅馆就寝。熬了半夜不打紧，忽然我得了重伤风，这个重伤风病一直至退入太原时，才得痊愈。[1]

改组派政客陈公博、覃振等游说显得十分呆板，没有力度和气势，其成效自然也不容乐观。

与反蒋派说客那种土气穷酸相相比，蒋介石派出的说客就显得格外的洋气与阔气大方。吴铁城作为蒋介石派出的首席代表，发挥的作用更是不可小视，吴铁城携其如夫人杨慧珍同行，杨氏气质高贵、秀丽大方，与夫君同是交际场中的高手。据说，吴铁城去东北时，携款200万元，广泛结交张学良的左右。反蒋派的代表在财力上已是相形失色。吴铁城等初到沈阳时，其遭遇也与反蒋派的说客差不多。张学良的太极拳打得如封如闭，滴水不漏。时日一久，耐不住性子的说客便开始骂张学良不识抬举，唯独吴铁城不急。吴铁城、杨慧珍夫妇随后发起了强大的

---

1. 陈公博：《苦笑录》，东方出版社 2004 年版，第 149—150 页。

渗透攻势。

吴铁城的渗透攻势是从外围开始的。因为东北军中有一批元老派，与住在北陵饭店的汤尔和、沈瑞麟等过从甚密，而元老派也正是反对少帅介入中原纠葛的主要力量。所以，和这些人亲热，一来可以打开出入张公馆的方便之门，二来也是化解元老派阻滞的力量。经过思忖，吴铁城采用了最简洁有效的办法，他让杨慧珍邀这些东北系的大佬打牌。偏偏东北大佬们也喜爱雀战，赌起来豪兴毕露，彼此都觉得尽兴。再说，吴铁城尽显君子风度，输了钱自然脸不红心不跳；即使赢了钱，也往往总是哈哈一笑，把赢来的钱还给大家，专做赔本的赌博，一来二去，大佬们很快就同他们夫妇成了知交。

外围得手，吴铁城夫妇自然而然地成了张学良帅府的牌客。张学良也不管对方的身份，会玩牌的一律欢迎，只是闲话照说，国事莫谈。吴铁城夫妇装聋作哑，整天在麻将桌上与张少帅凑局，你来我往，言谈欢笑。张学良是个知风雅、有情趣的风流公子，碰上杨慧珍这样的交际高手，玩得痛快，谈得投机，牌局中常有十分契合的感觉。时间一长，说话就没遮拦了，不谈国事的禁忌很快被打破。于是，"卫生麻将"慢慢地打成了"政治麻将"。

就这样，阎、冯、汪等反蒋派的代表都因缺乏麻将功夫和囊中羞涩而无缘与少帅亲近，吴铁城夫妇等却独占便利，死死盯住少帅不放。杨慧珍凭借其秀丽的容貌和高贵的气质周旋其间，更是大放异彩。这一点，冯玉祥的秘书简又文体会良深，他说："此次中原大战之胜负，不决于疆场，却决于坛坫上外交手腕之间。方豫省大战时，中央代表吴铁城等在沈阳与张学良磋商合作事，吴挈其擅长交际、善于辞令之爱妾（指杨慧珍——笔者注）及大量金钱与俱。二人施用阔绰的、机巧的外交手段，周旋于张学良夫妇与高级文武干部之间，大奏其效。闻有一次，张在一个公开的场合私对其妾作戏言，'你俩胆敢来这里做说客，假使我将吴铁城枪毙，又怎样呢？'她面不改色，从容镇静地含笑答道，'少帅，别跟我开玩笑！你少帅这样的英雄人物，哪会干出这卑鄙狠毒的事呢？'张听了，哈哈大笑道，'果然说得妙！来，干一杯！'另一日，吴大排山珍海味最贵、最盛的筵席，遍请张司令长官、高级人员与军官赴筵。其妾周旋于其间，恭敬招待。堂前设了十几桌麻将，请各人就席娱乐一下。每人面前抽屉内各置钞票大洋2万元，输赢不计，胜者尽入私囊，负者也无所损失。于是人人乐不可支，与他们都成为朋友了。"

4月5日，辽宁国民外交协会在沈阳东关小河沿公共体育场举行"追悼抗俄阵亡将士大会"。阎锡山、冯玉祥也派有代表参加致祭，但两手空空，没有什么晋见礼，话也说不上几句。而南京政府则先是拨款50万元，褒奖梁忠甲和在对苏作战中阵亡的东北军将领韩光第、魏长林、张季英、林选青等12人。7日，又由吴铁城代表南京中央向张学良等东北边防军将领授勋。[1]在授勋仪式上，吴铁城发表讲话，对张学良极尽肉麻吹捧之能事，声称："中华民国最后完成统一之功者乃张司令长官；以一隅之力抗全俄之众者，亦张司令长官。今阎锡山破坏统一，望张司令长官再奋纾内乱捍外侮精神，保持统一。"[2]

此前，南京政府已撤销了对蔡运升等人的撤职查办令。此后，蒋介石通过何成濬向张学良深表歉意，承认中俄外交政府因受牵制，未能尽力与东北帮助。这些举动，无非是宽慰张学良，希望他忘掉因中东路事件后期外交交涉而与中央之间的不愉快，继续支持南京政府。

这时，阎锡山、冯玉祥、李宗仁已于4月1日分别在山西太原、陕西潼关、广西桂平宣布就任中华民国陆海空军正、副总司令，誓师反

---

1. 南京政府宣布授予张学良一等宝鼎勋章；授予张作相、万福麟、沈鸿烈、王树常、胡毓坤、于学忠、邹作华、荣臻等二等宝鼎勋章；授予丁超、吴泰来、于芷山、熙洽、苏炳文、张海鹏、张焕相、臧式毅等三等宝鼎勋章；授予周濂、陈兴亚等四等宝鼎勋章。
2. 张友坤、钱进、李学群编著：《张学良年谱》（修订版），社会科学文献出版社2009年版，第320页。

蒋。反蒋派共编制了八个方面军：桂军为第一方面军，由李宗仁统率；西北军为第二方面军，由冯玉祥统率；晋军为第三方面军，由阎锡山统率；石友三部为第四方面军；并内定张学良部为第五方面军，刘文辉部为第六方面军，何键部为第七方面军，樊钟秀部为第八方面军。以夺取武汉、徐州为第一期作战目标，分别从陇海、津浦、平汉线和湖南同时进兵。初期兵力50万人，后增至70万人。

4月1日，冯玉祥电请张学良在沈阳宣布就任中华民国陆海空军副总司令，电报称："麾下国家重镇，中外钦佩，至祈顺袍泽推戴之情，民众翘企之望，即日宣布就职陆海空军副总司令。大局前途，实得利赖。"

蒋介石则于4月5日以国民政府名义，下令免去阎锡山本兼各职，全国通缉；并以陆海空军总司令名义通电全国，讨伐阎、冯。国民党中央也宣布永远开除阎锡山的党籍。5月1日，蒋介石在南京举行誓师大会，把参战军队编为四个集团，分别部署在津浦、陇海、平汉线上，总兵力约50万。

11日，蒋介石下达总攻击令，双方开始大规模接触，中原大战正式爆发。这场大战在东起山东，西至湖北襄樊，南达湖南，北及河北的数千里战线上全面展开。100多万大军捉对厮杀，一直杀得烽烟四起，天昏地暗，血流成河，尸骨遍野。在战争初期，反蒋联军在各条战线上均获战果，先后攻占济南、长沙等地。7月间，蒋军展开反攻，战局有所改变，双方互有胜负，打得难解难分，呈现出僵持状态。

在这种形势下，张学良的地位变得更加突出，举足轻重。他的一举一动都受到国内各界的高度关注，事情已经很简单了：谁争取到张学良的支持，谁就赢得了这场战争。对蒋介石来说，地处东北、拥兵30万的张学良，如果支持他率兵入关，将立即从背后给予阎锡山等反蒋派致命一击，就此瓦解反蒋联军。对于反蒋派来说，如果得到东北军这支生力军的相助，无异于猛虎添翼，很可能一鼓作气打败已呈苦苦相撑之态的蒋介石。因此，蒋、阎双方都各自使出最后的手腕，千方百计地想争取张学良。

碰巧，张学良的30岁（虚岁）生日快到了，各方人士自然不会放过这个巴结、拉拢的好机会，逼得张学良不得不举办生日宴会。

蒋介石无疑是拉拢敷衍的高手，自然不会放弃这个讨好张学良的机会，他派遣国民党元老李石曾作为南京政府的祝寿专使于5月31日抵达沈阳，给张学良亲自送来生日礼物。同时，蒋介石、宋美龄夫妇联名给张学良、于凤至夫妇发来祝寿电，祝张学良、于凤至夫妇"福寿连绵，德泽广被"。

在6月3日的寿宴上，真可谓冠盖如云，嘉宾盈门。南京方面的代表李石曾、方本仁、吴铁城，阎锡山、冯玉祥的代表贾景德、薛笃弼，石友三的代表门致中等都云集帅府，代表各自长官向张学良祝贺。

东北军政要员也借祝贺张学良生日之机，齐集沈阳，商讨时局及其应付办法。会上形成三种主张：一是张作相、张景惠、汤玉麟、汲金纯、熙洽等老派人物，主张东北守中立，保境安民，反对出兵关内，不与任何一方合作。张作相说："我们吃高粱米的，哪能斗得过南蛮子，最好离他们远远的。"强调东北军的任务是保境安民，守住东北。二是王树翰、莫德惠、刘哲、刘尚清、沈鸿烈、鲍文樾等人，主张出兵助蒋，借机问鼎中原，再图大业。三是万福麟、于学忠、王树常、臧式毅、荣臻等人，则以张学良的主张为主张。但张学良仍举棋不定，仍抱坐以观变的态度，希望双方能息争言和，停止内战。[1]

不久，蒋介石又抛出一个颇有诱惑力的诱饵，于6月21日宣布任命张学良为中华民国陆海空军副司令，并派上海市市长张群专程北上担任监誓人。26日，张群捧着特任状和印信由上海乘船赴东北。临行时

---

1. 于学忠：《东北军入关和"扩大会议"的解体》，载方正等编《张学良和东北军》，中国文史出版社1986年版，第185页。

因银行休假不能提款，遂由上海中国银行致电东北分行，允张群到沈阳后，可随时随意支用款项，数目不限。29 日，张群抵达沈阳，会合吴铁城、方本仁、李石曾等，共同敦促张学良尽快就职。张学良仍以"德薄才庸"为由拒绝，对出兵助蒋一事也不做肯定的答复。

张群（1889—1990），字岳军，四川华阳县（今四川省成都市天府新区）人，早年在保定陆军速成学堂与日本振武学校读书时与蒋介石均是同学，1911 年辛亥革命爆发后，张群与蒋介石一同请假回国，同在沪军都督陈其美手下效力，后来两人结为异姓兄弟（蒋为盟兄，张为盟弟）。因此，可以说，张群是蒋介石最忠诚、最信任的谋士之一，年龄上比张学良整整大一轮，因在东北熟人多，被蒋介石委以重任，亲自游说张学良。两张相见，又是同一属相，自然有种亲切感，很快就混熟了。张群、吴铁城几乎每天都约请张学良夫妇打"卫生麻将"，即不动钱、纯娱乐性质的。那时，张学良已经染上吸毒的恶习，黑白颠倒。每次打麻将都从晚饭后开始，中间休息，吃吃夜宵，张学良还不时要离席去打针，停停歇歇，边打边谈，关系非常融洽。在轻松的娱乐中，彼此不忘相互试探。张学良虽然仍不明确表示什么，但也有意无意将阎、冯代表在沈阳的活动情形说出来。张群、吴铁城则趁机规劝一番，谈谈出兵、就职等事宜。就这样，从晚上到天明总共只打八圈麻将，足见其速度之慢。[1]

冯志翔著的《萧同兹传》有这样的描述："局面就这样凑合，张汉卿、张岳公（张群）、铁老（吴铁城）和夫人，四人入席，有时也约顾维钧参与玩扑克。张汉卿那时还有嗜好，晚间才是白天。卫生麻将总在吃完晚餐后开始，当然绝不是专心一致打麻将，有时歇歇，吃喝点什么。有时张汉卿还要离席去扎针。停停歇歇，打打谈谈，大家比较无拘束，也在轻松谈话中彼此表达一些意向。张岳公说，'张汉卿虽然不明确

---

1. 刘心皇辑注、王铁汉校订：《张学良进关秘录》，台北传记文学出版社1990年版，第31页。

表示什么，但却将沈阳方面阎、冯的代表每天活动情形全盘告诉我们！这样打牌，从黑夜打到天明总共只打八圈，其速度之慢，恐怕是破纪录的。这哪是卫生麻将，是纯粹的政治麻将，陪公子读书。'"[1]

吴铁城为讨好张学良，还专门从东北兵工厂为中央军订购军火。当时，日本三八式步枪每支25元，东北兵工厂制造的步枪比日本的贵一倍，故销路不好。但吴铁城坚决主张，宁肯多花钱也要在东北买，并得到宋子文的支持。第一批订购35万支，后又续购了5万支，这等于一下子送给东北500万元，使张学良格外高兴。[2]

7月初，张学良借口出席葫芦岛筑港开工典礼，离开了喧闹的沈阳，想过一段清静的日子。2日，典礼在东北航空学校举行，张学良亲自主持，吴铁城代表南京政府铁道部为开工纪念碑揭幕。不料，各派代表又跟踪而来。张学良在这里住了一个月，他们也陪住了一个月。

7月7日，蒋介石又派刘光带着亲笔信和南京政府任命于学忠为天津卫戍司令、王树常为河北省主席的委任状，赶到葫芦岛，面交张学良，并催他们尽快就职。20日，张群也赶到葫芦岛，再次敦促。张学良一时犹豫不决，特于21日致电张作相、万福麟、汤玉麟3人征求意见。3人回电仍力主坚持3月1日和平通电精神，慎重行事，婉拒就任。

7月22日，万福麟复电说："当此时局，当初既未加入何方，似宜仍保持初志。"[3]

7月23日，张作相复电说："中原战事，钧座早有和平之宣言，此时就副司令名位，即须尽副司令职责，势将与阎（锡山）成对峙局势。我不犯人，人将犯我。环顾内情，熟权利害，窃以为未可。我东北服从中央，原无二致，现如牵入漩涡，论民情则久厌兵革，一闻出师，必启怨咨；论地方则疮痍未靖，不便调遣驻军；论财政则减削尚虞不给，安

1. 冯志翔：《萧同兹传》，台北传记文学出版社1975年版，第83页。
2. 刘心皇辑注、王铁汉校订：《张学良进关秘录》，台北传记文学出版社1990年版，第29页。
3. 毕万闻主编：《张学良赵一荻合集》第2部，时代文艺出版社2000年版，第557页。

有余力另筹军实；论圜法则危机日迫，军事骤兴，动摇更甚。再，就外势言之，东邻乘隙觊觎，苦于因应；苏联会议停顿，包藏祸心，且于沿中边（境）构筑炮台，行驶飞机；东宁、密山农民迭被绑掳，示威挑衅，在在堪忧。综是各节，似应力顾根本，坚持宣言宗旨，昭示大信于天下，仍以婉拒就任为得策。"[1]

7月24日，汤玉麟复电说："我公以就任副司令事，被张（群）、刘（光）二君所敦劝，苦于应付之为难。职本武夫，除知服从外，并无意见之可陈。但以四省情势窥测观察，内患外侮均堪考虑。正在自顾不暇之中，一旦就职，能否加入战团？况中立宣言，早已传闻于中外，为四省民众计，为天下威信计，均有审慎之情形。我长官圣明，高出侪辈，伏乞酌核为盼！"[2]

以上3人，由于地位及亲疏关系不同，复电的口气各不相同，但不赞同张学良立即宣布就任国民政府陆海空军副司令职务的意见是一致的。而且他们说得头头是道，张学良不能不有所顾虑。

以阎锡山为首的反蒋派也同样将是否能够拉拢张学良倒向他们，作为他们成败的关键问题来对待。阎锡山在扩大会议召开前多次提出，是否组织反蒋的国民政府，以征得张学良同意为第一要义。7月13日，北平扩大会议召开时，张学良驻北平代表危道丰以私人身份前往观礼，受到大会的热烈欢迎。7月23日晚，汪精卫抵达北平，即通过贾景德、薛笃弼的介绍，邀请危道丰到中山行馆商谈党政事务，极尽拉拢之能事。汪精卫谈话大意说："蒋之失败在一私字。今后吾人应本大公无私之精神，将国家及国民导入安全路上。对于政治取分权制；对于政府组织取人才集中制，取合议制；对于党务，纠正从前错误，即如民众运动，决不取共产式之运动，须以自治为基础，使民众在自治之下，各自发挥生

---

1. 毕万闻主编：《张学良赵一荻合集》第2部，时代文艺出版社2000年版，第558页。
2. 同上，第559页。

产能力。"汪精卫还说，他这次北上，本想取道沈阳与张学良详谈，但因为张已去连山，只好直接来北平。并说他拟派南京政府前外交部次长郭泰祺赴沈阳与张学良接洽。[1]

贾景德、薛笃弼、郭泰祺多次要求前往葫芦岛拜会正在那里"休养身体"的张学良，张以葫芦岛十分不便，难以招待贵宾为由婉言谢绝。

贾景德、薛笃弼等得不到张学良的重视，遂重点结纳东北军"辅帅"张作相等元老派。张作相等元老派鉴于奉军此前数次入关均劳而无功，加之中东路事件对南京政府印象极坏，而与阎锡山关系密切，故他们强烈反对张学良出兵助蒋。反蒋派的游说暂时也发挥了作用。

7月29日，汪精卫发电报给张学良，阐述他们反蒋的理由以及他们的政治主张，争取张学良支持。张学良随即派汤尔和作为自己的代表赴北平会晤汪精卫。日本人大肆宣传张学良与反蒋派合作，将不利于南京政府云云。[2]

日本人的宣传立即见效，沉不住气的蒋介石见拉拢不了张学良，便马上使出他的拿手好戏，以金钱和加官晋爵为条件，准备分化瓦解东北军。

原来，蒋介石见吴铁城、张群等人争取张学良的工作长期不能收到明确的效果，遂利用留日时的同学陈贯群（时任东北军临绥驻军参谋长）先后给东北军临绥驻军司令于学忠转来蒋介石的两封亲笔信，拉拢于学忠。接着又派参议石某，以赴东北路经山海关为由，通过陈贯群介绍与于学忠见面，再次面交蒋的亲笔信，劝于学忠举兵西向，蒋开出的条件是：于学忠在华北要得到什么职位，均可以应允。但于学忠是绝对忠于张学良的，并没有被蒋介石的利诱打动，并将蒋的来信一概上交张学良处理，同时于还给蒋回了一封信，声明自己唯张学良之命是从。

1.辽宁省档案馆编：《奉系军阀密电》第5、6册合集，中华书局1986年版，第207页。
2.陈进金：《另一个中央：一九三〇年的扩大会议》，《近代史研究》2001年第2期。

蒋介石见拉拢于学忠不成，转而策反于的部下，派游说专家何成濬、林树藩、郑江灏等一齐出动拉拢临绥驻军第二十三旅旅长马廷福叛张投蒋，马廷福将此事透露给于学忠。于学忠劝告说："东北系统待我们不薄，我们行事为人，应以忠义为重，绝不可如此行动。"但马廷福终于抵挡不住蒋介石的利诱，他乘张学良在北戴河避暑，又值奉榆火车不通的机会，率领所部团长孟百孚、安福魁前往见于学忠，企图挟持于学忠跟他们一起行动，安福魁做了一个砍头的手势，声色俱厉地说："现在谁要不干，就把他这么着！"于学忠见事情紧急，一面吩咐马廷福等缓行，一面报告张学良。张闻讯十分气愤，说道："马廷福如真受人愚弄，有此行动，我个人的安全事小，可由此暴露东北军的内部不团结、不一致，贻人耻笑则事大。"[1]

根据于学忠的建议，张学良于 8 月 14 日以召开军事会议为名，将马廷福、孟百孚、安福魁、陶敦礼、林树藩、郑江灏 6 人扣押，不动声色地解决了这一隐患。经审讯得知，蒋介石答应事成给 300 万元，已经付出第一笔 100 万元。[2]

蒋介石收买分化东北军的阴谋失败后，不检讨自己不光明正大的小偷小摸行为，反而发了以下一段不伦不类的议论："奉张反叛之心渐见矣！北方军阀政客，其不欲使国家统一，而割据自私之心，传统相承，不能破除。此我中华之所不能立国于今世，而为帝国主义所凌侮不已也。呜呼？"[3]

后来，张学良听说吴铁城也多少参与了此事，很不高兴，曾当面毫不客气地指责他。为避免事情闹大，李石曾、方本仁立即赶到北戴河打圆场。张学良也表现得很大度，说："蒋介石这种做法太不应当，但我

1. 于学忠：《东北军第四次入关的经过》，载中国人民政治协商会议全国委员会文史资料委员会编《文史资料选辑》第 16 辑，中华书局 1961 年版，第 87 页。
2. 同上。
3. 陈进金：《另一个中央：一九三〇年的扩大会议》，《近代史研究》2001 年第 2 期。

仍要以国内的大团结为重，不计私怨。"[1]

张学良虽然并没有因为马廷福事件一怒之下与蒋介石决裂，但态度确实有所改变，他相继与反蒋派的代表贾景德、薛笃弼、郭泰祺、傅作义、覃振、陈公博等会晤并商讨时局。覃振对记者谈话时很乐观地说："张学良认为北方主张光明，对组织政府决不反对，对南京则因'马廷福事件'而增加恶感……。"阎锡山为了拉拢张学良，也开出了他的大价码：将北平、天津地区让与张学良，由张委任孙传芳为平津卫戍司令，并归张氏节制。专门吃党饭的汪精卫甚至表示，只要张学良倒蒋，不谈党治亦可。[2]张学良的暧昧态度使反蒋派产生了张学良与蒋介石即将决裂的幻觉，认为组织反蒋政府的条件已经成熟。

蒋介石方面，尽管发生了"马廷福事件"这样的不愉快事情，但蒋并没有因此而放弃对张学良的争取，反而使出浑身解数，封官许愿，巨额款项，不惜代价。这样双方对张学良的争取更加激烈。

8月10日，张学良离开葫芦岛，前往北戴河，继续休假。各方代表又纷至沓来。蒋介石的代表张群、吴铁城、方本仁、李石曾前后到达。阎、冯的代表贾景德、薛笃弼也不甘落后，孙传芳自告奋勇，前来代表阎锡山进行游说。汪精卫亦派出覃振、陈公博、郭泰祺等人。一时间，宁静幽雅的避暑场所，变成了南北军人、官僚政客们频繁出入的喧闹场所，宛如时局的重心，全国注目。

不久，张学良夫人于凤至的家乡辽宁怀德县（今属吉林省四平市公主岭）发生水灾，南京政府宣布拨款20万元进行救济。张学良夫妇发起筹赈义卖会，于凤至亲手扎的一朵纸花，吴铁城拉开皮包，立即取出4万元抢先买走。与此同时，吴铁城、张群等人的牌也越打越大，从一夜数千，到一场牌数万，吴铁城等人简直成了散财童子，让东北军上上下

---

1. 于学忠：《东北军第四次入关的经过》，载中国人民政治协商会议全国委员会文史资料委员会编《文史资料选辑》第16辑，中华书局1961年版，第88页。
2. 陈进金：《另一个中央：一九三〇年的扩大会议》，《近代史研究》2001年第2期。

下乐呵呵。

在吴铁城、张群、方本仁等使出浑身解数折冲于东北军上层的同时，在前线指挥的蒋介石开出的价码也越来越高：除了任命张学良为陆海空军副司令全权负责北方外，经济方面也加大了筹码，除原先已经答应的发行1 000万元公债稳定奉票价值外，还答应支付张学良出兵费现款500万元。这样的优惠条件，是经济十分吃紧的反蒋派根本拿不出来的。

经不住吴铁城、张群、李石曾等人的再三催逼，张学良终于发话，说道："待中央军拿下济南时，可以考虑出兵。"当时，张学良分析：如果中央军攻占济南，那么蒋介石在中原大战中获胜的形势就基本明朗了。他还有意将此点告诉阎、冯的代表，以便他们有所准备。[1]8月15日，蒋系中央军攻占山东收复济南。此后，关于东北军即将入关的消息，就逐渐传开了。

尽管蒋军攻下济南，张学良表面上仍力持镇静，没有明确表态。8月23、24日，他与汪精卫的代表覃振、陈公博、郭泰祺做两度长时间的恳谈，表达四点意见：（1）东北行动，只求有利于国，决不谋自私；（2）内外交迫，国危民困，希双方各退一步；（3）须回沈阳召开会议商决；（4）目前一切尚在研究中。[2]

27日，张学良接见天津《大公报》记者，做了一次公开谈话。

记者首先问："是否有斡旋时局和平之意？"

张学良答："国民苦兵革已久，本人当然愿尽个人力量，劝进和平，或缩减战祸，要视时局推移如何，与夫个人意见能否受人接受为断。万一无可为力，只有守我素志。至于取巧图利之事，决不愿为。本人所

1. 于学忠：《东北军入关和"扩大会议"的解体》，载方正等编《张学良和东北军》，中国文史出版社1986年版，第187页。
2. 李俊龙：《张学良在中原大战时的地位》，载方正等编《张学良和东北军》，中国文史出版社1986年版，第179页。

行所为，终期于国于民两无愧怍而已。"

记者又问："对副司令一职，究拟就职否？"

张学良答："本人甫届而立之年，业膺兼圻之任，才位不相当，已感惭愧不安之至。中华民国副司令，职位何等隆重，岂非躬所敢承受？且如此年龄，如此资格，遽肩兹任，国民纵不相鄙弃，本身实觉不太相称，长虑却顾，端在此耳！"

记者又问："时局如何才可收拾？"

张答："各退一步，自然后路宽容，绰有余裕。今日所望者，大家均有觉悟，以全力各自整理地方，与民休息而已。"[1]

张学良谈话的措辞虽仍留有余地，但实际上，他拥护蒋介石的方策已定，成竹在胸，只待回沈阳说服老派人物，即可做出决定性的一击。

阎锡山与冯玉祥分别派贾景德和薛笃弼再次前往东北，做最后的一搏。这一次，阎锡山给了贾景德 5 000 元，冯玉祥给了薛笃弼 2 万元。[2] 贾景德、薛笃弼到沈阳的当晚，由"辅帅"张作相招待，饭后一场麻将，贾景德将所带 5 000 元旅费输了个精光。幸亏薛笃弼手中还有 2 万元。不过，贾景德、薛笃弼和东北要人玩麻将，只得硬着头皮，勉强奉陪，心中不免七上八下，生怕输光了，拿不出钱来，丢人现眼。[3]

薛笃弼回忆说：

　　　　阎、冯于1930年8月下旬派贾景德和我为代表前往与张联络。我们临行前夕，贾邀我同去见阎，阎对我们说："你们告诉汉卿，蒋介石不是个好人，他利用你的时候就用种种手段拉拢你，到用不

---

1. 毕万闻主编：《张学良赵一荻合集》第 3 部，时代文艺出版社 2000 年版，第 20 页。
2. 田象奎：《一九三〇年国民党扩大会议始末》，载中国人民政治协商会议全国委员会文史资料委员会编《文史资料选辑》第 110 辑，中国文史出版社 1987 年版，第 59 页。但薛笃弼说，贾景德只带了 500 元、他自己带了 1 000 元。笔者认为田象奎的说法比较可信。
3. 薛笃弼：《出使东北与大战结束》，载赵政民主编《中原大战内幕》，山西人民出版社 1994 年版，第 478—479 页。

着你的时候就过河拆桥，一脚踢开，李济深、李宗仁、白崇禧就是镜子，希望汉卿和俺们携起手来，共同倒蒋，同心协力来救国。这里有俺和焕章给汉卿的一封信，还有几条合作办法，你们带去面交汉卿。俺们一定和他共患难到底，决不骗他。"我约略记得信内大意是："蒋介石专横自私，排除异己，要救国必须倒蒋。"合作办法内最后有这样几句话。"一心一德，共同救国，相见以诚，信守不渝。"阎发给贾旅费 1 000 元，冯发给我旅费 500 元……那时张学良正在北戴河避暑，我和贾同往北戴河，在旅馆落脚后，于当时黄昏时间访张，首先代表阎、冯致候。张问了阎、冯好。我们将信函面交，并表达阎、冯意见。张精神萎靡，总是闭着眼睛打瞌睡。我们看谈不下去，就辞回旅馆。次日（约在 8 月 30 日）张学良回沈阳，我们随往。到沈阳后，我们自找旅馆下榻，次晨到所谓"帅府"访张，大门口刀枪林立，警卫森严，客厅里富丽堂皇，陈设豪华，在我一生还是见所未见。有顷，张从楼上下来接见我们，贾将带去的合作办法面交，张略一过目，把原件放在茶几上，未表示可否，只谈了几句普通应酬的话，没有涉及大局，他嘱我们与他的秘书长王树翰接洽，就从茶几上拿起合作办法和我们握别。即午我们到王树翰家中谈了一次，彼此都未深谈。王约我们次午到他家吃饭，饭后留我们打牌。贾长于此道，我虽不大懂，他只得勉强奉陪，内心不免七上八下，幸而尚未大输。终局后，我们和王谈及时局，尤其希望知道张学良对阎、冯的态度，王总是顾左右而言他，我们一点也没有摸着头脑。[1]

阎锡山不知大势已去，仍在做他的中华民国元首美梦。9 月 1 日，

---

1. 薛笃弼：《我在中原大战时期的一些经历》，载中国人民政治协商会议全国委员会文史资料委员会编《文史资料选辑》第 16 辑，中华书局 1961 年版，第 126—128 页。

北平扩大会议第五次会议讨论通过《国民政府组织大纲》，宣布成立中华民国国民政府，推举阎锡山、唐绍仪、汪精卫、冯玉祥、李宗仁、张学良、谢持等7人为国民政府委员，组成国民政府委员会，以阎锡山为主席，并内定任命与张学良有关系的人士如顾维钧、汤尔和、罗文干、沈鸿烈等为政府各部部长。

在这样的背景下，蒋介石不得不再次加大筹码，终于开出了与张学良平分天下的天价。8月30日，蒋介石在发给张群的电报中说，如果张学良出兵，"黄河以北事应由汉兄完全负责，中央决以全权付汉兄处理也。石曾先生所允500万元现款，子文来电只要汉兄能有出兵确期，则无论如何困难，必当如数筹凑不爽"。蒋介石在电报中还说"盖此时实为汉兄在革命历史上开一新纪元之时机，故敢直言不避"。这个条件足以打动张学良。当天，张学良返回沈阳，立即着手最后的军事部署。

张学良的天平明显倒向了蒋介石一边。9月2日，张学良当面向阎锡山的代表傅作义表示，他并未赞成新政府的成立，言语中对汪精卫的改组派尤多不满。傅作义立即电告阎锡山，速派贾景德、薛笃弼再去沈阳谋求补救，并请阎氏答应给东北一定条件。[1]

5日，张学良致电阎锡山，明确拒绝北平扩大会议的人事安排，并命令罗文干、顾维钧、汤尔和、危道丰等即日离开北平返回沈阳。

田象奎认为，张学良最终倒向蒋介石，与顾维钧的进言也有一定的关系。他说，张学良事秦事楚，尚未决定，他躲往秦皇岛观变，随从的有顾维钧、罗文干等。阎锡山根据张知本的建议，由职业外交官郭泰祺陪覃振、陈公博二人前往秦皇岛，由顾引见，同张学良晤谈两次，亦未得到明确结果。但顾受张之暗示随覃、陈到北平观察。顾到北平后，住北京饭店，由田象奎负责招待。汪精卫向阎锡山建议速任命发布顾为反蒋政府的外交部部长，以为拉住顾至少可使张持中立态度。阎锡山当时

---

1. 陈进金：《另一个中央：一九三〇年的扩大会议》，《近代史研究》2001年第2期。

预定的外交部部长是颜惠庆，不同意将此职位给顾。表面上却说任命部长须同冯玉祥、李宗仁电商，不便做主。汪等数次电催，未见发布。顾在北平数日，感到阎对他不重视，某日早晨要田象奎替他买回秦皇岛之车票。田象奎立即向覃振、陈公博、赵丕廉等报告，他们急往饭店慰留，顾坚决要回去。顾回秦皇岛后，向张进言："阎、冯等不能成事。"张听顾言，倒向蒋方，即回沈阳，决定以调停姿态向关内进军。[1]

阎锡山还想做最后的努力，9月6日，贾景德、薛笃弼带着北平反蒋的国民政府各部部长人选方案来到沈阳征求张学良的意见。该方案拟定的部长人选是：外交部部长顾维钧、司法部部长罗文干、农矿部部长汤尔和、海军部部长沈鸿烈（上述4人属张学良的东北系），交通部部长贾景德、财政部部长梁汝舟、工商部部长赵丕廉（上述3人属阎锡山的晋系），内政部部长薛笃弼、陆军部部长鹿钟麟（上述2人属冯玉祥的西北军系），教育部部长邹鲁（属西山会议派），国营事业部部长胡宗铎（属桂系），高等法院院长贡希泉（属阎锡山的晋系），侨务委员长陈树人、蒙藏委员长白云梯（上述2人属改组派），财政委员长由罗文干兼。在15个部长级职位上，东北系人士安排了5席，超过了其他各系，从阎锡山等反蒋派的角度说，他们已经是格外迁就张学良了。但张学良对此并不领情，对这个方案不表态。[2]

9月8日，阎锡山致电张学良，再次加大筹码，略称："倘能参加政府，同意政府成立，自当以部长半数相让；倘不欲参加，则请发出和平通电，出任调停。设两者皆不能办到，则本人将放弃北方警备，率部归晋，将河北委诸冯玉祥。"[3]张学良仍不作答。

但是，反蒋派方面已经是骑虎难下。1930年9月9日上午9时，在

1. 田象奎：《一九三○年国民党扩大会议始末》，载中国人民政治协商会议全国委员会文史资料委员会编《文史资料选辑》第110辑，中国文史出版社1987年版，第59—60页。
2. 张友坤、钱进主编：《张学良年谱》上册，社会科学文献出版社1996年版，第482页。
3. 同上，第483页。

未得到张学良明确表态的情况下，阎锡山在中南海怀仁堂宣誓就职，并发表"公平内政，均善外交"的宣言。因为他认为这个时间太吉利了，实在拖不得：四个"九"，取意"久久久久"，象征他的政府永远长久。谁知这并不是个好兆头。九天后，张学良的一纸电文就惊醒了他的迷梦，所以有人挖苦说："阎锡山四九三十六，走为上计。"

当然，我们也要看到，张学良之所以最终决定不与阎、冯合作，而选择拥护蒋介石，除了利益的因素外，还有更高层次考虑，那就是如何才有利于国家。王家桢曾和张学良讨论过东北军的战略选择问题。王的看法是，倘若蒋介石胜，中国可以统一；倘若阎锡山、冯玉祥胜，内战还将继续下去。[1]对于王的分析，张学良表面上虽然不置可否，但内心里却是认同的。对于一个有着强烈爱国心、主张以国家的统一来抵抗日寇侵略的政治家来说，理智的天平自然会偏向南京政府一边。

9月2日，张学良电召东北四省各军政要员赴沈阳会商应付时局方针。10日，东北最高军政干部会议在沈阳北陵别墅召开。张学良首先发言："东北地处边陲，日本窥伺已久，如欲抵制外侮，必须国内统一。我自1926年即主张停止国内战争，早日促成统一。在先大元帅在世时，我曾迭次进谏，未蒙采纳。1927年，先大元帅曾派韩麟春赴山西见阎，请他与我们合作，我们也绝不干涉山西的事务。阎锡山表示同意，韩麟春满意而归。而为时不久，阎锡山即将大元帅所派驻山西的使者于珍扣留，并由娘子关出兵，与我方作战。韩麟春就由于阎的失信，气愤病死。阎、冯二氏的为人，一向反复无常，从前北洋系统的覆灭，二人应负其责。目前阎、冯合作，事如有成，二人亦须决裂。且以国民革命军系统而言，阎、冯本应为国民党的一部分。至于扩大会议，西山派本诋汪、陈为'赤化'，改组派亦骂邹、谢为叛徒，暂时的结合，将来仍须

---

1. 王家桢：《我的求学和外交生涯》，载中国人民政治协商会议全国委员会文史资料委员会编《文史资料选辑》总第149辑，中国文史出版社2002年版，第17页。

水火。蒋介石亦系一阴谋的野心家，在他的阴谋里，本想以军事解决西北，以政治解决西南，以外交解决东北。他对我们，亦无特殊的关系。从马廷福的事变，更可看出他的不顾友谊和不择手段。不过目前国事日非，如非国内统一，更不足以对外。我们为整个大局计，必须从速实现全国统一，早停内战。最近阎、冯的军队业已退黄河北岸，蒋军业已攻下济南，我方应实践出兵关内的诺言。"[1]

张作相等元老派人物仍然表示反对，认为应当遵守先大元帅的遗言，开发东北，决不再问关内事。中原大战听其自然演变，东北不作左右袒。会议断断续续开了6天，反复讨论各种方案，各抒己见，互不相让。

会议开到15日，张学良已经显得颇不耐烦，在会上宣称："如果坚持辅帅（张作相）方案，我唯有辞职不干了。"说完即愤而退席。顾维钧、王树翰、万福麟等人急忙出来缓冲，请张学良返回会议室继续主持会议。事已至此，张作相等老派不得不做出让步，张作相说道："你是司令长官，有不得已的苦衷，可以不遵守先大元帅的遗言。我和叙五（张景惠）为先大元帅的部属，更可以放弃原有的主张，不必生我的气，由你做出决定好了。"张学良这才露出笑容，马上宣布武装调停通过。

会议一结束，张学良就亲往吴铁城住所，向张群、吴铁城通报了会议情况。双方密谈至深夜始散。经过蒋介石和吴铁城、张群、方本仁等人的千呼万唤，张学良终于允诺出兵，蒋十分感激张的支持，于9月17日直接致电张学良，电文说："吾兄主张正大，公私兼顾，对于拥护中央维持统一之苦心孤诣尤为感佩，诸事请兄主持，中（正）无不同意也。"[2]

17日下午，张学良又召见反蒋派代表贾景德、薛笃弼、孙传芳，说明东北军准备武装调停的态度，并将通电稿送给他们过目。当天，张学

---

1. 于学忠：《东北军第四次入关的经过》，载中国人民政治协商会议全国委员会文史资料委员会编《文史资料选辑》第16辑，中华书局1961年版，第88—89页。
2.《南京大学学报》2000年第1期，第126页。

良发布了进军关内的动员令，先行编组两个军，由于学忠率第一军、王树常率第二军，计有步、骑兵共 10 个旅，另附炮兵团，总共 10 万人。

9 月 18 日，在时隔半年之后，张学良发出了另一份和平通电。因此日的韵目代日为巧，故称之为"巧"电。这是张学良前半生军事政治生涯中最重要的通电之一，兹录全文如下：

> 窃以企图建设，首宜力弥兵争；绥定邦家，要在曲从民意。当国内战端初启时，良曾规劝各方，勿以兵戎相见。"东"电所述，中外共闻，其暗音苦口，未经宣示国人者，稿本之多，几于盈尺，卒以力薄言轻，未能挽回劫运。战端一起，七月于兹，庐里丘墟，人民涂炭，伤心惨目，讵忍详言。战局倘再延长，势必致民命灭绝，国运沦亡，补救无方，追悔何及？此良栗栗危惧者也。人之好生恶死，既有同情；厌乱思治，终无二致。以良所见，无论战区内之身遭祸难者，固已憔悴难堪；即战区外之幸免颠连者，亦无不和平是望。良委身党国，素以爱护民众维持统一为怀，不忍见各地同胞再罹惨劫，用敢不揣庸陋，本诸"东"电所述，与夫民意所归，吁请各方，即日罢兵以纾民困。至解决国是，自有正当之途径，应如何补救目前，计划永久，所以定大局而厌人心者，凡我袍泽，均宜静候中央措置；海内贤达，不妨各抒伟见，共谋长治久安之策。良如有所得，亦必随时献纳，藉补壤流；众志成城，时艰共济；庶几人民生活，得免流离之苦，国际地位可无堕落之虞，是则区区所企望者也。迫切直陈、唯希亮察。[1]

关于这份通电，张学良曾在 17 日对天津《大公报》记者做过如下的解释。

1.毕万闻主编：《张学良赵一荻合集》第 3 部，时代文艺出版社 2000 年版，第 47 页。

张学良传·上

记者问："观公此电政治立场，当然系在南京国民政府之下。"

张学良答道："然。唯余之表示、并不尽与宁府期望吻合，盖余乃站在中间而偏向西南方而已。余决不为落井下石之举，唯愿青黄不接之时，地方秩序得以善保，一如鲍旅当年维持北京之故事则万胜也。"[1]

实际上，张学良是明确站在蒋介石一边，出兵助蒋。但通电表面上只字未提东北军出兵入关一事。这是因为张学良事先已与蒋介石达成如下的谅解：中央军停止进攻郑州，黄河以北地区交东北军处理。同时，张学良通过阎、冯的代表，向他们提出了如下方案：（1）东北军和平接收平、津两市和冀、察两省；（2）晋绥仍为阎的地盘；（3）山东归韩复榘；（4）石友三移驻冀南，以求得谅解。[2]

阎、冯事先对此结果似乎估计不足，一直认为张学良不会出兵。等到"巧"电发出，东北军陆续进关，阎锡山才明白张学良动了真格。在北平仅仅坐了10天的国民政府主席宝座后，阎不得不于当天（18日）通电全国，表示退避三舍，然后悄悄溜出北平，返回他的老巢——山西太原。汪精卫等改组派的政客们见势不妙，也跟着阎锡山去了太原，在那里一本正经地制订起所谓《中华民国约法》来，以便为他们的反蒋失败盖上一块华丽的遮羞布。

于学忠率东北军入关后，即把和平接收、绝不用兵的原则传递给他的同学、晋军将领徐永昌（时任河北省政府主席）。晋军将领同张学良商定仍照民国十七年之办法：晋军退一站，东北军前进一站，以和平的方式接收。晋军遂不战而退，东北军得以迅速、和平地接收了北平、天津二市和河北、察哈尔二省。时隔两年之后，东北军再次控制了华北地区。

同时，蒋介石的中央军在解除了北顾之忧后，全力进攻陇海铁路线上的冯玉祥部。西北军早已军心涣散，很快崩溃。11日，阎锡山、冯

---

1. 毕万闻主编：《张学良赵一荻合集》第3部，时代文艺出版社2000年版，第45—46页。
2. 刘心皇辑注、王铁汉校订：《张学良进关秘录》，台北传记文学出版社1990年版，第144页。

玉祥联名发表通电，宣布下野。汪精卫等人以扩大会议名义发表了一个《中华民国约法草案》之后，也纷纷逃离太原作鸟兽散，扩大会议也随之烟消云散。

至此，历时 7 个月，造成三四十万人死伤，中国近代史上规模最大的一次军阀混战，由于张学良的一纸电文和东北军再度入关，而很快结束了。

从张学良最终决定出兵助蒋的动机来看，同东北易帜一样，主要是本着"息内争，御外侮"的精神，希望停止内战，维护统一，增强国力，抵御外敌。这是他与一般旧军阀不同之处。他十分珍惜和维护国家的统一，反对分裂与割据，迫切希望有一个强大、统一的中央政府作为后盾，来确保东北在日、苏两大强邻环伺之下的生存与发展，以更好地维护东北集团的利益。

当时，张学良认为蒋介石代表了这样一个中央政府，故决定出兵助蒋。并且，这次东北军入关，与前 3 次不同，没有导致战争加剧，使局势更加糜烂，而是不费一枪一弹，和平接收，很好地实现了他"和平统一"的初衷。

自然，这其中也包含了张学良作为一个地方实力派领袖向关内发展、扩张地盘的政治抱负或者说野心。他凭借自己得天独厚的条件、举足轻重的地位，利用蒋介石的急迫心情（从 8 月 14 日至 9 月 17 日蒋曾经 7 次致电吴铁城催张出兵，蒋的军师何成濬等更是无数次发电报给张学良请求甚至可以说是哀求其出兵助蒋[1]），稳坐钓鱼台，不断抬高价码，迫使蒋介石做出了一项又一项的承诺，为东北集团谋得了更多的利益。其中，较为重要者有：（1）张学良任中华民国陆海空军副司令；（2）出兵费 500 万元；（3）公债 1 000 万元；（4）东北军入关后，驻平津部队的薪饷由中央负担（每年 1 200 万元）；（5）接收平、津二市和冀、察

---

1. 刘心皇辑注、王铁汉校订：《张学良进关秘录》，台北传记文学出版社 1990 年版，第 262—263 页。

二省的军事、行政、铁路等一切机关和中央直属各机关；（6）由张学良推荐人员到南京任部长、立法委员等职位；（7）拟开国民会议，制定约法；等等。[1] 从中，我们可以领略张学良这位年轻少帅的谋略才智，非同一般。有学者指出："当奉张衡量军事、财政、外交以及个人权势等方面，发觉'东北利益'可以和'国家统一'结合时，即毅然发表 9 月 18 日通电，决定出兵助蒋，也促成中原大战提前落幕。"[2] 这样的结论是中肯的，中原大战中张学良的选择很好地体现了"东北利益"与"国家统一"结合的主题。

风光一时的副司令

自 1930 年 9 月 18 日"巧"电发出，东北军入关，一切进展顺利，和平接收了平、津二市和冀、察二省，很好地贯彻了"和平统一"的精神。而且，东北军入关部队军容整齐，纪律严明，深受当地社会各界的交口赞誉。张学良为此感到十分高兴，遂不再谦让，于 10 月 9 日踌躇满志地在沈阳宣誓就任中华民国陆海空军副司令职。

这天，在辽宁省政府大礼堂举行了盛大的就职仪式。东北空军出动了 9 架飞机在沈阳城上空散发传单，约 800 名社会各界人士参加了庆典，各国驻沈阳领事也出席了大会。

张学良首先宣读誓词："予以至诚，实行三民主义；遵从总理遗教，捍卫国家，爱护人民，努力于本职。此誓。"[3]

吴铁城代表国民党中央党部做监誓人，并致训词："本党政府特以

1. 刘心皇辑注、王铁汉校订：《张学良进关秘录》，台北传记文学出版社 1990 年版，第263—264 页。
2. 陈进金：《东北军与中原大战》，《近代史研究》2000 年第 5 期。
3. 张友坤、钱进主编：《张学良年谱》上册，社会科学文献出版社 1996 年版，第 496 页。

此重任付托张副司令者，知张副司令笃信本党之主义，接受国民革命之使命故也……任重道远，唯望张副司令辅助蒋总司令，同心协力，共策进行，党国前途，实利赖之。"[1]

接着，张群代表国民政府致训词说："今张副司令就职之后，更可以全国陆海空副司令之职辅弼中央蒋总司令奠定大局，办理军事善后，俾政府得以从容建设，此诚国家长治久安之计，万年不朽之盛事也。愿张副司令与蒋总司令共同努力之图之，幸甚幸甚！"[2]

随后，张群向张学良颁发特任状和印信，张学良身着戎装，胸前挂满勋章，从张群手中接过特任状和印信后，略致答词如下：

> 今日学良遵奉国民政府命令，就任陆海空军副司令之职，蒙中央党部、国民政府颁示训词，敬聆之余，无任钦惕。唯国事蜩螗，时艰方亟，才轻任重，深惧弗胜。唯有恪遵总理遗训，恪尽职守，俾邦基统一，早告完成，而副全国人民期望之雅，谨志数语，希鉴微忱。[3]

同一天，张学良向全国发表《就任陆海空军副司令通电》如下：

> 6月21日，奉国民政府令，特任张学良为陆海空军副司令，闻命之下，悚惧弗胜。学良猥以轻才，才及壮岁，既愧学殖之疏浅，重以阅历之未宏，已蒙倚畀之隆，寄以防边之责，勉竭十驾，方懔冰渊，矧此最高之军模，夫岂绵力所能任？迭经披沥忱悃，吁请收回成命，未蒙俞允，而海内外巨人长德，转复电函纷集，责以所难，诚知爱吾者深，乃致□其菲薄，必欲硜硜固拒，实辜期望之殷。唯举鼎须量己力，宁可覆䬪遗羞，故长虑却顾而不敢径前者，

---

1. 王维礼、范广杰：《蒋介石和张学良》，吉林文史出版社1994年版，第91页。
2. 同上。
3. 张友坤、钱进主编：《张学良年谱》上册，社会科学文献出版社1996年版，第496—497页。

学良个人不足惜，不敢不为党国慎重也。比以"巧"电表示促进和平之主张，猥蒙当世不哂，益复敦迫就职，不容稍延，爰于本日在沈阳宣誓就职，谨当从总司令之后，为党国服劳，除报告中央外，敬此电达，所翼鉴其愚诚，加以督教。[1]

从此以后，张学良的部下对他的称呼由"少帅"改称"副司令"。

蒋介石为兑现张学良提出的"开国民会议，制定约法"的承诺，决定在 1930 年 11 月 12 日孙中山诞辰纪念日召开国民党三届四中全会，讨论此一问题，特别邀请张学良以国民政府委员身份列席会议。因为张学良虽在东北易帜后宣布加入国民党，但还没有正式履行手续，不是正式党员。张学良也感到东北的各方面情况，尤其是华北的善后问题需要向蒋介石汇报，协商解决办法，遂欣然接受。

11 月 7 日，张学良率王树翰、鲍文樾、黄显声、张学铭等一批文武官员，偕同南京政府派来的要员吴铁城、张继、刘光，在 100 名卫士的护驾下，乘夜车离开沈阳。8 日，抵达天津稍作停留。9 日，东北军旅长缪澂流密电张学良劝阻，称"路远途艰"，不可南行。张学良回电，坦然表示："此次赴京，早经决定，业于今晚首途。我方对国对民，一切光明磊落。余平日为人，亦无事不开诚布公，早为袍泽所深悉。丈夫做事，分应如此，无所愧，亦无所畏也。来电对余个人关怀殷切，深用感慰。"[2]

10 日，蒋介石派出的迎接代表张群、贺耀组（原名贺耀祖）抵达天津。二张再度重逢，倍感亲切，稍作会晤，即于当晚 7 时由津浦路乘专车南下。

为迎接张学良的到来，南京政府做了周密、隆重的布置。11 日，蒋介石特派铁甲车"长城"号到山东临城迎接，然后在张学良等乘坐的专

---

1. 毕万闻主编：《张学良赵一荻合集》第 3 部，时代文艺出版社 2000 年版，第 106 页。
2. 同上，第 163 页。

列前压道。一路上，沿途各站都贴满了欢迎张学良的标语，随处可见：

"欢迎促进统一、巩固国防、劳苦功高、竭诚拥护中央的张副司令！"

"国家统一的表率！"

"和平息争的使者！"

许多站台上还有手持小旗的欢迎人群。

12日凌晨6时50分，张学良专车抵达江苏浦口车站，顿时军乐大作，仪仗队举枪致敬。到站台欢迎的国民党军政要员有王宠惠、李石曾、何应钦夫妇、朱培德、宋子文、马福祥、张之江、何成濬、刘镇华、刘峙夫妇、马鸿逵、魏道明、谷正伦、王家桢以及南京政府各机关简任以上官员约800人。张学良身穿黄色军装，精神焕发，态度从容，下车和欢迎者握手寒暄后，步出车站，随即登上"威胜"号军舰过长江。行至中流，停泊在江心的另一艘军舰"通济"号鸣礼炮十九响，官兵列队甲板上，举枪致敬。

上午7时40分，"威胜"舰抵南京下关海军码头。上岸后，张学良乘汽车前往总司令部谒见蒋介石。一路上威风凛凛，前有五辆摩托车开道，后面是浩浩荡荡的车队。马路两旁拥满了群众，彩旗飘扬，锣鼓喧天，人声鼎沸，好不热闹。车驶进总司令大院，蒋介石亲临车门迎接，并说："汉卿，你好，一路辛苦了！欢迎你！"

张学良早已为这热烈而隆重的欢迎场面所感动，十分激动地连连说道："总司令好，谢谢总司令！"

蒋、张二人稍作会谈，即于8时10分一同驱车赶往国民党中央党部，参加庆祝孙中山诞辰纪念和国民党三届四中全会开幕式。在开幕式上，蒋介石亲自介绍张学良加入了国民党。

10时，张学良又前往国民政府，出席庆祝孙中山诞辰纪念大会。11时，拜谒中山陵。[1]

1.《张学良南京行》,《奉系军阀密电》第6册，中华书局1986年版。

当晚，国民党中央执行委员会全体委员公宴张学良，蒋介石、胡汉民、张学良坐第一位。席间，胡汉民首先致欢迎词，表示同志应努力团结，为国宣劳，泯彼此猜嫌之见，奠永久和平之基。张学良起身致答词，说："学良关于党国大计未能多做贡献，深觉惭愧。党国谬托重任，尤觉战战兢兢，时虞陨越。此次来京，承各方热烈欢迎，无任感谢，益以亲聆党国先进名言谠论，深为欣慰。学良不善辞令，未敢多言，谨代表东北来京诸人致谢。嗣后更常恪遵中央意旨，努力边防。"[1] 说到最后，张学良激动不已，热情迸发，挽起蒋介石的手，高声喊道："不才学良，拉住蒋主席之手，阔步中华大地，不辜轩辕子孙，共创千秋大业！"蒋介石也振臂高呼："向拥护中央的张副司令致敬！"宴会一下掀起了高潮。

宴会结束后，张学良仍兴奋不已，连夜致电东北军政要员，传达自己的喜悦心情："学良此次来国府，受到蒋主席极为热忱之欢迎，规格之高，实出学良的想象"。[2]

确实，蒋介石为笼络张学良，是以对等的身份，而不是以对待下属的方式精心安排各项活动，热情地欢迎他，这给张学良留下了深刻的印象。

从 14 日开始，张学良和蒋介石几度会谈，磋商华北善后问题和其他事宜。蒋介石同意张的意见，决定宽大处理晋军、西北军，由张推荐晋、绥两省主席。蒋介石还答应北方政局由张学良全权处理。张学良则同意把东北的外交、财政、交通交归中央直辖，并支持中央裁厘、废除杂税，改行新关税等政策。

对东北在中央政府中部长的名额，蒋介石本来答应给 4 个席位，但除宋子文、孙科等人表示同意外，遭到大多数国府委员和部长的反对，特别是国民党元老、立法院院长胡汉民反对尤其激烈。胡汉民是一个严谨正直但又有些古板刻薄的元老人物，他一直认为国家的名器不能

---

1. 毕万闻主编：《张学良文集》第 1 卷，新华出版社 1992 年版，第 340 页。
2. 王维礼、范广杰：《蒋介石和张学良》，吉林文史出版社 1994 年版，第 94 页。

拿来做政治交易，与蒋介石在政治上的权谋权变的作风始终格格不入。
至此又为酬报张学良问题，胡汉民与蒋介石及其亲信搞得脸红脖子粗。[1]
胡汉民在自传中也不隐瞒他的观点，他回忆说：

> 到阎百川、冯焕章都反对南京时，又去拉拢了张汉卿，做了海
> 陆空军副司令。十九年冬，汉卿到南京，大家欢喜得了不得，要
> 简某人做国府委员，又要简某人做 ×× 部部长。事先，介石、季
> 陶、稚晖一流人来说："现在要与汉卿合作，非这样办不可。胡先
> 生以为如何？"我仍旧反对。我说："在一个政府的立场，不应该
> 用这种拉拢凑合的卑劣手段。我们不能自己做郑庄公，把人家当公
> 叔段。在过去，把这种手段施之于阎（锡山）冯（玉祥），我已经
> 反对。现在施之于汉卿，我也当然反对。我以为合作并不在分配官
> 职，国家的名器也不应该这么滥给人，而且既然是一个中央政府，
> 在'中央'的意义下，对于国内的任何人都谈不到什么'合作'。"
>
> "胡先生向来看功名权力之事，不是很平淡吗？何以对于几个
> 国府委员和部长之类，竟这么隆重起来？"介石站起身说。
>
> "把功名权力之事看得平淡，这是我对于我自己。把国府委员
> 和部长之类看得隆重，这是我对于国家的名器，前者是个人的立

---

1. 如何酬报张学良的拥戴之功劳，南京政府内蒋介石一派与国民党元老、立法院院长胡汉民之间分歧很大。顾耕野 1930 年 12 月 29 日致张学良的密电中透露："我公此次入京，颇予各方以好感。尤以我公任副司令，全国腾欢。唯闻胡汉民一派，对东北事横加阻挠。先雪公（何成濬）（与）当局商定，行政院长拟唯我公承乏。事为胡所闻，谓公入党日浅不合，而自欲攫取。蒋无法说服胡，故自兼。又拟将检察院院长推维宙（王树翰），而胡汉民及王宠惠诸人，则先法（发）制人，抬出于右任，最后以辅帅（张作相）及维宙两公加入国府委员。当通过时，而胡当即书一纸条，云'国家将亡，予将去矣'八字，递给戴传贤，此条有人亲见。此事在我东北固无关系，而中央之诚意，被胡一人破坏，诚不知具何心肝而出此。即耕野前在京供职时，胡曾屡发表不利东北之主张；一则更足证明。谨就耕野见闻所及陈报，非敢妄加訾议也。"毕万闻主编：《张学良赵一荻合集》第 3 部，时代文艺出版社 2000 年版，第 453 页。

场，后者是国家的立场，这其间显然不同。我不是无政府主义的标榜者，因此，看重国家，看重政府，不肯随个人好恶，把名器滥给人。尤其不能把国家名器做拉拢私人的手段。我最痛恨的，是自己标榜无政府主义，而实际则热衷利禄，无所不至，标榜无政府，却滥窃政府名器，这类人，其心尤可诛！"

这一场谈话，没有结果而散。过了几天，亮畴来谈天。他说："为了胡先生反对把几个委员部长给汉卿，介石发愤要辞职了。这是石曾、稚晖说的。他们要我转告你。"

"介石要辞职，何必告诉我。我只问道理对不对，政府像不像政府，其余的，我都不管。他们闹这些，全没体统，这些冒牌的无政府主义者，尤其虚伪的可恶。石曾、稚晖他们，根本不该把介石辞职的话告诉我，倒反应该把我的话转告介石和汉卿。他们现在告诉我的这些话，有什么意思。我怕介石辞职，便不讲话了吗？既然他们请你来告诉我，我也请你去告诉他们：第一，我们爱护汉卿不在给他做副司令，或分他几个委员部长。汉卿年纪还轻，前程很远大，我们要好好的训导他，使他明白革命大义，将来能为党为国出一番力，这是爱人以德，不是饷之以名利。第二，这些把戏，过去施之于阎冯，现在施之于汉卿，汉卿而聪明，他何尝不会知道这是我们虚伪的羁縻手段，他知道了，将以我们为何如人？汉卿而不懂，我们用这种手段去欺骗人，我们居心如此，又自以为何如人？总之，无论论事论理，我对于这种办法，绝没有可以苟同的地方。"[1]

胡汉民反对的理由可谓冠冕堂皇、振振有词："我不是反对汉卿，是爱护汉卿，尤其是爱惜国家名器。"蒋介石也无法反驳，于是蒋介石

---

1. 胡汉民：《胡汉民自传续编》，《近代史资料》1983 年第 2 期（总第 52 号），中国社会科学出版社 1983 年版。

事先的允诺就不得不打折扣：中央政府方面，任命刘尚清为内政部部长、王树翰为国民政府委员、张景惠为军事参议院院长、鲍文樾为参谋本部次长；地方官方面，相继任命王树常为河北省政府主席，于学忠为平津卫戍司令，周大文、张学铭、胡若愚为北平、天津、青岛三市市长，等等。[1]

17日，张学良在国民党中央党部第86次总理纪念周上发表演说，历陈内战之罪恶，强烈呼吁和平与统一。他说：

> 余以为中国目前最需要者莫过于和平。余于19岁时即参加战争，历年来对于战争不论其为战胜或战败，均感觉万分痛苦。余曾因战事至马牧集，下车后，至附近加以视察，该地人民多躺卧地上，面黄肌瘦，呻吟憔悴，痛苦不堪言状。姑询之，则均谓家中壮丁均被拉夫，田产房屋又被军队占领，于是余之内心即感觉万分痛苦。盖人民之所以流离失所者，全因军人之压迫，而军人之所以压迫人民者，又因战事之发生，故内战实为罪恶之母。于是，余之人生观即从此改变。且作战时不择手段、不论方法，只以争得最后胜利为目的，故作战时只知破坏，专事残杀，受害者人民而已。在作战之将士莫不以抛头颅溅热血为无上之光荣，殊

---

1. 对于北平、天津、青岛三位市长的任命，张学良本来有自己内定的人选，其中，天津市市长的人选是臧式毅。但是，吴铁城为了示好于张学良，自作主张推荐了周大文、张学铭、胡若愚三人。对此，张学良是非常不满意的，且怪罪吴铁城的商人作风。张学良本来想给蒋介石发电报将这三个人的任命否定掉。但是张学良如果这样做，吴铁城就不好向蒋介石交代，张学良思前思后，最后默认了。张之宇指出：吴铁城此举是给张学良的亲昵"送了一份大礼"。上述三市长，张学铭是张学良的亲弟弟，而周大文、胡若愚则为张之亲信。周、胡为了取悦张学良，都做过一些有损张学良形象的愚蠢事。如借京师（北平）警察总监李寿金家堂会，胡若愚等赚谋清皇胄某贝勒之妻，为张氏之肆意放纵添丑闻；周大文为张氏收集大内珍藏，引起故宫文物流失的蜚语流言；等等。张之宇直斥周、胡为张学良之"损友"。张学良口述、唐德刚撰写：《张学良口述历史》，山西人民出版社2013年版，第111—112页；张之宇：《张学良探微：晚年记事》，江苏人民出版社2004年版，第51—52页。

不知男儿不协力对外，为国牺牲，徒事内讧，实为极大耻辱。其实内争之肇始，并非全体将士之意旨，不过一二军阀为争夺地盘而已。故余常谓如今后军阀欲争胜利者，不如同聚一堂，赤手空拳，决一胜负。决不宜耀武于战场，而贻人民莫大之痛苦也。蒋总司令常与余谈及，今后之中国宜永保和平，不宜再生内战，此实为至理名言。动物中之最下等者即为将权力用以作保护之用，而不应用于作建设之事业。故今日吾人应将权力用作建设之事业，而不用作保护之事业……余深信中国若能于五年或十年之内不发生内战，则中国无论如何不进步，总较战局下之情况为好。是以余今后唯一之决心，即为竭诚拥护中央，实现永久之和平，虽牺牲余之生命，亦必完成余人之志愿。[1]

18日，国民党三届四中全会闭幕，决定于1931年5月5日召开国民会议，并推举蒋介石为国民政府主席兼行政院院长。张学良认为"四中全会唯一成绩，即蒋氏能兼行政院院长，大权集于一身。蒋氏能否以其治军之才勇，在政治上转危为安，吾人刮目以待耳！"[2] 24日，蒋介石宣誓就职，张学良又发了贺电。

在四中全会结束的当天，于凤至也来到南京。蒋介石让夫人宋美龄出面接待，同样给予隆重的礼遇。宋美龄施展她的社交才能，精心筹办，热情款待，比如设家宴、参加妇女活动等，把一切安排得自然和谐，突出人情味。11月24日，于凤至又在孔祥熙夫人宋蔼龄的陪同下，到上海参观，并拜会了宋母倪桂珍。宋母见于凤至端庄秀丽，文雅娴静，心里十分喜欢，当即认作干女儿。这样，于凤至便和宋蔼龄、宋美龄结拜为干姐妹，双方的关系又进了一层。

---

1. 毕万闻主编：《张学良文集》第1卷，新华出版社1992年版，第347—349页。
2. 张魁堂：《张学良传》，东方出版社1991年版，第71页。

尤其是张学良和宋子文两人因脾气爱好相同，更是一见如故，相互倾慕。张家、蒋家、孔家、宋家经常见面，白天一起游览南京市区和郊外的名胜古迹，晚上设家宴、开舞会。蒋、张关系迅速升温，于游玩之间，妥善解决了一些军事、政治问题，似乎把政治家庭化了。

　　12 月 3 日，张学良在国民党中央政治会议上做了《东北最近状况》的报告，对东北的铁路问题、外交问题、金融问题、财政、军政、教育、农矿工业等情况做了简要报告。报告最后说："本席将东北外交之棘手、经济之衰落等项，做上述简略之报告，深感东北民众之痛苦，一时未能即为解除，于心至为不安。且东北之危机，影响于全国者甚大，希望中央各同志时加注意。"[1]

　　12 月 4 日，张学良和蒋介石在南京做最后的洽谈。当晚，张学良偕夫人于凤至渡江北归。欢送仪式仍很隆重，军警严密布防，海军鸣放礼炮。胡汉民、何应钦、孙科、孔祥熙、宋美龄、宋子文、李石曾等人均到下关和浦口送行。蒋介石并派国府秘书高凌百和刘光随行送到天津。6 日晨，张学良一行抵达天津。

　　随后，南京国民党中央宣传部通知新闻记者，宣布："蒋总司令为全国之重要人物，奠定国基，讨伐叛逆，尤为劳苦功高；张副司令则拥护中央，底于统一，亦复功在党国，均应致敬。以后报纸上凡需刊及蒋、张二氏之名者，应书'蒋总司令'及'张副总司令'，不得直书'蒋中正'及'张学良'字样云云。"[2]从此以后，总是蒋（介石）、张（学良）并提，张学良的威望达到了顶峰。

　　此次南京之行，张学良十分惬意，印象极佳，尤其是蒋介石热情而隆重的款待、着意的笼络，使他在提高对蒋的信任感的同时，增加了对蒋的依赖。据说，蒋介石曾对张学良说过这样的私房话："北方冯（玉

---

1. 毕万闻主编：《张学良赵一荻合集》第 3 部，时代文艺出版社 2000 年版，第 316 页。
2. 中国韬奋基金会韬奋著作编辑部编：《韬奋全集》第 3 卷，上海人民出版社 1995 年版，第 591 页。

祥）、阎（锡山）等人脑筋太陈旧，你是青年，有朝气。我们二人合作，就一定能把国家弄好。"[1]

这样的话自然最容易打动张学良而产生效果，使张学良产生严重的错觉，对南京政府和蒋介石抱有相当好感并且寄予厚望。12月6日，张学良在天津对《大公报》记者发表谈话说："此次入京之行，印象甚佳。中央当局均极有向上之心，蒋主席尤立志将国家办好，其意甚诚。以中国之广大，社会之复杂，凡事自有许多困难，少数分子不能尽如人意，亦所不免。然大体不能不认为满意。且蒋氏为人非不能听善言者，如国民会议之召集、党部组织之改造、党外人才之登庸，皆系采纳各方诤言之结果。可见苟能协力同心，共同治理，国家前途，实至有望。"[2]

张学良从此下定决心，全力辅助蒋介石，为党国尽力。回到天津后，他立即展开工作，全力处理华北善后问题。

张学良回到天津时，宣布下野的阎锡山已经离开山西，经天津逃往日本控制下的大连。冯玉祥也脱离了西北军旧部宋哲元，带一部分西北军人马隐居于山西省汾县（今汾阳市）境内的峪道河，这就为张学良放手处置阎、冯军队铺平了道路。张学良为保存国家国防力量起见，按照与蒋介石商定的宽大处理晋军、西北军的原则，相继召集晋军、西北军将领到天津，商谈军队缩编及军饷、驻防等事宜。

其中最难解决的是编遣费用问题。晋军的编遣费需要300万元，张学良设法筹措100万元，还缺200万元，张学良向蒋介石要求中央财政解决。蒋不肯给，复电张学良说："晋绥编遣费，只有令其晋绥自筹，中央财政拮据，实无力担任。请对各该将领，明示其故，以免耽误时日也。"

张学良见蒋哭穷，只好给宋子文、张群发电报，要他们向蒋进言，并说"无论如何非中央担任100万，至少80万不可"。在宋、张的劝说

1. 陶菊隐：《张学良的前半生》，载中国人民政治协商会议上海市委员会文史资料委员会编《上海文史资料选辑》第13辑，上海人民出版社1962年版，第3页。
2. 毕万闻主编：《张学良赵一荻合集》第3部，时代文艺出版社2000年版，第339页。

下，蒋才勉强同意给 80 万元，但同时又向张学良提出："据报，阎锡山除汇往外洋确数在一万万以上，其在晋财产尚多。前年阎逆在中央领去编遣费足千余万元，应先将阎之财产变价充公，以充编遣费用。至于中央只能补助副司令部，而不能另筹晋军编遣费也。"

张学良不愿做恶人去查抄阎锡山的家产，于 1931 年 12 月 7 日复电蒋，声称："据言，现阎在晋不动产只有太原房产一所，约数十间，五台附近房产两所，加之各处田地，综合计之，不过价值 10 余万元。其他现金早经汇往他处，已无存余，等情。良意只此 10 余万之财产，为数甚微，无甚补济，我方空担没收之名，而无没收之实。"蒋回电说："阎逆在晋财产虽只值一文，亦必查抄，方足表示晋军将领对阎之关系，与以公济私，侵吞公款者戒也。"[1]但终因为张不愿做恶人，查抄阎锡山家产之事最后不了了之。

经过一个多月的反复洽谈，西北军与晋军于 1931 年 1 月中旬完成了整编工作。晋军缩编为 4 个军，由商震、徐永昌、杨爱源、傅作义分任军长，另有护路、炮兵、骑兵各 1 个师，共计 16 万人，分驻山西、绥远两省。张学良并推荐商震为山西省政府主席，傅作义为绥远省政府主席。晋军基本保持完整，兵力较中原大战前并没有减少太多，阎的地盘也仍然保持完整，这就为他日后东山再起提供了条件。而冯玉祥统率的西北军则完全被打散，最后只保留第二十九军的番号，由宋哲元任军长，另有庞炳勋师直属张学良的副司令部，共计 8 万人，暂驻晋南。石友三部缩减为 3 个师，约 6 万人，驻冀南。由于各部队都愿多保留兵员，晋军和西北军的实际总人数在 45 万人左右。张学良也睁一只眼，闭一只眼，不予过问，赢得了西北军和晋军将领的尊重。

---

1. 毕万闻主编：《张学良赵一荻合集》第 3 部，时代文艺出版社 2000 年版，第 477、478、494、495 页。

在东北的最后日子

1931 年 1 月 18 日，张学良乘飞机由天津返回沈阳，处理东北军入关以来积累下来的各项问题。

1 月 21 日，日本驻沈阳总领事林久治郎代表日本政府向张学良赠送天皇勋章。次日下午，日本满铁株式会社理事木村锐市找上门来，要求讨论所谓东北铁路悬案问题。木村锐市就将来应敷设的铁路、铁路平行线、中日铁路竞争、整理中国铁路借款等四个问题，向张学良陈述满铁株式会社的立场，要求与张学良展开谈判。对此，张学良避实就虚回答说，视问题的性质，有的需请示中央政府决定，有的可由他本人答复，但需要研究。张学良最后说由于自己对铁路问题不甚了解，故拟将详情尽快向有关当局传达，希望有机会再次同木村会谈。拖延至 3 月，在日本的多次要求下，东北交通委员会委员长高纪毅才开始就东北铁路问题与满铁株式会社理事木村锐市展开交涉。日方要求将吉（林）敦（化）路与天（宝山）图（们江岸）路接轨以完成吉（林）会（宁）路，张学良指示高纪毅采取拖延战术应付。

1 月 26 日，张学良主持召开了北方财政会议，召集河北、山西、察哈尔、辽宁、吉林、黑龙江、热河省和北平、天津二市及哈尔滨特区的财政官员，讨论 1931 年元旦裁撤厘金后另办新税的抵补办法以及切实整理各省市财政之计划。张学良在会议开幕词中指出："今后整理财政，必于废除恶税、举行新税之中，求收支之适合，斯为共同改善之第一义。且遵照总理《建国方略》《建国大纲》，在今日训政期中，一切建设事业正宜积极进行，而凡百事业，非财莫举。各省市曩昔财政，已苦入不敷出，此后遵奉中央政府革新财政之政策，恶税既一律废除，新税甫经施行，且多隶于中央，即使照旧抵补，或仅维持现状，势难别图建设。唯有于收支适合原则之下，厉裁无益之费，以为有用之需，杜绝侵蚀之私，以足公家之用。简言之，即节用，即废除。倘能于足用外并有盈余，以供应行建设经费，尤属要图。一言其实行之方法，要在各自体察情形，着手规划，排除万难，一秉大公以为之，庶有济耳。至于币制问题，目下遽难统一，金融状况各有历史关系，然皆以财政为之枢纽，财政整理既入正轨，则金融渐臻稳固，币制之改革划一，可预期也。"[1]

经过讨论，会议确定了各省政府机关的行政预算标准，其办法是将各省分为三等，各机关每年经费之数各依其省的等级定之：省政府一等省30万元、二等省25万元、三等省20万元；民政厅一等省7万元、二等省6万元、三等省5万元；财政厅一等省15万元、二等省12万元、三等省9万元；教育厅一等省6万元、二等省5万元、三等省4万元；农矿、建设两厅，警务处标准与教育厅相同。2月14日，张学良电令北方各省遵照执行。

这时，国民党中央着手在东北设立国民党党务指导机构。1931年3月19日，国民党中央常务委员会指派张学良、朱光沐、彭济群、邢士廉、康明震、汤国桢、李绍沅7人为辽宁省党务指导委员；张作相、熙洽、韩介生、林常盛、石九龄、顾耕野、陈士瀛7人为吉林省党务指导委员；万福麟、王秉钧、王宪章、吕醒夫、吴焕章、杨梦周、潘景武7人为黑龙江省党务指导委员；汤玉麟、李元箸、于明洲、谭文彬、张骧涛、卞宗孟、盖允恭7人为热河省党务指导委员；张景惠、徐箴、周天放、臧启芳、邹尚友5人为哈尔滨市党务特派员。同时加派张学铭为天津市党务整理委员会委员，于学忠为北平市党务整理委员会委员，王树常、马愚忱、何玉芳为河北省党务整理委员会委员。

3月26日，国民党辽宁、吉林、黑龙江、热河四省党务指导委员和哈尔滨党务特派员就职典礼在沈阳举行，吴铁城代表国民党中央党部致训词后，张学良代表五省市党务指导委员和党务特派员致答词。他在答词中称："蒙中央代表多所指导，深为感谢。同人当尽党部成立

---

1. 毕万闻主编：《张学良赵一荻合集》第3部，时代文艺出版社2000年版，第550—551页。

张学良传·上

所负责任，尽各人良心，本总理遗教，遵中央法令，实行应做工作。对于过去复杂之错误，予以改正。对吴委员[1]所谈东北党务定比他省办得好，此时尚不敢自信。但使之必好则有此决心。望诸位朋友不客气地予以指导。"[2]

同一天，东北五省市党务指导委员、党务特派员张学良等32人联名发表宣言，提出三点急务，并宣言："确信非本党不足以救国，非统一不足以自存，非努力于国民革命，不足以保吾民族，非奋斗于艰难危疑，不足以消彼反动。所愿吾同志同胞一心一德，相与奋勉，精诚所至，金石为开，革命成功，实利赖之。"[3]

东北的党务指导机构刚成立，张学良兼任校长的东北大学在选举国民会议代表时就发生了严重纠纷。1929年9月间，张学良将东北大学文学院院长周守一、法学院院长臧启芳、工学院院长高惜冰一起免职，在学校内引起强烈震动。1931年4月15日，东北大学投票选举前往南京参加国民会议的代表。校方体察校长张学良的意愿，倾向于选举"二王"（王卓然和王化一），不料学生们对此种指定包办的做法不满，大多数投了文法学院院长汪兆璠和理工学院院长孙国封的票。张学良听了校方的汇报之后，认定是汪兆璠、孙国封操纵选举，一怒之下，竟下令将二人看押，学生愤而鼓噪，开始罢课。张学良怒不可遏，对秘书长王树翰说："我要放炮（指杀人）！"王树翰听了大惊，期期以为不可，苦口婆心劝阻张学良不能因私怒而妄自杀人。他对张学良说："如今东北因地方环境特殊，各派势力入侵，使学生政治倾向不一，思想复杂。东北父老正以你为中心支柱，不该把肌肤之疾酿成心腹大患。军事手段专断独行，天下之责难四面至矣……"尽管言词哀恸，但张学良气仍不能

---

1. 指监誓人、国民党中央执行委员吴铁城——笔者注。

2. 天津《大公报》，1931年3月27日。

3. 毕万闻主编：《张学良赵一荻合集》第3部，时代文艺出版社2000年版，第550—551页。

解，最后王树翰竟向张学良下跪，求张学良刀下留人。[1]张学良这才打消了杀人的念头。

4月16日，张学良亲自到校向师生训话，表示他对选举结果并没有成见。他说："就私的方面说，竞选中人都是我的朋友，自然我不能希望某人成功，而同时希望某人失败。照公的方面说，选举权乃五权之一，大家都有选举权，本人绝无参加意见之余地。诸位要知道，我并不比你们糊涂，我绝不能办糊涂事。外间谣言是不要的。所以在事先，直到现在，对于选举的事，我个人毫无主张，谁当选都可以。至于汪兆璠院长，他是我的好朋友，我还想拿私款送他弟弟出洋去呢。他办学很尽心，我同他既是朋友又是同窗，当然没有什么问题。今天本有些人，劝我不要来，因为我也在青年时代，你们也在青年时代，都是血气方刚，恐怕彼此因为意见而闹出误会。其实没关系。你们都是我的学生，应该开诚布公地宣示自己的意见，以免外间的误会。"张学良要求大家共同爱护东北大学，保护东北大学的校誉，维持好的校风，铲除不良的习惯。张学良最后表示："我这样的苦心焦思，来办东北大学，并非是要讨得你们对我有什么好话，有什么酬答。诸位要明了，我对学校的捐款，是出于至诚的，绝不含有投资的性质，一切的事情，只求对得住大家，对得住你们家庭父兄的付托，对得住社会，对得住国家就是了。希望你们都成为好人，都成有为的青年"。由于张学良态度放软，罢课风波很快平息，恢复了正常的教学秩序。

东北的事情还未全部处理完，张学良在蒋介石的一再催促下，不得不于4月17日匆匆离开沈阳，18日抵达北平，住进了北平西城区的顺承王府——父亲张作霖过去的官邸，主持陆海空军副司令行营。离开沈阳前，张学良电令东北政务委员会主席及边防军司令长官职务由张作相、臧式毅、荣臻分别代行。

---

1. 张之宇：《张学良探微：晚年记事》，时代文艺出版社 2000 年版，第 48—49 页。

谁料到五个月后即发生了九一八事变，东北沦陷，张学良此生再也没有机会回到沈阳。这是他万万想不到的事。

"福兮祸所倚"

1931 年 4 月 24 日，蒋介石与张学良联名发表通电，宣布陆海空军副司令行营在北平正式成立。

在北平完成一系列应酬活动后，张学良又马不停蹄于 4 月 29 日晚起程，第二次前往南京，出席预定于 5 月 5 日开幕的国民会议。

东北方面仍有相当一部分人不赞同张学良去南京，与蒋介石过于靠拢。临行前，张学良过去的秘书处处长刘鸣九专程到顺承王府劝阻，结果访而未遇，遂留下一信，劝张不要去南京，因为斗不过蒋介石。老虎不出洞谁都害怕，虎落平阳被犬欺。东北面临日、俄两大强邻，应整饬内部，坐以观变。张学良见信后不以为然，说道："既然与人合作，就要诚心诚意。"[1]

这次南京之行，虽然没有上次那么风光、隆重，蒋介石仍然刻意对张学良加以奉承，处处使东北占先。

5 月 1 日，国民党中央执行委员会召开临时全会，通过《中华民国训政时期约法草案》，张学良应邀列席会议并在会上发言，表示对北方治安负完全责任。

5 月 4 日，张学良在南京宴请辽宁、吉林、黑龙江、热河、哈尔滨等省市出席国民会议的代表，并发表演说，希望北方各代表对平民教育问题切实注意救济办法。

---

1. 刘鸣九：《积极追求爱国统一的张学良将军》，载孟凡主编《民族功臣张学良》，辽宁人民出版社 1988 年版，第 46—47 页。

5月5日，国民会议在南京开幕。张学良与张继、戴季陶、吴铁城、周作民、林植夫、陈立夫、刘纯一（女）、于右任9人被推为国民会议主席团主席，张学良以主席团主席身份主持了第二、第七次大会。东北代表入场时，鼓掌欢迎的声浪最为热烈。东北代表提案几乎没有一件不通过的。5月16日，国民会议第八次大会决定向蒋介石与张学良赠纪念章。5月17日，国民会议在通过《中华民国训政时期约法》等议案后闭幕。最后拍全体代表合影时，蒋介石也煞费苦心进行了独特安排以突出张学良，其办法是等全体代表都站好了，留下前排正中间空位，再请张学良出来拍照，这时即使张学良想谦虚退让也来不及了。碰巧这时班禅大师走来，张学良遂拉他并肩站立。蒋介石最后才到，他站在班禅的另一边。于是，班禅就立于蒋、张之间留下了一张历史照片。[1]

由于立法院院长胡汉民反对召开国民会议制订训政时期约法，蒋介石已于2月28日将他扣留并软禁于南京郊外的汤山。胡汉民被软禁，激起粤系势力的强力反弹。4月30日，胡派核心人物、国民党中央监察委员会委员古应芬、邓泽如、林森、萧佛成4人联名发表通电，指责蒋介石非法扣留胡汉民，对蒋提出弹劾。接着两广地方实力派领袖陈济棠、李宗仁、白崇禧等分别通电响应，汪精卫、孙科也从香港回到广州，参与联合反蒋运动，准备在广州成立反蒋政府。面对国民党即将再次分裂的局面，张学良及其东北军势力自然毫无保留地站在蒋介石一方。

5月16日，华北将领于学忠、王树常、刘翼飞、李培基、石友三、宋哲元、孙魁元、庞炳勋等联名发表通电，驳斥陈济棠之反蒋通电，为蒋介石帮腔。谓此次粤事之起，无非借口于胡汉民个人问题，胡仅一党员，其进退应以公意为从违，非任何个人所得左右，云云。

5月17日，张学良、张作相、万福麟、汤玉麟、张景惠、臧式毅等东北将领再次发表呼吁和平通电。通电指出："我辈效忠党国，方维持

1. 王益知：《张学良外纪》，《社会科学战线》1985年第3期。

拥护之不暇，岂宜再起衅端，自促国脉？况彼此均属同志，尤贵和衷，纵或有政见之偶殊，正无妨从容以商洽。所冀速蠲小忿，力遏感情，以党国为前提，期艰危之共济，否则自拼孤注，躬为厉阶，必至失足一时，噬脐无及，倘因此而引起战役，则荼毒生灵，破坏统一。窃以为爱国爱身者，必不出此。学良等猥以庸才，迭经世变，然此维护和平之念头，始终未之或渝，但使一息尚存，决不愿统一之山河，重复濒于崩裂，用特不揣简陋，略布愚忱，尚希海内贤达明以教之，幸甚！"[1]

5月20日，张学良离开南京北上，蒋介石又亲自到机场相送。

几个月来的奔波，特别是处理华北善后问题的过度劳累，张学良从南京回到北平不久，便突然大病不起。这场大病的起因是由于往来奔波，劳累过度，身体抵抗力下降。在南京期间在宋子文家吃芒果过量，又伤了肠胃。这时，已是张学良30岁生日前夕，东北军政各界联名备具寿礼，准备前来北平为张学良祝寿。为此，张学良于5月27日致电东北政务委员会代主席臧式毅、秘书长吴家象、东北边防长官公署参谋长荣臻，严词拒绝兴师动众为自己祝寿。他在电报中说："顷阅报载，有东省各地军政长官将于贱辰齐来北平称祝之说，虽以事出传闻，无足征信。弟念行年愈壮，并非称寿之时，世俗周旋，夙所不取，兼之治军守土，责在有司，以私庆公，尤为未可。特电申明，果有此项动议，应即严行拒却，并希通饬各属周知，倘无切要公务，擅自前来，即以旷职论，务令恪遵，勿忽为要。"[2]

尽管张学良一再严词拒绝祝寿，但祝寿之人还是纷至沓来，这让张学良不胜其烦。张学良在南京时就已经开始发烧，回到北平后紧张的公务加上大量的应酬使他病情加剧，不得不于6月1日住进北平协和医院检查，医生诊断为肠伤寒，需要静养。为加快治疗和保证张学良的工

---

1. 毕万闻主编：《张学良赵一荻合集》第4部，时代文艺出版社2000年版，第74—75页。
2. 同上，第82页。

作，于凤至包租了医院的一层楼房，在此既可养病又可办公，她亲自在医院护理。东三省军政事务由东北边防司令长官公署副司令长官张作相和参谋长荣臻代理；顺承王府由赵一荻以秘书的身份对外应酬；北平行营事务由参谋长戢翼翘代为处理，如遇大事则通过赵一荻转呈张学良定夺。

张学良此次入院后，各方谣言四起。张学良命令戢翼翘逐日将他的病情、饮食、精神方面的状况向外界通报，以正视听。如 7 月 5 日的通报说：“副座本日在院诊理，体温脉搏如常，精神甚好，并于 5 时接见英使蓝博森。”在病情稳定后，张学良于每日下午 5 时在医院内接见来访者，陆续会见了各国驻华公使和其他一些国内外要人。

从 1931 年 8 月上旬开始，长江流域、淮河流域、黄河流域相继发生百年一遇的大洪灾。8 月 20 日，国民党中央宣传部发表《为救济水灾告全国同胞书》称，受灾面积占全国 2/3 以上，受灾人数达到 5 000 万人以上。到 8 月下旬，灾区扩大到 17 省，受灾人口超过 1 亿人以上。面对严重的灾情，张学良心情十分沉重。8 月 22 日，张学良发电报给张作相等，要他们“眷念灾民望救之殷，先由（东）三省筹拨小米、红粮装运南来，借放急赈”。[1] 稍后，张学良再电张作相等，要求立即从东北五省区筹集 3 万石粮食。[2]

9 月 5 日，张学良通电北方各省市要求努力劝募救灾。电令称：

> 本年水灾惨重，不仅武汉一方。迭据各省区官民函电呼吁、各方报告，滨临江淮各省，飓风一泻千里，山洪暴发，高原顿成泽国。万众沦胥，死伤枕藉，孑遗待救，危在呼吸。其被灾区域之广，商民受祸之烈，洵为近代所未有。怆闻惨状，寝馈难安。即需

---

1. 毕万闻主编：《张学良赵一荻合集》第 4 部，时代文艺出版社 2000 年版，第 142 页。
2. 里蓉：《张学良在北平协和医院》，《中国档案》1995 年第 3 期。

筹集巨款，不能尽拯饥溺。诸公关怀民瘼，素佩热忱，对此倒悬垂毙之民，定抱异地同情之感。切望各就所属，设法迅筹，多方劝募。一俟集有成数，即行会交行营，统筹支配，派员汇解中央。如系赈粮赈衣，报由行营酌量支配后，径行运送各灾地散放，以省周转。如此再电驰达，务希矜念灾黎，努力进行。仍盼将办理情形电告。[1]

9月8日，张学良宣布在北平副司令行营设立各省水灾筹赈会，于河北、山西、辽宁、吉林、黑龙江、热河、察哈尔、绥远等八省及哈尔滨、海参崴特区，北平、天津、青岛三特别市成立分会，张学良亲自担任会长，各省、特别区、特别市长官兼任分会会长，"对于赈款赈粮，广事募集，随时赶解中央救济水灾委员会，运往灾区，分别施放"[2]。

张学良自入院以来，重大事情纷至沓来，根本无法安心养病，病情因而时好时坏，一直到9月中旬才基本康复。但还未来得及正式出院，就爆发了震惊中外的九一八事变。

1930年的9月18日，可以说是张学良军事政治生涯的巅峰。这一天，他凭一纸电文平息了全国性的内战，实现了国家的和平与统一，功绩卓著，权力和荣誉随之而来。1931年元旦，南京政府明令北平陆海空军副司令行营节制东北、华北各省军事，几乎与蒋介石平分江山。张学良一跃成为一人之下、万人之上的副统帅，左右政局，举足轻重。

但同时也埋下了巨大的隐患，10余万东北精锐之师开进关内，致使东北防务空虚，为日本侵略东北提供了可乘之机。还有更为严重的后果：东北军再度入关，重获华北地盘，分散了张学良的精力。他曾计划每年以2/3的时间在东北，1/3的时间在华北，仍侧重于东北。事实上没有办到，华北善后问题占去了他大部分的时间和精力。为此，张学良特

---

1. 毕万闻主编：《张学良赵一荻合集》第4部，时代文艺出版社2000年版，第152页。
2. 同上，第157页。

地把老把叔张作相调到沈阳坐镇，会同参谋长荣臻、辽宁省政府主席臧式毅处理东北军政事务，自己就很少过问东北事务了。而且，华北地盘的获得，使张学良在考虑东北问题时有了后路，不再像过去只有死守东北一条路。这应该是张学良在日本侵略者于1931年9月18日挑起事变后，执行不抵抗政策，轻易放弃东北的重要原因之一。

当时，张学良还没有完全认识到他的根，他的基础，他的全部力量源泉都在东北。自从失去了东北，一连串的挫折与苦难就开始伴随着他："不抵抗将军"的骂名、贬官、辞职、下野、出国。两个"九一八"，时隔仅一年，一个辉煌夺目，一个黯淡无光，形成鲜明对照。世事变迁，令人捉摸不透，正好应验了"福兮祸所伏，祸兮福所倚"的古训。所谓福祸相倚，大抵如此！

第五章

"不抵抗将军"

"日本人要动手了"

日本在明治维新后不久即走上了对外侵略扩张的不归路，经过 1894 至 1895 年的甲午中日战争，正式形成了侵略朝鲜、中国的所谓大陆政策。在 1904 至 1905 年的日俄战争中，日本再次获胜，不仅把整个朝鲜半岛变成日本的"保护国"（1910 年日本正式吞并朝鲜），而且继承了沙皇俄国在中国东北南部的侵略权益，占有了旅顺、大连租借地和中东铁路南段（南满铁路），迈出了侵略中国的重要一步。随后，日本又相继在我国东北设立了殖民地统治机构——关东厅、关东军司令部、南满铁路株式会社，加上散居东北各地的领事馆，以此为据点，不断扩大其在东北的侵略权益，企图把资源十分丰富的东北建成它对外侵略扩张的战略基地。

从此，确保和扩大在东北的特殊权益，最终加以独占，为此而不惜诉诸武力，就成为日本帝国主义对外政策的基本战略目标，构成了日本对华政策的核心内容。历届日本政府，不论是实行所谓的"协调外交"，还是采取强硬政策，都无一例外。1915 年冬，日本向袁世凯政府提出独霸中国的"二十一条"，重点是南满和东蒙地区，其目的是要把这里变成日本的殖民地，日本侵略者的狼子野心昭然若揭。尤其是1927 年的东方会议，日本正式确立分离东北的方针后，更加紧了对东北的侵略活动：两次出兵山东，制造济南惨案；皇姑屯炸死张作霖事件；公然干涉东北易帜等。这一系列事件就是这种侵略政策的具体体现和预演。

自 1925 年以来，中国民族民主革命运动蓬勃发展，国民革命猛烈冲击了帝国主义在华的特殊权益和地位。国民革命军二次北伐，推翻了北洋军阀的统治；张学良冲破日本的重重阻挠，毅然宣布东北易帜，实现了中国南北形式上的统一；南京国民政府实行"革命外交"，开展改订新约、收回利权的运动；因日本侵略行径而激起中国人民，尤其是东北民众日益高涨的反日浪潮；张学良逐渐靠拢南京中央政府，以及抛开日本而着手进行的东北建设计划等，这都使日本企图分离中国东北的政策遭受了严重的挫折。

1928 年张学良主政东北后，为了抵制日本侵略者，捍卫东北的领土主权，在大规模从事经济建设的同时，进行了独立自主的铁路网和海港建设，为此成立了直属于张学良的高级别的东北交通委员会。该委员会由郑谦任委员长，郑死后由高纪毅代理委员长，全权主持交通建设。从 1928 年至 1931 年九一八事变前，先后建成昂齐（昂昂溪至齐齐哈尔）、齐克（齐齐哈尔至克山）、洮索（洮南至索伦）三条铁路，建成了东北铁路网中的西干线，黑龙江的粮食、木材、矿产等可以通过西干线运抵南满，或入关，或出口。此外，还延长了沈海路干支线，完成了呼海路北段，吉海路全部铺轨。在不到三年的时间里，新修和完成铁路604 公里，打破了日本控制的铁路——南满（长春至大连）、安（东）奉（天）、金福（金州至城子疃）铁路在南满的垄断地位。1929 年开始的世界性经济大萧条也使满铁的运输量急剧减少到不足往年的 40%。1930年，张学良还主持制订了一个雄心勃勃的东北新铁路网建设计划，主要是延长东西两大干线，增修热河至北平的南大干线，三大干线通过直线连接，三大干线与葫芦岛港连接，构成一个完整的铁路海运网。葫芦岛港是张学良为打破日本控制的旅顺、安东两大港的垄断地位而兴建的。该港 1910 年开工，1913 年停建。1930 年 1 月 24 日，东北交通委员会代理委员长高纪毅与荷兰王国筑港公司驻华总代表陶普施在天津签订了修建葫芦岛商港的合同，修建年吞吐量为 500 万吨的商港，全部建筑费用为 640 万美元。该计划于 1930 年 4 月开始执行，预计 1935 年 10 月 15 日前竣工。张学良的东北新铁路网建设计划是一个十分雄伟的计划，总计里程为 6 324 公里，计划 20 年内完成。这一计划因日本侵略者发动野蛮的九一八事变而未能付诸实施。[1]

张学良在东北铁路海港运输网建设过程中引进欧美资本，排斥日本资本，是摆脱日本侵略者经济控制的重大建设项目。日本帝国主义为此感到了在东北特殊地位的动摇，开始叫嚣"满蒙危机"，竭力鼓吹用武力解决"满蒙"问题。日本侵略者叫嚣："我国在'满蒙'之特殊地位，虽得自日俄战争，而许多既得权，乃得自张作霖时代。彼张学良毅然脱离军阀根性，而牺牲其特殊政权，奉还南京，以避其对我重大责任，此不仅高筑炮垒以自卫，且放射外交的毒瓦斯于东亚全土，意欲毒塞我日本之性命，实为空前之大杰作。如谓蒋介石奸雄可怕，则张学良对我政策之阴险，益为可怕。"[2]"吾人作外交生涯十有九年，遍历欧美十二国，尚未见计划之深长、手段之勇敢如奉派者，是必有何等大决心于是焉！帝国仅以恐吓出之，必徒增加其反抗力量，于实际上有损而无益。夫堆积如山之'满蒙'外交，欲张学良与我一旦全部解决之，何谈容易！彼或借口东北外交已归并南京而逃避其责任。故帝国宜一面假陆军当局之强硬为后援，一面由'满蒙'当局用怀柔的术策以诱之。"[3]

东北易帜后不久，日本军国主义分子即着手制订武力侵占东北的方案。在日本侵略者认定外交手段不能达到他们的侵略目的的情况下，日本参谋本部、关东军及日本军国主义的急先锋纷纷抛出了以武力侵占东北的罪恶方案。1929 年 5 月，关东军在旅顺召开情报会议，得出的结论

1. 张魁堂：《张学良传》，东方出版社 1991 年版，第 48—49 页。
2. 章伯锋、庄建平主编：《抗日战争》第 1 卷，四川大学出版社 1997 年版，第 62 页。
3. 同上，第 68 页。

是：张作霖死后，日本解决"满蒙"问题，除行使武力外，别无选择。[1]
同年7月，在"北满参谋旅行"途中，关东军作战主任、参谋石原莞尔
连续发表演说，以"世界最终战争论"为前提，提出了以武力占领"满
蒙"的"石原构想"。石原认为：下次世界大战是人类最后的大战，美
国势力向远东扩张，将是阻碍日本向大陆发展的最大挑战者，故东洋文
明中心的日本和西洋文明中心的美国必将开战。为了做好对美战争的准
备，及早解决"满蒙"问题是日本的唯一活路。日本无"满蒙"即无法
生存，如对张学良及其背后南京政府之排日置之不问，日本将失去立足
大陆之凭借。在世界形势之危机中，日本前进道路，唯有使"满洲"与
中国分离之一途。由受苦受难之"满洲"居民建设王道乐土，成为东亚
安定之模范地区，中国亦将如此。这样，既可以恢复日本国内的景气，
消除不安，又能扑灭中国本部（指关内地区）日益高涨的排日运动。这
是一项能转变日本国运的根本国策。[2]

　　据此构想，在石原主持下，于1930年9月制定了一份《关于满蒙占
领地区统治的研究方案》，提出了一两年内占领东北的计划。当石原将
该方案递交关东军参谋长三宅光治时，三宅说："这玩意儿以后能用上
就好了！"石原回答："你签字就行，两年以后准能用上。"不久，石原
又把关东军准备占领东北的意向透露给前来视察的陆军省军事课长永田
铁山，以求得谅解。[3]

　　1931年5月，以板垣征四郎（关东军高级参谋）、石原莞尔为核心，
纠集花谷正（奉天特务机关成员）、今田新太郎（参谋本部中国研究员，

1. 中国社会科学院近代史研究所：《日本侵华七十年史》，中国社会科学院出版社1992年
版，第321页。
2. 日本防卫厅战史室编纂：《日本帝国主义侵华资料长编》（上），四川人民出版社1987年
出版，第191页；中国社会科学院近代史研究所：《日本侵华七十年史》，中国社会科学院
出版社1992年版，第307页。
3. 中国社会科学院近代史研究所：《日本侵华七十年史》，中国社会科学院出版社1992年
版，第321页。

公开身份是张学良顾问柴山兼四郎的副官）等人开始密议具体的行动计划。石原莞尔全面分析了当时的国际形势，判断苏联正全力进行经济建设，英、美等西方列强正忙于应付国内经济困难，无暇东顾；中国国内仍然纷争不止，对"满洲"问题很难做出强有力反应，故建议在东北早日动手，方为上策。[1]

6月，关东军据此分析，正式向参谋本部提出报告，阐明决心对东北实行军事占领，以解决悬案的态度。与此同时，日本陆军省和参谋本部设置了一个秘密对策研究会，于6月19日制定《解决满蒙问题方策大纲》，也确定了以武力解决东北问题的方针，但为求万全，要求关东军慎重行事，并为使得国内外谅解，以一年时间完成各种准备，计划于1932年春付诸行动。[2]

但关东军却认定1931年是武力进占东北的最好时机，坚持"要立即着手"[3]。6月底，板垣、石原等人最后确定了于9月28日在柳条湖爆炸南满铁路，采取闪电行动，一夜之间攻占沈阳，并在各国还未来得及干涉之前，迅速占领各预定地区的侵略计划。[4]

为达到这一罪恶目的，擅长玩弄各种见不得人的阴谋诡计的日本侵略者开始不断挑起事端，制造武装侵占东北的借口。沈阳郊外北陵农场事件、龙井事件、万宝山事件、朝鲜排华事件、中村大尉事件等，就是在这种背景下由日本侵略者精心策划的一系列鬼把戏。下面扼要介绍一下万宝山事件、朝鲜排华事件、中村大尉事件。

万宝山位于吉林省长春市以北约30公里的长春县（今属长春市）境

1. 中国社会科学院近代史研究所：《日本侵华七十年史》，中国社会科学院出版社1992年版，第321页。

2. 复旦大学历史系日本史组编译：《日本帝国主义对外侵略史料选编》，上海人民出版社1975年版，第14—15页。

3. 同上，第45页。

4. 中国社会科学院近代史研究所：《日本侵华七十年史》，中国社会科学院出版社1992年版，第321—322页。

内，既不是满铁的附属地，也不属于中日当时在东北划定的允许朝鲜人垦殖的"特区"，完全归中国政府管辖。1931年4月，日本利用长春头道沟私立长农稻田公司经理、亲日派汉奸无赖郝永德，在万宝山地区租得生熟土地400余垧（东北地区1垧约合15亩），郝永德未经长春县政府批准，即擅自将该地转租给日本殖民统治下的朝鲜农民李升熏等200余人前往耕种。5月间，李升熏等人准备强挖沟渠，引伊通河水灌田，势必将淹没和影响附近农田2 000垧。在当地农民的请求下，县政府派警察出面劝止，并将汉奸无赖郝永德收押讯问，郝永德供认不讳。日本驻长春领事馆派日警出来干涉，保护日籍朝鲜农民继续挖沟筑渠。7月1日，500名万宝山农民忍无可忍，自发填沟平渠。2日，当农民们继续填土时，日警开枪射击，双方发生冲突，酿成惨案。中国方面伤数十人，日本警察和朝鲜农民均无伤亡。这就是万宝山事件。[1]

事发当天，日本收买日本籍朝鲜不良记者，捏造事实，向朝鲜各地连发急电，胡说是朝鲜人在万宝山被害数百名，东北当局下令驱逐朝鲜侨民。日本控制的报纸也在朝鲜散发"号外"，煽动报复情绪。很快，朝鲜全境掀起一场大规模的排华浪潮。一些不明真相者开始捣毁、抢掠朝鲜境内的华侨商店住宅，殴打袭击华侨。尽管华侨和中国驻朝鲜领事一再催促日本殖民当局制止暴行，但他们故意不予理睬，听任排华暴行蔓延。一些日警不仅旁观，而且脱去警帽，混入人群，指挥抢掠。据不完全统计，华侨被杀者达719人，受伤者395人，失踪82人，归国避难者成千上万，财产损失数亿元。

一波未平，一波又起。8月间，日本又利用中村事件大做文章。1931年6月中旬，日本参谋本部部员、陆军步兵大尉中村震太郎以日本东京农业学会会员的身份，偕退役军士井杉延太郎及一名白俄人、一名

---

1. 中央档案馆、中国第二历史档案馆、吉林省社会科学院合编：《九一八事变》，中华书局1988年版，第71—78页；章伯锋、庄建平主编：《抗日战争》第1卷，四川大学出版社1997年版，第110页。

第五章 "不抵抗将军"

217

蒙古人共四人，前往禁止外国人进入的我东北大兴安岭、索伦山一带，从事军事间谍活动。6月26日左右，他们行至洮索铁路终点葛根庙附近苏鄂公爷府山中，因形迹可疑，被当地驻军、兴安屯垦队第三团拘留，从他们身上搜出随身携带的调查笔记、军用地图、指南针、测图仪、图板、望远镜、手枪、马枪等物品。兴安屯垦队第三团团长关玉衡以间谍证据确凿，于当天深夜下令将四人秘密处死，并焚尸毁迹。随后，关玉衡把所有间谍材料派人呈送在北平的张学良。张学良指示："妥善灭迹，做好保密。"[1]

7月中旬，日本关东军得到中村大尉等人已被杀死的情报。不久，又得到证实。8月17日，日本陆军省正式发表公报，对外宣布。日本军国主义分子随即动员一切组织、机构，发动一切宣传舆论工具，大肆叫嚣："残杀参谋本部人员是日本陆军驻扎'满洲'26年从未发生的事件"，是对日本前所未闻的侮辱，是直接对日本皇军的进攻，公开宣称要武力解决"满蒙"问题。东京《朝日新闻》发表《惨杀我军官事件，必须追究其暴虐之罪！》的社论，疯狂叫嚣报复。樱会的檄文飞向日本全国。驻守京都的日军第十六师团第三飞行联队出动飞机，向金泽、福井、富山、松本等地散发十万份传单，标题是"醒来吧，国防！"，上面画有插着日本国旗的东三省地图，写道："啊，我国的特殊权益！"并列举一系列数字："日俄战争战费20亿元，投资17亿元，付出宝贵鲜血的同胞20万……"[2]一些青年军官在东京靖国神社前集会，举行对中村的慰灵祭。他们割破手腕，用血涂成太阳旗挂在神社前，将剩下的血喝下去。就这样，日本侵略者借中村大尉事件迅速在全日本煽动起战争狂

1. 中央档案馆、中国第二历史档案馆、吉林省社会科学院合编：《九一八事变》，中华书局1988年版，第66页；关玉衡：《中村事件始末》，载中国人民政治协商会议全国委员会文史资料委员会、《从九一八到七七事变》编审组编《从九一八到七七事变》，中国文史出版社1987年版，第7页。

2. 中国社会科学院近代史研究所：《日本侵华七十年史》，中国社会科学院出版社1992年出版，第318页。

热，从而完成了发动侵略战争所必需的舆论准备。

为利用中村事件以行使武力做准备，日本驻奉天特务机关还制订计划，策动石友三反叛、送阎锡山返回山西，里应外合，夹攻张学良部，企图将张学良和东北军主力牢牢牵制在关内。这一计划得到板垣、石原的同意和三宅光治、陆军省军务局局长小矶国昭的支持。

当时，广州反蒋的"国民政府"多方策动石友三，第一个策动石友三反蒋、反张的就是他过去的长官冯玉祥。冯玉祥在中原大战失败后一直不甘心，一直想东山再起，参与了广州反蒋政府的建立，并成为其中的重要分子。冯玉祥为促使石友三起来倒张，曾经分派密使分别向山西省政府主席徐永昌、山东省政府主席韩复榘、第二十九军军长宋哲元以及庞炳勋、刘汝明、孙殿英等北方非蒋系、奉系将领游说，试图将北方各反蒋、反奉张势力联合起来，达到推翻张学良在华北的统治目的。[1] 广州反蒋的"国民政府"向石友三汇来50万元军费，并直接派李汉魂前来顺德（今邢台市）鼓动石友三起兵反蒋。日本驻天津特务机关长土肥原贤二也亲自到河北顺德联络石友三，约定如果石军到达天津，由日军供给军火。在多种反蒋、反张势力的策动下，石友三于1931年7月18日在河北顺德宣誓就任广州"国民政府"委任的第五集团军总司令，并誓师倒张反蒋。20日，石军沿平汉线向平津北进，23日占领石家庄。

对石友三不可靠的传言，张学良早有所闻。6月间，张学良副司令行营截获石友三发给张学成（张学良堂弟，素有政治野心）的一封密电，大意说"弟部即将进攻平津，后图东北，希兄即与日方切取联系"云云。至此，石友三的企图暴露，但张学良仍希望事情能够和平解决。他曾请石友三的代表转告石："东北军矢志和平，汉章谅所深悉。如有存心破坏和平者，实为天下公敌。外间谣传，固不足信，唯望汉章深体

---

1. 中国第二历史档案馆：《中原大战后冯玉祥策动石友三继续反张倒蒋的有关史料》，《民国档案》1994年第4期。

余意而行。"[1]同时，张学良也做了以武力解决的准备。他以换防为名，先由辽宁调三个步兵旅、两个骑兵旅、一个工兵营进关，后又从黑龙江调一个旅，以加强华北防务。

在得知石友三活埋张云贵（张学良推荐给石友三的秘书长）和起兵北上的消息后，张学良曾经召集高级将领开紧急会议，讨论应变方针。王树常微露东北军撤退关外之意，说："我们退守关外，尚可自立。"于学忠力主不可，说："我东北号称数十万的大军，若为石友三的一小撮队伍逼出关外，东北军的威望从此扫地；即能退出关外，亦将为日人所轻视，此后对外更难应付。据我们的估计，石友三一定先图袭取北平，并力求速战，我可率领一部队伍在平汉线堵击之，并将其部队引过滹沱河稍远一点，在保定、望都之间，方顺桥以南与之决战，当可将其击溃。"[2]大家同意于学忠的看法，张学良于是下定最后决心对付石友三，并得到蒋介石的大力支持和配合。7月21日，蒋介石任命张学良为"剿赤军北路集团军总司令"，将东北军编为两个集团军，任命于学忠为第一集团军总指挥、王树常为第二集团军总指挥。7月22日，蒋介石又任命他的嫡系、所谓"八大金刚"之一的刘峙为"剿赤军南路集团军总司令"，指挥中央军配合东北军夹击石友三。

7月22日，张学良致电东北军将领，勉励他们为国除奸。

7月23日，张学良又公开发表讨伐石友三的通电。

7月24日，国民政府下令褫夺石友三本兼各职，着各省市军民长官一体拿办。

同一天，蒋介石、张学良又以国民革命军总、副司令的名义联名发表《告第十三路军将士书》，宣布此次出兵仅讨伐石友三一人，其余概不追究；如有能献石首级来降者，除超升二级外，另赏大洋2万元；带

---

1. 于学忠：《东北军讨伐石友三的战争》，载方正等编《张学良和东北军》，中国文史出版社1986年版，第192页。
2. 同上，第193—194页。

军队来降者，超升一级；带枪一支来降者，酌给现洋 20 元。

战争初期，东北军为诱敌深入，主动撤退，放弃石家庄，一直把石友三部引到河北望都、保定一线，进入东北军的口袋阵后，才分三路发起攻击，并调炮兵、飞机助战。这时，刘峙率中央军沿平汉线尾随石部北上，商震率晋军出娘子关，进军石家庄。7 月 27 日，中央军和东北军从南北两路对石友三部发起总攻击。南路军刘峙部攻入邯郸，北路军于学忠部在新乐一带对石部作战。当天晚上东北军空军出动 20 余架飞机轰炸石军阵地。经过数日激战，石友三部 6 万多人在三面夹攻之下被全部击溃。石友三仅带手枪队逃至济南，后又避往日本控制下的大连。

石友三叛变刚刚平定，又传来阎锡山返回山西的消息。8 月 5 日，在日本侵略者的安排下，日本航空公司大连支所长、日军预备役大佐麦田平雄驾驶飞机，将阎锡山从大连送回山西大同。阎锡山返晋后，因受各方面形势所迫，没有立即参加反蒋运动，但很快就掌握了山西军政实权。蒋介石闻讯大怒，命令何应钦、孔祥熙等人转告阎锡山即刻离开山西。刘峙、韩复榘等也发出通电，反对阎锡山回晋。

8 月 27 日，张学良在北平协和医院召集韩复榘、徐永昌、傅作义及东北军各将领讨论冯玉祥、阎锡山出洋问题，议定冯玉祥、阎锡山若出洋，旅费可由中央及东北负担，中央可给予相当名义，并保障安全。31 日，张学良又与韩复榘、徐永昌、傅作义等对阎锡山离开山西问题商定 3 项目：（1）劝阎锡山自动离开山西；（2）如不听从劝告，以北方全体将领名义去电劝告；（3）如劝告不听，则用必要手段敦促。但这些措施均毫无效果。张学良又派军队进抵龙泉关相威胁，阎锡山依然不为所动。[1] 为防备阎锡山，张学良不得不继续保持在华北的强大兵力。6 月入关的东北军，只有两个步兵旅返回关外，日本达到了将张学良和东北军

---

1. 赵瑞：《阎锡山通敌叛国罪行纪要》，载中国人民政治协商会议全国委员会文史资料委员会编《文史资料选辑》第 29 辑，文史资料出版社 1962 年版，第 167—168 页。

主力牢牢牵制在关内的目的。[1]

这时，日本已经悄悄完成了侵略东北的具体军事部署。石原在制订进攻沈阳的计划时，考虑到沈阳城墙坚固，用中小口径的火炮可能打不开，因此决定采用重炮攻城。1931 年 7 月，经日本中央军部批准，专门由东京运来两门 24 厘米口径的重炮。为保守秘密，日军把大炮拆卸，分别装进木箱，从神户用客船运到大连，到大连码头后，卸货日军一律改穿中国式的便服，扮作码头工人，谎称货物是棺材、石碑、洗澡盆。到沈阳站，日军又直接将其卸到日本守备队的管区内，安装重炮选择在深夜 12 点至凌晨 3 点，免得被中国居民看见。他们还以打井为名，专门为重炮修了白铁房，作为掩蔽物。事前并把炮口对准了北大营和机场，以便实弹射击时闭着眼睛也能命中。经过一番周密配置，到 9 月 10 日安装竣工。[2]

此时，适合寒冷地带作战的日军第二师团于 1931 年 4 月被派往东北接替第十六师团。8 月 1 日，熟悉东北情况、曾任张作霖顾问、有"中国通"之称的日本法西斯皇道派将领——本庄繁中将被任命为关东军司令官；主持制定《解决满蒙问题方策大纲》的建川美次被任命为日本参谋本部第一部（作战部）部长；另一个"中国通"土肥原贤二由天津特务机关长调任奉天特务机关长。同时，板垣、石原又争取到驻朝鲜日军

---

1. 当时东北军将领对于这样抽调兵力打石友三，曾做了个通俗而又形象的比喻说："东北军为了讨伐石友三，不但把棍子拿了出来了，而且连筲箕疥疮都拿出来了。"这样，东北在军事上陷于非常空虚的状态。吉、黑两省只剩下五个旅，而且多为装备低劣，两团编制的省防旅。而处在日军强大兵力威胁下的辽宁，也仅留王以哲第七旅、张廷枢第十二旅和张树森骑兵第三旅分驻沈阳、锦州和通辽，常经武第二十旅驻洮南一带；连同火力很弱、平日缺乏训练而又腐朽昏庸的张海鹏和于芷山所掌握的洮辽和东边两个镇守使署所辖的两个省防旅在内，辽宁全部兵力也不过五六个旅。特别是当时东北军队的高级军官们缺乏抗日意志，充满恐日心理，平素毫无对日作战准备。因此，日军一旦发动进攻，就不战而溃了。中国人民政治协商会议全国委员会文史资料委员会、《从九一八到七七事变》编审组编《从九一八到七七事变》，中国文史出版社 1987 年版，第 24 页。
2. 复旦大学历史系日本史组编译：《日本帝国主义对外侵略史料选编》，上海人民出版社 1975 年版，第 46 页。

的支持，一旦战争爆发，立即越境相助。

本庄繁就任后，立即沿南满铁路巡视驻辽宁、吉林各地的日军，实际上是作战前动员。他训示关东军军官说："今后可能发生不祥事件。我们必须认识最后解决的时刻正在迫近，第一线部队要经常注意环境变化。在事件突然发生之时，决不可失误，应毅然完成任务。"[1]直到9月18日下午，本庄繁才回到旅顺关东军司令部。

这个时期，日军的演习活动更加频繁，关东军、守备队不停地进行城市边沿战、巷战、夜战、拂晓战等战斗演习。9月8日，在东北的在乡军人（由日本退伍军人、预备役军人、后备役军人和受过短期军事训练的日本人组成）也接到分别集中于沈阳、长春、哈尔滨的密令。10日前后，沈阳日军当局连续召集日侨开会，发给枪支进行军事训练。

种种迹象表明，战火即将点燃，东北面临迫在眉睫的空前危机！

"不抵抗"对策

万宝山事件、朝鲜排华暴行、中村事件发生后，全国民众群情激昂，掀起了声势浩大的反日斗争。吉林省农、工、商、学各界不断集会、游行、演讲，高呼"反对日本挑拨中韩民族感情！""反对日本出兵侵略东北！"口号。东北国民外交协会在沈阳、长春召开抗议集会，要求日本警察和朝鲜农民退出万宝山。以上海为中心的全国抵制日货运动方兴未艾。一些有识之士指出："东北之危殆，亦即我国之危殆，东北问题非局部问题，乃深系我全国家全民族之命脉。为救东北计，为救我人自身计，再不团结，更待何时？再不奋起，更待何日？"[2]

---

1. 中国社会科学院近代史研究所：《日本侵华七十年史》，中国社会科学院出版社1992年版，第318页。
2. 王维礼、范广杰：《蒋介石和张学良》，吉林文史出版社1994年版，第116页。

事件消息传到北平时，张学良的病情刚有所好转。面对日益紧张的东北局势，日人的狂妄叫嚣，张学良感觉到事态的严重性，采取了压制民众情绪，以防止冲突升级、事态扩大的方针。

7月6日，他电告东北政务委员会："此时如与日本开战，我方必败。败则日方将对我要求割地偿款，东北将万劫不复。亟宜力避冲突，以公理相周旋。"[1]

7月7日，东北政务委员会命令吉林省政府："关于万宝山事件，我当局须采取温和手段，以免日人利用机会扰乱大局。况值此内外多事之秋，若有侵略行为时虽应据理力争，但不可暴举而危大局，须采取镇静态度善处。"[2]

7月7日，张作相从沈阳来到北平，与张学良商讨万宝山事件处理办法，决定如下方针：（1）"隐忍自重"，基于和平手段，依据"公理"，由东北政务委员会和吉林省政府负责解决事件。（2）尽力驱逐朝鲜人，特别注意延边，以防再发生不祥事件。（3）不惜费用着手加强国防建设，增强自卫能力，"应开发东北富源，以计根本的'满蒙'自强，以免外侮"。[3]这是张学良"不抵抗"政策的原型。结果，万宝山引水渠于7月11日建成通水，日本殖民统治下的朝鲜农民欢呼雀跃，高呼"万岁"，大叫"我等永远死守此地"。

同时，张学良上报南京政府，请示对日和战的态度。7月10日，他致电蒋介石："东北之安全，非借武力无以确保，日本既一意对外，我方亦应有所自省。现'共匪'歼灭期近，广东力薄，似无用兵之意。吾公似宜执此外患煎迫之机，务期在政治范围解决西南问题，则党国幸甚。"主张停止内战，一致对外。12日，张再次致电蒋介石："由万宝山

1. 梁敬錞：《九一八事变史述》，台北世界书局1968年版，第108页。
2. ［日］土田哲夫：《张学良与不抵抗政策》，载漠笛编《张学良生涯论集》，光明日报出版社1991年版，第63页。
3. 同上。

事件及韩人排华风潮以观，日本推展其大陆政策，有急侵东北之意，已无疑问。无论其对手为中国抑或苏俄，事既关系东北存亡，吾人自应早为之计。"[1] 电报表明，张学良对日本侵略东北的意图有所觉察，希望南京中央政府早定方案。

蒋介石自 1930 年中原大战得到张学良出兵相助，平定各派反蒋势力后，一直忙于"围剿"中国共产党领导下的红军，先后两次"围剿"均遭失败，此时正准备第三次"围剿"。

同时，围绕约法问题的争论，蒋介石与胡汉民之间爆发了尖锐的矛盾冲突，导致国民党统治集团内部的又一次大分裂。胡汉民被扣押后，胡派的国民党中央执、监委员纷纷南下广州，纠集两广地方实力派和汪精卫的改组派等反蒋派系，于 5 月 27 日正式组成了国民党中央执、监委员会非常会议。28 日，成立广州"国民政府"，推汪精卫为主席，再次形成国民党各派系的反蒋大联合。随后，两广军队出兵北上，在湖南、江西与南京政府军队发生过一些零星战斗。各省一些地方势力也在观望局势，伺机反蒋。

在这种形势下，蒋介石认为当此"赤匪"、军阀、叛徒，与帝国主义者联合进攻，生死存亡，间不容发之秋，自应以卧薪尝胆之精神，做安内攘外之奋斗，故不先消灭"赤匪"，恢复民族之元气，则不能御侮；不先削平叛逆，完成国家统一，则不能攘外，遂提出了所谓"攘外必先安内"的反动国策。

7 月 12 日，蒋介石复电张学良，称："日本诚狡猾阴险，但现非我国抗日之时，除另电外交部王部长外，希兄督饬所部，切勿使民众发生轨外行动。"[2]

国民党中央常委于右任也对赴京请训的东北交通委员会委员长高纪

---

1. 毕万闻主编：《张学良文集》第 1 卷，新华出版社 1992 年版，第 466 页。
2. 梁敬淳：《九一八事变史述》，台北世界书局 1968 年版，第 107 页。

毅表示说："目前中央以平定军阀内乱为急务，希望东北同志此时切勿轻率对外行动。"[1]

至此，张学良已经明白，指望南京中央政府援助自己抵抗日本的侵略是不现实的，他不得不以东北的力量单独应付对日危机，也更坚定了他采取"不抵抗"对策的决心。

7月15日，张学良曾决定返回沈阳，与东北军政要员协商应付办法，但随后而来的石友三反叛，使其注意力转向"安内"，一心一意地讨伐石友三。当时，张作相等老派人物曾主张乘此机会从华北退出关外，专门处理对日问题。张学良自然不甘心轻易放弃华北地盘，反而置东北危亡于不顾，再次抽调东北军精锐部队入关，导致东北防务进一步空虚。

就在这时，东北局势进一步恶化。日本军国主义分子又挑起中村大尉事件，寻找出兵的借口。除由日本驻沈阳总领事林久治郎向东北边防军参谋长荣臻提出抗议，在双方进行外交交涉的同时，关东军还计划用大队装甲列车及步炮联队进入屯垦区，实行武装调查，并在皇姑屯进行巷战演习，威胁东北军。

8月21日，满铁新任总裁内田康哉在沈阳拜访辽宁省政府代主席臧式毅、东省特别区行政长官张景惠等东北要人，宣称日本少壮派军人将要开始行动，以解决"满蒙"悬案。日本内阁虽竭力制止军人，但国内空气反更为险恶。除非"满蒙"铁路交涉解决一两个悬案，否则日本政府就制止不了军人。为了和平解决这个危机，希望臧式毅主席把这种情况传递给张副司令。臧式毅听了以后，感觉事态严重，特派警务处处长黄显声赴北平，向张学良请示对策，张景惠也一同前往。

张学良鉴于蒋介石"铣"电[2]的指示精神，告诉张景惠、黄显声说：

---

1. 梁敬錞：《九一八事变史述》，台北世界书局1968年版，第107页。。
2. 1931年8月16日，蒋介石电告张学良："无论日军此后如何在东北寻衅，我方应予不抵抗，力避冲突。吾兄万勿逞一时之愤，置国家民族于不顾。"这就是蒋介石的"铣"电。参见洪钫：《九一八事变当时的张学良》，载中国人民政治协商会议全国委员会文史资料委员会编《文史资料选辑》第6辑，中华书局1960年版，第24页。

"无论日军如何挑拨，尽力避免冲突，以防事态扩大"，要他们采取拖延战术，企图使事件不了了之。

日本则步步进逼。9月4日，臧式毅、荣臻与林久治郎举行会谈。荣臻在会议上宣布："根据所派调查员报告，虽有杀害日人之传闻，但没有确凿的证据。"林久治郎立即威胁说："中国方面如有意避开公开处理，本官就不得不加以特别考虑，恐对两国国交上将有重大的影响。"荣臻允诺实行第二次调查。

这时，中国报纸广泛报道，日本军事当局企图动用武力，以中村事件为借口，保障占领东北要地，一举解决悬案。张学良看见事态越来越严重，乃急召荣臻赴北平，指示"应速调查真相，以公正处理"，希望以此缓和事态。[1]

同时，张学良还特派其日本顾问柴山兼四郎前往东京，声明愿和平解决；又派遣高级顾问、亲日汉奸汤尔和赴日本，会晤日本外相币原喜重郎，探讨以何者为共同点，俾得将"满蒙"各悬案解决。

9月6日，张学良正式下达了命令东北军"不抵抗"的电报。这就是有名的"鱼"电：

> 辽宁政委会臧代主席、边署荣参谋长鉴：平密。查现在日方外交渐趋吃紧，应付一切，亟宜力求稳慎。对于日人，无论其如何寻事，我方务须万方容忍，不可与之反抗，致酿事端。即希迅速密令各属，切实注意为要！
>
> 张学良。秘。印。[2]

---

1. ［日］土田哲夫：《张学良与不抵抗政策》，载漠笛编《张学良生涯论集》，光明日报出版社1991年版，第67—68页。

2. 中央档案馆、中国第二历史档案馆、吉林省社会科学院合编：《九一八事变》，中华书局1988年版，第67页；章伯锋、庄建平主编：《抗日战争》第1卷，四川大学出版社1997年版，第150页。

9 月 12 日，蒋介石电约张学良到石家庄会面。张、蒋在专列上谈了一个多小时。蒋介石对张学良说："最近获得可靠情报，日军在东北马上要动手，我们的力量不足，不能打。我考虑到只有提请国际联盟主持正义，和平解决。我这次和你会面，最主要的是要你严令东北军，凡遇到日军进攻，一律不准抵抗。如果我们回击了，事情就不好办了，明明是日军先开枪的，他们可以硬说是我们先打他们的。他们的嘴大，我们的嘴小，到那时就分辩不清了。"

当蒋介石的专列开走后，驻石家庄并负责警戒的东北军军长何柱国来到张学良的专列上问："和蒋谈了些什么？"张学良回答："不得了，日本人要动手了！"何柱国说："那我们得赶快调兵做好准备。"张学良回答："总司令叫我们不要还手。"何柱国不解其故，继续说："军人守土有责，敌人打来了，怎么可以不还手呢？"张学良说："是呀！守土有责，应该抵抗，但总司令说如果我们还手，在国际上就讲不清了；我们不还手，让他打，在'国际联盟'好说话。"何柱国由此得出结论："从这次石家庄蒋、张之秘密会见，也说明日本要占领东北，蒋介石是事先得到了情报的，我可以作为这段历史的见证人。"[1]

9 月 14 日，荣臻再次与林久治郎会谈，承认根据第二次调查结果，证明关玉衡的确杀死了中村，并表示已将关玉衡传唤到沈阳加以软禁，准备开军法会审，予以严惩。

15 日，张学良接见张作相派来请示的边防军长官公署副官处副处长李济川。张学良说："东北大事，由张辅帅、臧主席和荣参谋长三人酌情处理。对重要问题咱要依靠中央，不能单独对外。中村事件的交涉，可向辅帅说，微末事情，咱们可以相机办理。"张学良还说："蒋委员长告诉我，东北外交总的方针是和平解决，不能酿成军事行动。

---

1. 何柱国：《忆张学良将军》，载中国社会科学院近代史研究所现代史研究室编《西安事变资料》第 2 辑，人民出版社 1981 年版，第 264 页。

我们能解决的就解决，不能解决的由中央负责。你迅速回去，请辅帅相机处理。前些日子驻日大使汪荣宝从东京回来，已到锦州和张辅帅说过，日本各地都在搞游行示威，跃跃欲试，想以武装占领东北。你赶紧回去吧！"[1]

当晚，李济川赶回锦州，面见张作相汇报北平之行。张作相遂命令李济川即返沈阳，转告荣臻、臧式毅："关于中村事件，任何赔偿道歉，我们都可以担负过来。"[2]

18日下午，荣臻与林久治郎开始关于中村事件的会谈，表示愿意用和平的外交途径加以解决。东北当局为避免冲突，采取了妥协退让、委曲求全的态度。[3]

但是，日本侵略者的根本目的并非是单纯解决一个中村事件问题，而是乘此机会实现其侵占东北的根本国策。原任关东军司令官白川义则、菱刈隆在参加日本军事参议官会议时提出："应利用中村事件的机会付诸武力，一举解决各项悬案，确保我国的各项权益。"石原莞尔说得更直截了当："中村事件只不过是新增加的一个悬案，是向附属地以外的地方出兵之天赐良机，是在柳条湖行使武力的先行事件。"[4]所以，这些军国主义分子不等中村事件交涉的结果，就于9月18日夜间悍然发动了军事进攻。

这样，在九一八事变之前，南京中央政府和东北地方当局虽都对东北危急的局势有所认识，却共同确定了"不抵抗"的对策，以防止日军的挑衅，避免中日军事冲突。从时间顺序上看，应当是蒋介石制订"不抵抗"方针在前，张学良下达"不抵抗"命令在后。就当时的东北当局

1. 李济川：《九一八事变纪略》，载中国人民政治协商会议全国委员会文史资料委员会、《从九一八到七七事变》编审组编《从九一八到七七事变》，中国文史出版社1987年版，第15—18页。
2. 同上。
3. 同上。
4. 易显石：《九一八事变史》，辽宁人民出版社1981年版，第118页。

和南京政府的关系而言，虽然在形式上是中央和地方的上下级关系，但实质上却是平等的同盟关系。张学良自中原大战后以副司令身份节制东北及华北事务，尤其对东北的决策方面拥有相当的自主权。蒋介石无法强迫他做他所不愿意的事，抵抗与否的最终决定权仍在张学良手上。蒋介石与张学良二人在"不抵抗"问题上，可以说是不谋而合，基本一致，应各负其作为政府首脑与封疆大吏应负的责任。

蒋、张二人在"不抵抗"问题上态度的一致，来源于他们决定"不抵抗"的原因也大致相同。他们都患有"恐日病"，认为中国国力还很脆弱，贸然对日作战，必败无疑，而且时值国内分裂、尚未安定之际，不得不尽力避免对日冲突。蒋介石认为粤桂倡乱，石友三叛变，"赤匪"肆虐，以及朝鲜侨胞之惨案，四者皆互为因果。叛徒军阀唯恐"赤匪"之肃清也，乃出兵扰之，叛徒以应之；帝国主义者唯恐军阀之消灭，中国之统一也，乃惹起外交纠纷，以鼓励之。因此"攘外应先安内"。张学良也认为如果与日开战，共产党、粤方必定纷纷而起，将出现不能收拾的局面。

蒋介石这时正忙于"剿匪"与讨粤，张学良刚刚调大军入关，平定了石友三的反叛之后，又为阎锡山的突然返晋深感不安，设法迫阎出走。但在如何达成全国统一、实现一致对外的问题上，两人不尽相同。蒋介石坚持武力统一，张学良主张和平统一，这是后来蒋、张矛盾激化的症结所在。

在对形势的判断上，蒋、张二人也犯了同样的错误。他们虽然对日本的侵略意图有所警觉，但没有想到它要一下子吞并整个东北。蒋介石认为有《九国公约》及国际联盟，日本不能强占中国领土。张学良也没有判断出日本会吞并整个东北，认为日本只不过是先找件事对中国挑衅，然后军人好借此索取一两项利益而已，如果军人想扩大事态，日本政府会加以控制，而且此举违犯了国际公约，会惹起国际问题，于日本本身也是不利的。所以，日本不会这样做，即使想这样做也不会做到。

错误的判断导致错误的对策。蒋、张二人沿用了自清末民初以来中国历届政府对列强外交的惯例，对万宝山事件、中村事件采取妥协、退让、不抵抗的态度，尽量用外交交涉加以解决，总以为会像往年一样，应付一切问题，像南京惨案、济南惨案，都是大事化小，小事化了。他们认为此次日本侵略者也不过是采取虚张声势的惯用手法，也能以妥协、退让的对策应付过去，根本没有想到日本会来大规模侵犯。因此，东北军既无应变的计划，更无应变的准备，仅有一个"不抵抗"的对策。

"不抵抗"对策的贯彻，首先松懈了东北军政要员的斗志，以至于事变爆发时，东北军群龙无首，被日军各个击破，造成了极其严重的后果。身为东北边防军司令长官的张学良，自中原大战后主要精力用于华北善后，长期留驻北平，这时病已治愈，但身体仍虚弱，住在协和医院休养，事发当晚正在剧院看戏；吉林省主席兼东北边防军副司令长官张作相，因父死回锦州治丧，迟迟未归，其职务由军署参谋长熙洽代理；黑龙江省主席兼东北边防军副司令长官万福麟及其子万国宾均在北平遥控黑龙江省军政；东省特别区行政长官张景惠在沈阳私邸，由政务厅长荣康代理职务；东北边防军参谋长荣臻于 9 月 17 日为其父做寿，到第二天余兴未尽，仍在家中忙于应酬宾客；东三省兵工厂总办米春霖和航空司令张焕相均在北平。[1]

东北军各个部队也忠实地贯彻了"不抵抗"的命令，在事变前就做好了撤退的计划。8 月间，驻沈阳北大营的东北军第七旅考虑到万一发生事变，该旅势必首当其冲，遂由旅长王以哲赴北平向张学良报告，请求将关内东北军调回一部分，以防万一。张学良指示说："一切事先从外交解决。应付日本，遇事要退让，军事上要避免冲突，外交上要采取拖延方针。"

---

1. 易显石：《九一八事变史》，辽宁人民出版社 1981 年版，第 165—166 页。

王以哲返回沈阳后，立即召集团长以上军官研究遭到日军攻击时的应付方案。经过反复研究，决定对于日军的进攻，采取"衅不自我开，做有限度的退让"的政策，在不得已的情况下，全军撤退到郊外待命。[1]为应付事变，第七旅还规定官兵一律不准归宿。但王以哲经常不在军中，9月18日那天在市内同泽俱乐部出席军界主办的水灾筹赈会，当夜未能回到军中指挥。三个团长中只有一个在营中，另一个（王铁汉）听到炮响才从家中匆匆赶回营房，因而指挥不灵，狼狈撤退。

"不抵抗"命令也贯彻到其他军政要害部门。8月25日，沈阳市公安局曾给下属各单位发出如下训令：日本方面假如制造种种借口，企图出兵东北，在此情况下，不管日本采取何种行动，均务望克制、自重，任其所为，避免冲突。一旦发生事件，也要派精通日语的人进行圆满解决，绝对不得开枪。如日本方面开枪时，务必撤回分局，避免冲突。[2]

于是，从南京到北平，从北平到沈阳，从蒋介石、张学良到东北各军政部门，上上下下，都抱着"不抵抗"的对策，幻想以妥协、退让使侵略者无从借口，用打不还手来避免事态扩大，以躲过这场危机，殊不知浩劫已至！

最可怜的是东北3 000万普通的老百姓！他们对此毫无思想准备。沈阳城的居民最初还以为柳条湖的爆炸声和北大营的枪炮声不过是日军的又一次夜间演习，不为所动。直到第二天早上看见城头上挂起了日本鬼子的太阳旗才猛然惊醒，糊里糊涂地在一夜之间都成了亡国奴，开始了长达14年被奴役、被蹂躏的悲惨生活。

---

1. 赵镇藩：《日军进攻北大营亲历记》，载中国人民政治协商会议全国委员会文史资料委员会编《文史资料选辑》第6辑，中华书局1960年出版，第4—5页。
2. ［日］关宽治、岛田俊彦：《满洲事变》，王振锁、王家骅译，上海译文出版社1983年版，第213页。

应对"九一八"

板垣、石原等人原计划于 9 月 28 日爆炸南满铁路，发动军事进攻。但消息走漏，为日本外交官获悉。9 月 15 日，林久治郎电告币原外相："关东军正在集结军队，提取弹药器材，有于近期采取军事行动之势。"币原担心此举会危及政府的"协调外交"，在当天的内阁会议上，就此事向陆相南次郎询问。在这之前，元老西园寺公望也曾告诫陆相要管束干预外交的人。迫于来自政府和元老的压力，南次郎和参谋总长金谷范三于会后协商，决定派参谋本部作战部部长建川美次前往东北，制止关东军的行动。

在建川的暗示下，参谋本部情报课俄国班班长桥本欣五郎立即打电报给板垣，内称："计划暴露，决定派遣建川。你们不要受干扰，尽快行动。"板垣、石原闻讯，连夜商讨，至 16 日晨最后决定提前 10 天动手，于 18 日夜实施原计划。[1]

这才有了一个历史的巧合：一年前的九一八通电把张学良推到了事业的顶峰，一年后的九一八事变则使他坠入了深渊。

1931 年 9 月 18 日晚，日本参谋本部第一部部长建川美次少将带着陆军大臣和参谋总长的训令来到东北。训令的内容可能是告诫关东军不可轻举妄动。板垣参谋从同伙那里早已得知建川美次的来意，他认为最好是在接到训令之前采取行动。于是在建川美次到达后即由花谷少佐出迎，将建川美次带到菊文饭店，劝他喝了烈性酒威士忌，让建川美次烂醉如泥，使他无法传达东京的训令。[2]

当晚，关东军独立守备队第二大队第三中队队副河本大作中尉率领

---

1. 中国社会科学院近代史研究所：《日本侵华七十年史》，中国社会科学院出版社 1992 年版，第 322—323 页。
2. 中央档案馆、中国第二历史档案馆、吉林省社会科学院合编：《九一八事变》，中华书局 1988 年版，第 96—97 页。

6 名士兵，来到沈阳北郊距北大营西南约 800 米的柳条湖，把 42 包小型黄色炸药安放在南满铁路铁轨接头处的两侧。10 时 20 分，河本大作点燃导火线，随着一声巨响，东侧轨道接头处约有一段 1.5 米的钢轨被炸弯，两根枕木炸成碎块。不久，一列由长春南下的火车稍微跳跃一下，疾驰而过，于 10 时 40 分准时到达沈阳站。

埋伏在 4 公里外文官屯南侧的日寇第三中队队长川岛正大尉听到爆炸声，立即用随身携带的电话报告了奉天特务机关和第二大队本部，污蔑中国军队破坏铁路，率先向北大营发起攻击。一直守候在奉天特务机关的板垣得到报告后，马上以代理关东军司令官名义，命令独立守备队第二大队扫荡北大营之敌，第二师团第二十九联队攻打沈阳城。九一八事变爆发，由此揭开了日本帝国主义武装侵略东北，进而发动全面侵华战争的序幕。

刚刚返回旅顺不久的关东军司令官、侵华罪魁本庄繁，于 12 时 20 分左右接到板垣参谋的急电，在石原、三宅等人的说服下，闭目沉思了 5 分钟之后，说道："由本职负责，干吧！"[1]

随后，本庄繁批准了板垣参谋代发的命令，并下达全面进攻的命令：第二师团主力迅速集中，攻击沈阳城；独立守备队各部进攻南满及安东、营口、凤凰城和长春等地。同时，他电请驻朝鲜日军司令官林铣十郎越境增援。19 日凌晨 3 时 30 分，本庄繁偕司令部人员乘火车前往沈阳亲自指挥，侵华行动全面展开。

事变初起，日本统治集团内部的意见并不一致。日本法西斯军部坚决支持关东军的行动，要求增援三个师团。9 月 19 日上午 10 时，日本内阁召开了紧急会议，币原外相宣读了林久治郎的密电，指出事件完全是出自军部有计划的行动。陆军大臣南次郎哑口无言，不敢提出增兵东

---

1. ［日］关宽治、岛田俊彦：《满洲事变》，王振锁、王家骅译，上海译文出版社 1983 年版，第 227 页。

北之意。首相若槻礼次郎担心欧美列强以《九国公约》《非战公约》为依据进行干预，使日本受到国际谴责，决定采取不扩大事态的方针。[1]

24 日，日本政府发表《关于"满洲事变"的第一次声明》，诡称日本不愿在"满洲"动用武力，只愿日本臣民能在"满洲"从事和平事业，使其投资有安全保障和获有开发地方的机会，声明污蔑中国打消日本增进友谊之企图，宣称日军此次行动，全系华军破坏南满铁路沈阳附近一段路轨所造成。日军在"满洲"仅 14 000 人，而华军有 220 000 人，恐一旦铁路截断，日人生命财产难保，故不得不占据"满洲"各要地，但"帝国政府在'满洲'没有任何领土要求"，已决定不扩大事态，并逐渐撤兵，云云。[2]

日本侵略者最擅长这种贼喊捉贼的卑劣伎俩。口头上说一套，做的又是另一套，日本政府一次又一次地默认和追认关东军扩大战争的行动。日本侵略者最擅长所谓"双重外交""三重外交"，只要能达到侵略目的，手段卑劣不卑劣他们是不会考虑的!

当驻北大营的东北军第七旅遭到攻击时，留在军中的参谋长赵镇藩立即打电话给王以哲。王以哲说他去找荣参谋长研究，赵镇藩又用电话直接向荣臻报告。荣臻根据早先的"不抵抗"指示，命令道:"不准抵抗，不准动，把枪放到库房里，挺着死，大家成仁，为国牺牲。"[3]

鉴于事态的严重，荣臻随即接通了至北平的长途电话，直接向张学良报告，请示应付办法。

此时，张学良正坐在北平前门外中和大戏院的豪华包厢里，偕夫人

1. 中国社会科学院近代史研究所:《日本侵华七十年史》，中国社会科学院出版社 1992 年版，第 324 页。
2. 韩信夫、姜克夫主编:《中华民国大事记》第 3 册，中国文史出版社 1996 年版，第 242 页;复旦大学历史系日本史组编译:《日本帝国主义对外侵略史料选编》，上海人民出版社 1975 年版，第 41—43 页。
3. 赵镇藩:《日军进攻北大营亲历记》，载中国人民政治协商会议全国委员会文史资料委员会编《文史资料选辑》第 6 辑，中华书局 1960 年版，第 5—6 页。

于凤至和赵一荻小姐陪同英国驻华公使蓝蒲森，兴致勃勃地观看著名京剧表演艺术家梅兰芳的拿手戏《宇宙锋》(也有人说是看梅兰芳表演的《廉锦枫》)。戏将终场时，随从副官谭海急匆匆冲入戏院包厢，报告沈阳有长途电话，非要张副司令接不可，甚为紧急。

张学良立即驱车返回协和医院，操起一直没有挂断的话筒。荣臻急切地报告："日军突于10时许，袭击北大营。我方已遵前电，不予抵抗。现在有何新指示？"

张马上下令："收缴军械，不得作报复行动。"[1]

荣臻遂转告王以哲，命令第七旅："不抵抗，即使勒令缴械，占入营房，均可听其自便！"

王以哲刚放下电话，就获悉日军扩大行动，开始袭击沈阳工业区的迫击炮厂、火药厂，又打电话向张学良请示。张学良仍严饬其绝对不抵抗，任凭日军胡作非为。

11时30分，日军攻占北大营西北角，荣臻再次打电话到第七旅，询问情况，指示赵镇藩："不准抵抗，但必要时，可以向东移动。"

随后，荣臻与王以哲来到臧式毅家研究办法，决定无论日军行动如何扩大，攻击如何猛烈，我方均持镇静。

与此同时，张学良在协和医院连夜召集于学忠、汤尔和、戢翼翘、张学铭等人商议目前对策。张学良说："这次日本军队寻衅，又在柳条湖制造炸坏路轨事件，诬称系我方军队所为。我们避免冲突，不予抵抗，如此正可证明我军对他们的进攻，都未予以还击，更无由我方炸坏柳条湖路轨之理。总期这次事件，勿使事态扩大。以免兵连祸结，波及全国。"[2]众人都表示同意，认为此时务须持镇静态度。

1.《国闻周报》第8卷第35期。

2. 洪钫:《九一八事变当时的张学良》，载中国人民政治协商会议全国委员会文史资料委员会编《文史资料选辑》第6辑，中华书局1960年版，第24页。

会后，张学良通饬关内外机关，严肃纪律，勿得轻举妄动。[1]东北军统帅和现地指挥官继续固守着"不抵抗"的方针。

由于东北军的"绝对不抵抗"，日军进展顺利。19日凌晨2时许，日军已逼近北大营营垣的铁丝网，第七旅被迫按原计划向东山嘴子撤退，在撤退途中，曾与日军短暂交火。到5时30分，日军占领了北大营。

同时，日军第二十九联队于19日凌晨1时左右，分三路进攻沈阳城。驻守沈阳市区的中国军警因事前奉有"不许与日军冲突"的命令，未做任何抵抗。4时许，日军由南角登墙入城，解除军警武装，占领了东北边防军司令长官公署、东北政务委员会、辽宁省政府、炮兵司令部、警察署等重要军政机关，以及电报局、电话局、各大银行等通信、金融机关。至6时30分，日军完全占领了这座东北重镇——沈阳城。

日军侵占沈阳后，大肆屠杀和抢掠：遇到行人，任意枪杀；见到身穿军警服装者，尤为仇视，几难幸免。几天之内，中国平民和军警被害者约800多人。东三省官银号、中国、交通、边业诸银行以及东北重要官员住宅的财物被洗劫一空。据不完全统计，仅官方财产损失就达17亿元以上。东北军飞机损失262架，国内首屈一指的东北空军就此被消灭。各类火炮3 091门、战车26辆，步枪和手枪118 000余支，机关枪5 864挺，以及大批弹药、粮秣、被服和拥有5 000名员工的沈阳兵工厂，全部落入日本侵略者之手。张学良个人的财产损失也相当大，仅边业银行在东北的资产即在1 000万元以上，行中还有张家寄存的黄金4万多两和许多古董书画。日寇占领辽宁大部地区后，扶植大批汉奸，于9月24日首先成立所谓"奉天地方自治维持会"，由老牌亲日汉奸袁金铠任委员长，于冲汉、丁鉴修等著名汉奸任委员。

1.《盛京时报》，1931年9月21日。

19日，日军还占领了长春、营口、田庄台、海城、辽阳、鞍山、铁岭、开原、四平街、公主岭、安东、凤凰城、本溪、抚顺等20多座城镇。20日，代理吉林省主席、吉林边署参谋长熙洽公开叛变投敌，命令城内驻军全部撤出，同时派中将参谋安玉珍前往吉长铁路迎接日寇第二师团（师团长为多门二郎）进入吉林，日军兵不血刃地占领了省城吉林市，占领各机关，收缴华军武器。熙洽无条件向日寇投降，并发表所谓"独立宣言"，宣布脱离中华民国政府，充当日寇的走狗帮凶。

22日至25日，日军又相继占领了通辽、郑家屯、敦化、巨流河、新民、洮南等地。

至此，仅仅一周的时间，日军侵占城镇和战略要地30多处，并不同程度地控制了北宁、沈海、四洮、吉长、吉敦、吉海等多条铁路线。辽宁、吉林两省的大部分地方沦于日本帝国主义之手。

当时，日本侵略军，包括关东军和一部分越境的驻朝日军在内，仅有2万余人。东北军尽管主力已调进关内，但留守东北三省者还有18万人，仅辽宁、吉林两省驻军，就达15万人。在沈阳，日军以独立守备队第二大队共500人即攻下了东北军第七旅8 000人把守的北大营，又用第二十九联队约900人的兵力攻占了有8 000名军警驻防的沈阳城。东北军数倍于敌却不战而退，基本上没有组织抵抗行动。这完全是坚决执行事变前蒋介石、张学良确定的"不抵抗"政策所造成的恶果。

面对突如其来而又是有所意料的事变，张学良决定冷静下来，保持克制，想看一看到底是怎么一回事。他主张不能主观地判断事物，应站在对方的立场上，设想对方的环境、处境和利害关系等思考自己为什么要这样做。这种观点不无道理，但关键在于他对日本军国主义缺乏深刻的了解，仅仅从人之常情上来看待日本，认为日本实际上已掌握了东北的大部分利益，发动战争只会损害自己的既得利益，于日本本身是不利的，也绝对达不到目的，而且还涉及一个国际条约问题，会引起国际干预，故断定日本不会这么做，即使军人想这样做，日本政府也会加以控制。[1] 现在看来，这样的判断无疑是荒谬的。

事变初期，日本外务省、中央军部与关东军就是否扩大军事行动和战争的最终目的等问题，确实存在分歧。关东军于 21 日占领吉林后，未立即采取大规模的军事行动。日本政府也公开声明不扩大事态，没有领土野心，并承诺撤兵。所有这些更坚定了张学良的认识，判断日军此举不过寻常事件，为免除事件扩大起见，绝对抱不抵抗主义，万万没有料到日本会发动对东北的全面进攻。[2]

其实，持这种认识的不仅仅是张学良个人，东北军政要员大都存有同样的看法。因为在 1895 年有俄、德、法三国干涉日本还辽的历史，现在又有《九国公约》"尊重中国的主权、独立及领土与行政的完整"的保证，西方列强无论如何不会袖手旁观，日本到头来总是吞不下东北的。加上 1928 年皇姑屯炸死张作霖事件，大家都认为由于当时的沉着应付，不放一枪，使日军找不到任何借口，因而避免了事态的扩大。这一切都使东北很多军政要员产生了一种错觉：不抵抗方为上策，这次也一定能应付过去。张作相就曾很有把握地说："日本无论如何吞不下东北，东北总归是我们的，大家不必担心。"[3]

9 月 19 日晨，张学良召集顾维钧、汤尔和、章士钊、汪荣宝、罗

---

1. 管宁、张友坤译注：《缄默 50 余年——张学良开口说话》，辽宁人民出版社 1992 年版，第 77—78 页。
2. 关于九一八事变问题，张学良晚年在台湾与友人有如下一段对话："当我问到九一八事变为什么不对日作战的时候，他回答说，当时怎么打？这仗根本没法打。像马占山那种游击队，打完仗就跑到苏联去了，他可以，东北军不可以，东北军没法这样打。有人说蒋介石给我条子命令我不准抵抗，其实没有这回事，蒋介石发来电报没说打也没说不打，他希望由国际联盟来帮助中国解决日本侵略问题。最后的命令是我下的，要部队尽量避免和日本军队接触。我当时认为日本人只是挑衅找事，并没想到会真的发动战争。后来东北军仗没打好不能怪别人。我直到现在还觉得最对不起的是东北父老乡亲。"王冀：《从北京到华盛顿——我的中美历史回忆》，华文出版社 2012 年版，第 217 页。
3. 何柱国：《山海关防御战》，载中国人民政治协商会议全国委员会文史资料委员会、《从九一八到七七事变》编审组编《从九一八到七七事变》，中国文史出版社 1987 年版，第 403—404 页。

文干、王树翰、刘哲等人举行会议，讨论对于东北外交问题的意见。其间，发言较多的是职业外交家顾维钧和亲日汉奸汤尔和。顾维钧说：我所害怕的事果然发生了。对当前应当采取的行动，顾维钧提出两点建议：第一，立即电告南京要求国民政府向国际联盟行政院提出抗议，请求国际联盟行政院召开紧急会议处理这一局势；第二，立即派一位能说日语的人设法去找日寇的旅顺总督和南满铁路总裁内田康哉。但顾维钧同时也说明，虽然请求国际联盟斡旋是必要的，但不要指望能有多大结果或立刻产生任何效果。因为国际联盟这样的机构，对日本的侵略行动不可能采取任何有效的行动。诉诸国际联盟只是为引起世界注意和公众舆论，间接给日本某种压力，使之不再扩大在"满洲"的侵略行动。[1]刚从日本返回的亲日汉奸汤尔和则说："根据我在日本的观察，日本内阁现正抑制日本军部势力，不愿使东北的事态扩大。币原外相曾经亲自和我谈过，日本如吞并'满蒙'，实不啻吞了一颗炸弹。我们如用国际联盟的力量来抑制日本，正可使日本内阁便于对付军部。"[2]

过了两天，张学良又邀请当时平津的前北洋系著名官僚与社会名流李石曾、胡适、周作民、朱启钤、潘复、曹汝霖、陆宗舆、王克敏、王揖唐、顾维钧、汤尔和、罗文干、章士钊、汪荣宝和东北高级官员王树翰、刘哲、于学忠、万福麟、王树常、戢翼翘、鲍文樾等27人，磋商东北问题。出席会议者均以依靠国际联盟、听命中央为是，企图以国际联盟抑制日本政府，由日本政府来对付日本军部。这些主张都符合张学良的想法，当即推章士钊、汪荣宝二人起草电报，向南京政府申述关于东

---

1. 中国社会科学院近代史研究所：《顾维钧回忆录》第1分册，中华书局1983年版，第414页。
2. 洪钫：《九一八事变当时的张学良》，载中国人民政治协商会议全国委员会文史资料研究委员会、《从九一八到七七事变》编审组编《从九一八到七七事变》，中国文史出版社1987年版，第66页。

北外交的意见。[1]

蒋介石在九一八事变的当晚，正乘军舰由南京至九江赶赴"剿共"前线的途中。在江西湖口得到事变消息，即改乘飞机返回南京。9月21日，他在中山陵园官邸召集在南京的国民党中央委员会议，商讨应付方针，决定在军事上虽然取不抵抗方针，但在外交上则决不能屈服，设立特种外交委员会处理对日外交。一面以日本侵略中国东北的事实诉诸国际联盟；一面与粤方停止军事行动，团结国内，共赴国难。当天，中国驻国际联盟代表施肇基奉国民政府训令，致函国际联盟秘书长德鲁蒙，报告日军侵占沈阳及东北各地情形，向国际联盟理事会控告日本侵略中国领土，破坏《国际联盟盟约》，要求根据《国际联盟盟约》第十一条立即采取措施，阻止事态扩大，并恢复事变前原状，决定中国应得赔偿之性质与数额。[2]

9月22日，蒋介石在国民党南京市党部党员大会上，发表《一致奋起，共救危亡》的演讲，宣称："此时世界舆论，已共认日本为无理，我国民此刻必须上下一致，先以公理对强权，以和平对野蛮，忍痛含愤，暂取逆来顺受态度，以待国际公理之判断。"[3]第二天，国民党中央发表《告全国同胞书》，声明："政府现时既以此案诉之于国际联盟理事会，以待公理之解决，故已严格命令全国军队，对日避免冲突，对于国民亦一致告诫，务必维持严肃镇静之态度。"[4]次日，南京国民政府也发表《告全国国民书》。

23日，蒋介石又叮嘱张学良派来的万福麟、鲍文樾："你们回去告

1.洪钫：《九一八事变当时的张学良》，载中国人民政治协商会议全国委员会文史资料研究委员会、《从九一八到七七事变》编审组编《从九一八到七七事变》，中国文史出版社1987年版，第66页。
2.秦孝仪主编：《中华民国重要史料初编·绪编》（一），台北国民党中央委员会1981年版，第281、323—324页。
3.《中央周报》第173期，1931年9月28日。
4.李云汉主编：《九一八事变史料》，台北正中书局1977年版，第323—324页。

诉汉卿，现在他一切要听我的决定，万不可自作主张，千万要忍辱负重，顾及大局。"[1]蒋介石又将一封致张学良的亲笔信交万、鲍转交，信中说："外交形势，尚有公理，东省版图，必须完整，切勿单独交涉，而妄签丧土辱国之约，且倭人狡横，速了非易，不如委诸国际联盟仲裁，尚或有根本收回之望。"[2]

这样，蒋、张又在事变后的对日政策上完全达成了一致：继续推行"不抵抗"方针，希望日本政府的"协调外交"能够牵制和控制关东军的军事行动，并依靠国际联盟促使日军撤回原驻地。张学良由依靠国际联盟外交，转而更加依赖蒋介石。

国际联盟，简称国联，系根据1919年巴黎和会通过的《国际联盟盟约》，于1920年1月成立，是世界上第一个普遍性的国际政治组织，总部设在瑞士日内瓦，先后有63个国家加入。它标榜"促进国际合作，维持国际和平与安全"，实际上为英国和法国所把持，曾经有过调解两国争端成功的例子。

国际联盟接到中国的申诉后，于9月22日召开理事会会议。施肇基要求国际联盟"仗义执言，出而干涉"，使日军立即停止军事行动，恢复事变前状况，确定日本对中国的赔偿。日本代表芳泽谦吉则宣称日本的行为完全出于自卫，日本对中国东北并无领土野心，并已将大部分军队撤回到南满铁路区域。日本反对国际联盟干预，力主两国直接交涉，就地解决。30日，国际联盟理事会通过英国代表薛西尔的提议，授权大会主席、西班牙外交部部长勒乐向中日两国政府发出紧急通知，劝告双方避免事态扩大，并立即由两国协商撤兵。国际联盟会议同时决定派遣

---

1. 洪钫：《九一八事变当时的张学良》，载中国人民政治协商会议全国委员会文史资料研究委员会、《从九一八到七七事变》编审组编《从九一八到七七事变——原国民党将领抗日战争亲历记》，中国文史出版社，第66页。
2. 秦孝仪主编：《中华民国重要史料初编·绪编》（一），台北国民党中央委员会1981年版，第258—259页。

委员会前往"满洲"调查。芳泽表示接受该决议，并声明两周内撤回。

蒋介石、张学良的国际联盟外交似乎初战告捷。10月2日，蒋介石甚至要求张学良做好日本撤兵的接收工作。10月4日，张学良派张作相、王树常为接收委员负责接收日军撤退后之地区。当天，南京政府电告驻日公使蒋作宾，嘱其通知日本政府，转令前方军队，与中国所派接收委员接洽。

然而，日寇关东军岂能就此罢休？关东军不仅不撤兵，而且于8日出动飞机，轰炸锦州，并在辽宁、吉林两省积极筹建傀儡政权，长期占领东北的野心日益明显。

10月13日，应施肇基的要求，国际联盟理事会提前开会讨论东北问题。24日，理事会以13票赞成，1票反对（即日本），做出一项决议，要求日本马上开始撤兵，并于理事会再次开会以前（11月16日），即三个星期内撤退完毕。芳泽立即宣称："此次决议，非经全体一致同意，不能具有法律上的约束力。"

但蒋、张仍充满信心。10月29日，张学良应蒋介石之召，飞抵南京，除报告日军在东北最近的情形外，重点磋商有关日军撤退时，中国接收办法与撤兵后中日双方交涉等问题。张学良在南京表示："料想日本方面终必尊重国际联盟所表示之一致的意见，予以实行，使国际联盟和美国维持和平主持公道之努力，不致终归泡影也。"[1]

11月2日，南京政府发布命令，委派顾维钧、张作相、张群、吴铁城、罗文干、汤尔和、刘哲为接收东北各地事宜委员会委员，以顾维钧为委员长。3日，中国又致日本政府照会："中国政府兹已派定接收委员会，并经通知贵国政府，仍请贵国速派代表与本国所派人员商讨上述细目，务于11月16日前完全撤退被占各地。"[2]

11月16日，日本政府答复中国要求日军从东北占领地区撤退之照

1.《国闻周报》第8卷第44期。

2.同上。

会，声称中国要求日本履行未得国际联盟一致通过之决议，以求自利，日本不能接受。非俟中国承认中日条约之尊严及停止排日运动，日本不考虑撤兵问题。[1]这无异于给蒋、张当头一棒！日本关东军不仅未撤兵，反而进一步扩大军事行动，向黑龙江大举进犯。国际联盟对此束手无策，没有采取任何行之有效的措施。

如果说蒋、张未能及时判断出关东军军事行动的范围和目的是可以理解的，不应苛求；诉诸国际联盟，也不能说不对，并达到了有利于中国的部分目的。但问题的症结却在于：他们不以军事上的有效抵抗为国际联盟外交的坚强后盾，使军事与外交相互配合，确保胜利，而仅仅以"绝对不抵抗"来支撑大局，导致愈依赖国际联盟，愈不想抵抗；愈不抵抗，愈依赖国际联盟的恶性循环，甚至把一切的希望都寄托在国际联盟身上，使得这一外交显得软弱无力，荒唐可笑。正如国际联盟秘书长爱尔诺所说："当一个国家受到外国侵略时，首要的在它自己起来抵抗，然后才有希望得到他国的援助。如果自己不去抵抗，只希望别人代替火中取栗，这是史无前例的。"

日本侵略者占领东北后，关东军司令官本庄繁下令把张学良的私产打包后用3列火车运送到北平正阳门外的火车站，同时派人给张学良送来一封信，信中称还给张学良的私产，这些东西是他个人出资打包运送来的，要张学良查收。张学良看了本庄繁写来的信，十分愤怒。张学良认为，本庄繁作为关东军司令官侵占了东三省的土地，却把自己的个人财产送来，这是对他个人人格的侮辱。张学良厉声对本庄繁派来的人说："我的东西你给我运回去，原来怎么摆的还是怎么摆好，我将来自己会回去取的。我是中国的封疆大吏，你要还我东西，你把东三省的土地和人民还给我。"来人说："东西运来了就不会再运回去。"张学良

---

1. 韩信夫、姜克夫主编：《中华民国史大事记》第6卷，中华书局2011年版，第3987—3988页。

说："那好，你不运走，我就在正阳门外火车站把这些财产一把火全部烧了。"张学良这么一说，来人只好把张学良的财产运回了沈阳。后来，本庄繁下令把张学良的私产全部拍卖处理了，其中包括张学良多年收藏的数千件书画艺术品。

"莫须有的公案"

面对日本的侵略，张学良统率下的东北军不战而退，丧师失地，国难深重，自然激起全国民众的一片谴责之声，指责张学良"拱手将国土让人，为民族造成千万世奇耻大辱"[1]，称东北军是"误国军"，骂张学良为"不抵抗将军"。邹韬奋主编的《生活》周刊发表《无可掩饰的极端无耻》一文，批评"不抵抗主义"就是"极端无耻主义"。文章指名说：

> 号称"陆海空军副司令"之张学良氏口口声声说"有抵抗主义"，我们固已耳熟。又据东北边防司令官公署参谋长荣臻氏化装逃到北平公然告人说，当日军用大炮轰击北大营时，该处驻军长官由电话中向荣请示，荣令以"全取不抵抗主义，缴械则任其缴械，入占营内即听其侵入，并告以虽口头令亦须绝对服从"！这就是所谓"东北边防"，不知"防"些什么！记者非欲唱高调，说我国军队必能战胜日军，但当日军侵入我们国土之后，有守土之责者至少应以死御，即死御而犹无济于事，以战死谢国人，较之拱手缴械以让暴敌之长驱直入，横行无忌，使我中华民族贻羞当世者仍有霄壤之别。向敌宣战是一事，敌来死御又是一事。有守土之责者但

---

1. 中国韬奋基金会韬奋著作编辑部编：《韬奋全集》第5卷，上海人民出版社1995年版，第88页。

知缴械逃遁，犹恬然以"主义"自掩其丑，极端无耻者言之不以为怪，国人听了也不以为怪，则中华民族之受毒将无由自拔，故不可不辨。[1]

一时间，群情激愤，口诛笔伐，张学良成为全国舆论众矢之的。其中，也夹杂着诸多不实的传闻和莫须有的人身攻击。一位署名"越民"的读者给邹韬奋主编的《生活》周刊发来一篇《不爱江山爱美人》的小文章，文章说：

确息，一月以前，日人攻沈之际，某青年长官尚在中和（戏院）看梅兰芳，至十时许，梅伶迟迟不出台，而沈阳之急电无已，长官为之顿足再四，悻悻出院。次夕再往，观众大哗，于是逮捕十余人（平津各报无敢登者）。近日上海明星公司明星蝴蝶女士来平，长官好整以暇，于打完高尔夫球之暇，颇与女士有所酬酢，故大受女士之垂青云。[2]

毫无疑问，文章中所指的"某青年长官"是张学良，但文章中所述事实则完全是凭传说或想象编造的。邹韬奋在发表这篇文章时加了如下一段编者按："我们承越民君由北平寄来的这份《火把》，上面写着'燕大抗日会宣传股燕大学生会周刊部合出不定期刊'，又写着'二十年十月十九日第十期'，凡对国族危亡具有赤诚与肝胆者，对于这种的'长官'当然不免悲愤，越民君之冒险见寄，亦心为此悲愤情感所驱使，但记者以为'观众'对此等事，尚知道'大哗'，可见人心并未死尽，这未死尽的人心，就是民族也许尚有生望的一线曙光，我们应使全国未死尽人心的人组织起

---

1. 中国韬奋基金会韬奋著作编辑部编：《韬奋全集》第3卷，上海人民出版社1995年版，第446—447页。
2. 同上，第647页。

来，扩充起来，共同奋斗，共同制裁已死尽人心的人之行为。"[1]从邹韬奋的编者按可以看出，他并没有在意文章所述是否符合事实，而是对作者的勇气予以称赞。可见，当时的社会舆论氛围对于张学良是多么的恶劣！

在这些攻击性的文字中，流传最广、影响最大的当数国民党元老、时任广西大学校长马君武在上海《时事新报》等报纸上发表的《哀沈阳》诗二首：

一

赵四风流朱五狂，翩翩胡蝶最当行。
温柔乡是英雄冢，那管东师入沈阳。

二

告急军书夜半来，开场弦管又相催。
沈阳已陷休回顾，更抱佳人舞几回。

诗中的赵四即赵一荻。朱五指朱湄筠，是曾任北洋政府内务部、交通部总长、代理国务总理朱启钤的五小姐，她嫁给张学良的随从秘书朱光沐，又与赵四是好友、同学，两人过往甚密。胡蝶则是上海的著名电影明星、电影皇后。

据马君武自称，此诗是仿李商隐《北齐》体而作，原诗是这样的：

一

一笑相倾国便亡，何劳荆棘始堪伤。
小怜玉体横陈夜，已报周师入晋阳。

---

1. 中国韬奋基金会韬奋著作编辑部编：《韬奋全集》第 3 卷，上海人民出版社 1995 年版，第 647 页。

二

巧笑知堪敌万机，倾城最在著戎衣。

晋阳已陷休回顾，更请君王猎一围。

诗中所说的小怜是北齐皇后婢女，貌美，喜着戎衣，为皇帝高纬所宠爱，被封为淑妃，与之坐则同席，骑则并马，两人常到祁连池打猎。时北周军入侵，迫近晋州平阳，丞相隐匿军情不报，致平阳失陷（非诗中所言晋阳）。高纬欲率军南下，小怜于此时恃宠撒娇，坚持再猎一围，致误反攻时机。后来，高纬反攻平阳，城内北周军已渐感不支，城垣崩溃，高纬却忽然下令停攻。他的用意是想炫耀武力，要让小怜看看他大军破城的景象，而小怜此时正在梳妆，良久未竟。北周军遂利用这段时间抢修城防。等小怜妆成后，双方会战。高纬带小怜并马在高地观战。北齐军右翼稍后移，小怜误以为败退，遂在马上惊呼：我军败了！他俩急忙撤离战场，以致军心动摇，北齐军一败而不可收拾，终于灭亡。

从上述情况可知，马君武的感时诗同样是借高纬的故事讽喻张学良，说他不重江山重美人，在九一八事变之夜犹与胡蝶翩翩起舞，结果把东北三省给断送了。马君武的诗作发表后，南京政府乘机授意各报广泛登载，这两首诗因而得以传诵一时。这样一来，张学良不抵抗的传言似乎进一步得到了证实。从此，张学良被国人普遍视为"风流将军""不抵抗将军"，备受抨击，胡蝶更被视为"红颜祸水"，承受很大的精神压力。

对于马君武的诗，身为当事人的张学良、赵四、朱五均未置一词，只有电影明星胡蝶曾于1931年11月21日在上海《申报》上刊登了一则辟谣启事，郑重声明："蝶于上月为摄演影剧曾赴北平，抵平之日，适逢国难，明星同人乃开会集议公决，抵制日货，并规定罚规，禁止男女演员私自出外游戏及酬酢，所有私人宴会一概予以谢绝。留平五十余日，未尝一涉舞场。"胡蝶还声称："蝶亦国民一分子也，虽尚未能以颈血溅仇人，岂能于国难当前之时，与负守土之责者相与跳舞耶？'商女不知亡国恨'，是真狗彘不如者矣。"她严正指责马君武的诗别有用心。

22日，明星电影公司导演张石川及洪深、董天涯、郑小秋、龚稼农、夏佩珍等全体演职员也在《申报》上发表启事为胡蝶作证，启事说："胡女士辟谣之言，尽属实情实事。同人此次赴平摄取《啼笑因缘》《旧时京华》《自由花》等外景部分，为时几近两月，每日工作甚忙。不独胡女士未尝违犯公司罚规而外出，更未尝得见张副司令一面……同人非全无心肝者，岂能容女演员作此不名誉之行动？尚祈各界勿信谣传，同人愿以人格为之保证焉！"

事实是，明星影片公司为赴北平拍外景，一行40余人在导演张石川率领下，于9月中旬离开上海北上，九一八事变发生后才到达天津。胡蝶在其回忆录中说道："我们到达天津时，见到大批撤下来的军队，知是沈阳失守了。"所以，胡蝶到北平当是九一八事变之后。所谓九一八事变之夜胡蝶与张学良翩翩起舞一事纯属子虚乌有，纯属于攻击者的想象。胡蝶在北平50余日，始终未与张学良谋一面，后来张学良因事到上海，有人想介绍他与胡蝶相见，张学良婉言谢绝了。他说："如果这样，谣言岂不得到证实？"遂一笑置之。张学良与胡蝶可谓"素昧平生"。所以，后来胡蝶在回忆录中特别指出，马诗是一段"莫须有的公案"[1]，这是可信的。1964年，胡蝶从美国到台湾，有人再次问她愿不愿意见张学良。胡蝶说："过去那段冤案好不容易弄清楚了，现在相识，岂不又给人以题目吗？"另外，还有人说，朱湄筠在抗战期间曾在香港一家饭店中看到马君武先生，就走过来对他说："马先生，你认识我吗？我就是你诗中所写的朱五小姐。"马君武一看，拔腿就走。

马君武的两首诗虽然不免牵强附会，并沿袭了古代"红颜祸水"的

1. 张学继：《马君武与张学良的一桩公案》，戴杨天石主编《民国掌故》，中国青年出版社1993年版。

偏见，但却反映了当时中国知识分子怨世忧国的心情，并引起社会上广泛的共鸣，因此其诗作很快流传开来，可谓脍炙人口。这无疑也给张学良造成了很坏的影响，一时众说纷纭，谣言四起。张学良为此蒙受了不白之冤，倍感痛苦，但他从未做公开或书面的辩解。他最气的是说他与朱五小姐有染，真是天大的冤枉，后来连玩笑都不敢与部下的太太开了。[1]

究竟谁不抵抗？

现在，再回过头来看，蒋、张二人对不抵抗问题的态度基本一致，但也有不同之处，即在考虑对日政策时，东北在他们心目中的地位不同。蒋介石从来都是以维护与巩固以他为首的南京政府的统治地位为出发点来制定对内对外政策的。蒋介石从其狭隘的阶级和集团利益出发，顽固推行所谓"攘外必先安内"的国策，认为"心腹大患"是中国共产党和地方实力派，东北的丢失不构成对南京政府统治的直接威胁；相反，替他除掉了自1930年中原大战以来最有实力的潜在对手。所以，他一再说道："这回日本占领东北三省和热河，我们是不能负责的……无论外面怎样谤毁，我们总是以先清内'匪'为唯一要务，如果不是这样，那就是本末颠倒，先后倒置。"[2]一个号称国家元首兼政府首脑、军事统帅，大权在握的人，却在丢失半壁江山之后公开说自己可以不负责任，这是何等荒唐无耻的辩解？

因此，要论不抵抗的责任，首先当然是蒋介石及国民党统治集团的责任。因为蒋是中央政府的负责人。一个中央政府负责人在敌人登堂入

---

1. 郭冠英：《张学良在台湾》，中国友谊出版公司1993年版，第131—133页。
2.《蒋介石对剿共军高级将领训词》(1933年4月7日)，载中国人民解放军政治学院编印《中共党史参考资料》第6册，1979年版，第349页。

室的时候不去援助封疆大吏去抵抗，却命令封疆大吏不要抵抗，这是无论如何也不能原谅的历史罪责，那些企图为蒋介石辩解粉饰的所谓学者们在这个问题上大做文章，玩文字游戏，这是十分荒谬的，也是徒劳无益的！

中国近代史上的反动统治者都无一例外地抱有"宁赠友邦，勿与家奴"的卑鄙心理。其实他们口中的所谓"友邦"，并非友好之邦，而是明火执仗的强盗之邦。在他们看来，把江山断送一大半给外国的强盗，自己还能照样坐稳小朝廷；而如果给了"家奴"，就有可能完全葬送自己的权位和地位。如果以这样的心态去衡量事情的利弊和是非，那么，卖起国来也总是心安理得的。在这种心理之下，对内总是重于对外，勇于内战、怯于外战的内战"英雄"大批出现了，并形成风气。一部中国近代史充满了这样丑陋的表演！

对于张学良来说，东北是他的家乡，是从父亲那里继承下来的根据地、大本营，是他一切力量的源泉，一旦丧失东北，就会严重削弱他的军事政治力量，并直接影响他的前途与命运。他之所以不抵抗，是因为以他的认识与经验，判断只有这样，才能避免中日军队在东北的武装冲突，才能防止事态扩大，从而确保他在东北的统治地位。这既受到当时社会与时代的局限性的影响，又与他本人的阅历与能力有关。

张学良晚年承认："我对九一八事变判断错误了。后来国人骂我，我说你骂我九一八事变不抵抗，我是一点不认这个账的，我没有错。可是你要骂我是封疆大吏，没把日本的情形看明白，那我承认。我判断日本不能这样做，因为这么做对它不利。我这个人是胆大妄为的，假如我真知道日本人要政变，我当时可能跟日本人要拼的。"[1]不管怎样，守土有责，张学良作为封疆大吏当然也负有不可推卸的历史责任。

但张学良在失去自由后，特别是在台湾期间，有时又不得不说一些

1.《张学良访谈录》,《参考消息》1990 年 12 月 19 日。

言不由衷的话，有意无意为上司蒋介石辩护，把一切责任全部揽到自己头上。所谓人在屋檐下，哪能不低头！这是可以理解的。

1990 年夏，张学良在接受日本广播协会电视台（NHK）采访时，专门谈到了九一八事变的不抵抗问题。他说："这件事情，现在有好多人替我辩解，说是当时中央怎么样。当时中央还没有那么厉害，那时中央不是蒋先生，不是蒋'总统'负责，而是孙科负责的时候。中央给我的指示是，相应处理。相应处理是一句不负责任的话。我不能把责任推到中央去。我自己是不想把这件事扩大。我没判断出日本会整个儿来。我判断它要挑衅。（就是先）找件事对中国挑衅，然后军人好有借口说话。当时中国有好多事情，譬如南京事件、济南事件，也都是大事化小，小事化了。假如我知道这件事不能了了，那就不同了。"[1]

张学良在这里把不抵抗的责任完全揽到了自己身上，这是不符合历史事实的。蒋介石第二次下野是在 1931 年 12 月 15 日，孙科政府是在 1932 年 1 月 1 日才成立的。九一八事变前后正是蒋介石当权时期。张学良把责任推给孙科是毫无道理的。张学良晚年的这种说辞违背了起码的历史常识，不足为据。

近年来海内外有一批所谓的学者利用张学良晚年的谈话为依据，一本正经地为蒋介石开脱起历史责任来，认为根据"张学良自述，九一八事变发生后，下不抵抗命令者是他自己，而非中央政府。这是对'不抵抗主义'责任最有力的澄清"[2]。按照这样的解释，似乎不抵抗的责任都在张学良一人身上了，其实事情哪能如此简单？

现在为蒋辩护的人都以没有找到蒋介石直接下达不抵抗的命令为口实。但很多当事人都认为这个不抵抗命令是存在的。这里再引赵一荻的胞兄赵燕生的回忆为证。赵燕生回忆说：

---

1. 章伯锋、庄建平主编：《抗日战争》第 1 卷，四川大学出版社 1997 年版，第 163 页。
2. 曾景忠：《张学良自述：不抵抗命令是我下的》，《炎黄春秋》2004 年第 1 期。

1931年，我在清华大学三年级读书，九一八事变，日军占领沈阳、长春，举国反抗。当时我心中极其愤怒，怎么张学良会抱不抵抗主义？虽然多次在顺承王府碰见张学良，他总是忙得很，从未有机会能问他。有一次在他寝室书桌上，摆着一封电报，我走过去顺便看看，一看是蒋中正打给张学良的电报，叫他"坚决不抵抗"。我才知道当时张学良的不抵抗，不是张学良自己不要抵抗，而是蒋中正的命令，假借"为国为民"的幌子迫使他不抵抗。这件事从来也未对外讲过。回忆当时看见这封电报的愤怒心情，是非笔墨所能形容的。可惜这封电报没有保留下来，否则真可以陈列在展览馆里让全国人民来看看了。[1]

赵燕生曾亲眼见到蒋介石发给张学良的不抵抗命令，笔者认为这不会是编造的故事，应该是可信的。因为这不是赵燕生一个人所见，而是许多人见到了的。当时任张学良机要秘书的郭维城回忆："九一八事变当时，张学良将军在北平，一夜之间，十几次致电南京向蒋介石请示，而蒋介石却若无其事地十几次复电，答复不准抵抗，把枪架起来，把仓库锁起来，一律点交日军。"[2]当然类似的记载还很多，不必一一列举。

我们还可以换一个角度来看。发生九一八事变这样的大事，作为中央政府最高负责人，只能有两种可能的选择：一是命令张学良抵抗，二是命令张学良不抵抗，而绝对不可能做中立的第三者，站在一旁袖手旁观。我们虽然没有见到蒋介石命令张学良不抵抗的电报原件，但我们同样也没有见到过蒋介石命令张学良立即抵抗的电报。假如蒋介石确实下达过命令张学良立即抵抗的电报，国民党的官方史学家早就把这样的电

1. 赵燕生：《关于张学良与四妹绮霞的点滴回忆》，载中国人民政治协商会议全国委员会文史委员会《文史资料存稿选编——西安事变》，中国文史出版社2002年版，第789页。
2. 易显石等：《九一八事变史》，辽宁人民出版社1981年版，第166页。

报拿出来了。因为这是蒋介石洗刷自己责任的最有力的证据，但是他拿不出来，那就从反面证明蒋介石确实下达了不抵抗的命令。至于现在没有看到原件的原因很多，一是蒋介石、张学良把电报销毁了，二是蒋介石把电报藏起来，作为绝密材料加以封锁。只要蒋介石没有像袁世凯销毁有关"洪宪帝制"电报那样销毁九一八事变的有关电报，那么这些电报终有问世的一天。

当年，邹韬奋就对张学良的不抵抗罪名有如下的辩护："至于九一八不抵抗的罪名，已有不少人指出过，是根据当时的整个'睦邻政策'，其责任不能抛在他一个人身上。"[1] 其实，结论是很清楚的。正如笔者在上节中所说的，九一八事变不抵抗是蒋介石、张学良共同的选择。正如有论者概括的那样：蒋因欲避免全国抗战而不抵抗，张因主张全面抗战而暂时不抵抗；蒋可用局部抵抗来避免或拖延全国抗战，张不愿意独自承担局部抗战，只能用不抵抗来等待全国抗战。[2] 笔者认为这样的概括就比较中肯全面。因此，可以肯定是蒋介石下达命令于先，张学良执行命令于后。一个是中央政府最高负责人，一个是地方政府最高负责人，各有其应负的责任，只是责任的大小不同而已。把所有的责任推给某一个人是毫无道理的，也不符合历史常识。

1. 中国韬奋基金会韬奋著作编辑部编：《韬奋全集》第 10 卷，上海人民出版社 1995 年版，第 570 页。
2. 范德伟、庄兴成：《蒋介石的不抵抗和张学良不抵抗》，《史学月刊》2003 年第 9 期。

第六章

不抵抗中的抵抗

　　若是中央有决心抗日，应向日本宣战，动员全国力量与日本一拼。我是有决心亲临前线的，干死了比活着受国人唾骂好得多。人反正有一死，你晓得我是不怕死的，就怕南京假抵抗、真谋和，那我就没有办法了。

——张学良

　　现在全国舆论沸腾，攻击我们两人。我与你同舟共命，若不先下去一人，以息全国愤怒的浪潮，难免同遭灭顶。所以我决定同意你辞职，待机会再起。

——蒋介石

有限度的抵抗

张学良毕竟不同于蒋介石，东北是他的家乡，是他力量的源泉。面对日本的肆意侵略，身负国难家仇的张学良不能无动于衷。在全国人民尤其是东北民众抗日救亡运动的推动下，张学良的态度有所变化，放弃了事变爆发初期所持的"绝对不抵抗主义"，开始采取一些应变的措施和"自卫"的准备，对日本的侵略进行了有限度的抵抗。

1931 年 9 月 23 日，张学良发表通电宣布：因设在沈阳的东北边防军司令长官公署及辽宁省政府均被日军占领，不能行使职权，兹在锦县暂设东北边防军司令长官公署行署、辽宁省政府行署。[1] 以张作相代理东北边防军司令长官、米春霖代理辽宁省政府主席。米春霖接任后，曾对新闻记者公开表示："日军占领沈阳，我军之不抵抗，并非得已，乃为避免肇衅责任。今肇衅责任业已明了，国际间均知日军占领沈阳时，我军无敌对行动。此后日军如再向前进展，我军即不得不作正当防卫。"[2]

辽宁省警务处处长黄显声也奉张学良之命，把退入辽西的省警务处及沈阳市公安总局所属的千余名公安队员和警察改编为辽宁公安骑兵总队，一共三个团，分驻锦县城北三家子和金城等地整训。不久，张树森的骑兵第三旅、常经武的步兵第二十旅和张廷枢的步兵第十二旅奉命集

---

1. 秦孝仪主编：《中华民国重要史料初编·绪编》(一)，台北国民党中央委员会 1981 年版，第 258—259 页。
2.《国闻周报》第 8 卷第 39 期。

结锦州附近，加上驻守大虎山、沟帮子的孙德荃部步兵第十九旅，与黄显声的公安骑兵总队一起，共约 3 万兵力，沿大凌河布防，维持辽西一带社会秩序和防御日军西侵。

10 月 12 日，日寇进攻黑龙江，张学良特任黑河警备司令兼第三旅旅长马占山代理黑龙江省政府主席，希望他担当此重任保卫黑龙江。当时，黑龙江有省防军步兵三个旅、骑兵两个旅、卫队团、炮兵团、辎重兵营、工兵营及保安第一大队、保安第二大队等 3 万余人，人数看起来虽然不少，但装备差、战斗力不强，与日寇相比，在军事实力上处于明显的劣势。

11 月 12 日，吉林省政府行署移到哈尔滨附近的宾县，张学良指派坚决抗日的省府委员诚允代理吉林省政府主席，负责"整饬一切"，对抗以熙洽为首的伪吉林省政权。诚允上任后，对吉林省各项军政进行整顿，率领全省军队约 7 万人准备抗击日军。

经过这一番重新任命和部署，东北军初步稳住了阵脚，在主张守土抗日的新任军政首脑的领导下，开始了抗击日伪军的斗争。

在辽西，黄显声领导的辽宁公安骑兵总队异常活跃，先后消灭了数支汉奸队伍，其中一支即张学成叛军。张学成是张学良二伯父张作孚之子，他自认才干不低，怪叔父张作霖偏心，不大力栽培他，故一直对堂哥张学良心怀不满。他原任直鲁联军张宗昌部第七十师师长，失败后与张宗昌一起逃到大连，被日本人收买充当汉奸。九一八事变后，在关东军的扶植下，他组织伪东三省自治军约 1 000 余人，由四个日本浪人任顾问，在辽西袭击抗日武装，并准备进攻锦州，一时颇为猖狂。张学成因系张学良的亲戚，熟悉东北军的内部情况，米春霖、荣臻感到难以处理。黄显声则果断地说："谁投靠日本做汉奸，就消灭谁，张学成也不例外，而且副司令也不会同意他的堂弟做汉奸的。"他亲赴北平见张学良，建议进剿。张学良随即电令荣臻、米春霖派公安骑兵总队总指挥熊飞率队进剿，一战即将张学成及其日本顾问击毙。熊飞将所获证据如伪总司令大印、旗帜、布告、文件等带到北平报告张学良。张学良立即批示犒赏出力人员现洋 5 万元。[1]

对东北民众的抗日斗争，张学良也从不同方面给予或明或暗、或多或少的声援和支持。9 月 25 日，东北民众抗日救国会在北平成立。事先没有向张学良请示，但张也未加阻拦，并从旁支持。当时，救国会的主要负责人都是东北国民外交协会和其他人民团体的负责人，如杜重远、阎宝航、高崇民、车向忱等人，与张学良有较深的关系，九一八事变后逃难到北平，都没有正式工作。张学良聘请他们为东北问题委员会的委员，每人每月发给 100 元的生活费。特别在救国会活动经费紧张的情况下，由张学良支持和批准，边业银行经理韦梦龄出面，在北平发行爱国奖券，每月可得 2 万元的收入作为救国会的固定经费。为保证救国会领导人的安全，张学良还允许救国会成立一个由 20 多人组成的警卫班，并为其发放武器。救国会负责人外出活动，都有警卫人员进行保护。救国会也经常用张学良的名义，组织发展抗日义勇军和任命各路义勇军司令。张学良还不断用白缎子条写成秘密手谕，命令关外的东北军余部与救国会合作。每当义勇军将领到北平，张学良都随时接见，慰奖有加，并秘密提供枪械、弹药和现金，暗中支持抗日义勇军。[2]

马占山嫩江抗战，揭开了东北军抗击日本侵略军的序幕。

1931 年 10 月，关东军在初步稳定了对辽、吉两省的占领后，开始图谋进攻黑龙江。因顾虑日苏关系，怕引起日苏冲突，便利用汉奸张海鹏部队打头阵，沿洮昂（洮南至昂昂溪）铁路进犯黑龙江。

张海鹏（1867—1949），奉天省盖平县（今盖州市）人，外号"张大麻子"，绿林土匪出身，原为冯德麟部下，1917 年转投张作霖，历任第二十八师第五十五旅旅长、奉天省洮辽镇守使、东北骑兵第三十二师师

1. 熊正平：《沈阳、锦州沦陷纪略》，载中国人民政治协商会议全国委员会文史资料委员会编《文史资料选辑》第 6 辑，中华书局 1960 年版，第 13—14 页。
2. 卢广绩：《"东北民众抗日救国会"和张学良》，载方正等编《张学良和东北军》，中国文史出版社 1986 年版，第 216—217 页。

长等职务，是张作霖集团早期的重要成员之一。此人头脑简单、利欲熏心，九一八事变后为关东军收买，日寇许以伪黑龙江省省长之职，张便为虎作伥、死心塌地地为侵略者卖命。10月13日，张海鹏倾其全部兵力3个团由洮南向北出击，16日攻打嫩江铁路桥，日军出动飞机助战。黑龙江省守军在参谋长谢珂的指挥下，沉着应战，经过一昼夜激战，一举击溃张海鹏所率伪军。为防止日伪军再犯，遂将嫩江铁路大桥炸毁三孔。

10月19日，马占山自黑河抵达齐齐哈尔，领导黑龙江省的抵抗战争。

马占山（1885—1950），字秀芳，吉林省怀德县（今公主岭市）人，早年投身绿林，能征善战，机警过人，在奉军中历任连长、营长、团长、旅长。接到张学良的委任电后，他心情十分激动，深感国难当头，责任重大，毅然赴任。21日，马占山在齐齐哈尔正式宣誓就任黑龙江省代主席，坚定地表示："倘有侵犯我疆土，及扰乱治安者，决以全力铲除之，以尽我保卫地方之责。"[1]为支持马占山抗日，张学良批准将原兴安屯垦军步炮兵约四个团的兵力改编为新编黑龙江省省防军第一混成旅，归马占山指挥。

张海鹏兵败后，关东军便由幕后操纵走向前台，借口洮昂铁路系日本贷款所建，现在债务未清，破坏嫩江铁路桥就是侵害日本财产，于11月3日派出铁甲车两列、士兵30余名，开到嫩江桥，天空并有5架战斗机盘旋，实行武力抢修。东北军为避免冲突，主动撤退防守江桥的部队。4日，日军渡江，大规模进攻东北军阵地，并出动飞机炸毁大兴车站。至此，东北军忍无可忍，当即还击，奋力抵抗。嫩江抗战爆发。

嫩江抗战既起，马占山身先士卒，冲锋陷阵，面对装备精良、源源不断涌来的侵略军，毫不畏惧，英勇奋战，迭挫敌锋。张学良一面命令马占山"死守勿退却"，一面呈报南京政府，表示已经妥饬各部切实采

---

1. 王鸿宾、王秉忠、吴琪：《马占山》，黑龙江人民出版社1985年版，第37页。

取正当自卫方法。[1] 当战斗初获胜利,张学良又特电嘉奖,称赞马占山"亲临阵地,威声远播,中外交推",并提升他为代理东北边防军驻黑龙江副司令,所有黑省军队一律归其节制指挥。[2] 不久,张学良又将所有原驻哈尔滨的黑省军队及洮索各路军队、东北屯垦军及此前由邹作华统率的炮兵都划归马占山指挥,对其表示了极大的支持和鼓励。

但因种种原因,这些援军未能及时赶到,致使马占山孤军奋战。11月8日,日关东军司令官本庄繁给马占山送来通告,要马占山立即下野,将黑龙江省政权移交给汉奸张海鹏。马占山阅后一笑置之。马占山指挥部队节节抵抗,逐次后退,历时16天,终因兵力不足,于11月19日撤离省城齐齐哈尔,退往克山。临行前,马占山接到已经投降日寇的张景惠打来的电话,劝他留下。马占山立即回答:"占山自信系一好男儿,绝不降日本。阁下如降日本,则人各有志,不必相强。"[3] 当天,日寇关东军占领齐齐哈尔,但也付出一定的代价,伤亡达1 500余人。

马占山嫩江抗战,在全国引起强烈反响,掀起了声势浩大的援马抗日爱国运动。全国各界人士纷纷集会游行,捐款捐物。舆论指出:"最近暴日来侵,我国却出了'日本人爱什么就给他什么'的'不抵抗主义'的'中华民国陆海空军副司令';又出了临危'装一仆役模样''持菜篮做出城买菜模样''混出逃到北平'的'东北边防军总参谋长',以及其他无数精于逃遁的高级军官们!国人所感受的耻辱,可谓无以复加,以此鲜廉寡耻的黑暗境界之中,突然涌现一位为民族争光、屡以死抗暴日兽军的黑龙江代理主席马占山将军,我们不得不以满腔热忱对马将军以及他的忠勇奋发为国效死的将士顶礼膜拜,致其无上的敬意!"[4]

---

1. 天津《大公报》第3版,1931年11月8日。
2. 王鸿宾、王秉忠、吴琪:《马占山》,黑龙江人民出版社1985年版,第56页。
3. 同上,第61页。
4. 中国韬奋基金会韬奋著作编辑部编:《韬奋全集》第5卷,上海人民出版社1995年版,第79页。

舆论还说："绝塞孤军、奋勇杀敌的马占山将军所挣扎保全者仅属东北一隅之黑龙江省，而义声所播，震动寰宇，凡属中华民族的后裔，更无不知尊崇马将军者，实以马将军卫国抗敌的精神，不但足以争回国家民族的人格，而且足以唤起全国民众的忠魂。"[1]

舆论称赞马占山的抗日"开我国反日民族战争之先声，振全国抗日救国之精神，所关甚大，虽败犹荣"，要求蒋介石、张学良率领将士对日宣战。青年学生和爱国同胞，纷纷组织"援马团""义勇军"前往东北支援马占山抗战。上海南洋兄弟烟草公司为了宣传马占山的抗日行为，特制"马占山牌"香烟，畅销中外。海外华侨也慷慨解囊，有的捐款达数百万元，不惜倾家荡产。东南亚一带的华侨还组织"援马抗日团"，前来东北参加抗战。一时间，马占山成为全国上下妇孺皆知的抗日英雄，誉满全国，蜚声中外，从侧面反映了全国民众对日本侵略和不抵抗主义者的痛恨。

这时，南京政府和蒋介石已对日本的侵略意图有了深切的认识，判断日本之军事政策，必定要达到完全占领东三省之目的而后已。日本外交当局最初与军事当局意见不同，但在国际联盟第二次理事会决议以后，外交当局便已逐渐追随军部行动，现在外交完全为军事所支配。故一切观察判断，应以军事为前提。同时，对国际联盟也表示了失望，意识到国际联盟不能采取任何有力制裁，现在国际联盟的努力已将用尽。今后虽仍应对国际联盟表示完全信任之意，但其目的则变为：（1）减少人民对政府的责备；（2）不致伤各国之感情；（3）为将来运用《九国公约》而对美国做工作时，较易说话。[2]

张学良也明白了国际联盟也只能是口头上说说，对日本没有任何影响力。中国在国际联盟顶多也就是控诉一下不平，让人们知道事情的真

---

1. 中国韬奋基金会韬奋著作编辑部编：《韬奋全集》第 5 卷，上海人民出版社 1995 年版，第 82 页。

2. 李云汉主编：《九一八事变史料》，台北正中书局 1977 年版，第 324—327 页。

相。除此而外，什么用也没有。因此，他对国际联盟也不抱任何希望了。[1]

蒋、张二人最初寄希望于日本政府的"协调外交"会控制关东军的军事行动和依赖国际联盟促使日军停战撤兵的企图遭到双重失败。此后，南京政府的对日政策发生了若干变化。11月12日和19日，蒋介石两次致电马占山，宣称"我方采取自卫手段，甚属正当"，赞扬他"为党国雪耻，为民族争存""中外钦仰，至堪嘉慰"。[2]17日，南京政府特任马占山为黑龙江省主席，以资鼓励。

这期间在南京召开的中国国民党第四次全国代表大会在口头上也表现了较为强硬的态度。11月14日，大会通过《对全世界宣言》，指出："日本武力占领东三省，至今已将两月，中国忍耐至今，已至最后之限度。如日本继续蔑视国际联盟保持正义之主张，不顾国际公约之尊严，而国际联盟及各友邦无法履行其签约国神圣义务之时，中国民族为保障国际联盟盟约、《非战公约》及华盛顿《九国条约》之尊严，及执行民族生存自卫权，虽出于任何重大之牺牲，亦所不恤。为生存自卫而抵抗，为独立国家应有之权利，亦国际公法所允许。本大会自当领导我全中国民族奋斗到底，誓不稍屈于横暴武力之下，以保持国际之正义，与完成我签约国对于国际公约之神圣责任。"[3]

大会还就蒋介石代表主席团提议的团结御侮办法通过一项紧急决议案，请蒋"亲自北上，首赴国难"。[4]11月23日，蒋介石致电张学良，内称："警卫军拟由平汉线北运，以驻何处为宜？中如北上将驻石家庄，兄驻北平，则可内外兼顾，未知兄意如何？警卫军可否驻防石（家）庄

---

1. 管宁、张友坤译注：《缄默50余年——张学良开口说话》，辽宁人民出版社1992年版，第90页。

2. 秦孝仪主编：《中华民国重要史料初编·绪编》（一），台北国民党中央委员会1981年版，第300—301页。

3. 荣孟源主编：《中国国民党历次代表大会及中央全会资料》下册，光明日报出版社1985年版，第33—34页。

4. 同上，第36页。

及以南地区，请即示复"，摆出一副即将北上抗日的架势。[1]

不过，这时候的国民党四分五裂，一国三公，所有的宣言、决议都是一种欺骗民众与应付舆论的姿态，没有什么实际的价值。

如果说九一八事变爆发之初，张学良是因为判断错误，没有预料到关东军会发动大规模军事行动，更没有想到日军是以整个东北为目标，而采取了"不抵抗"的对策；那么现在真相大白，张学良理当顺乎全国援马抗日浪潮，响应东北军广大将士和流亡平津的东北民众的强烈呼声，亲率大军出关，从锦州出击，牵制日军北进，配合马占山部，南北夹攻关东军，收复失地。但张学良并没有这样做，他命令马占山死守勿退，自己却按兵不动，只就黑龙江省现有的兵力和物资加以援助，以致马占山孤军奋战，终因后援不继，抗战失败。这就不能不谈到张学良思想的另一方面，即他的"恐日病"和保存实力的思想。

张学良自少年时代就痛恨日本在东北的侵略行径，立志反日救国。后来，又加上杀父之仇，他与日本帝国主义可以说是不共戴天的。但是，长期以来，张学良与当时不少中国军政要人一样患有"恐日病"，慑于日本强大的军事力量，认为一旦爆发战争，日本全国的兵力可源源而来，绝非东北一隅之力所能应付。要抗日就必须举全国之力，方有成功的希望。张学良1928年顶住日本侵略者施加的巨大压力毅然宣布易帜和1930年出兵入关助蒋，这是其中的一个重要原因。所以，九一八事变爆发后，张学良经常对人说："我爱中国，我更爱东北，因为我的祖宗庐墓均在东北，如由余手失去东北，余心永远不安。但余实不愿以他人的生命财产，作余个人的牺牲，且不愿以多年相随、屡共患难的部属的生命，博余一人民英雄的头衔。日本这次来犯，其势甚大，我们必须以全国之力赴之，始能与之周旋。我们是主张抗战的，但须全国抗战；如能全国抗战，东北军在最前

---

1. 秦孝仪主编：《中华民国重要史料初编·绪编》（一），台北国民党中央委员会1981年版，第308—309页。

线作战，是义不容辞的。"[1] 换句话说，就是如果全国不抗战，我张学良也不能单独抵抗。张学良曾表示：如果是"玉碎（即全国抗战）还可碎，要是"瓦碎"（即东北军单独抗战）则不必，强调"不为瓦碎"。[2]

当时，全国确实还未出现举国一致抗战的局面。国共两党正激烈地进行着"围剿"与反"围剿"的斗争，尚未结成抗日民族统一战线。国民党内部仍处于四分五裂的状态。九一八事变后，在"共赴国难"的旗号下，南京和广州两派曾在上海召开了一个宁粤和平统一会议，却未能达成统一，最后只好决定由南京和广州分别召开国民党第四次全国代表大会，然后当选的中央委员再到南京召开四届一中全会。改组南京政府后，广州政府才宣告取消。不料，广州国民党第四次全国代表大会中途又发生分裂，与会代表竟大打出手，一片混乱。汪精卫派和孙科派代表愤而北上，在上海另行召开了一个国民党第四次全国代表大会，这样，就出现了一党的代表大会，分三个地方召开的荒唐事，堪称奇闻。国难当头，国民党各派系的军阀政客们仍在忙着争权夺利，置民族危亡于不顾，丑态百出。

南京国民党第四次全国代表大会虽然表示了抵抗日本侵略的态度，对马占山嫩江抗战也公开给予鼓励，但仅仅是一种精神支持，没有采取任何实际的援助行动。蒋介石推行"攘外必先安内"政策，虽宣称将亲自北上，驻节石家庄，并调警卫军随同，其意图仍在于"安内"，兼顾对付红军、阎锡山、韩复榘，确保华北，而让张学良坚守北平，单独对付日本。

如果蒋介石真有决心抵御日本侵略，理应将中央军主力从"剿共"前线直接派往东北，调至锦州。那样张学良肯定会与之并肩而行，共同

---

1. 洪钫：《九一八事变当时的张学良》，载中国人民政治协商会议全国委员会文史资料委员会编《文史资料选辑》第 6 辑，中华书局 1960 年版，第 24—26 页。
2.《王化一日记辑》，载辽宁省政协文史资料研究委员会编《辽宁文史资料》第 17 辑，辽宁人民出版社 1986 年版，第 275 页。

抗日。但蒋介石丝毫没有此意，反而企图染指张学良的华北地盘，自然引起张学良的警觉，表示反对。

在这种形势下，作为地方实力派领袖人物的张学良，保存实力的思想占了上风。他不甘心失去东北后再失去华北，更怕失去东北军。对此时的张学良来说，失去东北固然痛心，但还有华北。如果再失去华北与东北军，他将丧失一切。所以，张学良开始考虑放弃东北，撤退关外东北军，以保存实力，确保华北的地盘。华北已成为张学良继续维持其政治、军事地位的唯一根据地，也是有朝一日反攻东北、恢复失地的前哨阵地，具有头等重要的意义。这一思想在锦州问题上得到了充分的体现。

不战而弃锦州

锦州是辽西重镇，地处联系关内外的交通要道上，战略地位十分重要。从日本侵略者的角度来说，如果不占领锦州，就不能完全摧毁张学良在东北的统治，也不能建立伪满洲国。一旦占领锦州，就意味着在完成对东北占领的同时，打开了通往平津、进犯华北的大门。对于中国来说，东北军守住锦州，不仅表明中国仍在抵抗，日军尚未完全占领东北，而且可以有效地保卫华北。因此，对于双方来说，锦州都是必争之地。

日寇关东军在占领齐齐哈尔之后，立即南下辽西，准备进攻锦州。1931 年 11 月 27 日，日军越过辽河，前锋抵达大虎山、沟帮子一线。对此，国际社会反应强烈。日本外相币原此前曾向美国国务卿史汀生表示：日本政府决定从齐齐哈尔撤出，并保证停止进攻锦州。这时，史汀生严厉指责币原失信。日本中央军部也认为关东军过于独断专行，在 27 日一天之内连续发出 4 道"临参委令"，命令关东军将已经进入辽河以西的部队全部撤到辽河以东。29 日，关东军不得不暂时退兵。

当关东军进攻辽西的消息传出后,南京政府代理外交部部长顾维钧于 11 月 24 日向英、法、美三国提出了锦州"中立区"计划,即驻锦州的中国军队撤退至山海关,但日本须向英、法、美三国声明,担保不向锦州至山海关一段区域进兵,并不干涉该地域内中国之行政机关及警察。25 日,施肇基奉南京政府训令,向国际联盟提出此计划,建议由英、法、美等中立国军队驻守锦州"中立区"。

日本政府为缓和国际压力,派出驻华使馆参赞矢野与张学良于 29 日在北平进行了接触。矢野说:"英、法、美与中国提商拟以锦县一带为中立地域,中国军队撤至山海关。日本对此原则上甚表同意,如贵方赞成此种办法,日方即可派代表商洽。"张学良回答:"此事尚未奉到政府训令,不能做确定之答复。唯个人对此事亦颇赞成。但有应声明者二事:第一,希望日军最大限度不越过原遣地点即巨流河车站。第二,须留少数军队在锦县一带即中立区域内,以足敷防止匪患,维持治安为度。至将来日方如派代表时,总宜舍军事人员,而用外交人员。"矢野又说:"个人对于第二点,仍希望中国军队全数撤退,唯未奉训令,亦不能正式答复。"

当天,张学良据此电告蒋介石,建议:"查划定中立地域办法,亦属避免冲突,以图和平解决之一道。日方既表同意,我方似可与之商洽。"[1]主张与日本直接谈判。蒋介石则强调必须有英、法、美三国的担保和居间斡旋,不同意张学良与日本直接谈判。

当天,宋子文和顾维钧特致电张学良,说明日本人的提议有两层用意:(1)彼可以正由两国商洽办法为辞,请国际联盟无庸参预,彼可于商洽时提出种种苛酷条件,从则难堪,不从即破裂。(2)彼可借口于彼已撤兵,迫我撤至山海关,我若不撤,彼即责我违约,进兵攻我。因

---

1. 中国第二历史档案馆:《九一八事变后顾维钧等致张学良密电选(下)》,《民国档案》1985 年第 2 期。

此，宋子文和顾维钧要求张学良"勿与之讨论"。[1] 此后，张学良态度有所改变，在与矢野的第二次会晤中，没有答应把锦州问题作为地方性问题直接与日本谈判。

对于锦州"中立区"计划，关东军一开始就坚决表示反对。他们向日本军部建议：如果有设置的必要，"中立区"应该设在山海关到滦河之间。这表明关东军决心攻占锦州，把东北军赶到长城以南。中国民众也强烈反对所谓"中立区"计划，纷纷举行游行示威抗议活动，指责政府当局卖国。南京政府设立锦州"中立区"计划最后不了了之。

在锦州问题上，南京政府和蒋介石的政策是一面准备谈判，一面准备抵御，要求张学良在锦州就地抵抗。12月2日，国民党中央政治会议做出决定："锦州问题，如无中立国团体切实保证，不划缓冲地带，如日军来侵，应积极抵抗。"[2] 这是国民党中央第一次明确提出要抵抗日寇侵略。

张学良则出于自身实力的考虑，根本未做死守锦州的准备，开始有计划地撤退锦州附近的东北军主力。顾维钧闻讯于12月3日急电张学良："兄拟将锦州驻军自动撤退，请暂从缓。尊处财政困难情形，昨又面告子文兄，谓正力筹办法，俟有端绪，当为接济。"[3]

5日，顾维钧又和宋子文联名电张："锦州问题，政府竭力以外交方法保全领土，而日本提出苛酷条件，万难承受，正由施代表在国际联盟力争，而国人误解，认为辱国。施代表在巴黎受华侨质问，欲使勿出席（国际联盟）行政院并退出国际联盟。施代表业经来电辞职，此间京沪各界亦复函电诘责，学界态度，尤为激昂，今日外（交）部亦被学生终日包围，无从办事，似此愤激情形，和平方法恐终无效。前诵尊电，悉

---

1. 中国第二历史档案馆：《九一八事变后顾维钧等致张学良密电选（下）》，《民国档案》1985年第2期。
2. 同上。
3. 同上。

业有准备，不胜慰念。现在日人如进兵锦州。兄为国家计，为兄个人前途计，自当力排困难，期能抵御。"[1]

8日，蒋介石也电告张学良，"锦州军队此时切勿撤退"，并宣布调派一个航空队前来华北增援。[2]

9日，顾维钧、刘哲再电张学良，苦苦相劝："唯当此国人视线群集锦事之时，军队稍一移动，势必沸议全国，为兄着想，似万万不可出此……缘日人诡诈多端，我退则彼进，彼时新政权统一东北，则不可挽救也。"[3]这个电报告诉张学良：锦州撤兵意味着整个东北的沦陷，日本即可在东北建立统一的伪政权，望他三思而行。但张学良决心已下，为保存实力，个人荣辱在所不计。

这时，日本政局发生变化。若槻内阁在内外交困中于12日11日下台，币原的"协调外交"宣告终结。13日，犬养毅内阁成立，荒木贞夫任陆相，皇族闲院宫载仁亲王任参谋总长，真崎甚三郎任参谋次长。新上台的中央军部首脑都主张侵略中国，先后增派两个师团的兵力前往东北，积极支持关东军进攻锦州。日本政府、中央军部和关东军首次协调一致，共同行动，集中4万兵力，于12月27日再次渡过辽河，进犯辽西。

此时中国的政局则更趋混乱。国民党"四大"在南京、广州、上海分别召开后，南京国民党中央要求所有中央委员到南京召开国民党四届一中全会。但粤方仍坚持蒋介石必须下野，否则即不来南京开会。迫于压力，蒋介石不得不在12月15日发表辞职通电，请辞国民政府主席、行政院院长、陆海空军总司令等本兼各职。同日，国民党中央执行委员

---

1. 中国第二历史档案馆：《九一八事变后顾维钧等致张学良密电选（下）》，《民国档案》1985年第2期。
2. 秦孝仪主编：《中华民国重要史料初编·绪编》（一），台北国民党中央委员会1981年版，第312—313页。
3. 中国第二历史档案馆：《九一八事变后顾维钧等致张学良密电选（下）》，《民国档案》1985年第2期。

会常务委员会决议：批准蒋介石的辞职申请，免去其国民政府主席、行政院院长和陆海空军总司令各职。

12月22日至29日，国民党四届一中全会终于在南京举行。22日上午，蒋介石只参加了开幕式，就偕宋美龄飞回奉化溪口老家，宣称："全会即开，弟责即完，故须还乡归里，还我自由。此去须入山静养，请勿有函电来往。即有函电，弟亦不拆阅也。"

汪精卫称病躲在上海，胡汉民托病滞留广州，孙科也一度出走上海，到南京参加会议的中央委员刚刚超过半数。所谓"共赴国难"，不过是一句空话。会议选举林森为国民政府主席、孙科为行政院院长。1932年1月1日，孙科通电就职。蒋、汪、胡三巨头不仅不入京襄助，而且有意掣肘，致使新成立的孙科政府举步维艰，形同虚设。国难当头，南京政府却大演空城计。对此，舆论谴责当局者的无耻行为说："从前诸葛亮大演空城计可以吓退司马懿，现在军政诸公继续不断的大演空城计足以亡国灭种。如除演空城计外，无力演他种戏，便应该老实下台，因为这个舞台是和全国全民族有生死关系，不能供少数人尽作儿戏的。"[1]

蒋介石的陆海空军总司令职务被免除后，张学良的副司令一职也就没有了着落。12月15日，张学良也电请辞职。16日，南京政府予以批准，改派张学良为北平绥靖公署主任。张学良接受新职务后，曾对幕僚讲道："我们东北快丢了，大家一定很激愤很悲痛，但无情的现实要求我们要卧薪尝胆，打断胳膊，得褪在袖子里，要忍辱负重啊。中央授予我们的新任务，是'绥靖'北平，大家要群策群力，好好地完成这个任务。绥署是以行营改组而成的，牌子虽新，内部还是原班人员，是个旧机关，大家要发挥'周虽旧邦，其命维新'的精神，开创出一种新的气象。"这番话表明张学良已决定放弃东北，转而全力经营华北了。[2]

---

1. 中国韬奋基金会韬奋著作编辑部编：《韬奋全集》第5卷，上海人民出版社1995年版，第105页。
2. 王维礼、范广杰：《蒋介石和张学良》，吉林文史出版社1994年版，第146—147页。

其间，南京国民政府曾两度命令张学良抵抗。

12 月 25 日的电报说："中央执行委员会全体会议本日决议，对于日本攻锦州应尽力之所及，积极抵抗。据此，应即电令该主任，仰即积极筹划自卫，以固疆圉，并将办理情形，按日呈报，毋稍懈怠，此令。"[1]

12 月 30 日的电报说："唯日军攻锦紧急，无论如何，必积极抵抗，各官吏及军队均有守土应尽之责。否则，外启友邦之轻视，内招人民之责备，外交因此愈陷绝境，将何辞以自解？日军攻锦时，天津或有异动，亦须预先防止。总之，望该主任深体政府之意，激励将士，为国牺牲，是为至要。"[2]

但对张学良要求提供抵抗所需的军械、军需以及派中央军大部队增援等问题，南京政府只能以"迅即筹发""迅速办理"一类的言辞相敷衍，始终没有能够发出一枪一兵、一弹一元钱，其抵抗能力仅限于发一纸电文、数张标语而已。

面对既无军权又无财权的孙科政府，张学良自然不愿死守锦州，再损兵力，徒作南京政府政治争斗的"牺牲品"，他已下定决心全面放弃东北。早在 1931 年 12 月 20 日，东北边防军司令长官公署就开始从事整理结束。21 日，北平绥靖公署致于学忠的第一军司令部令："我军驻关外部队，近当日军进攻锦州，理应防御，但如目前政府方针未定，自不能以锦州之军固守，应使撤进关内，届时以迁安、永平、滦河、昌黎为其驻地。"

26 日，张学良一面回电南京政府，陈述东北单独抗日的种种困难，要求统筹全局，同时开始实施撤退。行署参谋长荣臻赴北平请示张学良后，于 29 日返抵锦州，立即召集各将领开会，下令各军撤退。

1.《南京国民政府致张学良电》(1931 年 12 月 25 日)，载章伯锋、庄建平主编《抗日战争》第 1 卷，四川大学出版社 1997 年版，第 187 页。
2. 同上。

12 月 30 日，驻守锦州、绥中一带的张廷枢部步兵第十二旅首先撤退，移驻滦县、昌黎、开平一带。常经武部步兵第二十旅于 31 日晚由锦州依次开拔，移驻唐山雷庄一带。担任掩护任务的孙德荃部步兵第十九旅，于 30 日退出大凌河，移驻滦县以西各地。原驻沟帮子及前方的铁甲车队也均于 31 日晚和 1932 年元旦先后抵达滦县。防守大虎山的张作相、张树森部骑兵第三旅，由大通路绕往义县，向热河一带撤退。黄显声率领的 3 个公安骑兵总队根据张学良"不遭攻击，不准撤退；如遭攻击，不能抵御时，可以退入关内"的指示精神，也撤至滦州。[1]

荣臻于 31 日晚 9 时偕随员、卫兵共 50 余人，乘一列专车入关。1932 年 1 月 1 日抵达滦州，将东北边防军司令长官公署暂设在滦州北关师范学校内。到 1 月 2 日，所有东北军政机关和部队撤退完毕。关东军本来预计张学良会做积极抵抗，中日军队在锦州将有一场恶战，结果却出乎日寇的意料，几乎兵不血刃地占领了连接关内外咽喉地带的军事重镇锦州。

对于锦州撤退，荣臻的代表王达曾对天津《大公报》记者发表谈话，宣称有三条重要原因：（1）日军飞机威力至大，我军因无飞机，空中不能与之抵抗；（2）关外气候寒冷，各河均结冰，当此封河期间，日装甲自动车，可自由通过。而我方又无二丈宽之战壕，防御上甚为困难；（3）即使在前抵抗，亦无不可，唯须举国一致，绝不能使此东北三旅之众作无谓之牺牲。东北军为国难牺牲，原无不可，而饷项弹械均无接济，如何作战？中央仅下令死守，岂欲军士徒手搏敌耶？[2]

其中，第三条是最主要的原因，代表了张学良的看法。他说："我以东北一隅之兵，敌强邻全国之力，强弱之势，相去悬绝，无论如何振

---

1. 熊正平：《沈阳、锦州沦陷纪略》，载中国人民政治协商会议全国委员会文史资料委员会编《文史资料选辑》第 6 辑，中华书局 1960 年版，第 14 页。
2. 佚名：《辽西沦陷国难无已》，《国闻周报》第 9 卷第 3 期。

奋，亦必无侥幸之理。""敌如大举前进，即举东北士兵尽数牺牲，亦难防守。"因此，在全国未能一致抗战的情形下，东北军"不为瓦碎"，不能单独抵抗，徒作牺牲。

同时，张学良担心，自锦县以西，如秦皇岛、塘沽、天津地处滨海，门户洞开。锦县一带，一有冲突，日本必同时以海军威胁我后方，并扰乱平津，使我首尾难顾，顾此失彼；日本在天津现已集结大军，锦战一开，华北全局必将同时牵动，东北军的最后根据地有尽失的危险。[1]为确保华北地盘，张学良最终决定撤兵锦州，放弃东北，集中关内，再谋发展。

东北军不战而退，锦州沦陷，使张学良再度成为全国民众和舆论谴责的焦点，舆论谴责张学良"存心误国，罪不容诛"。[2]

1932 年 1 月 5 日，张学良发表通电，谎报军情，为自己的行为辩解：

> 查锦县绾毂内外，地扼要冲，此次日人肆其野心，继续侵略。学良迭承中央命令，复荷国人期勉，及时奋惕，矢与共存。一面严饬部属力战死守，一面熟审情势，将一切实况分电报达。祇以日方兵力增厚，武器精良，在在皆远胜于我。自其发动以后，竟以飞机、坦克及大口径炮分路猛攻，我军英勇应敌，激战十昼夜之久，前仆后继，死伤蔽野，卒以兵力过疲，损失过重，无术继续坚持，致于江（3）日失守锦县。学良待罪图效，裂眦痛心，不能一战退敌，复失名城。抚己循躬，弥深罪戾。除将经过情形电陈国民政府外，谨电奉闻。[3]

1.《张学良呈国民政府主席电》（1931 年 12 月 25、26、28 日），南京《中央日报》1932 年 1 月 7 日。
2. 中国韬奋基金会韬奋著作编辑部编：《韬奋全集》第 5 卷，上海人民出版社 1995 年版，第 106 页。
3. 毕万闻主编：《张学良赵一荻合集》第 4 部，时代文艺出版社 2000 年版，第 371 页。

6 日，张学良又向南京政府自请处分，称自己"待罪行间，循躬责己，罪戾至深，尚祈严予处分，以昭赏罚之公，临电不胜迫切待命之至"。[1]

面对全国舆论的同声谴责，张学良感到无地自容，心情极度苦闷，曾对人无可奈何地说："若是为我个人想，我真想出国，一走了事。不过，人家现在都骂我不抵抗，若是我再一走，人家不知要把我骂成什么样子。那么不走有什么办法？还是没有办法，所以只有慢慢看吧。"[2]

关东军占领锦州后，继续沿北宁线推进，一直到达山海关外哨所前才停止下来。不久，日军掉转头北上，在取得苏联政府的谅解后，准备进攻东省特别区（哈尔滨）。吉林抗日义勇军在李杜、丁超等人领导下，在哈尔滨抵抗两天，因缺乏防御工事，伤亡极大，于 1932 年 2 月 5 日撤往宾县、马彦一带。当天，日军占领哈尔滨。随后，在宾县、海林的吉林、黑龙江两省政府相继消亡。

至此，东北三省全部沦陷。日本帝国主义仅仅用了 4 个月零 18 天的时间，就侵占了相当于日本国土 3 倍、面积约 130 万平方公里的中国领土，3 000 万东北民众沦为亡国奴，饱受日本军国主义蹂躏，被奴役长达 14 年之久。

从此，一曲《我的家在东北松花江上》，响遍了祖国大地，唱出了东北人的血泪辛酸："九一八，九一八，在那个悲惨的时候，我离开了我的家乡，抛弃了那无尽的宝藏，流浪，流浪，整日地在关内流浪！哪年哪月才能够回到我那可爱的故乡？哪年哪月才能够收回我那无尽的宝藏，爹娘啊，爹娘啊！什么时候才能够欢聚在一堂？"

所有这一切，完全是推行不抵抗主义的恶果，以蒋介石为首的南京国民政府对此负有不可推卸的领导责任。同样，张学良作为主管东北

---

1. 毕万闻主编：《张学良赵一荻合集》第 4 部，时代文艺出版社 2000 年版，第 373 页。
2. 王维礼、范广杰：《蒋介石和张学良》，吉林文史出版社 1994 年版，第 149—150 页。

的军政大员，守土有责，在面临外敌侵略时，理应奋起抵抗，但却在九一八事变前后自觉、自愿、自主地奉行了不抵抗政策，不战而退，丧师失地，咎无可辞，"不抵抗将军"的骂名并非过分。

正因为这一不可原谅的错误所造成的巨大压力，在素有抗日爱国思想的张学良心中化作了新的动力，促使他后来不断地要求洗刷自己的耻辱，将功补过，最终完成了由"不抵抗将军"到"千古功臣"的历史性转变。

撤汤玉麟受阻

日本在占领东北三省之后，又把侵略矛头指向了热河省。

当时热河省所辖地域包括现在河北省东北部、辽宁省西南部和内蒙古自治区东南部。在清代，这里原是蒙古昭乌达盟和卓图索盟的游牧之地，后因康熙皇帝在热河西岸承德建立避暑山庄而得名，归直隶省（今河北省）管辖。辛亥革命后，于1914年改设"热河特别区"，以都统为行政长官，遂从直隶省分出而独立。1928年东北易帜，全国统一后，改为热河省，划归东北，与辽宁、吉林、黑龙江合称东北四省。因此，热河虽然从地理位置上不属于东北地区，但在政治上却与东北连成一体，全省人口450万，占全国总人口的1%；面积17万平方公里，占全国总面积的1.6%。

热河省所处的战略位置非常重要。它北连蒙古和黑龙江，东临辽宁，西接察哈尔，南靠长城，与河北省相毗邻，是进出关内外的两条通道之一。对中国来说，热河是华北的天然屏障，境内多高山峻岭，据此可有效地遏止日本对华北的侵略，进而对其在东北三省的统治构成极大的威胁。正如时论所指出，"欲谋恢复东北失地，必须以热河省为根据地"，"故曰，热河之存亡，乃华北存亡之关键，亦中国存亡问题之转机也"。[1]

就日本侵略者而言，在占领了东三省之后，如果再占热河，就彻底切断了关内外的联系，有利于巩固对东北的殖民统治，而且今后既可西进察哈尔、绥远，又可南据长城，进逼平津，为侵略华北做准备。因此，热河实为中日双方必争之地。

在这种形势之下，热河省政府主席汤玉麟就成为一个关键性的人物，惹人注目。

汤玉麟（1871—1937），字阁臣，奉天省义县人，是和张作霖一道拉杆子起家的绿林老伙计，为人粗鲁，骄横跋扈，绰号"汤大虎"（一说"汤二虎"），是一个凶残而且落伍的军阀。1926年4月，郭松龄反奉失败后半年，他升任热河都统，率步兵一旅进驻热河。1928年热河改省，汤玉麟任东北边防军热河驻军司令兼热河省主席之职，掌握一省军政大权。他视整个热河省为他汤家的私产，军政要职大都由他的儿子、兄弟及其亲戚担任。他的大儿子汤佐荣任省禁烟局局长，大开烟禁，每年榨取禁烟罚款900万元，以充军饷为名，尽入私囊；二儿子汤佐辅，一人身兼省财政厅长、兴业银行总办、军需处处长、军政训练副总监、盐务局局长、垦务总办、经济委员会委员长、财政处处长、整理委员会委员长、酒烟专卖局局长、印花税局局长等十几个要职，年征捐税400万元，不解省库。人称汤氏父子三人为"汤家三虎"，都是吃人的猛虎，热河人民对汤氏父子恨之入骨。[2]

汤玉麟在统治热河的八年期间，任意增加捐税，并一再预征，有的地方甚至征收至民国五十年（1961）和六十年（1971）。人民交不起税，怕吊打坐牢，有些人将地契文书贴在门窗或树上，向四方逃荒而去。贫苦人家在隆冬三九的季节，多数人糊不上窗纸。八九岁的男、女孩子都

---

1. 张其昀：《热河形势论》，《国风半月刊》第1期。
2. 赵毅：《长城抗战前热河形势一瞥》，载中国人民政治协商会议全国委员会文史资料委员会编《文史资料选辑》第14辑，中华书局1960年版，第24—26页。

是赤条条的，浑身上下连一丝线都没有。九一八事变以后，汤家父子更是变本加厉，将热河变成了人间地狱。汤家父子指挥下的热河军队也极其腐败。高级将领中，仅汤玉麟本人和孟昭田不吸鸦片烟。中级军官大多数种毒、贩毒、吸毒，贪污腐化，无恶不作。军队素无训练，战斗力极差。汤玉麟平日既不视察军队，更绝少犒赏与慰劳，相反还侵吞军饷，中饱私囊。他深恐其腐败的情况被传出来，竟毫无羞耻地对人说："你们看热河的军政，只能睁一只眼，闭一只眼。若两眼同时看，那就错了。"[1]这就是军阀统治的罪恶表现。

　　长期以来，日本帝国主义一直把热河看作是属于"满蒙"的总概念之内。关东军发动九一八事变，其直接的侵略目标就是包括热河在内的东北四省。1931年11月，关东军在《满蒙自治国建立案大纲》中，即把热河置于所谓新国家之内，规定"满蒙独立国"以下列六省区组成：奉天省、吉林省、黑龙江省、热河省、东省特别区、蒙古自治领。[2]1932年3月1日，伪满洲国发表所谓《建国宣言》，向全世界公然宣布热河是其"国土"，所绘的地图也将热河圈在版图范围之内。同年8月，日本政府正式公开声明热河是"满洲国"的一部分，发出了侵略热河的狂妄叫嚣。

　　1933年1月21日，日本外相内田康哉在日本第64次议会上发表外交演说，用其一贯的强盗腔调称："'满蒙'与中国系以长城为境界者，由历史而言，亦无议论之余地。尤以热河省之属于'满洲国'之一部者，征诸该国建国之经纬，当可明了。唯以最近该省内，时受策动扰乱治安，而张学良属下之正规军，逾越国境侵入热河省。根据'日满'议定书规定，对'满洲国'领域内之治安，两国有共同维持之责任，因

1. 辽宁省档案馆：《汤玉麟父子在热河地区种植鸦片档案史料选》，载中国社会科学院近代史研究所《近代史资料》编辑部编《近代史资料》总第87号，中国社会科学出版社1996年版。
2. 罗家伦主编：《革命文献》第37辑，台北"中央文物供应社"1978年版，第1957页。

此，所谓热河问题，纯粹为'满洲国'之内部问题。同时我方基于该条约上之义务，对该问题甚表关切。"[1]

不过，由于东北各地风起云涌的抗日义勇军，极大地牵制了关东军的兵力，使它不得不首先集中力量来巩固对东北三省的占领，故一时无法分兵进攻热河。关东军除在1932年7月和8月分别攻打朝阳寺和南岭，做试探性进攻外，未再有大规模的军事行动。这时期，日本主要是采取诱降汤玉麟的方针，其办法首先是利诱，企图使汤玉麟自己上钩。如利诱不成，就做出威胁姿态，想不战而取热河，要汤玉麟自己投降。若再无效，才拟以武力夺取。[2]

1932年3月，伪满洲国建立时，曾特命汤玉麟为伪热河省省长兼伪热河军区司令。汤玉麟未敢接受，退还了伪满的委任状。大汉奸、汤的盟兄弟张景惠、张海鹏等人纷纷派员到热河，多次劝降。一时间，长春与承德之间，密使往返，络绎不绝。不久，关东军又以伪满名义，通知汤玉麟派代表到北票开会。汤派省公安管理处处长张舜初前往参加。在会上，日本侵略者向张舜初提了三条要求：（1）确认汤玉麟是"满洲国"委任的热河省省长兼军区司令，必须派代表常驻长春，加强联络；（2）为了"满、热"一体的关系，同意把铁路由北票延长修建到承德；（3）同意日军在承德设立无线电台。张舜初将日本关东军提出的条件分别电告汤玉麟和张学良，张学良复电令其断然拒绝，但汤玉麟未做出拒绝的表示。[3]

面对日本大军压境和不断诱降的局面，汤玉麟既不愿公开做汉奸，又不敢奋起抗战，他整天盘算的是如何继续维持自己在热河的统治。为此，他采取脚踏两只船的两面派手段：一面和日伪政权套近乎，保持往

---

1. 章伯锋、庄建平主编：《抗日战争》第1卷，四川大学出版1997年版，第385页。
2. 王卓然：《日军侵热和张学良下野》，载中国人民政治协商会议全国委员会文史资料委员会编《文史资料选辑》第14辑，中华书局1960年版，第64页。
3. 同上，第65页。

来，希望日军不要进攻热河；一面宣称仍服从南京政府与张学良的领导，好伸手向张学良要钱、要武器，但同时坚决反对张学良派援军进驻热河，企图在中日生死对抗中保住热河地盘，以待局势的发展。这种骑墙态度埋下了热河抗战迅速失败的祸根。深知热河内情的热河电台台长吴子堃曾清醒地指出："张副司令如果还要热河，就不能要汤，要汤就必丢热河。"[1]由此可见，汤氏父子已经成为热河省的严重祸害，要想保全热河，就必须铲除汤氏父子。

伪满洲国建立后，日本侵略者的侵热意图和热河重要的战略地位世人皆知。正忙于"剿共"的蒋介石也对热河防御问题表示了相当的"关心"，向张学良提出了调动5个旅兵力集中热河边境解决汤玉麟的计划。

1932年7月7日，蒋介石致电张学良："此事如决行，则务须从速，先派3个旅用夜间动作，到热边附近，使倭与汤皆不及防，一俟我军接近热河，再调汤至察省，则汤必遵令，倭亦无法。"蒋介石并派张群北上协助张学良处理此事。[2]

23日，蒋介石致电张群，请其转告张学良："迅速制订计划解决热河，以安北局。"[3]8月5日，蒋再电张群："请告汉卿兄，既决心进兵热河，即当速进。否则，时期一过，必致败亡。弟对此事迟延实属焦灼万分，希望汉卿兄当机立断，先发制人，毋为人制。为要！"[4]

对于张学良来说，东三省沦陷后，他在关外的地盘只剩下热河，自然不想再丢掉它。更为重要的是热河为华北的屏障，要确保华北的地盘，必须守住热河。鉴于热河的重要地位，汤玉麟的残暴黑暗统治已引

1. 王化一：《日寇侵热期间热河纪行》，载中国人民政治协商会议全国委员会文史资料委员会编《文史资料选辑》第14辑，中华书局1960年版，第56页。
2. 秦孝仪主编：《中华民国重要史料初编·绪编》（一），台北国民党中央委员会1981年版，第559页。
3. 同上，第560页。
4.［日］古屋奎二：《蒋总统秘录》全译本第9册，台北中央日报社1977年版，第30页。

起民怨沸腾，难当国防冲要，加上蒋介石多次怂恿催促，张学良就有了撤换汤玉麟的想法。万福麟在丢掉了黑龙江省的地盘后，部队实力犹存，尤其想得到热河的地盘，重新发展，也竭力主张撤换汤玉麟，认为他政治腐败，动辄以元老功臣自居，不服节制，且有私通敌伪的嫌疑。张作相、王树常等人则深知汤玉麟为人蛮横，很难接受命令，又担心被南京政府利用，强调传闻不可轻信，外敌压境，激成事变，反弄巧成拙，主张暂时留用汤玉麟。张学良左右为难，乃兼顾两方面的意见，决定先做一下试探。

1932 年夏初，张学良秘密调集 3 个旅向热河靠近，并以王以哲的第七旅为先头部队，越过古北口，进入热河境内。汤玉麟闻讯，知道来者不善，立即调兵遣将，两军隔河对峙，战事大有一触即发之势。旋即，汤玉麟派参谋唐精武前往古北口第七旅旅部试探情况。王以哲声称系奉命演习，别无他意，并当即决定停止演习，以免误会。

随后，王以哲又派参谋李树桂随唐精武赴承德，反探汤玉麟的动向。汤玉麟亲自接见了李树桂，直截了当地问道：“你们第七旅进入热河有什么任务？是奉谁的命令？为什么不事先通知我一声呢？”

李树桂答道：“古北口是保卫平津的战略要地，你老知道，第七旅本来是张副司令的警卫旅，此次是奉副司令的命令，进驻古北口附近，一部分进入热河境内，不过是一般的调防和部队演习。因出发匆忙，没来得及事先报告你老一声，所以旅长特派我来向大帅解释，请大帅原谅。”

汤又问：“听说万福麟在密云、怀柔一带的两个旅，也正在向热河进发，不知是否真实？”

李答：“听旅长说过，只是换防，并不是向热河方向来的，至于详细情况，我不是很了解。”

汤玉麟点点头，但脸上却有一种不完全相信的表情。接着，他提高嗓门，大发牢骚，说道：“我汤某虽是个粗人，可是忠义二字，尚知珍惜。少帅对我时有怀疑，不加信任，我不怪他。我知道，都是那些坏人从中挑拨的。他现在是主持华北和东北军的军政首领，我是地方官又是军长，能不服从他的指挥吗？我汤某人若有三心二意，不仅对不起他，也对不起故去的老帅呀！我和老帅是八拜之交，出生入死的弟兄，我怎能背信弃义，反叛他的家业，敢和少帅作对呢？我汤某人良心未泯，又怎能和日本人勾结，出卖祖宗的坟墓呢？我知道王鼎芳（王以哲）是少帅的心腹，第七旅来热河没什么！万福麟是什么东西！什么事都坏在他的身上！有本事他去收复黑龙江！如果他的部队敢来，想在热河找便宜，我豁出这条老命和他拼了！你回去向王鼎芳说明我的意思，请他报告少帅，我汤某是个忠臣，绝不会和他有异心，也绝不会与日本人串通，阴一套，阳一套，不听他的命令，我是坚决支持和拥护他到底的。"

李树桂连连点头，说道："是，是！请大帅你老放心吧！这些话，我保证一定能转达给副司令的。"李树桂返回古北口后，又携带王以哲旅长的亲笔信赴北平，向张学良做了汇报。[1]

不久，汤玉麟还是获悉了事情的内幕，大为恼怒，坚决表示反对，并以倒向伪满相要挟。张作相闻讯，深恐因此造成东北团体的再次分裂，乃密派参谋赵毅赴承德婉陈利害，向汤玉麟传达三点意见：（1）先大元帅领导我们几个人创立了东北家业，现在我们服从副司令，就是服从先大元帅，也才算对得起死者；（2）叙帅（张景惠）已上了贼船，千万不可再跟他走；（3）关于中日问题，要静观时局的演变，听候中央政府交涉。汤玉麟表示接受张作相的劝告后表示，他是国家疆吏，守土有责，誓死抗战，绝不丧失国家寸地，并说张学良不配撤他。尤其对万

1.李树桂：《往见汤玉麟和在顺承王府见闻》，载中国人民政治协商会议全国委员会文史资料研究委员会、《从九一八到七七事变》编审组编《从九一八到七七事变》，中国文史出版社 1987 年版，第 435—439 页。

福麟切齿痛恨。[1]

张学良见此情形，深知汤玉麟坚决反对向热河增兵，唯恐激汤投敌，不得不收回撤换汤的想法。

与汪精卫交恶

就在增兵热河、撤换汤玉麟计划受阻之际，又突然发生了张学良与新上任的行政院院长汪精卫交恶的事件。可以说，自九一八事变以来，不愉快的事情如影随形般始终伴随着张学良。

原来，孙科政府自 1932 年元旦成立以后，多方受制于蒋介石的嫡系势力毫无作为，不到一个月就宣布辞职。蒋介石决定乘机排斥胡汉民，与汪精卫合作，以便重新登台。1932 年 1 月中旬，蒋、汪相继抵达浙江杭州，在杭州西湖边的烟霞洞内经过密谈达成一项政治分赃协议：蒋主军，汪主政，蒋、汪共同主党。1 月 28 日，汪精卫回到南京宣布取代孙科出任行政院院长。3 月 8 日，蒋介石就任军事委员会委员长，开始了所谓的蒋汪合作执政时期。

1932 年 6 月 18 日下午，汪精卫偕财政部部长宋子文、新任外交部部长罗文干以及顾维钧、曾仲鸣、王树翰等自南京飞抵北平。汪精卫对记者发表谈话谓：此来北平为与国际联盟调查团商洽报告书事宜，并与张学良商谈一切。

19 日上午，汪精卫等在北平外交大楼与国际联盟李顿调查团英国、法国、美国、德国、意大利五国委员举行会谈，并设午宴招待李顿调查团委员，张学良作为东道主参与了这些活动。

---

1. 赵毅：《长城抗战前热河形势一瞥》，载中国人民政治协商会议全国委员会文史资料委员会编《文史资料选辑》第 14 辑，中华书局 1960 年版，第 23 页。

6月20日，汪精卫与张学良等在北平顺承王府举行谈话会，商讨财政、外交各问题。21日晚，汪精卫再赴顺承王府与张学良会晤，对6月14日蒋介石、汪精卫等在庐山会议所决定的外交方针做详细说明，两人进行了彻夜长谈。[1]

这次张学良与汪精卫谈话的内容，过去从未披露过，历史学者也因此一直无法知道张、汪突然交恶的真相。[2]

2004年，美国华裔历史学者张之宇女士根据张学良本人的记录为我们揭开了这一历史谜团。张学良在日记中记其缘由说：

相见时出示蒋委员长亲笔函，大意是汪院长来平，为对日军事问题，同我相商。谈询之下，汪表示政府有对日用兵之意。我询问政府是否具有坚强决心，有无相当的准备。汪答曰："不是那个样子的事，是因为在政治上受各方攻击，愿我对日作一个战争姿态，小加抗战，成败不计，可以应付舆论之指责。"我聆听之下，惊讶愤慨，答曰："政府既无准备和决心，拟牺牲将士之性命，来挽救延续政府之垮台，我不取也。"汪遂曰："这是蒋先生的意思。"

我答曰："你若说蒋委员长意思，既然如此，蒋委员长是我的长官，他会直接给我下命令的。他不会来函说同我商讨。既然并不是真正的抗战，这种拿人家性命，挽救自己的政治生命的办法，我绝不赞同。"汪呈不悦之色，乃言曰："我以行政院院长身份，亲来同你商谈，那么同蒋委员长的命令，又有什么分别哪？"我遂答

---

1. 蔡德金、王升编：《汪精卫生平纪事》，中国文史出版社1993年版，第177—178页。
2. 过去，历史学者认为张学良与汪精卫交恶，是因为张学良与宋子文关系密切，无话不谈，让汪精卫觉得受到冷落。张学良在顺承王府设宴款待汪精卫时，入席未久，张胃病突发，支持不住，向汪表示歉意，要求退席，汪精卫认为张有意怠慢自己，又想起1930年9月18日张发"巧"电入关助蒋，坏了他们"扩大会议"的大事，不免耿耿于怀。现在看来，事实并非如此。

曰："命令是命令，我服从军事委员会委员长的命令，那是我为军人的职分。至于命令事项，我只是执行，我不负责任。"[1]

张学良还说："商谈是商谈，我不计较什么行政院院长身份。为政治上的利益而牺牲我部属生命，我良心上过不去。我当然是反对。"[2]

汪精卫本来就是一个反复无常的无耻政客、一个势利小人，他的损人不利己的主张遭到张学良的断然拒绝，自然怀恨在心。回到南京，余怒未消的汪精卫见到张学良发来的请求拨款的电报，感到报复的机会到了，决定向张学良发难，从而发泄一下。

8月5日，汪精卫由南京来到上海。6日，连续发表5份电报，分致国民党中央执行委员会、国民政府主席林森、中央各部委、蒋介石和张学良，其主要诉求有二：一是自己请求辞去行政院院长职务；二是要求张学良同时辞去北平绥靖公署主任职务，以谢国人。其中，致张学良的电报最为详尽，电报全文如下：

北平张主任汉卿兄勋鉴：

溯兄去岁放弃沈阳，再失锦州，致3000万人民，数千万里土地，陷于敌手，敌气益骄，延及淞沪，第十九路军及第五军奋死抵御，为我民族争生存，为我国家争人格，此本非常之事，非所望于兄。然亦冀兄之激发天良，有以自见。乃因循经年，未有建树，而寇氛益肆，热河危急，中央军队方事"剿匪"，溽暑作战，冒诸艰苦，然为安定内地巩固后防计，义无可辞。此外唯兄拥兵最多，军容最盛，而敌兵所扰，正在兄防地以内。故以实力言之，以职责言之，以地理之便利言之，抵抗敌人，兄在职一日，断非

1. 张之宇：《张学良探微：晚年记事》，江苏人民出版社2004年版，第53页。
2. 同上，第54页。

他人所能越俎。须知中国者中国人之中国，凡属族类，皆有执干戈以卫社稷之义务。当日第十九路军及第五军作战淞沪，实本斯义，岂有他求？及战事既酣，在中央固悉索敝赋，以供前方，而人民更裹粮景从，以助士气。今兄未闻出一兵放一矢，乃欲借抵抗之名，以事聚敛。自一纸宣言抵御外侮以来所责于财政部者，即筹 500 万，至少先交 200 万。所责于铁道部者，即筹 300 万，昨日则又以每月筹助热河 300 万责之行政院矣。为此民穷财尽之际，中央财政竭蹶万分，亦有耳目，兄宁不知，乃必以此相要挟，诚不谅是何居心？无论中央无此财力，即令有之，在兄实行抵抗以前，弟亦断不忍为此浪掷。弟诚无似，不能搜刮民脂民膏，以餍兄一人之欲，使兄失望于弟，唯有引咎辞职，以谢兄一人，并以明无他。唯望兄亦以辞职谢四万万国人，毋使热河、平津为东北锦州之续，则关内之中国幸甚。唯兄裁之。

汪兆铭[1]

身为政府行政首脑的汪精卫突然公开向自己发难，张学良感到十分难堪。当天深夜，张学良对新闻界发表公开谈话，宣称："自九一八以还，余个人身家性命均早经置之度外，更何论乎去留。唯余为负有地方治安责任之人，事实上去留颇难自由。自今以后，立当部署所属，准备交代，绝不能拂袖而去，而危及治安，此为唯一之坦白心理，宁愿贯彻始终，并望国人共谅者也。"[2]

8 日，张学良连续发出 3 份辞职电，包括呈南京政府电、致蒋介石电和复汪精卫电，在通电中也不甘示弱，对汪精卫的指责予以一一反驳，并表示自己绝不恋栈。兹录复汪电如下：

1. 天津《大公报》，1932 年 8 月 7 日。
2. 同上。

张学良传·上

限即刻到

上海汪院长精公赐鉴：

接诵鱼电，万分痛心。良供职无状，重累我公。抚躬循省，渐悚已极。顾区区之意，尚有愿为公一陈者。自卫必先准备，准备非财莫举。良职责所在，凡有吁请，均为自卫所必需。若夫明知中央困难，而故作要求，良虽至愚，亦曷敢出此？尊电所云，自一纸空言捍御外侮以来，所责于财政部者，即筹500万，至少先交200万等语，两月前虽有此请，唯因财政特别困难，近实未敢再提。热省为自己计，提案请求中央协款，经北平政委会大会决议，由全体委员列名电恳，非良个人之请求。尤无以每月300万责行政院之事。铁部200万，乃系由北宁路局筹备，由铁道部转账，前承宋部长电示，我公体念艰窘，已商令铁道部部长照拨。虽事经中变，亦具见我公维护之苦心。总之，良奉命守土，从来一维中央之意旨是遵。倘以为良如在职，有碍于内政或外交之进行，自当立时引退，绝无瞻念迟回之意。若以良故，而使我公为难，政枢无主，良之罪戾，真百身莫赎矣。顷已遵照公电，电请中央罢免本职，遴员接替。唯念我公党国柱石、海内具瞻，万不可飘然远行，置国难于不顾。敬祈即日复职，主持大政，庶几可拯时艰，即良以得少减罪戾。剖心奉复，切希鉴纳。

张学良[1]

汪精卫得到张学良的复电后，即于8日下午致电国民党中央执行委员会，又对上海新闻界发表谈话，有所辩驳，略称："张学良来电甚客气，中谓自卫方有抵抗，抵抗乃需款，理固为然，但国款赖税收，冀、热、察等省，平日无款解中央，今乃向中央求款，中央不能举内外债，

1.《国闻周报》第9卷第32期。

何能应付？河北现收入几何，中央不得而知。以民国十四年（1925）言，国地两税每月有500万，若军队有20万，则200万已足，余数用在何处？日本图热，两月前即有企图，前攫东省，声言不动热河，今攻热河则言不动平津。试问果得热河，谁能保其不窥平津？现非先集中各省财政，不能集中军队。目下全国军队300万人，能听命而不截税者，只有苏、浙、皖、赣、湘，其他各自为政。中央非遇事不管，但须各省将收入解交，遇有困难，中央自有解救办法。中央应准我及张学良辞职，张可来京任军事委员。华北不抵抗，实不在张一人。继任者以何应钦、朱培德为宜。"[1]

当晚，张学良也在北平顺承王府接见记者，发表长篇讲话，说到动情处，不禁潸然泪下，极为痛心，他说：

> 余现在所处之境，上有婆婆，下有儿女，其在中间者，实感困难。向中央请款，中央可以延缓，部下向余请款，则不能不负责筹措。余常谓此时不应只求胜利，应先存与敌人同归于尽之决心，无准备如何能长期抵抗。有人谓汪先生前次来平，余有简慢开罪之处，适余有病入协和医院，有诊断书可查。余近年以来，顾惜华北政治军事教育，及东北灾官灾民，失业学子。无处不需款办事，筹措万分困难，而受者尤为不足，或不满，实痛苦万分……总之，年来对国事感受十八分之困难，但为国家稍存体面计，不愿尽行披露，所以关于社会间误会不致其辩论，但自问良心无愧，尽我职责而已。事久则必有公论，何必就个人一时之快，置国家体面于不顾，尽行宣布乎？
>
> 余决非负气，只以环境关系，决愿辞职。关于华北治安，最好请蒋先生负责，但在"剿匪"期中，不能功亏一篑。在接替无人

1.《国闻周报》第9卷第32期。

时，短时期中余必负责到底。

余反躬自问，再三思维，近年来误国之处甚多，使政府长官担忧，致部属朋友受累，更陷自身于痛苦，皆是自己年轻，少读书，天性憨直，凡事误于坦白，缺乏政治阅历。只知爱国之成见，不计世道人情，致生许多困难。余素常不自明了，不知爱国之辈，其理由安在，今日余知其中之滋味矣。余心中十分难过，假如不因爱国二字，张氏父子无今日之结果（言至此哭有顷），生命财产，一切损失，造成外则为邻国之仇，内则受国人之唾骂，所以余必须再读书，广求学问，好在年富力强，报国日长。再切愿国人勿因此回事件，对汪先生有误认之处。[1]

这时，社会上一部分知名人士也纷纷发表文章或谈话，劝张学良就此下野。被国内自由主义知识分子奉为领袖的北京大学著名教授胡适是其中主张最有力的一个。

8月14日，胡适在他们一帮人创办的同人刊物《独立评论》第13号上发表《汪精卫与张学良》一文，在介绍了汪、张的冲突后，极力称赞汪精卫的所谓"牺牲精神"，声称："我们很盼望汪先生能觉悟他的责任的重大，能早日打消辞意，重新鼓起7个月以前的牺牲精神来支撑当前的危局。"而对于张学良，胡适则明确表示："我们很赞成张先生的辞职。"胡适在文章中讲了以下三点理由：

第一，东北的沦陷虽然不是一个人应负全责的，然而张学良先生以军政两方的全权领袖的资格，负的责任最重、最大，这是谁都不能否认的。九一八事变以后，还可以说他有整理残余军队和军事以谋恢复失地的机会和责任，但锦州退兵以后，社会上对他的责难就很不容易答辩了。他在这个时候，若能决心引咎自劾辞职，还可以使一般人觉悟凡不

1.《国闻周报》第9卷第32期。

能御侮守土的军人必不能保持其权位；即使政府的威权不能立即执行其应施的惩罚，个人良心的谴责和社会舆论的潜势力终有使他不能不自劾的一日。

第二，张先生不能早日自劾辞职，政府又无力免他的职，以致汪精卫院长闹出自己辞职"以谢一人"的怪举，这是最痛心的事，其暴露国家赏罚的不明，政治组织的病态，贻笑于敌人，贻讥于全世界，已无可讳饰了。在此时机，张学良先生一人的进退，可以有绝大的意义。他若还不肯自劾引去，或自劾而无求去的决心，那么，中央政府真是无法可以去一个疆吏了，那就是明白宣示世界，我们这个国家真不成统一的国家了！反过来说，如果张先生在这个时机能毅然决然引咎辞职，那么，他的一去还可以挽救中国再分裂的危机，还可以使世人憬然明白"中国的谜"自有中国的奇巧解决法。一个无拳无勇的书生院长的一封电报居然能使一个两世独霸一方的军阀幡然下野。这也可说是给陈调元、何成濬一班人"树之先声"，而替国家打开一个新局面——使人知道"杯酒释兵权"不完全是历史学家欺人之谈。

第三，张学良先生是个少年军人，经过了这五年来奇惨大辱的经验，他应该明白今日国家的重要责任不是可以轻易担当得起的。他如果还有替国家做大事的野心，应该撇开他的过去，摆脱一切障碍，努力向前去创造将来。少年的得志几乎完全毁了他的身体和精神，壮年的惨痛奇辱也许可以完全再造一个新的生命。如果他能决心离开他现在的生活，到外国去过几年勤苦的学生生活，看看现代的国家是怎样统治的，学学先进国家的领袖是怎样过日子的——那么，将来的中国政治舞台上尽有他可以服劳效力的机会。如果他到了今日还不能有这种觉悟，以身败名裂的人妄想支撑一个不可终日的危局，将来再要寻一个可以从容下台的机会，怕是不容易了。

文章最后说："我们本着'君子爱人以德'的古训，很诚恳的劝告张学良先生决心辞职。"[1]

胡适之的这篇大作妙就妙在把九一八事变以来不抵抗的责任全部推到张学良这位地方长官的身上，而只字不提蒋介石、汪精卫等中央政府负责人应负的责任。胡适之总是能够在关键时候、关键问题上为"蒋先生""汪先生"们做巧妙的辩护，所以他能得到蒋、汪的青睐也就不足为奇了。

自张、汪交恶事件发生后，南京国民政府一面对汪精卫大加慰留，蒋介石又是派人又是写慰问信，表达殷切的挽留之忱；一面批准张学良的辞呈，撤销北平绥靖公署，改设军事委员会北平分会，由蒋介石兼任委员长。

在最初公布的北平分会成员名单中，居然没有张学良的名字，这自然引起东北军将领的极大不满。8月16日，东北军旅长以上将领30多人在中南海颐年堂公宴中央代表张群时，对于中央今后方针多有质询。17日，华北各军将领57人由宋哲元领衔，联名致电张学良，请求他勿徇一人之要求，轻言高蹈。否则，如钧座毅然引去，宋哲元等亦唯有避位让贤，随钧座以俱去耳！

蒋介石见此情形，知道还不能一下子完全甩开张学良，不得不于当天致电张群，告以准备任命张学良为北平军分会代理委员长，称："各官长不明内情，不知苦衷，一旦失其师保，惶惑之情，自不待言。现在一时虽无可表白，但不久必能了解。中正今次不得不出于此者，非仅为国，实兼为友。兹于汉卿兄未参加军分会以前，特以委员长之全权代表名义，代中正处理一切。请以此意转告各官长，以安其心。"

这样，张学良仍坐镇北平，地位未变，只不过又换了一块牌子而已。10月22日，汪精卫因病请假3个月，离开上海赴欧洲休养，由副院长宋子文代理行政院院长。汪、张交恶事件就这样以汪的暂时去职得到解决。但增兵热河、加强防务的计划却因此拖延下来。

---

1. 欧阳哲生编：《胡适文集》第11册，北京大学出版社1998年版。

热河备战空忙碌

1932 年底，日本关东军经过将近一年的残酷"围剿"，基本上肃清了东三省境内以东北军官兵为主体的抗日义勇军，迫使他们或退入苏联（如苏炳文、马占山、李杜、王德林等部），或退入热河（如冯占海、邓文、李海青等部）。日寇初步稳定了对东三省的殖民统治，便着手实施侵略热河计划。

为牵制东北军于滦东，便于侵略热河，日本侵略军采取声东击西的策略，于 1933 年元旦之夜向山海关发起突然攻击，揭开了侵占热河的序幕。

1933 年 1 月 1 日晚 11 时，日本天津驻屯军山海关守备队制造"手榴弹事件"，分别在日本宪兵队院内、伪满警察所门前及火车站日军哨所附近投弹数枚。同时，伪满警察也在其驻地附近发枪射击。守备队长落合正次郎少佐以此为借口，率部攻打南关外中国军队哨所。驻防山海关的中国临永警备司令部司令何柱国派员与日军交涉，日军反诬中国军队挑起争端，提出四项条件：（1）南关归日方警戒；（2）撤退南关驻军；（3）撤退南关警察及保安队；（4）撤退城上守兵，限即时答复，否则开始攻击。中国方面为避免事态扩大，答应南关暂由日方警戒，俟调查真相后再交涉解决。日方得寸进尺，又要求开放南门，将南面城墙归日军警戒，被中国方面坚决拒绝。[1]

1 月 2 日上午 10 时，日军开始炮击临榆县城，100 多名步兵随即用木梯攀登城墙。中国守军奋力防御，用石头、手榴弹将登城日军击退。中午，关东军约 3 000 人由关外开到，在大炮、飞机的配合下，向山海关发起全面进攻。警备司令何柱国下令还击，战斗正式展开。

1.《张学良致蒋介石电》（1933 年 1 月 3 日），载秦孝仪主编《中华民国重要史料初编·绪编》（一），台北国民党中央委员会 1981 年版，第 568—569 页。

3 日，日军海陆空并举，用飞机、军舰、大炮、坦克狂轰滥炸。中国守军仅东北军步兵第九旅六十二团一个团的兵力殊死抵抗。该团第一营自营长安德馨至士兵全体壮烈殉国，无一生还。经过两天一夜的激战，全团官兵伤亡在半数以上，被迫于下午 3 时撤退，被誉为"天下第一关"的山海关从此沦陷。

日军在占领山海关后，没有继续进犯滦东，而是全力准备侵略热河。此后一个多月间，日本外交、军事当局相继发表声明，重谈"热河为'满洲国'之一部分，'满蒙'与中国以长城为境界"的老调，宣称关东军决定与"满洲国"军队合作，肃清热河省内的中国驻军。

1933 年 1 月 28 日，关东军司令官武藤信义发出进行热河作战准备的命令，要求各部队在 2 月 23 日前完成各项准备。2 月 10 日，关东军司令部召集军官会议，公布《攻占热河计划》，确定攻占热河的目的在于使热河省真正成为"满洲国"的领域，并为消灭扰乱"满洲国"的祸根即华北张学良势力创造条件，进而确立"满洲国"的基础。[1]

日本侵略热河已迫在眉睫。在山海关事件发生前夕，张学良、蒋介石都已清楚地意识到日军即将大举侵犯热河。

12 月 3 日，张学良致电蒋介石，判断："日军近来外交对热（河）似不注意，而内实具图热之决心，因战具未备，故示以冷淡之意，以使我军懈而不备，用心之毒，可谓极矣！"[2]

25 日，蒋介石复电张学良，告知："倭寇北犯侵热，为期不远。此间自中（正）回京后，已积极筹备增援，期共存亡，并已密备 6 个师，随时可运输北援，粮秣弹药，中（正）到沪亦备办，甚望吾兄照预定计划，火速布置，勿稍犹豫。今日之事，唯有决战可以挽救民心，虽败犹

---

1. 日本参谋本部编：《满洲事变作战经过概要》中译本第 2 卷，田琪之译，中华书局 1982 年版，第 71 页。
2. 罗家伦主编：《革命文献》第 38 辑，台北"中央文物供应社"1978 年版，第 2067—2068 页。

可图存，否则必为民族千古之罪人。请兄急起，如何盼复。"[1]

山海关抗战，激起全国抗日浪潮的再次高涨，社会各界人士纷纷要求蒋介石派遣中央军北上抗日。张学良鉴于蒋介石计划调遣中央军北上参战，认为全国抗战的形势已经到来，精神为之一振。况且防守热河，对确保华北地盘至关重要。无论为公为私，张学良都只能痛下决心，大战一场，与日军拼个你死我活。他公开表示："我们为争民族的生存，只有拿我们的血肉，我们的牺牲来维护和平，来保障中国，再无别法了。"[2]

首先，拖延数月之久的增兵热河计划终于开始实施。张学良再次派人赴热河与汤玉麟商谈，汤玉麟为大势所迫，不得不同意，结果达成了东北军或其他军队可以从长城各口开进热河北部、东部、南部抗击日军，但不直接开入热河省会承德附近的协议。随后，万福麟部缪澂流的第十六旅、孙德荃的第十九旅、于北麟的第三十旅、丁喜春的第八旅、沈克的第六旅和王永盛的第二十九旅相继越过长城，进驻平泉、凌南、凌源、叶柏寿等地，着手修筑防御工事。但因为正值隆冬季节，天寒地冻和岩石坚硬，修筑防御工事进展不大。

同时，张学良以热河、平津处处需要设防，原有军队不够分配，迭电蒋介石，请求速派西北军、晋军及中央军北上增援，否则战端一起，局部稍有不支，全局即受影响。

1月24日，张学良携带作战计划草案秘密前往南京，与蒋介石详商华北抗战问题，决定了集中大军，确保热河、河北、北平及天津的方针，并拟订了作战序列：

第一集团军，总司令由张学良兼任，不另行组建集团军司令部，各部队由北平军分会直接指挥，下辖四个军团：第一军团由五十一军（军

---

1. 秦孝仪主编：《中华民国重要史料初编·绪编》（一），台北国民党中央委员会 1981 年版，第 562—563 页。
2. 罗家伦主编：《革命文献》第 38 辑，台北"中央文物供应社" 1978 年版，第 2095—2097 页。

长于学忠）和四十军（军长庞炳勋）组成，于天津附近集中，负责津沽方面之防卫；第二军团由三十二军（军长商震）和五十七军（军长何柱国）组成，于滦东附近集中，负责滦东方面之作战；第三军团由第二十九军（军长宋哲元）组成，于通县（今北京市通州区）三河附近集中，负责凌南方面作战；第四军团由第五十三军（军长万福麟）组成，负责义院口、凌南、大城子、叶柏寿之间约200公里地带的作战任务，在该地带附近集中。

第二集团军，由张作相任总司令，下辖两个军团：第五军团由第五十五军（军长汤玉麟）组成，负责建平至赤峰间之作战，在该地带集中；第六军团由张作相兼任总指挥，以第四十一军（军长孙殿英，驻赤峰）、第六十三军（军长冯占海）、第一百一十二师（师长张廷枢）和抗日义勇军各部组成。另有第七军团由第五十九军（军长傅作义）和第六十一军（军长李服膺）组成，预期用于察东方面，于沽源附近集中。预备军团由第六十七军（军长王以哲）和中央军增援各师编成，在北平附近集中。

这一作战序列包括了东北军系统的五个军、西北军系统的三个军、晋绥军系统的三个军、中央军系统的一个军，加上东北抗日义勇军，总兵力约在35万以上，其中驻守热河部队有15万人。

张学良之所以选定张作相为第二集团军总司令，并请他坐镇热河省会承德指挥，是考虑到他是东北军威望最高的元老，和各方面的关系比较融洽，能够使伪满的一些汉奸如于芷山、熙洽、张海鹏之流，在感情上产生共鸣，对他们有所震慑。更重要的则是张作相和汤玉麟是结拜的把兄弟，在促成汤转向抗日和东北军顺利开进热河方面，能起到别人无可替代的作用。

但一直窥视热河地盘的万福麟，在北平军分会参谋处编制战斗序列草案时，曾指使人把第二集团军总司令一席提出两名人选，一个是万福麟，一个是张作相，还要求用参谋处名义签注意见，以张作相年事已高，且久已脱离军队实际工作，而万福麟率领的黑龙江部队是援热的主力部队，由他去指挥第二集团军作战，是最妥当的人选。当草案送请张学良审查时，张一看非常生气，立即把万福麟找来，对他说道："现在是国难啊，你还嫌官小。热河方面对于黑龙江军队进入热河，本来有好多疑虑，以为你丢了黑龙江，想借机会去抓热河。我向那边说了多少好话解释，想不到你还是这样官迷。"万福麟脸红脖子粗，回答不出一句话来，隔了一会才说："只有老汤相中了热河是块宝地，好种大烟。我那黑龙江比他十个热河都不换。"最后，张学良愤愤地告诫万福麟说："在我还没有确定下来的问题，大家可以提些意见，集思广益嘛。请辅帅出来是和热河商量好了，已经内定下来的事，没有再变更之余地。"[1]

在这个战斗序列中，蒋介石把华北地方各军置于最前线，分别布防于热河、津沽、滦东、长城各关口、察哈尔等地，却将中央增援部队编为预备军团，在北平附近集中。[2] 其自私意图是很明显的，自然引起华北将领的不满，表示："中央军不加入前线，不如不来。"蒋介石闻讯，干脆决定："未开战以前，中央军不如缓上。"[3]

但在全国上下普遍要求抗日御侮的浪潮中，蒋介石又不能完全置身局外，不得不应付一下，遂相继派财政部部长兼代理行政院院长宋子文、军政部部长何应钦、内政部部长黄绍竑、外交部部长罗文干、总参谋部次长杨杰等人前往北平，表示重视华北军民抵御日军侵略和支持张学良。

2月11日，宋子文抵达北平，与张学良商议热河防务。13日下午，宋子文在北平接见新闻记者，表示决心："热河地势重要，为华北门户，

---

1. 惠德安：《张学良将军轶事》，辽宁人民出版社 1985 年版，第 72—73 页。
2. 李云汉主编：《抗战前华北政局史料》，台北正中书局 1982 年版，第 223—224 页。
3.《蒋介石致宋子文电》（1933 年 3 月 1 日），载秦孝仪主编《中华民国重要史料初编·绪编》（一），台北国民党中央委员会 1981 年版，第 595 页。

日军如来攻，我决以全国力量应付。"在接见外国记者时，宋子文大吹法螺，声称政府对日军侵热之威胁，认为极为严重，强调："热河为中国完整一部，与苏粤各省无异。热河被攻，将同于南京被攻。若日军来攻，则举全国之力与其周旋。"[1]

不久，知名爱国人士黄炎培、穆藕初等人也从上海赶到北平，会同平津的爱国人士张伯苓、熊希龄以及东北知名人士朱庆澜、杜重远、王化一等人，积极筹划组织东北热河后援协会。16日下午，在外交大楼举行成立大会，公推张伯苓为主席。宋子文和张学良都亲临致辞，希望全国一致共赴国难。大会还商议共同赴热，推动汤玉麟抗战，并实地视察情况。当晚，张学良在顺承王府召集有关将领开会，分配防务，做去热河的准备。

17日凌晨3时许，宋子文、张学良偕同高级幕僚和众多将领、士兵数十人，分乘汽车、卡车30余辆为一路；群众抗日团体领导人朱庆澜、黄炎培、王化一等乘车10余辆为另一路，携带大批慰劳品，浩浩荡荡地向热河省会承德进发。

开始，汤玉麟不知道他们的来意，破口大骂道："少帅是不是勾结宋子文来打我的主意！"

汤的谋士劝说道："宋子文是代表中央，张汉卿是华北直接指挥的长官，因热河防务吃紧，前来视察，阁帅（即汤玉麟）可趁机向他们要些钱，要些东西，是有利的。应当表示欢迎。"

汤玉麟这才放下心来，率文武官员到郊外迎候。当天下午，宋子文、张学良、朱庆澜一行到达热河省会承德。当天，宋子文以行政院代理院长名义向新闻界公布《致前方将士词》，声称：到现在我们全国人都彻底地晓得强盗临门，唯一的生路就是武力自卫，置之死地而后生，

---

1. 吴景平：《宋子文政治生涯编年》，福建人民出版社1998年版，第252页。

第六章　不抵抗中的抵抗　　　　　　　　　　　　　　　　295

我们拼死才是唯一的生路。[1]

18 日上午，宋子文、张学良等与汤玉麟会谈后，汤玉麟于中午举行盛大宴会，欢迎宋、张一行。席间，宋子文代表南京国民政府讲话，表示抗战决心："本人代表中央政府敢向诸君担保，吾人决不放弃东北，吾人决不放弃热河，纵令敌方占我首都，亦决无人肯作城下之盟。现在国际联盟十九国委员会，经极详细之研究，完全主张拥护中国立场，日本军阀虽强暴，终不能以一国抗全世界，故最后胜利，必属于我；但仍盼自己努力，断不可全赖他人。"[2]宋子文还说："日寇野心无已，欺侮我们太甚。你们只管打，子文敢断言中央必为诸君后盾。诸君打到哪里，子文跟到哪里，诸君打到天上，子文跟到天上，诸君打到海里，子文跟到海里。"[3]宋子文说的是广东海南腔调的官话，在座的人多数听不明白，又由杜重远代为翻译，对大家重述一遍。

张学良接着致辞，勉励大家誓死守卫热河，准备反攻，以雪九一八之耻。最后，由汤玉麟致答词，宣称："玉麟为桑梓，为国家，情义两方均难卸责，唯矢志守土，借尽天职。"[4]

当天，从承德发出两份电稿：一份是由宋子文和张学良联名，致电驻日内瓦的中国驻国际联盟代表团，说明中国政府和人民决心抵抗日军的侵略，以集中兵力，保卫热河，请向国际联盟和全世界声明；另一份由张学良、张作相、汤玉麟、万福麟等 27 名守卫热河有责的高级将领联名向全国通电，表达抗战决心。

兹录张学良等 27 名高级将领表达抗战决心的电报如下：

---

1. 吴景平：《宋子文政治生涯编年》，福建人民出版社 1998 年版，第 253 页。
2. 同上，第 254 页。
3. 赵毅：《长城抗战前热河形势一瞥》，载中国人民政治协商会议全国委员会文史资料委员会编《文史资料选辑》第 14 辑，中华书局 1960 年版，第 25 页。
4. 王卓然：《日军侵热和张学良下野》，载中国人民政治协商会议全国委员会文史资料委员会编《文史资料选辑》第 14 辑，中华书局 1960 年版，第 67 页。

溯自沈变发生，转瞬已 16 阅月，国土沦胥，民众丧亡，损失之大，几难数计，目击时艰，忧愤曷已。当事变之初，我为尊重盟约维护和平起见，不惜含垢忍辱；根据盟约，提请国联裁制，冀以正谊之主张，期获公理之实现。不图日人贪饕，得寸进尺，我讲公理，彼恃强权，我愈让彼愈争，时愈久而变愈烈。迩来且复肆其凶焰，侵榆侵热，揆其用心，非第以我民坚忍为懦弱，直视一切盟约如具文。时至今日，我实忍无可忍，唯有武力自卫，舍身奋斗，以为救亡图存之计，学良等待罪行间，尤具决心。现已遵照中央确定方针，简率师旅，积极进行，只求有利于党国，讵敢更计及发肤，诚以时急势迫，至此已极，舍奋斗无以求生，舍牺牲无以救死，但有一兵一卒，亦必再接再厉，幸而成固可复我河山，雪莫大之耻辱；倘不幸而不成，亦可振我军誉，扬民族之精神。此次陪同宋院长来热，检阅部队，并力晓军人捍国卫民之大义，我袍泽忍辱已深，含愤已久，及经告诫之后，均皆愤慨异常，涕泣图报。唯兹事体大，关系全国存亡，热河倘有疏虞，是必牵及华北，华北动摇，亦必影响全国，一发千钧，莫此为甚。尚祈海内贤达，俱体时艰，一致奋起，俾作有力之声援，期收最后之胜利，临电迫切，请维鉴察。[1]

当天下午 3 时，宋子文、张学良一行离开承德，夜宿古北口。19 日凌晨返抵北平。20 日，宋子文离开北平南下，张学良则发布作战部队序列。南京政府并扬言："热河为北方屏障，且多天险，政府已有准备，至少可以守 3 个月。"

就在宋、张一行到达承德的当天，即 2 月 17 日，日寇指挥官武藤信义下达了第 473 号命令，命令日军第六、第八师团于 2 月 23 日前分由热河东部、北部发起攻击。一场大战，已经不可避免。

1.《国闻周报》第 10 卷第 8 期。

第一个跳下危船

1933 年 2 月 21 日凌晨，日军第八师团判断中国方面已觉察其行动，乃提前发动，袭击热河省东部南岭的中国守军，侵热战争由此开始。侵热日军以第六、第八师团为主力，另有混成第十四、第三十三旅团，加上伪满军队，共计 10 万兵力，分三路向热河进犯：北路由通辽进攻开鲁，中路由义县进犯朝阳，南路由绥中进犯凌源，战事全面展开。

中国驻热河守军也分三个方面应战。在北路，2 月 23 日拂晓，日军进攻开鲁，守军汤玉麟部崔兴武骑兵旅经一日激战后，逃往林东。日军于 24 日占领开鲁后，相继击溃冯占海、李忠义、刘震东、邵斌山、邓文等部义勇军，于 3 月 1 日进抵热北军事重镇赤峰。驻军孙殿英部在城内外与敌激战一昼夜后，一退围场，再退察哈尔省沽源一带。日军于 2 日占领赤峰，6 日又占多伦。

在中路，日军于 2 月 21 日突破南岭中国守军阵地，占领北票。25 日，汤玉麟部董福亭旅在朝阳进行了短暂的抵抗，后因一营长投敌，败退至凌源，日军即占朝阳。

在南路，日军 2 月 26 日从绥中出发，28 日进攻建昌，守军万福麟部缪澂流师略事抵抗，即向后败退。3 月 1 日，日军占领凌南，续攻凌源、叶柏寿，万福麟部于兆麟师、王永盛师一度进行了激烈抵抗，万福麟便谎报军情，吹嘘所谓大捷。2 日，凌源、叶柏寿失守。设军团司令部于平泉的万福麟没有按原定作战计划西撤承德，而是率所部向宽城、喜峰口一线南逃。至此，从凌源经平泉通往承德的大道已完全敞开。

身负保卫热河重任的第二集团军总司令张作相，直到战事爆发后，才拼凑好幕僚班子人员及指挥设备，于 2 月 17 日赶到承德，建立集团军司令部，但只是个空架子，手中无一兵一卒可供调遣指挥，成了一个光杆司令，整天呆坐，流泪叹息，束手无策。

热河省政府主席汤玉麟贪生怕死，自始至终缺乏抗日信心。在战斗最紧要关头，他不是亲赴前线指挥作战，而是事先截留军用载重汽车和东北热河后援协会的汽车240余辆，全部用来装载他历年来横征暴敛、贪赃枉法得来的巨额私产（包括银圆、鸦片等）运往天津租界保存，造成前线弹药运输困难。张学良只得临时雇佣人力车运送炮弹至古北口，再转运至热河。[1]

在张作相的一再催促下，汤玉麟才命令驻承德守军开赴东面的高地布防。因汤军欠饷已达一年以上，军心涣散，毫无战意，走到半路，部队发生哗变，要求先补发军饷，才能开赴前线。张作相见状，知事已不可为。于3月3日晨偕几个幕僚匆匆离开承德，撤往古北口。

当天上午，路透社记者赴汤玉麟的司令部采访，所看到的景象是：疲惫欲睡的门警，时为电话铃声所惊扰；行宫里成群的麋鹿在恬然吃草，殿角群鸽飞鸣，一切如恒；承德城内也是异常的安静，令人难以相信几十里以外就有战事发生。汤玉麟正在悄悄地准备逃跑，见到记者时，声称他的地位极为困难，不知自己的部队在什么地方。

3月4日晨，承德郊外发现敌踪，汤玉麟慌忙率余部弃城而走，逃往河北滦平。

当天上午10时，日军先头部队128人，未放一枪一弹，就占领了承德。

从日军攻打热河到承德沦陷，前后仅用11天！用胡适的话来说，这简直是"摧枯拉朽的崩溃"！[2]

3月3日夜，张学良接到热河前线全面溃退的消息，非常着急，先令万福麟等继续在喜峰口抗敌，后令汤玉麟整饬部队，向东反攻，如汤擅自来古北口，则以违背军令问罪！对在热河的义勇军各部，也严令他

1.《国闻周报》第10卷第10期。
2. 胡适：《全国震惊以后》，《独立评论》第41号，1933年3月12日。

们只能向前，不准后退，如擅自撤退来古北口，当以军法从事。但这些命令已经不能起什么作用。

4日，获悉承德失守，张学良大怒，对王以哲说："老鼎（王字鼎芳），你看，汤玉麟不战而逃，万福麟临阵违令撤退。"一面说着，一面用拳头擂着桌子，万分愤慨地喊道："可耻！真可耻！纯粹是孬种！这两个混蛋，一定要依法严办！"[1]

当天，在古北口主持东北抗日救国会工作的王化一向张学良建议："平津的安危，东北军整个的前途，热河关系最大。万福麟谎报军情，逃往喜峰口；汤玉麟不战而退，逃往滦平，华北局势危险万分。非杀一二统兵大员，不足以维持军纪。对于汤玉麟、万福麟，必须给以严厉处置，以平民愤，以振颓风。我根据救国会同志们的意见，如汤玉麟来古北口，我先杀汤，杀错了你再杀我！"

张学良回答说："我同意你们的意见，但你不要冒失搞出乱子来。"

下午4时，汤玉麟由滦平打电话到古北口，请求转告张学良，想经古北口转往北平。张学良坚决不同意，命令他带领部队反攻，否则军法从事。入夜，张学良又来电话，对王化一说："汤玉麟如果一定要来北平，放他进来好了，就按你的意见处理。"

汤玉麟因张廷枢部在古北口外截夺了他的驼运队，张学良又命令他举队反攻，已经感觉到回北平很可能凶多吉少，乃改变主意，西逃至察哈尔沽源一带。

万福麟在退入喜峰口后，也致电张学良要求回北平一行。张学良气愤地说："要你率部反攻，你却要回来，拿头来见我！"吓得万福麟一

---

1. 李树桂：《往见汤玉麟和在顺承王府见闻》，载中国人民政治协商会议全国委员会文史资料委员会、《从九一八到七七事变》编审组编《从九一八到七七事变》，中国文史出版社1987年版，第440页。

时也不敢回北平。[1]

日军占领承德后，紧随溃军，直逼长城一线，攻打各重要关口。张学良为挽回败局，积极部署反攻，下达了一连串命令：中央军第二十五师（师长关麟征）增援王以哲的第六十七军，固守古北口；商震率第三十二军夺回冷口；宋哲元指挥第二十九军开赴喜峰口，并表示："已决心不顾一切，尽其全力谋挽危局"，"无论如何牺牲，但求无负国家，决不稍存顾惜"。[2]

经此调整后，初见成效：在古北口，日军首遭重创；第二十九军夜袭敌营，取得喜峰口大捷；第三十二军重新夺回冷口，从而稳住了全线崩溃的局面，揭开了长城抗战的序幕，整个战局出现了转机。

热河迅速沦陷，全国震惊，汤玉麟和张学良首先成为众矢之的。南京政府为推卸责任，大肆攻击张学良。

3月5日，立法院院长孙科在上海对记者表示："热河天险，守军达10万，中央虽明知结果必败，然无论如何，以为至少当能支持二三个月……不料战事竟未及10日，而全线崩溃，承德陷落，诚出人意料。计算日军每日进展，途径50里，如入无人之境，谓为抵抗，谓有激烈战争，其谁能信？……在前线指挥之汤玉麟等各军事长官，应予严惩。即负责最重之张学良，亦应立即引咎辞职，以谢国人。"[3]

7日，监察委员邵鸿基、刘莪青、周利生、高友唐等联名向国民政府监察院提交对张学良和汤玉麟的弹劾案，称："张学良、汤玉麟失土辱国，罪有应得，国家若不明正其罪，处以严刑，其何以饬戎行而固国本？"当天，监察院将此案移送政务官惩戒委员会，同时呈请国民党中

---

1. 王化一：《张学良在热河战事中》，载方正等编《张学良和东北军》，中国文史出版社1986年版，第232—233页。

2.《张学良致罗文干电》（1933年3月5日），载罗家伦主编《革命文献》第38辑，台北"中央文物供应社"1978年版，第1203页。

3. 韩信夫、姜克夫主编：《中华民国大事记》第3册，中国文史出版社1996年版，第474页。

央政治会议将违抗命令，守土有责的张学良、汤玉麟等依法惩办，以肃国纪。

8日，南京政府下令将汤玉麟先行撤职，交行政院、监察院会同军委会彻查，严缉究办。但对于张学良，则不能不给他一点面子，不便公开处罚。

与此同时，全国各地许多社会群众团体也纷纷致电南京政府，要求将张学良、张作相、汤玉麟、万福麟等人按军法惩治。北平一些社会名流，如胡适、丁文江、翁文灏等人，再次敦促张学良下野。丁文江写了一篇《给张学良将军的公开信》，胡适则写了一篇6 000余字的《全国震惊以后》，均在《独立评论》上发表，对张学良实施猛烈攻击。

胡适还将他和丁文江的文章原稿各送给张学良一份，并附上他的一封短信，信中说："热河事件真使人人震惊。汤玉麟免职查办的命令已下来了。现在政府的谴责虽不曾到先生身上，但我观察全国舆论无不责难先生。明察如先生，岂不知此理？……去年夏间曾劝先生辞职，当时蒙复书表示决心去职。不幸后来此志未得实行，就有今日更大的耻辱。然先生今日倘能毅然自责求去，从容交卸，使闾阎不惊，部伍不乱，华北全部交由中央负责，如此则尚有自赎之功，尚有可以自解于国人世人之道。若不趁蒋（介石）、何（应钦）、黄（绍竑）诸公在此之时决心求去，若再恋栈以自陷于更不可自拔之地位，则将来必有最不荣誉的下场。百年事业，两世英名，恐将尽付流水了。久承厚谊，故敢尽言，千万请考虑。"[1]

张学良陷入了自九一八事变以来最严重的政治困境，无以自解，不得不于3月7日致电南京政府，表示引咎辞职，以应付舆论。电文如下：

---

1. 曹伯言整理：《胡适日记全编》第6册，安徽教育出版社1996年版，第203页。

自东北沦陷之后，效力行间，妄冀待罪图功，勉求自赎。讵料热河之变未逾旬日，失地千里，固有种种原因，酿成恶果，要皆学良一人诚信未孚，指挥不当，以致上负政府督责之殷，下无以对国民付托之重，戾愆丛集，百喙莫辞。又学良当二十年夏季，大病未复之时，即遭九一八之变，责职所在，何敢偷安旦夕，生死荣辱，胥以置之度外，即两月以来应付愈艰，情急势拙，事与愿违。迁延一日，苦痛一日。学良虽粉身碎骨，亦无补于国家，无益于大局。应恳速赐命令，准免各职，以示惩儆。一面迅速派大员接替，用伸国纪，转圜之机，在此一举。学良渥蒙政府矜贷，嗣后有生之日，即报国之年。[1]

这种辞职通电，在旧中国官场不过是一种例行的官样文章。一个人有了过失，就要通电自责一番，以应付舆论，争取主动，辞职并不是张学良的本意，实际上带有试探性质。当时，张学良还打算率领东北军反攻热河，与日军一拼到底，戴罪立功。

热河迅速沦陷的原因，当时的社会舆论曾经做过分析，普遍认为有以下几点：（1）南京中央政府、华北地方当局自始未曾尽力布置热河之防御，应负绝大的责任；（2）指挥缺乏统一，作战缺乏配合；（3）军官贪污堕落，地方政治腐败；（4）民众不合作；（5）军队没有现代的装备，没有现代的训练。[2] 应当说，这些都是客观存在的事实。

就张学良而言，这时与九一八事变时期不同，他已有了抗日的决心，满腔希望能够保卫热河，一方面以洗刷自己"不抵抗将军"的耻辱，同时保障华北的屏障。但在统御东北军方面，其资历和能力均十分有限，特别是缺乏其父的严厉手腕。尤其是汤玉麟这一类的老军阀更是

---

1. 天津《大公报》，1933 年 3 月 8 日。
2. 参见北平《世界日报》，1933 年 3 月 5 日；天津《大公报》，1933 年 3 月 5 日。

把他当小孩子看待，根本不听他的指挥。张学良不敢采取果断措施解决汤玉麟，致使白白浪费了一年的宝贵时光，毫无作为，未对热河防御做出像样的准备工作。直到山海关失守，张学良才匆匆派遣援军赶至热河，未及站稳脚跟，敌军即来猛攻。另一统兵大员万福麟也擅自撤退，不理会张学良的反攻命令。张学良连东北军都指挥不灵，就更不用说指挥华北地方其他各派系的军队了。诚如他在辞职通电中所说的"诚信未孚，指挥不当"，以至于治军乏术，遣将有误，造成热河沦陷。对此，张学良负有不可推卸的重要责任。

但从全局来看，南京政府和蒋介石实应承担热河沦陷的主要责任。1932年一二八淞沪抗战失败，《淞沪停战协定》签订后，蒋介石看到中国共产党领导的红军和苏区已遍布大江南北，"燎原之火，有不可收拾之势"。就在6月间召开的豫鄂皖湘赣五省"剿匪"会议上，他正式把"攘外必先安内"确定为南京政府今后的基本国策，决定集中全力"剿共"，对日本则总取"携手主义"，谋求与日本直接交涉，以解决中日矛盾。[1]蒋介石宣称："'剿匪'戡乱，就是抗日御侮的初步，如果'剿匪'不能成功，抗日就没有基础。"[2]

在这一错误方针指导下，蒋介石虽对热河防御问题表面上表示了关心，为张学良出谋划策，但并没有采取任何实际的措施，来帮助张学良加强热河防御力量，反而伺机准备赶走张学良，由自己的嫡系何应钦、黄郛等臭名昭著的亲日派来坐镇华北。在去年8月汪（精卫）、张（学良）交恶事件中，蒋介石即曾暗中拟请黄郛"北上匡助，代为主持"[3]。只因张学良地位未变，黄郛北上计划才暂告取消。此后，蒋介石亲自坐镇

1.蒋作宾著、陆钟琦整理：《蒋作宾日记》（1932年6月23日），江苏古籍出版社1990年版，第447页。

2.《蒋介石在五省"剿匪"会议上的讲话》（1932年6月9日），载蒋纬国主编《国民革命战史》（三）《抗日御侮》第1卷，台北黎明文化事业股份有限公司1981年版。

3.沈云龙：《黄膺白先生年谱长编》下册，台北联经出版事业公司1976年版，第495页。

武汉，指挥大军"围剿"鄂豫皖苏区，不再顾及热河问题。

直到 12 月份热河局势极度紧张，日军即将进攻热河，蒋介石才再度催促张学良增兵热河，并宣称已筹备 6 个师随时可以北上增援。他还信誓旦旦地对张学良表示："北方军事已全权托付吾兄，并请吾兄负其全责。如有需于弟者，则弟无不照兄之意进行。"[1]但结果却是，允诺的 6 个师，只来了 3 个，还是在热河战事爆发后匆匆北上，等他们赶到北平时，热河已告沦陷。

至于蒋介石答应的款项，直到 3 月 1 日，蒋还在电请宋子文："力催速发，或由中央银行代垫。"[2]当天，南京政府实业、财政、内政三部开会讨论热河方面多次吁请的粮饷、服装等接济问题，议决的办法仅仅是呈请行政院通令各省政府"鼓励粮食商人或商会将粮食运往热河销售，并由政府设法协助保护"。此乃一纸空文，毫无实际意义。这时，热河已差不多全陷于敌手。到三部会函呈报行政院时，热河已沦陷半个月了，官僚机构的误国误民，由此可见一斑。

蒋介石本人，在日寇即将进攻热河的危急局势下，仍以"剿共"为念，于 1932 年 1 月 29 日飞往南昌，加紧新的"剿共"军事部署。几乎就在热河战事进行的同时，他亲率庞大的中央军向中央苏区发起第四次"围剿"，置外敌入侵、国土沦陷、民族危亡的严酷事实于不顾。

很明显，蒋介石没有把日本侵略者当作大敌，而是集中全力"剿共"，并从狭隘的阶级立场和集团利益出发，对热河抗战假表关心，不做任何切实有效的援助，静待其沦亡。不仅如此，蒋介石还利用热河沦陷后出现的形势，趁机再次逼张学良下台，进行其排除异己、打击地方实力派的活动。这是他的另一种所谓的"安内"工作。

---

1. 秦孝仪主编：《中华民国重要史料初编·绪编》（一），台湾国民党中央委员会 1981 年版第 591 页。
2. 同上，第 607 页。

3月3日中午，蒋介石急电军政部部长何应钦，要求他即刻北上，准备取代张学良。5日，何应钦到达北平，会同先期到达的内政部部长黄绍竑，协助张学良处理华北军事。

6日，蒋介石由南昌乘飞机抵汉口，当晚转乘平汉路专车北上，8日抵达石家庄，电召何应钦、黄绍竑及阎锡山的代表徐永昌前来会晤。宋子文也由南京前来。张学良闻讯，也打电话给蒋介石，要求与何、黄等人同去石家庄。蒋介石答道："前方军事吃紧，调度需人，不必就来，有必要时再约地点见面。"

在石家庄车站的专列上，蒋介石主要询问何应钦等人对张学良辞职的意见。只有宋子文表示反对，说道："张汉卿如果脱离军队，则东北军队的指挥调度将会发生困难。"何应钦、黄绍竑则陈述了3点意见：（1）如果还让张学良干下去，不但全国舆论不满，而且北方军队如山西阎锡山的军队，西北军宋哲元的军队，以及商震、孙殿英等部都会不服。我们以后就指望这些军队继续抗战，中央军是不能多调出来的。（2）张学良虽有亲率未曾作战的东北军去收复热河与日本鬼子拼到底的表示，但以他的精神体力是做不到的，而且拼下去也不会有好结果。（3）即使准张学良辞职下野，东北军也不会有什么顾虑。蒋介石据此报告，了解到张学良下台后不致引起东北军的反抗，最后决定立即逼张学良辞职，遂电召张学良于第二天在保定会面。[1]

3月8日晚12时，张学良轻车简从，偕同澳籍顾问端纳及幕僚汤国桢、王卓然等人，由西便门乘专车前往保定。张学良这时还没有料到蒋介石此行是要他立即下野的，但也隐隐有一种不祥的预感。他在车上对王卓然说："我与蒋先生约定在保定见面，我要与他商讨反攻热河之事。主要条件是必须补充枪炮弹药，我想要求补充一二十挺轻重

---

1. 黄绍竑：《长城抗战概述》，载中国人民政治协商会议全国委员会文史资料委员会、《从九一八到七七事变》审编组编《从九一八到七七事变》，中国文史出版社1987年版，第387—388页。

机枪和二三百门迫击炮。再就是要充足的弹药，能加些高射炮更好。若是中央有决心抗日，应向日本宣战，动员全国力量与日本一拼。我是有决心亲临前线的，干死了比活着受国人唾骂好得多。人反正有一死，你晓得我是不怕死的，就怕南京假抵抗、真谋和，那我就没有办法了。你看我想的是不是？听说南京有一些亲日和恐日派，正同日本人拉拢讲交情。我已于昨日发出辞职电报，南京可能牺牲我，以平息国人愤怒。同时外交上，因为国际联盟靠不住，要与日本谋和。你看我想的对不对？"[1]

9日凌晨5时，张学良专车抵达保定车站，蒋介石与宋子文并未如约同时到达，车站也无消息。张学良亲自到站长室打电话到石家庄，宋子文接电话说："蒋委员长有一项重要意见，要我先来保定与你商谈，因为太重要，电话中不便谈，我即来，见面再详细商量。"张学良放下电话，心情沉重，觉得这里面大有文章，估计绝不是共谋反攻热河，更谈不到全面向日本宣战了，早先的不祥预感逐渐占据了他的脑海。

上午10时左右，宋子文的专车抵达保定，张学良立即登车相谈。张学良向宋子文提出挽救时局的两项办法：（1）各路东北军由张学良率领，克复承德，中央负责接济；（2）准他辞职，中央负抗日全责。对此，宋子文未置可否，径自传达蒋介石的旨意说："蒋先生认为热河失守之后，张汉卿守土有责，受到全国人的攻击。中央政府更是责无旁贷，他（指蒋介石）首当其冲。正如同两人乘一只小船，本应同舟共济，但是目前风浪太大，如先下去一人，以避浪潮，可免同遭沉没。将来风平浪静，下船的人仍可上船。若是互守不舍，势必同归于尽，对自己对国家皆没有好处。"

---

1. 王卓然：《日军侵热和张学良下野》，载中国人民政治协商会议全国委员会文史资料委员会编《文史资料选辑》第14辑，中华书局1960年版，第71页。

张学良听到这里，事先的不祥预感终于得到证实，张学良无奈之余，立即十分干脆地表示："当然我先下去，正好趁机会休息休息。请转告蒋委员长不必烦心。"宋子文随即下车到站长室打电话给蒋介石，说："汉卿态度很好，一切服从委员长的命令和安排，请委员长速来见面。"

下午4时，蒋介石的专车到达保定，张学良、宋子文立即登车见蒋。不待张学良开口，蒋介石很严肃地对张说："我接到你的辞职电报，很知道你的诚意。现在全国舆论沸腾，攻击我们两人。我与你同舟共济，若不先下去一人，以息全国愤怒的浪潮，难免同遭灭顶。所以我决定同意你辞职，待机会再起。子文传达你慷慨同意，这是好的，好的。一切善后问题，可按照你的意见办理。有什么问题与子文商量，他可以代表我。"

张学良回答说："我感谢委员长的苦心。我身体不好，精神萎靡。东北丢失，我早就想引咎辞职。这次热河之变，我更是责无旁贷。免去我的本兼各职，正可伸张纪律，振奋人心。我想日军必很快进攻华北，以遂其并吞整个中国的阴谋。国际联盟列强各怀心事，决不可靠。我看委员长应考虑动员全国与日本宣战。目前应急调中央劲旅与东北军配合反攻热河，以阻止日军前进。"

蒋介石听了，仅仅点头说"是的，是的"，露出不愿多谈的样子。张学良见状，即行辞出。两人相谈不过十几分钟。

5分钟后，蒋介石偕宋子文来到张学良的专列回拜，好言安慰一番，劝他第二天就飞上海，免得部下夜长梦多，到上海后赶快出洋治病，出洋名义和手续当妥为安排。

约10分钟，蒋介石退出，回到自己的专车。张学良到站台送行，蒋介石立于车门，连声说道："汉卿，再见！再见！"又对宋子文说："子文，你留在后面，多与汉卿谈谈。"话说完，蒋的专车即向石家庄开去。

蒋介石走后，宋子文与张学良的专车挂在一起，一同北上。两人一路商量善后事宜，决定将东北军编为4个军，由于学忠、万福麟、何柱国、王以哲分别统率；北平军分会由何应钦代理委员长，原参谋长鲍文樾调任办公厅主任；中央军第二师黄杰部增援古北口，以阻止日军前进。至于张学良建议动员全国全面开战一事，因关系重大，决定从长计议。当晚10点30分，车抵长辛店，善后商谈完毕，两车分开。宋子文连说："汉卿！上海再见！上海再见！"随后，宋子文掉转车头返回石家庄向蒋介石报告。[1]

蒋介石没有想到事情就这么简单地解决了，既转嫁了热河沦陷的主要责任，使张学良成为替罪羊，又乘机让南京中央势力伸入华北地区，并轻易取得了对东北军的直接指挥权，真可谓一举三得，满载而归。但对张学良，他似乎略觉有些内疚，在当晚的日记中写道："此时情形，固使余心难堪，而此后之事，又不能直说，更感难过。然处此公私得失成败关头，非断然决策不可，利害相权，唯有重公轻私，无愧于心而已。"[2]

宋子文走后，张学良的专车继续北上。王卓然正在客厅与端纳闲谈，副官谭海突然跑过来说："王老师，副司令大哭，你快和端纳过去劝劝。"

王卓然与端纳走近张学良的卧室，只见他正伏枕大哭，非常沉痛的样子。

端纳劝说道："Young marshal, be a man, brave and strong."（少帅，做个大丈夫，要勇敢，要坚强。）[3]

1. 王卓然：《日军侵热和张学良下野》，载中国人民政治协商会议全国委员会文史资料委员会编《文史资料选辑》第14辑，中华书局1960年版，第72—73页。

2. ［日］古屋奎二：《蒋总统秘录》全译本，台北中央日报社1977年版，第63页。

3. 何柱国：《忆张学良将军》，载中国社会科学院近代史研究所现代史研究室编《西安事变资料》第2辑，人民出版社1981年版，第269页。

王卓然也劝道："副司令，你还记得老子的话吧，'福兮祸所伏，祸兮福所倚'。你正好借机休息，恢复健康。若是真要责成你反攻热河，你的身体精神皆不胜任。那时失败，不如这时痛痛快快一走，把病治好。留得青山在，不愁没柴烧。"

听了端纳和王卓然的一番劝说，张学良从床上一跃而起，仰天狂笑之后说道："我是闹着玩的，吓你们呢！"

隔了一会儿，他又若有所思地说："你们看我放弃兵权和地位，像丢掉破鞋一样，别的军人能办得到吗？但是中日问题，蒋委员长以和为主，还不知演变到什么地步。国人骂我不抵抗，我也不辩。但是下野后，天知道我这不抵抗的罪名要背到哪天呢？"[1]

10 日，张学良在北平召集于学忠、万福麟、荣臻、王树常、刘哲等东北文武要员开会，说明辞职经过及原因。张学良说："我要到国外去走走，不久会回来。为什么在国难家仇这样紧要关头丢下你们，离开袍泽，这不用讲，你们都明白。我走以后，你们要好好地干，要保存东北军这一点实力队伍，成为抵抗日本、收复东北的基本力量。我们不收复东北，对不起先大元帅在天之灵，对不起东北 3 000 万老百姓。中央给我们河北这个地盘子，交孝侯（于学忠）负责，流亡关内的东北老乡很多，已无家可归，要照顾这些人，多给孝侯一些队伍，顶住日本人进攻，保牢河北这块地方。"[2]

张学良还吩咐，武要保全东北军实力，文要发展东北大学（九一八事变后在北平复校）。

当时，东北军还有 26 万人，张学良与蒋介石商定编为 4 个军，由于学忠、万福麟、何柱国、王以哲分任军长，其中万福麟的第五十三

---

1. 王卓然：《日军侵热和张学良下野》，载中国人民政治协商会议全国委员会文史资料委员会编《文史资料选辑》第 14 辑，中华书局 1960 年版，第 74 页。

2. 何柱国：《忆张学良将军》，载中国社会科学院近代史研究所现代史研究室编《西安事变资料》第 2 辑，人民出版社 1981 年版，第 269—270 页。

军、何柱国的第五十七军、王以哲的第六十七军等 3 个军各 3 万人，其余 17 万人（包括张学良的卫队师即刘多荃的第一〇五师，相当于一个军，2 万人）都由第五十一军军长于学忠率领，驻守河北。东北军的军费每月 200 万，由国民政府拨 130 万，华北助饷 70 万。在安排好军队后，张学良要黎天才会同军法处处长颜文海把保定监狱中关押的政治犯全部释放，其中包括韩麟符、许权中、刘尊棋（关在北平监狱）等 6 名中共党员。

对东北大学，张学良起用王卓然，让他以秘书长名义代行校长职权。临行前，他对王卓然千叮咛万嘱咐，要他一定办好东北大学。他说："为办好东北大学，本人先后捐款 200 万元，实在费了好多心血。当初的目的，在培养实用人才，建设新东北，以促成国家现代化，消弭邻邦的野心。谁知变起仓猝，尽失所有，师生来平复学。今后训练要在明耻自强上注意，即不徒怨恨日本人太凶横，更要怨恨自家太不长进，所谓'人必自侮而后人侮之，国必自伐而后人伐之'。要训练东北青年知耻自强，就是要他们天天流汗，时时准备流血，这样方可达到复土还乡之目的。

"我们保存东北大学，不是由于封建思想，而是因为东北土地亡了，要用东北大学作联系。它是东北的生命线，在国家可借此以维系东北人心，在东北人民可以借此知道国家不忘东北，在国内同胞可借此睹物伤情，痛鉴覆车，愈知效忠于国家。所以东北大学除了它的本身使命外，实具有最深远的国家民族意义，一定会受到政府的维持，国人的援助的。

"严格讲起来，自己不配做大学校长，但是命运、历史，造就了自己的地位与责任，没有逃避，为担负起这一责任，需要一批先进青年同胞，为救国还乡宏愿，一心一德，共同奋斗。办好这个大学，应按照这个使命的需要，特别注意去发现这样的人，认识他们，并训练他们。要是有丝毫造就私党之心，以遂个人争权夺利之欲，必遭天诛地灭，永世不能做人。"[1]

3月11日，张学良正式发布辞职通电：

> 天津、上海、太原、济南、汉口、南京各报馆转全国同志
> 钧鉴：
>
> 余父与余历以保持中国在东北之主权为己任，余父且以身殉
> 焉。迨余就任以后，仍本先父遗志，始终以巩固中央、统一中国为
> 职志，兢兢业业，未尝或渝。即如不顾日本之公开恫吓而易帜，辅
> 导国民党在东北之活动，与夫民国十九年秋余奉命入关，拥护中国
> 统一，凡此种种，事实俱在。盖余深信唯健全政府，然后可以御外
> 侮也。九一八之变发生，余正卧病在平，初以诉诸国联，必主张公
> 道，及今日军侵热，余奉命守土，乃率师整旅，与敌周旋。接战以
> 来，将士效命者，颇不乏人，无论事之成败若何，然部下之为国牺
> 牲者，已以万计矣。此次蒋公北来，会商之下，益觉余今日之引咎
> 辞职，即所以效忠党国，巩固中央之最善方法，故毅然下野，以谢
> 国人。唯眷恋多年袍泽，东北之健儿，孰非国家之将士，十九年奉
> 命率兵入关，援助中央，于今国难未已，国土未复，无家可归者数
> 万人，但盼中央俯察彼等劳苦，予以指导，并请社会人士加以援
> 助。彼等为国为乡，皆抱热诚，并熟悉东北情形，倘遇报国之机，
> 加以使用，俾得为收复东北之效命，遂其志愿，免于飘泊，于愿斯
> 足。并盼国人鉴余诚悃，谅余庸愚，虽怨尤丛脞，而余本心只知为
> 国，余皆不复自计也。
>
> 张学良叩[2]

---

1. 王振乾：《张学良时代的东北大学》，载方正等编《张学良和东北军》，中国文史出版社
1986年版，第299页。
2. 章伯锋、庄建平主编：《抗日战争》第1卷，四川大学出版社1997年版，第396—397页；
另见《国闻周报》第10卷第11期。

电文字里行间，无不透出张学良的依依惜别之意，拳拳报国之心。其中的"此次蒋公北来，会商之下，益觉余今日之引咎辞职，即所以效忠党国，巩固中央之最善方法，故毅然下野，以谢国人"一句，稍微表达了他对蒋介石和南京政府以他为"替罪羊"的不满情绪。

3月11日，张学良根据蒋介石的命令，将国民政府军事委员会北平分会代理委员长职务移交何应钦。

3月12日，国民政府颁布准予张学良辞职的命令，同时特派军政部部长何应钦兼代执行军事委员会北平分会委员长职权。

3月12日，张学良偕夫人于凤至及赵一荻、澳籍顾问端纳等从清河机场乘飞机离开北平飞往上海。他壮志未酬，报国不成，忍痛离开了东北军广大将士，离开了激战正酣的华北战场前往上海，准备出国考察，希望找到一条新的救国之道，实现"复土还乡"的宏愿，以洗去自己"不抵抗将军"的耻辱。

天津《大公报》3月13日曾为此发表题为《行矣！张汉卿》的社论，认为张学良"以拥众十数万之大军领袖，经保定车中一席谈，居然放下兵权，自请摆脱，又不可谓非中国军界之一创例也"，称赞他"爱国家，识大体，在年少时代，即翘然有所表现"，"其富于国家思想，实旧军人所罕见者也"，并表示相信"张氏方在壮年，今后尽有创造新生命之希望"，祝他此去好运！[1]

---

1. 天津《大公报》，1933年3月13日。

第七章

人生的重大转折

大凡不能克制自己的嗜欲，不知听从理智的指导而摒绝目前的快乐或痛苦的纠缠的人，他就缺乏一种德行与努力的真正原则，就有流于一无所能的危险。

——［英］约翰·洛克《教育漫话》

中国必须真正统一，拥护一个强有力者做领袖，像意、德两国那样，先把国内搞好，然后才能对外作战，现在只有蒋先生有资格做这样的领袖。因此，我们决心拥护他做领袖。

——张学良

矢志戒断毒瘾

1933 年 3 月 12 日下午，张学良一行抵达上海，住进福煦路 81 号张群的别墅，等待宋子文为他办理出国手续。

当天，张学良对新闻界发表公开谈话，表明自己的立场。他说："东北军乃国家之军队，身为军人，既已解除职务，将所统率国家军队还诸中央，无复再有意见可以申述。在鄙人卸此重任，得以闲暇，励志修身，增益学识，为良好之国民，此乃平素求之而不可得者，今竟能达此希望，此后深愿社会人士暨我友朋以平民相看待，何幸如之。"[1]

但张学良还未开始体验平民生活，便尝到了失去权力遭人欺的滋味。国民党一些军政要员过去对张学良素怀不满，认为他年纪轻轻，居然成了中国第二号人物。而张学良除蒋介石之外，只和宋子文、孔祥熙、张群、吴铁城、何成濬等少数几个人往来，与一般国民党元老、军政要员极少应酬，也得罪了不少人。这时，他们趁机落井下石，群起攻击张学良擅自把天津医院卖给法国人，强占颐和园中的珍宝字画为己有，等等。

面对这种局面，宋子文甚至考虑把张学良送往庐山或奉化躲避。3 月 14 日，宋子文发电报给蒋介石，报告说："汉卿遵兄意旨在沪候轮放洋，船期尚须一月，而反对分子对之异常激昂，必须迁地，或暂往庐山，或奉化候船启行。统乞酌定示复。"蒋介石回复可以迁往庐山或莫

1.《国闻周报》第 10 卷第 11 期。

干山。[1]

张学良为人坦荡，对这类造谣中伤，不加辩驳，一笑了之。[2] 流言蜚语虽然可以一笑置之，但接着传来的有人要暗杀他的消息却不能不引起张学良的担忧和重视。但因为张学良要在上海戒毒，不得不放弃前往庐山或莫干山躲避的念头，继续留在上海。

但为了应付可能发生的不测，张学良这位驰骋沙场、昔日堂堂的全国陆海空军副司令，不得不通过宋子文的关系，无可奈何地接受了上海黑社会头子杜月笙所谓的保护。杜月笙给了张学良3个电话号码，说有事打这3个电话，一定能找到他，他保证张学良在上海绝无安全问题。

张学良是一个有血性的汉子，受这种窝囊气显然是很难过的。在历经九一八事变和热河沦陷的两次重大挫折之后，他在精神和身体上倍受打击，加上这件事的刺激，深深懂得了"人必自侮而后人侮之"的道理，如果不首先戒掉自己的毒瘾，重新振作起来，将一事无成，不仅无法达成"复土还乡"、报仇雪耻的宏愿，而且势必进一步堕落，形同废人，自毁前途，乃矢志戒毒。

张学良之所以染上毒瘾，完全是战争的残酷和紧张气氛造成的。张学良自述其经过说：

> 在战斗激烈时，常连日地昼夜不能休息，而情况上发生变化，负责者必须立即处断，不但身体之劳苦，精神思虑上亦十分费力……
>
> 我吸上鸦片，是在那郑州战争之时，心中已十分烦闷，战事又不得手。某一次，将领们进见向我请求撤退，我十分气愤，责彼等无胆无识，在这三面包围之下，后路只凭一线黄河铁桥，如此情况撤退等于自杀，身为高级将领，空受教育，连这一点常识都没有？

---

1. 吴景平：《宋子文政治生涯编年》，福建人民出版社1998年版，第257页。
2. 汪树屏、汪纪泽：《我所认识的张学良》，中国广播电视出版社1990年版，第146页。

你们所图者，打算丢掉部下，只身逃跑乎？……

我心中十分痛苦，不能饮食，但仍须支持这个困苦局面，就因此吸食了鸦片。我心中有更痛苦的是：每当危难之时，必须选择最喜爱的优秀分子，来担当这困难的任务，方能胜任。明知他之一去，九死一生。当功成之后，庸庸者擎功受赏，佼佼者是孤儿寡妇。在无目的混乱之内战中，说不上成功成仁，彼（指被派遣者）不过是私人感情之上，命令严威之下，走上牺牲之路。中国有多少良好军事人才，就是这样白白地断送，我每一思及，心中悲痛，以己度人，在过去内战上，与我同感者，自然不在少数，吸食鸦片，不只是一时兴奋，借助激刺精力，亦含有借酒消愁之意存焉！ [1]

张学良逐渐吸毒上瘾，形成痼疾。但从内心上他十分厌恶毒品，屡次颁布不准东北军人吸食鸦片的禁令，1928 年 12 月 5 日又颁布了《东三省保安总司令部禁止军人吸食鸦片训令》：

查鸦片之害，烈于洪水猛兽，不唯戕身败家，并可弱种病国，尽人皆知，应视为厉阶，岂宜吸食？况为军人者以身卫国，责任綦重，尤宜振奋精神，以期国强。所以军人不准吸食鸦片，迭经明令饬遵在案，特恐日久弊生，用再重申严令，以期戒除净尽，而树强种之基。查各机关暨各部队官兵，洁身自爱，毫无嗜好者，固不乏人，而暴弃自甘，仍行吸食者，亦或在所难免。本总司令治军以来，首重军纪，而败坏军纪者，莫甚于吸食鸦片，兴言及此，殊堪痛恨。此次各队奉令后，仰对于所属，详细调查，无论官佐士兵，如有吸食鸦片者，着即一律撤革，并按律治罪，以肃军纪。并限于本年 12 月底止，由该各主管官长出具戒除净尽鸦片保结，汇报本部

---

1. 张之宇:《张学良探微：晚年记事》，江苏人民出版社 2004 年版，第 65 页。

备查。倘或阳奉阴违，仍敢吸食者，一经查出，或被举发，不唯将吸食者依法治罪，并将该各主管长官，分别撤惩，以究欺违，而儆效尤。除分令外，合亟检发保结格式，令仰该处，即便转饬所属，一体遵照毋违，切切。此令。

这个训令还附了一个戒除烟瘾的奇方：甘草 8 两、杜仲 4 两、川贝 4 两、清水 6 斤，熬至一半，用新白布去渣，外加红糖 1 斤，调成膏，每膏药 1 两，加熟烟 1 钱，每日吃 3 次（或按吸烟之次数吃），最大瘾每次不过 3 钱，吃至 3 日，每两药膏减烟 2 分减至无烟为止。并说本药特点，服用后人身不感痛苦，且戒除迅速。[1]

张学良不仅要求他的部下戒除毒瘾，他本人也多次尝试戒毒。他虽然慢慢戒掉了鸦片烟，却又误听庸医，打吗啡针，造成吗啡中毒，对身体的伤害比鸦片更加厉害。

1928 年 12 月，澳大利亚人端纳应聘担任张学良的私人顾问，他与张学良第一次见面时，大吃一惊，没想到大名鼎鼎的张少帅竟是个瘾君子，身体是那样的虚弱，脸庞和双手瘦削苍白，交谈时身体不时地痉挛。刚谈 15 分钟，张学良便说声"对不起"，离席去注射吗啡针。因为毒瘾，张学良整个人面黄肌瘦，精神萎靡不振，严重影响到身心健康，也严重威胁到东北军数十万将士的命运。

见到这种情形，端纳十分失望，他对在座的罗文干（外交家、张学良的朋友）说："这个人全身注射麻醉剂，不论对他本人还是对中国，他都毫无用处了。"

"我知道。麻烦您了。"罗文干回答。

但是同张学良接触多了，端纳每天都能在他身上发现新的值得尊崇的品质，才觉得这是一个可以挑起大任的栋梁之材。于是，他决心帮助

1.毕万闻主编：《张学良赵一荻合集》第 1 部，时代文艺出版社 2000 年版，第 491 页。

张学良戒除毒瘾。

有一天，端纳很坦率地告诫张学良，必须停止使用吗啡。张欣然接受他的建议，回答说："好吧，就照你说的做吧。"

在端纳的帮助和鼓励下，张学良为戒除毒瘾进行了顽强的努力。端纳留心他的饮食，只吃滋补品，每天天一亮，他们或远足于乡下小路，或在高尔夫球场打够 18 个洞；他们还在山上骑马，有时也钓鱼、游泳和打猎，所有这些活动都使少帅筋疲力尽。端纳相信他离成功只差一步之遥，毒的渴望减少了八九成。张学良经常自言自语："再过两三天，我就要大功告成了。"

可是，张学良总是抗不住毒瘾发作，请求开戒。看他可怜的样子，端纳又于心不忍，只能让步。

最后不得不请教一些医生，他们建议把病人至少隔离 1 个月。可是张学良不肯，理由是那样一来会有人造谣说他已经死亡，从而引起骚乱。[1]

张学良多次尝试戒毒，均因决心不够、毅力不足，每次均半途而废。有一次，上海戒毒专家米勒博士由张群介绍来沈阳向张学良募捐，准备在上海之外再建立一所戒毒疗养院，张学良极为爽快，立即答应捐 10 万大洋，赞助他在沈阳开设一家疗养院，并说："等疗养院建成后，我就进去戒毒疗养。"可惜，这一愿望因九一八事变发生而未能实现。

从九一八事变开始，东北军连吃败仗，丢失 100 多万平方公里的国土，原因固然众多，但与张学良这位东北军统帅糟糕的身体状况也有很大关系。在九一八事变以前，凡是到过东北的国民党上层人士无不为张学良糟糕的身体状况感到担忧。一个鸦片烟鬼，怎能担当起一个统帅的责任？一个鸦片烟鬼，不仅没有了气吞万里如虎的英雄气概，而且一个军事统帅所必需的那种运筹于帷幄之中、决胜于千里之外的决策思维能力也被毒品销蚀殆尽，成了一具行尸走肉。张学良要是再这样下去，东

---

1. 符致兴编译：《端纳与民国政坛》，湖南出版社 1991 年版，第 259—262 页。

北军几十万将士也将被断送。

九一八事变后，张学良烦恼增多，心情焦躁，郁郁寡欢，内心的痛苦又无法诉说，于是变本加厉频繁地注射吗啡，借物消愁愁更愁，身体和精神更加萎靡。一个刚刚30多岁的人，竟呈现出一副衰弱老态，昔时英俊潇洒的少帅风采早已荡然无存。热河战事期间，张学良吸毒已到了无以复加的地步，每天总共要打上百支的吗啡针。正如他后来所说："当时我的工作困难，没有吗啡不行，干不了"，"活人让鸦片弄的就像死人一样，真是惨极。"[1]

热河抗战前，张学良陪宋子文等到承德视察，汽车每行驶15公里就得停下来，让人注射吗啡。战事爆发后，内政部部长黄绍竑奉蒋介石之命于2月28日抵达北平，拜访张学良时，只见他骨瘦如柴，病容满面，精神颓丧，不由得为其精神体力和指挥威信担忧。[2]

还有一次，张学良竟然把下达军令的公文，随便揣在大衣口袋里，忘了发出去。当时分散在前线的各个部队的具体位置，他都搞不清楚，更谈不上指挥作战了。[3]总之，张学良之所以很干脆地答应蒋介石下野，其身体和精神状态也是一个重要的原因。

张学良到达上海以后，宋子文劝他不要急于出国，应先把不良嗜好戒掉，养好身体，未来生活才会幸福，事业才有前途。他对张学良说："你出国代表着国家，一个青年将领吸毒，有碍国家观瞻，有损国体。"这句话深深打动了张学良，更加促使他下决心治疗，彻底戒掉毒瘾。他向亲友们保证："你们放心好了，我张学良绝不是没有骨头的人！"

上海在当时作为一个国际大都市，医疗设备齐全，戒烟、戒毒的治

---

1. 管宁、张友坤译注：《缄默50余年——张学良开口说话》，辽宁人民出版社1992年版，第95页。
2. 黄绍竑：《长城抗战概述》，载中国人民政治协商会议全国委员会文史资料研究委员会《从九一八到七七事变》编审组编《从九一八到七七事变——原国民党将领抗日战争亲历记》，中国文史出版社1987年版，第387页。
3. 毕万闻：《从新发现的史料谈张学良的抗日主张》，台北《历史》月刊1995年12月。

疗方法比较先进。宋子文特地请米勒博士负责为张学良治疗。米勒博士和张学良早已相识，一见面便开门见山地说："要戒除嗜好，必须从根本做起，脱胎换骨，五脏六腑都要翻滚起来，这是非常痛苦的，将军能忍受吗？"张学良马上坚定地回答道："米勒博士请放心吧，我已下必死的决心，尽你的力量去做吧！"他甚至把手枪放在枕头下，向家人和随从严厉地宣布：在戒毒期间，无论他在室内怎样嚎叫，怎样痛苦，任何人不许进屋相劝，谁再给他毒品，就用枪打死谁！

当时，戒烟大约有递减、酩酊、发泡三种方法。用递减办法所需要的时间太长，用酩酊办法戒毒的人痛苦过深，张学良遂决定采用发泡疗法。其办法是先自肛门注入麻醉药与其他药物，使病人沉睡。当麻醉药渐渐失去镇痛药效时，病人开始腹痛、肌肉剧痛、呕吐、泻肚。再从病人身上抽血，制为血清，再注射到病人体内。随着每次药物的增加，病人之痛苦愈难忍耐。为了防止张学良忍受不了痛苦把身体抓伤，医生把他的手和脚都捆在病床上。他在痛苦难忍时，也只能在床上挣扎，任凭他如何吼叫、挣扎，甚至是昏厥过去，也无人敢闯进去解救。张学良左右迭次暗送毒品，或为纾解其痛苦，或另有意图。幸米勒医生请来张学良的亲信副官谭海严密防范才使戒毒得以继续进行下去。

就这样，经过七天七夜的煎熬，张学良慢慢清醒过来。他终于成功了！一举戒掉了长达9年的毒瘾。又通过半个月的疗养，张学良已神采焕发，前后判若两人，身体完全康复，精神为之一振，重现了英俊飘逸的少帅风采！于凤至和赵一荻也同时戒除了嗜好。

张学良后来说："因此时无官一身轻，非比往日，屡受事务牵累，不能果行，聘请上海疗养院米勒医生为我施治。戒除的痛苦真是笔墨难以形容，我曾昏迷三昼夜，卧床一个星期不能起动。"[1]

张学良此次戒毒成功，还有一个幕后功臣王卓然。1934年2月11日，

1. 张之宇：《张学良探微：晚年记事》，江苏人民出版社2004年版，第62—63页。

胡适在日记中记载："王化一来谈，他盛称王卓然有再造张学良之功。此次汉卿出国之前，延医用大力戒绝嗜好，皆回波（王卓然字）之功也。"[1]

为纪念戒毒成功，张学良特写了一幅戒毒条幅：

陋习好改志为鉴

顽症难治心作医

胡汉民自 1931 年被蒋介石释放回到香港后一直在拉拢联络各地反蒋派和地方实力派势力，准备以武力推翻蒋介石，拥有数十万大军的张学良自然是胡汉民可以拉拢联络的重点对象，胡汉民曾多次派人给张学良送来密信，要求他与两广的反蒋派合作，但张学良一直没有给出明确的态度，但也不拒绝与他们敷衍。张学良在上海戒毒期间，胡汉民于 3 月下旬派何世桢持他的亲笔函到上海见张学良，对张学良的处境表示同情，劝阻他出国，要他继续留在国内。信中说："自热河沦陷，吾兄去职，华北局面日趋混沌。兄典军东北，久历岁时，今为人所乘，有怀莫白，闻将有远赴异国之意。弟以为个人权力为轻，党国安危为重。悬然远行似非其时，即不得已而行，亦须力策善后，挽回危局。是非所在，天下不乏同情，此间同人正具决心，为兄后盾也。兹遣何思毅（何世桢）同志趋陈近意，至盼延洽。"[2]

胡汉民劝张学良不要去欧洲，策动张参与两广反蒋。但张学良一向把抗日的希望寄托在蒋介石身上，对于胡汉民的拉拢，便毅然拒绝了。4 月 8 日，张学良复函胡汉民，委婉地拒绝了留在国内参与反蒋的邀请。

戒毒成功后，张学良便准备出国。临行前，他苦诚东北军将领和东北名流："要注意救护关内的失业之东北同胞，要团结在关内的武装同

---

1. 曹伯言整理：《胡适日记全编》第 6 册，安徽教育出版社 1996 年彼，第 31 页。

2. 陈红民：《胡汉民与张学良关系述论》，《江苏社会科学》2002 年第 1 期。

志，伺机而动。中国存亡，东北存亡，只在我辈能否团结。目下世界大战或将发生，我个人思想也有转变。倘对外作战，我仍可以为国效劳，否则能不能再做军人，不能肯定。"[1]

张学良痛定思痛，下最大的决心，以惊人的毅力发奋戒毒，一举成功，为后来的新的政治生命创造了条件，开始了他坎坷人生的又一次重大转折。因此可以说，没有这次成功的戒毒，就不可能有张学良后来辉煌的历史。

漫游欧洲大陆

1933年4月10日晚，行政院副院长兼财政部部长宋子文与上海市市长吴铁城联名在上海为张学良去欧洲游历举行送别宴会。

4月11日，张学良偕夫人于凤至、秘书赵一荻及其二子一女（张闾珣、张闾玗、张闾瑛），在顾问端纳、副官谭海、翻译兼秘书沈祖同夫妇、李应超夫妇等人的陪同下，登上意大利邮船"康脱罗素伯爵"号，离开上海港，赴欧洲考察。只有宋子文、杜月笙等少数几个人前往码头送行，场面异常冷清。

任职期满的意大利驻华公使齐亚诺夫妇也搭此船归国。说起来，张学良与齐亚诺夫妇都是好朋友。前面已经说过，齐亚诺夫人爱达女士曾经暗恋过张学良，至于齐亚诺，更是张学良相识多年的朋友。

加莱阿佐·齐亚诺伯爵，其父是意大利众议院议长、海军上将，妻子爱达是意大利法西斯头子、首相墨索里尼的长女。齐亚诺从1928年至1933年历任意大利驻华使馆头等参赞、代办、驻上海总领事及驻华公使等职。齐亚诺与张学良，一个是意大利将门之子、首相的女婿，一个

---

1. 王维礼、范广杰：《蒋介石和张学良》，吉林文史出版社1994年版，第165页。

是中国大军阀的儿子、年轻的少帅，两人在外交场合相识，一见如故，情趣相投，在北平期间经常一起跳舞、游泳、打高尔夫球，彼此混得很熟，成为很亲密的朋友。齐亚诺经常向张学良宣扬意大利法西斯的功效，说："你们国家之所以不能很快富强，就在于领袖太多，理念不统一，力量不集中。"张学良对此深有同感。早在1926年，他就认为争领袖者太多，国家必乱。

这次游历欧洲，因为齐亚诺夫妇的关系，张学良把第一站选在意大利，但不是为了欣赏意大利美丽的湖光山色，而是想实地考察法西斯主义的理论政策及其效用。在此之前，张学良只有一次出访日本的经历，因为对20世纪二三十年代世界政坛上十分猖獗的法西斯主义抱有浓厚的兴趣，一直很希望到欧洲看看，想看看到底是怎么回事。[1]默默无闻的墨索里尼和希特勒为何能在短时期内，使意大利和德国在第一次世界大战后迅速复兴，并向老牌列强英国和法国发起强有力的挑战？他觉得这两个新兴国家之间必有共通之处，那么这共通的东西是什么呢？中国从中又可以借鉴些什么呢？张学良抱着这些疑问，踏上了赴欧洲的旅程。

5月4日早上，经过长达25天的海上航行，张学良一行首先抵达意大利南方的布林迪西港。当晚，他们乘特别快车去首都罗马，下榻于科尔顿饭店。由于齐亚诺夫妇的关系，张学良得以频繁地和墨索里尼见面交谈，就像两个友好的家庭成员彼此间的来往一样。这个法西斯头子向张学良详细介绍了意大利的政治、经济和社会状况，以及法西斯党的活动方法，诸如领袖至上、资本家的利润有限、工人不许罢工、彻底执行法令等，并大谈他的所谓"伟大功绩"：从前在奥匈帝国的压力之下，意大利处境艰难，只要奥国对意大利政府稍表不满，意大利马上即须倒阁，奥国可以任意支配意大利的一切。现在，意大利一跃成为欧洲外交

---

1. 管宁、张友坤译注：《缄默50余年——张学良开口说话》，辽宁人民出版社1992年版，第95页。

的中心，国际社会的列强之一。

墨索里尼还针对蒋介石奢望国际联盟制裁日本的幻想，直言不讳地告诉张学良："你到欧洲来是没有用的。现在的欧洲还自顾不暇！中国要想对付日本，我们没有这个力量。能对付日本的，只有美国！"[1]

尽管如此，意大利法西斯上台以来的突出变化，还是给张学良留下了深刻印象，他很佩服墨索里尼的所作所为，非常尊敬他，尤其欣赏他那些短小精悍的短句名言，称赞它们充满了生命力。张学良与墨索里尼建立了私人友谊，两人一直有信件往来。后来，当国际联盟制裁意大利的时候，中国政府投了赞成票。墨索里尼对此大为不满，曾在写给张学良的信件中说："我们意大利对你们中国这么好，可你们却这样对待意大利，太气人了。"张学良回信说，他不负政治上的责任，与他无关。[2]

恰在这时，进入苏联境内的原东北抗日义勇军将领马占山、李杜、苏炳文、王德林、孙殿九等一行66人经苏联政府同意，由莫斯科绕道欧洲，途经波兰、德国，于5月来到意大利威尼斯，准备乘船回国。他们突然得知昔日的长官张学良也来到了罗马，便通过意大利政府向张学良致意。张学良闻讯，立即邀请他们到罗马会面。5月8日，张学良在罗马会晤了马占山和苏炳文。在会晤中，张学良表扬了他们的抗日义举，勉励他们继续为国家效力，并就今后东北抗日问题交换了意见，一致认为要在东北继续开展抗日救亡运动，必须设法先取得苏联的同情与支持，不然会造成极大的困难。

于是，张学良产生了亲自访问莫斯科的想法，想与苏联政府在东北抗日问题上达成谅解。同时，张学良与他的父亲张作霖喊了多年的反苏、反"赤"的口号，实际上对共产党一无所知，也很想利用这个机会实地考察一下苏联，看看共产党在苏联到底干了些什么。为此，

---

1. 张学良口述、唐德刚撰写：《张学良口述历史》，山西人民出版社2013年版，第135页。
2. 同上，第136页。

张学良请他的好友、时任中国驻法国公使顾维钧与苏联驻法使馆取得联系，正式提出了这项要求。苏联方面担心此举会刺激日本人，由此而引起外交上的麻烦，对苏联不利，故一口谢绝。张学良则认为苏联是因为1929年中东路事件而一直耿耿于怀，仍把他看成是个反苏反共人物，颇感失望。[1]

出国以后，张学良才深深体会到国家强弱与个人荣辱之间的切肤关系，正如有国的时候不知道国家的好处，亡国以后才会知道亡国的悲哀。他到外国，遵守人家的法律，却还是处处受到人家的限制，这使张学良立刻联想到外国人在中国普遍受到保护，处处享有特权，可以在中国随便自由行动；遍及全国的租界、租借地，更是国中之国。虽然自己在国内的待遇已相当高了，可到了外国，感觉还不如人家的中下家庭。在国外的华侨，不管怎样努力，却常常受到人家的蔑视和欺负，这其中唯一原因就是我们的国家太弱了，国家的强弱是个人的荣辱所系，个人的利益或痛苦视国家之强弱而定。[2]

张学良身在海外，念念不忘国难家仇，时刻关心着国内的局势，关心着东北军的处境。1933年5月至6月间，从中国相继传来几件与张学良本人及东北军息息相关的事情：

第一件事是直接关系到张学良个人的。南京国民政府监察院监察委员高友唐以"张学良窃取北平颐和园古画，即使原璧归还，实已构成刑法上侵占罪"为由，向监察院提出弹劾。监察院随即呈请国民政府将张学良交付惩戒，弹劾文略谓："前冀绥靖主任张学良凭借职权，于去年11月6日竟向该园管理员陈继清提取精品字画多种……迫热河失守，张学良逃往上海，经中委张继严电追索前项古画，报纸宣传，陈继清亦呈报（北）平市府备案，张学良无可抵赖，始承认字画存于天津租界……

1. 惠德安：《张学良将军轶事》，辽宁人民出版社1985年版，第80页。
2. 毕万闻主编：《张学良文集》第2卷，新华出版社1992年版，第719页。

第七章 人生的重大转折   327

有人追查，则诿之寄存天津，无人过问，则怀之出售外洋，即使以后能原璧归赵，张学良实已构成刑法上的侵占罪。该犯历年在华北盘踞，上侵国帑，下剥民财，积资已数千万，尚贪心不足，又觊觎颐和园字画……明知该犯已逍遥海外，政府必不加以谴责，但以特任大员，行同鼠偷，不能不将其罪恶揭出，以明是非，与众共弃。"[1]

此事的真相是，张学良此前在颐和园养病时，百无聊赖之际，曾经借该园所藏的古字画 15 件欣赏，后因仓促离开北平，没有及时归还，临时寄存于天津某银行。后委托北平市长周大文将该批字画从银行取出归还颐和园管理事务所，并经颐和园管理事务所与故宫博物馆（今故宫博物院）文物专家审核无误。但监察委员高友唐还是抓住此事不放，向监察院提出了弹劾。当时，面对日寇进攻、国土沦丧的局面，处于自身难保、风雨飘摇地位的南京政府也不可能因为几张古字画去过分得罪实力派张学良。况且张学良已经归还原物，高友唐的弹劾显得有点小题大做。

第二件事关系几十万东北军的命运。长城抗战失败后，南京政府被迫与日本侵略者签下了丧权辱国的《塘沽协定》，日本侵略军的铁蹄踏入河北，从此包括河北在内的整个华北处于日军的直接威胁之下。东北军的第二故乡河北大有朝不保夕之势。

第三件事就是东北军发生内讧。停泊在青岛海军基地的东北海军渤海舰队中的海圻、海琛等 3 艘主力巡洋舰，因反对海军司令沈鸿烈，擅自离开青岛南下，投奔广东军阀陈济棠。东北海军是张作霖、张学良父子两代惨淡经营而建立起来的一个军种，一直倚重沈鸿烈统率，反对沈鸿烈就等于反对张学良。但他现在已是下野之人，又远在欧洲，没有什么解决问题挽回局面的好办法，只能电告京绥铁路局局长汤国桢，设法经由香港与 3 艘军舰的舰长取得联系，转告 3 舰官兵务必找机会返航归

---

1. 中国韬奋基金会韬奋著作编辑部编：《韬奋全集》第 5 卷，上海人民出版社 1995 年版，第 584 页。

张学良传·上

队，这才是唯一的出路。

由于事情接踵而来，张学良产生了尽快回国的念头。碰巧宋子文在访问美国、英国、法国等国家后，于 7 月 11 日从伦敦飞抵意大利首都罗马，13 日和墨索里尼首相举行会谈，讨论日本占领中国计划的危险性等。14 日，墨索里尼设宴款待宋子文，张学良应邀参加。宋子文在宴会上致辞说："墨索里尼出任意大利首相以来，在国内保持全国之和谐，在国外获得举世之尊敬，法西斯蒂之试验将继续刺激中国各界一致努力，并为公众而牺牲，俾其国家在世界上重获应有之地位。"[1]

宋、张两人此番异国重逢，倍感亲切。张学良以为宋子文来罗马的目的是与他商量归国日期及回国后的方案，故当即向宋子文表示将在欧洲转一下，即拟回国共赴国难，借以试探南京政府的态度。宋子文却很郑重地告诉他："蒋先生希望你多在外国考察一段时间，现在没有适当的职位可以给你，应当安心下来，以待机会，尤其必须得到蒋先生的召唤，才可成行，这是特别要紧的。"这番话无异于当头一棒，令张学良很长时间情绪都十分低落。[2]

张学良见回国遥遥无期，只好继续在欧洲大陆漫游。

7 月 17 日，张学良一行从罗马乘飞机去意大利米兰参观。7 月 22 日，张学良一行抵达法国首都巴黎，法国总理达拉迪的代表与中国驻法国公使顾维钧在机场迎接。张学良在巴黎期间，考察了各处军事机关，先后拜访了法国海军部部长雷格、航空部部长柯特。27 日中午，接受法国外交部部长蓬皮杜的邀请，和正在巴黎参加国际联盟会议的宋子文一起出席了宴会。28 日，张学良又出席了中国驻法国公使馆宴请宋子文的午餐会。

在法国期间，张学良到凡尔登要塞参观了闻名世界的"刺刀阵地"。在第一次世界大战期间，德国军队进攻凡尔登要塞，法军司令官命令死

---

1. 吴景平：《宋子文政治生涯编年》，福建人民出版社 1998 年版，第 272 页。
2. 惠德安：《张学良将军轶事》，辽宁人民出版社 1985 年版，第 79 页。

守。不久，法军发现德军兵力过大，下令撤退，但有一个连没有接到撤退命令，一直坚守阵地，抵抗数以百倍的德军进攻，寸土不让。经过一段时间之后，法军后方以为这一连人全部牺牲了，误认为固守在那里的都是德军，遂向这个阵地开炮射击，所以这一连人完全牺牲在敌人和本国双方密集的炮火之下。到战事结束后，才发现驻守在这个阵地的一连官兵，已经完全埋在了炮灰泥土之下，望不见他们的身体，只是在炮灰上面到处露出些刺刀尖，衬托着这群死守阵地的烈士头颅，没有一个人留下姓名。

张学良参观完后，感慨万千，认为法国军人能认识军人的目的与军人生活的真实意义。他们最大目的是求死得其所，为国家，为民族，为服从命令，为抵抗敌人，乃以必死的决心死守阵地不退。军人最不应该把自己个人的生命看作是生命，而必须以整个民族之生命当作自己的生命。必须有这样的认识，才会打破生死关头，才能宁阵亡不退却！但转回头来看中国，看中国的军队，又不能不倍觉惭愧，而应知警惕与痛下决心了。[1]

在巴黎期间，张学良还接受了新闻界的访问，并发表谈话说："余将遍游欧洲各主要首都，以求搜集政治及军事材料，特别注意军事方面。余搜集关于法国之陆海空军之材料甚多，余对法国军事设备之完善有深刻印象。中、法两国邦交，向来友善。余希望将来更日趋接近。余能在首都小作逗留，甚觉欣幸。余回国时，将有最良之印象，对法国有诚恳之感激。"

7月30日，张学良偕家属飞抵英国首都伦敦，对英国进行考察。

张学良专门去英国国会旁听了国会议员的辩论，发现议员们真是发言自由，各谈各的，吵嘴打架，富有民主作风。张学良虽然热爱民主自由，但认为中国不可以学英国的民主自由来救国，因为他们是资本主义，有长期的经验，民主作风深入民间，金钱的作用很大。而中国是半殖民地的国

---

1. 毕万闻主编：《张学良文集》第2卷，新华出版社1992年版，第713—714页。

家，尚未产生开明的、强大的资本家，所以政党政治很难稳定下来。[1]

在英国期间，首相麦克唐纳夫妇在首相别墅设午宴招待张学良，以答谢 1928 年首相之子在东北所受到的礼遇。席间，麦克唐纳讲了许多有关克伦威尔的故事，给张学良留下深刻的印象。克伦威尔是英国资产阶级革命时代的领袖，领导人民处死英国国王查理一世，废除君主制，实行共和政体。他为了使国家富强起来，曾通令全国禁止一切娱乐，先后率兵征服了爱尔兰和苏格兰，统一了英伦三岛。临终时，克伦威尔向上帝祈祷："你命我为英国人民造福，并且为你来服务，拥戴我的人固然很多，憎恶我的人亦殊不少；终于我是牺牲了一切，我是尽了我的天职。"后来，查理二世复辟，掘棺切断了克伦威尔尸身的头，替查理一世复仇，但英国人民最终认识到克伦威尔伟大的人格和事业，在国会门前为其铸造铜像，以示永久纪念，称赞他是英国历史上最有功绩的人物。

张学良听后大受感动，愈发认定一个时代的推动，一个社会的改造，必须经过重大的牺牲。克伦威尔在英国历史上算得上是一个推动时代的伟大人物，当他不惜牺牲一切尽忠国家的时候，虽然有一部分国人对他不谅解，他却并不计较，这不足以阻碍他的进取精神，正因为有这种魄力，他才能获得后人的崇拜和景仰。可见，时代变革与发展，不知要牺牲多少无名英雄的性命！张学良由此联想到中国，在国民革命的过程中，也同样不知牺牲了多少无名的革命志士。他认为中国在今日的处境中，未死的人们应该踏着烈士的足迹，英勇无畏地向前迈进，去争取中华民族的解放与复兴！今日一般人之所以还不肯这样做，无非是因为顾虑着物质的牺牲、精神的牺牲、名誉的牺牲、生命的牺牲罢了。设使四万万国人能把这一切看穿了，一切都可以无条件地牺牲，我们的民族、国家当然会渐渐转弱为强。[2]

---

1. 何柱国：《西安事变前后的张学良》，载吴福章编《西安事变亲历记》，中国文史出版社 1986 年版，第 1 页。
2. 毕万闻主编：《张学良文集》第 2 卷，新华出版社 1992 年版，第 701—703 页。

张学良在英国期间，先后参观了金斯顿奥克尔飞机制造厂及军需品制造厂，参观了朴次茅斯造船厂，接受英国海军司令的宴请，并到英国航空母舰上参观英国海军官兵每周例行操练。作为当时称霸世界的老牌帝国主义列强，英国的一切给予张学良极强烈的印象。他曾在伦敦对路透社记者说："伦敦给余印象极好。"

张学良下野后，主持华北军政的是军事委员会北平分会代理委员长何应钦与行政院驻北平政务整理委员会委员长黄郛，他们认为抗日意识强烈的东北军驻在河北、北平、天津一带，对于他们与日本的妥协投降是一种障碍和强有力的牵制力量，为了去除这一障碍，他们向蒋介石建议将东北军干脆移往遥远的新疆。蒋介石欣然接受了这一献计。但要东北军移防，必须张学良回来劝说才能做到，于是，蒋介石发电报给张学良，请他回国率领东北军移防新疆。张学良回电，对移防新疆虽然不持异议，但提出必须先做调查才能决定。于是，张学良电请好友罗文干赴新疆实地调查。罗文干于 8 月 25 日由南京飞新疆。这个计划首先遭到汪精卫、胡汉民、萧佛成等人的反对，蒋介石本人也考虑到此时让张学良回国不利于中日妥协，最终决定放弃让张学良回国的计划。[1]

9 月 10 日，张学良由伦敦乘机抵达德国首都柏林。张学良参观了德国的步兵和炮兵部队、航空学校及兵工厂，包括世界闻名的克虏伯兵工厂，还参观了德累斯顿步兵学校、德尼斯登陆军学校。他还乘坐德国总统兴登堡元帅的专机参观了坦勃霍夫飞机场。张学良在德国期间，先是法西斯德国纳粹第二号头目、空军元帅、航空部部长戈林会见了张学良，对他非常友好。接着，德国国防部部长布隆堡将军也宴请了他。张学良原本想见德国法西斯头号人物希特勒，但由于他在德国停留的时间非常短，希特勒此时恰巧到乡下休养，未能见到。在德国，张学良看到其做法与意大利基本一致，而且崛起得更为迅速，更为强大，因此留下

1. 张友坤、钱进主编：《张学良年谱》上册，社会科学文献出版社 1996 年版，第 650 页。

的印象也更加深刻。

在欧洲各国的往来访问中，张学良通过比较英、法议会民主政治与德、意法西斯主义的优劣利弊，开始相信只有法西斯主义才能够救中国。他认为民主自由对危难而纷乱的中国尚不适用，苏联的共产主义路线只有在阶级矛盾极其尖锐而又无外患的国家才能成功，所以中国只剩下法西斯主义这一条路。中国的政治要安定，非用开明的集权政治不可，国家的建设要想迎头赶上也只有此路。如果仿效德、意，就能迅速复兴中国。

当时，张学良曾给国内一位朋友写信，集中谈到这个问题。他写道：

> 意大利和德国之所以能复兴，主要是由于人民对其领袖的衷心支持，因此，他们才有充分的力量克服通往民族复兴之路上的障碍。而中国则不然，当一个领袖刚刚显示出其安邦治国之雄才大略的时候，一些无耻的嫉妒小人就已经在背地里煽风点火，把他搞垮。内战与外侮皆由此出。如果吾国之人民意欲奋起，救亡图存，他们则必须绝对忠实于自己的领袖，全力支持他。[1]

10月1日，张学良从德国抵达瑞典首都斯德哥尔摩，开始对瑞典、丹麦、芬兰等北欧国家进行考察访问。

到瑞典后，张学良受到瑞典国王古斯塔夫五世的接见，王储阿道夫设午宴款待他。其间，张学良一度往返于英国伦敦与北欧之间。10月14日，张学良乘坐飞机赴芬兰参观。张学良仍想前往苏联考察，但因苏联方面拒绝接待他，故张学良访问苏联的计划不得不作罢，便从芬兰重返英国伦敦，等候回国的时机。

张学良出国期间，他的一举一动都在日本外交官和间谍的视线内，

---

1. ［美］傅虹霖：《张学良的政治生涯》，王海晨等译，辽宁大学出版社1988年版，第152页。

并且都报告给了日本的军政机构。

张学良游历欧洲期间，中国国内局势发生了重大变化。原来，1932年一二八淞沪抗战中主动抗日的第十九路军，在《淞沪停战协定》签订后，被调到福建"剿共"，在同红军作战中屡遭败绩，引起广大官兵的强烈不满。1933 年 6 月 1 日，《塘沽协定》签订的第二天，第十九路军总指挥蒋光鼐、军长蔡廷锴在福州召开群众大会，发表通电反对南京政府出卖华北，提出"贼寇入室，唯有痛击，乃不可认贼作父，以图旦夕之安"。不久，第十九路军原领导人陈铭枢回国，开始与李济深、蒋光鼐、蔡廷锴等秘密策划抗日反蒋活动。

11 月 20 日，李济深等在福州召开中国人民临时代表大会，发表《人民权利宣言》，宣告成立中华共和国人民革命政府，史称"福建事变"或"闽变"。同时，两广地方势力纷纷响应，掀起了一个抗日反蒋的高潮。在这一过程中，福建方面积极联络东北军，想拉东北军一道反蒋，故东北军将领急电张学良，希望他立即回国。

张学良对于是否立即回国有点犹豫不决。当时，有两个问题经常在他的脑海中萦绕着：（1）东北问题一直是我张学良负责解决，东北军调整当然也要我来切实负责，我究竟有没有这个决心与能力？（2）尤其是我能否约束我自己？由于对这两点有所顾虑，所以一度迟疑不决。当福建事变发生，又接到部下的急电后，张学良考虑到如果自己不赶快回去，说不定会发生什么事端，那就太对不起国家了。他虽然主张抗日，但一向坚持和平统一的原则，认为要抗日必须全国统一，反对因抗日而引发内战。于是，他决定不待蒋介石电召，主动回国，以为国家团结抗日出一份力。[1]

临行前，张学良和夫人于凤至商量回国的事宜。于凤至认为国内局势动荡不安，战祸频繁，希望子女能在英国安心学习，接受良好的教育。二人决定，子女们留在英国，由于凤至照顾他们的生活和学习，让

---

1. 毕万闻主编：《张学良文集》第 2 卷，新华出版社 1992 年版，第 769—770 页。

赵一荻陪同张学良回国。为此，张学良再次前往英国，安顿好于凤至和子女们，于12月初返回罗马。12月8日，张学良接受了墨索里尼授予的"意大利十字勋章"，与齐亚诺夫妇话别。

12月15日，张学良一行从威尼斯乘坐"康德威特尔"号启程返国。1934年1月2日，轮船抵达新加坡。6日中午12时30分到达香港，稍作停留，于4时30分离开香港北上。

张学良回国的消息传到国内后，许多东北籍名流与东北军将领齐集上海，米春霖、冯庸、王树翰、荣臻、鲍文樾、高纪毅、刘翼飞、刘鸣九、邹作华、张廷枢等40多人还专程赴香港远迎。这其中既有朋友的真诚，也不乏讨好、求官之举动。

出人意料的是，长住香港、正在广泛联络国内外各种政治军事势力准备反蒋的国民党失意元老胡汉民，竟然派使者专程到新加坡迎接张学良。张学良到香港时，胡汉民又派他的女儿胡木兰和秘书王养冲到码头迎接，于是张学良下了船后，便在胡木兰与王养冲的引导下去拜访胡汉民。见面后，胡汉民极力劝说张学良不要去南京，不要与蒋介石合作，要他去广州见陈济棠、李宗仁等人，然后去反蒋基地广东、广西游历。胡在谈话中，还大骂汪精卫，并涉及蒋介石。但是，张学良没有表示同意，坚持说已经与蒋介石说好要先回上海。关于此次张、胡谈话的内容，胡汉民在1月9日发给何世桢、任援道（时在上海）的电报中有所提及："张有进步，对弟表示亦好，唯必赴沪不知何意，或须与宋子文接洽。渠谓宁闽相攻，总是与'共党'之利，故积极使拥护吾人主张，消极使防止宁闽争斗，或可做到，视其到沪后环境如何。"[1]

在香港逗留的数小时中，张学良曾在船上接受新闻记者的采访，发表了简要谈话："此次出国，纯系游历性质，考察空军事业。觉得中国人与外国人脑汁与体质相同，但爱国之心则远不如之。外国人都以国家为前提，

---

1. 陈红民：《胡汉民与张学良关系述论》，《江苏社会科学》2002年第1期。

中国人多不肯牺牲，只自顾金钱地位。今后救国责任，固望民众一致，更望青年努力。本人归国，非奉中央召，无非思乡念切，将卜居沪上。"[1]

1月8日，轮船抵达上海港。林森、蒋介石、宋子文等人的代表，以及东北方面的许多名流、要员和新闻记者都在码头翘首以待，与出国时的冷清场面已大为不同。但船抵码头后，前来迎接的人才得知张学良已提前下船，乘海关小艇悄然上了岸。于是，众人又蜂拥来到法租界莫里哀路2号张学良的寓所，只见他容光焕发、身体健康，和出国以前相比已判若两人。著名诗人柳亚子与张学良见面后特赠诗一首，以早日收复东北相勉励：

> 汉卿好客似原尝，家国沉沦百感伤。
> 欧陆倦游初返棹，梦中倘复忆沈阳。[2]

当天，因宾客太多，张学良在接见新闻记者时，只简单地谈道："此次归国，系应蒋委员长私人之电召……本人系中国之国民，为中国而出国，为中国而回国，但求能尽国民之责任而已。本人对于救国之主张，一如昔日，即为'和平统一'四个字……本人此次赴欧洲所得之印象与感想甚多，实非片言所能尽。至于法西斯之能否适合中国，则尚须加以研究。"他表示如有问题，异日当以书面答复。

1月11日中午，张学良在上海发表书面讲话，畅谈他此次欧洲之行的收获与感想，其中重点是推崇意大利和德国的法西斯主义。他说：

> ……我游踪所及的地方，有意大利、瑞士、德意志、法兰西、英吉利、丹麦、瑞典诸国，以居意为最久。首先感受最深的印象，

---

1. 天津《大公报》第3版，1934年1月7日。
2. 《团结报》编辑部编：《张学良的往事和近事》，岳麓书社1986年版，第170页。

当然为他们的物质文明，与利用厚生甫各种建设，然由表面上深进一层追求，真令人感慨万分。

一个感触是他们民众拥护领袖的热烈。使他们领袖得以放手做事。意、德两国，都是大战后残败不堪的国家，皆能转否为泰，墨索里尼成旋乾转坤之大业于前，希特勒造起死回生之伟绩于后，固由于两个领袖忠诚无私，努力奋斗之力，实是人民拥戴之热烈有以成之。反顾我们的国里，想要当领袖的人太多，互争雄长，你猜我忌。假如一个首领有成功之势，必阻力横生，使之功败垂成。所以我感触到中国人第一个亡国病症是，既不能令，又不受命，以致组织无力，团结难成，结果宁可受外国人的强力压迫，也不许自家兄弟来统治，弄到今日，国不成国，连自卫的能力都没有。全国人若是不愿当亡国奴，必大彻大悟，痛改这个弱点，姑容许一个领袖有试验的机会，姑拥护一个主义，使得发展其效能，然后中国始得成为有组织的国家，然后中国始得免于沉沦永劫之祸……

再一感触是西方人备战心理的浓厚。他们的心理，真是日在矛盾的过程中演变着。他们厌恶战争厌恶到万分，恐怕到万分，可是预备战争也急到万分。各国间之疑忌比大战之前夕还要险恶，经济会议不成功，裁军会议开不成，与国联基础之摇动，全是大战祸之预兆也，可以说全是东洋国际不安之反射。炸弹是埋好了，随时爆发，在何地爆发，且视命运之支配。但反观国人心理，好像幸灾乐祸，一旦世界大战起来，中国便有办法，其实现在若不准备，一旦世界战祸爆发，岂止毫无办法，恐怕就是整个灭亡的时候。因为届时敌人为战略计，为资源计，必占领我国重要地带，驱我国人为之服从，我国局势照现在情形延长下去，自卫尚谈不到，遑论参战的资格？结果未有不总崩溃，无论大战结果如何，我国之亡（则）一也。故国人应当大彻大悟，泯灭一切恩怨，速息阋墙之争，来防备未来之大祸。以上感触，皆是我受刺激最深，而愿一吐为快的。[1]

这个谈话集中反映了此次欧洲之行给予张学良的深刻影响以及他思想上的重大变化。主要表现在以下两个方面：

其一，欧洲各国民众都衷心拥护自己的领袖，而他们的领袖也确实能够做到忠诚无私，努力奋斗。中国则正好相反，众人争当领袖，相互攻击，相互牵制。如果全国民众不愿当亡国奴，就必须给领袖以一个机会，允许他试验，发挥他的才能。

其二，欧洲大陆准备战争的浓厚氛围，使张学良感到中国如果不迅速做好准备，消除内乱，就只有走亡国的道路了。

由此，张学良的民族危机感大大增强。如何维护国家民族的生存，避免亡国，成为张学良关注的中心问题。其中，要避免内战，抵御外侮，关键在于解决好领袖的权威问题，要绝对相信和拥护自己的领袖，要服从一个强有力的领袖，这是实现救国所必不可少的条件。张学良在这里所说的领袖，毫无疑问指的是蒋介石。他对王化一等心腹说："中国必须真正统一，拥护一个强有力者做领袖，像意、德两国那样，先把国内搞好，然后才能对外作战，现在只有蒋先生有资格做这样的领袖。因此，我们决心拥护他做领袖。"[2]

可以说，从 1933 年 4 月 10 日到 1934 年 1 月 8 日，为期 8 个多月的欧洲之行，是张学良人生道路上的一个重大转折时期。他深受法西斯主义的影响，思想发生重大变化，开始积极鼓吹"一个领袖""一个政党""一个主义"的法西斯理论，从而构成了他回国以后拥蒋"剿共"的思想基础。但他"和平统一"的主张则始终未变，这又是他后期转向逼蒋联共抗日的先决条件。

---

1. 毕万闻主编：《张学良赵一荻合集》第 4 部，时代文艺出版社 2000 年版，第 521—523 页。
2. 张友坤、钱进主编：《张学良年谱》上册，社会科学文献出版社 1996 年版，第 659 页。

第八章

从反共泥潭中超拔

良由国外归来，拟为将来抗日做预伏之工作……三省"剿匪"副司令之职，本拟不就，王维宙再三劝阻，嘱良不可有所表示。归国当时之志愿：（1）本想为一超脱军人，不再统率东北军，为私情所累，与他们仅保持超然关系，以备将来抗日也。（2）不希望参与任何内战。但其结果，事与愿违。

——张学良《西安事变回忆录》

坐镇华中"剿共"

张学良回到上海以后，连日和聚集上海的东北人士磋商今后的出路问题。他认为目前只有两条路可走：一是回北平，掌握起自己的军队，整顿训练，待机而动；二是拥护蒋介石，完全服从于他。

走前一条路，必须得到日本人的谅解，受他们摆布。不然，在华北是待不下去的。张学良说，我绝不能屈膝事仇，甘做汉奸，这条路绝不能走。要想抗日复仇，打回老家去，单靠我们几十万军队，是无法对日作战的，即使加上中央军，也未必于事有济，必须全国真正统一，拥护一个强有力者做领袖，像德、意两国那样，先把国内搞好，再得到世界上同情我们的国家的援助，然后才能对日本作战。[1]

在张学良看来，只有蒋介石有资格做这样的领袖。因此，为了挽救国家的危难，为了将来收复失地，报仇雪耻，只有拥护蒋介石，拥护并贯彻蒋介石的国策。除此而外的任何方法都不能达到振兴国家的宏愿。[2]所以，张学良决心走第二条道路，拥护蒋介石做领袖，完全听命于他。

1934 年 1 月 23 日晨，张学良由上海到达南京，以中央监察委员的身份参加国民党中央四届四中全会。会议期间他晋见了国民政府主席林

---

1. 王化一：《为了事变和平解决和张将军恢复自由》，载远方编《张学良在一九三六年》，光明日报出版社 1991 年版，第 260 页。
2. 应德田：《张学良的思想转变》，载方正等编《张学良和东北军》，中国文史出版社 1986 年版，第 254—255 页。

森，并与蒋介石、汪精卫、宋子文、孙科、居正、于右任、戴季陶、孔祥熙等国民党上层人物多有应酬。

蒋介石最初接到张学良主动回国的消息时，一时摸不清他的动向，唯恐他被反蒋势力拉过去。直至张学良回国后在公开讲话、私下交谈中，都大力鼓吹法西斯，宣传"拥护一个领袖"，蒋介石这才放心下来，并打算笼络张，借此调动东北军参加"剿共"。因为自张学良下野出国，南京政府虽然取得了直接指挥东北军的权力，但实际上却指挥不灵。福建事变发生后，蒋介石欲调东北军南下攻打福建人民政府并参与"剿共"，却遭到东北军将领的拒绝。现在，只要拉住了张学良，就不怕东北军不听指挥。

1934年1月下旬，蒋介石亲自指挥数十万大军消灭了第十九路军。在镇压福建人民政府之后，蒋介石赶回南京参加四届四中全会，两人见面谈话，张学良向他表示：今后一切行止，悉听命于中央，愿在蒋委员长指导下，为国效力。蒋介石听了自然是满心欢喜。

国民党四届四中全会闭幕后，张学良于1月30日凌晨从南京抵达上海。1月31日上午10时乘汽车来到浙江杭州，下榻于西湖边的西泠饭店。

2月1日凌晨7时，蒋介石夫妇抵达杭州火车站，张学良前往车站迎接。9时许，张学良陪同蒋介石前往杭州笕桥的中央航空学校视察，晚上又陪同蒋视察了航空学校的夜间飞行表演。其后几天，蒋介石与张学良又几次到航空学校视察。

在杭州的八九天里，张学良陪蒋介石一边游览杭州西湖及周边的名胜古迹，一边交谈离别后的情形。张学良显得异常兴奋，滔滔不绝地介绍自己欧洲之行的感想，大谈德国、意大利的法西斯主义，认为中国只有效仿德、意，拥护一个领袖，拥护蒋委员长，才能迅速实现国家民族的复兴。

蒋介石听了，自然非常高兴。为表示诚意，张学良还向蒋提出希望当他的待从室主任，愿意在蒋身边学习，既可以加深彼此间的认识，又可以同南京中央政府要员多多接触，以便将来对日作战时易于共处。当时，张学良有两个想法：一是做一个超脱军人，不再统率东北军，免为私情所累，与他们仅保持超然关系，以备将来抗日；二是不希望参与任何内战，不想和共产党打仗。[1]

对此，蒋介石很不以为然，把它看作是张学良的多愁善感，耍少爷脾气，未加理会，反而提出讨伐刘桂堂土匪或豫鄂皖三省边区"剿共"两项工作，让张学良选择，并说："国人对你感到不满，这回你要好好干。"张学良对这两项工作均不情愿，但出于拥护领袖的考虑，便问道："哪件工作最难？"蒋介石回答说："和共产党打仗最难。"于是，张学良选择了最难办的工作——和共产党打仗。[2]

2月8日凌晨，张学良一行还专程前往莫干山打猎一整天，至晚8时许才尽兴回到杭州。

在前一天，蒋介石已经提议任命张学良为豫鄂皖三省"剿匪"副司令，代行总司令（蒋介石兼）职权。当天，汪精卫主持国民政府行政院临时会议通过蒋介石的提议，并呈请国民政府任命。

2月9日，张学良到杭州澄庐与蒋介石见面，商讨就职问题。当天下午，蒋离开杭州飞往江西南昌，张则在12日向浙江省政府主席鲁涤平及有关厅局负责人辞行后离开杭州，返回上海。

2月20日，张学良由上海去南京，先后拜会了行政院院长汪精卫、国民政府主席林森。21日上午，出席国民党中央政治会议，与出席会议诸要人见面寒暄。22日晚，汪精卫在其公馆宴请张学良，两年前结怨的对头至今日握手言和。

2月23日，张学良由南京乘永绥军舰赴武汉就任。25日晨抵达汉

---

1. 毕万闻主编：《张学良文集》第2卷，新华出版社1992年版，第1192页。
2. 管宁、张友坤译注：《缄默50余年——张学良开口说话》，辽宁人民出版社1992年版，第100—101页。

口三北码头，受到武汉绥靖公署主任何成濬、湖北省政府主席张群、"剿总"参谋长钱大钧等数百人的热烈欢迎。

3月1日上午8时，张学良在武昌宣誓就职。誓词为："余敬谨宣誓，余恪遵总理遗嘱，实行三民主义，服从长官命令，捍卫国家，爱护人民，恪尽军人天职。如违背誓言，愿受严厉之处罚。"[1]

张学良宣誓后，张群、夏斗寅、何成濬先后代表国民党中央、国民政府及军事委员会致训词。最后张学良致答词："本人奉命出任新职，深自愧悚，因学识不足，精力有限，恐不能副全国各方之期望。唯当本良心与热血，以最大之努力去做。蒋委员长在三省'剿匪'建设成绩卓著，嗣后唯秉承蒋之计划，逐步去做。三省为全国之中心，在国际上、建设上均与国家前途有深切关系，希望各属能勤奋从事，不负职责，尤盼各位时予辅导。"[2]

在武汉任职期间，张学良对机关、民众团体、学校等发表了一系列演讲训话，继续大肆鼓吹和贩卖他从欧洲学到的一套法西斯主义理论，宣扬绝对服从和崇拜"一个领袖"的思想。他认为对德、意两国所实行的法西斯主义略加修改，使其适合中国国情，然后推行于中国，实为中国达到统一的最佳办法。中国今天的情形，与希特勒执政以前的德国情形相同。当时德国需要一个拥有无限权力的独裁者，以帮助人民脱离战后纷扰痛苦的处境。今天的中国也需要这样一个领袖，来统一中国，复兴民族。

张学良认为，自由主义不适合中国，"自由"非为中国人所设。中国人素无民族自觉心，也极淡漠于匡事。我们想要领导民众脱离当前无希望的纷扰之境，非以充分之权力赋予一人而奉之为领袖不可。中国推行法西斯时，最适当之领袖，非蒋中正先生莫属。我们必须绝对服从一

---

1. 上海《申报》，1934年3月2日。
2. 天津《大公报》第3版，1934年3月2日。

个领袖的领导，才能够把国家复兴起来。反之，一个国家绝不是枝枝节节，各行其是所能弄得好的。[1]

张学良认为，当时的中国如同行驶在汪洋大海中的一只船，遇到了狂风巨浪，已经岌岌可危，甚至船身露了洞，眼看就要沉没了。于是，船上的乘客开始讨论开船的方向问题，是向东开或是向西行？但根本的办法是立即停止争吵，赶快选举出一位厉害的舵手，把全船的命运和一切生命财产都无条件地交给他，由他掌舵。假如大家只是乱吵乱闹，惊慌失措，不仅没有人担负起全船的命运，甚至有人借此机会趁火打劫，这只船岂有不沉之理？全船的生命财产又怎么能幸免于难？而如果有了船长，有了舵手，能循着固定的方向，沉着应付，于此万分危急之中以谋求安全，那么最后能否挽救，固然不敢保证，但至少还有免遭沉没的可能性。[2]

毫无疑问，在张学良的心目中，蒋介石就是这唯一的舵手，唯一的领袖，除非热烈拥护这唯一的领袖，今日中国不足以自救。即使这个领袖的领导错误、思想错误、行动错误，我们也必须无条件地跟着走，而且确认他的领导、思想、行动都是对的。因为在一个国难深重的国家里，要想拥护一个领袖去复兴国家，必须具有这种坚确不移的信心。这绝不是拜菩萨，不是崇拜偶像，更不是谁做谁的走狗，而是在拥护唯一的领袖去实现民族的复兴。[3]

这个时期，张学良事实上已经成为一个法西斯主义救国理论的狂热崇拜者和鼓吹者，他对法西斯主义的虔诚甚至超过了蒋介石嫡系少壮派狂热分子。

张学良是这样说的，也是这样做的。他走马上任之后，立即召集东北军将领到武汉，商讨东北军南调问题，决定把何柱国的第五十七军、

---

1. 毕万闻主编：《张学良文集》第 2 卷，新华出版社 1992 年版，第 742—743 页。
2. 同上，第 807 页。
3. 同上，第 759—760 页。

王以哲的第六十七军和刘多荃的第一〇五师共约 10 万人从华北南调到反共第一线：第五十七军驻湖北东部和安徽西部，第六十七军驻河南南部，第一〇五师驻平汉铁路南段。加上其他杂牌部队和一部分中央军，总计 20 万人左右，负责对鄂豫皖三省边区的工农红军实行"清剿"。

这期间，张学良不辞辛劳，长途奔波，经常亲赴前线视察，了解战况，慰问部队，鼓舞士气。仅在 1934 年 5 月至 8 月间，他就先后到过湖北的黄冈、麻城，河南的潢川、商城，安徽的六安、霍山等地，每到一处，他都要向部队训话，竭力灌输蒋介石"攘外必先安内"的国策和法西斯主义救国的一套理论。

概括起来，张学良宣传的主要内容包括以下几个方面。

第一，宣传无条件拥护领袖，也就是拥护蒋介石。

1934 年 7 月 25 日，张学良在汉口银行公会对东北各军师主任以上政工人员训话时，就特别讲了要无条件拥护领袖的问题。他讲道："自从九一八事变发生后，尤其是从我到国外去看了看，更深知在一个统一的国家里，必须绝对服从一个领袖的领导，才能够把国家复兴起来。反之，一个国家绝不是枝枝节节各行其是所能弄得好。退一步说，即使这个领袖的领导错误、思想错误、行动错误，我们也必须无条件地跟着走，而且确认他的领导、思想和行动都是对的。因为在一个国势阽危的国家里，要想拥护一个领袖去复兴国家，则必须具有此种坚确不移的信心！"

张学良征引世界各国的历史证明这一点："其实一个国家在凌乱危急的时候，必须统一，必须有领袖，绝不是我们的新发明，世界列强已多有前例。如德、意、美诸国固如此，即日本亦复如此，今日中国更须如此，当然不成问题。唯其如此下去，将来结果如何，固非预料所能及，然而我们在领袖的领导下，大家却必须痛下这样一个决心：要把我们的血和生命放在我们的国土上！虽如此，是不是能复兴了国家，都不敢必，唯有这样的决心是不能不下，这样的希望是不能不有的。"

张学良说："无疑的，委员长是我们的唯一领袖，诸位和委员长具有历史关系的也不少，对于委员长的认识和信仰自必异常深刻。我们今日之所以如此热烈拥护领袖，自然有我们的理由在。刚才已经说过，今日中国非如此不足以自救。我们敢自信的绝不是拜菩萨，不是崇拜偶像，更不是谁做谁的走狗，而是在拥护我们的领袖领导我们去复兴民族！"张学良还打了这样一个比喻，"这正如我们个人的股本都感不足，现时集拢起来要开一个大规模的公司，便请一位素孚众望的理财能手来做经理。那么，对于他只有绝对信任，委托他来全权处理公司的业务。在做股东的人，绝不能今天要想做董事，明天要想分花红，而只能期待着共同利益最后的获得。我们今日之拥护领袖的心理亦正如此"。[1]

1934 年 9 月 10 日，张学良在武昌总部总理纪念周上做《民族领袖与民族生命》的讲话，用他个人与蒋介石的两次接触来说明蒋作为领袖是如何为国家民族操劳忙碌，强调做部下的应该珍惜领袖的健康，为领袖着想，尽量为领袖分忧，减轻领袖的负担。张学良说："我们知道，德国前总统兴登堡以将近 90 岁的高龄，抛开全德国民众而长逝，尤为德国人民的最大憾事，深惜他的生命太短促了，对于德国整个国家的贡献还嫌太少。我们由于德国人民对于他的元首兴登堡的留恋和怀想，而联想到我们的最高领袖蒋委员长的健康是应当万分珍重！我们十分恳切地期盼着蒋委员长能永久为我们国家来奋斗，这个时间是越长越好的。蒋委员长的健康，绝不是他个人的问题，因为他一身所系是太重大了，整个民族国家的生命完全寄托在他的身上。近些年来，国家在这样非常的处境中，所有内在的与外来的忧患都袭来了，唯有蒋委员长不辞劳瘁、负艰任重，和一切恶势力奋斗不息，这才渡过万分危难的局面。这在蒋委员长身体上、精神上的损失自然是太大了，在当前，不是为了他自己，而是为了整个国家，的确是应当格外爱护他的身体。蒋委员长近来患胃病，已经渐渐痊愈。我在牯岭时，有一

---

1. 毕万闻主编：《张学良赵一荻合集》第 5 部，时代文艺出版社 2000 年版，第 10—11 页。

346　　　　　　　　　　　　　　　　　　　　　　　　张学良传·上

天清晨去看他，他正在吃早饭，当时还有许多文件放在面前，一面吃饭，一面仍在工作，不仅是在阅文件，同时还忙着写，我看到这种废食吐哺的情形，真难过到万分。当时我不肯向蒋委员长直接劝告，怕引起他的伤感，遂向蒋夫人说要特别注意到蒋委员长的健康，如果长此劳苦下去，如何强壮的体魄也是不能支持的。蒋夫人对于委员长的健康素来十分注意，也无时不在劝慰他，要他能够为国珍重。蒋夫人当时对我说，（她）时常力劝委员长清闲清闲，但他总是不肯有片刻的闲散，在上海时有一次在看电影，他勉强坐了半点多钟，没等终场，就感觉疲倦而返。从这件事看来，他看电影还感觉疲倦，那么，整天整夜地处理国事，又焉能不感到更大的疲倦呢？不过他已决心为国家牺牲了，不顾一切，咬住牙关，硬干苦干，因而忘掉了疲倦。为了终不肯把有用的精神用于无用之地，所以在工作纷繁中纵然已经十分疲倦，也绝不因而偷闲苟安，唯于诸如看电影一类之消遣或娱乐中去感觉疲倦与不安，这就由于他为复兴民族而奋斗的事业心战胜了一切！人类原是好逸恶劳的，谁生来甘愿吃苦？谁不知道清闲安乐好？不过一个伟大人物之所以能成就他的伟大事业者，必须他克制他自己的惰性，一反常人之好逸恶劳的习性，为了他的国家，而使他不能不自苦，国事会使他劳心焦虑，会使他担承了常人所不能忍受的苦痛。因此，我们对于最高领袖的这种伟大精神只有钦佩！即一般国人之所以对我们的最高领袖蒋委员长的人格那样热诚敬仰，亦未始不基因于此。然而我们深愿他能永远做我们的领袖，深愿他能对我们的国家多所贡献，也就是要在可能范围内减轻他的劳作，能使他保持着永久的健康！欲如此，唯有我们做部下的要从今格外努力！"[1]

张学良特别认同意大利法西斯头子墨索里尼跟他说的几句话，把它奉为至理名言，经常挂在口上。如1934年4月13日，张学良在《对

---

1. 毕万闻主编：《张学良赵一荻合集》第5部，时代文艺出版社2000年版，第64—66页。

东大球队暨东大旅汉教职员学生的讲话》中说："墨索里尼曾有三句名言告诫他的同志：（1）我向前走时，你们跟随着；（2）我向后退时，你们把我打死；（3）我若牺牲了，望你们能依照我所告诉你们的那样去做！这几句话，充满了生力，富有磅礴郁结的革命性。以我的智能和毅力，自然不敢和他相比，不过我们在事业上也应具有这种精神，而且真能这样去干，希望你们对于我也要这样认识。我也可以向你们提出三句话：（1）当着我为国家为民族努力奋斗向前迈进的时候，你们如果认为这是对的，请你们跟我来，共同前进！（2）我如果后退时，或有违反国家民族利益的行为时，请你们拿手枪来质问我，甚而把我打死！（3）我万一不幸在这个奋斗的环境中牺牲了，希望你们能勇敢地继续奋斗下去！我所以说的要这样严厉，不仅是在勉励诸位，也是在勉励我自己。"[1]

第二，鼓吹反共是抗日的先决条件。

这个时期，张学良因受蒋介石蛊惑，产生了一种极为错误的思想认识，那就是把共产党领导的红军当作所谓的最危险的敌人，把反共当成抗日的先决条件，甚至扬言要对共产党斩尽杀绝。

他说："我们的国家，现在已到了万分危急的时期，内忧外患，重重逼来，大家再不努力，马上便有亡国灭种的危险。不过今日唯一的先决问题，是在'安内'，能'安内'，才能产生一个健全的、统一的政府；在健全的、统一的政府领导下，才能'攘外'，才能谈到收复失地。而'安内'最重要的工作，便是消灭'赤匪'。[2]

"在今日，我们每个人要认定'赤匪'是目前国家当前最大的敌人。不'安内'，便不能'攘外'；要'安内'，必先'剿灭赤匪'。只有在扑灭'赤匪'以后，全国上下才能结成一致的对外战线，才能收复失地。

1. 毕万闻主编：《张学良赵一荻合集》第4部，时代文艺出版社2000年版，第548—549页。
2. 毕万闻主编：《张学良文集》第2卷，新华出版社1992年版，第678页。

中国现时的处境是非常危险的，中国如若不能很快地将'赤匪'完全消灭，那么中国也许就一蹶不振。所以，我们为着国家民族的利益，必须以'剿灭赤匪'为当前最要紧的任务。否则，我们的国家便要在第二次世界大战中整个灭亡了！[1]

"我们既已认为'剿匪'为目前中国民族当前紧要迫切之政治任务，我们既已加入'剿匪'战线，我们便应当以全副精力用在'剿匪'工作上，这才真是尽了军人应尽的责任，也算是尽了为国民一分子应尽的责任。凡站在前线的官佐士兵，都是'剿匪'斗争中的一员，都是为着中国国家民族的利益而奋斗的。'赤匪'一日没有消灭，我们的任务便一日没有完成。在'剿匪'战线上，国家给予我们责任和使命，给予我们枪支武器，这种责任是需要我们拿着这些枪支武器去完成的。我们绝不可能忘记自己的责任，同时不能离开我们的枪支武器，我们非用我们的枪支武器和'赤匪'拼个你死我活不可。若是我们全体官兵都抱着有'匪'无我、有我无'匪'的决心，则'剿灭共匪'的成功即在眼前。[2]

"你们都知道此次南来是参加'剿匪'工作，是来尽救国家民族的神圣天职，然而你们应该明白'敌匪'究竟是什么东西，为什么我们军人要和他誓不两立，我们怎样才能把他们'肃清'。过几天总部要发给你们一些小册子，里面讲得非常清楚，望你们能留心批读，并且要长官来替士兵详细讲解，政训人员在这方面尤应切实负责，必须使我们的士兵对于杀人放火危害民族国家的'赤匪'深恶痛绝，必须唤起士兵的敌忾心，才不会让'敌匪'欺骗了我们的士兵。同时，我们的士兵才能认清'敌匪'是我们的最大的敌人，我们必须把他们'斩尽杀绝'。"[3]

---

1. 毕万闻主编：《张学良文集》第 2 卷，新华出版社 1992 年版，第 729—730 页。
2. 同上，第 740 页。
3. 毕万闻主编：《张学良赵一荻合集》第 4 部，时代文艺出版社 2000 年版，第 570—571 页。

在张学良视察部队期间，还曾发生过一件"张学良杀张学狼"的蹊跷事。有一次，张学良和安徽省政府主席刘镇华一起视察大别山区，路过鄂东麻城时，地方官员列队迎接，等车队经过后，大家才知道身穿士兵服装，戴着墨镜，驾驶着第一辆车的司机就是张学良。一方面是因为张学良喜欢开车，另一方面也是一种安全措施。过了麻城，进入山区，车队逐渐靠近鄂豫皖苏区。当晚，张学良一行在东北军防地金寨住宿。吃过晚饭正在闲聊时，秘书送上"捉住惯匪张学良"的批件一份，请张学良批示。原来，这个惯匪"张学良"是福建沿海一带人，流窜内地，在安徽六安和湖北麻城之间行抢十多年，刚好在张学良来视察的当天在附近村庄被抓住，碰上了另一个掌握生杀大权的张学良，也活该他命绝。由于两人姓名一字不差，完全一样，在场的人都感到太蹊跷了，一时猜不准张学良将如何处置。只见张学良拿起笔，在"张学良"的'良'字左侧加上一个"犬"字旁，变为"张学狼"，然后红笔勾示，依例枪决。[1] 这样的处置反映了张学良处事的机智和敏锐。

当时，鄂豫皖苏区红军主力早已转移至川陕边区，只留下徐海东率领的红二十五军留在当地坚持斗争，大约有两三千人，以及少数地方部队和游击队，故东北军在"清剿"过程中战事并不激烈，只发生过两次较大的战斗。1934 年 4 月，何柱国部第五十七军第一〇九师两个营遭到红军的偷袭，东北军第一次损失了人马。7 月，徐海东率领的红二十五军在湖北长岭岗袭击东北军第五十七军第一一五师，全歼其 5 个营，缴获机关枪 120 挺、长短枪 800 余支，东北军再度受创。张学良气愤之余，撤销了师长姚东藩的职务。不久，红二十五军也开始长征，向陕西南部进发，鄂豫皖战事逐渐趋于平静。

除拥蒋"剿共"外，张学良还帮助蒋介石除地方军阀。1934 年 10

---

1. 郭冠英：《张学良在台湾》，中国友谊出版公司 1993 年版，第 161 页。

月，中央红军第五次反"围剿"失败后，从江西、福建出发，向西南地区战略大转移，开始长征。蒋介石立即部署几十万大军"追剿"，又亲自坐镇贵阳、重庆、成都等地，督促西南各省地方军阀出兵"堵截"。在"追剿"红军过程中，蒋介石把自己的嫡系势力伸入西南地区，着手打击削弱西南地方军阀势力。

蒋介石决定首先拿贵州省政府主席王家烈开刀。

王家烈（1893—1966），贵州桐梓县人。1914年入黔军，历任团长、旅长、师长等职。1932年任陆军第二十五军军长，旋升任贵州省政府主席兼民政厅厅长、国民党贵州省党部常务委员。此后，他手握党政军大权，统治贵州达三四年之久，有贵州"土皇帝"之称。尤其是他的老婆万淑芬卖官受贿、控制省政，大量安插万氏族人。当时贵州人民写了一副对联，讥讽王家烈夫妻俩是"王纲坠地，万恶滔天"。

1934年，红军进入贵州后，王家烈按照蒋介石的作战部署，多次率军阻击。1935年春娄山关一战，王家烈部被红军打得惨败，主力尽失。蒋介石看他再也没有利用价值，便于4月间以专心致力于"剿共"为由，免去王家烈省政府主席一职，派亲信吴忠信继任。随后，蒋介石又和张学良定下了飞擒王家烈的密计。

4月下旬，张学良自驾飞机由汉口飞抵贵阳，谒见蒋介石。5月2日，蒋介石因计划与张学良于第二天同机飞往汉口，特在贵州省政府大礼堂召集贵州党军政要员发表讲话。张学良则显得安闲无事，便装从简，头戴一顶鸭舌帽，漫步街口，进了一家照相馆摄影留念，看似非常悠闲。3日，蒋、张回汉口，贵州省高级军政人员齐到机场送行。张学良漫不经心地说："老王，你没有坐过我的飞机吧？你上来，我开，在贵阳城上转两圈，再把你送下去。"说着说着就把王家烈拉上了飞机。飞机升空后一直向北飞去，王家烈觉得不对劲，急忙问道："怎么不转圈，竟往北飞？"张学良答道："请你到武汉玩玩。"

至此，王家烈才恍然大悟，但为时已晚，只得自认倒霉。他在武汉稍作停留，又被转送到南京。蒋介石宣布免去其第二十五军军长职务，给他一个军事参议院中将参议的闲职。直到抗战爆发，王家烈才又出任军职。[1]

合组"四维学会"

张学良为表示自己真心拥护蒋介石，除助蒋武力统一中国外，还同意取消"复东会"，与蒋介石的嫡系少壮派合作成立"四维学会"，以谋求同蒋介石在政治、组织方面的进一步合作。

原来，张学良下野出国后，新任的华北军政负责人——军事委员会北平分会委员长何应钦与行政院北平政务整理委员会委员长黄郛迫于日本的压力，开始取缔华北抗日救亡团体，坚持取消东北民众抗日救国会。鉴于当时险恶的形势，救国会于1933年8月31日被迫宣布结束。原救国会负责人为继续推动抗日救亡，决定成立秘密组织，定名为"复东会"，采用封建结盟的方式，举行入会仪式。9月18日，在北平欧美同学会举行了复东会的成立大会，每个人在关岳像前宣誓，并饮苦水一杯，誓词为"团结一心，誓死救国；不达目的，永不罢休"。领导人有王卓然、王化一、阎宝航、高崇民等人，东北民众抗日活动转入地下。由于东北军将领王以哲、黄显声等人多同情支持复东会，复东会成为关内东北军与东北人士联系的纽带，对维系东北集团及推动东北抗日救亡运动发挥着重要作用。

张学良回国后，王化一曾向他汇报了复东会的情况。张随即转告蒋介石，说明复东会是他旧属的一个抗日救亡组织，蒋介石表示谅解。不久，蒋介石手下的秘密组织复兴社因成立不久羽翼未丰，正想从各方面

---

1. 惠德安：《张学良将军轶事》，辽宁人民出版社1985年版，第81—84页。

拉拢实力派以与 CC 系对抗，便认为如果把复东会拉过来，既可影响张学良方的力量，削弱敌对势力，又可壮大自己的势力，一举两得，遂提出取消复东会，与其合作，另组新团体的建议。这一提议得到了蒋介石的支持和张学良的同意。

当时，张学良考虑到蒋介石手下各派的情况，其中政学系虽人才多但无政治基础，CC 系有政治基础但无人才，而东北军与黄埔系都是军人，可以联合起来，共谋救国。所以，他同意取消复东会，另组新团体，训练人才，与黄埔系打成一片，进一步巩固与蒋介石的合作关系。[1]为此，张学良电邀王卓然、王化一两人南下，由汉口转南昌，当面向蒋介石说明情况。

1934 年 4 月 1 日，王卓然、王化一在戴笠的陪同下，在南昌向蒋介石报告了复东会的组织和九一八事变后东北民众的抗日救国工作。接着，谈到合作组织新团体问题，蒋介石指定刘健群、邓文仪、戴笠和王卓然、王化一共同商量，最后决定草案内容：（1）新组织定名为"四维学会"（取管子所言"礼义廉耻，国之四维；四维不张，国乃灭亡"之意）；（2）彻底融合蒋、张两方核心干部，拥护唯一领袖，肩起复兴民族之大业；（3）继续东北抗日工作，以做大战时之准备；（4）蒋为事实上的领袖，组织理事会由张学良领导；（5）复东会由张学良负责说服取消，领导人加入新团体；（6）会址暂设于武汉；（7）对外暂守秘密。对以上各点，蒋介石亲自加以审批，予以同意。

4 月 15 日，邓文仪、戴笠、王卓然、王化一同返汉口，共同向张学良汇报了经过，张表示同意草案内容。当天，王化一返北平，向复东会核心组织传达了去南昌的经过和张学良的意见，引起激烈争论。高崇民、阎宝航两人最初表示绝不同意参加四维学会，更不能取消复东会，

---

1. 何柱国：《西安事变前后的张学良》，载吴福章编《西安事变亲历记》，中国文史出版社 1986 年版，第 2 页。

后来表示可以参加四维学会，但不能取消复东会。

26 日，王卓然由汉口回北平，转达张学良的希望，并进行说服。不久，张学良又加派"剿总"机要组组长黎天才前往北平疏通。几经讨论，核心组织最后决定：可以考虑张学良关于取消复东会，加入四维学会的主张；四维学会必须继续开展抗日救亡工作；为避免引起敌人注意，仍采秘密方式进行；上项意见由复东会领导人去武汉面见张学良后做最后决定。

5 月 3 日，阎宝航、高崇民、卢广绩、王化一赴汉口。7 日，张学良在武昌徐家棚张公馆亲自对复东会领导人做了长时间的说服工作。他的主要理由是：要打回老家，我们自己力量不够，必须与握有军事实力的黄埔系合作，以及在当前大势下必须拥蒋才能实现抗日，等等。最后，张学良的意见取得了大家勉强一致的同意。

12 日，四维学会在汉口银行举行成立大会，通过会章，选举理事。选出的理事共有 15 人，蒋介石嫡系有贺衷寒、刘健群、戴笠、邓文仪、邱开基、丁炳权、袁守谦；东北方面有王卓然、王化一、阎宝航、高崇民、卢广绩、吴瀚涛、黎天才、关吉玉。后又根据蒋介石的批示，选举王化一、黎天才、邱开基为常务理事。蒋介石为名誉会长，张学良为会长（实际上，蒋为会长，张为理事长）。

至此，打着"拥护唯一领袖，团结一致救国"旗号的四维学会宣告诞生。它是张学良谋求与蒋介石在政治上、组织上进一步合作的产物。

5 月 16 日，蒋介石在南昌接见了四维学会全体理事。为拉拢张学良方面的理事，他留阎宝航主持新生活运动，担任刚成立的新生活运动总会书记，并任命吴瀚涛为庐山军官训练团教官。阎宝航两度坚辞，张学良力劝他"万勿推辞"，他只好留下来。[1]

---

1. 阎宝航：《四维学会和张学良》，载方正等编《张学良和东北军》，中国文史出版社 1986 年版，第 250—252 页。

四维学会成立后，首先在武汉成立了总会，会址设于武昌明月桥旧奉直会馆，由常务理事王化一、黎天才、邱开基负责主持，并在同一地址设立新生活俱乐部。随后，又相继在南京、北平、上海、杭州等大城市建立区分会，积极开展活动，吸收成员。

同时，蒋介石在征得张学良同意之后，首先将考取东北大学、东北中学的学生进行集中训练，作为政训工作骨干；并在东北军中以军、师为单位，先后设立政训处，派刘健群、曾扩情、阮齐为东北军军政训处处长，任命刘伯华、高士栋等为师政训处处长。张学良的这些举动，无非是为了加强东北军与中央军、黄埔系的合作，践行自己拥护"一个领袖"的主张，为将来抗日打下基础。

研究共产党

在武汉期间，东北军虽未与红军爆发大规模战斗，损失也不大，但吃亏的时候很多，这自然引起了张学良的重视，他意识到红军是有一套的。

究竟有什么，他自己也说不清楚。为了完成"剿共"任务，张学良开始认真研究共产党，认真研究马列主义。这其中主要涉及黎天才和潘文郁两人。

黎天才是一个身份经历十分复杂的人物。有学者经过研究发现，黎天才是张学良身边最信任的政治顾问，有人把他比作张学良身边的第二个郭松龄，他也是促成张学良发动西安事变的关键性人物。他的事迹被埋没达半个多世纪，直到近年才有人注意到他。[1]

---

1. 罗健：《西安事变前后的黎天才》，《抗日战争研究》2000 年第 3 期；无文：《张学良的心腹谋士黎天才》，《炎黄春秋》2001 年第 8 期。

黎天才，原名李伯海，也作渤海。黎天才是他的笔名，后即以笔名行于世，真名反而不为人所知。他是山东蓬莱县（今蓬莱市）人，生于1900年，在北京大学文科学习过，是五四时代的风云人物之一，在此期间加入中国共产党，与韩麟符、刘清扬、李大钊、罗章龙、高君宇、何孟雄等早期的著名共产党人交往密切。1927年秋，黎天才被张作霖逮捕，在监狱中被人出卖，暴露了真实身份，受到严刑拷打。京师警察总监陈兴亚在审讯时，发现黎天才这个山东小同乡年纪轻轻，相貌堂堂，就动了爱惜人才的念头，设法减轻黎天才的罪状将其保了出来。1928年，奉系军队退回东北，陈兴亚升任东北宪兵司令，黎天才居然做了宪兵司令部的秘书长。[1]张学良上台后，黎天才受到张学良的器重，担任张的私人秘书。九一八事变后，他帮助张学良建立起东北沦陷区情报网专门收集日伪情报，同时在全国各地建立情报站，所搜集的日伪情报资料很受北平军分会当局重视。张学良下野后，黎天才注意收集东北军师、旅以上将领的情况，包括对南京蒋介石和北平何应钦的态度，以及是否有背叛张学良的活动，等等。张学良一回国，黎天才就把这些材料写成书面报告寄给张，张看了这些材料，知道了许多黑幕，非常动容。张学良到武汉出任三省"剿总"副司令后，认为用得着这样的人才，马上电召黎天才南下，任命他为"剿匪"总部机要组上校组长（后晋升为少将）。机要组分三个科：第一科主管宣传、出版，由黎亲自掌握；第二科负责东北军内部的调查、情报，科长为陈旭东；第三科是复兴社，直属于蒋介石的南昌行营。另有一个秘书室。[2]

九一八事变后，中共北京特科（又称中共北方政治保卫局）负责人吴成方派潘文郁出面动员黎天才为中国革命做些工作，黎天才欣然表示同意。

---

1. 惠德安：《鄂陕随军杂录》，载中国人民政治协商会议全国委员会文史委员会编《文史资料存稿选编——西安事变》，中国文史出版社2002年版，第141—142页。
2. 惠德安：《张学良将军轶事》，辽宁人民出版社1985年版，第93页。

潘文郁，原名潘东周，号文郁，笔名冬舟、文友等，湖北襄阳人。早年加入中国共产党，1925年到苏联莫斯科中山大学学习，参加过在莫斯科召开的中共第六次全国代表大会，曾在中共中央驻共产国际代表团工作。1928年回国后，先后受到中共中央负责人李立三、向忠发的器重，担任中共中央宣传部秘书。王明上台后受到排挤，他被派到中共河北省委宣传部任干事。1931年，中共河北省委机关被敌人破坏，潘文郁被捕入狱，并登报声明脱离共产党，但未出卖组织。潘文郁精明强干，很有才华，与黎天才交情深厚。出狱后寓居北平，在黎天才的支持下，埋头翻译马克思的《资本论》，出版了几十个分册，署名潘东舟。

中共北京特科了解这一情况后，认为可以争取他为特科做些工作。潘文郁接受吴成方[1]的委托做黎天才的工作，同时黎天才把潘文郁推荐给张学良，张任命潘为鄂豫皖三省"剿总"机要组中校秘书，实际上他还是张学良政治书籍的伴读老师，每周讲两次。一方面，黎天才与潘文郁通过这样的途径逐步引导张学良思想向左的方向发展；另一方面，利用他们的身份可以轻而易举地取得机要情报。

张学良在东北军鄂东"剿共"两次失利之后，产生了了解共产党的念头。他责成黎天才组织研究编写共产党情况资料，黎天才把这个任务交给潘文郁。潘文郁每天上班后，把自己关在一个房间里，一边吸着纸烟，一面用铅笔在便条纸上起草，写完一页就撕下来，交给坐在对面的书记员抄正，大约一个星期的时间就编写完毕。潘文郁这项工作得到了中共北京特科的支持，特科把共产党和红军能够公开的资料提供给了

---

1. 吴成方（1902—1992），湖南新化县人。早年先后参加五四运动和京汉铁路工人大罢工运动。1926年加入中国共产党，先后担任中共北平市委主要负责人，中共中央特委华北政治局保卫处处长、警卫部部长，中共中央社会部上海地区负责人，八路军驻沪办事处情报系统负责人等。中华人民共和国成立后，因受潘汉年、杨帆案牵连长期受审。1980年10月，中共上海市委宣布为他平反。1981年起任上海市人民政府参事。张友坤编著：《张学良身边的共产党人暨西安事变记事》，社会科学文献出版社2017年版，第77页。

潘文郁。潘文郁按照辞典的编纂体例，编成一个个词条，如苏维埃是什么，托洛茨基是何许人，第三国际的组织等，都加以解释，按词条笔画，分部分类地编排，合起来编辑成一本小册子，按照国民党的腔调取书名为《匪情辞通》。张学良看了书稿后很满意，称赞潘文郁在这方面的渊博知识，并亲笔写了一篇序言，随即批示印发给"剿总"各机关与部队，作为分析了解红军情况的工具书。张学良本人也常常随身携带一本，不时加以翻阅。[1]

此后，张学良开始接触一些马列主义书刊，进一步认识和探索为何共产党领导下的红军始终"剿而不灭"。他开始阅读布哈林的《共产主义ABC》、列宁的《论"左"倾幼稚病》、马克思的《资本论》等著作，并定期请黎天才、潘文郁给他讲解。黎天才随张学良从住所到武昌"剿总"办公，途中要花费40多分钟时间。张学良经常要求黎天才随车给他讲课，即便盛夏挥汗如雨也不停止，表现出浓厚的兴趣。

1934年11月7日，中共北平地下市委机关被驻北平的国民党中央宪兵第三团（团长蒋孝先）破坏，20名北京特科成员遭逮捕。宪兵第三团在逮捕特科成员贺善培的时候，从他的家中搜出大量情报材料，其中就有鄂豫皖"剿总"司令部印制的机密文件，这就使潘文郁遭到暴露。蒋介石震怒之下，给张学良发去火急手启电报，要他着即将潘文郁逮捕，严密监禁，听候另电指示。张当即派人将潘文郁拘留在武昌徐家棚张公馆内。紧接着，蒋介石又发来第二份急电，命令逮捕黎天才和其他机要组重要成员。一时弄得"剿总"内部人心惶惶，张学良也很觉奇怪。

一个月后，蒋介石又发来电报，说明是江西"剿共"部队在苏区缴获红军的文件里[2]，发现豫鄂皖三省"剿总"参谋处印制的所属部队团以

---

1. 惠德安：《张学良将军轶事》，辽宁人民出版社1985年版，第86页。
2. 实际上是从中共北京特科缴获的文件——笔者注。

上主官姓名、兵力、驻地表的抄写本一册，经查确系潘文郁通共辗转抄寄苏区的，限令立即处潘死刑，另将黎天才和其他有关人员一并押解南京候审。

张学良接令后并未立即执行，反而复电蒋介石请求宽大，张学良在复蒋介石的电报中说："（潘文郁）这个人通六国语言，很有才华，这样的人，中国还极少。"这下激怒了蒋介石，他下手谕直接指定由鄂豫皖三省"剿总"司令部参谋长钱大均监刑，立即执行。

在拖延了一段时间后，张学良只好按照蒋令执行。行刑前，张学良对潘文郁说："委员长的脾气很厉害，我不能保全你，你还有什么身后事要办？"潘文郁临危不惧，表示自己不做任何声辩，任凭处理，只是希望张把他妻子、儿女送回原籍。潘文郁死后，张学良信守诺言，把潘的妻子儿女送回了老家，并赠送了一笔费用。

至于黎天才，张学良一直没有扣留，并婉转向蒋介石保证，说明黎天才绝无另外企图，对潘文郁一案确实不知情。蒋介石因为没有黎天才涉嫌的确证，才算放过了他。事后，张学良对黎天才说："对你和潘文郁的关系，我着实也有些怀疑，但你不要怕，我不会出卖你。为了应对这一局面，我要公开'打击'你一下，解除你的机要组组长职务，任命你为直属我的少将秘书兼科长，你所辖的业务与经费照旧。"黎天才回答说："一切愿听命。"张学良又说道："我承认你有极高的政治修养，以及社会主义者的组织才干，在我面前服务，谁也干不过你。"说完大笑，一场轩然大波就此平息。[1]

在黎天才、潘文郁的帮助下，张学良对共产党、对马列主义有了初步的了解，这对他后来联共抗日产生了一定的影响。但我们应该看到，张学良研究共产党，学习马列主义，是为了"剿共"，为了帮助蒋介石完成武力统一中国的目标。这是张学良武汉时期的主流思想。

---

1. 张魁堂：《张学良传》，东方出版社 1991 年版，第 118—119 页。

誓言复土雪耻

在拥蒋"剿共"的同时，张学良并没有忘记国难家仇，而是矢志复土雪耻。旅欧期间，张学良经常思考着这么几个问题：我能否管好自己？我能否改善与自己最深的东北军的关系？在彻底觉悟后能否下大决心苦干下去？即思考如何自救、救东北军、救国家民族这三个问题。回国以后，张学良开始竭尽全力来解答这些问题，并逐一实践。

下野一年后，张学良东山再起，自信在学识、身体和精神三个方面都取得了相当的进步，对于过去的一切也确实有所觉悟。他承认自己以前对于东北和华北都未能尽到责任，但以前种种毕竟是过去了。只有从未来的事业中去努力，力求救赎自己先前的一切罪过。他发誓今后要打开困难局面，下大决心，埋头苦干，宁肯牺牲自己的一切，也要尽忠于国家。[1]

关于东北军，张学良认为，就军官学识、武器装备、军容等方面而言，并不比国内任何部队低劣，但从其他方面来看，却太不如其他部队了。张学良列举了东北军的三大弱点：（1）生活懒散，趋于享乐主义，削弱了部队战斗力；（2）态度蛮横，作风霸道，影响了军人声誉；（3）不良嗜好太多，导致贪污腐败，从而造成了过去一系列的严重错误。

同时，张学良坦承自己对此应负 95% 的责任，大半是由于自己对部下的纵容所致，明明知道部下的错误，但因为溺爱的关系，不明不察，过分姑息；加上领导错误，自己私生活的不检点，上行下效，结果使得部下有恃无恐，养成种种恶习，越来越不成样子。不过，往事俱已矣，"从前种种，譬如昨日死；今后种种，犹如今日生"。从现在开始，张学良已经觉悟了过去的错误，决心走上新的道路：一定领导东北军重新做

---

1. 毕万闻主编：《张学良文集》第 2 卷，新华出版社 1992 年版，第 692—693 页。

人，振作精神，勇往直前，努力走出困境，努力为国家开辟一条生路！[1]

如何重新做人呢？张学良认为应从两方面着手：

第一，要彻底觉悟，埋头苦干。

时亟矣，事危矣！面对日益深重的民族危机，每一个东北人应当彻底觉悟，认识到东北是整个中国的东北，并不只是东北人的东北，收复东北的责任也需要所有中国人来担负，不应是东北人独自承担。然而，东北人却应当深知自己的身世和处境，东北是我们的故乡，东北是我们的生长地，那里有我们的田园庐墓，那里有我们的乡亲故旧，我们现在变成流亡之徒了，不仅自身蒙受了亡省破家的耻辱，就是在敌人铁蹄蹂躏下的故乡父老，也都在奄奄一息中期待着我们去拯救他们。因此，虽然国人都负有收复东北的责任，但东北人却应更积极地来负责，甚而要负起百分之百的责任来！

我们若想回到可爱的故乡，若想解除故乡父老的痛苦，若想洗刷我们的一切耻辱，那么全部东北人都必须能对于前此种种有大的觉悟，对今后种种有深刻认识，并为之努力。其唯一的办法就是要大家伙埋头苦干，果能坚忍卓绝、百折不挠地干下去，终会有让我们披甲还乡、雪耻复土的那一天！[2]

第二，东北人首先要从自己做起。

张学良认为，在今天，楚囚对泣是绝对没有用的，我们要忍受这刻骨的悲哀，遏止住我们的情感，有眼泪不可流下来，打落牙往肚子里咽，有小子骨头的要要脸，长长志气！凡事去做，不一定成功，但不去做，则一定不能成功。最低限度，我们要从自己做起。不要看别人如何坏，不要说别人如何不爱国，不要只在别人身上着眼；只要人人都能改善自己，则全国自能随同改善；人人如此做，那便是人人都能爱国；当

---

1. 毕万闻主编：《张学良文集》第 2 卷，新华出版社 1992 年版，第 683—685 页。
2. 同上，第 698—699 页。

真大家都能彻底做下去，十年后一定会给中国杀开一条血路！ [1]

就东北人而言，只要我们有口气存在，即应看东北问题为我们所应毕生努力非求解决不可的最高问题。就是全国人都会为收复东北而死，我们东北军人也必须死在国人的前面，先去流血，先去牺牲！东北不收复，东北军就永得低着头，无颜见人。我们要下决心，我们要争争气，到我们披甲还乡雪耻复土的那一天，那就是东北军抬头的日子到了！ [2]

张学良在谈到如何自救、救东北军的基础上，进一步阐述了如何救国家、救民族的问题。

第一，无条件地牺牲自身的一切。我们应当深信：必须经过大量的无数的牺牲之后，或许才能重返我们的故乡，取得整个国家民族的复兴。要抱定"我不入地狱，谁入地狱"的牺牲精神，痛下救国家、救民族的最大决心，去承担一切苦痛。其结果或许就是因为我们忍受了一切苦痛，而适足以解除整个民族无尽头的苦痛。或许我们在救亡斗争中牺牲了，但是无论如何还有牺牲的机会，等到亡国之后，纵然想去牺牲，不但不易得到机会，且恐于事无济。我已经决心为我的国家牺牲了，同时，我也要领导东北军来同样地为国家牺牲。 [3]

第二，要坚固国家观念和民族意识。人类本是天演竞争的产物，不长进的民族，自身往往受人欺凌。中国之所以遭受外人的种种欺凌，是因为中国人太不知自强与自爱了。真正爱国的国民，要无时无刻不替国家着想。千万不要计较自己的利害得失。无论在什么时候，对于任何事情，都应当把自己摆在后面，不要把自己摆在前面。如果整个国家问题不能解决，则个人问题永无解决之日。正如一棵树不能根深，焉能蒂固？国家永远高于个人问题，我们绝不要太近视眼，太自私，一切应以

---

1. 毕万闻主编：《张学良文集》第2卷，新华出版社1992年版，第707、699、695页。
2. 同上，第812、767页。
3. 同上，第601、694页。

国家民族的大局为重，切切实实地苦干下去！[1]

第三，只问耕耘，莫问收获。当一个青年士兵投军入伍的时候，就当誓言其已无条件地将自己的生命献给祖国，而不应当有丝毫升官发财的思想掺杂其间。为争取整个民族的生存以致亡命于敌人炮火之下，绝无半点遗憾与吝惜，这就是一个民族的生命力！一个人能把私的意念完全打破，则对于得失利害，方能毫不计较，这才可以绝对忠实于一己对于国家民族所负的任务，甚或以身殉国而无所畏难。虽然他未必能目睹其牺牲的结果有何成就，但也只有怀抱"只问耕耘，莫问收获"的精神，才能毅然地勇敢地牺牲自己的所有一切。我们大家只要这样奋斗下去，牺牲下去，就一定会如愿以偿地完成我们的目的，就一定可以收复东北！即使我们的寿命短，或因此牺牲了生命而尚未达到目的，我们的子孙也要继承我们的遗志，让我们有朝一日能够荣归故里！[2]

最后，张学良总结道：在今天的我们，个人的前途一点也没有；有之，只是整个民族的前途。永远不要忘记，现在我们中国人在外国人眼里是没有地位的，尤其是我们中国军人更不知蒙受了多大耻辱。今后我们为了要替中国人争人格，只有抛弃了一切享受，不怕苦，不怕牺牲，挺起腰来做人，那才是好汉子！记住！我们今后只有跳火坑，死里求生，才有出路。我不但已经痛下决心，而且在事实上已经实践了我的决心，希望你们能追随着我，向前迈进！[3]

九一八事变时期，张学良抱着"不为瓦碎"的观点，主张如果全国不抵抗，则东北军人不能单独抵抗，不能白白送死。如今，他认定东北军要负起收复东北的大部分责任，先流血，先牺牲，无条件地为国家奉献一切。这是张学良抗日救亡思想的重大变化，为他后来由拥蒋"剿

1. 毕万闻主编：《张学良文集》第 2 卷，新华出版社 1992 年版，第 706、770—771 页。
2. 同上，第 704—705、812 页。
3. 同上，第 812 页。

共"转向逼蒋联共抗日奠定了基础。

1934 年 9 月 18 日，张学良为纪念九一八事变三周年，在武昌"剿总"礼堂所做的讲话，集中表达了他矢志复土雪耻的强烈愿望。言辞情真意切，将满腔悲愤与慷慨激昂之意表达得淋漓尽致，至今读来仍感人肺腑，兹录全文如下：

> 吾人于兹凄风苦雨中，哀我国殇，缅想往事，瞻念来兹，固多足为吾人所伤感者。唯时至今日，徒伤感复何益？必易伤感为兴奋，易哀痛为悲壮，于万分艰苦中，力求奋斗，以期有补时艰，湔雪前此之奇耻大辱，尤以吾侪军人应深怀于责任之艰，痛下"三军可夺帅也，匹夫不可夺志也"之决心，有生之日，奋斗不息，庶足以恪尽职责。吾人首应深恶何以造成此空前未有之国难，然后始能在奋励图强中，觅其自救之道。"夫人必自侮而后人侮之"之谓，实吾侪所应永自警惕者。尤须知己知彼，而知所努力，则国事非不可为，事在人为之耳！吾人于此云雾惨淡之笼罩下，唯有本诸吾人全副之精神，血和力，坚毅果敢，排除万难，则必有拨开云雾之日。以吾侪之生命犹容或不足以消除我全民族之苦痛，则有子孙继吾志，子孙不能竟全功，则继之以千年万年，终必有达到最后愿望之时，此吾人于忍痛志哀中所应共具之最大信心。果能永久秉此信心以赴之，吾敢断言必能取得整个民族之复兴。吾人在今日之处境中，不必怨天尤人，凡事须求诸己，不必徒事哀感。于坚苦卓绝中健全自身，勿逞一时之兴奋，应永久保持此种兴奋精神，向前迈进，则吾侪可无日不在纪念此奇耻大辱之国难，而以最大努力，践踏先烈血迹，以图存救亡也。[1]

---

1. 毕万闻主编：《张学良赵一荻合集》第 5 部，时代文艺出版社 2000 年版，第 70—71 页。

不仅如此，张学良还进一步提出了全国各党派团体团结起来，共同救国的主张。1934 年 6 月 7 日，张学良在武昌"剿总"接受世界电讯社记者采访时，公开说："凡尚有些微血性，知爱国家，并能见及国难严重之中国人，均应各除私心，决心为国。凡属中国人，无论其为共产党、国民党、第三党，或其他任何党派，果系自命为救国者，均应在拯救中国之唯一动机中摈除一切歧见，联合一致，共救危亡。此乃救国之唯一途径。若仍萎靡不振，由命听天；内战频仍，政争不息，则中国前途必无希望矣！" [1]

　　在谈话中，张学良明确提出了全国所有党派，其中自然也包括共产党在内，联合一致，共同救国的主张。这时，正值蒋介石集结大军向中央苏区发动第五次"围剿"之际，身为鄂豫皖三省"剿总"副司令的张学良，在拥蒋"剿共"最力之日，竟提出如此鲜明的主张并公诸报端，其胆识非同寻常。这正好表明，在张学良内心世界的最深处，复土雪耻，抗日救国，始终是他最关心的根本问题和最终的追求目标，也是他这时期一切言行的最基本出发点。

　　但是，张学良这些复土雪耻，共同救国的呼吁，很快就淹没在一片"剿共"的杀气之中，淹没在新生活运动的喧嚣声中。

响应新生活运动

　　1934 年，蒋介石积极倡导新生活运动，企图以中国传统的封建道德"礼义廉耻"为基准，从国民的衣食住行入手，讲究公共道德、卫生习惯等，以整齐、清洁、简单、朴素、迅速、确实为具体标准，达到生活艺术化、生产化、军事化的目标，最终实现"民族的复兴"。于是，国

---

1. 毕万闻主编：《张学良赵一荻合集》第 4 部，时代文艺出版社 2000 年版，第 582—583 页。

民党统治区的各级党政机构广泛宣传，大造社会舆论和声势，称其为"中华民国新生活之基点"，在全国各地到处成立新生活俱乐部，举办各种文体娱乐活动。一时间，京剧、话剧、歌舞、曲艺演出，比比皆是，一派歌舞升平的景象。国难外侮早已被抛到九霄云外。

　　一开始，张学良也积极响应蒋介石倡导的新生活运动，到处鼓吹，并把新生活运动与民族复兴联系起来。1934 年 8 月 25 日下午，张学良应湖北新生活运动促进会之约，在武昌国民党湖北省党部大礼堂做《新生活运动与民族复兴》的长篇报告，把蒋介石鼓吹的一套理论按照自己的理解阐述了一遍。报告讲了四大问题：（1）委员长为什么要倡导新生活运动？（2）新生活运动的本质是什么？（3）新生活运动与中国经济的关系。（4）怎样推行新生活运动？

　　关于第一个问题，蒋介石为什么要倡导新生活运动？张学良的解答是：首先，一个有权力的领袖人物肯以身作则的倡导新生活运动，才能使民众有改善本身生活的真切认识。其次，新生活运动一反以前徒事粉饰、理想过高的积弊，并不曾标榜耸人听闻的口号，初无最高尚的企图，只是包含一些最低的而平易近人的问题，急待我们实事求是地力求实践之道，要把我们不合理的旧生活加以改善，充分表现出新的精神来，以求走上《大学》上所说的明德亲民的大道；毛诗上说"周虽旧邦，其命维新"，也就是这个意思。诚然，我们过去的一切都是太偏于理想了，而又不按部就班地去做，故终致为不切实际的理想所误。蒋委员长默察到国人过去一切失败之最大症结，所以此番从最低的而又最切实际的个人生活的改善上来倡导，以期拯救这个颓废衰老的民族！再次，欲扫除民族的病根，非将其落后的、旧的生活改变为向上的新的生活不可。总括起来说，蒋委员长倡导新生活运动，是为了适应当前中国社会的需要，是为了保障中华民族今后的生存。新生活运动的六项准则，即整齐清洁、简单朴素、知礼义、明廉耻、负责任、守纪律，就是当前社会的最大需要，满足了这些需要，便能扫除我全民族的最大病根。而且这种需要与其说是社会的需要，毋宁说是我们每个人的需要；与其说是过去的需要，毋宁说是目前的需要。合乎新生活运动之准则的生活是在复兴民族过程中人人所共同需要的。我们知道中华民族所以陷于今日的困难境地，最根本的原因就是我们这个民族的劣根性太深了，诸如堕落、放纵、虚伪、贪污、腐败、昏庸、烦琐、浮华、卑鄙、混乱，久已形成了国民不治之症，由此而致国家的纲纪废弛，社会的秩序崩坏，造成多少年来的循环内乱，招来了亘古未有的外侮。我们应当虚心地承认自己依然在过着粗野的鄙陋的非人生活，所以不能把握住新时代的精神，不能适应环境的要求，而趋于被凌辱、被淘汰之列！时至今日，欲求我中华民族之繁衍，欲求我整个社会之安全，那只有一变其旧有生活之趋向，廓清前此之一切病态，而易以合理的新的生活，努力向上。这就是说，必须从一般国民的心理方面根本改造，务使人人能彻底自觉其最大需要，而胥能正心修身，则社会风气当必随之转移，才能培养社会上的生机与正气，保障这个有数千年历史的古老民族永久的生存与繁衍。[1]

关于第二个问题，新生活运动的本质是什么？张学良认为，新生活运动的六项准则，即整齐清洁、简单朴素、知礼义、明廉耻、负责任、守纪律，是适应时代生活的一般国民所应当具备的基本要件。也可以说，一个人要想在现时代、现社会中生存下去，必须在他的生活上实践这几个准则。其中，礼义廉耻是做人的基本要件。在民族国家的非常处境中，尤其需要人人能守纪律、负责任，完成时代赋予的非常使命。因此，新生活运动的主旨，是要每一个人都能就自己在良心上所认为对的去切实实践。[2]

关于第三个问题，新生活运动与中国经济的关系，张学良找了很多

---

1. 毕万闻主编：《张学良赵一荻合集》第 5 部，时代文艺出版社 2000 年版，第 46—48 页。
2. 同上，第 48—50 页。

统计资料来论证。新生活可以促进经济的发展，可以防止疾病，减少死亡率，提高国民的健康水平。他得出的结论是：我们要保障中华亿兆年的生存，我们要复兴国家社会的经济，必须实行新生活运动。[1]

关于第四个问题，怎样去推行新生活运动？张学良提出：要从个人方面养成好的习惯，在社会方面才能形成善良风气。必须每一个人能从自己切实做起，为了自救，为了救国，都不容不实践新生活。如果能以身作则地去实干，才能影响人，影响到多数人。如果你能以身作则实践新生活，那真不知影响了多少人。这就要你以极忠实及恳挚的态度，持躬接物，立己立人。新生活注重全体国民的自觉，负推行责任的人要去劝导、去感化，那才能完成任务。务使全国民众军事化，培植民族的生力，正因为我们的处境异常艰困，才要我们做最大的努力。我们更知道蒋委员长倡导新生活运动之最大意义，是在使全国国民的生活能够彻底军事化，能够养成勇敢迅速刻苦耐劳，尤其是共同一致的习性和能力，所以我们推行新生活运动必须要认清这个方向。[2]

张学良最后说："在万分艰苦中开辟一线生机，要我们的一切能时代化，我敢担保我们的国家一定会复兴起来。"一切要时代化，是新生活运动的最大要求。他还说："如果国人都能彻底觉悟而知所努力，实实在在地去推行新生活运动，我敢断言我们的国家一定会复兴起来，这可以由我来签字，甚而以头颅来作保证。切望全国同胞都能本此坚确不移的信心努力下去，而且要认清楚新生活运动就是民族复兴运动。"[3]

国民党统治区的新生活运动似乎热闹了好一阵，而且五花八门，无奇不有。南京国民政府行政院秘书长褚民谊是汪精卫的连襟，是个留学欧洲的医学博士，以裙带关系从政，在政治上是个标准的糊涂蛋。

---

1. 毕万闻主编：《张学良赵一荻合集》第 5 部，时代文艺出版社 2000 年版，第 51—58 页。
2. 同上，第 58—62 页。
3. 同上，第 62 页。

但他在体育上却颇有几手，于是他就在新生活运动期间发挥自己的特长，热心倡导体育活动。特别邀请广东著名游泳女运动员、人称"美人鱼"的杨秀琼到南京表演。他亲自驾驶马车到下关车站迎接，并盛赞杨秀琼在体质上、技术上、姿态上真够得上是个标准美人。上海一家画报为此刊登了一幅漫画：褚民谊赶着马车，杨秀琼坐在后面，旁边还写着一行字——"看哪一点不标准，褚秘书长有赏"。全国报刊纷纷转载，成为当时的一个特大新闻。各省市头面人物于是纷纷效仿，游泳之风一时风靡全国。

张学良也一向喜欢和倡导体育运动，认为它足以代表国家民族的精神。虽然军务繁忙，心情也不舒畅，他仍经常打高尔夫球，到国立武汉大学校园去游泳。他弟弟张学曾、张学思暑假来武汉，兄弟三人也时常到武昌东湖游泳。

武汉大学当时建有游泳池，但禁止女学生游泳，学校当局认为女学生身着泳装在大庭广众之前有伤风化。张学良为了改变高等学府的这种封建保守习气，特地邀请湖北省政府主席张群、"剿总"参谋长钱大钧等军政要员，偕他们的夫人、小姐前往武汉大学游泳，此举在武汉大学引起轰动，全校师生奔走相告，纷纷来看热闹。武大体育系主任袁浚借此机会向学校当局提出为女学生开设游泳课的要求，获得成功。[1]

此后，东湖经常举行水上运动会。1934 年 9 月，张学良还倡议举行了全国首次横渡长江的比赛。武汉警备旅派出许多游泳好手参加，一些达官贵人的夫人、小姐也参与其间，非常惹人注目，但她们游泳水平有限，大都只能在长江岸边扑腾两下，点缀而已。武汉三镇居民上万人在长江两岸观看了这场热闹的比赛。

张学良在武汉搞的这些举动，引起了一些关心国难外侮人士的不满。有人上书张学良，说是看到武汉到处搞游泳，叫人看了觉得张学

1.《团结报》编辑部编:《张学良的往事和近事》，岳麓书社 1986 年版，第 208 页。

良好像忘掉了东北沦亡，忘掉了国难家仇，想想东北的今天还能够这么乐吗？再说高级首长，更应该提高警惕，在那些地方玩，是没有好处的。这个意见书很简单，不到一百字。张学良看后，深有所感，在上边用红笔批了"意见甚是"四个字，从此不再去东湖游泳了。[1]

不久，又发生了"苗疯子"大闹新生活俱乐部事件。苗剑秋，日本东京帝国大学毕业，年方三十，思想进步，抗日热情很高，盼望东北各团体能够担当起抗日重任，收复东北，重返家园。当时，他在"剿总"没有任何职务，大家一般称呼他为"苗秘书"，颇似古代的养士或食客性质。因他为人耿直，说话直爽坦诚，对看不惯、不满意的事情敢于公开批评，甚至对最高长官张学良也无所顾忌，敢直言劝谏，故人称"苗疯子"。武昌城内明月桥，在清代有一所八旗会馆，民国时改为奉直会馆。1934年四维学会和新生活俱乐部都设在这里。随张学良来武汉供职的一些东北同乡经常在新生活俱乐部聚会，并举行一些文娱活动。一天，苗剑秋手持大棍，闯进俱乐部大门，开口便骂："你们的田园庐墓都丢了，父母兄弟当上了亡国奴，有什么心肠那样乐，在这里无昼无夜地喊二簧唱西皮，真不要脸啊！"骂着骂着，苗剑秋直奔俱乐部宿舍，去找从石家庄来的一位黄秘书（东北军驻石家庄部队的秘书）。他在黄的住房外大骂道："你是我们东北军干部，不知道的以为你也是东北人。你怎么那样下贱，放着关公大花脸戏不唱，偏忸忸怩怩地学坤角唱花旦。我今天让你尝尝老子的大木棒，看你在国难中是吃荤的，还是吃素的。"吓得黄秘书急忙跳后窗跑了。

这事很快传到了张学良那里。张学良立即指示米春霖邀集东北同乡开个会，届时他也去参加。开会的时候，在会场门口一张长桌子上摆着几十只玻璃小酒杯，杯里装的是黄连水，凡进会场的都要先喝一口苦水。临开会时，张学良的随从副官谭海站起来，说是副司令原打算来参加，但

---

1. 惠德安：《张学良将军轶事》，辽宁人民出版社1985年版，第98—101页。

现在他感觉这个会是个国难会，怕来了引起大家精神激动，叫大家开会，不必等他了。会议遂由"剿总"第四处副处长周达夫主持，他说道：

"同乡们刚进会场时，都喝了一杯苦水，想想背井离乡到处流亡，这苦是谁给的？大家都会说是日本鬼子给的。副司令今天没来，若来了，他会喝十杯苦水，因为他集家仇国难于一身，他的苦比谁都大！我们从东北来的人，现在寄人篱下，是寄在中央篱下，是向中央出卖苦力的。别人做一件工作，我们东北人应该加倍，只有表现得好，把工作做好，最后才能有出路，才能达到复土还乡的目的。

"副司令关心大家闹不团结，还在明月桥吵架。今天开这个会，副司令吩咐我转达，希望同乡们好好团结，多多进步，更重要的是把路走正，把路走对，日本灭亡不了我们，谁也消灭不了我们。我的话说明不了我的意思，更表达不出副司令的意思，请大家回去好好地把我没法说明的那个苦思考一下。散会的时候，门口还摆着苦水，请诸位再喝一口吧！"[1]

"苗疯子"大闹新生活俱乐部事件，使张学良受到极大的心理震动，他知错能改，公开对大家说："国难家仇集于一身，今后我个人的生活行动，请东北同乡们随时监督。我们同甘共苦，卧薪尝胆，以度时艰。"[2]

不过，迫于当时的大环境与国内形势，张学良这时期在复土雪耻的方面，可谓说得多，做得少，并没有多大建树。

整顿东北军

当时，应德田（东北大学毕业，曾由张学良保送公费留学美国，时任"剿总"少校科员）曾向张学良提出为准备抗日而必须整顿军队的问

---

1. 惠德安：《张学良将军轶事》，辽宁人民出版社 1985 年版，第 102—104 页。
2. 汪树屏、汪纪泽：《我所认识的张学良》，中国广播电视出版社 1990 年版，第 158 页。

题，认为东北军不整顿无法抗日。为改变东北军过去行为粗野、纪律松弛、技术不精、作风浮荡等将骄兵惰、腐败堕落的状态，整军的要点应当是：加强爱国思想和抗日思想的教育；加强军事技术的训练；加强纪律宣传和管理；加强勤俭刻苦的锻炼；尤其是必须注意精选军官，军官是军队的中心骨干、表率；等等。[1]

张学良听后深有同感，也认识到东北军并非他想象的那样坚强可用，存在着种种弱点，急需用力将部队整顿一番。他计划先把王以哲的第六十七军改编为一个教导师，用它给东北军做个样板。为此，张学良指示机要组第二科科长陈旭东草拟了一个《标准师方案》稿，经他核定为正式方案，打算让整训后的教导师达到《标准师方案》上的要求程度。此外"剿总"办了一个刊物《部队通讯》，在东北军中悬赏征集《标准连长方案》。很多部队军官撰文应征，被评选为第一名的是万毅的方案，颇得张学良的赞许。在较短时间内，万毅就由初级军官提升为中校团长（团长一般是上校军衔）。[2] 但因为种种原因，这些整军方案最后都不了了之，未能在东北军中贯彻实施。

在武汉期间，张学良的许多部属幕僚都主张抗日，反对东北军参加"剿共"内战，希望能够保存实力，用于将来打日本鬼子。抗日名将马占山就直言张学良犯了三大错误，即 1928 年不该易帜，加入国民党；九一八事变不该听从蒋介石的不抵抗命令，拱手放弃东北；1934 年回国后不该宣传法西斯主义能够救中国，拥蒋"剿共"。他说："剿共是卖命换饭吃。共产党打不完，东北军就先消耗光了。要打小鼻子，一定要得到大鼻子的援助。拥护蒋介石打共产党，这是死路一条，决不能走下去了。"马占山所说的小鼻子是日本人，大鼻子则是苏联人。马占山向张

---

1. 应德田：《张学良与西安事变》，中华书局 1980 年版，第 26 页。
2. 惠德安：《张学良将军轶事》，辽宁人民出版社 1985 年版，第 87 页。

学良建议联苏抗日。[1]

前面说过，张学良1933年在旅欧期间，曾几次计划前往苏联访问，就东北抗日问题寻求苏联的支持与帮助，但因为苏联方面有顾忌而未能实现。这时，张学良见马占山提出此主张，当即表示同意，并指派李杜负责筹划这件事。1934年9月，李杜准备绕道欧洲前往苏联。由于南京政府阻挠，直到1936年3月才出发。张学良先是派应德田，后又增派赵毅随行。但他们走到德国，获悉苏联政府的态度仍然很消极，被迫中途返回。

1934年7月，应德田多次向张学良坦承自己对于国事问题和东北军前途问题的看法。他说道：

> 不抗日而"剿共"是中国自取灭亡的死路，唯有停止内战，团结抗日，才是中国救亡图存的生路。
>
> 至于我们东北军更不能参加"剿共"，而只能用兵于抗日。众所周知，东北是日本人抢去的，并不是共产党抢去的，也不是共产党拱手出卖的；大帅是日本人炸死的，并不是共产党杀害的；使我们漂泊流浪，无家可归，受尽苦难，濒临死亡的是日本人，并不是共产党。东北人民对日本强盗恨之入骨，誓死无他，同仇敌忾，急图驱逐。东北军20万将士如能投入抗战，不仅东北军全体官兵思想开朗，精神充沛，士气昂扬，无疑还能得到全国人民尤其是东北人民的热烈拥护，大力支援，东北军一定可以在历史上成为民族英雄，为人尊敬和怀念，同时还能得到扩充和发展。这就是"得道多助"的道理。
>
> 东北军及东北人民对共产党往日无冤，近日无仇，平日无恨，

---

1. 孙达生：《从上海到西安》，载中国社会科学院近代史研究所现代史研究室编《西安事变资料》第2辑，人民出版社1981年版，第107—108页。

无冤无仇无恨，东北军参与"剿共"，清清楚楚实属无义之师。除了全军官兵因此思想不通，意志消沉，军心动摇之外，还逃脱不了全国人民的由衷反对和唾骂。这样，东北军必会在"剿共"的战争中失败、瓦解，甚至覆灭。"失道寡助"也是必然的逻辑。

失掉家乡而渴望打回老家去的全体东北军将士，无论是从是非上讲，还是从利害上讲，联共抗日才是唯一的出路。

总之，东北军如不警惕，有牺牲于内战之中的危险，前途将不堪设想。我们应当保持实力，勿做有害无益的牺牲。如若有朝一日抗日战争时机成熟，东北军却在内战中损失殆尽，无力报效国家，那才是最惨痛的结局啊！

张学良听了这些话，内心极表赞同，这与他6月间对记者的谈话基本上不谋而合，但表面上却不得不说："你主张抗日，而我现在不能抗；你主张不要'剿共'，而我现在不能不剿。"[1]

正因为张学良处于这种既不能抗日，又不能不"剿共"的困境，使国人对他仍不能谅解。有一次，张学良到武汉大学视察，除了校长等人出来欢迎外，却见不到一个学生。张学良感到很奇怪，怀疑学校已经放假。当他们一行来到学生宿舍区时，所有窗户突然同时打开，巨大的标语和写有口号的条幅一齐挂了出来。同时，几名学生手持话筒，大声呼喊："反对政府的软弱外交！""反对对日不抵抗政策！""反对不抵抗将军！"然后，所有窗户关闭，不见了人影。

受到如此特殊的"礼遇"，张学良认为这是他个人的奇耻大辱，顿时脸色苍白，紧盯着身边的武汉大学校长。校长忙表示道歉，说道："学生们也是出于爱国之心才说出这些话的，并无他意。"张学良犹如当头挨了猛烈的一棒，只好苦笑一下，嘱咐在场的军警头目不准声张，也

---

1. 应德田：《张学良与西安事变》，中华书局1980年版，第24—27页。

不准追查，便匆匆结束视察，离开了武汉大学。[1]

武汉大学学生的特殊举动，再次打开了张学良记忆的闸门，勾起他无数痛苦的往事与记忆，"不抵抗将军"的骂名像一块沉重的石头始终压在他心头，让他不得安宁。但张学良并未因此自暴自弃，就此沉沦下去，而是忍辱负重，负重前行，继续苦苦探索抗日救国之路。

1935 年初，蒋介石结束江西"剿共"，取消南昌行营之后，又于 3 月1 日下令撤销豫鄂皖三省"剿总"，另设军事委员会委员长武昌行营，任命张学良为主任，钱大钧为参谋长，杨永泰为秘书长，主要从事军队整编工作。行营下设陆军整理处，以陈诚为处长，负责分期分批整理陆军。

张学良对此十分兴奋，认为这正合他的志愿，可以留在湖北专心练兵，为将来抗日做准备工作。那时，全国部队中的骑兵、炮兵，无论数量、质量，皆以东北军居于绝对优势。他为了拥护蒋介石的整军政策，把东北军所属的骑兵、炮兵，全部交给南京政府，统筹整理。

于是，陈诚将原属东北军系统的骑兵第四师（师长郭希鹏）、第三师（师长王奇峰）、第六师（师长白凤翔）三个师和原系北方杂军后归中央直辖的两个骑兵师（师长分别为门炳岳、张砺生）共五个师，合并整理为四个师，由郭希鹏、王奇峰、门炳岳、白凤翔分任师长，编成陆军骑兵军，任命何柱国为军长。炮兵则以原属东北军系统的炮兵第六旅（旅长王和华）、第七旅（旅长乔方）、第八旅（旅长黄永安）三个旅，加上中央直辖的两个炮兵团，共十个团，合并整理为陆军炮兵第六旅（旅长黄永安）、第八旅（旅长乔方）两个旅，每旅两个团，另编成一个炮兵独立团，总共五个团，由中央直辖，分驻洛阳、武昌、西安等地从事训练。

1935 年 4 月 2 日，南京国民政府发布命令，授予张学良陆军一级上

---

1. 徐铸成：《蓬山春浓忆少帅》，载河北人民出版社编《张学良囚禁生涯》，河北人民出版社 1986 年版，第 137—138 页。

将军衔。同日，授予一级上将军衔的还有阎锡山、冯玉祥、李宗仁、何应钦、朱培德、唐生智、陈绍宽、陈济棠，连同张学良共九人，张学良排阎锡山、冯玉祥之后，位列第三，这是国民党军队的第一批一级上将，其中陆军一级上将八人，海军一级上将一人（陈绍宽）。身为最高军事统帅、军事委员会委员长的蒋介石则被授予唯一的特级上将军衔。在九位一级上将中，最年长的冯玉祥已经53周岁（1882年生），最年轻的张学良尚不足35周岁。

反思不抵抗

整军工作刚刚开始，华北局势再度紧张。1933年5月《塘沽协定》签订后，日本出于对苏战略的考虑，暂时放慢了对中国关内的侵略步伐，全力经营伪满洲国。对华北，则更多地运用"政略""谋略"等非军事手段，以实现其建立独立的"蒙古国"与"华北国"的既定侵略目标。与此相应，南京政府为了集中全力"剿共"，继续推行对日妥协退让政策，先后实现了（北）平沈（阳）通车（1934年1月）、长城各口设税卡（1934年8月）、关内外通邮（1935年1月），从而在事实上默认了伪满洲国的存在，并使华北面临名存实亡的严重局面。

1935年1月22日，日本外相广田弘毅为了阻止中国与欧美国家合作，在国会发表对中国所谓"不侵略""不威胁"的演说。南京政府立即加以积极响应。2月20日，亲日派头目、行政院院长汪精卫在国民党中央政治会议上做了关于中日关系的报告，报告声称："读了这次广田的演说，认为和我们素来的主张精神上是大致吻合，中日两国间既有如此的共鸣，加以相互的努力，中日关系从此可以得到改善的机会，而复归于常轨，这是我们深引为欣幸的，我现在坦白、郑重地声明，我们愿以满腔的诚意，以和平的方法和正常的步调，来解决中日间之一切纠纷，务使相互猜忌之心理，与互相排挤、互相妨害之言论及行动等，一天一天的消除……总之，如中日两国人士不拘于一时的利害，不骛于一时的感情，共以诚意主持正义，以为两国间谋永久的和平，则中日两国之根本问题，必可得到合理之解决"。[1]

按照预先的安排，蒋介石于3月2日致电汪精卫，对其报告表示赞同："当本此方针，共策进行。"[2]5月17日，中日两国同时宣布互换大使，将使馆由公使级升格为大使级。两国关系在表面上似乎正朝着改善的方向前进。但实质上，日本军部加快了分离中国华北的侵略步伐，挑起了华北事变，使形势很快逆转。

1935年5月2日夜和3日晨，天津两家亲日报纸的主持人——亲日派汉奸胡思溥、白逾桓在天津日租界相继被暗杀，日寇立即一口咬定这是国民党蓝衣社特务所为。[3]15日，在热河南部活动的抗日义勇军孙永勤部退入长城以南的"非武装区"，日本指责当地中国政府接济、庇护孙部。这就是所谓的河北事件。

天津的日本驻屯军决定利用此事件贯彻对华北工作的既定方针，逐步从根本上驱逐旧东北系及中央系势力。5月29日，日本驻屯军参谋长酒井隆和日本驻北平使馆武官辅佐官高桥坦，向国民政府军事委员会北平分会委员长何应钦提出了一系列无理要求。6月4日和9日，又两度催促，关东军调兵集结于锦州、山海关、古北口，日本海军也派军舰到天津，以武力相威胁。

蒋介石认为此时正值"追剿"黔、滇、川等省红军的关键时刻，内外不能兼顾，决定应付日寇挑衅的唯一要义："厥在测定彼方之目的，以为因应之准备。凡彼方之所欲，即我之所当避；凡彼方之所大欲，尤

---

1. 南开大学编译：《华北事变资料选编》，河南人民出版社1983年版，第88—90页。
2. 同上，第91页。
3. 日寇杀死这两个忠实走狗后嫁祸于中国方面，这是日寇经常玩弄的鬼蜮手段。

我方之所以避。"[1]

6月10日，汪精卫主持国民党中央紧急会议，决定再次妥协。[2]

当天，何应钦约见高桥坦，全面承诺了日本的侵略要求，并自动实行。其主要内容是：罢免于学忠（河北省政府主席）、张廷谔（天津市市长）、蒋孝先（中央宪兵第三团团长）、曾扩情（北平军分会政训处处长）等人；撤退河北省内一切国民党党部；撤退驻河北的东北军（第五十一军）、中央军及宪兵团；取缔反日团体；禁止全国排日行动；等等。

7月6日，在日方的一再要求之下，何应钦取得蒋介石、汪精卫同意后，致函日本驻屯军司令官梅津美治郎，内称："6月9日酒井参谋长所提各事项均承诺之，并自主如期实行。"这就是历史上通称的《何梅协定》。[3]

同时，日本关东军又制造了所谓的张北事件。5月底，日本特务机关有四个人由多伦去张家口，于6月5日路过张北县时，因证件不足，被当地驻军第二十九军第一三二师官兵扣留盘问，第二天即予放行。日本立即决定利用此事件，乘机扩大在察哈尔省的侵略权益。6月27日，日本奉天特务机关长土肥原贤二逼察哈尔省代理省主席秦德纯签订了《秦土协定》，攫取了察哈尔省的许多主权。

通过《何梅协定》《秦土协定》，日本把东北军势力和南京中央势力从冀、察二省与平、津二市赶走，接下来便进一步策动河北、察哈尔、山西、绥远、山东五省的地方实力派进行所谓"自治运动"，企图使华北成为第二个"满洲国"。此乃华北危机！中华民族危机！

因为华北事变涉及东北军的根本利益，在免去于学忠职务的命令发

---

1. 《何应钦将军九五纪事长编》编辑委员会编：《何应钦将军九五纪事长编》上册，台北黎明文化事业公司1984年版，第846—847页。

2. 同上，第411页。

3. 南开大学编译：《华北事变资料选编》，河南人民出版社1983年版，第151—152页。

378   张学良传·上

表前，蒋介石曾由成都致电张学良，略称："接行政院院长汪兆铭电，因对日外交关系，拟免去于学忠河北省主席职务。吾兄有何意见，速即电示。"张学良立即复电，痛切陈词："中国的封疆大吏，不应以外人的意见为转移，如此例一开，国将不国。此事所关孝侯（于学忠）的事小，而对于国家主权攸关的事大。"[1]

蒋介石见张学良的答复不合己意，便把它压下来，装作没有收到张学良复电的样子。张学良的电报发出去后 10 余天，始终未获蒋介石的回电，却接到蒋的秘书长杨永泰来电询问，诡称："委座前为孝侯兄免去河北省主席职务一事，电询吾兄意见，为何迄今未复？"原来，南京政府早已将于学忠的免职令发表，造成了既成事实。后来，张学良飞抵成都谒见蒋介石时，特意问及此事，蒋以前电或因电线有故障相搪塞。[2]

自失去东北四省后，河北成为东北军的第二故乡。1933 年下野出国时，张学良特意把 17 万大军交给于学忠指挥，目的即在于要保住河北这块地盘，以作为将来收复东北的前进基地。1934 年回国后，东北军南下"剿共"，于学忠的第五十一军、万福麟的第五十三军共约 16 万人，仍留在河北坚守。如今，于学忠被免职，第五十一军西调甘肃，使张学良以华北为基地，伺机反攻东北的计划破灭，精神上再次受到极大刺激。

张学良开始对南京政府的妥协投降政策提出公开的批评。他曾对新闻记者、朋友、部下说："九一八事件后，我们误信国联及其他和平机构，错认为公理可以制裁强权，所以步步退让，总希望得到外来帮助。现在这一切迷梦都可以醒了，我们唯一的道路，就是靠自己死中求活。政府应当发动整个民众，与日寇拼命。国人早先骂我不抵抗，我现在很希望领袖给我变换任务，不叫我'剿匪'，叫我去抗日。我觉得'剿匪'牺牲，不如抗日牺牲更有价值。不抵抗的责任不应由我张学良一人承担，就

---

1. 于学忠：《我是怎样被逼出华北的》，载中国人民政治协商会议全国委员会文史资料委员会编《文史资料选辑》第 14 辑，中华书局 1960 年版，第 176 页。
2. 同上。

算是我一人的罪过，那么一误岂能再误？一人误，岂可全国也误！一时误，岂可永久再误？国人骂我不抵抗，现在大家就应一致奋起，一起抵抗才是。"[1]

蒋、张合作的怪胎——四维学会这时也发生了分裂。

1935年7月，四维学会在武昌黎天才家开座谈会，高崇民首先发言，十分愤慨地说："敌人如此猖狂，得寸进尺，实在忍无可忍，希望我们的领袖马上领导抗战，一定会得到全国人民的支持。否则，全国人民对领袖的拥护和信仰，将发生动摇。"

黄埔系的贺衷寒立即反驳道："领袖是神圣不可侵犯的，任何人都不许对他不信任。我们四维学会的成员是宣过誓的，对领袖更不可有批评。"

高崇民也不甘示弱，答道："我们宣誓是拥护他抗日，做抗日的领袖，如果他不抗日，我们就不拥护他，我把他看作是一个人，并未把他看作是神、是圣。"

会后，高崇民愤然离开武汉，转去上海从事抗日救亡运动。

西北"剿共"

受华北事变的刺激，张学良又萌生了退意，准备辞职，再度出国考察。8月初，他乘参加四川峨眉军官训练团开幕典礼之机，向蒋介石提出了这一要求。蒋听了大吃一惊，但表面上只是淡淡地说道："汉卿，你还年轻，辞职的事就不要再提了。"这时，蒋已觉察到红军一、四方面军于川西会师后有离川北上的迹象，便提出撤销武昌行营，调东北军到西北"剿共"，在西安设立西北"剿匪"总司令部，蒋介石兼总司令，

---

1. 王卓然：《张学良是怎样个人》，辽宁大学出版社1988年版。

仍由张学良以副司令代行总司令职权。

张学良从心底里不想再接受"剿共"任务，回到武汉后问计于幕僚。黎天才坚决主张接受，认为西北是我国远祖发祥的摇篮与待开发的处女地，接近中共，必要时可以与各反蒋势力联合，和蒋介石翻脸，也可以分治割据，使西北成为抗日后方基地。[1]黎天才一席话，让张学良豁然开朗。

这年夏天，东北军王以哲的第六十七军、何柱国的骑兵军已经尾随红二十五军（军长徐海东）进入陕西。当时，何柱国就曾建议乘机将东北军移驻洛阳以西地区，对准备抗日复土较为有利。[2]《何梅协定》签订之后，于学忠被任命为甘肃省政府主席，第五十一军随之西调甘肃。

同时，张学良又考虑到陕北红军刘志丹部不过数千人，取胜不成问题。而且陕西省政府主席邵力子是老朋友，邵力子曾托人传话给他，表示愿意合作，故认为东北军回到北方，会更适合一些，可以把西北建成抗日的后方根据地。于是，张学良终于决定接受蒋介石要他去西北的任命。[3]

接下来，张学良首先考虑的便是如何和西北当局，尤其是陕西实力派杨虎城搞好关系，为他入陕铺平道路的问题。

杨虎城（1893—1949），陕西蒲城县人，幼名杨久娃，先后改名为杨忠祥、杨虎臣、杨虎城。他早年参加辛亥革命，1916年参加陕西护国军，1917年任陕西靖国军第五路司令，1924年加入中国国民党，1927年所部加入冯玉祥的国民革命军西北军部队，1929年任第十七路军总指挥，1930年中原大战后出任陕西省政府主席。九一八事变后，他力主抗战，并支持冯玉祥抗日，被蒋介石免去陕西省政府主席职务。1935年任

---

1. 张魁堂：《张学良传》，东方出版社1991年版，第124页。
2. 何柱国：《西安事变前的张学良》，载方正等编《张学良和东北军》，中国文史出版社1986年版，第263页。
3. 毕万闻主编：《张学良文集》第2卷，新华出版社1992年版，第1193页。

西安绥靖公署主任，仍兼第十七路军总指挥，是陕西省的地方实力派。

为和杨虎城搞好关系，张学良特请出了挚友杨毓珣。这个杨毓珣名气虽然不是很大，但来历不小，他的父亲杨士骧是袁世凯的心腹，晚清时接替袁世凯担任直隶总督兼北洋大臣。杨毓珣因为父辈之间的关系，成了北洋军阀首领袁世凯的乘龙快婿。杨毓珣陆军大学毕业后，留学法国学习军事。毕业回国时，他的泰山大人袁世凯已经因复辟帝制失败而死去，他也因此失去了巨大的靠山。后来，杨毓珣与在留法期间结识的姚锡九、周培炳前往东北投奔奉系军阀首领张作霖，被张作霖接纳。姚锡九、周培炳被安排在东北航空处任职，杨毓珣在等候安排期间，恰逢东三省陆军整理处缺一名上校，张作霖就说："叫袁大总统的姑爷，那个姓杨的去。他的名字底下那个字很特别，像个'苟'字。"张作霖斗大的字不识一箩筐，错把"珣"字当作"苟"字，一时传为笑话。从此，杨毓珣在东北就博得了个"杨狗屎"的绰号。杨毓珣吃过法国的洋面包，见过世面，打球、跳舞、开汽车等洋玩意样样精通，这正合少帅张学良的脾气，于是袁世凯总统的女婿与张大帅的长公子就成了亲密的朋友。杨毓珣在东北官运亨通，当上了张作霖的"镇威上将军"公署副官处处长。张学良了解到杨毓珣与杨虎城有旧交，又是同姓，彼此以宗兄宗弟相称，便电邀杨毓珣到武汉，由张请准蒋介石以西北"督剿"专员名义，派他先行入陕。杨毓珣在西安活动时间并不太长，就初见成效。杨虎城对张学良入陕表示谅解和欢迎。[1]

9月13日，张学良偕赵一荻由武昌飞抵西安，杨虎城和邵力子亲自到机场迎接，杨虎城邀请张学良下榻于西安绥靖公署所在地——新城大楼。杨虎城还主动表示要将新城大楼让出来，作为西北"剿总"的总部，以此试探，张学良婉言谢绝。在杨毓珣的居中撮合下，张学良和杨

---

1. 惠德安：《鄂陕随军杂录》，载中国人民政治协商会议全国委员会文史委员会编《文史资料存稿选编——西安事变》，中国文史出版社 2002 年版，第 146 页。

虎城的私人关系发展较快。杨毓珣、杨虎城见面时总是诙谐玩笑不断，无话不谈。杨虎城的夫人谢葆真、张学良的秘书赵一荻及杨毓珣的夫人穿堂过院，来往十分密切。张学良与杨虎城之间不久就可以开些小玩笑了。杨虎城常讲："张副司令和我开玩笑，管我叫老粗，现在他又说我不粗了。"[1]

在新城大楼住了半个月后，张学良在西安东门里金家巷租了一幢房子，作为自己的公馆。这是一座西洋式建筑、有东楼、中楼、西楼三幢楼房。张学良和赵一荻住在西楼，一层为储藏室，二层是办公室和客厅，三层是卧室和书房。中楼住着侍卫副官们，东楼住着西北"剿总"职员。

1934年10月2日，南京政府正式任命张学良为西北"剿匪"总司令部副司令，代行总司令职权，节制陕西、甘肃、宁夏、青海4省军政事宜，包括西安绥靖公署主任杨虎城指挥的第十七路军、兰州绥靖公署主任朱绍良指挥的第三路军、宁夏马鸿逵的第十五路军及甘肃南部马鸿宾部、青海马步芳部，加上开赴西北的东北军，总兵力约在30万人以上。但张学良事实上能够直接指挥的只有他自己的20万东北军。

这时，东北军陆续向西北移驻。第六十七军王以哲部驻陕北洛川、肤施（今延安）一带，第五十七军董英斌部驻甘肃东部庆阳、合水一带，何柱国的骑兵军驻邠州、平凉、西峰镇一带。第五十一军于学忠部驻甘肃天水、兰州一带。第一〇五师刘多荃部作为总预备队，驻西安以北地区。除第五十三军万福麟部和一个骑兵师约四个师兵力驻河北保定外，东北军大部开赴入陕甘。

每当东北军开赴陕甘前线路过西安时，张学良都要去给部队官兵训话，重谈蒋介石"攘外必先安内"的老调，并强调抗日。他说："我们的老家东北，已被日寇占领，残酷狡诈的敌人正在预谋向关内逐步蚕食，国家处在危急之际，国难当头，匹夫有责，我们应举国同仇，抵御

---

1. 惠德安：《张学良将军轶事》，辽宁人民出版社1985年版，第104—107页。

倭贼。但是，现在有共产党在后方捣乱，危害国家，使我们不能集中优势力量对敌作战，有负众望。必须知道，日寇是强大的，共产党比日寇弱，弱的解决不了，怎能解决强的？我们前边的道路，只有首先'剿灭共产党'，解除内乱，再联合友邦，才有坚固的力量抗日。除了先'剿共'而后攘之外，抗日又有什么其他的办法呢？

"为了抗日，为了集中力量抗日，为了免除抗日战争进行中的后顾之忧，为了保证能够取得这一战争的最后胜利，希望我全体官兵，同心同德，奋勇直前，完成'剿共'之重任，建树统一之功勋。然后回师北上抗日，收复东北，返回老家去。那时候，我们该多么愉快，多么光荣啊！"

在讲话时，张学良看上去很兴奋，精力很旺盛，每次都有一两个小时之久，并要求应德田、苗剑秋把他的讲话内容全部记录下来，整理成文，下发各部队。[1]

当时，张学良认为很短时间内就能将陕北红军消灭，尔后全力转入全面抗战准备。所以他一到陕北，立即修建医院，筹设卫生材料厂；在甘肃平凉购买土地，大兴建筑；在西安为东北军眷属建新村；兴建东北大学新校，计划把东北大学从北平迁至西安；开设训练机构；等等。这些都没有向南京政府申请拨款，都是张学良自行筹款，自行开始抗日准备工作，以使西北成为抗日的后方根据地，为将来出击华北，收复东北奠定基础。[2]

这年秋天，张学良游华山有感而做的一首诗，就很好地反映了他的这一志向。诗曰：

极目长城东眺望，深仇积愤当须雪。

江山依旧主人非，被甲还乡奏凯归。

---

1. 应德田：《张学良与西安事变》，中华书局 1980 年版，第 37—38 页。
2. 毕万闻主编：《张学良文集》第 2 卷，新华出版社 1992 年版，第 1193 页。

1935年深秋，日本策动的"华北自治运动"十分嚣张，华北局势日趋恶化。南京政府对此采取了一些抵制措施。蒋介石表示中国绝不能允许华北"自治"，并力劝山西阎锡山、绥远傅作义、河北商震、山东韩复榘、北平宋哲元等地方实力派不要响应；同时将陇海路中央军西调至河南，在津浦沿线屯集重兵，以示备战。但另一方面，蒋介石仍没有与日寇开战的决心和打算。他调兵遣将，只是一种姿态，表示不能接受华北"自治"，并没有真正使用武力和出兵之意图。最后，南京政府还是做出妥协，决定撤销军事委员会北平分会，另设冀察政务委员会，以宋哲元为委员长。冀察政委会虽然名义上仍在南京政府的管辖之下，但它拥有相对独立的政治、经济、外交、军事大权，实行所谓的"自治"，使冀、察两省和平、津两市成为一个特殊地区。

华北岌岌可危，"华北之大，已安放不下一张平静的书桌了！"在中国共产党的领导下，为反对华北自治运动、反对冀察政务委员会的成立，北平爆发了轰轰烈烈的"一二·九"运动，迅速得到全国各界和海外侨胞的广泛响应，从而掀起了抗日救亡运动的新高潮。

正是在这种形势之下，国民党连续召开了四届六中全会（11月1日至6日）、第五次全国代表大会（11月12日至23日）、五届一中全会（12月2日至7日）等重要会议，商讨对日方策。10月29日，张学良自西安飞赴南京开会。11月1日，国民党四届六中全会刚举行开幕典礼，就发生了一件大事，给会议蒙上了一层阴影。

这天，开幕式结束后，全体国民党中央执行委员、候补委员、监察委员站在一处准备合影留念。大家早已按秩序排好，蒋介石看到中央执监委员们在阎锡山入场时皆热烈鼓掌欢迎，而国民党中央政治会议主席、行政院院长汪精卫入场时却很冷淡，故找了中央党部秘书长叶楚伧在房间里破口大骂，迟迟未能出来。正在此时，南京晨光通讯社记者孙凤鸣突然向站在前排的汪精卫连开三枪，汪精卫应声倒地。在场的国民党大员们一个个吓得魂飞魄散，躲的躲，跑的跑，一哄而散。国民党元老、河北沧州大汉且练过一些武术的张继艺高胆大，猛地上前拦腰将孙凤鸣死死抱住，张学良不愧是少帅，见状也急忙冲了上去，飞起一脚把孙凤鸣手中的枪踢落，与张继一起制服了孙凤鸣。这时，一个警卫跑过来，对准孙凤鸣就是一枪，气得张学良直骂他："刺客都抓住了，你打他干什么？"

事后，有人问张学良，为什么要冒着危险救与自己有前嫌的政敌？张学良解释说："当时我看见有人杀了人，有个人负伤，就赶紧去救，根本没有工夫去考虑那个人是谁，只是见到有人负伤，自然就采取了那种行动。"[1]张学良的临危不惧，深受各方称赞和好评。张学良的这一举动也让汪精卫十分感激，事后他送了一根高级手杖给张，以示感谢。

张学良虽然反对因政见不合而采取行刺的手段，认为这种做法太不光明磊落了，但孙凤鸣的行为和言辞却给予他极大的刺激。

孙凤鸣曾经当过第十九路军排长、福建第十二师混成团机关枪连连长，因为不满蒋介石、汪精卫推行对日妥协投降的卖国行径而决定行刺。据说，孙凤鸣此次行刺的对象本来是蒋介石，但因为蒋迟迟不出来躲过了一劫，却让汪精卫差点做了替死鬼。孙凤鸣被捕后伤重将死，南京政府卫生署署长、名医刘瑞恒对他说："我非问案者，只是你活不过明天，有什么要交代的？"孙凤鸣答道："我早已遣走妻小，孤寡一人，死后丢到墙边喂狗可矣！"孙又问汪精卫的伤势如何。刘说汪不会死。孙说："我打他，他一定会死的。"张学良闻此言，称赞孙凤鸣实为一等刺客。

本来，在排队照相时，张学良按职务应站在前排，后又说依年龄大小排，故他被安排到后三排。事后，张学良特作打油诗一首：

---

1. 管宁、张友坤译注：《缄默50余年——张学良开口说话》，辽宁人民出版社1992年版，第92—93页。

少活三十岁，队伍后三排；

不怕挨枪子，屁味实难受。

经过这几年的耳闻目睹，张学良对国民党、国民政府有了深切的认识，看到国民政府军队作风比北洋军阀部队还败坏，政治比北洋政府时期更腐败，国民党军阀政客们只有四个字——争权夺利，都不是为了国家。他早年对国民党与国民政府的好感，现在已荡然无存，尤其对南京政府的对日妥协投降政策极为不满，认为中央负责大员不热衷抗日，而且内心为亲日者；认为汪精卫宣称的"一面抵抗，一面交涉"方针，并非对外，乃系对内，对此深感失望。比如，每次参加国民党中央会议，蒋介石都要在会上给张学良递条子，叫他不要多说话，以免惹起是非闲话。张学良曾给人讲过几个笑话：有一次，某公为会议文件用"也"还是用"亦"争执不下；有次会议已经拖了很久，即将散会时，蒋介石说仍有话，请大家留下，蒋说了一大通后，大家正起身准备离席，一个国民党元老突然开口说："各位慢走，我有话说。"众人闻言，转头说："你放屁！"遂一哄而散。[1]

六中全会闭幕后，张学良怀着沉重的心情，去上海料理私事，会见了东北著名抗日爱国人士杜重远。

杜重远（1897—1943），吉林省怀德县人，1917年留学日本，就读于东京高等工业学校。1923年他毕业回国，在沈阳开办肇新窑业公司，1927年建成瓷器厂，抵制日本经济侵略，同时担任张作霖的秘书。九一八事变后，他积极投身抗日救亡运动，与邹韬奋、胡愈之等爱国进步人士成为好友，并担任邹韬奋主办的《新生活》周刊的总编。1935年6月，该刊发表的《闲话皇帝》一文提到日本天皇，引起日本侵略者的无理抗议，杜重远因此被南京政府判处1年4个月的徒

---

1. 郭冠英：《张学良在台湾》，中国友谊出版公司1993年版，第12页。

刑。南京政府自知理亏，后准杜重远监外就医，住进上海虹桥疗养院。在服刑期间，高崇民、阎宝航、卢广绩、王卓然、王化一等东北人士一同去看望杜重远。大家共同研讨了国内政治形势，都认为蒋介石坚决执行"攘外必先安内"和不抵抗政策，断送东北、华北，以保持四大家族小王朝，而东北军被命令参加"剿共"，是蒋介石消灭共产党，同时消灭东北军的一箭双雕政策。因此，东北人民为打回老家、收复失地打算，必须坚决主张停止内战，保存实力，准备抗日。否则东北军如被消灭，则复土还乡，更无希望。基于这样的共同认识，他们当时便联名给张学良写了一封措辞沉痛的信，提出停止"剿共"，国共合作，一致对外的主张。适逢中共地下党员胡愈之也来看望杜重远，他和大家一起力促高崇民赴西安一行，专程给张学良送去这封信，并对张学良当面进行说服工作。[1]

张学良到上海后，为避免引人注意，开车和杜重远到郊外，两人在车里进行了长谈。张学良首先把自己从1934年出国以后宣传法西斯主义，拥护蒋介石做领袖，跟着蒋"剿共"，希望国家统一、然后再抗日这一套做法十分坦率地全部说了出来，并说明他现在认识到共产党是打不了的，感到自己过去那一套做法走不通，特向杜重远请教。

杜重远向张学良介绍了沈钧儒、邹韬奋、胡愈之、章乃器等人从事抗日救亡运动的具体情况，毫不客气地批评张学良过去那一套做法是完全错误的，劝告他一定要看清民族危亡的根本，一举改变过去固执推行的"剿共"内战政策。东北军能攻善守，应当用武于抗日疆场，立功于驱逐外侮的征战中。日寇并不可怕，真正可怕的是一个民族丧失了气节和信心。只要万众一心，中国是有前途的，也只有在消灭了外患之后，才能谈到中国的光明前程。[2]

1. 阎宝航：《四维学会和张学良》，载方正等编《张学良和东北军》，中国文史出版社1986年版，第252—253页。
2. 应德田：《张学良与西安事变》，中华书局1980年版，第46页。

同时，杜重远向张学良提出了西北大联合共同抗日的建议。他认为，在东北军主力集中于陕甘两省的情况下，现在走联合抗日道路有三个有利条件：（1）中国共产党在不久以前发表了《八一宣言》，主张停止内战，一致抗日，组织国防政府和抗日联军，中央红军现在到了陕北，可以联合起来，作为依靠；（2）陕西杨虎城是有抗日进步思想的，他的左右也有一些进步分子，可以合作；（3）新疆盛世才是东北人，他利用有利的地理形势，与苏联的关系搞得很好，这个力量也可以联合起来。如果把这些力量联合起来，形成一个"西北大联合"，合作抗日，将是一个最有前途的局面。这才是东北军今后正确的道路，才是活路。[1]听了杜重远这番话，张学良精神很兴奋，十分欣赏杜的看法，表示他目前正在慎重地探讨、研究时局和抗日的问题，决不会辜负诸位友人的期望。

　　11月12日，张学良又回到南京，出席国民党第五次全国代表大会。19日，蒋介石在会上做了对日关系的报告，声称："和平未到绝望时期，决不放弃和平；牺牲未到最后关头，亦决不轻言牺牲。"如果牺牲到了最后关头，他"即当听命党国，下最后之决心"。[2]蒋的这一表示虽比过去有所进步，但并未说明何时为最后关头，至少华北事变不是。张学良感到抗日仍然遥遥无期，恰逢这时从西北"剿共"前线传来东北军再遭重创的消息，逼迫他不得不认真思考自己和东北军的前途与命运问题，面临着人生道路的重大抉择。

　　张学良初到西北时，认为陕北红军不过数千人，乃积极部署，指挥东北军"围剿"，企图一举平定陕北。杨虎城早已领教过红军的顽强战斗力，力劝张学良慎重，不要贸然进攻，张不以为然。杨回到自己的指

1. 申伯纯：《争取张学良联合抗日的经过》，载吴福章编《西安事变亲历记》，中国文史出版社1986年版，第56页。
2. 秦孝仪主编：《中华民国重要史料初编·绪编》（三），台北国民党中央委员会1981年版，第657—659页。

挥部后对部下说："他是不碰钉子不会回头的，还是年少气盛，等碰回来再说吧！"[1]

1935 年 9 月，王以哲指挥第六十七军第一一〇师、第一二九师及军部由陕南开往陕北，经洛川、鄜县（今富县）向北推进，过甘泉而直抵肤施，一路上未有重大战斗。9 月下旬，徐海东指挥红军第十五军团包围甘泉，切断了肤施至洛川间交通。王以哲命令何立中率第一一〇师南下解甘泉之围。10 月 1 日，第一一〇师行军至大小劳山，遭到红十五军团的伏击。激战六小时后，第一一〇师四个团和师部被红军歼灭，伤亡 1 200 余人，2 300 余人被红军俘虏，第六二八团团长裴焕彩被俘虏，第六二九团团长杨德新自杀，师参谋长范驭洲阵亡，师长何立中身负重伤，后亦不治身亡，第一一〇师几乎全军覆灭。

几乎与此同时，门炳岳指挥的东北军骑兵第七师从甘肃平凉出发，到达瓦亭。其先头部队第二十一团在青石嘴布防，堵截红军北上，被红军消灭两个加强连，另两个加强连被击溃，损失惨重。

张学良接到这些坏消息，深感东北军人不死于抗日战场，却在内战中送命，内心十分痛苦。但内战还得继续打。10 月 20 日，张学良与蒋介石联名颁布"围剿"中央红军的作战命令：

> 查毛、彭股匪经各追剿部队连日痛剿，已属势蹙力疲，经黑城岔附近向东北逃窜，冀与刘、徐股匪合股，（做）最后之挣扎。为期围剿该匪，遂一网打尽之计，决向黄河两岸地区压迫合围而聚歼之，兹命令如下：
>
> （1）第五十七军以主力控置于宜川、洛川附近地区，以一部推进延川、甘谷驿之线，左与第六十七军切取联络，防匪南窜；

---

1. 王菊人：《西安事变前后的几件事》，载吴福章编《西安事变亲历记》，中国文史出版社 1986 年版，第 133 页。

（2）第三十八军以主力控置于中部宜君一带，以一部协力第六十七军，肃清甘泉、鄜县附近股匪；

（3）第六十七军（一一七师归其指挥）以一部保持肤施要点，其余兵力在肤、鄜道上城镇，择要分驻筑碉，维持交通，另一部在羊泉镇黑水寺（不含）间，与第五十七军联络，防匪南窜，保持重点于鄜县附近，联络第三十八军之一部，共歼附近股匪；

（4）第五十七军（一一七师、一〇九师归其指挥）推进于黑水寺（含）、合水、庆阳、阜新（不含），保持重点于右翼；

（5）第三十五师在阜城、由子镇、环县（含）之线，保持重点于环县；

（6）第三十七军在环县（不含）、洪德城、黑城岔（含）之线，保持重点于左翼；

（7）宁夏骑兵三个团，推进于黑城岔、定边（含）之线，保持重点于定边；

（8）骑兵军（第四、第十师）暂在现地待命。

（9）骑十师仍分驻于鄜县、长武一带，扼要筑碉，维护交通；

（10）孙司令官所属各部，仍按最后划分之清剿防区，分别肃清附近股匪，防匪向东、北两（个）方向逃逸；

（11）第一〇六师控置于宁县萧金镇（今庆阳西峰区）一带，限于有日前到达，应防匪之西窜与南窜，预为侦察道路，熟识地形，而能侧击之；

（12）第一二〇师（指骑兵第×团）仍在现地，扼要筑碉，维持交通；

（13）以上推进围剿线各部队，务须与左右各友军取得联络，认真筑碉，防匪回窜，肃清残匪，开通道路，准备尔后之进剿，仰即饬属凛遵，并将遵办情形速即具报为要。

张学良亲手颁布的一个个进攻红军的作战命令，无异于是东北军的催命符，张学良亲手把东北军往绝路上逼。

10 月 25 日拂晓，红十五军团在徐海东指挥下进攻鄜县北 26 里处的榆林桥守敌。该地驻有东北军第六十七军第一〇七师的四个营和第六一九团团部，他们负责构筑洛川至甘泉公路两旁的碉堡，维护交通。红军迅速突破敌人的外围防御阵地，占领制高点，歼灭敌人一部。残敌撤退至榆林桥镇内。红军乘胜追击，攻入镇内，与敌人展开巷战。激战至下午，将守敌全歼，毙伤守敌 300 余人，俘虏第六一九团团长高福源以下 1 800 余人，缴获迫击炮 8 门，机枪 120 余挺，各种枪 1 300 余支。

经过劳山、榆林桥两次战斗，红十五军团消灭东北军第六十七军一个师部和三个多团。至此，第六十七军其他部队被分割、包围在洛川、甘泉、肤施几个孤城之中。东北军丧师折将，损失惨重，张学良这才意识到红军确实不可轻视，乃决心改取守势。此时，他正准备去南京开会，临行前反复叮嘱王以哲军长没有他的命令不准轻举妄动，就地整训。他还亲自飞往甘肃庆阳，面告董英斌："现在形势有变化，要暂缓前进。部队何时行动，须听我的命令。"但张学良没有把这一指示告诉西北"剿总"代理参谋长谢珂。

当时，王以哲部一个团仍被红军围困于甘泉，王以哲请求总部出兵解围。董英斌因在陇东缺粮，想移兵鄜县一带，也电总部请示。谢珂不了解张学良的指示，复电董英斌，说明该部东进早已确定，只是迟早的问题。董英斌误以为总部已同意，遂率第五十七军五个师东进入陕。11月 20 日，先头部队第一〇九师进抵葫芦河南岸的直罗镇。

这时，毛泽东、彭德怀等率领的中央红军已到达陕北，与红十五军团会师，见东北军大部队行动，遂认为这是东北军一次新的进攻行动，决定应敌。毛泽东、彭德怀与红十五军团领导人徐海东、程子华经过讨论后，决定集中兵力，向南作战，诱敌深入，各个歼灭。首先在直罗镇一带歼灭由葫芦河东进之东北军第五十七军一两个师，尔后视情况再转移兵力，各个歼灭敌人，以打破敌人的第三次"围剿"，并向洛川县、中部县、宜川县、韩城县（今韩城市）以及关中、陇东一带发展根据地。为了迷惑敌人，红十五军团派一个团的红军加紧围攻甘泉。"西北剿总"见甘泉危急，17日命令西线的第五十七军三个师迅速东进。其先头部队第一〇九师于19日进至黑水寺、安家川一带，20日下午在飞机掩护下分三路进入直罗镇。直罗镇是由甘肃合水地区通向陕北鄜县、宜川大道上一个较大的村镇，位于葫芦河南岸，居民不过百户，南北有连绵土山对峙，中间系一条窄长的河谷，最宽处不超过200米，窄处只有二三十米。直罗镇附近，山势虽不险峻，但道路很崎岖，车轮不能通过，步兵和驮马行军只能摆成一字长蛇阵，蜿蜒行进。敌人进入直罗镇，犹如"蛇入细管"。11月20日下午，东北军第一〇九师师长牛元峰带领部队，在六架飞机掩护下，开进直罗镇。红一方面军抓住敌第一〇九师孤军深入的有利战机，在其到达直罗镇的当晚就将其包围。21日拂晓，在红一方面军总部的统一号令下，红一军团和红十五军团分别从四面八方向驻守在镇外的敌第一〇九师阵地发起猛攻。激战至10时许，敌人驻守在镇南和镇北的两个团被歼灭，残敌逃入镇内。驻守镇内的两个营敌军外出增援，被歼灭一个营。牛元峰几次率部向北突围，均被击退。到中午，牛元峰率残敌500余人退入镇东南土围子固守待援。战至23日午夜，第一〇九师残部在师长牛元峰指挥下分路突围，24日上午被红军全部歼灭，师长牛元峰自杀身亡。赶来增援的东北军第一〇六师一个团也被歼灭在黑山寺。直罗镇战役是红军到达陕北后取得的最大一次胜利，具有重要的战略意义。毛泽东高度评价直罗镇战役的战略意义，认为这次战役是中共中央把全国革命的大本营放在西北举行的奠基礼。

而东北军统帅张学良在南京获悉惨败的噩耗，大为震怒，立即乘飞机返回。因气候不佳，飞了半天，才在洛阳机场降落，第二天改乘火车返回西安。在查明失败原因后，他一怒之下撤销了董英斌的军长职务，严厉申斥了代理参谋长谢珂。[1]

在不到两个月中，经此三次战役，东北军损失了两个完整的师，两个师长、两个师参谋长、四个团长阵亡，一个团长被俘，而且第一〇九、第一一〇两个师都是东北军的精锐部队，分别是第五十七、第六十七军的主力，实际上等于损失了两个军。如此重大的牺牲，在东北军战史上也是有少有的，给张学良内心极大的震撼，使他精神上倍感痛苦，更加叹惜因内战而牺牲的优秀将士，并对红军的战斗力有了深切的认识，遂产生了动用和平办法解决共产党问题的念头。

更使张学良感到无比痛心的则是南京政府对东北军善后的处理方式。蒋介石在战前曾明确宣布，因"围剿"红军遭受损失的部队可以优先补充。张学良在事后请求中央拨补，重建第一〇九、第一一〇两个师，并给予何立中和牛元峰两位阵亡师长特恤金各 10 万元。不料，军政部部长何应钦一一予以批驳："特恤金碍难照准，两个师番号予以取消，毋庸补充。"（后来批准第一〇九师恢复，但不补充兵员、军械和经费，事实上等于取消）张学良见到如此绝情的批示，悲叹说："我张某人混得不值 10 万块钱了！"[2]

在西安高级将领公请西北"剿总"参谋长晏道刚（蒋介石黄埔嫡系）的宴会上，东北军第六十七军军长王以哲借着酒劲发了一通牢骚："我们东北军，拥护委员长，是诚心诚意一点折扣都没有的。我们的老家被日本鬼子占了，我们认为只有蒋委员长才能领导我们打回老家去。我们从东北到华北、华中，这次又到了西北，转战千里，无非实现这一愿望。谁想损失得不到补充，牺牲的官兵家属得不到抚恤。第一〇七、一〇九两个师的遗族，流落西安，一点救济的办法都没有。尤其张副司令的处境，更使人痛心，他每月的特支费，中央仅给 8 万元。已经丢了

1. 何柱国：《西安事变前的张学良》，载方正等编《张学良和东北军》，中国文史出版社 1986 年版，第 263 页。
2. 李金洲：《西安事变亲历记》，台北传记文学出版社 1976 年版，第 11 页。

老家的东北军政人员和同乡们跑来西北求他，他毫无办法，甚至送点路费都相当困难。他是负军事全责的副司令，还赶不上胡宗南一个师长，每月的特支费却是 12 万元，真令人伤心……"说罢，王以哲号啕大哭起来。对此突如其来的举动，晏道刚不知所措，在座诸人也感到大煞风景，只好拥扶着王以哲离座，宴会随即作鸟兽散。陪王以哲同车走的是"剿总"参谋处第二科科长陈旭东，车上王问陈："你看我这出剧，做的怎样？"陈答："好得很，不但代表我们东北军慷慨陈词，也代表张副司令倾吐压抑的心情，好，好。"王随即嘱托陈说："那么你可把刚才这幕经过，回去就报告给张副司令知道。"[1]

蒋介石一系列不合常情的动作，不能不使张学良及东北军的高级将领们怀疑起蒋介石的动机，对他借"剿共"削弱东北军的做法有了新的认识。如果东北军继续和红军打下去，将全军覆灭，永无回乡之望，因此必须寻找新的出路。

当时，从战场上败退下来的大批官兵要求重编安置，伤亡官兵的孤儿寡母生活无着，流落异乡。张学良只好拿出自己的积蓄，在西安城外和甘肃平凉城外，修建东北新村，以安置伤亡、被俘人员的家属。当时西安传诵着这样一副对联："太息冷泪洒遍长安市，可怜热血难溅沈阳城。"说的是东北官兵牺牲在无意义的内战中，处于无助中的东北军遗族欲哭无泪的悲惨境地。

另一方面，中国共产党自 1935 年发表《八一宣言》以来，逐渐抛弃"左"倾关门主义。中央红军长征到达陕北，经 12 月瓦窑堡会议，正式确定了建立抗日民族统一战线的方针，并首先把工作重点放在争取东北军、第十七路军身上。"停止内战，共同抗日""中国人不打中国人""让我们一起打回老家去"等，这些通俗易懂且富有感染力的口号，立即在一直渴

---

1. 惠德安：《鄂陕随军杂录》，载中国人民政治协商会议全国委员会文史委员会编《文史资料存稿选编——西安事变》，中国文史出版社 2002 年版，第 147—148 页。

望抗日、打回老家去的东北军广大将士中产生了强烈的共鸣，深深打动了他们的心，尤其是深入到追求进步的少壮派青年军官们的心中。

当张学良从南京回到西安后，曾召集一次会议。为鼓励部下更加努力"剿共"，他表示："东北军如此无能，我只能引咎辞职。"此话一出，部下不但不听，反而哗然大噪。有的说："我们东北人，离乡背井，跟随你入关，心中所希望者，只在有一天能回归故土。你说你现在处境困难，要抛弃我们而去，这到底是什么心肠？"有的则说："你忘了父仇，不顾抗日大业，盲目服从上司，谋求自己的官位。我们东北军人，本志在抗日，而你不但不爱惜东北军，还要把我们东北人往死路上逼。"[1]

一向敢于直言相谏的苗剑秋也劝谏张学良说："我觉得陕北共产党不过是癣疥之疾，日本人对我们的侵略才是百年大患呢！副司令应该建议蒋先生放下枪杆，同陕北合作对外。"张学良答道："我的职务是'剿匪'副司令，你要我去与'匪'合作，这种想法太混蛋了！"

苗剑秋对此毫不害怕，立即反唇相讥："你才混蛋呢！放着国难家仇不报，一天到晚地替人家做走狗，打内战，你有什么资格骂我混蛋？"好在张学良颇有度量，不但没有生气，而且以赞赏的口气说道："你说得好，我们两个都是混蛋！"[2]

自1934年回国以后，张学良大力倡导法西斯主义，但他只是把法西斯主义当作救国的一种手段，并非出自内心的热爱或信仰。他在武汉期间曾讲过许多为国家民族而献身的话，却从来没有说过要为"主义"而牺牲的言论。他曾私下解释说，为了国家，姑且拥护一个领袖，姑且倡行一个主义，被人指责为"两姑主义"。

当初，张学良赞成"攘外必先安内"政策，真心拥蒋"剿共"，是

---

1. 管宁、张友坤译注：《缄默50余年——张学良开口说话》，辽宁人民出版社1992年版，第104页。

2.《蒋介石与张学良之一》，载李敖编著《张学良研究》，台北李敖出版社1988年版，第169—170页。

希望尽快完成安内任务，以便准备抗日，达到复土雪耻的最终目标。"剿共"不过是一种手段，"姑且"为之，并非心甘情愿。张学良是一向反对内战，主张和平统一的。

现在，由于形势的发展，各方面的推动，加上两年的反共实践，张学良终于认识到如果内战不停止，就很难造成抗日之局势。从前他认为非先统一则不能抗日，现在则认为非抗日则不能统一。这样，张学良很自然地完成了从"安内攘外"到"攘外安内"的思想转变，即从"攘外必先安内"变为"攘外自然能安内"。这两种主张、观点的严重对立与斗争，导致了张学良与蒋介石矛盾的激化，并最终导致了西安事变的爆发。

为了实现"停止内战，共同抗日"的主张，张学良开始设法同中国共产党取得联系，以了解共产党方面的真实意图。他首先想到了东北义勇军将领李杜，遂派人到上海，向他提出尽快找到共产党的负责人进行联系的问题。李杜非常高兴，欣然答应说可以设法办妥。

同时，张学良又暗中交代驻守洛川的第六十七军军长王以哲，设法经由前线部队，寻找与共产党联络的渠道。此外，东北大学作为北平"一二·九"运动的骨干力量之一，张学良估计其中必定有共产党员，便致电东大秘书长王卓然，要求东大派学生代表到西安去见他，以便从中寻找共产党员，联系中共。

这样，张学良积极从上海、陕北前线、东北大学三个方面谋求与中国共产党取得联系，开始了他从拥蒋"剿共"到联共逼蒋抗日的人生重大转折，最终成就了张学良"千古功臣"的美名。

张学继 刘红 著

张学良传

下

张学良

中国大百科全书出版社

目录

第十一章 "西安捉蒋翻危局"

第十二章 "西望云天"

第十三章 二十二载囚禁

第九章

促成"三位一体"

只要看一下历史就会明白，人的行动出自他们的需要，他们的激情，他们的性格和才智。我们深信，需要、激情和利益是行动的唯一原动力。

——乔治·黑格尔《历史哲学》

先生是西北各军的领袖，且是内战与抗战歧途中的重要责任者，如能顾及中国民族历史关头的出路，即祈当机立断，立即停止西北各军向红军的进攻，并祈将敝方意见转达蒋介石先生速即决策，互派正式代表谈判停战抗日的具体条件。拟具国共两党抗日救国协定草案，送呈卓揽。寇深祸急，愿先生速起图之！

——毛泽东、周恩来致张学良函

秘密联系中共

1936 年元旦刚过，就从前线传来了一个重要消息。1 月 15 日晚上，正在山西太原访问阎锡山的张学良接到第六十七军军长王以哲从洛川前线发来的机密电报，略称："被红军俘去的高福源团长现被红军派回。据云有机密要事，要求向副司令面陈。"张学良对此极为重视，留下杨虎城在太原继续与阎锡山商量，本人立即乘飞机返回西安，准备次日一早即飞往洛川了解真实情况。

高福源 (1901—1937)，字少卿，祖籍河北盐山县，出生于奉天省海城县（今属辽宁省营口）。其父毕业于北洋武备学堂（保定），后任袁世凯的北洋骑兵营营长。高福源从北京汇文中学毕业，考入北京大学，1923 年投笔从戎，考入东北讲武堂第五期步兵科，与吕正操同期，毕业后再入讲武堂高等军事研究班深造。毕业后他入东北军任职，历任连长，团部参谋，少校、中校、上校团副，参谋处长、团长等职务，被俘前任东北军第六十七军第一〇七师第六一九团团长。高福源因几次得到第六十七军长王以哲的提拔，因而对其感恩戴德，成为其心腹之一。王以哲对部队训话时，常常称赞高福源团长有胆有识，是个胆大心细的好军官。[1]高福源性格刚强豪放、正直诚实、英勇善战，与东北军最高长官

---

1. 周祖尧：《高福源其人其事》，《文史资料选辑》第 111 辑，中国文史出版社 1987 年版，第 90—91 页。

张学良同年，且有师生之谊，因而也深得张学良的喜爱。1935 年 10 月 25 日，高福源在陕北榆林桥战役中负伤被红军俘虏。开始，高福源以为自己落入红军手中必死无疑，便很硬气地对红军指挥官、第十五军团军团长徐海东说："我是军人，要杀要砍，随你们的便！"徐海东开导他说："哪个要杀你？你是东北军的军官，现在东三省都让人吞了，你不知道吗？你要有点骨气去打日本人。你们东北军的兄弟，见了红军枪都朝天上放，你还充什么英雄好汉，来跟红军拼杀呢？"[1]一番话说得高福源羞愧地低下了头。随后，高福源被送往陕北苏区瓦窑堡，受到红军将士的优待和精心的治疗。在瓦窑堡，高福源参加了由红军保卫部主办的东北军军官政治学习班（即白军军官训练班），因为表现好，被选为学习班班长。

之后，中国工农红军陕甘支队司令员彭德怀也亲自做高福源的工作。[2]当时红一军团正在围攻驻守甘泉的东北军第一一〇师，红军多次进攻均未能得手。这时，彭德怀派人把高福源送到前线指挥部，待之以

---

1. 张麟：《徐海东将军传》，解放军文艺出版社 1982 年版，第 183 页。
2.《彭德怀自述》一书中写道："高福源系北京的大学生，东北讲武堂毕业，和张学良关系好，有相当强烈的抗日要求。我们待之如宾，同他多次谈抗日救国的道理，谈蒋介石不抵抗主义，利用'剿共'削弱东北军，以致消灭东北军。请他参观我们红军，观看我军演出话剧、抗日歌曲。他认为我们抗日是真的，但他对共产党抗日有许多疑问，最主要的是：国际主义和爱国主义怎样结合？我根据毛主席在瓦窑堡会议讲话的精神，采取民主讨论方式，同他谈了两天一晚。他要求去被围在甘泉的一一〇师，我同意他去。数天后，他从甘泉城内回来了。他对我说，抗日救亡大事依靠共产党和红军。红军与人民的关系，表现了共产党是真正爱国爱民。某晚，他又来我处，谈到张学良、王以哲等都要求抗日，东北军要求打回东北去是普遍的，关键在张学良。如张能了解红军的真实情况，在抗日问题上是可以合作的。我说：'你就回西安去，做这件工作。'他高兴极了，问：'你们真敢放我回去吗？我若回去，一定不辜负红军对我的优待。'我说：'你什么时候去都可以。'他说：'明早？'我说：'好吧！欢送你。'送给他二百元，派骑兵送他到王以哲军防线以外。约过一星期，他乘运送给养的飞机到甘泉，在我司令部附近，掷下大批报纸刊物。从此，红军即同东北军搭起抗日民族统一战线的桥。外面抗日形势发展很快，高以后表现很好，加入了共产党，在张学良送蒋介石回南京后被杀害。"彭德怀的自述是在他晚年失去人身自由、手里没有任何参考资料的背景下完全凭记忆写的。虽然写得比较简略，但大体不误。可以参考。《彭德怀自述》，人民出版社 1981 年版，第 208—209 页。

礼，请他参观红军部队，观看部队文艺工作者演出的抗日节目，彭德怀还亲自到高福源的住处与他长谈，向他讲解抗日救国的道理，揭露蒋介石实施不抵抗主义，出卖东北，利用"围剿"红军削弱东北军以致消灭东北军的祸心；还向他宣传《八一宣言》和中共抗日民族统一战线的方针政策，使高福源逐渐认识到红军对抗日是真诚的。之后，彭德怀又派政治部秘书长周桓继续做高福源的工作。高福源从与红军高级指挥员的接触中受到深刻教育，明白了许多以前不懂的道理，思想发生了重大变化。他表示愿意沟通红军与东北军一〇七师的关系，说服甘泉守军总指挥、第一〇七师参谋长刘汉东改变与红军为敌的态度。彭德怀遂指派周桓同高福源一起前往甘泉。高向城内东北军官兵喊话，刘汉东让高进城面谈。高向刘介绍了中国共产党抗日民族统一战线政策，分析了东北军的困难与处境，说明只有与红军联合抗日才是出路。同时了解到甘泉城内东北军生活很苦，吃饭与烤火都难以维持。高返回红军驻地后把此行经过做了汇报，彭德怀遂派周桓带着二三十垛猪肉、牛羊肉和柴米，送给驻守甘泉的东北军，并进一步向刘汉东宣传中国共产党的抗日主张，解答刘提出的许多问题，使红军与部分东北军的关系又向前推进了一步。

经过与共产党人的接触，高福源加深了对共产党的认识，认识到"抗日救国大事要依靠共产党和红军"，"共产党是爱国爱民的"。1936年1月初，高福源来到彭德怀的住处，面陈自己愿为红军与东北军谈判联合抗日问题而奔走的意愿。他对彭德怀说："我了解，东北军不仅下层官兵，就是张学良、王以哲也有抵抗日寇、打回东北老家去的强烈愿望。如果张、王能够了解红军的抗日民族统一战线政策，是可以同红军合作抗日的。如果你们相信我，我愿回东北军去劝说张学良放弃反共政策，与红军停战，联合抗日。"

彭德怀答复说："我们相信你！"

高又问："你们真的相信我，敢放我回去吗？"

彭答："军中无戏言，一言为定！"

高说："我若回去，一定不辜负红军对我的优待，一定不虚此行。"

彭说："我们希望你能完成任务。"

高福源急于说服张学良，在谈话的第二天清晨就上路了。彭德怀派骑兵护送他到东北军王以哲第六十七军防线边，另赠其200元路费。[1]

放高福源回去，是毛泽东、周恩来亲自批准的。毛泽东的机要秘书叶子龙回忆说："1936年1月上旬，于1935年10月25日榆林桥战役中被红军俘虏的东北军六一九团团长高福源表示愿意劝说张学良与红军联合抗日，经周恩来同意，高福源离开瓦窑堡去洛川见张学良。一天吃晚饭时，毛泽东突然问我：'高福源去见张学良了。假如你是张学良，会怎么办？'我不假思索地回答：'我会当时就枪毙了他！'毛泽东若有所思，但并没有说话。隔了片刻，毛泽东指着桌子上的饭菜说：'别看我们吃的是小米饭、山药蛋，张学良吃的是山珍海味，可他心里不痛快呢！'"[2]

高福源回到洛川见到王以哲军长，向他介绍了中共的停止内战、一致抗日的主张和他在陕北苏区的见闻。王以哲当时正奉张学良的命令四处寻找共产党的关系，见到高回来，不禁喜出望外，急忙电告张学良。张学良原以为高早已被红军杀害，没想到高还活着，因此十分兴奋。1月16日上午，张学良亲自驾驶飞机赶到洛川。高福源向张学良汇报了自己在苏区的所见所闻和共产党的抗日救国政策，并声泪俱下地说："现在共产党号召全国人民起来抗日，诚心诚意地帮助我们东北军打回老家去，我们没有理由拒绝人家的好意。中国要是继续内战下去，不只是东北军有灭顶之灾，东北失地没有收复的日子，就连整个中国也危在旦夕，连蒋委员长自己也得落个像熙洽一样为日寇做奴才的结果。我们应当响应共产党的号召，联合起来，与全国人民携手抗战，洗去背在身上

---

1. 蒋宝华：《抗战前夕彭德怀为争取东北军和西北地方部队所做的贡献》，载中共中央党史研究室编《中共党史资料》第39辑，中共党史出版社1991年版。

2. 叶子龙口述、温卫东整理：《叶子龙回忆录》，中央文献出版社2000年版，第28页。

的历史罪名。副司令应与共产党联合抗日啊！"

这番话正好符合张学良设法找寻线索与红军取得联系的愿望，便对高福源说："你谈得很好，休息一两天后就赶快回去，请红军方面派一位正式代表来，我们正式商谈一下。你今后可放心做这一工作。你此去如有危险，你的家属生活和子女教育都由我和王军长负责。"[1]

1936年1月16日，高福源从洛川乘坐运送给养的飞机回到甘泉，骑马来到红军政治部，周桓热情地接待了他。高说："我这次是奉命而来，张学良要面见你们的代表，共商抗日大计。他在洛川等候。"

彭德怀接到周桓的电话后，立即向驻瓦窑堡的党中央请示，可否派人去同张学良会见。中央回电：可先从周桓、伍修权两人中选一人为代表，待证实张学良、王以哲确有诚意后，再派全权代表与张学良会谈。这时，恰值李克农从道佐铺做情报工作归来，经党中央同意，彭德怀遂派李克农随同高福源一道前往洛川会见张学良，从而开始了中国共产党与东北军的正式会谈。[2]

两次洛川会谈

1月19日下午，李克农在高福源的陪同下到达洛川，当晚即与王以哲举行了会谈，双方气氛融洽。

1月20日，毛泽东发电报给李克农，要他在与张学良会谈时注意以下三点：（1）"向彼方表示在抗日反蒋基础上我方愿与东北军联合之诚意，务使进行之交涉克底于成"；（2）"向彼方提出，东北军如不在抗日

1. 申伯纯：《争取张学良联合抗日的经过》，载吴福章编《西安事变亲历记》，中国文史出版社1986年版，第58—59页。
2. 蒋宝华：《抗战前夕彭德怀为争取东北军和西北地方部队所做的贡献》，载中共中央党史研究室编《中共党史资料》第39辑，中共党史出版社1991年版。

反蒋基础上求出路，则前途是很危险的"；（3）"彼方如诚意抗日反蒋，则我方可助其在西北建立稳固局面，肃清蒋系势力，进一步助其回平津东三省。军饷械弹，我方亦有办法助其解决，并暗示彼方如有抗日反蒋诚意，国防政府首席及抗日联军总司令可推张汉卿担任。"[1]

1月21晚，李克农和张学良在洛川举行正式会谈，是为第一次洛川会谈。双方谈了3个多小时，李克农就中共中央有关停止内战、组织国防政府与抗日联军、共同抗日等主张向张做了详细的说明。张学良则向李克农透露，国民党内同情国防政府主张的不乏其人，并表示红军如真有诚意，他愿去做于学忠、蒋介石的工作，劝蒋放弃"一党专政"。如有成效，两周后在延安或洛川与彭德怀见面。张还表示，由于东北军所处的环境，目前只能暗中与红军联系，以原防划作疆界，并在可能范围内恢复经济通商。[2]这是张学良和中国共产党的第一次正式接触。张学良看到了共产党的诚意，从此走上了联共抗日的道路，开始了他一生中最重大的转折。

在此之前，东北大学派出的三名学生代表宋黎[3]、马绍周、韩永赞来到西安，其中宋、马两人是中共秘密党员，张学良连续和宋黎等人谈了三个半天。宋黎主要报告了平津"一二·九"运动的详细经过和当前全国抗日救亡运动发展的新形势，并诉说了东北人民在日本帝国主义统治下当亡国奴的种种悲惨情形，讲得慷慨激昂，声泪俱下。张学良听了大

---

1. 李新总编、周天度等著：《中华民国史》第三编第二卷下册，中华书局2002年版，第651页。

2.《李克农关于与张学良谈话情况给彭德怀、毛泽东电》（1936年1月21日），中央档案馆编：《中国共产党关于西安事变档案史料选编》，中国档案出版社1997年版，第19页。

3. 宋黎（1911—2002），原名宋介仁，吉林省奉化县（今梨树县）人，1931年考入东北大学法学预科学习，1932年参加反帝大同盟，1934年加入中国共产党，1935年担任"一二·九"运动总指挥。1936年应张学良邀请到西安宣传抗日，曾任东北军工作委员会宣传部部长、代理书记。1938年到延安马列学院学习。中华人民共和国成立以后，先后任辽西省人民政府副主席、中共旅大市委第二书记兼市长、全国政协委员、辽宁省政协主席、中共中央顾问委员会委员等职。

受感动，当即表示他现在坚决主张抗日，东北由他手中丢掉，一定要从他手里收回。在谈话中，张学良隐约感觉宋黎可能是中共党员，便悄悄地问宋黎："你是不是共产党？"宋黎没有正面答复，张也就不再追问，但因此更加肯定宋就是共产党员。当时，张学良本想把自己要找共产党的心事告诉宋黎，通过他找到共产党的上级组织，但又顾虑他太年轻，不愿把如此机密的事情轻易透露给他，便把宋黎留在身边当秘书，打算经过进一步考察后，再委以重任。[1]

中共中央根据李克农与张学良第一次洛川会谈的情况，了解到张学良有合作的诚意，为进一步推动其联共抗日，特于1月25日以毛泽东、周恩来、彭德怀、林彪、叶剑英、杨尚昆、聂荣臻、朱瑞、程子华、徐海东等20名红军领导人的名义发表《红军为愿意同东北军联合抗日致东北军全体将士书》，指出："东北军在蒋介石南京政府不抵抗的命令之下，放弃了你们自己的家乡与你们自己的土地财产，让你们自己的父母、妻子、兄弟姐妹们为日本帝国主义强盗们所蹂躏、压迫、奸淫、残杀，想起这些，好不伤心，好不可恨！"针对张学良反日不反蒋介石的态度，明确指出东北军的仇敌与出路问题："日本帝国主义强盗和卖国贼头子蒋介石与你们东北军不共戴天之仇，你们应该誓死为打倒日本帝国主义与卖国头子蒋介石，为收复我们的东三省及整个华北而奋斗！""试想，东北军的出路在哪里呢？打红军是东北军的出路吗？进攻苏区是东北军的出路吗？不是的。这不但不是你们的出路，而且是你们的绝路。不要认错了你们的冤家对头，不要把你们的朋友认作了你们的仇人。一错不能再错，一误岂堪再误？""东北军的敌人是日本帝国主义强盗，是卖国头子蒋介石。所以抗日反蒋才是东北军唯一的出路。东北军中间哪一个爱国的军人说起打日本帝国主义，打卖国贼，不摩拳擦

---

1. 申伯纯：《争取张学良联合抗日的经过》，载吴福章编《西安事变亲历记》，中国文史出版社1986年版，第58页。

掌，挺身而出，不愿意为中国民族争一口气呢？哪一个东北人不愿意为了收复东三省，收复华北各省而去赴汤蹈火呢？"在肯定了东北军过去抗日的光荣历史后指出："中国苏维埃政府与红军对于有抗日光荣历史的东北军是极端爱护的，对于它的发展前途，是非常关心的。因此，我们不揣冒昧，敢为东北军的领导者与将士们贡献一点意见。中国苏维埃政府与工农红军是愿意与任何抗日的武装队伍联合起来，组织国防政府与抗日联军，去同日本帝国主义直接作战的。我们愿意首先同东北军来实现这一主张，为全中国人民抗日的先锋。"[1]这个文件发布后，在东北军官兵中产生了强烈反响。

1936 年 2 月初，中共中央决定派李克农为正式代表，第二次前往洛川与王以哲、张学良谈判。因为谈判除涉及政治、军事问题外，还要谈通商、贸易等问题，又加派中华苏维埃政府国民经济部贸易局局长钱之光参加会谈。2 月 10 日，周恩来特地召见李克农、钱之光，做了如下指示：根据目前政治形势和军事情况，这次去和东北军张学良会谈停止内战、联合抗日的问题，会谈成功的可能性很大，但也要考虑到有一定困难和一定的危险，要做好两方面的精神准备，不管出现什么情况，力争谈成，一定要谈和。要努力做好团结工作，团结一切可以团结的力量。会谈要按照中央政治局瓦窑堡会议的决议来谈。也可以根据具体情况，先商谈局部合作抗日和经济通商等问题。2 月 19 日，中共中央又以毛泽东、彭德怀的名义致电张学良、王以哲，通报了李克农的行期和中共方面要求商谈的几个问题，请张学良预先做好准备。

2 月 20 日，周恩来在瓦窑堡接到中央及军委从东征前线发给李克农的训令，指出张学良同意抗日，愿意订立互不侵犯协定，但不同意讨蒋；不反对国防政府、抗日联军口号，但不同意马上实行。因此，

---

1. 中共中央文献研究室、中央档案馆编：《建党以来重要文献选编（1921—1949）》第 13 册，中央文献出版社 2011 年版，第 11—14 页。

我们的策略是：把张学良和蒋介石分开，求得互不侵犯协定的订立；坚持抗日救国代表大会，坚持抗日同讨伐卖国贼不可分离；要求停止内战，不阻止红军集中河北，不反对红军充任抗日先锋队。原则问题不让步，交涉不破裂。周恩来立即向李克农、钱之光等传达中央、军委的训令，叮嘱他们根据训令精神去谈判。周恩来还对钱之光说："如谈判成功，你即从洛川直接到西安去采购一批苏区急需的物资运回瓦窑堡。"[1]

21 日，李克农一行在高福源的陪同下从瓦窑堡出发，25 日抵达洛川，受到王以哲及其参谋长赵镇藩的热情接待。当晚，王以哲电告张学良，张复电说他因事要去南京，不能马上回来，叮嘱王以哲妥为招待，并可先商谈第六十七军和红军之间的局部合作问题，重大问题留待他回来再说。

根据张学良的指示，王以哲、赵镇藩与李克农开始谈判局部合作问题，经过两三天的会谈，于 28 日达成口头协议，主要内容为：（1）为一致抗日，红军与第六十七军互不侵犯、各守原防。（2）恢复第六十七军在鄜县、甘泉、肤施之间的公路交通及通商。（3）甘泉、肤施两城内第六十七军部队所需的粮、柴等物可出城向苏区购买。红军和地方政府可动员群众运粮、柴进城出售，恢复正常通商关系。（4）恢复红、白两地区通商，双方有保护对方采购人员安全之责。（5）红军同意甘泉城内被围半年之久的东北部队换防。双方并商定 3 月 5 日将协定下达部队，开始实行。[2]

3 月 3 日，张学良乘机由南京回到西安，次日即乘机飞往洛川。为避免人们注意，他略微化了装，身着银灰色长袍，外套黑绒马褂，戴礼帽、墨镜，手提文明棍，打扮成一个富商模样。见到李克农，张学良就

---

1. 童小鹏：《风雨四十年》，中央文献出版社 1994 年版，第 15—16 页。
2. 中央档案馆编：《中国共产党关于西安事变档案史料选编》，中国档案出版社 1997 年版，第 38—39 页。

以幽默的口气说："我是来做大买卖的，搞的是整销，不是零售。"李克农也笑着说："张将军你解甲从商啦！"一个轻松的玩笑极大地缩短了主客之间的距离，气氛融洽起来。张学良谈笑风生，李克农机智幽默，整个会谈风趣盎然。

张学良首先说他完全同意第六十七军同红军达成的有关口头协议，并提出了几个他比较关心的问题：（1）为什么共产党的抗日民族统一战线不包括蒋介石在内？（2）要抗日如何抗法？共产党对国防问题的看法如何？（3）共产党为什么不去宁夏、绥远、察哈尔，反而东渡黄河去山西？（4）红军和东北军如何派出代表与苏联取得联系？

李克农根据中共中央瓦窑堡会议精神和党的抗日民族统一战线政策，一一加以说明："第一，蒋介石顽固坚持'攘外必先安内'的政策，专打内战，不抗日，还残酷镇压人民的抗日运动。'九一八事变'以来，蒋介石把东北三省送给了日本，华北也岌岌可危，内战从未停止。所以，我们不能把蒋介石列入抗日民族统一战线之内。第二，抗日主要依靠全国人民的力量，同时又要争取国际援助。战争的胜负不决定于武器，而决定于人。发动全国人民一致抗日，这个力量是巨大的，是不可战胜的。另外，抗战是长期的、持久的，不可能速胜，投降论和速胜论都是错误的。中国地广人众，有利于长期作战，最后胜利是我们的。第三，红军东征是出于政治上的考虑，为了推动全国抗日民族统一战线的形成，到山西、河北政治影响大，到宁夏对全国影响小，我们对东征胜利是有把握的。东渡黄河去山西，还可以适当解决红军军需和兵源问题。"

对于李克农的答复，张学良显然有不同的看法。特别是关于抗日民族统一战线要不要包括蒋介石在内这个关键问题，张学良和李克农的分歧就更大，甚至可以说是完全对立的，两人为此争得面红耳赤。张学良认为，要抗日，不争取蒋介石参加是不可思议的。因为蒋介石现在掌握着我国最大的武装力量，讲抗战就需要有这份力量参加，而且只有蒋介石有条件、有威望能够领导抗战，并可以争取他走上抗战道路。对于红军东征，张也表示了担心，怕红军吃阎锡山的亏，认为红军应该去宁夏，那里既靠近绥远前线，又接近苏联。

会谈从3月4日下午3时开始，一直持续到5日凌晨5时才结束，最后达成3项口头协议：（1）为了进一步商谈抗日救国大计，商定中共方面派出全权代表，最好能在毛泽东、周恩来中推出一位，与张学良再进行一次商谈。地点定在肤施（即延安），时间由中共方面决定。（2）红军代表经新疆去苏联，由张学良负责和盛世才交涉通道问题。（3）中共派一位代表常驻西安，由张学良给予适当名义做掩护。

当天，李克农立即将会谈结果电告中共中央。3月6日，中共中央复电嘉勉，并完全同意会谈结果和口头协议。7日，李克农一行离开洛川，取道延长县渡过黄河，赴山西石楼，向在东征前线的中共中央领导人毛泽东、周恩来、张闻天等汇报会谈详情。[1]

第二次洛川会谈最重要的成果，是达成了东北军与红军的正式停战，为双方全面合作奠定了基础。张学良在联共抗日的道路上迈出了重要的一步。

周恩来、张学良延安会谈

张学良送走李克农，刚回到西安，就接到李杜从上海发来的电报称，要"寻找的朋友，已经找到"。他一看就明白是李杜替他找的上海地下党的关系已经找到，特地选派高级参议赵毅专程到上海去迎接。3月中旬，赵毅陪刘鼎由上海抵达西安。

---

1. 戴镜元：《从洛川会谈到延安会谈》，载吴福章编《西安事变亲历记》，中国文史出版社1986年版，第42—49页。

刘鼎（1902—1986），原名阚尊民，曾用名阚泽民、干作民、甘作民、戴良等，刘鼎之名是 1936 年 3 月到西安会见张学良时用的化名，后沿用终生。刘鼎是四川省南溪县（今宜宾南溪区）人，1924 年留学德国，先后入哥廷根大学、柏林大学勤工俭学。经朱德、孙炳文介绍由共产主义青年团员转为中国共产党员，曾任中共旅德支部青年团书记。1926 年转入莫斯科东方大学和空军机械学校学习，后留校任教，并担任东方大学中共支部书记。1928 年回国后，在周恩来领导下的中共中央特科工作。1931 年 4 月被捕，不久成功逃出。1934 年进入赣浙皖苏区工作，任赣浙皖苏区政治部组织部部长、红军兵工厂政委等职。1935 年 5 月再次被俘。同年 10 月，从江西九江国民党俘虏营逃出潜往上海，化名周叔，住在英籍新西兰友人路易·艾黎家中养病，并设法寻找中共党组织。其间因一偶然事件到宋庆龄的寓所躲避了 3 天。当宋庆龄得知张学良拟联共抗日而在寻找共产党的关系时，她当即向刚刚从陕北归来的董健吾牧师推荐了刘鼎。中共上海地下党组织认为刘鼎既有丰富的斗争经验，又有较高的理论水平、政治水平，是能满足张学良要同共产党建立关系需求的适当人选，遂决定派刘鼎去西安见张学良，并借机前往陕北寻找中共中央。刘鼎与计划去陕北采访的马海德、斯诺两位国际友人从上海来到西安，张学良第二天即派人把刘鼎接到位于西安城内金家巷的张公馆。

见面后，刘鼎首先感谢张学良邀请他到西安来，表示自己来此的目的是听取张学良关于团结抗日的意见，并如实报告中共中央。未料到张学良却首先给刘鼎来了个下马威，他板起面孔对刘说："刘先生，你是共产党，我有几件事想请教。我张某人与日本人有杀父之仇、毁家之恨，抗日救亡我决不后人，可是你们共产党却骂我是不抵抗将军，卖国投降；中东路事件，苏联红军把东北军打得那样惨，还骂我勾结日本帝国主义，反苏反共；在陕北，红军打东北军为什么打得那么厉害？使东北军遭受了严重损失。"张学良见面就来一顿连珠炮式的质问，这是刘鼎事先没有预料到的。因为张提出的这些问题事关重大，刘鼎也不便贸然回答，便很坦然地对张说："张将军提的问题很重要，允许我考虑一下，明天详细答复你。"[1]

刘鼎在来西安之前是做了充分准备的。他从中共上海党组织负责人夏衍那里看了一些中共中央的最新文件，认真学习了最近发布的《八一宣言》，并搜集了张学良和东北军的一些情况和动向，还特别搜集了张学良为人处世的特点及性格特征等资料，这些对他回答张学良的问题是有帮助的，事实上这些问题也难不倒他。

第二天，刘、张再次见面。针对张学良提出的问题，刘鼎侃侃而谈，一一予以解释答复："第一，张将军身为东北边防军司令，率领几十万大军坐镇东北，守土有责。但日军发动九一八事变时，张将军执行不抵抗政策，守军不放一枪一弹进行抵抗，以致一夜之间沈阳沦陷。不到4个月，日寇即兵不血刃地占领东三省。这当然不能不遭到全国人民的唾骂，共产党在这个问题上所抱的态度同全国人民一样，不能不表示意见。第二，关于'中东路事件'，东北当局受蒋、日挑唆首先挑衅，撕毁中东路共管协议，侵入苏联领土，苏联被迫反击，这是正当的自卫。东北当局允许日本帝国主义在东北扩张势力。东北当局亲日反苏，事实非常明显。苏联对张将军的指责也绝非无中生有。第三，东北军替蒋介石卖命打内战，已是蒋介石指挥下的'剿共'大军，在豫鄂皖和陕西，使红军和苏区遭受很大损失。在陕北，红军为了自卫，实行反击，使东北军受到挫折。这与苏区和红军的损失相比，算得了厉害吗？红军有广大人民做后盾，久经考验，能征惯战，是一支不可战胜的革命武装。蒋介石百万大军也对它无可奈何，何况东北军？而且蒋介石驱使东北军上前线'剿共'，实际上是他的借刀杀人之计，企图用这种阴谋

---

1. 张友坤编著：《张学良身边的共产党人暨西安事变记事》，社会科学文献出版社 2017 年版，第 4—5 页。

手段来消灭东北军。因此，东北军当前最厉害的敌人，是红军还是蒋介石，请张将军三思。"最后，刘鼎指出："为今之计，东北军最好的出路是联合红军抗日，不仅可以一洗'不抵抗''投降卖国'的罪名，而且还可以有效地摆脱蒋介石消灭异己的阴谋，这是东北军不负东北同胞和全国人民最所企望的明智之举。将来抗日胜利，功勋载诸史册，垂之千古，东北军和张将军将首先占了一页。"[1]

刘鼎一口气说了这么一大篇话，对张学良的尊严不无冒犯之处。刘鼎原以为张学良听了一定会大发脾气。不料，刘鼎的一番话，却完全让张学良折服了。张沉思片刻，心平气和地对刘鼎说："听君一席话，胜读十年书。刘先生的见解不同凡响。你就是我的朋友，住在我这里，我有许多话要对你说，咱们慢慢地谈吧！"刘鼎连忙回答："过奖了！既然张将军赞同我的看法，可否日内送我去陕北？"张学良微笑着说："过两天我们一同去陕北，先到洛川住几天再说。"[2]

事实上，张学良当天即带着刘鼎乘机来到了洛川。为了避开蒋介石安插在他身边的眼线，张学良特意在事前报请蒋介石批准，在洛川设立所谓西北"剿总"前线指挥所，他随身只带了参谋处长徐方，参谋孙铭九、秦靖宇、孟吉荣等少数几个亲信，这样名正言顺地甩开了蒋介石安置在他身边的监视人员和高级特务，也有利于与中共的谈判不至于暴露。

张学良与刘鼎住在洛川第六十七军军部的后院。在等待周恩来到来的日子里，张学良与刘鼎两人开始促膝长谈。谈话在张学良吃饭的房间进行，持续了十几天。张把在洛川与李克农会谈并邀请周恩来在延安会见之事告诉了刘鼎，并说准备同刘一起去见周恩来。作为东北军的统帅，他自然最关心军队问题，他不清楚红军经过二万五千里长

1. 张友坤编著：《张学良身边的共产党人暨西安事变记事》，社会科学文献出版社 2017 年版，第 5—6 页。
2. 同上，第 6 页。

途跋涉，刚到陕北，为什么还能保持强大的战斗力击败东北军劲旅，迫切想从刘鼎的口中了解红军的制胜之道。张学良对刘鼎说："在长征那样艰苦条件下，红军还能打胜仗，扩充队伍，打败了也不溃散，真不可思议。"又说："东北军和所有国民党军队一样，打胜仗是靠武器装备好，子弹给养充足，人多势众。打胜了，有些损失，好办。一败就溃，有的拖枪跑了，要补充训练，一个师最快也要半年。红军撒得开，收得拢，长于运动战、游击战。我的部队一撒开就收不拢。在热河、长城一线抗战，各部队接受了任务，但一上前线，连各部队的位置都弄不清，别说指挥作战了。"他问刘鼎："在战场上红军哪来的那么多自由？"

刘鼎在苏区工作过，熟悉红军情况。他向张学良介绍了红军的特点：一是红军的组成与一切旧军队不同，士兵均来自土地革命后的农民，而不是招募来的游民。他们有阶级觉悟，吃苦耐劳，作战勇敢，遵守纪律；二是红军有政治工作制度，实行官兵平等，废除打骂士兵、人压迫人的制度，实行政治民主、经济民主，因而部队上下一心，能运用有利于红军的战略战术，乃至瓦解敌军的政策。刘鼎还详细阐述了土地革命问题，以及苏区的政治、法律、经济等各项制度。他说，当前革命最大的利益是取得革命战争的胜利，苏维埃政权竭尽一切力量支援红军，红军与人民如鱼水和谐，因此，红军在战争中就有更多的自由。刘鼎强调，苏区各部门、各地方和各个部队之所以能团结一致，关键是有中国共产党的领导。张、刘两人越聊越投缘，张学良视刘鼎为知己，把自己过去一些鲜为人知的往事都告诉了刘鼎。十几天的长谈，使张学良对共产党和红军，以及党的抗日民族统一战线政策有了更深的了解和认识，增强了他同共产党合作抗日的信心与决心，为即将举行的张学良、周恩来会谈打下了良好的基础。也正因为刘鼎与张学良聊得来，不久他就被中共中央任命为驻东北军代表常驻西安，继续做张学良和东北军的统战工作。

3月16日，李克农一行来达山西石楼，见到了张闻天、毛泽东、周恩来、彭德怀等中央领导人，向他们汇报了洛川会谈的详细经过和张学良的要求。27日，中共中央在石楼附近召开政治局会议，认为张学良的态度是诚恳的，同其进一步会谈对建立抗日民族统一战线是非常重要的，故决定由周恩来为全权代表，偕李克农去肤施同张学良继续谈判，并重申中央于2月间致李克农训令中所规定的与张学良谈判的原则仍然适用，即（1）处处把张学良与蒋介石分开；（2）求得互不侵犯协定的订立；（3）坚持抗日救国代表大会，反对蒋介石召开任何违反民意、欺骗民众、丧权辱国的会议，坚持抗日讨卖国贼不可分离，反对抗日不讨卖国贼。但在此次谈判中不应当用这些原则问题与张造成尖锐对立，以致妨碍初步协定的订立。[1]

4月6日，毛泽东、彭德怀致电张学良、王以哲，通知周恩来的行期及联络地点，并提出拟会商的五个问题，征求张学良的意见：（1）停止一切内战，全国军队不分红白，一致抗日救国；（2）全国红军集中河北，首先抵御日帝迈进；（3）组织国防政府、抗日联军具体步骤及其政纲；（4）联合苏联及选派代表赴莫斯科；（5）双方订立互不侵犯及经济通商初步协定。[2]

4月7日，周恩来一行从瓦窑堡出发，8日晚到达肤施东北10公里处的川口，适值雨雪交加，所带电台与东北军联络不上，不得不在这里等待。9日上午，张学良偕王以哲、刘鼎和几个随从参谋、副官由洛川飞抵肤施。下午6时，张派专人到川口迎接周。晚8时左右，周恩来、李克农进入肤施，在清凉山下桥儿沟一座天主教堂与张学良见面。会谈随即开始，双方参加者只有张学良、王以哲、周恩来、李克

1.《中共及军委给李克农的训令》（1936年2月21日），引自杨奎松：《究竟谁说服了谁？》，《抗日战争研究》1996年第1期，第39页。
2. 中国社会科学院近代史研究所现代史研究室编：《西安事变资料》第一辑，人民出版社1980年版，第41—42页。

农、刘鼎5人。[1]

会谈开始，周恩来就对张学良说："我是在东北长大的。"张说："我了解，听我的老师张伯苓说过。"周一听很奇怪，问道："张伯苓怎么是你的老师？"张回答说："我立志救国，得益于张伯苓先生的一次演讲，因此拜他为师。"又说："我和你是同门。"

历史性的会谈就在这样亲切而轻松的气氛中开始了。双方围绕一系列广泛而具体的问题坦率、诚恳地交换了意见，并在许多问题上达成了一致，其主要内容如下。

（1）关于停止内战、一致抗日的总方针问题。张表示完全同意这个方针，说："我是国家至上，民族至上。"周说："我们也是这样。"张承认红军是真心抗日，"剿共"与抗日不能并存。红军东向可与日本接触，有了导火线，东北军即可响应，全国共同抗日的运动便可引起。对中共组织国防政府和抗日联军主张，他也完全同意，认为要抗日只有此条道路，并愿参与酝酿此事。至于《八一宣言》中的十大纲领，则表示等加以研究后，再提出意见。全国主力红军集中河北，张学良完全赞助，但认为应避免集中于山西，不相信红军进入山西立得住，出河北太早，最好出绥远，以绥远、宁夏为根据地，出击察哈尔，并可靠拢外蒙古。如果红军坚决东向，他也可以通知东北军驻平汉路西所属4个师（万福麟的第五十三军）与红军联络让道，并认为阎锡山过于保守，但不要逼之太甚，他两三周后拟往太原一行，问阎是否有意联红军。对此，周恩来肯定地表示："红军在山西站得住脚，所以要兵出华北，不仅是为了我们抗日，还要带领群众一起抗日，这样才有力量。红军对日作战取得胜利，就会推动全国友军和群众抗日。华北大规模的抗日战争一起来，红军愿担任左路。"周恩来提出红四方面军与红二、六军团北上抗日问题。

---

1. 戴镜元：《从洛川会谈到延安会谈》，载吴福章编《西安事变亲历记》，中国文史出版社1986年版，第49—51页。

张学良表示："欢迎在川西北一带的红军北上来陕，来多少都欢迎。红四方面军如北上，驻陕甘的东北军可以让路。红二、六军团则须取得中央军同意可才，我愿为此事活动。"

（2）关于抗日救国的道路问题。张学良1934年从欧洲回来后虔诚地相信法西斯主义可以救中国，并且加以大力鼓吹。但两年来的实践及与中共的交往，使其对法西斯主义不断产生怀疑和动摇，但法西斯主义对其仍有一定的吸引力。在会谈中，张对周说："中国要有一个强有力的中央政权，有两条路可以走，一是共产党的道路，一是法西斯的道路。"对此，周恩来坦率地指出："法西斯主义是资本主义发展到帝国主义最后阶段的最反动的产物，是独裁，是专制，在中国是绝对行不通的，中国只能走中国共产党指引的道路。中国要抗日，必须首先改变蒋介石的'攘外必先安内'的政策。要抗日还必须首先实行民主，要发动全国广大人民的力量，才能获得抗日的最后胜利。"

（3）关于联合苏联的问题。张学良一直希望苏联帮助中国抗战，并从北伐战争的历史经验和当时的国际形势判断，估计苏联会援助中国抗日，但他仍希望从中共方面证实自己的判断。他问周："苏联是否真心援助中国？"周恩来回答说："苏联是社会主义国家，援助中国是真心诚意的。它这么做，既利己又利中国。帝国主义只求利己。"双方商定双方共同派代表去莫斯科，谋求苏联援助。东北军方面派赴苏联的代表，取道欧洲前往，利用东北义勇军与苏联红军的关系去联系；中共方面的代表由张学良负责保护，取道新疆赴苏。后中共中央派邓发由新疆去苏联。

（4）关于停战、通商、合作等问题。张学良表示，他不愿意打红军，但蒋介石一再打电报斥责他，说他对红军东征"隔岸观火"，严令他出击。若不再听命，他无以应付。对此，周恩来表示理解。张学良与周恩来商定红军在关中积极行动，在韩城、澄城一带牵制杨虎城部第十七路军；另在东北军帮助下，红军一部赴陕南，活动于蓝田、户县

（今陕西西安鄠邑区）一带，威胁西安，以便东北军有借口不北上，而只进行洛川、鄜县、甘泉、肤施之间的筑碉修路。如此拖延一月，看形势变动再定以后行动。

当时，红军初到陕北，又处于国民党几路大军的四面包围之中，军械器材和给养极为困难，迫切需要张学良的支持。周恩来试探性地对张学良说："抗日战争发动了，红军需要无线电器材、医药和医疗设备，请东北军帮助采购。"一向豪爽大方的张学良立即答复说："我方库存军用物资已调入陕西，包括红军在内，两年也用不完，这事我完全负责。"事后张学良对人说："这算不了什么，等于东北军多装备一两个师。"张还告诉周："抗日战争一起来，我有一笔很大的私款可以移作军费。"

关于经济上通商问题，双方商定：红军购买普通货物，可在东北军防地内设店自购；红军所需无线电通信器材和医疗器械、药品，由东北军代购；东北军可向红军赠送些弹药。

至于交通，张学良提出双方互派得力便衣侦察人员，在任何情况下保持交通畅通，周恩来表示同意。张学良还要求红军派出"有政治头脑及色彩不浓之人"作为代表常驻西安，以便联络。

（5）关于干部培养问题。张学良深感东北军适应抗战需要的干部太少，希望红军多派一些干部到东北军中工作。他对周恩来说："你们派多少人来我都欢迎。我派一个人去，身边就没有人了。我一个也不派。"周恩来说："我们一是穷，二是人少，文化又低，很多人不识字，文化水平在你们那里不成问题，军事知识、政治知识也很丰富。由于我们穷，才不得不随时地注意培养干部，这才稍稍解决目前干部缺乏的问题，否则更不行了。"周恩来建议张学良自己培养新干部，说："我们现在办红军大学，你可以办军官训练团；红大上面将来可以办抗日大学，军官团上面也可办抗日大学，两边都有抗大，可以联合在一起成为联合的抗日大学。"张学良表示同意。

双方在诚恳、愉快的气氛中做了彻夜长谈，中途每人吃了一碗小米粥，作为夜宵。[1]

10日凌晨4时，会谈结束。张学良拿出一本《申报》纪念60周年印制的中国第一本较精确的高投影大地图册——《中国分省新图》（丁文江、翁文灏等编制，申报馆1933年初版）送给周恩来，并说道："共同保卫中国！"当时红军缺少地图，这是一件十分珍贵的礼物，周恩来曾长期把它带在身边使用。另外，张学良还向红军赠送3万元法币，并说明这是他的私款。之后，张学良又送了20万元法币，以支持红军抗日。这两笔巨款，对红军来说是雪中送炭，弥足珍贵。

延安会谈圆满结束，双方都非常满意。4月10日，周恩来偕刘鼎离开肤施返程，在川口遇雨住了一天一夜。他兴奋地对同行者说："谈得真好呀！想不到张汉卿是这样爽朗的人，是这样有决心、有勇气的人，出乎意料！真出乎意料！！"[2]

4月10日当天，周恩来亲自起草了《与张学良谈判情况》，将与张学良谈判的情况向中共中央负责人张闻天、毛泽东、彭德怀做了简单汇报。

4月22日，周恩来写了一封亲笔信，托刘鼎面交张学良。信件全文如下：

汉卿先生：

座谈竟夜，快慰平生。归语诸同志并电前方，咸服先生肝胆照人，诚抗日大幸。惟别后事变益亟，所得情报，蒋氏出兵山西原为接

---

1. 关于张、周等人夜宵所吃的东西，许多著作都说是吃了一碗面条。但当时任东北军第六十七军特务营中校营长、负责会谈安全保卫任务的李维回忆说："会谈继续到半夜两点多钟时，张将军告诉我们随便做点吃的，因为周恩来忙于赶路，尚未吃晚饭，原本没做准备，所以只是匆忙熬了些小米粥送来。餐后听说周恩来还很满意。"笔者认为，李维是当事人，他的回忆应当可信。李维：《延安会晤前后》，载中国人民政治协商会议全国委员会文史资料委员会编《文史资料存稿选编——西安事变选编》，中国文史出版社2002年版，第206页。
2. 张友坤编著：《张学良身边的共产党人暨西安事变记事》，社会科学文献出版社2017年版，第6页。

受广田三原则之具体步骤，而日帝更进一步要求中、日、"满"实行军事协定，同时复以分裂中国与倒蒋为要挟。蒋氏受此挟持，屈服难免，其两次抗议蒙苏协定尤见端倪。为抗日固足惜蒋氏，但不能以抗日殉蒋氏。为抗日战线计，为东北军前途计，先生当有以准备之也。

敝军在晋，日有进展，眷念河西，颇以与贵军互消抗日实力为憾。及告以是乃受日帝与蒋氏之目前压迫所致，则又益增其敌忾，决心扫此两军间合作之障碍。先生闻之得毋具有同感？兹如约遣刘鼎同志趋前就教，随留左右，并委其面白一切，商行前订各事。寇深祸急，浑忘畛域。率直之处，诸维鉴察。并颂勋祺！

周恩来 拜

4 月 22 日晨

以哲军长处恕不另笺。[1]

张学良对周恩来极高的政治修养、科学分析的才能、富有感染力和说服力的言辞风度极为钦佩，称赞周反应快，对事物的理解深，对谈话的反应极其敏锐，话虽不多，却常能一语中的，见识非常广。两人第一次见面就很对脾气，像老朋友一样对彼此敞开了胸怀。张学良说："会谈后，我太满意了，比我想象中好得太多了，我结识了最好的朋友，真是一见如故。我从来未见过这样的人，周先生是这样的友好，说话有情有理。给我印象很深，解决了我很多的疑问，我要早见到他多好呀！"[2]时隔半个世纪以后，张学良晚年在台湾对友人仍然说："中国现代人物，

1.《周恩来军事文选》第一卷，人民出版社1998年版，第469—470页。另见《周恩来书信选集》，中央文献出版社1988年版，第87—88页。
2. 中央档案馆编：《中国共产党关于西安事变档案史料选编》，中国档案出版社1997年版，第50—51页；张魁堂：《张学良传》，东方出版社1991年版，第152—159页；杨奎松：《究竟谁说服了谁》，《抗日战争研究》1996年第1期；戴镜元：《从洛川会谈到延安会谈》，载吴福章编《西安事变亲历记》，中国文史出版社1986年版，第51—53页。

我最佩服周恩来，我最佩服他。"[1]由此可见，能让张学良这样少年得志的英雄人物衷心折服，周恩来的人格魅力是毋庸置疑的。

从此，在周恩来等中共领导人的引导下，张学良坚定地走上了联共抗日的道路。

"三位一体"成形

1936年4月下旬，刘鼎从苏区返回洛川，再次见到张学良，对他说："那边的同志都欢迎你，欢迎你作为一个大有作为的红军的朋友，说你是当今全国最勇敢的第一个觉醒抗日的将军。"说完，刘鼎把周恩来的亲笔信面陈，并说明中共中央已决定派他为常驻东北军代表，张学良表示热烈欢迎，给予他"东北抗日义勇军代表"的公开名义，以便于其开展工作。

1936年4月间，刘澜波、苗勃然、孙乃发（孙达生的化名）3人发起在东北军内部成立中共地下党组织——东北军工作委员会。刘澜波是东北军第一〇五师师长刘多荃的本家兄弟，与东北军骑兵军副军长黄显声是好朋友，中共组织决定由其负责东北军军官的统战工作。苗勃然自青年时代起即是张学良的朋友，1935年随军来西安，公开的职务是张学良的秘书，负责张学良公馆周围的人事工作并搜集情报。孙乃发负责管外地来的同志及下层兵运工作。他们的工作目标就是根据中共《八一宣言》的精神，促进西北"三位一体"局面的形成。

刘鼎到西安后，发现张学良的思想有了飞跃："他首先给我看了个东西，其次表白了他的不小的计划。这两者都可见他一日千里地进步着。"

这个"东西"是一本名叫《活路》的小册子。这是东北军工作委员

---

1. 张学良口述、唐德刚撰写：《张学良口述历史》，山西人民出版社2013年版，第155页。

会在刘澜波的领导下，为了统一宣传口径，由高崇民、孙达生、粟又文等写的3篇文章（未署名）所编成的一个小册子。其中提出了"反蒋、联共、抗日、拥张"的口号，在十七路军印刷厂印刷装订成册，封面上印着东北地图，取名《活路》。意思是东北军只有反蒋联共抗日才有活路；反之，如果继续打红军，就是死路一条。文章还特别提到张学良集国难家仇于一身，最适合领导东北军抗日，而他要想坚决抗日，就必须反蒋联共，只有这样才能对得起国家民族，他个人也才有出路。全军将士把希望寄托在他身上，他只有这样做，才不辜负全军的期望。

《活路》在东北军中秘密散发后，影响很大。张学良对此也很重视，曾在发给他的小册子上对重点词句划上许多红蓝铅笔记号。有一天，他对刘鼎说："这本书一口气把我的话都说完了，不大好，不过是秘密的，不要紧。"后来，该书被国民党驻西安的特务发现，蒋介石下令追查。张学良把责任完全推到高崇民身上，同时暗中把他送走了事。因为高崇民不是西北"剿总"的正式职员，可以此推卸自己的责任。[1]

那个"不小的计划"又是什么呢？刘鼎说："张学良大则要把他家这座大房屋的一角（靠他住的这一边）完全拿过去，东头一条大道也企图着；小则把他的几个用人都要练成强干的打手。最近他预备出去大活动，目下还要装得老实些，赶这工夫要向他邻近各房本家以及住在他大门口的爱好蓝布袍子的几个小伙子和严老老等相好去。他已经开始用'爱国''抗日'话向内向外活动，将使大老板无法公然反对，同时预备着硬干，预备着和大老板打一架也可也。"

刘鼎在这里使用了许多隐语，但意思很清楚：张学良决定加强控制东北军（要把他家这座大房屋的一角完全拿过去），重点培养得力的干部（把他的几个用人都练成为强干的对手），积极联络杨虎城等西北军

1. 粟又文：《西安事变与张学良将军》，载远方编《张学良在一九三六年》，光明日报出版社1991年版，第18—19页。

将领（邻近各房本家），和阎锡山、傅作义等地方实力派（住在他大门口的爱好蓝布袍子的几个小伙子和严老老），以"爱国""抗日"相号召，使蒋介石（大老板）无法公然反对，并准备最终与蒋决裂。

5月7日，负责做陕甘地方实力派联络工作的中共陕甘省委领导人朱理治在给毛泽东、彭德怀等人的电报中，更加明确地指出张学良反蒋决心已定，但要求给他时间准备并保密。电报说：他希望我们不要迫他太急，他希望在11月骗到蒋介石一些武器补充后，再约公开。其原因在于大老板越发在他面前现恶，对他开始了恶毒的布置（指去年东北军连遭败绩后，张请求抚恤、补充，皆无结果等事），因而他家大大小小的嘴也厉害，很多人逼他（东北军广大将士的反蒋抗日要求）。这表明，为了抗日与保存实力，张学良已准备反蒋。[1]

6月底，张学良向刘鼎提出加入中国共产党的请求。刘鼎听了，感到十分震惊。因为事关重大，刘鼎立即电告中共中央。

7月2日，中共中央总负责人张闻天电告驻共产国际代表王明等人说："张（学良）在欧洲时，因苏联拒绝他到莫斯科，他便认为苏联记旧恨，无助他意。经我们解释，特别因我们在会议上、在军事行动上、在经济援助上，对他表示了诚意，他转而十分信赖苏联，多方设法帮助我们打通国际联络……并要求加入我们的党。我们拟定叶剑英、朱理治去，并将来拟许其入党。因为这是有益无损的。"[2]

接到中共中央的报告后，共产国际执行委员会进行了专门讨论。8月15日，共产国际执行委员会书记处复电中共中央书记处，坚决反对张学良入党，电报说："使我们特别感到不安的，是你们关于一切愿意

1.《刘鼎给李克农并转周恩来的信》（1936年4月27、30日），引自杨奎松：《究竟谁说服了谁？》，《抗日战争研究》1996年第1期。

2.《洛甫致王明、康生、陈云电》（1936年7月2日），引自蒋永敬：《西安事变前张学良与中共之关系》，载《国父建党革命一百周年学术讨论集》第3册，台北近代中国出版社1995年版，第16页。

入党的人，不论其社会出身如何，均可接收入党和党不怕某些野心家正欲钻进党内的决定，以及你们甚至打算接收张学良入党的通知。"电报认为，接收张学良这样的人入党，对"维护党的队伍的纯洁性与党内团结"是有害的。[1]

那么，张学良后来是否加入了中共？由于至今没有发现可以直接证明的材料，学术界对此的认识很不一致。有学者肯定张学良加入了共产党。但也有学者认为，共产国际不仅反对张学良入党，而且反对张学良与中共中央拟定的西北大联合计划，张学良加入共产党的要求不可能得到满足。[2]

其实，张学良虽然在武汉期间研究过马列主义，但对共产主义还谈不上有什么深切的认识与信仰。他之所以要求加入中国共产党，多半是出于对蒋介石、对南京政府的失望情绪和联共抗日的迫切需要，也有可能是一时的冲动。

7月初，张学良对蒋介石更加绝望，甚至视为仇敌。他对刘鼎说："劝蒋团结抗日的事，原来我想有可能。现在看，不容易。他自成一系，损人利己，太阴毒，跟着他难得好果。"又因为东北军的许多高级干部与南京政府关系深，跟不上张学良进步的步伐，张学良内心很烦躁。他对刘鼎交底说："有人别有用心，很难对付，要他们联共抗日非常困难，和他们纠缠有损无益。好人、坏人混杂，捏不到一起，干脆撒手，迟分不如早分，早下手为强，可以保留最大的力量来抗日。我和周先生谈过，彼此了解，干脆跟你们合在一起，甩开手干，大有可为。"刘鼎听了张的一番话，不禁大吃一惊，以此事关系重大，一面电告中共中央，约定地点面陈；一面立即搭乘飞机飞往肤施，再徒步走到安塞，与专程赶来的张闻天、毛泽东、周恩来、李克农等人会晤，汇报了张学良的最

1.《共产国际有关中国革命的文献资料》第3辑，中国社会科学出版社1990年版，第8页。
2.杨奎松：《有关张学良加入中共问题的探讨》，《近代史研究》1995年第4期。

新动态。

刘鼎离开西安时，张学良托他带了一封密信交周恩来。密信如下："恩来同志：弟此间必须准备整理，须六个月工夫，如时机迫切，那就例外了。贵我两方，屡生误会，必须互谅互信而调整之。外间情况等等，托刘（鼎）同志面达。特此敬祝努力。"

7月5日至7日，毛泽东、张闻天、周恩来等在安塞听取刘鼎的汇报，并商讨如何进一步开展东北军工作问题。

这时，中共中央根据共产国际的指示精神和对国内国际形势的重新分析与估计，已开始放弃过去的抗日反蒋的西北大联合计划，逐渐由"反蒋抗日"转向"逼蒋抗日"。各位领导人经过一整夜的讨论，最后由毛泽东做了如下的会议结论：

"东北军处在亡省亡家、流落西北的地位，由于我党抓紧做他们的工作，东北军由'剿共'工具变成抗日军是完全可能的。张学良敢在肤施与恩来会谈，回去宣传抗日是大好事。在东北军这支军阀习气重的军队里能训练抗日骨干，宣传抗日很不容易。有一些高级军官想不通，甚至反对是可以想见的。张学良遇此难题并不奇怪。随着抗日形势发展，东北军内部分化，张学良竟准备和红军一齐干，这是个了不起的转变。

"我们党对东北军不是瓦解、分裂，或者把它变成红军，是帮助、团结、改造他们，使之成为抗日爱国的力量，成为红军可靠的友军。因此，我们不赞成张学良拉队伍和红军一起干。而且拉出一部分队伍来，就要散掉一部分，这不是增强而是削弱抗日力量。要对张学良多做解释工作，叫他不要性急，做扎实工作，团结更多的人，把全部东北军都争取到抗日阵营中来。

"目前蒋介石正忙于处理两广事件，但他决不会坐视东北军打起抗日旗帜的。叫张学良不要和蒋介石闹翻了，要讲策略，不要太刺激他，从积蓄全国抗日力量的全局出发，对蒋介石要有更大的耐心，准备迎接更大的斗争。"

安塞会议结束后，刘鼎立即前往上海见张学良。此时，张学良准备出席定于 7 月 10 日在南京召开的国民党五届二中全会，已经先行到了上海。刘鼎将安塞之行的经过向张学良做了报告，并说："中央几位负责人高度评价你的抗日决心和热情，但他们认为你的想法，目前时机还不成熟，要你团结全体东北军，耐心争取蒋介石和全国一切抗日力量。"

张学良听了，很爽快地说："对！对！我懂了。从今以后，我要想尽一切办法劝说蒋委员长，把他争取到抗日阵营中来。我和蒋委员长交情很深，我要利用这个地位加紧向他进言，争取他幡然醒悟。你们党中央既然要我这么办，纵使碰钉子，或者削职为民，乃至坐牢、杀头，也在所不惜。"[1]此后，张学良开始利用一切时机，以书面或口头的形式、屡次向蒋介石进谏，请求停止"剿共"军事行动，一致抗日。

在这期间，东北军与红军基本上停止了敌对行动，碰到蒋系中央来的人视察就朝天开枪，聊作应付。同时，张学良还提供了大量的金钱、物资、军事装备接济红军。1936 年 3 月 4 日第二次洛川会谈后，张学良即令王以哲拨发一批军械给红军，计有七九步枪 2 500 支、子弹 6 万发。10 月间，张又命其侍卫两次送物资到苏区，一次送手枪 12 箱（每箱 24 支）、棉大衣 100 件；另一次用 18 辆大卡车送去 600 包大米、600 包面粉及其他营养品。

这些营养品还曾经挽救了邓小平的生命。邓榕在《我的父亲邓小平》一书中，记述了杨尚昆给她讲的一个故事："西安事变前，你爸爸在甘肃庆阳得了伤寒，非常厉害，已经昏迷不醒了，什么东西都没法吃，吃一点就会把肠子戳破，只好煮点米汤喂食。正好那时张学良派他的副官来慰问红军，送来两车慰问品，其中有些罐装炼乳。你聂伯伯（聂荣臻）

1.《刘鼎札记》，载张魁堂《张学良传》，东方出版社 1991 年版，第 168—171 页。

决定把这些全部给你爸爸。全靠这些炼乳，才救了你爸爸的命。"[1]

"西安事变"和平解决后，南京政府审核西北"剿总"军需账目，发现经由张学良接济的红军经费达 76 万元、军粮 32 万斤。为了办理交代，"剿总"粮秣处长张政枋到驻西安的中共办事处，请叶剑英、林祖涵等设法帮忙。叶剑英听后，明确表示："张汉卿的善后，我们管。钱我们用了，粮我们领了，我们出条子给你办报销。他们不答应，我去找老蒋算账。"说完，当场叫办事处开了份证明，由张政枋拿回去办报销。

1936 年 8 月 9 日，毛泽东、张闻天、博古、周恩来用化名联名致函张学良，建议："根据（红军）二、四方面军北上、西南事变发展、日本对绥蒙进攻等情况，我们认为兄部（指东北军）须立即准备配合红军选定九、十月间有利时机，决心发动抗日局面，而以占领兰州、打通苏联、巩固内部、出兵绥远为基本战略方针。"该函指出，蒋介石在解决西南事变以后，就有极大可能进攻西北。因此，该函建议张学良："无论如何，兄不要再去南京了，并要一分防备蒋的暗算图谋。目前此点关系全局，卫队的成分应加考查，要放在政治上可靠的干部手里。"该函还告诉张学良，中共中央将派潘汉年前往西安与张学良面商行动大计，并将派叶剑英、朱理治等到西安同刘鼎一起协助张学良开展工作。[2]

9 月，在川西北的红二、四方面军北上。张学良信守承诺，对刘鼎说："我已下了命令，要各部队守好城镇，为保存实力，不准出击，请你们转达：红军北上时，尽量贴近东北军防区，西边于学忠部已集中兰州，只要红军不进城就行，固原以北诸镇不好撤防，如红军必须通过，

---

1. 毛毛：《我的父亲邓小平》上卷，中央文献出版社 1993 年版，第 383—384 页。另外，美籍华裔学者王冀先生在《从北京到华盛顿——我的中美历史回忆》一书中提到，张学良晚年想回大陆，考虑请邓小平或国家主席杨尚昆出面发邀请函，王冀顺便说及张学良与邓小平的交情，他说："邓小平在晋察冀时得伤寒病，张学良还特别派人赠送乳粉等营养品，邓小平对他很感激。杨尚昆他也认识。"显然，王冀先生把时间、地点搞错了，参见该书第222 页。
2. 程中原：《中共高层与西安事变》，中国民主法制出版社 2017 年版，第 36 页。

先打个招呼。"[1]

在秘密联共的同时，张学良还积极谋求与杨虎城的联合。前面说过，张学良到西北，就特别注意和杨虎城搞好关系，曾派杨毓珣从中协调。张学良也一再向杨虎城说明东北军是奉命来西北"剿共"，打完红军就去抗日，绝没有久居西北、反客为主之意，但杨虎城仍颇有戒心。加上东北军与西北军初次相处互相轻视：东北军看不起土里土气、装备落后的西北军；西北军也瞧不起装备精良却不抵抗而丢掉家乡的东北军，因而双方发生过不少冲突与矛盾。

1935 年 10 下旬，东北知名人士高崇民根据胡愈之的意见由上海来到西安，做张学良、杨虎城的工作。

高崇民（1891—1971），辽宁省开原县（今开原市）人。早年参加中国同盟会，参与推翻清王朝的革命活动。1914 年赴日本留学，就读于日本东京明治大学政治经济系，1919 年毕业回国，担任北京《正言报》编辑。1922 年回东北，历任东三省民治俱进会黑龙江省分会会长、东北特别区（哈尔滨市）市政管理局督学兼教育科长、奉天省警官学校教育长、奉天农学会会长等职，1928 年任东北保安总司令张学良的秘书。1931 年九一八事变后，高崇民向张学良辞去秘书职务，并发誓不再做官，以民间人士的身份从事收复东北的活动。1931 年 9 月，东北民众抗日救国会在北京成立，高崇民担任常务委员兼总务部副部长，他先后撰写《三民主义之真谛》（1933 年）、《东北魂》（1934 年）等小册子，宣传东北人是强悍的，决不会甘心做亡国奴。言外之意是，国民党当局不要东北，但号召东北人民自己起来收复东北。1933 年，张学良被蒋介石逼下台，由蒋介石的嫡系大将、亲日派何应钦主持华北军政。何应钦一到北平就下令解散东北民众抗日救国会。高崇民与该会其他负责人王化

1.《刘鼎在全国政协的谈话记录》，载张魁堂《张学良传》，东方出版社 1991 年版，第 181 页。

一、陈先舟、杜超杰等秘密组织复东会，继续从事抗日宣传。1934 年，张学良回国，根据张学良的意见，复东会与蒋介石的亲信合作成立所谓"四维学会"，蒋介石任名誉会长，张学良任会长，王卓然任理事长，刘健群副理事书长，高崇民、王化一等五人为理事。蒋介石亲信贺衷寒利用这个四维学会宣传蒋介石是中国唯一的领袖及绝对服从领袖、绝对拥护领袖一套理念，引起高崇民的强烈不满。1935 年，日本进攻华北，但蒋介石仍死抱不抵抗主义，继续"围剿"红军。在贺衷寒召集的四维学会理事座谈会上，高崇民与其针锋相对，大闹一场，然后拂袖而去，脱离了四维学会。高崇民到上海后，杜重远将中共地下党员宋介农（后改名孙达生）介绍给高崇民，这是高第一次正式接触共产党人。宋介农介绍高崇民看了一些马列主义的小册子，使他初步了解中国共产党和中国应走的政治道路。之后，杜重远又介绍高崇民认识了两位著名的左派人士胡愈之（实际上是中共党员）、邹韬奋。胡愈之等经过商议后，决定让高崇民去西安，劝说张学良不要再随蒋打内战。同年 8 月，高崇民由上海回北平，密访中共地下党负责人王梓木。至此，高崇民对国民党完全绝望，毅然将国民党党员证焚毁，以示与国民党脱离，从此以后跟着共产党走。

高崇民到达西安后，持杜重远的信，通过杜斌丞先去见杨虎城，然后去访张学良。张学良早已知道高已经与贺衷寒闹翻，此来必有所陈，特单独接见，且不在楼下会客室，让其到楼上他的寝室外屋。高崇民单刀直入，提醒张学良必须警惕蒋介石的"一石二鸟"政策，说："蒋用尽全部兵力，'剿共'八年，亦未如愿，今红军北上抗日，乃令东北军来西北围剿，是有阴谋的。共产党固然是蒋所欲消灭而甘心者，但东北军是地方实力派，非蒋嫡系，亦在排斥之列。此次'围剿'两败俱伤是蒋的最大愿望，否则伤哪一边都是蒋的胜利，这是蒋的阴谋所在。而且副司令不要用旧眼光视红军为流寇，今天的共产党绝非黄巢、张献忠、李自成可比，万不可仗恃东北军兵多饷足，武器精良，就可以战胜少数红军。

须知共产党是有马列主义的党，是根据马列主义要建立一个新型的国家，是从广大人民利益出发，所以百姓欢迎。红军到任何地方，都和老百姓成一家人，如鱼得水。按道理是不应该'剿'的，按力量也'剿'不完，因为国军不能把老百姓都消灭净尽。反之，所谓国军都在阴面，一举一动红军从老百姓口中知道最清楚，故能用种种战术以少击众（直罗镇和大小崂山战役证实），副司令应权衡轻重，斟酌利害，是保存东北军实力，收复东北老家呢，还是随蒋内战同归于尽？"高说完，张的态度却很沉静，问高："如果东北军不'剿共'，怎能抗日呢？"言外之意是，自己走不上抗日的道路。高一时未能明白张的意思，竟答非所问。

随后，高崇民又向张学良提出"七联"的主张：联苏、联共、联刘（湘）、联盛（世才）、联冯（玉祥）、联桂系、联杨虎城的第十七路军。[1] 这些主张对张学良有很大的启发。于是，张学良对高崇民说，十七路军杨虎城对东北军有误会，要高负责去解除。张对高说："你可以坦率地对杨虎城说：'我张某人无论如何不肖，也不至于不肖到如此程度，失掉自己的家乡而来占人家地盘。'"

于是，高崇民第二次去见杨虎城，披肝沥胆，痛切陈述张学良的深谋远虑，对西北绝无取而代之的意图。杨听了极为高兴。接着，杨虎城又约高崇民到他陕西三原东里堡别墅继续长谈，杨虎城感到很满意，表示愿在张学良的领导下从事抗日救国工作。从此张、杨实际合作，悄悄进行联共工作，在中共抗日民族统一战线号召下，逐渐形成三位一体。[2]

1. 张潜华：《张学良与西安事变》，载中国人民政治协商会议全国委员会文史资料委员会编《文史资料存稿选编——西安事变》，中国文史出版社 2002 年版，第 33 页。
2. 高崇民：《上半生简述》，载中国社会科学院近代史研究所中华民国史组编《中华民国史资料丛稿》增刊第 4 辑，中华书局 1978 年版。关于高崇民在疏通东北军、十七路军之间的关系，促进张、杨合作反蒋方面所起的关键作用，当时作为指导东北军党工作的中共中央代表朱理治在 1936 年 11 月 4 日写给周恩来、张闻天、毛泽东的信中说："决定 C 同志（即高崇民）推动杨。C 是写《活路》的，被蒋介石查出后通缉。现始回来，是张、杨的中间人。C 以语激杨，杨谓西北局面张负领导地位，彼一定受他领导。"见丘琴等主编：《高崇民传》，人民日报出版社 1991 年版，第 93 页。

在"剿共"问题上，张学良与杨虎城不曾有过联合行动。当1936年9月东北军第一一〇师失利后，张学良重拟"围剿"计划，安排杨虎城担任宜川方面的"进剿"任务。杨虎城大发牢骚，称"剿共"是无期徒刑，并说以中央军之数量、东北军之精锐，皆未能消除"共匪"，他十七路军无钱无补给，如何能战？后来，东北军第一〇九师惨败，张学良当面向杨虎城表露了倦于"剿共"的心情，到1936年3月至4月《活路》发行，倡导东北人与西北人联合，共同抗日。张、杨两人关系大大改善，但对和共产党的关系仍互相保密。及至两军与红军停战已成事实，彼此乃心照不宣，渐渐无话不谈，在停止"剿共"、团结抗日方面达成了共识。

事实上，中共对杨虎城的统战工作开展得比张学良还要早。1935年10月，中共地下党负责人南汉宸派申伯纯与杨虎城商谈十七路军与红军订立友好条约，杨表示原则同意。12月，毛泽东又派汪锋持其亲笔信去见杨，提议共组抗日联军，设立国防政府。1936年4月，中共驻共产国际代表团也派王炳南回国，向杨建议与红军合作，抗日反蒋，实现西北大联合。经各方面的工作，杨虎城坚定了联共抗日的决心。9月，中共中央派张文彬到西安，与杨虎城达成了互不侵犯、取消经济封锁、建立军事联络的协议。

鉴于军事行动瞬息万变，中共中央应张学良的要求，决定派红一方面军参谋长叶剑英到西安帮助张学良协调东北军与红军的行动，并商谈政治方面合作问题。10月2日，叶剑英同潘汉年、汪锋、边章伍、彭雪枫、刘克东等10余人化装进入西安城内。张学良安排叶剑英住在东北军卫队营营长孙铭九家中，并交代孙铭九要绝对保证叶剑英的安全。中共中央赋予叶剑英的使命是：筹划组织西北国防政府；组织建立抗日联军；培养训练东北军内部的进步力量，组织训练有抗日思想的青年学生充当东北军的下级干部；及时商议处理有关中共中央、红军和东北军之间的重要问题；等等。因为形势的快速变化，组织西北国防政府的计划未能实现，但西北大联合共同抗日的目标始终没有改变。[1]

10月4日，张学良会见了叶剑英、潘汉年。次日，张学良与叶剑英举行了会谈。叶剑英详细介绍了中共中央8月25日公开发表的《中国共产党致中国国民党书》的政治背景，说明中共在对待蒋介石的问题上，从"抗日反蒋"到"逼蒋抗日"，是根据国内关系变化的实际状况而做出的重大政策变动，这也是接受了张将军意见的结果。张学良听了十分高兴，表示今后要更多地承担劝蒋抗日的工作。接着，双方就迅速停止内战、联合抗日问题交换意见。叶剑英将随身带来的关于《国共两党抗日救国协定草案》（以下简称《草案》）及红军与东北军的《抗日救国协定（草案）》交给张学良。这两份草案是在国民党代表与中共代表潘汉年经过几次秘密接触后，由中共中央为联蒋抗日而拟定的。《草案》开篇即提议："中国国民党中央执行委员会、中国共产党中央执行委员会，鉴于日本帝国主义者对于中国侵略之有加无已，危害中国领土主权之保全与民族之生存，一致认为惟有两党合作并唤起民众，联合全国各党各派各界，联合世界上以平等待我之民族与国家，实行对日武装抗战，方能达到驱逐日本帝国主义，保卫与恢复中国领土主权，争取国家独立与民族生存之目的。因此，双方派遣全权代表举行谈判，订立此抗日救国协定。"[2]《草案》具体列举了双方合作的条件与形式。

张学良看完这个《草案》后，指出蒋介石一时还难以接受这样具体的协定，当前以停战为要。由于两广事变已经解决，国民党中央军开始北调，张学良要求以毛泽东、周恩来的名义写信给他，由他负责转达蒋介石。叶剑英当即以电报请示中共中央后，立即补写了由毛泽东、周恩来署名的致张学良的信。信中写道："汉卿先生阁下：……我们正式宣言，为了迅速执行停止内战一致抗日主张，只要国民党军队不拦阻红军

1.《叶剑英传》编写组编：《叶剑英传》，当代中国出版社1995年版，第222页。
2. 中共中央文献研究室、中央档案馆编：《建党以来重要文献选编》第13册，第365页。

的抗日出路与侵犯红军的抗日后方，我们首先实行停止向国民党军队的攻击，以此作为我们停战抗日的坚决表示，静待国民党当局的觉悟。仅在国民党军队向我们攻击时我们才在自卫的方式上予以必要的还击，这同样是为着促进国民党当局的觉悟。先生是西北各军的领袖，且是内战与抗战歧途中的重要责任者，如能顾及中国民族历史关头的出路，即祈当机立断，立即停止西北各军向红军的进攻，并祈将敝方意见转达蒋介石先生速即决策，互派正式代表谈判停战抗日的具体条件，拟具国共两党抗日救国协定草案，送呈卓览。寇深祸急，愿先生速起图之！"[1]张学良阅信后，表示要尽快将《国共两党抗日救国协定草案》连同此信转给蒋介石。

对于红军与东北军之间的《抗日救国协定（草案）》，张学良认为双方事实上已经全面合作，无须有此书面形式，而且流传出去将给蒋系中央军势力留下把柄，叶剑英表示同意张学良的意见。[2]

关于红军与东北军联合作战计划问题，张学良同意中共中央拟定的红军抵抗日军的战略计划，并表示东北军将予以配合。张学良随即决定将东北军第六十七军集结于甘肃固原地区，第五十一军集结于庆阳一带，第一〇五师驻守甘肃平凉，以便在必要时与红军协同作战。

根据中共中央的交代，叶剑英向张学良提出借款 5 万元，另为其解决 1 万套棉衣的要求。张学良表示，借款的事将努力去办，棉衣问题马上可以解决，只是不便直接送往红区。他提出，可先派车从西安送往兰州方向，再由红军在半路上取走。叶剑英对张学良如此爽快与机警深表钦佩。[3]

叶剑英还有一项重要使命就是帮助张学良整顿和改造东北军。叶剑英在实地了解东北军存在的主要问题后，向张学良建议，改造东北军，

1.《毛泽东书信选集》，人民出版社 1983 年版，第 78—79 页。
2. 张魁堂：《蒋介石同张杨矛盾激化与西安事变》，《抗日战争研究》1992 年第 4 期。
3. 张学良借给中共的 5 万元现款及 1 万套棉衣在 10 月中旬陆续交付。

除必要的人员调整外，重在思想方面的训导，并提出了加强部队政训工作的组织措施和具体意见。这些意见大都为张学良所采纳。

10月初，红军第二、四方面军已经抵达陇东，国民党中央军胡宗南部迅速北上，向天水一带集中。为了配合红军3个方面军的会师，张学良于10月7日前往甘肃庆阳以督师为名约束东北军的行动，以便于红军的会师。10月8日，国民党军队在得到红四方面军9月29日拟订的通（渭）庄（浪）静（宁）会（宁）战役计划后，拟订了《通渭会战计划》，准备与红军主力在甘肃进行决战。张学良及时将这个计划通报给了中共中央，张学良还表示：他将于9日飞兰州部署，尽量推迟东北军各部行动的时间；同时请红一方面军佯攻靖远城，以便留于学忠部守兰州；请佯攻固原城，以便阻止蒋介石调王以哲部前往平凉作战；请红二方面军在现地活动牵制关麟征部；请红四方面军迅速通过西（宁）兰（州）大道与红一方面军会执行宁夏战役。毛泽东收到此电后，立即通知红二、四方面军领导人。10月9日，红军3个方面军在甘肃会宁胜利会师。张学良的种种行动，对于红军三大主力的胜利会师发挥了特殊的作用。[1]

至此，红军、东北军、西北军"三位一体"联合抗日局面宣告初步形成，预示着西北地区即将迎来一场极大的政治风暴。

---

1. 桂云：《张学良与红军长征三大主力胜利会师》，《上海党史与党建》1996年第6期。

第十章

"逼蒋抗日"

居今日而欲救亡图存，复兴民族，良以为除抗日外，别无他途。比来寇入益深，华北半壁河山，几全沦陷，而多数民众咸感觉忍无可忍，抗日声浪，渐次弥漫于全国，中枢领导民众之责，似应利用时机，把握现实，坚民众之信仰，而谋抗敌之实现，否则民气不伸，骚动终恐难免，彼时中枢或反处于被动地位，其失策孰甚！良年来拥护统一，服从领袖，人纵有所不谅，我亦矢志不渝，固为分所当然，情不自已，亦以深仇未复，隐痛日甚，愧对逝者，愧对国人，所日夜隐忍希冀者，惟在举国一致之抗日耳！

——张学良为陈明抗日主张致蒋介石电

思想组织准备

张学良既决心联共抗日，为在东北军、西北军内部灌输抗日思想与统一意志，加快"新式干部"的培养，决定与杨虎城联合创办军官训练团。他借口仿效蒋介石办庐山军官训练团的经验，培养"剿共"骨干，报请蒋介石批准，于1936年6月15日在西安东南的长安县（今西安长安区）王曲镇设立了军官训练团，由张学良任团长，杨虎城任副团长。训练团一共办了4期，每期约1个月左右。前两期的教育长是王以哲，后两期为黄显声。

第一期是干部连，选择对抗日有正确认识或思想比较进步的校级军官参加，名单由张学良与刘澜波等人审定，其中多数人是从特别人事档案里选择出来的，主要是西北"剿总"总部的处长、科长、参谋、秘书、科员和军队中的师长、正副团长、营长等，共计108人（初选120人，12人请病假或事假未报到），分成12个班。班长大都是上校级军官，担任副班长的大部分是中校级军官，其余为列兵。干部连的连长是王以哲，副连长是缪澂流。干部连1个月后毕业，多数留作训练团的干部。

第二期全是部队中的正副团长、营长、连长。第三、第四期兼收十七路军和其他西北部队的军官。

训练团学员所住的地方，是沿着土崖挖成的一排窑洞，宽约一丈五尺，纵深约五丈，每班一个窑洞，学习和生活都在里面。窑洞里有挖好的土桌和土凳，学员吃饭、学习就坐在这些土桌和土凳上面，不论职务、军衔，大家一律平等。

　　课程有政治、国际时事、军事训练和游击战术等，内容以政治为主，技术为辅，侧重宣传抗日救国思想。每天听课之后，即开小组会讨论，将讨论内容汇集起来，加以整理，备作各部队改革的参考。课余时间，大家用从西安带来的留声机学唱进步歌曲，主要有《义勇军进行曲》《大路歌》《开路先锋》《毕业歌》等。开始，东北军的军官不习惯于唱歌，唱歌的劲头不足，张学良鼓励大家唱下去，他说："《毕业歌》《大路歌》《开路先锋》，这些歌曲都很好，但要在短时期内全部学会是比较难的。最好大家都能熟练地合唱《义勇军进行曲》，因为这个歌曲意义明确，曲调慷慨激昂，鼓动性强，较易普及。"有一次，张学良和大家一起唱完歌，愉快地对刘澜波和应德田说："这些歌对抗日教育意义很大，胜过讲课，大家都会唱了，影响也就大了。"在干部连结业大会上，全连合唱了雄壮激昂的《义勇军进行曲》，效果非常好，既丰富了学员们的生活，又提高了他们的抗日觉悟。[1]

　　张学良对训练团非常重视，亲自驻团，住在离窑洞不远的一座古庙——太师洞，经常给学员讲课，和大家一起讨论，同唱救亡歌曲。

　　有一天，学员们吃过晚饭，坐在窑洞里随意讨论，交流思想，谈到日寇侵略，东北沦亡，东北军流落西北，蒋介石屈膝投降，抗日遥遥无期时，大家的情绪十分激昂怨愤。一个叫黄冠南的营长突然站起来，眼泪纵横，用沙哑的声音高喊："请副司令领导我们走上抗日战场，打回老家，收复东北！"学员们纷纷响应，场面既热烈又悲壮。张学良见状，内心也非常激动，站起身，流着泪说道："大家的心情和意见很好，请大家相信我。我张学良国难家仇集于一身，和大家一样，我不会忘掉

---

1. 孙铭九：《西安事变前张学良做的几件事》，载吴福章编《西安事变亲历记》，中国文史出版社 1986 年版，第 82—83 页；林世权：《王曲军官训练团》，载中国人民政治协商会议全国委员会文史资料委员会编《文史资料存稿选编——西安事变》，中国文史出版社 2002 年版，第 159—161 页。

报仇雪耻，收复失地！请大家相信我，不要急，要做好思想准备，我一定能够领导各位走上抗日征途，披甲还乡，重返家园。"学员们听后，热烈鼓掌。[1]

为了统一东北集团的意志，团结东北集团的精神，确立东北集团的中心思想，避免因内部意见分歧而引起外界的误会，张学良终于决定把自己的抗日决心与态度，坦坦白白地说出来。6月22日，他在王曲军官训练团做了《中国的出路唯有抗日》的长篇演讲，第一次在东北军内公开表明了自己誓死抗日的决心。在讲话中，张学良主要谈了四大问题。

（1）抗日是中华民族的唯一出路。"中国的大地、主权被敌人剥夺殆尽，人民的生命财产自由更无保障之可言。留在东北的父老兄弟姐妹们，在日本帝国主义铁蹄淫威下，过着非人类的生活。我们还有什么不可牺牲的？还有什么可怕牺牲的？建设与准备，日本绝不允许我们充分做的！目前，中华民族对日问题不解决，任何问题也谈不到。除了抗日之外，实在没有其他路子可走！中国的组织也无时不在遭敌人的破坏，他们绝不容我们统一。要想统一，唯有抗日，一致对外，才能求得统一。抗日与统一、统一与抗日，这两件事情是具有不可分离的连环的关系。九一八事变前后，我们有一个最大的错误，就是委曲求全，希求事态不扩大。到现在明白了，对日问题实在没有委曲求全之道，过去那样想，不过是一个空虚的憧憬。今后我们对日唯有抗战，决不能再蹈前此覆辙！宁肯因斗争致死，决不束手待毙！"

（2）抗日是东北军的最大使命。"东北的失掉，固然有复杂的原因在，其责任不能完全由东北军担负，但毕竟东北是日本从我们手里用武力夺去的，所以一定还要用我们的力量夺取回来！东北军应该有这种精神：过错是我们的，责任是我们的！我们不掩饰我们的过错，我们不推诿我们的责任！我们誓死要完成我们的责任！东北军要抗日是天经地义

---

1. 应德田：《张学良与西安事变》，中华书局1980年版，第63、61页。

的，东北军要抗日，不是不兑现的空话。东北军不只要抗日，而且还要站在抗日战线的第一线！成功，我们未必亲眼看见；荣誉，对于我们这些负有耻辱的人早已绝缘；至于东北的土地、主权，那是中华民族的，我们也决不能有任何非分的妄想！唯有牺牲是属于我们的！"

（3）东北军抗日行动的最低准备。"东北军过去只代表地方利益，纯粹是一种封建势力。'九一八事变'后，东北军逐渐发展为政治集团，但传统观念、残余的封建意识仍旧存在。目前，东北军要彻底精诚团结、意志统一，改变封建意识，建立中心思想，彻底造成划时代的为国为民之政治集团。在当前的非常时期，每个人要认清目标，坚定志向，培养正气，追求真理，对事不对人，放弃自己之利益。我张学良早有决心，违背国家民族利益的事情决不干！反之，又决不惜牺牲！假如说，把我的头割下来，国家便能盛强，民族便能复兴，那我张学良决无所惜。我说这些话不是表白，也不是夸口，只是表表我的决心，与大家共勉。"

（4）抗日最后胜利终会属于中华民族。"其原因在于：第一，日本国民立场不同，主张分歧，团结不坚固；第二，日本经济困难，国本不固，没有长期作战的条件；第三，中国不是日本的唯一对手，它还有更大的敌人——苏联；第四，中国是民族自卫战，在地理条件、民族士气上，都占优势。我们如能善于利用地形和游击战术，日本的新式武器不能尽量发挥其效用。"

张学良最后说："我们中华民族的生死关头已经到了！抗战是中华民族唯一的出路，抗日是东北军最大的使命。时间已不容我们谈准备了！我们要马上将准备与行动联系起来！唤起我们的久已消沉的民气，组织我们一盘散沙似的民众，拥护领袖，集中国力，把全民族所有的力量拉到抗日的阵线去长期抗战，这是历史给我们所决定的重大使命。诸位同志！你们认为我的路对，请你们坚决地随我来！你们发觉我决心动摇，请你们把我打死！假如我中途被敌人致死，请你们还要坚决地继续我的遗志向前进！失地收复之日，才算完成了我们东北军'孤臣孽子'

的任务！才能对得起做了若干年奴隶的东北父老兄弟姐妹！才能对得起死在敌人炸弹下的先大元帅及忠勇的抗日志士们、死难的同胞们！"[1]

这篇讲话，后来印成小册子在东北军中普遍散发，引起广大将士的强烈反响。在讲话中，张学良彻底否定了自己过去拥蒋"剿共"、拥蒋武力统一中国，然后再去抗日的思想，不点名地批评了蒋介石等人鼓吹和坚持的"长期准备论"和"唯武器论"。

在武汉时期，张学良经常谈到的是"复土雪耻""披甲还乡"，这时在公开场合明确喊出了"中国的出路唯有抗日"的口号，对东北军部属表达了自己誓死抗日到底的决心，坚定了只有抗日才能统一的信念，从而完成了从"安内攘外"到"攘外安内"的思想转变。这是张学良与蒋介石之间最大的政见分歧和西安事变爆发的根本原因。正如美籍华裔历史学家吴天威评论的那样："可以说，这本小册子里已经播下了'西安事变'的种子，张氏在（民国）二十五年六月间所想的与所说的，正好是六个月以后他所做的。"[2]

王曲军官训练团为东北军培养了一批抗日骨干。在此基础上，张学良于1936年7月底开始筹建抗日同志会。他对参谋孙铭九、秘书应德田谈了建立抗日同志会的想法和宗旨，认为在当前的形势下，有这样一个核心机构是完全必要的。这个组织吸收反蒋抗日最坚决的军政人员和青年知识分子，作为抗日的核心组织。它可以把分散的抗日力量紧紧地团结在自己的周围，并把领导核心意见和指示有组织、系统地传达下去，做到上下相通，行动一致。张学良当场把一个黑色硬皮16开大小的本子打开，严肃地签上了自己的名字，孙铭九、应德田也相继签名。后来，发展会员都在上面签名，这个16开本子也就成了抗日同志会的签名簿。

9月初，抗日同志会正式成立，成员有15人。至西安事变爆发时，

---

1. 毕万闻主编：《张学良文集》第2卷，新华出版社1992年版，第968—980页。
2. 全国中共党史研究会编：《抗日民族统一战线与第二次国共合作》，中国文史出版社1987年版，第320页。

已发展到 70 多人，包括刘鼎、刘澜波、卢广绩、车向忱、杜重远、马占山、宋黎、马绍周、黄显声、董英斌、常恩多、刘桂五、张政枋、吴克仁、赵毅、高福源、唐君尧、吕正操、万毅等人，既有东北军的军、师、旅、团、营长和西北"剿总"的职员，又有不少共产党员。同志会推张学良为主席，孙铭九为行动部长、应德田为书记、苗剑秋[1]为理论宣传部部长，并由应、孙、苗三人组成一个小中心，他们被称为张学良身边的"三剑客"。在张学良的直接领导下，大力开展联共抗日活动。

张学良对抗日同志会的组织和发展工作相当重视，发展会员要经过他批准。每次新会员入会，他都亲自主持宣誓仪式，并发表讲话。会员入会，先读入会誓词，然后亲笔签名于会员薄上，入会誓词是：

> 我决心参加抗日同志会，遵守组织纲领，服从组织纪律，拥护抗日领袖，艰苦奋斗，不辞牺牲，努力向前，以求达中华民族的解放与自由。此誓。

抗日同志会成立后，积极开展抗日活动。如对军官的抗日教育，东北救亡的活动，东北流亡学生的收容训练，与共产党的联系，接待红军代表，掩护红军往来人员，整顿东北军，选拔抗日人才充实团体，等等。随着抗日同志会的成立，东北军内部形成了所谓"东北少壮派"，而孙铭九、应德田、苗剑秋就成为少壮派的核心人物，他们是张学良的心腹，握有很大的权力，对于推动西安事变的发动发挥了重要作用，但这些人年纪轻，政治上不是很成熟，在西安事变发动后，面对错综复杂

---

1. 苗剑秋（1902—？），辽宁铁岭人，早年留学日本，先后就读于东京第一高等学校和东京帝国大学，他服膺日本早期社会主义者河上肇的理论，是一个民族主义的狂热鼓吹者。1936 年 1 月从武汉来到西安，以张学良的"客卿"身份出现。苗以敢言见重于张学良，张视之为诤友。张潜华：《张学良与西安事变》，载中国人民政治协商会议全国委员会文史资料委员会编《文史资料存稿选编——西安事变》，中国文史出版社 2002 年版，第 33 页。

的局面迅速迷失方向，被敌人利用，造成严重恶果。正所谓"成也萧何，败也萧何"。这是后话。

在刘鼎的建议下，抗日同志会还创办了《文化周刊》，由应德田主编，宣传团结抗日的理论及进步文化与思想，反对"剿共"，驳斥"攘外必先安内"的政策。

随着形势的发展，抗日同志会不断扩大，在各师、团中也逐渐建立了组织，吸收了一批团级以下的校官参加，实际上已成为由张学良直接领导的、东北军秘密联共抗日的核心组织，有力地推动了东北军联共抗日运动的发展。[1]

不久，张学良为培养新的抗日干部，又接受刘鼎的建议，任命孙铭九由中校随从参谋改任卫队第二营营长，创办抗日学生队（通称学兵队）。学兵队的筹备和招生工作于9月初开始，9月底正式成立，共有队员400多人，分为3个队。队员大部分是从北平通过中共地下组织秘密介绍来的抗日积极分子，其中有大学生、中学生和社会青年，很多人参加过"一二·九"运动，是民族解放先锋队的成员，也有一小部分是共产党员。

卫队第二营营部设在西安东城门楼上，学兵队队部也设在这里，孙铭九兼任队长。队员学习、训练、生活都在城楼上，不允许个别上街，星期天洗澡都是集体出去，非常守纪律。在西安的国民党特务虽然约莫知道有这么一支学兵队，但其中的具体情况一无所知。训练的内容以政治时事为主，军事术科为辅。[2]

学兵队自成立后，进步很快，引起张学良的重视和关怀。11月，绥远抗战爆发，学员决定绝食一天，集资援绥。张学良知道后，批评了孙铭九，并亲自接见全体学员，称赞大家的爱国之心，要求大家停止绝食。

---

1. 应德田：《张学良与西安事变》，中华书局1980年版，第65—69页。
2. 孙铭九：《西安事变前张学良做的几件事》，载吴福章编《西安事变亲历记》，中国文史出版社1986年版，第85—86页。

他说："我一定要促成一致抗日，绝不会在你们面前失信。很快，也许就在最近，你们就会看到我的行动。"[1]西安事变前，学兵队每结业一期，所有队员都被分派到东北军中担任政治工作和下级干部，成为抗日骨干。

张学良为培养干部，加速东北军的政治改造工作，还坚决主张将设在北平的东北大学迁至西安。东北中学（时在湖北鸡公山）将来也要迁至西安。他说，蒋介石有中央军校，我们有什么？要想抗日，首先须改造东北军；要改造东北军，首先要培训基层军政干部。师以上的可暂时不动，团以下的要逐渐更换。东大同学基本可当营级、连级干部，东北中学同学可当班长、排长。这样，我们就可以掌握全军，领导抗战。

当时，东北大学学生强烈反对比较守旧的王卓然（以秘书长代行校长职权）。张学良开始不想换王卓然，因王卓然对他有恩。苗剑秋便在张面前力争，粟又文劝张说："你可以给他些钱，让他生活得好些，就是报恩。但大学是国家的公器，既然学生们反对，你就不能以私害公。"张学良这才同意，由周鲸文出任代理东北大学秘书长，决定东大工学院首先迁西安。同年7月，张学良为东北大学1936届毕业同学录题词："努力崇明德，随时爱景光。"8月，张学良以15万元私款在西安城外西南角兴建东北大学西安校舍，并在奠基石上亲笔题词：

> 沈阳设校，经始维艰。
>
> 至九一八，惨遭摧残。
>
> 流离燕市，转徙长安。
>
> 勖尔多士，复我河山！

9月30日，东北大学西安分校举行秋季开学典礼。张学良亲临会场，

---

1. 康博缨：《西安事变前的东北军学兵队》，毅远方编《张学良在一九三六年》，光明日报出版社1991年版，第159—160页。

对工学院全体教职员和学生 200 余人讲了话，讲话要点为：（1）读书不忘救国，救亡不忘读书；（2）养成无畏之奋斗精神；（3）做西北青年之表率；（4）教职员和学生间要开诚合作。[1]他对东北大学学生寄予愿望。

在通过各种途径全力培养抗日干部的同时，张学良从 1936 年秋天开始，在东北军内部进行了一系列的人事变更，以改造东北军，适应新形势。如将第一二〇师师长常经武免职，任命赵毅接替；将第一一五师师长贺奎调到第一〇九师任师长，刘启文升任第一一五师师长；卫队第二营营长周文章改任西北"剿总"第三处（总务处）上校副处长，卫队第二营营长由孙铭九接替；应德田接替孙铭九，负责随从参谋秘书室；第一〇五师团副康鸿泰调任学兵队队长，西安事变前夕又调任第一〇五师团长。张学良原拟调第一一六师师长缪澂流为副军长，经王以哲力保，改任第五十七军军长。原拟任吕正操为第一一六师师长，因缪澂流反对，并力保刘元勋，乃任刘元勋为第一一六师师长；欲任第一〇五师团副王甲昌为团长，因师长刘多荃反对而作罢。这些人事变动，基本上是朝着联共抗日方向发展，但仍保留了许多反动、保守和不得力的军政干部，而且因东北军封建习气太深，动手太晚，未及完成整顿、建立起坚固的联共抗日阵线，西安事变即仓促爆发，以致造成张学良被扣南京后，东北军内部不仅无力救援，甚至发生分裂的严重后果。[2]

寻求国内外盟友

为在西北自成抗日局面，张学良在继续巩固与杨虎城、中共的"三位一体"时，还努力加强与国内外各方面的联系。在国外方面，张学良

1. 毕万闻主编：《张学良文集》第 2 卷，新华出版社 1992 年版，第 1026 页。
2. 应德田：《张学良与西安事变》，中华书局 1980 年版，第 77—78 页。

一直想谋求与苏联建立关系，获取苏联的物质和军事援助。他说："过去蒋介石北伐，靠苏联派两条船运来军火。冯玉祥五原誓师，靠苏联派200辆汽车运来军火。我要打日本，也得取得苏联的外援。"[1]

从1934年开始，张学良就通过李杜制定了经欧洲前往苏联之计划，希望达成目的，但没有结果。

1936年5月12日，张学良与周恩来在延安举行第二次会谈，决定东北军给西征的红军让路，并配合红二、四方面军北上，以利打通国际路线。张学良同意为中共代表邓发经过甘肃、新疆前往苏联提供帮助。双方对于东北军、西北军和红军三家在西北实行大联合的"西北发动大计"交换了意见。但在这个关键问题上并没有达成具体协议。[2]

6月10日，张学良驾驶飞机离开西安前往兰州，亲自为邓发赴苏联办理手续，同时给新疆的盛世才写信发报，对联苏寄予极大的期待。

1936年7月，张学良到南京出席国民党五届二中全会，在此期间，经过焦绩华的介绍，张学良在南京与苏联驻华使馆武官雷平中将见面，谈到了抗日问题，张学良表现出了强烈的愿望。8月，张学良又在上海法租界公馆会见了苏联驻华大使鲍格莫洛夫。第二天，张学良到苏联驻上海总领事馆回访鲍格莫洛夫。张学良在谈话中以急切的心情向苏联大使提出了订立中苏军事同盟共同对付日本的重大问题。张学良表示："中国自然非抗日不可，成败与苏联皆有关系，日本野心无穷，苏联终难免深受其害。与其单独应付困难，莫如中苏订立军事同盟，共同对付日本。"苏联大使回答说："如果中国能够团结起来，苏联政府一定会郑重考虑您的意见。"言下之意，苏联的援助要以中国能否停止内战、国共合作为前提。在归途中，张学良问焦绩华："苏大使的答复是什么意思？"焦绩华回答："大概是和停止打内战有关。"张学良叹息说："中

---

1. 孙达生：《西安事变中一些事件的见闻》，载中国人民政治协商会议全国委员会文史资料委员会编《文史资料存稿选编——西安事变》，中国文史出版社2002年版，第434页。
2. 毕万闻：《张学良与周恩来第二次延安密谈前后》，《民国春秋》1996年第6期。

央用得着你的时候，则言听计从；用不着你了，则把你一脚踢开，对外可不行啦！"[1]

在本章前节所述张学良向刘鼎透露他"不小的计划"中，曾考虑到1936年11月反蒋抗日，其中的一个关键因素就是他认为届时"可以得到新爱人的老亲们的表示"，即指望到那时能够得到苏联愿意援助他的表示。如果没有苏联的支持与援助，张学良要与蒋介石决裂，是不太可能的。[2]

因此，1936年8月，张又派西北"剿总"秘书栗又文、第一○五师旅长董彦平前往新疆，联络盛世才，打通国际路线。9月下旬，他们到达迪化（今乌鲁木齐），会见了盛世才军中的苏联教官安德列夫，说明了东北军情况和全国抗日运动的形势，要求苏联提供军事援助。不久，安德列夫答复：已经向斯大林汇报了，斯大林表示可以在甘肃平凉援建一个兵工厂。联苏工作初见成效。

在国内方面，张学良积极联络西北、西南各地方实力派，谋求建立联共逼蒋抗日的统一战线。1936年5月，张学良飞赴太原，将中共抗日民族统一战线政策及必须力劝蒋介石停止内战、一致抗日的主张等密告阎锡山，争取支持。阎锡山迫于红军东征的压力表示同意，并愿与张配合共同行动。10月，张学良再次赴太原，与阎锡山商定，吁请蒋介石联共抗日。如蒋不同意，则晋军、东北军与红军联合抗日。

1936年6月，"两广事变"爆发，杨虎城认为是逼蒋抗日的大好时机，与张学良商量援助两广当局的问题。他们决定分别致电蒋介石，反对对两广用兵，要求和平统一，共商抗日大计。如蒋对两广罢兵，西安方面便提出停止一切内战和召开救国会议解决国事的主张。如蒋对两广继续

---

1. 焦绩华：《张学良与苏使秘密会晤》，载吴福章编《西安事变亲历记》，中国文史出版社1986年版，第9—11页。
2.《刘鼎给李克农并转周恩来的信》（1936年5月2日），参见杨奎松：《究竟谁说服了谁？》，《抗日战争研究》1996年第1期。

用兵，西安方面即出兵援助两广，逼蒋抗日。[1]同时，张学良派中校秘书刘启戈前往广东与陈济棠联系。不久，因余汉谋投奔蒋介石逼陈济棠下野，蒋介石顺利解决了广东问题，只剩下广西当局还在顽抗。张学良又派中校参谋解如川去广西，联络李宗仁、白崇禧，希望联合抗日。此时，张学良还派代表到北平、济南、成都，分别向宋哲元、韩复榘、刘湘等地方实务派提出逼蒋抗日主张，获得不同程度的响应。这样，从华北经西北，到四川、广西，一条逼蒋抗日的战线已初露端倪。

抗日舆论准备

在张学良、杨虎城的支持下，西安的抗日救亡运动蓬勃开展起来。1936年9月18日，旅居陕西的东北民众特假西安革命公园，举行九一八事变5周年纪念大会，发表了宣言、通电及《上国民政府请缨书》和《上张副司令请愿书》，一致要求南京政府早日实行抗日，收复失地。会后，举行游行，沿途散发传单，高呼口号。游行队伍行至西北"剿总"总部时，当面向张学良递交了请愿书。书中写道：

> 我们要求副司令的，是不要再信什么"调查""亲善"的辞令了，因为那是戏法式的骗局，我们指望它，永远不会有回家之日；也不要再作"待机""等待"的念头了，等到那天，侵略者也不会善罢甘休地交还东北，反而只有如水益深、如火益热的铸成积重难返的错误；也不要再相信"三日亡国""十日亡国"的滥调了，"事实胜于雄辩"，拿淞沪之战、长城之战的铁证，敌人并不

---

1. 王菊人：《西安事变前后的几件事》，载吴福章编《西安事变亲历记》，中国文史出版社1986年版，第135—136页。

是多么可怕的。我们拼着我们的血肉头颅，一定可以达成回家之愿……期望副司令领导我们，早日踏上杀敌的战场，完成历史的使命，胜则披甲还乡，败则亦愿效田横五百的义死。我们的心已坚如铁石，我们的血已沸腾到顶点，愿以我们数十万颗的肉弹作副司令的武器！

张学良身着戎装出来接见，在"请张副司令领导抗日"的口号声中，收下了请愿书，并当场致辞，称赞大家的爱国热情，表示一定要率领东北军抗战复土，不达目的，誓不罢休。

10月3日，张学良在西安接见了经常给伦敦《每日先驱报》撰稿的美国记者海伦·斯诺（埃德加·斯诺的夫人），并邀请南京中央社记者参加。他在回答斯诺夫人提问时，明确表示："我坚信，中国实现真正统一是可能的，那时，我们就能成功地抗击侵略者。这一点，我是深信无疑的。自侵略者侵占东北三省以来，内战危机不绝。但因全体国民军想团结对敌，各种内战均被公众舆论所制止。然后唯有抗击外敌，中国才能实现真正的统一。""如果共产党能够在中央政府领导下，诚心诚意地同我们合作，抵抗共同的外敌，这个问题，也许会像最近的'西南事件'一样，得到和平解决。"[1] 这是张学良到西安后，第一次通过报纸，向世人公开自己停止内战，团结抗日，以攘外求统一的主张。

1936年10月10日，于中华民国成立25周年的纪念日上，张学良特发表纪念文章，严正指出："在现阶段，国难严重的程度，实在是无以复加了！整个民族的生命眼看就要完了！假如还有人以为不要紧、不在乎，那正像有人说：'中国再这样忍受下去的结果，就等于胡匪于正法之前，喊说再等二十多年，我还是条好汉一样！'国难严重到如此地

---

1. 毕万闻主编：《张学良文集》第2卷，新华出版社1992年版，第1029—1030页。

步，我们当然必须马上起来解除它！

"解除国难的办法，在原则上可以说只有一个，这一原则我已经一再地宣布过，现在重述一遍，就是：我们大家都要坚决地拥护领袖！坚决地拥护统一！和坚决地奉行总理的遗教：'唤起民众，共同奋斗'！

"我们要确立牺牲自我的人生观，坚定志向，培养正气。我们要为大众而活着，为国家而活着，不只为现代的大众、国家而活着，而且是为后世的大众、国家而活着，为国家是可以牺牲我们自己的！"[1]

日本分离中国的侵略计划，除策动华北"自治"外，还包括蒙古"独立"。自 1933 年 5 月《塘沽协定》签订后，日本关东军即积极扶植锡林郭勒盟副盟长德穆楚克栋鲁（即德王），企图建立一个包括察哈尔、绥远、宁夏在内的所谓"蒙古国"。1936 年 5 月，德王在察哈尔省嘉卜寺建立了伪蒙古军政府，主张"亲日、亲满"，并以日本军为顾问，接受大批日本军火，扩充部队，图谋绥远。到 10 月底，绥远局势趋于紧张，战事一触即发。在张学良的一再要求下，东北军所属骑兵第七师（师长门炳岳）奉命北上绥远，支援傅作义与日伪（蒙）军作战。

骑兵第七师出发前，张学良于 11 月 10 日对该师全体官兵讲话鼓舞士气。他指出：

"整个中国，眼看就要沦为日本帝国主义的殖民地。危机的情形，如同被匪徒'绑票'前的一刹那。所以在目前中国人最切要的工作便是抗日救亡。中国不把日本帝国主义驱逐出去，一切工作，无由做起，永无复土之望。

"中国陷于如此悲惨的境地，固有其复杂的原因在，但毕竟大部分责任在我们当军人的身上，是我们军人的耻辱！军人最大的责任是捍卫国家，试问我们对这种责任尽到了没有？说到这里，真觉得无以自容！往者已矣，从现在起，我们一定要下万分决心，坚决地负起抗日救亡、

---

1. 毕万闻主编：《张学良文集》第 2 卷，新华出版社 1992 年版，第 1038—1040 页。

捍卫国家的神圣的重大责任！湔雪这种不能负起责任的莫大的耻辱！头可断，血可流，一切一切都可以牺牲，唯有日本不可不抗！没有这样的最大的决心，便不配为中国军人！

"我们是民族自卫战，而日军是帝国主义侵略战争。我们是正义的，他们是非正义的。我们的民气、士气远胜日军。我们不能犯'唯武器论'的错误，说什么武器不如人，一定打不过。我们要相信精神条件优于物质条件，士气远胜武器……从各方面来说，我们对日作战，是有绝对的胜利的把握。诸位战士们，鼓起勇气前进吧！

"诸位今后无论马革裹尸，或得胜凯旋，实在都是诸位的荣誉，诸位的希望。本人预祝诸位将士马到成功！本人誓率所属西北各部队作诸位战士的后盾！"[1]

11月28日，西安各界举行西安围城10周年纪念大会。张学良发表了《西安围城事件的意义和教训》的演讲，认为宝贵的教训有三点：（1）只要有最大的决心，定可以战胜任何困难；（2）围城之役所以能战胜敌军，实赖于军民合作；（3）从死里才可以求生。

接着，他指出：

"目前，整个中国被敌人围攻着，尤其是日本帝国主义，它有同当年围攻西安的敌人想消灭所有被围的人们一样的决心，所以，我们也一定要抱定最大的决心——死的决心，不顾一切地来同我们最大的敌人——日本帝国主义一拼！

"我们现在决不要有着弱者的心理：怕牺牲，怕敌人。敌人是一点不可怕的，可怕的是无反抗强暴者的心理，没有决心和信心。我们今天纪念西安围城事件，我们要接受围城事件的教训，踏着先烈的血迹，恪守总理遗教，把我们的决心与信心——就是力量，贡献给我们的领袖，让我们来追随着我们的领袖，向我们最大的敌人日本帝国主义反攻，整

---

1. 毕万闻主编：《张学良文集》第2卷，新华出版社1992年版，第1044—1048页。

个中华民族终有像十年前守城军民获得最后的胜利的一天。"[1]

从"复土雪耻"到直言抗日，从内部讲话到公开表态，张学良的抗日决心越来越坚定，抗日愿望越来越强烈，它化作一股力量，不可阻挡。这预示着张学良即将采取果敢行动，以贯彻主张，达到停止内战、一致抗日的目标，实现其收复东北的夙愿。

"艳晚事件"

张学良和东北军秘密联共的情况，蒋介石通过驻西安的特务机构多少有些了解。当时，南京政府在西安设立的军警特务机构多如牛毛，国民党军警特务不仅充斥西安各个角落，而且在东北军和十七路军内也有隐藏的特务。他们经常直接向蒋介石提供有关张学良、杨虎城的情报，而蒋介石为表示与张学良推诚相与，故作姿态，有时还把特务呈送给他的个别无关紧要的报告原件抄送张学良，令其答复，使张学良感到不安与愤怒。

蒋介石派来的西北"剿总"参谋长晏道刚为人厚道，对张学良的联共事实所知不多，而且主动写信给蒋介石为张学良辩护。为了进一步蒙蔽蒋的耳目，张学良于1936年7月20日给晏道刚写了一封信，大发了一顿牢骚。信件全文如下：

甸樵吾兄：

弟自入关以后，对蒋委员长极端忠诚，弟曾替他解决许多困难，万怨不辞。今日弟处此痛苦环境，这些特务人员对我严密监视，挑拨离间，令人气愤。譬如王曲军官训练团的学员对提起"蒋

---

1. 毕万闻主编：《张学良文集》第2卷，新华出版社1992年版，第1044—1048页。

委员长"四字没有立正，岂是我教给他们的吗？前线官兵与共产党私有来往，这是秘密，我何能知道？我又哪能管这许多？他们甚至说我与共产党曾有联系，真是无中生有。兄自动去电替我解释，爱我之情，不尽感激。

弟张学良

7 月 20 日于王曲军官训练团[1]

1936 年七八月间，在张学良身边从事抗日救亡工作的中共东北军工委书记宋黎日益受到国民党特务的严密监视，处境十分危险，中共党组织建议宋黎立即离开西安转移到苏区。宋黎因为自己名义上是张学良校长请来的东北大学学生代表，就向张学良汇报了自己的处境，要求回北平。宋黎为了激起张学良对国民党特务的反感，故意刺激他说："我们来西安时间不算短了，没做多少抗日工作，反倒给校长惹来许多麻烦。我走对校长好，不至于因我出了问题引起人们议论，说张副司令带兵几十万，连一个抗日学生都保护不了。"宋黎的一番话犹如火上浇油，张学良果断地回答："你们哪儿也不用去，就住在西北饭店，反正我还带兵，可以保证你们安全。"

事后，宋黎向中共党组织做了汇报，经研究决定，宋黎等继续住在西北饭店。为了防止发生意外，也做了必要的准备，将机密材料处理掉，通知与他们有联系的抗日人士暂时停止往来等。[2]

8 月 29 日，宋黎接到西安绥靖公署交际处处长申伯纯打来的电话，暗示国民党特务可能要对他们采取行动，要他们加倍小心谨慎。因为情况紧急，宋黎立即让马绍周速到"剿总"政训处找熟人了解情况，以便

---

1. 晏道刚：《我在西安事变中的经历》，载吴福章编《西安事变亲历记》，中国文史出版社 1986 年版，第 197—198 页。
2. 宋黎：《"艳晚"事件》，载中国人民政治协商会议全国委员会文史资料委员会编《文史资料存稿选编——西安事变》，中国文史出版社 2002 年版，第 288—289 页。

决定对策。未料到，马绍周走出西北饭店，就被守候的国民党特务逮捕，羁押在国民党陕西省党部。

马绍周离开西北饭店后不久，就有东北中学学生代表团几个人进来找宋黎，研究撤换东北中学校长王化一的事。当时宋黎心里很急，考虑他们年纪轻，怕吓着他们不好明讲，又担心随时可能发生意外，只简略地说了几句就让他们走了。代表团负责人曹富琨（曹裕民）坚持要留下来跟宋黎深谈，宋黎不好推辞。谈话中间，突然门被踢开，接着闯进两个人，进门就喊："宋黎！"宋黎见来者不善，急中生智回答："不在家，出去了！"特务横眉竖目，恶狠狠地说："就是你！"说完猛扑过来把宋黎和曹富琨一起逮捕了。两个特务架起宋黎的两只胳膊往外拽，刚出房门，特务头目对他的喽啰宣布："抓到了共产党要犯！命令谁也不许打电话，不许走漏风声，来一个捕一个。"

宋黎意识到事态极为严重，为了让别人知道他被捕了，避免他们再来他的房间陷入罗网，边挣脱边大喊："你们这是干什么？"突然，一个特务朝宋黎的背上猛击一拳，打得他腰都直不起来（宋因此患了肋膜炎，并留有后遗症）。特务边打边骂："还不明白！不许说话！"

宋黎被特务押送的途中，一边奋力反抗，一边大声喊叫："土匪绑架！土匪绑架！"以期引起别人的注意并解救他。走了不多远，爱国民主人士车向忱迎面走来。一个特务说："这个老头来了，逮捕他！"押送宋黎的3个特务分出一个去抓车，剩下两个特务拖不动宋黎。一会儿，那个特务空手回来造谣说："车带了枪……赶快先把这个送走。"

从西北饭店后门出来往北走有个十字路口，那里有第十七路军的岗哨，是通往新城方向去的。特务怕出差错，便直奔正南大街走。一路上，只要遇到树木或电线杆，宋黎便抱住不放。因为是星期六，晚上行人比较多，宋黎不断大喊："土匪绑架！"一个值勤的警察端着步枪跑来问："怎么回事？"特务说："我们是省党部的。你还看不明白？！"

警察听说是省党部的，不敢干涉，眼睁睁着特务把宋黎架走。这时，宋黎发现只有一个特务押着曹富琨，就向他高喊："快跑！快跑！"曹一转身，从西北饭店前门跑进前院楼上。那里住着东北大学、东北中学学生代表团十多个人，其中东大代表有景全丰、萧润和等五六个人。因学生较多，特务没敢进去。特务见曹富琨跑了，于是集中对付宋黎。三四个特务把宋黎抬起来往省党部走。有几个学生代表跑出来试图营救宋黎，但没有成功。[1]

稍后，迎头遇上第十七路军的宪兵巡逻队，宋黎一面高喊："土匪绑票，救人呀！"一面同特务厮打起来。巡逻队上前干涉，把宋黎和特务一齐带到宪兵营部。经过查询，巡逻队弄清了真相，随即与东北军取得联系，张学良立即派孙铭九把宋黎接到了张公馆。

张学良听到宋黎被捕的消息，大为气恼，说："捉人居然捉到我头上来了！"他一面派孙铭九去接人，一面派参秘室人员关时润去西北饭店宋黎住的房间处理学兵队的材料，以免落入特务手中。不料，关时润一进入西北饭店宋黎住的房间就被守候的特务逮捕，被押送到省党部与马绍周关在一起。

张学良向宋黎问明情况后，又得知马绍周、关时润两人已被特务抓进国民党陕西省党部，还听说很快就要押送去南京，张便怀疑自己秘密联共的事被特务发现了，便决心先下手为强，杀几个特务，准备与蒋介石公开决裂。而且部队已经整装待发，在这千钧一发的时刻，张学良最后想起还必须征求一下西北"剿总"政训处副处长黎天才的意见。张学良立即电话通知黎到他的办公室。这时的黎天才相当冷静，他对张学良说：泄一朝之愤，解决不了问题。如果立即反蒋，响应绥远，实行抗战，杀几个人也可以。否则，只为痛快，授人之柄，陷自身于不利之

---

1. 宋黎：《"艳晚"事件》，载中国人民政治协商会议全国委员会文史资料委员会编《文史资料存稿选编——西安事变》，中国文史出版社 2002 年版。

境，所谓小不忍则乱大谋。张学良听罢，立即收回了手令，接着又拉着黎的手问眼前这一幕如何收场。黎天才说："省党部的特务部门还是要去搜查，文件也要搜检，特务照样抓来，全案交军法处办理，但要避免直接行动杀人。"张学良全部采纳了黎的献计。这一事实也表明，黎天才确实是张学良言听计从的军师和政治顾问，西安事变能够发动与之关系极大。高崇民后来甚至开玩笑说："西安这样一个天翻地覆的大事变，名都教天才兄一人享了。"[1]只是受资料的限制，有关黎天才与西安事变的许多细节还难以勾画出来。

当时，东北军在西安城内只有1个警卫团，而国民党中央系部队却有3个团，即中央宪兵团和团编制的公安队、别动队。张学良紧急命令从王曲调1个步兵团急行军进城，准备宣布戒严，同时将晏道刚召至张公馆谈话以稳住他，不让他有调遣中央军的机会。

宋黎看到张学良决定与国民党公开对峙非常高兴，为了扩大事态，立即加一把火说："张校长是这里的代总司令，他们逮捕您的学生和职员竟不通过您，这不是无法无天、目无副司令吗？要干就大干，越大越好！"

部署完毕后，张学良连夜派人把陕西省政府主席邵力子找来。邵力子刚迈进客厅门槛，张学良一反以往谈笑风生的常态，勃然大怒地质问："省党部逮捕我的学生、秘书和职员，为什么不通过我？我是'剿匪总部'的副司令兼代总司令、是代表蒋委员长的，我是国民党中央执行委员，即使是抓共产党也应该让我知道！省党部竟如此藐视我，胆敢擅自抓我的人，我一定要严办！"邵力子还从未见过张学良发这么大的脾气，也从未见过有人对他如此不恭，不禁有些惶恐不安，连声说："副司令息怒！副司令息怒！这件事我不知道，我查明后马上报告，事

---

1. 罗健：《西安事变前后的黎天才》，《抗日战争研究》2000年第3期。

情由我负责。"张说:"那就请你负责查明,把抓去的人尽快送回!"" [1]

其实,邵力子受张学良的这一顿训斥,也是十分冤枉的。因为他虽然是陕西省政府主席,但并非陕西省党部主任委员,管不了省党部的事。而当时的省党部主任委员名义上还是杨虎城兼的,但杨也是挂名。邵力子平白无故地受了一顿训斥,又不便发作,连忙回去查问情况。他把省党部的几位委员叫来问话,他们告诉邵,是军统头子戴笠直接指挥的省调查统计室的人抓的,省党部根本就没有参与。

邵力子告辞后,张学良命令副官长兼第一〇五师副师长谭海率领卫队营前往陕西省党部,救出马绍周、关时润,并查抄到了省党部诬告东北军的密电和准备逮捕的东北军抗日活动分子名单(名单上有300多人)。

一会儿,邵力子回来向张学良报告。这时邵力子已经弄清了事情的原委,所以说话的声调也高了几度:"我已向省党部几位常委查明,捕人确有其事,是南京调统室派来的人直接指挥捕的,省党部常委也不清楚。他们捕人是奉蒋总裁[2]的电令,点名逮捕的还有刘澜波、孙万发(孙达生)、栗又文。省党部事先没有请示副司令,是他们的严重错误。现在托我向副司令请示如何处理。"

张学良这才缓和口气,低声说了一句:"把原电送来。"

蒋介石的电报很快送来,张学良看后和颜悦色地对邵力子说:"深夜惊动,很对不起,请回去休息吧!"

邵力子告辞后,张学良拿着电报走进隔壁办公室,疑惑不解地对宋黎说:"这份电报有马绍周、刘澜波、孙万发、栗又文的名字,却没有你;没有马绍周,也应该有你呀!因为有你的通缉令。"张学良由此判断,邵力子送来的不是原件,而是抄写件。后来了解到,蒋介石指名逮捕的名单里不仅有宋黎,而且准备在逮捕后立即用飞机将其押送至南

---

1. 宋黎:《"艳晚"事件》,载中国人民政治协商会议全国委员会文史资料委员会编《文史资料存稿选编——西安事变》,中国文史出版社2002年版。
2. 蒋此时的职务应为国民政府军事委员会委员长——笔者注。

京，押送的飞机已经在机场上等候，随时可以起飞。但由于张学良的反抗，使国民党特务的计划全盘破产。

这是 1936 年 8 月 29 日晚发生的惊心动魄的事件，因 29 日的电报代韵为"艳"，史称"艳晚事件"。这是张学良与蒋介石第一次短兵相接的正面冲突。

张学良派人连夜查阅抄来的文件，没有找到反映他联共的任何情报，才算放下心来。隔了两天，张又亲自打电话请邵力子，很客气地对邵说："看过从调统室搜来的文件，才知道先生您也是他们造谣密报的对象，他们对先生您都任意诬蔑，荒唐到了极点，我深信先生您绝不会有像他人密报所说的事。"见误会解除，邵力子也就不再说什么了。

张学良擅自派兵搜查陕西省党部，从国民党的纪律来说，当然是一件十分严重的大事。张学良于第二天急电蒋介石，自请处分。内称："陕西省党部不经学良知晓，也不经正式手续，擅自派出便衣，逮捕我总部职员马绍周等人，这是不相信学良，不信任总部的作为。总部全体官兵当即群情激愤，学良迫不得已，直接向省党部稍示惩戒，并索还被捕人员。惟因事出仓促，未能事先呈报钧座，不无鲁莽之处，自请处分。被捕的马绍周等人拟交总部军法机关严加审处。"[1]

蒋这时正在广州全力处理广西善后问题，只好暂时按下满腔怒火，在批复张学良的电文时故意轻描淡写："此案处理，殊失莽撞。惟既知错误，后当注意，所请处分一节，应免置议。至于马绍周等人的审查，准如所拟办理。"一场轩然大波就这样双方心照不宣地暂时敷衍平息下来。[2]

但实际上国民党中央系势力把张学良的这次行动看成是一件了不起的大事。蒋介石的亲信、西北"剿总"政训处处长曾扩情从中觉察出张学良和东北军"剿共"信心动摇，于事件发生的次日即飞抵广州，向蒋

---

1. 毕万闻主编：《张学良文集》第 2 卷，新华出版社 1992 年版，第 1017 页。
2. 王维礼、范广杰：《蒋介石和张学良》，吉林文史出版社 1994 年版，第 196 页。

介石呈交一份书面报告，建议增派中央劲旅为"剿共"主力军，在西安设立一个"剿共"干部训练班，轮流抽调东北军和十七路军团、营以上军官，施以有关的思想和技术训练，把鄂豫皖等省实行的保甲制广泛地推行到西北地区，以加强民众组训而严整"剿共"壁垒，等等。[1] 不料，蒋介石看后，不仅没有赞赏，反而故意责怪曾扩情说："西北的事，我完全交给张副司令了。你有意见，不向他讲，跑来见我，很不对。"随即在报告封面上批了"胡说，交张副司令阅"几个大字，弄得曾扩情哭笑不得。[2]

其实，蒋介石早已通过设在西安的各种特务机关获知张学良、杨虎城通共的情况，对"活路事件""艳晚事件"大为不满，只是因为蒋介石此时关注的重点在两广，对西北张、杨不得不暂时按下不满，力加克制，不便立即爆发罢了。

张学良很清楚这种情况，决定主动出击，向蒋介石直言抗日，公开自己的主张，并要求确定全国抗日计划。9月22日，他致电蒋介石，阐述了自己的抗日立场，略称：

> ……居今日而欲救亡图存，复兴民族，良以为除抗日外，别无他途。比来寇入益深，华北半壁河山，几全沦陷，而多数民众咸感觉忍无可忍，抗日声浪，渐次弥漫于全国，中枢有领导民众之责，似应利用时机，把握现实，坚民众之信仰，而谋抗敌之实现，否则民气不伸，骚动终恐难免，彼时中枢或反处于被动地位，其失策孰甚？良年来拥护统一，服从领袖，人纵有所不谅，我亦矢志不渝，固为分所当然，情不自已。亦以深仇未复，隐痛日甚，愧对逝者，愧对国人，所日夜隐忍希冀者，惟在举国一致之抗日耳！……总

---

1. 曾扩情：《西安事变回忆》，载吴福章编《西安事变亲历记》，中国文史出版社1986年版，第208页。
2. 惠德安：《张学良将军轶事》，辽宁人民出版社1985年版，第134页。

060   张学良传·下

之，就各方面言，欲救亡必须抗日，欲抗日必须全国力量之集中。良此时在钧座指挥下尽"剿匪"之职责，尤愿早日在钧座领导下为抗日之牺牲，惟冀钧座于国防会议内确定整个计划，实行抗日，良决负弩前驱，惟命是从。[1]

至于秘密联共问题，张学良有一次在南京，曾与蒋介石同车去宪兵司令部出席一个毕业典礼，在车中，张学良向蒋介石陈述了共产党有与国民党谋求合作的意思，并还想趁机告诉蒋自己已与周恩来会面之事。不料，话还未出口，车已抵宪兵司令部门口。当晚，张学良打算继续向蒋介石陈述，但因东北军军饷的问题，蒋责备张总是以烦琐小事相扰，并催促他尽快返回陕北。于是，张学良未再开口，错过了一个沟通的机会。

从苦谏到哭谏

蒋介石在轻而易举解决"两广事变"以后，认为解决西北问题的时机已到。他下令将此前驻扎在湖南南部对付两广的中央军嫡系部队全部调往陕甘，计划调集总数超过 30 万的大军，配备 100 多架新式马丁战斗机。10 月 22 日，蒋介石飞抵西安，亲自坐镇西安指挥东北军、十七路军与中央军配合积极"剿共"，企图在 3 个月之内血洗陕北苏区，彻底消灭红军。

10 月 22 日中午 12 时，蒋介石偕夫人宋美龄在侍从室第一处主任钱大钧等人护驾下飞抵西安，张学良、杨虎城、邵力子等群集西安机场恭迎。

---

1. 毕万闻主编：《张学良文集》第 2 卷，新华出版社 1992 年版，第 1021—1022 页。

蒋介石一下飞机，开口便问张学良："汉卿，曾（扩情）处长的报告，我批交给你看，他送来没有？"

张学良见蒋介石旧事重提，心想不妙，赶紧回答："委员长，请放心，我看到了。"

蒋又说："西北的事，我完全交给你了，谁说什么我都不听，不向你讲，跑去广州见我就很不对，是要给他处分的。"[1]

这时，邵力子上来解围说："委员长，事情早已过去，算了，算了。"

出了机场，蒋介石登车直接前往距西安城东约20公里的临潼县（今西安临潼区）骊山脚下的华清池，张学良、杨虎城等驱车尾随相送。

下午3时，蒋介石等到达华清池。蒋介石随即召见杨虎城、张学良，做礼貌上的寒暄，几分钟后杨虎城、张学良便告辞退出。

当时，蒋介石调集的国民党中央军及军政大员正在向西北地区开进途中。在中央军到来之前，蒋介石不准备采取行动，于是他故作轻松，邀请张学良、杨虎城、邵力子、曾扩情等人于23日、24日两天游览"西岳"华山及西安名胜。

蒋介石得知张学良手里有一匹马鸿逵送给他的"盖西北"宝马能日行八百里时，立即表现出了极大的兴趣，要求来一个马与火车的赛跑，实地试一试"盖西北"的速度。从西安城到华山附近的华阴站，约100公里，蒋介石与张学良、杨虎城等一干人坐火车，张学良的副官刘海山骑"盖西北"，火车开动起来后，刘海山骑马开跑。比赛结果，刘海山骑"盖西北"比火车先到华阴站，证实了"盖西北"的不凡速度。[2]

在游览过程中，蒋介石装作很随意的样子问张学良最近读些什么书。张学良据实相告："近来读了两本书，一本是关于唯物辩证法的，

---

1. 惠德安：《张学良将军轶事》，辽宁人民出版社1985年版，第135页。
2. 赵新华：《跟随张学良将军前后》，载中国人民政治协商会议全国委员会文史资料委员会编《文史资料存稿选编——西安事变》，中国文史出版社2002年版，第743—745页。

一本是关于政治经济学的。"

蒋一听都是马克思主义的红色著作很不高兴，并以过来人的身份教训说，他在十几年前也看了不少这类书，都是俄国人写的，不适合中国国情。接着，他用训斥的口吻说："看这类书是会中毒的，以后不许看这类书！"并让张好好读《大学》和《曾文正公全集》，说把这类书读通了，将终生受用不尽。

当大家站在险峻无比的华山山顶纵览四周景色时，蒋介石旁敲侧击、一语双关地说道："西岳之胜在于险，什么鹞子翻身、南天门，必须攀缘岩壁，扶着铁索向上爬，一有失误，就会掉到万丈深渊里。"

这时，山巅上涌来白茫茫的云雾，各处景点若隐若现。曾扩情兴致所至，随口吟了两句诗："华山高如许，不见隐黄土。"说者无意，听者有心。张学良认为用它来形容蒋介石被他周围的群小所包围，因而听不进正确的意见，是再贴切不过的了，故很欣赏此诗的谏诫性和现实意义。

于是，张学良有感而发，吟了一首七言绝句，以寄托自己的情怀，诗曰：

> 偶来此地竟忘归，风景依稀梦欲飞。
>
> 回首故乡心已碎，山河无恙主人非。

从华山游览归来后，蒋介石又由杨虎城、邵力子陪同游览了"西王台"，并冒雨参观了西安碑林。

在悠闲数日后，蒋介石着手部署"剿共"计划。

10月27日上午，蒋介石在华清池行辕召集西北"剿总"高级职员开会，宣布他的"剿共"计划，并分别召见张学良、杨虎城征求意见。

张学良在见蒋时，首先向蒋扼要报告了毛泽东、周恩来于10月5日联名写给他的信。信件原文如下：

汉卿先生阁下：

中国共产党建议全国各党各派各界各军的抗日民族统一战线已经一年多了，虽已得到全国人民的赞助，但中国国民党不但至今采取游移不决态度，而且当日寇正在准备新的大举进攻时，反令胡宗南军深入陕甘配合先生所指挥的部队扩大自相残杀的内战。我们正式宣言，为了迅速执行停止内战一致抗日主张，只要国民党军队不拦阻红军的抗日去路与侵犯红军的抗日后方，我们首先实行停止向国民党军队的攻击，以此作为我们停战的抗日的坚决表示，静待国民党当局的觉悟，仅在国民党军队向我们攻击时我们才在自卫的方式上予以必要的还击，这同样是为着促进国民党当局的觉悟。先生是西北各军的领袖，且是内战与抗战歧途中的重要责任者，如能顾及中国民族历史关头的出路，即祈当机立断，立即停止西北各军向红军的进攻，并祈将敝方意见转达蒋介石先生速即决策，互派正式代表谈判停战抗日的具体条件。拟具国共两党抗日救国协定草案，送呈卓览。寇深祸急，愿先生速起图之。

毛泽东　周恩来[1]

接着，张学良又恳切地向蒋介石说明在目前的形势下，为了拯救国家和民族，必须停止内战，一致抗日。并说这不仅是他个人的看法，而且是东北军绝大多数将士的希望，也是全国人民的强烈要求。

蒋介石听了这些，大为不满，以严厉的口气训斥道："你是中了共产党的魔术！风吹草动，兵随将走。当统帅的不动摇，当兵的就不会动摇！"

张学良还是据理力争，反驳道："打内战是调动不灵了，要是打日本，可以调动自如，锐不可当……"蒋不容张再说下去就断然说："在杀光红军，捉尽'共匪'之前，决不谈抗日的事！军人以服从为天职，

1.《毛泽东书信选集》，人民出版社 1983 年版，第 78—79 页。

我要叫你向东，你就应该向东；我要叫你往西，你就得往西；我要叫你去死，你就得去死！不要问为什么！这是命令，你是军人，就应当服从！"

话不投机，张学良只好告辞。他退出来后，见到武昌鄂豫皖三省"剿总"时期的参谋长、现任蒋的侍从室第一处主任钱大钧，气愤地说："这批小鬼（意指特务人员），不知在委员长面前说了我多少坏话！你看，今天，委员长简直把我骂得狗血喷头！话没说完就骂开了！你叫我以后怎样再去和委员长见面！"

杨虎城的性格比较深沉，而且他的实力与地位又比张学良低，在蒋面前一般不敢公开唱反调。这次，见蒋时仍然不敢明确表示反对蒋的"剿共"计划，只是委婉地说他个人服从命令没问题，只是部队抗日情绪高涨，"剿匪"士气低落，值得忧虑。

张学良、杨虎城认为蒋介石坚持"剿共"是由于不了解下情，决定在王曲军官训练团安排一次由团长及师参谋长以上军官出席的会谈，预定师长以上的高级将领都不说话，全由团长、师参谋长发言，最后请蒋介石训话。他们希望用这种下情上达的办法，表明停止内战、一致抗日是大家的愿望，而不仅仅是他们二人或少数高级人员的主张，以促成蒋介石接纳大家的意见。

27日下午，张学良、杨虎城亲自陪同蒋介石前往王曲军官训练团训话，同行的还有蒋鼎文、顾祝同、陈诚、朱绍良等蒋介石的嫡系高级将领多人。训话的会场设在城隍庙大院内，听讲的有五六百人，其中除训练团学员外，还有西北"剿总"、东北军、十七路军上校以上官佐和驻西安各部队团长以上军官。

蒋介石身着戎装礼服，登台训话。他操着浓重的宁波官腔说："我们革命军人首先要明礼义，知廉耻，在家要尽孝，要孝顺父母；为国要尽忠，要服从长官。这是我们革命军人的本分。"然后，继续重弹"剿共"老调，说："我们革命军人要分清敌人的远近，事情的缓急。

我们最近的敌人是共产党，为害也最急；日本离我们很远，为害尚缓。如果远近不分，缓急不辨，不是积极'剿共'而轻言抗日，便是是非不明，前后倒置，便是不革命。那样在家是不孝，为国是不忠；不忠不孝，便不能算是一个革命军人。国家有法律纪律在，对这种不忠不孝的军人要予以制裁。"他声色俱厉地叫喊："假如我们现在不集中力量打眼前的主要敌人，而大喊大叫要打几千里外的敌人，那是违反我的'安内攘外'的政策，违反这个政策，就是反革命，反革命我就要打倒他。"

很明显，蒋介石这是指桑骂槐，是专门讲给张学良、杨虎城听的，是对东北军、十七路军中所有主张联共抗日积极分子的警告和恫吓。可是，蒋的这些话并未起到震慑作用。就在蒋训话过程中，场内的咳嗽声、跺脚声、交头接耳声接连不断。原来准备蒋讲完后，学员可以提问题，由蒋解答。张学良见会场上骚动不安的情形，唯恐出问题，在蒋讲完后立即宣布散会。散会后，张学良把陈诚、朱绍良拉到一旁，大哭一场，对他们说："今天会场上的情形，你们都亲眼看见了。其实，我除了拥护领袖抗日外，还有什么呢？"

蒋介石训话后，由张学良、杨虎城、邵力子等陪同去青龙岭观赏终南山雨过天晴的壮观景色。在游览中，蒋突然问道："唐代《网峪图》西安存着没有？"张学良答："在西安没有见过。陕西省银行存着宋朝夏珪的《长江万里图》。"蒋说："很好，去看看！"又转身对杨虎城说："今天去看看太夫人。"

下午4时，蒋到西安城内江埠街拜见了杨虎城的母亲。回到新城大楼，蒋又对杨虎城说："少云（马鸿逵）处做的牛羊肉很好，西安的也不差，可准备些同汉卿他们一块儿吃。"当天晚上，蒋去观赏了《长江万里图》。第二天，又赴了杨虎城准备的西安特产牛羊肉盛筵。[1]

---

1. 张魁堂：《蒋介石同张杨矛盾激化与西安事变》，《抗日战争研究》1992年第4期。

尽管蒋介石极力装出轻松悠闲的模样，但东北军官兵的情绪却日趋激昂。在蒋介石离开训话会场后，训练团的军官对蒋的讲话很气愤。有一位团长声泪俱下地说："我们热诚地恳请委员长领导我们抗日，即使牺牲了也在所不惜。"一位师参谋长也说道："委员长训示我们先安内而后攘外的政策，日本军人不是傻瓜，他们能够坐以待毙地等待着我们安好内，然后再去对付他们吗？"

训练团教育长黄显声说："一定要叫人来驳斥蒋的这篇谬论，安定一下大家的情绪，说明抗日是正确的。"他和孙铭九商议后，决定派敢于说话的苗剑秋在第二天到军官团来讲一次话，给蒋的话消消毒。

第二天，苗剑秋在训练团的讲台上慷慨激昂，矛头直指蒋介石。他说："团结抗日，是救国政策，是绝对正确的；'剿共'内战，是亡国政策，是绝对荒谬的。昨天竟然有人在这里说，日寇是外敌，共产党是内患，内患之害甚于外敌，要我们不去抗日，不去收复东北，要我们做亡国奴，为他专门打内战，打共产党，自己杀自己。他这是放屁！现在，我们东北被占领了，我们东北人变成亡省亡家之人了，我们东北人稍有血气，就不该让他站着走出去，而应当让他爬着滚出去！"[1]

这番话被蒋系特务知晓，立即报告给了西北"剿总"参谋长晏道刚。晏道刚要张学良把苗剑秋交出来，张学良为了缓和紧张形势，说要惩办苗剑秋，暗中只好让苗剑秋秘密离开西安潜往北平，然后以苗剑秋畏罪潜逃相搪责，使这件事不了了之。[2]

10月28日，蒋介石在华清池行辕对《大公报》记者发表谈话，对外声称："中日交涉，政府始终本既定方针，守必要限度，以竭诚周旋。

1. 应德田：《张学良与西安事变》，中华书局1980年版，第82—83页。另参见林世权：《王曲军官训练团》，载中国人民政治协商会议全国委员会文史资料委员会编《文史资料存稿选编——西安事变》，中国文史出版社2002年版，第161页。
2. 孙铭九：《西安事变前张学良做的几件事》，载吴福章编《西安事变亲历记》，中国文史出版社1986年版，第86—87页。

而河北省内行政完整之恢复，蔡北、绥东匪祸之取缔，尤为必要。总之，中国外交决以自主精神拥护国家，此种立场绝对不变，决不依赖人，亦决不受人束缚。"对内则杀气腾腾地表示："不论共产党标榜如何，政府决心贯彻戡乱方针。因为共产党受国际指挥，不以中华民族利益为本位……（政府）断不能容许国际操纵势力以破坏国家，毁灭中华民族之独立性。"

10 月 29 日，蒋介石离开华清池，乘火车前往河南洛阳。[1] 名义上是"避寿"（10 月 31 日是蒋 50 虚岁生日），实际上是到洛阳调兵遣将。蒋在洛阳的中央军校分校住了一个多月，精心部署内战计划。

10 月 30 日中午，太原绥靖公署主任阎锡山和傅作义从太原飞抵西安，答拜张学良 10 月 20 日的太原之行。阎锡山、傅作义与张学良、杨虎城就抗日问题进行了长时间的商谈。晚宴结束后，张、杨、阎、傅及陕西省政府主席邵力子一同乘坐专车前往洛阳为蒋介石祝寿。31 日，中央军校洛阳分校张灯结彩，举行隆重的祝寿典礼。同时，全国各地也有庆祝活动，首都南京还举行了献飞机祝寿的隆重典礼。蒋介石这天也显得异常高兴。

庆寿活动完后，张学良与阎锡山一同去拜见蒋介石，继续讨论是继续"剿共"，还是停止内战、一致抗日的问题。蒋介石一再说明"攘外必先安内"之必要，红军已成强弩之末，只要大家努力，短期内不难彻底消灭，永绝后患。张学良则说："我和杨主任'剿'了两年共，他损失三个旅，我丢了两个师。如今共产党提出中国人不打中国人，停止内战、一致抗日，打回东北老家去，我们的官兵听了怎能不动心！共产党与日寇，究竟谁是中国的最大敌人？"

蒋介石听了张学良的陈述，转过头来问阎锡山："百川，你说谁是

---

1. 关于蒋介石第一次来华清池的行程，各种著作的记载不一，十分混乱。本书采用华清池管理处文史研究室所编《蒋介石两驻华清池行辕日志》的说法。中国人民政治协商会议陕西省临潼县委员会文史资料委员会编印：《西安事变临潼兵谏回忆》，1990 年版。

我们最大的敌人？"阎答道："依我看，还是日本人。汉卿讲的停止一切内战，我也赞成，抗日我更赞成。中国当前唯一的出路是抗日。"

蒋没想到阎锡山会和张学良持同样的看法，不禁火冒三丈，立即粗暴地打断阎的话，冲着两人厉声质问："你们只答复我一句话：是我该服从你们呢，还是你们该服从我？！"

张、阎两人闻此言，知已无法再谈下去，只好表示当然服从委员长命令而退。晚上，张、阎两人未带一个随从，在军校操场上散步，密谈很久，达成了某种默契：相互支援，共同推动内战停止，一致抗日。最后，阎锡山对张学良说："汉卿，你要恢复你的家乡，我要保护我的家乡，一切得全靠我们自己。我认为蒋先生永远不会采纳我们的抗战主张，今后我们要结成血肉相连的关系，要干就得靠我们自己干了！"[1]

第二天（11月1日），蒋介石在洛阳军分校阅兵后，发表训话，发表了一通所谓"汉奸"话题。他说："汉奸有两种：一种是无知识的低级汉奸，如殷汝耕、李守信、王英；另外一种为有知识、有组织的高等汉奸，这就是共产党。他们出卖整个国家与民族，实为汉奸之尤者。现在断不能用任何理由去主张联共，否则就要出卖国家民族，存心与'共匪'同声相应，甘心为共产党下面的二等汉奸……"[2]

张学良聆听之下，有如凉水浇头，脸色惨白，因为他知道蒋是在不指名地骂他。张学良原打算继续向蒋陈述，至此则趋于绝望。他沮丧万分，回到寝室，不禁抱头痛哭。阎锡山等人又赶来安慰一番。钱大钧见状，对陪同张学良来的何柱国说："不知内容者，此话尚无重要关系；知道内幕者，听到此话实在太过火了。"钱大钧叮嘱何柱国劝张学良不可误会，说蒋的脾气是说过就完。

---

1. 张魁堂：《蒋介石同张杨矛盾激化与西安事变》，《抗日战争研究》1992年第4期。
2.《新秦日报》，1936年11月11日。

当天下午，张学良乘飞机返回西安。在飞机上，何柱国把钱大钧的话告诉张，张学良说："阎百川饱经世故，昨夜劝我不能再谈停止内战、共同抗日之事，我已决心不再谈了。"又说："我现在想干什么，我的太太亦无从知道。"[1]

返回西安后，张学良心情十分懊丧，对杨虎城谈到蒋介石难以容纳他们的意见，并问杨有什么良策可以达到停止内战，敦促蒋介石领导抗日的目的。杨虎城反问张是否真有抗日的决心，张发誓坚决抗日到底。于是，杨虎城说道："要是这样的话，待委员长来西安时，我们可以仿效挟天子以令诸侯的故事。"

张学良一听，大吃一惊，沉默不语。杨虎城见状，颇为不安。张立即安慰道："我绝非卖友求荣之辈，请不要担心！不过，你的这种办法，我不能干！"杨讥讽张是"感情用事，以私忘公"。最后，张学良回答说："这件事要容我考虑商讨一下。请放心，我绝不向任何人说这是你的意见。"[2]

11月中下旬，国内接连发生了两大政治事件，再次给予张学良严重刺激，促使他继续向蒋介石进谏，希望以自己的至诚感动他，最终实现停止内战、一致抗日的夙愿。这就是绥远抗战和救国会七君子事件。

11月14日，投靠日寇的蒙古德王率领伪蒙军，在日本军官的指挥下，从察哈尔大举进犯绥远省，爱国将领傅作义率部奋起抵抗，一举收复德王的老巢——百灵庙。全国人心大振，掀起大规模援绥运动。东北军群情激昂，"支援绥远，抗击日寇"的口号响彻整个军营。张学良也多次向蒋介石请求率部援绥。在战前，蒋介石曾批准东北军骑兵第七师北上援绥。但战争打响后，该师并未出动。11月27日，张学良怀着满腔

---

1. 何柱国：《西安事变前后的张学良》，载吴福章编《西安事变亲历记》，中国文史出版社1986年版，第4—5页。
2. 毕万闻主编：《张学良文集》第2卷，新华出版社1992年版，第1200—1201页。

热忱，给蒋介石写了一封感情激昂的请缨抗敌书：

> ……半载以来，良屡以抗日救亡之理论与策划上渎钧听，荷蒙晓以钧旨，并加谕勉，感奋之余，与日俱深。今绥东事既起，正良执殳前驱，为国效死之时矣。日夕磨砺，惟望大命朝临，三军即可夕发。盖深信钧座对于抗日事件，必有整个计划与统一步骤，故惟有静以待命，无烦喋陈。乃彼大军调赴前方者，或已成行，或已达到，而宠命迄未下逮于良，绕室彷徨，至深焦悚！每念家仇国难，丛集一身，已早拼此一腔热血，洒向疆场，为个人尽一分之前愆，为国家尽一分之天职。昔以个人理智所驱，与部属情绪所迫，迭经不避嫌忌，直言陈请，业蒙开诚指诲，令待时机。故近月以来，对于个人及部属，均以强制功夫，力为隐忍，使之内愈热烈，外愈冷静，以期最后在钧座领导下，为抗日之先驱，成败利钝，固所不计。今者前锋既接，大战将临。就战略言，自应厚集兵力，一鼓而挫敌气，则调遣良部北上，似已其时。就驭下言，若非及时调用，则良昔日之以时机未至慰抑众情者，今亦疑为曲解，万一因不谅于良，进而有不明钧意之处，则此后之统率驭使，必增困难。盖用众贵有诚信，应战在不失时机。凡此种种，想均在洞鉴之中，伏恳迅颁宠命，调派东北军全部或一部，克日北上助战，则不独私愿得尝，而自良以下十余万人，拥护钧座之热诚，更当加增百倍。凤被知遇优隆，所言未敢有一字之虚饰，乞示方略，俾有遵循，无任企祷之至。[1]

这一发自肺腑、肝胆照人的请缨抗战书，并没有能够打动铁石心肠的蒋介石，被他一口拒绝。蒋在第二天的日记中写道："张学良要求带

---

1. 毕万闻主编：《张学良文集》第 2 卷，新华出版社 1992 年版，第 1049—1050 页。

兵抗日，而不愿'剿共'，此其做事无最后五分钟之坚定也。亦其不知做事应有段落，告一段落后，始可换一段落，始终本末节次之理，何其茫然也？可叹！"[1]

张学良请战不成，倍感失望，而救国会七君子事件的发生更激起他的无比愤怒。11月22日，在日本侵略者施加的强大压力下，上海市市长吴铁城奉蒋介石的命令，命令上海市警察局逮捕了全国救国联合会的七位著名领袖——沈钧儒、章乃器、邹韬奋、王造时、李公朴、沙千里、史良七人。这是蒋公开镇压抗日救亡运动的倒行逆施之举。爱国者有罪！蒋的倒行逆施激怒了全国人民，各界人士谴责南京政府，要求立即释放被捕的七位爱国领袖。

张学良走上联共抗日道路，与救国会领导人的帮助是分不开的。张学良认为救国会领袖与自己主张相同，意见一致，爱国无罪，因此格外关注这一事件。为此，张学良于11月23日亲自驾驶飞机飞抵洛阳，晋见蒋介石，一是请求蒋批准东北军改编方案，二是要求将东北军开赴绥远抗日，三是当面请求释放被捕的"七君子"。在离开西安前，张学良对亲信谋士黎天才说："他如果仍然那样蔑视我的意见，对发动抗战毫无诚意，我将要考虑自己的问题。"

到洛阳后，张学良首先向蒋介石交上东北军改编方案，同时口头要求率领东北军赴绥远抗日。对此，蒋答复说："日本无意扩大绥东冲突，现在应该集中力量'剿共'。你的责任就是'剿共'，不许到绥远抗战。若要不然，就把你换掉。"张学良说："东北军的士气，打日本可以，打内战难。除非委员长去训话，安慰和鼓励他们一番。"蒋说："我可以去临潼每天请一桌客，借此机会和东北将领谈话。"当时蒋的自信心很强，认为凭借他的老调重弹，可以统一军心。最后，张学良要求蒋介石释放救国会"七君子"，同时说明只有坚决领导抗日救亡运动的，才可称得

1.［日］古屋奎二：《蒋总统秘录》全译本第10册，台北"中央日报社"1977年版。

上是中国的领袖，才能代表中华民族，才是中华民族之灵魂。蒋介石断然拒绝，张学良愤怒地质问道："委员长这样专制，这样摧残爱国人士，和袁世凯、张宗昌有什么区别？"

蒋介石一听，大发雷霆，指着张学良说："全国只有你这样看，我是革命政府，我这样做，就是革命！""除了到西北，除了你张汉聊，没有人敢像这样对我讲话，没有人敢这样批评我。我是委员长，我没有错，我就是中国，中国没有我不成！"[1]两人再次不欢而散，矛盾开始尖锐和表面化。

当时，蒋介石已意识到"东北军之军心，为察绥战事而动摇；则'剿共'之举，几将功亏一篑"。加之蒋调兵遣将的工作也已经接近完成，于是，蒋介石决定趁热打铁，再次前往西安，亲自坐镇指挥，加紧实施"围剿"陕甘宁苏区计划。[2]

蒋介石在从洛阳动身前往西安之前，曾多次召集陈诚、蒋鼎文、卫立煌、钱大钧、万耀煌等嫡系高级将领开会或个别秘密谈话，军政部次长陈诚建议将东北军调出潼关，调往河南、安徽等地驻扎，同时将豫皖绥靖主任公署改为委员长开封行营，以张学良为行营主任，以"作曲突徙薪之计"。陈诚还建议蒋介石最好待在洛阳不要动，或者干脆进驻国民党中央军控制下的甘肃平凉，西安绝对不能再去。当时在场的陈布雷、贺耀组、何廉等人也一致表示赞同陈诚的意见。[3]但蒋却认为非自己去西安不可，否则不可能解决西北问题。他说："我不去，能行吗？我去，总比别人去妥当些，可以向西安部队讲讲抗日和安内的道理。要抗日，一定先要安内；要安内，必须'剿灭'共产党。如果联共抗日，'共军'兵力不多，主要靠我们去抗日，我们的实力就被大大消耗，这就实际上支援了共产党。所以我们不能上共产党的当。我相信，向东北军、

---

1. 毕万闻主编：《张学良文集》第 2 卷，新华出版社 1992 年版，第 1066、1080 页。
2. ［日］古屋奎二：《蒋总统秘录》全译本第 10 册，台北"中央日报社"1977 年版，第 150 页。
3. 陈诚口述、柳克述笔记：《西安事变回忆录》，台北《传记文学》第 53 卷第 6 期。

西北军讲讲这些问题，他们是会醒悟过来的。"当然，蒋介石之所以这样自信，与他前不久不开一枪就平息了两广陈济棠、李宗仁发动的反蒋事变有关。西南问题轻易得到解决，蒋有些得意忘形，认为西北问题总不会比西南问题更难解决。他很自信地对身边的人员说："我相信我的威望可以克服一切困难。"[1]

12月3日，张学良再次来洛阳请蒋介石去西安鼓励士气。蒋介石欣然就道。在离开洛阳前，蒋却出乎常例让宋美龄、陈布雷及其他随从眷属回了南京。以至于后来宋美龄事后说假如她这次随蒋去西安，就不会发生蒋被扣留的事。

1936年12月4日上午9时40分，蒋介石、张学良及侍从室第一处主任钱大钧等从洛阳乘专列西行，于晚上9时抵达西安。下火车后，蒋即换乘汽车前往华清池行辕。

这时，东路中央军沿陇海路向西推进，前锋已过洛阳，逼近潼关；西路胡宗南部从甘肃沿陇海路向东布防，万耀煌的第二十五军已控制西安西面的咸阳。这些新开来的中央军不是安排在原来前线各部队之间的空隙地带，而是重复布置于东北军各师附近。从潼关外调来的30万中央大军开始陆续抵达西北地区，70架新式马丁飞机已经分别进驻西安、兰州机场，储备了上千吨炸药，还准备了毒气弹。蒋介石的嫡系文臣武将也陆续云集西安，先后抵达的有陈诚（军政部次长）、蒋鼎文（福州绥靖公署主任）、陈调元（军事参议院院长）、卫立煌（豫鄂皖边区绥靖公署主任）、陈继承（豫陕边区绥靖公署主任）、朱绍良（兰州绥靖公署主任）、蒋作宾（内政部长）、邵元冲（国民党中央宣传委员会主任）、万耀煌（第二十五军军长）、郭寄峤（卫立煌的参谋长）及蒋介石的高级军事顾问蒋方震等人。不久，

---

1. 钱宗亮：《钱大钧谈西安事变》，载中国人民政治协商会议全国委员会文史资料委员会编《文史资料存稿选编——西安事变》，中国文史出版社2002年版，第239页。

又传出东北军即将调驻河南、安徽整训的消息，这自然引起了张学良的不安和怀疑。

12 月 5 日，蒋介石在华清池行辕接见《大公报》主笔张季鸾。张既是报纸主笔，又是蒋的座上客与编外军师，两人关系十分密切。张告以最近西安谣言很多，要蒋注意。蒋问："是否已听到了张汉卿与共产党在延安面商拥护中共一致抗日的消息？"又说："共产党的目的并不在'一致抗日'，不过是其过渡的手段而已。"蒋称，他此次来西安的目的就是要平息东北军、十七路军中的分歧论调。

12 月 6 日，蒋介石在华清池行辕召见张、杨，向他们宣称："无论如何，此时必须讨伐共产党，如果反对这个命令，中央……不能不给以相当的处置。"蒋同时提出两个方案让张、杨选择：（1）服从命令，将东北军、十七路军全部开向陕甘前线，进攻红军；（2）如不愿"剿共"，则将东北军调至福建、十七路军调至安徽，让出陕甘两省，由中央军"进剿"。至此，最后摊牌的时刻终于到来了！

12 月 7 日上午，张学良将杨虎城请到金家巷张公馆，商讨制止即将发生的大规模血腥内战的办法。为了对蒋做到仁至义尽，张主张再去劝他一次，他如再不听，就先礼后兵，也对得起他。杨内心里不同意张的这个意见，因为他认为蒋是个死不回头的人，再劝也没有用；更怕说破了让蒋看出马脚，离开西安就不好办了。张说："看不出蒋有提防我们的迹象。蒋很骄傲，他以为我们只会服从他，或许蒋认为我们既去劝说他，便不会有其他的举动。"杨虎城"不好过于阻挡，便同意张去试一下再看"。

于是，张学良来到华清池，声泪俱下，向蒋介石做了一番哭谏。[1]他认为中国在日寇疯狂侵略之下，应当把全国人民、各党各派联合起来，

---

1. 关于张学良来华清池对蒋哭谏的时间，现有的著作说法不一。有的说是上午，有的说是晚上。究竟是什么时候，还有待考证。

这一股力量是强大的。内战再也不能打下去了，它只能有利于日本。共产党也是中国人，是爱国的，有鲜明正确的抗日主张，应当而且必须加以联合。希望蒋介石要以全国人民的利益为本，要做全国大多数人的领袖，不能为了一小部分人的利益陷国家民族于危亡之途。

蒋介石一听这些话就来气，严厉斥责道："你不明白共产党，你是受了共产党的蛊惑。我和共产党合作过，知道是怎么回事！中国最大的敌人，不是日寇，是共产党。过去虽然耗费多年之功，没有'剿灭'他们，但今天确是到了'剿灭'的时候了。不主张'剿'，而主张联，简直是反动。"

这时，张学良情绪激动，哭着说："自东北易帜以来，我对委员长耿耿忠心，服从命令。当前的国策，应当是团结抗战或分裂内战，必须明确择定，这对国家民族的前途、对个人的命运都是至关重要。只有领导全国团结抗日，才是委员长复兴民族唯一正确的道路。我有为委员长牺牲一切的决心。"

蒋介石仍无动于衷，拍着桌子，冷笑道："不要再讲了，我听不下去。"[1]

总之，张学良主张"攘外安内"，蒋介石主张"安内攘外"，两人互不相让，产生了严重的冲突。关于他们两人之间的争论，张学良晚年有如下的概述："我跟蒋先生是痛陈哪！蒋先生也骂我，骂得很厉害的！我说，这样下去，你就等于（对日本）投降呀！蒋先生说，汉卿呀，你真是，你无耻，咱们军人从来没有'降'这个字。我说，你这样做比投降还厉害，不战而屈人之兵，上策也。你这样子叫人家不战就把我们中国一点点吞去，你不等于比投降还不如？"[2]

12月8日上午，张学良告诉杨虎城："我的劝说失败了。蒋还拍桌

1. 应德田：《张学良与西安事变》，中华书局1980年版，第88页。
2. 张学良口述、唐德刚撰写：《张学良口述历史》，山西人民出版社2013年版，第153页。

子同我吵了一阵，你可以再去走一趟，看看情况。"

杨虎城抱着试试看的态度，于上午11时来到华清池，很委婉地对蒋说："看国内形势，不抗日，国家是没有出路的，人心是趋向于抗日的。对红军的事，宜用政治方法解决，不宜再对红军用兵。"蒋介石在答复杨虎城时，语气虽然平和，但措辞却很严厉，他说："我有把握消灭共产党，我决心用兵，红军现在已经成为到处流窜的乌合之众……这次用兵，要不了多长时间，即可全部解决。"蒋还要杨虎城对十七路军中不主张"剿共"而主张抗日的军官"放手撤换"。杨看蒋的态度无法挽回，再谈下去恐成僵局，就告辞回西安了。

杨虎城返回城里后，立即去张学良公馆，与张商量下一步的行动。他们鉴于多次口头谏阻已经无效，认为应不失时机地采取行动。张、杨表示，为了抗日救国，牺牲掉这两个团体（东北军和十七路军）也值得。张还说："我们为了国家，对蒋也仁至义尽了，现在只有干的一条路（指扣蒋）。"兵谏的决定就这样定了下来，只是还没有决定具体的行动日期。但蒋介石并没有觉察出张、杨要对他下手的意图。

"西安捉蒋翻危局"

历史上的英雄，是在决定一场争端或事件发展方向时，无可争辩地起了主要作用，而且若不按其方式行事，就将导致极其不同后果的那个人。

——西德尼·胡克
《历史上的英雄：局限性和可能性的研究》

我真怒了，所以我才会有"西安事变"。你这个老头子，我要教训教训你！

——张学良

西安捉蒋翻危局，内战吟成抗日诗。

——叶剑英

兵谏部署

12月9日，蒋介石在华清池轮流设宴招待东北军旅长以上的高级将领，多有嘉奖慰勉之词，并表示要钱给钱、要物给物，刻意加以笼络。蒋对他们说："自从'九一八'后，国人对你们东北军都很不原谅，现在'剿共'战事仅剩最后五分钟了，我是给你们东北军一个主动的机会，你们要理解我的旨意，服从命令，努力'剿共'，方是你们应持的态度。"[1]这些接见和宴会，蒋介石都不让张学良参加，更加深了张学良的疑虑。

当天，蒋介石还给陕西省政府主席邵力子写了一个手谕：

力子主席兄勋鉴：

可密嘱驻陕《大公报》记者发表以下消息：蒋鼎文、卫立煌先后皆到西安。闻蒋委员长已派蒋鼎文为西北'剿匪'军前敌总司令，卫立煌为晋陕绥宁四省边区总指挥。陈诚亦来谒蒋，闻将以军政部次长名义指挥绥东中央各部队云。但此消息不必交中央社及其他记者，西安各报亦不发表为要！[2]

---

1. 刘多荃：《扣蒋前夕》，载远方编《张学良在一九三六年》，光明日报出版社1991年版，第165页。
2. 中国人民政治协商会议陕西省临潼县委员会文史资料委员会编印：《西安事变临潼兵谏回忆》，1990年版，第16页。

蒋的这个手谕表明，蒋介石已经决定用嫡系将领蒋鼎文、卫立煌来取代张学良，撇开张学良、杨虎城，准备由他的嫡系中央军将领来指挥对红军的最后决战。

12月9日，是北平"一二·九"运动一周年的纪念日。事前，张学良得知西安学生要举行纪念活动，便同杨虎城、邵力子商量，设法制止。张学良提出两个方案：令学生在学校开纪念会，请邵力子召集，让学生用文字表示；如果实在不行，非游行不可，由他和杨虎城、邵力子出面尽力劝阻，无论如何，不让学生到临潼去见蒋介石，以免造成不可收拾的局面。[1]

这天，西安万余名学生举行了隆重的纪念大会。会后，学生游行示威，先后到西北"剿总"、西安绥靖公署、陕西省政府请愿，要求停止一切内战，一致抗日，均未得满意的答复。游行途中，警察竟开枪打伤了一名小学生，激起众怒，游行学生决定到临潼直接向蒋介石请愿。张学良闻讯，急忙驱车追赶，在灞桥附近与游行队伍相遇。

当时，游行队伍与守桥的国民党宪兵部队正处在对峙之中。宪兵队在桥上架设了机关枪，扬言有人再往前走就开枪。张学良赶到后拼命劝阻学生，让他们先返回西安再说。他告诉学生："我作为一名爱国军人，也想能够奔赴抗日前线，我非常同情你们的请愿行动。我可以代表你们，有什么要求可以由我转达；我也可以代表蒋委员长，酌情考虑你们的要求。"

一部分学生仍坚持要向前走，并且带头高呼"不到临潼，誓不罢休！""我们一定要见蒋委员长！"等口号，边喊边哭。张学良也含着泪水，悲愤地说："请你们相信我张学良，我和你们是一样的心，你们的要求就是我的要求，也许我的要求比你们更迫切。你们的意见，我一定给你们转达到，你们请回去，我保证在一周之内，用事实来回答大

---

1. 毕万闻主编：《张学良文集》第2卷，新华出版社1992年版，第1066页。

家！"学生们见张学良态度诚恳，表示同意返回西安，这才避免了一起流血事件。[1]

将游行学生劝说回去后，张学良赶到华清池，向蒋介石报告白天的游行示威情形，并转达了学生们的要求，张学良认为学生请愿的动机绝对是纯洁的，处置办法只有和平劝导，使学生，也可以说使一般民众，看到满意的事实或答复。蒋介石听了大为不满，严厉指责说，一个人决不能做两方面的代表而站在中间，并指责张学良没有用武力弹压，甚至公开说明是自己叫警察开枪的，假如学生再向前走，他便下令用机关枪打！最后，蒋还恶狠狠地说道："对于这些青年，除了用枪打，是没有办法的！"[2]

蒋介石这句话彻底激怒了张学良。张学良晚年对人说："他一句话把我激怒了，我真怒了。他说用机关枪打，我说机关枪不去打日本人，怎么能打学生？我火了，我真火了，所以这句话把我激怒了。我真怒了，所以才会有西安事变。我心里想：你这个老头子，我要教训教训你！"[3]

这时的蒋、张关系，与几年前已大相径庭。过去，张学良手握大军，雄踞东北，兼有华北，居于中华民国陆海空军副司令的高位，举足轻重，备受尊敬和礼遇。但九一八事变后，由于实行不抵抗政策，不仅失去了东北三省的地盘，而且实力也大为削弱，张学良从此便开始走下坡路，尤其是 1934 年回国后，他拥护蒋介石，把东北军从华北调到华中，又从华中带到西北，参加"剿共"，东北军人数日见减少，力量逐步削弱，在军饷、粮秣、弹药等方面处处仰赖于南京政府，渐渐丧失了独立的地位和发言的分量，不能畅所欲言，甚至无法进言。蒋介石再也不像以前那样尊重、听取张学良的意见，对他的陈述或要求往往不再

1. 管宁、张友坤译注：《缄默 50 余年——张学良开口说话》，辽宁人民出版社 1992 年版，第 117—119 页；应德田：《张学良与西安事变》，中华书局 1980 年版，第 80—90 页。
2. 毕万闻主编：《张学良文集》第 2 卷，新华出版社 1992 年版，第 1080 页。
3. 张学良口述、唐德刚撰写：《张学良口述历史》，山西人民出版社 2013 年版，第 153 页。

重视，甚至不加考虑，并视他为自己的子弟，随意训斥。对于两人关系的这种变化，张学良一时半会儿还很难接受。他总认为凭借自己与蒋介石的特殊关系，可以说服蒋停止内战、一致抗日，所以一次又一次地劝谏，用尽了心机，说得舌敝唇焦、声泪俱下，但屡谏屡败，不见成效。到现在，张学良才彻底绝望，被迫使出最后一招——兵谏。

当时正在西安城内孙铭九寓所做统战工作的中共高级将领叶剑英感到，这次蒋介石到来后西安形势已经格外紧张，即按中共中央的指示，准备悄然撤离西安。有一天晚上，张学良突然来到叶剑英的住处，问道："蒋介石到达临潼，不听我多次苦谏，你说怎么办？"

叶剑英沉思了一下，反问张学良："你说怎么办？"

张学良连声说："苦迭打！苦迭打！"

叶剑英立即将这个重要信息报告了陕北的中共中央。不久，中共中央来电要叶剑英迅速返回瓦窑堡汇报情况。离开西安前，叶剑英去向张学良辞行，并对他说："我们很困难，穷得要命！"

张学良立即慷慨借给红军 10 万块银圆，要叶剑英带走。叶剑英十分感激，说："少帅，你真是雪中送炭啊！"

叶剑英带着 10 万银圆乘坐大卡车直奔瓦窑堡而去。当他们一行到达瓦窑堡城外时，远道来接的陕甘宁苏区中央财政部部长林伯渠早已守候在那里，笑眯眯地迎上前来。叶见到他颇有风趣地说："林老啊，你不是来接我的，你是来接这许多光洋的！"说罢，两人相视而笑。[1]

张学良捉蒋的决心其实在几天前就已做出，并且已经物色好了指挥捉蒋的两位最佳人选——白凤翔、刘桂五。

白凤翔、刘桂五是东北军中两名出身绿林的将领。白凤翔是东北军骑兵第六师师长，刘桂五是骑兵第六师第十八团团长。他们两人都身怀

---

1. 纪希晨：《我听叶剑英谈西安事变中的张学良》，载《叶剑英传》编写组编《叶剑英传》，当代中国出版社 1995 年版，第 230 页。

绝技：可以双手持枪射击，百步穿杨；夜晚见亮不用瞄准，抬手即中。所以，张学良决定起用他们二人担任捉蒋的任务。

1936年9月间，刘桂五在王曲军官训练团受训时，张学良接见过他，认为这个人老实勇敢、忠诚可靠，虽然没有多少学问，但很讲义气，张学良对他很满意。12月8日下午，张学良召见刘桂五布置任务。见面时，张学良并不搭话，突然猛地拍了刘桂五肩膀一下，打得刘桂五一愣神，赶紧问："怎么，副司令，我有什么错吗？""你不必着急，你没有错，我是想看看你遇事沉着不。"张学良笑着回答。接着又说："现在有个重要任务，事关重大，我研究了很久，觉得谁也不行，就你可靠。你做这个工作最合适，但是有生命危险，你要考虑好，怕死就算了，不怕死，就叫你做。"刘桂五当即表示自己不怕死。张学良就问："是人都怕死，你为什么就不怕呢？"刘答道："我打了这么多年仗，也没死过。死的都是不会打仗的，会打仗的枪法都好，也会利用死角、阵地掩护自己，所以也就不怕死。"

刘桂五的回答合情合理，张学良听了很满意，说："好，任务就给你了，我这次是要你去当刺客。""刺谁？""杨虎城！"刘桂五说："行，可是，杨虎城在新城大楼，我也进不去呀，再说里面的情况我也不熟悉。"张学良就说："杨虎城那儿我常去，你陪着我去当随员，不就知道里面的情况了嘛。"刘桂五毫不犹豫地说："你领着我去，我就照这个办法做。"

其实，以上是张学良考验刘桂五的话，见他这样痛快就接受了任务，张学良才说出真话："我不是让你去刺杀杨虎城，是要你去请蒋委员长。"刘桂五疑惑地说："蒋委员长在南京，我也见不到他，他的行动我也不清楚。"张学良解释说："蒋委员长已经来西安了，住在临潼，他是4号来的。我前天跟蒋委员长谈话时，对他说我有一个团长叫刘桂五，主张抗日，是热河人，地方熟，我想派他回热河组织游击队抗日，将来抗日时，有地方军事力量，对抗日有利，临走他想见你辞行。蒋委员长听后已经答应了，约定今天下午去、我现在就以辞行名义领你前去，到了那儿，你不就知道他住的位置和周围的情况了嘛！"

随即，张学良亲自开车带刘桂五直奔临潼，到后张对蒋介石说："这就是我跟您提到的第十八团团长刘桂五，他明天回热河组织游击队，向您辞行来了。"介绍完毕，张学良就到隔壁钱大钧那里去了，留下刘桂五单独与蒋谈话。蒋介石主要问了热河情形，刘桂五家中情况，临别时蒋说："你回热河组织游击队如果遇到什么困难，缺钱、缺武器，都可以给我打电报，我一定支持你，这个工作做好了，对抗日确实有用。"

蒋、刘单独相处大约有半个多小时。从中不难看出张学良"疑人不用，用人不疑"的用人作风。事后，刘桂五很感动地对东北军骑兵第三师团长陈大章说："副司令眼睛清楚，看人看得准，假使派旁人去见委员长，看见大官不知道说什么好了，可能就会把实底给露了。他对我也够信任的，我单独和蒋委员长待在一起，对我来说，这是一个卖主求荣、千载难逢的好机会。"陈大章问他："既然千载难逢，你怎么没有卖主求荣呢？"刘正色回答道："那也得分是卖的什么主子，求的是什么荣。副司令是拥护委员长的，他这样做是为了打日本，报父仇，他是忠孝之人，我怎么能出卖他？！"

从临潼返回西安后，刘桂五又向张学良建议："这个任务很重要，我一个人做恐怕力量孤单，没有把握，我虽然不怕死，但万一有一枪把我碰上，影响任务完成，叫我们师长（白凤翔）也来吧，他的枪法好，夜间也能打枪。"张学良听了没有表态，只是说："这件事，你不要与他说。要说，我自己跟他说，也不要对其他任何人说，包括你的家人，就你知我知，如果消息泄露，就不好办了。"[1]

12月9日晚，张学良召见了白凤翔。白凤翔原来是热河省的土匪

1.陈大章：《起用白、刘前后》，载中国人民政治协商会议全国委员会文史资料委员会编《文史资料存稿选编——西安事变》，中国文史出版社 2002 年版，第 344—345 页。

头目，外号"白三阎王"。后来张作霖招降了白，给他编了一个骑兵旅，让他当旅长。张学良主军后升任骑兵第六师师长。见面后，张学良首先问白凤翔，对蒋介石在王曲军官训练团的训话有什么感想。白凤翔回答："我感觉咱们的队伍，对打共产党都没什么兴趣，我看委员长的神气非让我们把共产党消灭了不可。"张问白："你看能不能消灭？"白说："我看不大容易。"张沉思了一两分钟，又问："你自从加入东北军以来，感觉对你怎么样？你不要客气，好就是好，不满意就是不满意，毫无关系。"白说："大元帅对我天高地厚，一上来就给我个旅长，像我这样的出身，斗大的字认识不到一口袋，就让我当旅长，这恩德我一辈子也忘不了。"张又说："我对你怎样，有哪些不满，你尽管说，我绝不在意。"白说："副司令对我更厚，不但一向没有错看我，而且对我比一般学生出身的还好，像这样的高看，使我终生难报。"张说："我原知道你很忠诚侠义，才找你来说一件事情，不知道你能不能办，敢不敢办？"白说："军人以服从为天职。"又说："大元帅和副司令待我恩重如山，我正想感恩图报，有什么事请副司令尽管指示，我绝对可照办。"张说："你真能这样忠心耿耿，有决心、有勇气，我算没有错看你。"白说："请副司令放心，只要给我任务，我牺牲一切，在所不辞。"

张沉思一会儿，说："我让你把杨虎城杀了，你敢不敢？"白说："那有什么不敢的呢？"张说："你想用什么办法杀他，需要用多少人？"白说："那很简单，利用一个机会，有三五个人就行。"

张又改口说："我不让你杀杨虎城，我让你把蒋委员长杀了，你敢不敢？"

听了这句话，白感到一阵紧张，头发根也立起来了，张看他神色不对，当即说："你看害怕了吧，不敢干了？"

白说："我并不是害怕，也不是不敢干，我要明白为什么要杀他。我几十年来都是过着死里逃生的生活，我是不怕死的，但须要死个明白，请副司令把杀他的原因告诉我，以便做个准备。"

这时张站起来，围绕客厅走了十几圈，然后坐下，笑了一笑，对白说："我让你杀委员长你不敢杀，现在咱们不是要杀他，是要用兵谏的办法把他扣起来，他接受了我们的建议后，再把他放回去。"

白说："副司令可以把要扣他的原因说一说，也让我明白明白。"

张思考两三分钟后，很沉痛地说："现在东北军的命运和东北四千万父老子弟的命运，以及全中国的命运，并我个人的生死，可以说完全都操控在你的手里，也可以说这些命运只决定在短短的时间内。

"我对于国家和东北的父老是不忠，对先大元帅是不孝，家仇国难，不忠不孝，集于一身，生前难辞其咎，死后难以瞑目。日本炸死了大元帅后，为了挽救东北危局，为了报先人的仇恨，不惜牺牲一切维护国家统一，杀了老帅的谋臣杨、常。我在九一八事变又背着不抵抗的罪名，忍受国人的责骂，最后热河失守，又为保持领袖的威信，放下兵权毅然出国，东北军根本想停止内战，打回老家去，和杨虎城将军几次建议，均被拒绝。目前又在王曲把东北军将领大加训斥，必须贯彻他们'剿共'的亡国主张，像这样的相互残杀，除给敌人可乘之机，加速我们灭亡外，又有什么收获呢？我们的东北军如不打回老家去，生无以对东北父老，死无以入祖宗的坟墓。一年来，我们因'剿共'损失了两个完整师，阵亡军官有四五百人，枪支损失有2万多支，阵亡官长眷属几次请求补充抚恤，蒋根本置之不理，其目的不仅违背抗战，且让我们在'剿共'中自生自灭。最痛心的是让我和杨虎城之间互相火拼，这样的挑拨离间、卑鄙阴险的行为实令人寒心。今天唯有停止内战一致对外，才能挽救东北，挽救全中国。因多次建议不听，最后不得不施行兵谏，把他扣起来，强迫他接受。"

听了张学良这番沉痛的话，白凤翔又伤感又气愤。他对张学良说："我听完副司令的话，内心特别难过，拍拍良心我们如不打回老家去，实在对不起任何人。现在我们不打敌人来自己打自己，真是令人最痛心的事，一定把他扣起来，让他停止内战，共同打日本。"张说："我们的主要目的不是想伤害他，仍然是劝导他放弃内战主张，共同抗日，你的忠勇侠义，我是深知，所以特找你担任这救国救人的伟大事业，我相信你绝对愿意做，也绝对能胜任这神圣的任务。我明天打算和你一起到临潼见蒋，我和他也说过你在热河很有威望，并在地方很有势力，将来中日战争爆发时，你回到热河，对抗战可能发挥很大的作用，你回去要准备一下，还有什么意见可以和我说。"白说："我没什么意见。"张说："时间不早了，你回去休息吧，方才说的事情，要好好地研究一下，但不要太兴奋。"白起身要走时，张最后又说一句："我们全东北军的命运可都看你这一回的了！"

12月10日下午，张学良带着白凤翔一起到临潼见蒋，并让白对沿途的道路和华清池周围的环境及蒋的住室都要特别注意，用东北土匪的话来说是"采盘子"。到了临潼，张引白见蒋，说："白师长最近要到热河一带的情况，向委员长报告一下。"张说完后即行退出。蒋把白过去的情形简单地问一问后，白即开始向蒋大吹起来，说自己过去有许多同伴，在热河地带经常盘踞，不时给敌一个袭击，日军无法用大部队进攻，重武器也无法使用，小部队不敢进攻，一旦全面抗战时，他们群起响应是不成问题的。蒋听完后点点头，鼓励了他两句，最后说："很好，你回去和张副司令好好地计划，将来对国家一定有相当的贡献。"[1]

12月10日上午，张学良与杨虎城单独密谈，共同认定蒋介石的主张和决定，用口头或书面的劝谏，是决不能改变的，他的一切言行和专制皇帝没有什么区别，断然决定采取武力行动，逼蒋联共抗日。

晚上，张学良召集于学忠、王以哲、刘多荃、缪澂流等东北军高级将领开会，说明为了停止内战，决定扣蒋。王以哲表示："副司令有决心干，就干吧！"于学忠则问道："如蒋不同意，第二步怎么办？"张

1. 李上林、李元超：《白凤翔师长应召》，载中国人民政治协商会议全国委员会文史资料委员会编《文史资料存稿选编——西安事变》，中国文史出版社2002年版，第348—349页。

学良回答说："我已和虎城谈过，此举成功则大家之福；如不成功，我张学良拿头去见他。"[1]

12月11日下午2点，张学良和杨虎城在新城大楼主持召开东北军和十七路军高级军政人员联席会议。东北军方面有于学忠、何柱国、王以哲、刘多荃、缪澂流等人；十七路军方面有孙蔚如（第三十八军军长）、韩咸西（西安绥靖公署参谋长）、李志刚（西安绥靖公署秘书长）等人。张学良首先发言，说明这次兵谏的意义。经过一番讨论，全体一致决议："为了贯彻抗日救国的主张，对蒋委员长不惜使用兵谏的手段，以促其觉醒。"两军随即进行了分工：东北军担任临潼捉蒋和应付在陕甘的蒋系中央军；杨虎城的第十七路军担任解除西安和咸阳城内中央党政军警宪特机关和武装，逮捕中央军政大员，控制机场。[2]所有军事行动皆以温和手段为主，尽量避免发生流血事件。发动的时间定在12月12日凌晨6时。

会议结束后，张学良考虑扣蒋任务重大，有必要加派一名忠诚干练的人员负责指挥，遂于下午3点急电驻甘肃平凉的第一〇五师第二旅旅长唐君尧"机到即来"，随即派专机把唐君尧接到了西安。张学良随即召见白凤翔、唐君尧、刘桂五三人，让他们每人携带两支德国造的手枪，并指示他们："一定要捉活的，如果让蒋介石跑了，你们三人拿脑袋来见。"[3]

张学良从新城大楼回到金家巷公馆后，于学忠紧随而至，不放心地问道："现在副司令既然决定了对委员长进行兵谏，我们做部下的当然听从你的决定。可是，我还想问一句话，第二步的结果怎样，副司令考

---

1. 刘多荃：《扣蒋前夕》，载远方编《张学良在一九三六年》，光明日报出版社1991年版，第166页。
2. 这样的安排照顾了杨虎城的利益，因为陕西是他的地盘，让他去解决西安和咸阳城内的国民党中央机关与武装力量，避免了东北军喧宾夺主的嫌疑。对此安排，杨虎城感到满意。
3. 佟铁肩：《西安事变琐忆》，载中国人民政治协商会议全国委员会文史资料委员会编《文史资料存稿选编——西安事变》，中国文史出版社2002年版，第219页。

虑到没有？"

张学良回答说："你所指的第二步结果，自然是说怎么样来收拾大局了。我的意思是只要委员长接受我们的抗日意见，准许我们东北军奔赴前线抗日，使国家民族得救，无论有什么不良后果，我个人都愿意承担起来！我知道我干这事，一定有人认为是大逆不道。可是，为了国家，我只好把脑袋别在裤腰带上，随时准备牺牲自己来停止内战。"

当时，蒋介石在华清池内有一个排的侍卫队，华清池旁不远处另有一个排的宪兵队，华清池大门及四周院墙是由东北军卫队第一营的一个加强连担任警戒任务。[1]张学良命令刘多荃负总责，计划以第一〇五师第一旅两个团组成以华清池为中心的外线包围圈，由唐君尧担任指挥；内线由孙铭九率卫队第二营执行扣蒋任务，卫队第一营驻华清池部队配合。因为孙铭九没有作战经验，由骑兵第六师师长白凤翔、团长刘桂五负责指挥。

11 日晚，蒋介石在华清池设宴招待张学良、杨虎城、于学忠及各将领，商议"剿共"计划。杨、于未到，引起蒋介石的注意，张学良立即报告说："他俩今晚在城内宴请来陕的中央军政大员，无暇赴宴。"席间，张学良神色紧张，精神恍惚，引起蒋介石的怀疑，临睡前还在琢

1.根据王宝成的研究，蒋介石在华清池的侍从人员有：钱大钧（侍从室第一处主任兼侍卫长）；项传远（第一处第一组侍从副官）；蒋国涛（第一处第一组侍从副官）；蒋孝镇（第一处第一组亲随侍从副官）；陈方之（第一处第一组侍从医官，侍从室医务室负责人）；蒋和昌（第一处第一组会计）；邵存诚（第一处第二组代理组长）；蒋孝先（第一处第三组组长兼副侍卫长）；司泰乃斯（德国人，第一处第三组顾问）；竺培基（第一处第三组侍卫官）；蒋瑞昌（第一处第三组侍卫官）；施文彪（第一处第三组便衣卫士）；毛裕礼（第一处第三组卫士队区队长）；汪日章（第二处第四组侍从秘书）；俞国华（第二处第四组侍从秘书）；王学素（第二处第四组侍从秘书）；葛武棨（第二处第五组侍从秘书）；肖赞育（第二处第五组侍从秘书）；肖乃华（第二处第五组速记）；肖自诚（第二处第五组速记）；毛庆祥（侍从室机要秘书）；蒋昆（中央宪兵第三团团附、中将）。中国人民政治协商会议陕西省临潼县委员会文史资料委员会编印：《西安事变临潼兵谏回忆》，1990 年版，第 7—8 页。

磨，终不明其故。[1]

张学良从华清池返回西安，又参加了城内的招待中央军高级军官的宴会，装作若无其事的样子，与各位宾客谈笑风生，应酬自如。晚10点左右，宴毕，张学良立即赶回金家巷公馆，召集东北军高级将领和有关人员于学忠、王以哲、刘多荃、缪澂流、董英斌、黎天才、米春霖、唐君尧、白凤翔、刘桂五、孙铭九、应德田等，对即将发动的兵谏做最后的指示。张学良十分激动地说："我们东北军亡省亡家，又背了不抵抗的罪名，为全国人所不谅。这几年的闷气，我实在受够了。几年来的事实证明，不抵抗是根本错误的。只有抗日，才能统一国家，复兴民族。最近几个月，我在西安、洛阳、临潼屡次向委员长陈述停止内战、一致抗日的必要，要他改变政策，做领导全国抗日的领袖。他非但不予考虑，反而硬逼我们继续'剿共'、打内战。不听他的，就要把我们东北军调离西北后加以消灭。我已经和杨主任商定，明天凌晨6时临潼、西安同时行动，实行兵谏，把委员长抓起来，逼他停止内战，一致抗日。你们大家有什么意见？"[2]

这时，于学忠再次表示了忧虑，老话重提："副司令，你第一步这样做，第二步怎么办？"张学良坚决地回答说："我第一步是拥蒋抗日，第二步还是拥蒋抗日。我认为中国人再也不能打内战了。我不但无意做领袖，而且我也不配做领袖，我再重复地告诉你一句话，我始终是拥蒋抗日。"

至此，无人再表示异议。于是，张学良当场宣布各项命令：缪澂流留守金家巷张公馆；唐君尧、白凤翔、刘桂五、孙铭九等准备率部出发至临潼，执行扣蒋任务，并叮嘱要绝对保证蒋介石的安全，不准伤害。其余人员和他一起到新城大楼的西安绥靖公署，与杨虎城的十七路军共

---

1. ［日］古屋奎二：《蒋总统秘录》全译本第10册，台北"中央日报社"1977年版，第155—156页。
2. 应德田：《张学良与西安事变》，中华书局1980年版，第93页。

同行动。[1]

一场改变张学良后半生命运、扭转时局、推动中国历史发展进程的西安事变，就此拉开了序幕。

骊山捉蒋

1936 年 12 月 12 日零点左右，张学良偕东北军高级将领、亲信幕僚一行抵达新城大楼，一见到杨虎城，就笑着说："他们都交给你了，看你怎么办？"孙蔚如在一旁笑着回答："我们向来是不出卖朋友的！"

这时，第十七路军的高级将领也陆续来到。于是，张、杨等军事将领聚集在一间屋里紧张部署，指挥军事行动，高崇民、黎天才、栗又文等文官们则忙着起草一篇包括八大主张的通电文稿。通电由黎天才执笔起草，高崇民等修改润色。这篇含有八大政治主张的通电是一个出色的政治文件，西安事变后赶到西安的周恩来由衷赞许通电和八项主张显示了西安事变的历史意义："如果没有这种内容的通电及其八项主张，事变的意义，将来在历史上更混沌了。"当周恩来得知通电起草者就是黎天才后，对他表示赞许道："很好，很好，幸好你在这里！"[2]

事前，张学良已经吩咐由第一○五师师长刘多荃担任临潼捉蒋的总

---

1. 根据王宝成的研究，东北军临潼兵谏部队指挥系统如下：总指挥刘多荃（第一○五师师长），协助指挥者白凤翔（骑兵第六师师长）、刘桂五（骑兵第六师第十八团团长），内线指挥唐君尧（第一○五师第二旅旅长），指挥的兵力有西北"剿匪"总部卫队第一营和第二营。其中，第一营营长王玉瓒、一连连长王世民、二连连长邵兴基、手枪排长金万普；第二营营长孙铭九、营附商同昌、七连连长王协一、八连连长张万山。外线指挥者周福成（第一二九师师长），指挥的兵力有第一○五师第一旅的第一团和第三团。其中，第一团团长张治邦、团附李铁醒、一营营长王肖孔、二营营长王景宣、三营营长杜宝赓，第三团团长林大木。中国人民政治协商会议陕西省临潼县委员会文史资料委员会编印：《西安事变临潼兵谏回忆》，1990 年版，第 6—7 页。
2. 罗健：《西安事变前后的黎天才》，《抗日战争研究》2000 年第 3 期。

指挥。去临潼的人首先在西安东城门楼上集合，每人发手枪 1 支，子弹300 发，手电筒 1 个。凌晨 2 点整，乘汽车到东郊的十里铺下车，全部熄灭车灯，由刘多荃做最后的布置，他压低声音说："你们知道今晚的任务是什么吗？我们是要抓蒋介石的，由刘桂五团长负责抓蒋介石，特务营第二连对付守卫宪兵，其他人协助刘团长，不许开灯，不准讲话，不许吸烟，违者枪决。"在进行简要部署后，车队开到离临潼约 10 公里的斜口东，刘多荃在这里坐镇指挥。捉蒋部队由刘桂五率领直奔华清池。3 点左右，抵达华清池，会合警戒大门院墙的东北军卫队第一营加强连，共同行动。他们原计划趁夜色掩护，冲进二门口，直捣蒋介石的住所五间房。不料，刚接近门口，被蒋介石带来的卫队哨兵发觉，问口令答不上，遂开枪射击。东北军只好硬冲，一时枪声大作，侍卫队拼命抵抗。

中央宪兵第三团团长蒋孝先在从西安返回临潼的路上，遇到东北军，因蒋孝先在北平时残酷镇压北平学生爱国运动，杀害了不少爱国人士，民愤极大，被东北军当场捉住并枪决在华清池附近。

蒋介石被枪声惊醒，急令侍卫出去查看，回来报告说袭击者戴皮帽子，都是东北军军官，已冲入二门，请他速登后面的骊山。蒋此时怀疑是共产党煽动东北军驻临潼部队暴动，而非张学良之计划，打算先到山上躲一躲，天明即可无事。慌乱之中，在睡衣外套上一件单袍，未及安上假牙，在侍卫官竺培基、施文彪及随从蒋孝镇的护送下，奔至后门，才发现没有钥匙，情急之下，只好从卧室的里墙翻窗子跳出去。此窗墙内不高，未料墙的外面却是几米高的深沟，蒋介石慌乱中重重地跌落到下面的沟里，跌伤了后腰和脚背，剧痛不止，但他已经顾不上伤痛，由侍卫背着，好不容易爬上了骊山的山顶。这时，四周枪声不断，流弹飞掠，几个卫兵相继中弹身亡。蒋介石无人保卫，只好下山，行至半山腰，失足掉进一虎斑石岩穴之中，无力再起，就躺在里面躲避。

孙铭九率部冲进蒋介石卧室时，发现四处无人，一摸被窝，还有热气，蒋的假牙、军帽、皮包都还放在桌子上，估计跑得不远，遂命令士兵在院中各处搜寻，仍不见踪影，只发现为流弹所伤的侍从室第一处主任兼侍卫长钱大钧躺在地上，呻吟不止。这时，刘多荃、唐君尧也相继赶来，说外围封锁严密，绝无跑掉的可能。经大家研究，决定加紧搜山，同时电话报告坐镇新城大楼内等候消息的张学良、杨虎城。

张学良一听说没有抓到蒋介石，非常焦急。他对在场的两军文武官员说："若找到委员长，我能说服他停止内战、共同抗日，我一定拥护他，并自己请罪，以增加他的威信而维持军纪；若找不到他，我便将头割下来，请虎城兄拿到南京请罪，了此公案，绝不能因要停止内战反而引起内战。"[1]不久，搜山部队终于在虎斑岩石穴找到了蒋介石[2]，张学良等人这才石头落地，长长地松了一口气。

蒋介石在骊山上被发现及下山进城的过程，由于各人的视角不同，人言人殊。当时任东北军卫队营班长的何克是在搜山过程中第一个发现蒋介石的，他的回忆比较详细，应当是可信的材料，他写道：

> 根据现场分析，左边第三间屋（里套间）应是蒋介石的居室。我们看到蒋的印章、旅行闹钟、假牙、手套等都放在桌子上，上将军装、墨索里尼送的防弹黑斗篷、战刀等挂在墙上……我们把屋里

---

1. 何柱国：《西安事变前后的张学良》，载吴福章编《西安事变亲历记》，中国文史出版社1986年版，第5页。
2. 西安事变和平解决后，国民党陕西省当局在蒋介石的躲藏处修了一座简陋的"正气亭"。1946年，胡宗南拆除原亭，重建水泥结构的纪念亭，命名为"民族复兴亭"。在十余年间，国民党军政要人戴季陶、陈诚、陈果夫、陈立夫、胡宗南、卫立煌、王耀武等先后在虎斑石上刻石题词，歌颂蒋介石。题词五花八门，诸如："民族复兴石""正气浩然""天地正气""虎谷龙岩""中外共仰""至大至成""仰至弥高""精诚救国，金石为开"等。1949年中华人民共和国成立后，于50年代初将此亭改为"捉蒋亭"，将石壁上国民党党军政要员题刻的文字全部铲除。1986年，西安事变50周年前夕，为体现张、杨两将军实行兵谏，促蒋抗日的初衷，中共中央统战部报请批准，将"捉蒋亭"改名为"兵谏亭"。名称的变化反映了时代的沧桑巨变。

翻腾了几遍，不见蒋的踪影，猛然拉开窗帘，只见一扇窗户敞开，料定蒋系越窗而逃，随即追了出去。但是，通往东花园的门却锁着，料想他可能翻墙而去，我带着机枪组向东追去。山石陡峭，酸枣和荆棘遍地，我们用手分着、用脚踩着刺人的棘条，警觉地沿东山搜索。这时天已大亮。谭海、刘多荃、白凤翔研究后命我排搜山。

山势越来越陡，我命令陈志孝带两个战士沿东山脚的小沟向上搜，我和另外两个殿后，保持50米距离，呼应前进。走着走着前边三个人发现有人蹲在一个小山包上，三条枪立即瞄准并命令他举起手来，原来是蒋的贴身警卫、蒋的堂侄蒋孝镇，陈志孝飞脚上去踩住了他抽身摸枪的右手，缴了械，厉声问道："见委员长了吗？"

"没有。"这时我们后边3个已闻声赶到，随着蒋孝镇惊恐、游移回视的目光，我们立即发现有一个人双手抓着山梨子树，在他身后山坳斜坡上，吃力地攀扶在那里，但看不清是谁。陈志孝立即向这个山坡放了三枪，子弹打得山石乱嘣，当那人扭转身来，我们一眼就认出他正是蒋介石。

蒋介石抑制住自己的恐慌，问道："你们是哪里的？"

陈志孝立即回答说："我们是委员长在南京中山陵接见过的（张副司令）卫二营。"

蒋又快快地说："好弟兄！你们打死我吧。"

"报告委员长，我们是来请委员长抗日的，怎么能打死委员长？"随着陈志孝机敏流利地回答，蒋介石惊魂稍定。我们看见他从右兜掏出手帕，揩去他双手上被荆棘刺破的鲜血，又去擦他的双眼，他的眼眶中衔着泪水，哭了，然后又将左手放进兜。

我命令靳富贵去接他，手够不着，又命令郑克田踏在靳的肩膀上，两个撑立，才扯住蒋的腿，不想把他竟掼倒在山脚下。蒋一时弄不明我们的用意，以为不祥，一边哭着一边嚷道："我救国，我救国……"甩手踩脚，像一个害怕大祸临头的孩童，浓厚的奉化口音将救国说成"救鬼"。见此状况，我便让郑克田在前、陈志孝在后，挽着他向山下走，这时的"蒋委员长"狼狈极了。我发现，他一只脚竟赤着，另一只脚穿着一只礼服呢面鹿皮底的圆口鞋，我怕磨破了他的脚不好向张副司令交代，又命令靳富贵背上他走，但蒋介石怎么也爬不上去（事后才知道他摔坏了腰），我从后面抓住他那古铜色棉袍的衣领，将他拽起来，提到靳的背上，然后我又同陈志孝各扯着蒋介石的一条胳膊，架着他向山下走……走了一段路，孙铭九营长和白凤翔师长从华清池方面奔来。

兵谏，在封建余毒仍很严重的50年前，并不为所有人理解，奉命执行的孙铭九营长隔着东花园外的小桥，恭敬地向蒋磕了三个头[1]，然后不安地对蒋说："报告委员长，我是军人，对不起委员长，让委员长受惊了。"这些在今天看来是笑话的言行，至今仍留有清晰的印象。孙营长命令我们把枪收起来："好好保护委员长下山。"[2]

东北军官兵挟持蒋介石来到骊山脚下，交给白凤翔师长。蒋介石要求回华清池原来住的房间，没有得到允许，当路过华清池时，东北军号兵有意吹起了迎接上将的三番号，充满了几分讽刺滑稽的意味，令蒋介石哭笑不得。

根据张学良的命令，刘多荃等要蒋介石立即乘坐汽车前往西安城内，蒋不肯上车。刘多荃、白凤翔、孙铭九无奈之下向蒋介石敬了一个军礼，请他上车，这下蒋反而拿起了委员长的架子，说什么也不肯上车。最后，刘多荃、白凤翔、孙铭九三人强行挟持蒋介石上了汽车，把他送到西安绥靖公署办公楼——新城大楼。

在此之前，杨虎城指挥十七路军在西安城内同时展开行动，并顺利

---

1. 孙铭九本人不承认自己向蒋介石磕了头——笔者注。
2. 何克：《回忆临潼兵谏》，载中国人民政治协商会议全国委员会文史资料委员会编《文史资料存稿选编——西安事变》，中国文史出版社 2002 年版，第 386—387 页。

完成任务，迅速解除了宪兵三团、陕西省保安处、公安局、交警总队等中央所属武装，控制了机场，扣留了36架军用飞机及飞行员、技术员、地勤人员共约500人。在西京招待所扣留了国民党高级将领与高级官员、社会名流朱绍良、卫立煌、蒋鼎文、陈继承、陈调元、蒋作宾、陈诚、万耀煌、蒋方震等人。国民党中央宣传委员会主任委员邵元冲是一个文人，一听到枪声就惊慌失措，在越窗逃跑时被乱枪击中要害，不久在医院死去。[1]陕西省政府主席邵力子、西北"剿总"参谋长晏道刚、政训处长曾扩情等蒋系人物也分别被软禁。

应变措施

捉蒋后，东北军与十七路军军政要员开始讨论当前急待解决的两个问题：一是关于这次行动的性质和名称问题，高崇民建议采用带有古典色彩的口号——"兵谏"，得到大家的赞同。二是关于蒋介石的处置问题，争论较为激烈，有的主张枪毙，有的主张送往中共或苏俄，最后决定遵循张学良发动兵谏的本意："只要蒋介石答应我们抗日，我们不但要释放他，还要拥护他做领袖。"

12日晨，张学良、杨虎城领衔向全国发表《对时局宣言》，提出停止内战、团结抗日的八大主张。宣言全文如下：

---

1. 邵元冲（1890—1936），字翼如，浙江绍兴人。早年先后参加中国同盟会和中华革命党，追随孙中山、陈其美等，参与二次革命及肇和舰起义等，并与蒋介石结为异姓兄弟。1917年9月，广州军政府成立后，担任军政府大元帅孙中山的秘书。后赴美国留学。1923年，参加"孙逸仙博士代表团"，与蒋介石等赴苏联考察。自1924年国民党一大起，历任国民党中央候补执行委员、中央执行委员、中央政治委员会委员及杭州市市长、南京国民政府委员、"立法院"副院长、代理院长、国民党中央宣传委员会主任委员等职。邵元冲死后，蒋介石回到南京，下令为其举行国葬。

南京中央执行委员会、国民政府林主席钧鉴暨各院部会勋鉴，各绥靖主任、各总司令、各省主席、各救国联合会、各机关、各法团、各报馆、各学校均鉴：

东北沦亡，时逾五载，国权凌夷，疆土日蹙。《淞沪协定》屈辱于前，《塘沽》《何梅协定》继之于后，凡属国人，无不痛心。近来国际形势豹变，相互勾结，以我国家民族为牺牲。绥东战起，群情鼎沸，士气激昂。于此时机，我中枢领袖应如何激励军民，发动全国之整个抗战！乃前方之守土将士浴血杀敌，后方之外交当局仍力谋妥协。自上海爱国冤狱爆发，世界震惊，举国痛愤，爱国获罪，令人发指！蒋委员长介公受群小包围，弃绝民众，误国咎深。学良等涕泣进谏，屡遭重斥。日昨西安学生举行救国运动，竟嗾使警察枪杀爱国幼童，稍具人心，孰忍出此？学良等多年袍泽，不忍坐视，因对介公为最后之诤谏，保其安全，促其反省。西北军民一致主张如下：

（一）改组南京政府，容纳各党各派，共同负责救国。

（二）停止一切内战。

（三）立即释放上海被捕之爱国领袖。

（四）释放全国一切政治犯。

（五）开放民众爱国运动。

（六）保障人民集会结社一切政治自由。

（七）确实遵行总理遗嘱。

（八）立即召开救国会议。

以上八项为我等及西北军民之爱国主张，望诸公俯顺舆情，开诚采纳，为国家开将来一线之生机，涤以往误国之愆尤。大义当前，不容反顾，只求于救亡主张贯彻，有济于国家，为功为罪，一听国人之处置，临电不胜待命之至！

张学良、杨虎城、朱绍良、马占山、于学忠、陈诚、邵力子、蒋鼎文、陈调元、卫立煌、钱大钧、何柱国、冯钦哉、孙蔚如、陈继承、王以哲、万耀煌、董英斌、缪澂流等叩。

文[1]

在这个通电上署名的共有19人，其中东北军将领7人，即张学良、马占山、于学忠、何柱国、王以哲、董英斌、缪澂流；西北军将领3人，即杨虎城、冯钦哉、孙蔚如；被张、杨扣留的南京政府军政要人9人，即朱绍良、陈诚、邵力子、蒋鼎文、陈调元、卫立煌、钱大钧、陈继承、万耀煌。这些被扣留的南京政府军政大员是否在这个通电上签了名，对此以往的许多著作都持肯定看法。如1986年出版的《西安事变简史》明确写道："通电发出之前，张学良携带电稿到西京招待所，向被扣留的南京军政要员说明兵谏的意图并进行了安慰，表示对他们和蒋介石绝无伤害之意。接着宣读了通电，要求同意这个通电的人在电稿上签名。随后大家都签了名。"武育文等著的《张学良将军传略》也说："此通电列名的蒋系军政大员，是蒋介石被捉以后，张学良亲持电稿征求他们意见后才签名的，并不是冒签。"笔者查此说最初来源于晏道刚的回忆。晏道刚在《我在西安事变中的经历》一文中写道："12日上午9点多钟，孙铭九等已经送蒋介石到新城大楼。这时张学良带着拟就的通电全国的文稿，直到西京招待所，招集'中央'各大员宣布，他说：'各位，这是我给全国的一个通电，我来向各位宣读，希望各位听完之后，如果同意，便在上面签一个名，我再拿着这个通电去找委员长。'……张学良念完后又说道：'这电文下面签名的已有兄弟和杨虎城先生二人，如各位同意，也在这上面签个名。'于是马占山先签，接着陈诚、朱绍良、蒋百里、于学忠、邵力子、蒋鼎文、卫立煌、陈调元、陈继承、万

---

1. 中国第二历史档案馆、云南省档案馆、陕西省档案馆合编：《西安事变档案史料选编》，档案出版社1986年版，第3—4页。

耀煌、何柱国、冯钦哉、孙蔚如、王以哲、董英斌、缪澂流、钱大钧等均在通电后面签了名。"[1]

但当事人也有另外的说法，应德田回忆："原通电具名，只是东北军和十七路军的几位高级将领，发这封电报时，不知怎么加上了蒋方大员朱绍良、陈诚、邵力子、蒋鼎文、陈调元、卫立煌、钱大钧、陈继承、万耀煌的名字。可能是当时有人认为，这样可以增厚通电的力量，可以使南京和各省一时搞不清楚，觉得这些人也参加了西安事变。"[2]应德田是西北"剿总"总部政治处少将处长兼抗日联军西北军事委员会设计委员会委员，参与了通电的起草，他的回忆自应有较大的可靠性。

通电中列名的万耀煌否认他在通电上签了名。他在日记中写道：当他从西安《解放日报》上看到通电时，"真是啼笑皆非，合东北军张部将领、西北军杨部将领及中央被扣将领政要于一炉，欺谁乎？"此外，其他被扣的军政要人也没有任何人提到签名的事。鉴于各种说法相互矛盾，笔者专门对此问题进行过考证，其结论是被扣留的南京政府军政大员并没有在这个通电上签名，他们的名字是通电起草人自行填上去的。[3]

令人遗憾的是，这个重要通电却因为西北"剿总"交通处处长蒋斌的叛变而迟迟未能发出，以致外界难以及时明了事变的真相，造成严重的不良后果。高崇民回忆说："此电在12日当天交由主管部门（即交通处）负责人蒋斌，限即日发出。不料奸生肘腋，张所委任的交通处长蒋斌，将此八项主张之文电压下来未发，而先秘密向南京何应钦告发西安事变的情形。于是南京有所准备，将国内邮电全部加以控制，并造谣言说，西安已经赤化，蒋委员长已被杀害。何应钦坚决主张讨伐，故意举

---

1. 吴福章编：《西安事变亲历记》，中国文史出版社 1986 年版，第 204 页。

2. 应德田：《张学良与西安事变》，中华书局 1986 年版，第 98 页。

3. 张学继：《西安事变几则史实辨正》，中国革命博物馆党史研究室编辑《党史研究资料》1991 年第 8 期（总第 169 期）。

行白衣誓师的仪式，以激励反动派。八项主张的电报被内奸蒋斌压了两天，直至驻西安的山东代表裴某，接韩复榘来电询问真相，我们始发觉蒋斌之通敌，遂逮捕蒋斌，急电天津无线电台台长陈先舟星夜来西安接任交通处长。由于内奸事故，致使中外对于西安双十二事件，一时不得真相，因此各方面的真实反应，除广西李（宗仁）、白（崇禧），四川刘湘等而外，其余均经南京加工伪造，才能发表。故当时张、杨所收到的电报，几乎千篇一律，都是大骂张、杨劫持统帅，为大逆不道。"[1]

随后，张、杨两将军又采取了一系列的军政措施：

（1）撤销西北"剿总"，成立抗日联军临时西北军事委员会，公推张学良为委员长，杨虎城为副委员长，董英斌为参谋长。

（2）组织参谋团，由双方的军事将领和高级幕僚组成，计有孙蔚如、王以哲、何柱国、董英斌、鲍文樾、李兴中等人，以何柱国为主任，负责研究一切军事问题。

（3）成立设计委员会，由高崇民、卢广绩、洪钫、应德田、王炳南、王菊人、杜斌丞、李维城等组成，后又加上南汉宸、苗剑秋，以高崇民为召集人，负责讨论有关的政治问题，并向张、杨提出建议。

（4）组织抗日援绥军第一军团及骑兵集团军，集结等待出发。

（5）集中军队，将东北军第五十七军、第六十七军和第一〇五师集结西安附近，第五十一军警戒兰州，第十七路军由陕北移至关中，一方面准备抗日援绥，一方面防御中央军的进攻。

（6）取消政训处，成立政治处，应德田、申伯纯分任两军政治处处长，以加强军队政治工作。

（7）改组陕西省政府，原成员一律免职，以王一山任代理省主席，各厅长均为杨虎城的部属。

---

1. 中国社会科学院近代史研究所现代史研究室编：《西安事变资料》第2辑，人民出版社1981年版，第26—27页。

（8）解散国民党陕西省党部，成立西北民众运动指导委员会，以王炳南为主任委员。

（9）改《西京日报》为《解放日报》，由郭维城等任主编。

（10）释放全部政治犯，共约 150 余人。[1]

从此以后，古老的西安城内掀起了抗日救亡运动的新高潮。

拘禁中的蒋介石

12 日上午 9 时，蒋介石被护送到新城大楼，住进早已准备好的房间，由西安绥靖公署特务营营长宋文梅负责看管。

此时的西北大地，正是天寒地冻、滴水成冰的严冬季节，49 岁的蒋介石穿着单薄的睡衣在严寒的室外折腾了大半夜，极度的惊恐加上难以忍受的严寒，已经把他折腾得不像人样。只见蒋介石面色惨白，须发如霜，因未戴假牙，两颊内凹，上穿古铜色春绸丝棉袍，只穿衬裤，脚穿上海造鹿皮底圆口便鞋，左右足踝处，皆有荆棘划伤血痕，因翻墙跌伤，腰部弯曲。天气虽然严寒，蒋面部却流淌汗水，这是惊吓过度所致。他坐在椅子上，以右腿置左膝，全身发抖，呼吸喘急，并不断出声发出长吁短叹。宋文梅为了缓和蒋之神志，即劝他应镇静从事，他低首无一语。宋文梅继续劝告，并请他饮水，在 10 分钟内，连饮白开水约 10 余杯，但人依然惶恐不安。

上午 9 时左右，张学良来到新城大楼见蒋，执礼甚恭，开口说："委员长，受惊了！"蒋不答。张又说了一次，蒋仍不答。张学良继续说："我们受全国人民的要求，发动这次事件。我们内心纯洁，完全为国家着想，并非为私人利益打算。现在，我们民族危机已到这样严重阶段，

---

1. 应德田：《张学良与西安事变》，中华书局 1980 年版，第 101—104 页。

政府不为民族生存着想，反继续进行内战，凡有血性的人，无不义愤填膺，而委员长独持偏见。今天，希望委员长平心静气，勇于认过，爱惜国力，能联合全国力量，坚决抗日，以争民族生存，则学良及全国人民与愿足矣。"

蒋介石这才讷讷地说道："你既为国家事，应先送我到洛阳，送我到洛阳再谈。"

张学良接着说："国家民族今日成此局面，谁使为之？日本进占沈阳后，都责学良为卖国贼，究竟谁是真正的卖国贼？试问九一八事变，是谁的阴谋诡计所促成？谁坚持不抵抗？反复嫁祸于人？请将这些事件真相，向全国人民公开，谁是谁非，自有公论。狡计阴谋，岂能永远蒙蔽人民的耳目？！"

蒋介石依然讷讷地重复他的要求："你既为国家事，送我回洛阳再谈。"

张学良继续陈词："今日之事，岂容搪塞了事？我们仍希望你勇于改过，群策群力，共赴国难！如你仍执迷不悟，固持偏见，自可由群众公裁！"

蒋一听到张学良要把他交付"群众公裁"，误以为要把他交由人民公审枪决，既气愤又害怕，立即说："以往，我待你这么好！你竟想把我交给群众公裁！你既为国家事，速把我送回洛阳再谈。"说完后，就闭目坐在椅子上，不再说话。见此情形，张学良只好辞出。[1]

中午 12 时，邵力子奉张学良之命前来劝说。这时，蒋介石惊魂初定，情绪也已经基本稳定，邵力子坐在蒋对面的椅子上，蒋问邵："你从什么地方来？"

邵答："从绥靖公署卫士队队长室来。"

---

1. 宋文梅：《拘留中的蒋介石》，载中国人民政治协商会议全国委员会文史资料委员会编《文史资料存稿选编——西安事变》，中国文史出版社 2002 年版，第 391—392 页。

蒋又问："钱慕尹（钱大钧）在何处？"

邵答："慕尹胸部受伤，已入院治疗。"

谈至此，蒋、邵皆默然无语。蒋介石要宋文梅站到室外，准备与邵力子谈秘密事。宋文梅离开房间时，却将房门打开，以便仍然可以监听他们的谈话。蒋介石见宋文梅要监听他们的谈话，不禁大为恼怒，气势汹汹地拍桌呵斥道："我委员长和邵主席谈话，你竟敢站在面前！我要你出去！你为什么又把门打开？"蒋随即起身，怒气冲冲地将房门关上。宋文梅也不示弱，马上又将门推开，并回敬蒋介石道："请不要生气，我们系奉命令在此。且今日之事，无不可闻者，何须再保密？！"

见此僵持局面，为缓和气氛，邵力子遂对蒋介石说："宋营长是委员长的学生，是（黄埔）军校八期的。"

蒋听了邵的介绍，似乎从中看到了某种希望，立即转变颜色，笑着对宋文梅说："噢！我认识你！我跟你谈过话，也点过你的名，还记得！还记得！"

宋文梅答："你是委员长，如何能认识我？我已经被学校开除！"

蒋没等宋说完，即问："学校为什么开除你？"

宋答："教育长要开除我，原因我不知道。"

蒋介石连声说："我认识你，认识你！"

这时，宋告蒋："你们谈话，我站在这里，没有关系，请谈吧！"

蒋介石估计宋不会离开，即开始与邵谈话。他问邵："西安发生事情，你事先知道否？"

邵答："不知。"蒋闻语默然。

见此情形，邵力子心平气和、缓缓地对蒋说："今天已发生这件事，希望委员长仔细考虑。事实上，由于日寇不断侵略，造成全国人民的愤怒，如果政府没有良好的办法，自然会酿成变故。今天要弥补，尚未为晚。"

蒋细听，仍不作答。邵继续劝蒋说："抵御外侮，法国¹是最好的榜样，他们建立了人民阵线。这种办法，我们未始不可采取。在中外历史上，当外侮来的时候，息争、合作以御外侮的事情很多，希望委员长有鉴及此！"

邵力子尽量委婉劝告。在邵说话时，蒋自始至终未置一词，中间曾长长叹气数次。邵讲完，两人默坐片刻，蒋告邵："你先回去吧！"邵即辞出。

邵去后，蒋即向宋文梅要来纸笔，给妻子宋美龄写了一个简短的电报，交给宋文梅，并问："是否可即发出！"宋答："可。"电报原文如下："南京蒋夫人：中（正）决为国牺牲，经国、纬国系我子，亦即你子，希关照。蒋中正。"宋文梅随即将电报转交张学良，于当日发出。²

之后，宋文梅命人端来饭菜让蒋介石吃。蒋介石此时已是饥饿难忍，但又害怕饭菜里有毒，迟疑不决。宋看出蒋的心思，大声地对他说："这里的饭是很干净的，不会有任何意外事情发生。如果因没有假牙套，这里有麦皮粥，还是吃点好。"

在宋的劝说下，蒋答应进食。宋当即告知西安绥靖公署的厨师，让其熬了麦皮粥给蒋喝了。蒋又告诉宋，想喝些橘子汁。宋又派人自街上买来橘子榨成汁倒进玻璃杯中送给蒋，蒋一饮而尽。蒋似乎很满意，告诉宋，他最喜欢喝橘子汁。

12日晚9时，张学良第二次来见蒋，蒋假装已经睡觉，不理睬张学

---

1. 应当是西班牙——笔者注。
2. 宋文梅：《拘留中的蒋介石》，载中国人民政治协商会议全国委员会文史资料委员会编《文史资料存稿选编——西安事变》，中国文史出版社2002年版，第392—393页。关于邵力子对蒋介石进言的内容，邵力子的记述稍有不同。邵力子对蒋介石说："送回洛阳暂无可能，枪杀也绝不敢。但旷日持久，或生他故，委员长应以安全为重，可否考虑如前两次自动辞职（指1927年和1931年），俟国家有需要时再复出？"蒋回答说："我绝不能在武力胁迫下考虑这个问题。"坐了一会儿，邵力子退出。邵力子：《西安事变追忆》，载吴福章编《西安事变亲历记》，中国文史出版社1986年版，第188页。

良，张只好辞出。

当晚，蒋卧在床上一直呻吟不止。其间曾饮橘子汁一杯。宋见蒋呻吟不安的样子，曾入室劝慰，望其心境爽朗，从容应变，并一再强调："应接受张、杨两将军所提出的停止内战、联合一致抗日的主张。否则，对自己、对国家，非徒无补，反益增困难。"[1]

12日晚上，西安绥靖公署参谋长李兴中收到一封匿名信，要他设法营救蒋介石，建千载一时之功。李兴中当即把信交给张学良、杨虎城。张学良鉴于西安绥署内部复杂，为防万一，征得杨虎城同意，决定把蒋介石移住张公馆对面空着的高桂滋公馆。

13日正午，蒋介石向宋文梅要来纸和笔，在一张纸上悄悄写了一些什么，随后折好放在手心里。随后，蒋让宋派人把邵力子找来，蒋把纸交给邵力子，然后准备有所交代。邵力子见宋文梅立在一侧，说话不方便，便故意高声说："宋营长仍在这里。"蒋立即终止与邵力子的谈话，邵力子起身离去。至于蒋究竟在纸上写了些什么，宋文梅没有问，邵力子也一直没有透露，故至今还是一个谜。

13日下午，蒋介石提出要见杨虎城。蒋介石起初以为杨虎城没有参与此事，故对他寄予希望。杨虎城来后，向蒋陈述此次事变的主因，并说明他和张学良将军纯洁的动机，希望蒋为国家计，应当详细考虑西安各将领及各救国团体所提出的八大主张。杨虎城以和蔼的口气劝慰蒋少安勿躁。见杨虎城也参与了这次兵谏行动，蒋大失所望，遂不再多谈。约10分钟后，杨虎城只得告退。

杨虎城走后，蒋向宋文梅要书看。宋为缓解蒋的紧张不安情绪，找来了一本日本人所著《长安古迹考》送给蒋。蒋对此类著作没有兴趣，稍加翻阅即交还给宋，要求另换一本。宋即将蒋介石以前编的阐述所谓

---

1. 宋文梅：《拘留中的蒋介石》，载中国人民政治协商会议全国委员会文史资料委员会编《文史资料存稿选编——西安事变》，中国文史出版社2002年版，第393—394页。

"教、养、卫、管"的小册子送给蒋，蒋大喜，反复翻阅。可见到这时，蒋仍念念不忘反共，也许是故作姿态。

经过近两天的观察，蒋见宋文梅对自己尚算恭顺，又见他是黄埔系学生，以为有机可乘，便话中有话地向宋文梅讲起当年自己独自一人赴中山舰上"勤王"的故事，说当年孙中山总理避难在中山舰上时，唯他一人从奉化老家赶到中山舰上护卫孙中山，云云。其言外之意是让宋文梅也学他的样，来一个"勤王"之举，企图将宋文梅拉过去。但宋文梅忠于杨虎城，蒋的拉拢显然没有起作用。尽管宋文梅没有被蒋拉过去，但蒋对宋的细心照料还是很满意的。据说，蒋后来曾有意提拔宋文梅，这就很能说明问题。假如宋文梅在看管过程中虐待了蒋，那蒋出去以后是一定会报复的。

13日黄昏，张学良第三次来见蒋介石，告以住在新城大楼诸多不便，请蒋移居他处。蒋不允。随后，张又请邵力子来劝蒋搬家。蒋表示："这是西安绥靖公署，属行政院在陕之机关。我是行政院长，住在这里才无愧于职守。张汉卿如果不把我送回洛阳，就让我死在这里。我绝不到别的地方去。"[1]

当晚11时，孙铭九奉张学良之命来请蒋介石搬家。宋文梅将孙铭九的来意告诉蒋，蒋怀疑对他不利，坚决不肯搬。宋文梅与孙铭九商量是否可以不搬，孙铭九说奉副司令的命令，必须搬迁，要宋文梅劝蒋，蒋坚决不同意。宋文梅没有办法，只好请孙铭九入室一起劝。蒋见孙铭九腰间别着一把手枪，以为孙要把他拉出去枪毙，十分惶恐。他对孙铭九说："你在日本上学时，我对你很好，你还记得否？我是政府的行政院院长，应该住在西安绥靖公署里，因为绥靖公署是受行政院管辖的，要我搬移，我不愿去。"

1.邵力子：《西安事变追忆》，载吴福章编《西安事变亲历记》，中国文史出版社1986年版，第188—189页。

孙铭九和宋文梅再三劝说，蒋就是不听，他恐惧万分，最后干脆以被子蒙头，不再回答。事已至此，宋文梅只好与孙铭九退到房间外面商议，现在已是深夜，是否等到明日再搬迁，孙铭九同意，即返回向张学良复命。蒋经此惊惧，竟彻夜失眠。到 14 日清晨，蒋介石因为一夜未寐，结果患了重感冒。他头倚枕侧，鼻涕长流，呻吟不已，一副不胜痛苦的模样，并要宋文梅给他几片阿司匹林。宋文梅向张学良报告，张即派军医前来给蒋进行诊治。[1]

14 日下午 5 时许，张学良偕端纳来新城大楼见蒋。蒋见到端纳后情绪才真正安定下来。

中外的反应

蒋介石在西安被扣的消息，对于国民党和南京当局来说，则不啻是一个晴天霹雳！请看当时的南京政府要员陈公博的回忆：

> （民国）二十五年 12 月 12 日夜，我记得是张岳军（群）在他的外（交）部官舍请我们食饭，那夜是两桌人，孙哲生也在内。那夜我不知为什么，大概是偶然罢，不到 7 时便到了外交官舍，除了我之外，一个客也还没有到。张岳军匆匆地下楼招呼我，又匆匆地上楼，我觉得他神色张惶，而又故作镇静的样子，这时已有两三个客来，张岳军又下楼拉我到饭厅。
>
> "蒋先生被捉了。"岳军还沉着。
>
> "是被谁捉的？"我有点惊诧，因我以为蒋先生还在洛阳。蒋先生

---

1. 宋文梅：《拘留中的蒋介石》，载中国人民政治协商会议全国委员会文史资料委员会编《文史资料存稿选编——西安事变》，中国文史出版社 2002 年版，第 394—395 页。

的行踪报纸一律不敢登载的，我对于蒋先生的行踪也一向不愿意打听。

"被张汉卿捉的。"岳军似乎怪我连蒋先生早到西安的临潼还不知道。

"现在蒋先生在哪里？"我不由得感觉有些悲哀。

"今早在华清池被捉，解到西安了。"岳军声音也显了哽咽，但嘴边似乎挂着苦笑，掩饰他的悲痛。

"唉！"我不觉流下泪来，"我虽然和蒋先生很隔膜，但我实在太难过了。"我抑制不住我的伤心，因为蒋先生到底是国民党一个负责人，今日遭遇了这个悲运，我起了同情和可怜之感，不觉把一向不满意于蒋先生的反感消失了。

"不要再说，孙哲生来了。"岳军抑着我，其时孙哲生入了客厅。

那夜的宴会算是草草终席，主客也不再提。席散之后，岳军告诉我他要去何敬之公馆开会议，而我则要去告诉汪夫人，我约定见了汪夫人之后，再到何公馆会合。

……只是我当日听了蒋先生被捉的消息，心内倒有些凄然，我一生的脾气都不愿落井下石的，也鄙视幸灾乐祸的，他一世英雄，纵横捭阖，桀骜枭雄，结果也像胡展堂和李任潮被人扣了，我不由得不洒一掬同情之泪，对于他一向的强项，似乎已登时软下来了。

而且他的被捉，生死未可预期，他落在别人的手也还罢了，今日倒落在无法无天的张汉卿，无知无识的杨虎城，和素与国民党敌对的共产党之手，如何使我不同情，不悲愤！[1]

军政部长何应钦于12日下午召集国民党军政要员到他位于南京斗鸡闸的官邸交换意见。这些国民党的大员们碰到这样的大事，已经是六神无主，人言庞杂。军事委员会副委员长冯玉祥在日记中记载：李烈钧

---

1. 陈公博：《苦笑录》，东方出版社2004年版，第230—232页。

主张考虑蒋安全，陈璧君主安全，陈公博亦然；朱培德主打，何敬之主打，叶楚伧主打，戴季陶主打。[1] 主张打的人认为张学良劫持统帅，应当实行武力讨伐，而且是清一色的蒋嫡系人物。

当晚，国民党中央常务委员会和中央政治委员会召开紧急联席会议。出席会议的除两会成员外，还有五院院长和各部会负责人，共有四五十人参加。会议由中央常务委员会委员丁惟汾和中央政治委员会委员于右任两位元老主持。会上仍然是主和与主打两种意见争论不休。

行政院副院长孔祥熙晚年在回忆录中透露当时开会的详细情形：

甲说：谓张杨此举必有背景，且必有助力。其背景与助力，在内为不尽悦服蒋公之疆吏与将领，如山东之韩复榘，广西之李济深，甚至如河北之宋哲元，四川之刘湘，皆可引为同路；在外为垂竭待尽之共产党徒，甚至如第三国际之苏联，皆可暗中联络。张杨既借此背景助力，出以劫持统帅，则必以蒋公之生死为政治上之要挟。中央既不能曲从其狂悖，陷国家于沦胥；尤不能过于瞻顾蒋公之安全，置国家纲纪于不顾。昔项羽囚太公，汉高不屈，而太公卒还；清廷囚郑父，成功不屈，而郑公竟死，此中关键，固须审慎，然千秋后世，终必赞果断而贬屈服。故中央对策宜持以坚定。况蒋公安全尚不可知，示张杨以力，蒋公倘在，或尚可安全；示张杨以弱，蒋公虽在，或竟不能安返。此说，辞旨严正，考试院长戴季陶实主之。

乙说：对于甲说之揣测虽不否认，但不信学良等之通电将发生若何之效力。且谓蒋公抗日，早具决心，凡在帷幄，均所熟知。张杨此举，如真只以抗日为范围，则在国策上，只有时间上之出入，而非性质上之枘凿，此中已饶有说服余地。况张（学良）氏既有保

1.中国第二历史档案馆编：《冯玉祥日记》第4册，江苏古籍出版社1992年版，第847—848页。

证蒋公安全之电报，自须先探蒋公之虚实，再定万全之决策。如即张挞伐，无论内战蔓延，舆情先背，而坐弱国力，益以外患，国将不国，遑论纲纪？"[1]

奇怪的是，强烈主张讨伐的竟然都是蒋介石最亲信的嫡系和元老，如戴季陶、吴稚晖等，此外就是何应钦等黄埔系将领。他们所持的理由就是所谓的政府纲纪。特别是戴季陶，他与蒋是八拜之交的金兰兄弟，一直以蒋的最高国策顾问自居。碰到这样重大的事件，戴季陶认为理所当然应该由他来拿大主意，故在会议上显得最为活跃。当两派意见僵持至次日凌晨2时尚不能做出结论时，戴季陶就从座位上站起来，神态简直像疯狂了一般，慷慨激昂地说："现在委员长的吉凶未卜，若是不幸而为凶，则我们还去和叛逆妥洽，岂不是白白地上了他的当，乃至将来无法申大义而讨国贼？若是委员长还是安全的话，则我们用向绑匪赎罪的方式将委员长救出来，则委员长又将何以统帅三军，领导全国？现在我们只有剑及履及的讨逆，才能挽救主帅的生命，挽救革命的事业，总理遗留下来的革命事业和委员长一生为革命奋斗的事业，总理遗留下来的革命事业和委员长一生为革命奋斗的伟大成果，断不能因为这次西安事变便毁灭了。"戴还引经据典地说了一大通，最后警告与会诸位："若是今晚我们中央不能决定讨逆的大计，明天全国立刻大乱！政府也垮了，大局无法收拾，我们何面目以对总理？何面目以对蒋先生？"说完这番话后，戴季陶眼睛盯着军政部长何应钦说："万一有意外，只有我二人做文武翁仲耳！"[2]

在主战派的强烈坚持下，会议于13日凌晨做出如下3项决议：（1）

---

1. 孔祥熙：《西安事变回忆录》，《革命文献》第94辑，台北"中央文物供应社"1983年版，第117—118页。
2. 陈天锡编辑：《戴季陶先生文存三续编》，台北中国国民党中央委员会党史史料编纂委员会1971年编印，第338页。

行政院由副院长孔祥熙负责。（2）调整军事委员会指挥机构。军事委员会常务委员改为5至7人，并加推何应钦、程潜、李烈钧、朱培德、唐生智、陈绍宽为常务委员；军事委员会会议由副委员长及常务委员会负责。关于指挥调动军队，归军事委员会常务委员兼军政部长何应钦负责。（3）褫夺张学良本兼各职，交军事委员会严办，所部军队归军事委员会直接指挥。[1]同一天，由国民政府主席林森和代理行政院院长孔祥熙联合署名发表国民政府令，公布了上述决定。[2]

通过上述决议，将南京政府的军政大权转移到了蒋介石的亲信孔祥熙、何应钦的手中，排除了非蒋系势力染指南京政府权力的可能性。会议结束后，何应钦即着手调遣军队，准备进攻西安。

西安事变的爆发，同样在国内外引起强烈的反响。在国内方面，社会舆论的反应是多种多样的，褒贬不一、毁誉参半。

左翼的民众团体和知识分子赞扬张、杨的爱国行动，支持他们的救国主张。在西安的西安学生联合会、东北民众救亡会等18个民众团体于

---

1. 全国政协文史和学习委员会编：《西安事变历史资料汇编》第4册，中央文献出版社2007年版，第199页。

2. 这个奇特的安排，其目的是排挤军事委员会副委员长冯玉祥。因为按照常理，在军事委员会委员长蒋介石被扣留无法履行职务的情况下，应当由唯一的副委员长冯玉祥来代理蒋介石的职务。但冯玉祥是蒋的潜在对手，蒋的亲信们无论如何也想阻止冯玉祥代理委员长职务。陈立夫后来说："作为军事委员会主席（应为副委员长——引者注）的蒋先生掌握全部军权，副主席（应为副委员长——引者注）有名无实，类似副总统。通常，冯玉祥没有任何权力。照理说，蒋先生被关在西安，应该指定冯玉祥接任。但是，怕他利用这一位置制造麻烦"，所以才组织一个委员会。何应钦被委任全权负责，指挥军事行动。复兴社骨干分子刘健群也坦率地说，由谁来控制军事委员会，这事关"革命历史，是党国大计，千万不能有一分一步的差错！"他认为，军事委员会的实权一定得掌握在蒋介石及其亲信手中。刘健群说："当然像冯玉祥这个副委员长，更是等于有名无职，自然应该是空空如也，安安如也。他本人也不是不知道。"蒋的亲信们怀着这样的心态极力排挤冯玉祥。在12日何应钦官邸的集会上，戴季陶首先提议"军事归何应钦管"。在座的冯玉祥当即表示反对说："不成，参谋总长是军令机关，而军事委员会尚有办公厅主任。"但没有人理会冯玉祥的抗议，强行通过决定剥夺冯玉祥的权力，将军事指挥权交给军政部长。

12月14日联合发表通电，斥责蒋的误国政策，称赞张、杨的爱国壮举，呼吁"全国同胞万众一心，精诚团结，共赴国难，以挽危亡"；要求南京政府接受张、杨的爱国主张，迅速召开救国大会，实行抗日。[1]

同日，北平学生联合会致电张、杨，呼吁早日召开救国会议，贯彻八项主张，克日誓师北上，收复已矢山河。[2]

12月15日，全国救国联合会发表《为当前时局紧急宣言》，站在民众的立场，站在团结御侮的立场，对张、杨的主张表示同情，但反对采取兵谏的方式。宣言说："张学良、杨虎城诸将军提出的主张是联合各党各派，实行民主政治，团结全国力量，出兵收复失地；而所用的手段却是扣留蒋介石先生，实行武力净谏，这种不合常规的办法，当然不能为全国民众所赞同。""我们要求当局尊重全国的民意，和平解决陕事；要求张杨诸将军立刻恢复蒋先生的自由，和中央剀切磋商，实行抗日大计。"[3]

右翼团体、右翼知识分子及其舆论工具如上海《申报》、天津《大公报》等则明确支持蒋介石和南京政府，攻击张、杨的行动。一贯拥护蒋介石的张季鸾、胡适、傅斯年等右翼上层知识分子更是如丧考妣，在这些报刊上连篇累牍发表论文，使用最恶毒的语言，歇斯底里地攻击张学良、杨虎城，同时使用肉麻的语言吹捧蒋介石，掀起一股笼罩全国的宣传狂潮。

当然，右翼媒体与知识分子的宣传也是有高下之分的。其中，最出彩的当属于《大公报》主笔张季鸾。

张季鸾与蒋介石关系十分密切，是蒋的座上客、编外军师。他在12月13日得到西安事变发生的消息后，对报社同人说了这么一段话："我

---

1. 周天度等：《中华民国史》第3编第2卷下册，中华书局2002年版，第697页。
2. 中国社会科学院近代史研究所现代史研究室编：《西安事变资料》第1辑，人民出版社1990年版，第178页。
3. 周天度编：《救国会》，中国社会科学出版社1981年版，第154、156页。

是准备庄严地说几句话，千万勿破坏团结，遗人以口实，让敌人乘机大举入侵，各个击破。"说完，张季鸾把自己关在自己的办公室，苦思焦虑，一直到当天深夜，写成了《西安事变之善后》，作为《大公报》14日的社论发表。这篇社论让人惊异的是，事变刚发生，就谈起了"善后"问题。文章指出："解决时局，避免分崩，以恢复蒋委员长自由为第一义。陕事主动者倘拒绝此意，使政府领袖不能行使职权，甚或加以不测之危害，是则须负甘心祸国之责任。不论其所持理由如何，凡中国良知纯洁之国民应一致反对之。"文章接着说："夫国家必须统一，统一必须有领袖。而中国今日统一之底定及领袖之形成岂易事哉？十年来国家以无量牺牲、无量代价，仅换得此局面，倘再逆退，将至自亡。故吾人以为公私各方应迅速能力于恢复委员长之自由，倘其有济，则劝政府必须宽大处理，一概不咎。国家问题，从长计议。"

从12月14日开始至25日蒋介石被释放离开西安为止，《大公报》每天发表一篇由主笔张季鸾撰写的社论，除开篇之作外，还陆续发表了《再论西安事变》《望张、杨觉悟》《讨伐令下之后》《给西安军界的公开信》《祖国利益高于一切》《国家进步之表现》《中国不做西班牙》《共同维系向心力》《国民良知的大胜利》等。其中，12月18日的社论——《给西安军界的公开信》是影响最大的一篇。该文写道：

> ……主动及附和此次事变的人们听着！你们完全错误了。错误地要亡国家，亡自己。现在所幸尚可挽回，全国同胞，这几天都悲愤着、焦躁着，祈祷你们悔祸。
>
> ……你们大概听了许多恶意的幼稚的煽动，竟做下这种大错，你们心里或者还以为自己是爱国，哪知道危害国家，再没有这样狠毒严重的了。你们把全国政治外交的重心、全军的统帅羁禁了，还说甚么救国？你们听不见绥远前线将士们，突闻陕变，都在内蒙荒原中痛哭吗？你们不知道吗？自12日之后，全国各大学，各

学术团体，以及全国工商实业各界，谁不悲愤？谁不可惜你们？你们一定妄信煽动，以为有人同情，请你们看看这几天全国的表示，谁不是痛骂！就使诚心反政府，想政权的人，在全国无党无派的大多数爱国同胞之前，断没有一个人能附和你们的。因为事实最雄辩，蒋先生正以全副精神领导救国，国家才有转机，你们下此辣手。你们再看看全世界震动的情形！凡是同情中国的国家，没有不严重关心的。全世界的舆论，认定你们是祸国，是便利外患的侵略！因为这是必然的事实。蒋先生不是全智全能，自然也会有招致不平反对的事，但是，他热诚为国的精神，与其领导全军的能力，实际上成了中国领袖。全世界国家都以他为对华外交的重心。这样人才与资望，再找不出来，也没机会再培植。你们制造阴谋之日，一定能预料到至少中央直属的几十万军队要同你们拼命，那么你们怎样还说要求停止内战？你们大概以为把蒋先生劫持着，中央不肯打你。现在讨伐令下了，多少军队在全国悲愤焦虑的空气中正往陕西开。你们抗拒，是和全国爱国同胞抗拒。你们当中，有不少真正爱国者，乃既拼了命而祸了国，值与不值？所幸者，现在尚有机会，有办法，办法且极容易，在西安城内，就立刻可以解决。你们要从心坎里悲悔认错！要知道全国公论不容你们！要知道你们的举动，充其量，要断送祖国的运命，而你们没有一点出路。最要紧的，你们要信仰蒋先生是你们的救星，只能他能救这个危机，只有他能了解能原谅你们！你们赶紧去见蒋先生谢罪吧！你们大家应当互相拥抱，大家同哭一场！这一哭，是中国民族的辛酸泪！是哭祖国的积弱，哭东北，哭冀察，哭绥远！哭多少年来在内忧外患中牺牲生命的同胞！你们要发誓，从此更精诚团结，一致拥护祖国。你们如果这样悲悔了，蒋先生的泪一定更多，因为他为国事受的辛酸，比你们更多几十倍。我们看他这几年在国难中常常有进步，但进步还不够。此次之后，他看见全国民众这样悲忧，全世界这样系念，而眼前看见他所领导指挥的可爱的军队大众，要这样牺牲，而又受你们的感动，他的心境，一定是自责自奋，绝不怪你们。从此之后，一定更要努力集思广益，负责执行民族复兴的大业。那么，这一场事变，就立刻逢凶化吉、转祸为福了。

你们记住几点：（1）现在不是劝你们送蒋先生出来，是你们自己应当快求蒋先生出来。（2）蒋先生若能自由执行职务，在西安就立刻可以执行。你们一个通电，蒋先生一个命令就解决了。（3）切莫索要保证条件。蒋先生的人格，全国的舆论，就是保证。你们有什么意见，待蒋先生执行职务后，尽可以去贡献，只要与国家民族有利，他一定能采纳，一定比从前更认真去研究。（4）蒋先生是中央的一员，现在中央命令讨伐，是国家执行纪律。但我们相信蒋先生一定能向中央代你们恳求，一定能爱护你们到底……"[1]

这样的文字，显然不是国民党中央宣传部的宣传家们能够写出来的。所以，当报纸出版后，身兼航空委员会秘书长的宋美龄立即下令将当天的《大公报》加印 40 万份（不是加印全份报纸，只是加印载有社论的版面），用军用飞机运到西安上空散发，成为攻击张、杨的重磅精神炸弹。

张季鸾写的社论比别人高明之处就在于，他不是简单地攻击、诋毁西安事变的发动者张学良、杨虎城两位将军，也不是煽风点火鼓励南京政府去讨伐西安，而是自始至终抓住蒋介石的自由问题做文章，吹嘘蒋介石是中华民族唯一不可缺的领袖，给西安方面制造强大的心理压力，张季鸾反复申述与要求张学良、杨虎城无条件释放蒋介石作为解决问题

---

1. 王芝琛、刘自立编：《1949 年以前的〈大公报〉》，山东画报出版社 2002 年版，第 134—137 页。

的前提条件。这个宣传基调非常符合蒋介石的心意。这就与高扬讨伐旗帜的国民党《中央日报》等媒体拉开了距离。当蒋介石回到南京后，连篇累牍发表社论主张讨伐、轰炸西安的《中央日报》总编辑程沧波登门去看蒋并表示慰问时，蒋对他极为恼怒，只冷冷地回答了一句："我活着回来了，没有死！"蒋的言外之意是说，你主持的《中央日报》成天喊打喊杀，是要置我蒋某人于死地啊！程沧波听了这句话，一时面红耳赤，恍然不知所措，只好狼狈地退了出来。而当张季鸾去慰问时却备受蒋介石的尊重，"宾主相谈甚欢"。这次事变，张季鸾老成持重，技高一筹，更加赢得了蒋介石的尊重与器重，两人的关系更加密切了。此后，《大公报》成为蒋介石每天必读的报纸之一，《大公报》社论的观点常常影响蒋介石的施政。可以说，《大公报》与张季鸾也是西安事变的赢家之一。

国统区学术界右翼知识分子的态度以胡适与傅斯年为代表。

胡适外表上似乎给人以温文尔雅的知识分子印象，但实际上他骂起人来却是狠毒无比，这次骂张、杨也不例外。西安事变发生后，他首先写了一篇题为《张学良的叛国》的文章，内容很劲爆。他说：

……万不料回国刚刚 12 天，就遇着了张学良在西安叛变劫持统帅的恶消息！我个人精神上的大打击自不消说，全世界的震惊，我们的国家民族在国际的地位骤然低落，只有我们刚从国外回来的人才能充分感觉到。我们又要许多时不能抬头见人，不能开口说响话了！

张学良和他的部下这一次的举动，是背叛国家，是破坏统一，是毁坏国家民族的力量，是妨害国家民族的进步，——这是毫无疑义的，最奇怪的是今日还有一部分的青年人表同情于张学良，那些人不是居心危害国家，必是无知无识……

这回的西安事变，是叛国祸国，毫无可疑。一个政府有戡平叛乱的当然责任，也毫无可疑……政府的讨伐令所以迟到四天之后才下，大概是因为蒋院长等被困在西安，政府不能不存"投鼠忌器"的疑虑。现在讨伐令已毅然发表了，我们当然赞成政府的处置。12夜政府的决议是健全政府本身在非常时期的组织；16日的讨伐令是全国的要求，我们都认为很正当，很得体的处置。我们现在只希望政府坚持这个立场，不迟疑地、迅速地进兵，在戡定叛乱的工作之中做到营救蒋（介石）陈（诚）诸先生的目的。这不是不顾蒋、陈诸先生的安全。我们要彻底明白，凡奸人劫质绑票，正是要人"投鼠忌器"，只有坚持不受要挟、不赎票的决心，方才可以使他们所挟持劫质的全归无用。一切迟疑顾忌，都正是奸人所期望的！……[1]

一向霸王气十足的大学阀傅斯年则更加出格，他污蔑张学良、杨虎城两位爱国将领为"贼"，开口闭口"张贼""杨贼"，充分暴露了这个右翼上层知识分子极端反动阴暗的心理状态。[2]

张季鸾、胡适、傅斯年等人言论代表了国民党统治区右翼上层知识分子对西安事变的观点和立场，右翼上层知识分子历来是蒋介石及国民党政权的铁杆支持者，也是这个政权的统治基础之一。

各省地方实力派军政头目大都采取骑墙观望的态度，没有一个人公开对张、杨表示具体的支持和明确的赞许，并先后通电拥护国民党中央，这也是令张学良、杨虎城十分失望的事情。

西安事变前，张、杨曾与各地方实力派进行了广泛的联络，对于打破蒋的"攘外必先安内"的国策达成了共识，这也是促使张、杨下决心兵谏的原因之一。因此，张、杨在扣留蒋介石后，除公开通电全国，征求各

---

1. 欧阳哲生编：《胡适文集》第11册，北京大学出版社1988年版，第724—727页。
2.《胡适来往书信选》中册，香港中华书局1979年版，第344页。

方响应外，还于 12 月 12 日分别致电李（宗仁）、白（崇禧）、阎（锡山）、宋（哲元）、韩复榘、刘（湘）等人，向他们解释兵谏的真相和目的，15日，又派出代表分赴广西、山西、绥远、山东、四川进行联络，希望从他们那里"获得强烈的赞许和实质的支持"。然而实际的反应是：

山西的阎锡山——

12 月 12 日，张、杨连电太原绥靖公署主任阎锡山，盼阎支持，并为事前未同他商量表示歉意："兹事甚急，事先不及与公商谋，在此一并向公表达学良的歉意。"但阎锡山却认为张、杨此举"关系国家存亡"，决定不予支持。14 日，阎复电张、杨，向张提出了四大质问：（1）兄等将何以善其后？（2）兄等此举增加抗战力量乎？抑减少抗战力量乎？（3）移内战为对外战争乎？抑移对外战争为内战乎？（4）兄等能保不演成国内之极端残杀乎？并指责张、杨扣蒋是"以救国之热心，成危国之行动"，"增加国人的忧虑"。阎同时将此电转给了南京政府，以表明他的态度。南京政府方面获悉阎的态度后，即决定将"斡旋之任"托付阎锡山，付之以营救蒋介石的全权。

16 日，中共中央领导人毛泽东也致电阎锡山，建议他出面调停，先制止南京与西安双方的军事行动，再商量善后。阎一面致电南京，表示要"竭尽绵薄，不顾一切，营救蒋介公出险"；一面又对张学良的代表表示："决本爱护国家、爱护领袖、爱护副司令、爱护东北军四大原则"行事，并决定派他的亲信赵戴文与徐永昌去西安，与张、杨"商谈解决当前危机"的办法。对于阎的这种态度，张学良有一种被出卖的感觉，因此，他愤怒地表示"我决不让老阎作这一票买卖"。张学良对阎不再寄予希望，此后即采取虚与委蛇的态度与阎周旋。阎锡山想抢救蒋第一功的希望自然也不可能实现。[1]

1.阎伯川先生纪念会编：《民国阎伯川先生锡山年谱长编初稿》（五），台北商务印书馆 1988年版，第 1974—1976 页；李金洲：《西安事变亲历记》，台北传记文学出版社 1982 年版，第 38—40 页；张学继：《对西安事变几个问题的再探讨》，《抗日战争研究》1992 年第 4 期。

四川的刘湘——

在四川各派系的争斗中，刘湘曾受到蒋介石的扶植，1934年12月升任四川省政府主席，成为"四川王"。但自蒋派"参谋团"插手川政，刘湘面临着与张、杨相同的命运。两广事变期间，刘湘曾与张、杨信使往来，同意逼蒋抗日，并表示，愿与西北共同行动。事变爆发当天，张、杨连发两电，促刘湘响应。但刘湘没有立即表态。14日，刘湘致电南京向何应钦询问"政府应变处置"方针，除表示对川事"绝对负责"外，既不指责张、杨，也没有表示拥护南京政府，采取观望态度。12月16日，刘湘召集川军五位军长唐式遵、潘文华、王缵绪、邓锡侯、李家钰等举行防务会议。由于刘湘态度不明朗，引起南京方面的疑虑，孔祥熙、何应钦、顾祝同纷纷致函电刘湘，并派正在南京的四川省财政厅长刘航琛迅返成都，劝刘湘表态拥护南京政府。为了安抚刘湘，南京政府于12月17日宣布任命刘湘为川康绥靖公署主任，以地盘引诱其表态拥护南京。18日，刘湘发表通电，提出"拥护中央""抗御外侮""弭息内战""营救领袖"四点意见，20日，川军将领袖邓锡侯、刘文辉、孙震等联名发表拥护刘湘通电，并致电张、杨"促其速即觉悟，恢复领袖自由"。可见，刘湘对张、杨也不支持。[1]

广西的李宗仁、白崇禧——

事变爆发后，已经在西安的广西代表刘仲容立即于12日晨密电广西绥靖公署正副主任李宗仁、白崇禧，告以西安发生事变，并促白崇禧赴西安"共商一切"。李、白接到刘仲容的电报后，经过讨论，决定"暂取静观态度"。14日，李、白与黄旭初联名复电孔祥熙，对张学良扣蒋表示"痛惜"，并表示"决不因一时事变稍涉张皇"。不久，桂系另一要角黄绍竑派陶钧到桂林，对李、白说："蒋介石是不易于抗日的，张、

---

1. 周开庆：《刘湘先生年谱》，台北四川文献研究社1975年版，第143—145页；张学继：《对西安事变几个问题的再探讨》，《抗日战争研究》1992年第4期。

杨主张联共抗日未免过于激进。最好李、白在南京政府与张、杨之间居中折中，找出一条中间道路。"李宗仁指示驻北平代表向宋哲元提出"反蒋联张"的主张，征求宋哲元的意见。由于宋哲元态度暧昧，李、白支持张、杨的行动未能公开。[1]

冀察的宋哲元——

12月12日，张学良密电冀察政务委员会委员长宋哲元，请他或派一全权代表去西安"共商今后国家大计"，宋哲元一贯反共，当他得知张学良联共，表示不理解。13日，宋哲元召集幕僚开会讨论，大家议论纷纷，各种意见都有。最后，宋哲元做总结说："张学良这样做一定有他的背景，看来情况复杂，主张不要急于表态，观望一下再说。"随后，宋哲元授意幕僚给张、杨复电，提出两点所谓忠告：（1）共产主义不适合中国国情，务与共产党绝缘；（2）蒋委员长之安全，关系民族危亡，请负责维护。当时，宋哲元统治下的河北、察哈尔两省当日本侵略之冲，局势复杂，应付为难，宋哲元最担心的是如何应付日本。14日，宋密电孔祥熙、何应钦，"请中央迅速戡定就乱，营救委座"。要求下令讨伐张、杨，16日，又再电张学良，"请其悬崖勒马，以国事为重，对蒋委员长之安全，尤盼切实保障，早为护送回京"。可见，宋哲元是拥护南京，反对张、杨扣蒋的。[2]

山东的韩复榘——

西安事变发生后，山东省政府主席韩复榘采取两面派手法，一方面派人去西安，对张、杨表示同情和支持，同时又密电张、杨，表示"服从副司令，愿效前驱"；一方面派人去河南开封，与蒋的亲信将领刘峙

---

1. 程思远：《李、白主张西安事变应政治解决》，载吴福章编《西安事变亲历记》，中国文史出版社1986年版，第321页；张学继：《对西安事变几个问题的再探讨》，《抗日战争研究》1992年第4期。

2. 王式九：《宋哲元对西安事变的态度》，载吴福章编《西安事变亲历记》，中国文史出版社1986年版，第306—310页；张学继：《对西安事变几个问题的再探讨》，《抗日战争研究》1992年第4期。

商讨营救蒋介石的办法，同时发电报给何应钦，表示对蒋的关切；并与所部五位师长于14日联名通电，表示"誓以血诚，在中央统一指挥之下，惟命是从"。但过了几天，韩复榘觉得蒋恢复自由的可能性不大，于12月21日发表一个"马电"，称赞张、杨的行动是英明的壮举。但这个电报发出后，他的部下抱怨不应该发这样的电报。12月22日，韩复榘与宋哲元在德州以北津浦铁路上一个小车站见面，商讨应付时局的办法。23日，韩与宋哲元联名发表通电，提出解决西安事变的"三大原则"：第一，如何维持国家命脉；第二，如何避免人民涂炭；第三，如何保全领袖安全。同时建议"由中央召集在职人员、在野名流，妥商办法，合谋万全无遗之策"。这个通电发表后，引起南京政府的"焦虑"。但这时，由于张学良已经决定送蒋回京，这个通电并未产生多大影响。据孔祥熙事后查明，该电实为韩复榘所拟，韩征求宋哲元联名发表时，宋初本不赞成，经韩派人催促解释，而此时广西驻北平代表任援道、陈中孚等亦以反蒋联张向宋进言，宋始同意发出，如果西安事变一时没有解决的希望时，他们将有第二步的表示。但由于西安事变迅速解决，他们的计划也未能出台。25日，韩复榘获悉张学良亲送蒋回南京的消息时，大感意外，在麻将桌上当着蒋介石的亲信监军蒋伯诚的面，脱口说出"张汉卿做事何以如此虎头蛇尾"之类的话，种下了日后为蒋所杀的远因。[1]

云南的龙云——

云南地处西南边陲，蒋介石对其鞭长莫及，因此，自1927年以后"云南王"龙云与蒋介石尚能相安无事。西安事变爆发后，龙云认为："此刻我政府欲戡定内乱，营救委座，惟有毅然不顾一切，迅即凌之

1. 王式九：《宋哲元对西安事变的态度》，载吴福章编《西安事变亲历记》，中国文史出版社1986年版，第306—310页；张学继：《对西安事变几个问题的再探讨》，《抗日战争研究》1992年第4期。

以兵，予以重大打击，始能希望有所变化。否则，已中其毒算也。"[1]14日，龙云致电张学良，声称："尊处此举，影响国家前途，至深且巨。言念前途，实深忧虑。务盼再加思索，为国家保一线生机，为环境留相当余地。何如？"[2]龙云完全站在了张、杨的敌对面。同时，龙云频频与各方联络，为营救蒋介石出谋划策，一再强调以武力压迫西安。龙云的这种态度获得南京方面的赞赏。西安事变和平解决后，蒋的亲信陈果夫、陈立夫兄弟及张厉生等称赞龙云"此次拥护委座，遐迩同钦"[3]。

综上所述，地方实力派对西安事变做出了各种不同的表态，有的明确支持南京中央，如阎锡山、宋哲元、龙云；有的持观望态度，如刘湘、李宗仁、韩复榘等。但没有一个明确支持张学良、杨虎城，而且大多要求保证蒋介石的安全，无条件释放蒋介石成为一致的呼声。

张、杨原以为一旦他们扣蒋后，一定会四方响应，故对事变后出现这种局面殊感意外，也非常恼火。张学良曾对黎天才说："我不反蒋时，大家都反蒋；我反蒋了，大家都不说话了，甚至叫我的倒好。"由于"外援无望，内部可虑之事尚多"，张学良的信心受到严重打击，这也是张学良后来沉不住气，决定仓促释放并亲自护送蒋介石的重要因素之一。

笔者认为，之所以出现这样的局面，最大的原因，是由于张、杨采取了扣留蒋介石的办法。大多数地方实力派担心，如果万一蒋介石遭到不测，中国失去重心，就会出现四分五裂的可怕局面；而且西安事变后中国共产党参加进来，各地方实力派出于其阶级和集团利益，也难以认同，因此对西安事变持保留观望态度。事变爆发的消息传到北平，宋哲

---

1. 中国第二历史档案馆、云南省档案馆、陕西省档案馆合编：《西安事变档案史料选编》，档案出版社1986年版，第249页。
2. 同上，第250页。
3. 同上，第287页。

元立即召集亲信幕僚和高级将领商讨应付对策。会上，秦德纯说："这几年，蒋的有些做法虽然不能令人满意，但他毕竟还能统率得起来，如果他要有个意外，那时候，必然是各霸一方，国家就要四分五裂了。而且这样一来，徒然给共产党造机会。"[1]秦德纯的这段话，应当说是代表了当时地方实力派多数人的认识。

事变消息传开后，龙云、刘湘、李宗仁等人在私下里往返电商，筹划应付对策，大都不出这种考虑。阎锡山也认为："今日介公之安危即国家之安危，转危为安，非救出介公不可。"阎还指出，历史上废旧主，另立"新主"的例子很多，但"今则不然。党国初建，介公统驭，非名分问题，乃人的问题也"[2]。由此可见，在蒋介石被张、杨扣留的情况下，地方实力派的选择余地极为有限。张、杨不是以扣蒋的方式反蒋，那么，地方实力派的反应很可能就不一样，至少，张、杨不至于处于孤立无援的境地。

笔者认为，地方实力派在西安事变后的反应基本上是理性的，很少有人希望乱中取利，他们的理性反应无疑也是有利于西安事变和平解决的因素之一。

在国际方面，日、英、美、苏等国从自身利益出发，对事变表现出截然不同的态度。

日本企图扩大中国内战，以便于迅速灭亡中国，故积极支持南京政府对西安采取军事行动，极力反对与西安方面妥协，日本政府宣称："中央如在抗日容共之条件下与张妥协，日本决强硬反对"；如果南京政府"与张学良以容共为妥协条件，日本则断然抨击"[3]。

1. 王式九：《宋哲元对西安事变的态度》，载吴福章编《西安事变亲历记》，中国文史出版社 1986 年版，第 306—307 页。
2. 杨天石：《孔祥熙所藏西安事变期间未刊电报》（4），《团结报》1991 年 1 月 5 日。
3. 中国社会科学院近代史研究所现代史研究室编：《西安事变资料》第 1 辑，人民出版社 1980 年版，第 211 页。

英美为保护其在华利益，不希望中国内战给日本以可乘之机，故主张事变能够和平解决。英美两国政府曾分别通过其驻华大使向孔祥熙表示愿意从中调解，希望这样做或许有可能助于双方达成协议。

苏联的态度也同样大大出乎所有人的意料，张学良在事变前本来对苏联寄予了很大的希望，不承想，苏联为了自己的利益，对西安事变采取了完全否定的立场。

12月14日，苏联《真理报》发表社论，指责张学良"利用抗日运动以营私，名义上举起抗日旗帜，实质上制造国家分裂，使中国继续混乱下去，使其不可避免地成为外国侵略强盗的牺牲品"。同时，苏联也坚决主张"西安事变"应迅速和平解决。[1]

苏联《真理报》《消息报》等官方媒体发表的社论甚至不顾最基本的事实，肆意捏造并污蔑张学良与亲日派头子汪精卫合作发动事变，劫持了蒋介石。这样的社论连当时南京政府驻苏联大使蒋廷黻都觉得过火了。蒋廷黻在回忆录中说：

> 《消息报》和《真理报》均以显著地位刊登西安事变消息。他们对中国表示很友善，说明中国面对国际上的危险，一定要团结统一，而且只有委员长能领导全国。如果改换我来写这篇新闻稿的话，恐怕也不会比他们的更好。但在结尾时，苏联记者对西安事变的解释却是莫名其妙的。文中说：张学良是和汪精卫合作的。我熟知他们二人，他们的政治见解南辕北辙，汪不惜任何代价换取日本和平，而张则希望立即对日作战。我认为：苏联既然想找借口打击汪精卫，似乎不能，也不应该采取这种手段，应该改选一个更好的题目。我认为莫斯科对西安事变用不着解释。拐弯抹角地提出一个

1.《苏联〈真理报〉有关中国革命的文献资料选编》第2辑，四川省社会科学院出版社1986年版，第577页。

四不像的解释，非但减低了人们对报导的信任程度，甚至会引起对苏联的怀疑。我将苏方报纸的报导详细电告南京，但有意将汪（精卫）幕后策动西安事变的报导略掉。我请外交部将我的电文尽量公布。我希望张学良及其同党能知道莫斯科方面并不支持他们的行动。

塔斯社将两篇新闻稿一字不易地发到中国，该社也希望中国报纸能够刊登。其目的无非说明，张学良、统一战线以及共产党都不应该加害委员长。南京当局未能察觉莫斯科的真正企图。怀疑汪精卫对西安事变的解释有幕后动机，于是将苏方电稿压住不发。那天早上 11 时，鲍格莫洛夫过访。他对西安事变一事表示与我一样，感到吃惊。他问我，如果我看过《消息报》和《真理报》的两篇报导，而事实也确是如此的话，我的想法如何？我表示对那两篇报导非常赞佩，不过我提醒他报导中说汪精卫策动西安事变是不聪明的，也不真实。他说，因为太匆促，所以编辑可能弄错，不过他很欣慰我能了解那两篇报导的真正意思。[1]

面对来自国内外的正反两方面不同的反应，尤其是众多的反对、谴责和讨伐之声，张学良颇感意外和失望，承受了巨大的压力，特别是各地方实力派和苏联表现出来的态度，更是完全出乎张学良的意料，令其大为恼火。他十分困惑地问："苏联广播为什么骂我受日本人指使？"[2] 显然，张学良不明白苏联一贯的民族利己主义倾向与行为准则。

但张学良也从这些反应中，认识到局势的严峻与责任的重大，决定忍辱负重，一再向世人表明自己救国救民的真诚愿望、逼蒋抗日的纯洁目的与和平解决事变的坚定立场，以推动事态向正确的方向发展。

---

1. 蒋廷黻：《蒋廷黻回忆录》，岳麓书社 2003 年版，第 206—207 页。
2.《黎天才自传》，载张魁堂《张学良传》，东方出版社 1991 年版，第 207 页。

12月13日下午5时，张学良召集西北"剿总"全体职员训话，阐明了兵谏的原因和目的。他说："我们这次举动，把个人的荣辱生死完全抛开，一切都是为了国家民族！……现在蒋委员长极为安全。我们对蒋委员长绝没有私仇私怨，我们绝不是反对蒋委员长个人，是反对蒋委员长的主张和办法。反对他的主张和办法，使他反省，正是爱护他。我们这种举动是绝对无损的。如蒋委员长能放弃过去主张，毅然主持抗日工作，我们马上绝对拥护他，服从他！那时甚至他对我们这次行动，认为是叛变而惩处我们，我们绝对坦然接受，因为我所争的是主张，只要主张能行通，目的能达到，其他均非所计！"[1]

14日晚8点，张学良在西安广播电台发表广播讲话，向全国人民说明西安事变的真相。他说："学良追随蒋委员长多年，为公为私，实在不忍坐视蒋委员长因这种行为走到自误误国路上去，不得不实行最后的诤谏，希望蒋委员长能有最大的反省……一个国家必须有强固的中央政府。但是，中央政府必须建筑在民意的基础上，合乎民意的政府，当然要誓死拥护的；若政府措施违反民意，一定会把国家领到灭亡的路上去。大家只知做官，自然有改组之必要。我们这次举动，完全是为民请命，决非造成内乱。一切办法决诸公论，只要合乎抗日救亡的主张，个人生命在所不计！若有不顾舆情，不纳忠言，一味肆行强力压迫者，是即全国之公敌！我们为保有国家民族一线生机打算，不能不誓死周旋，绝不屈服暴力之下。即不幸而剩一兵一卒，亦必用在抗日疆场上！天日在上，绝无一字之虚伪。诸位要知，我们谋国，只应论事，不能论人。一般不识大体的人，或者说我们的举动有犯上之嫌。若就事论，试问全国四万五千万民众命重，还是蒋委员长一时之身体自由重？我们也曾用过种种的方法请求蒋委员长即刻领导起来

---

1. 中国第二历史档案馆、云南省档案馆、陕西省档案馆合编：《西安事变档案史料选编》，档案出版社1986年版，第10页。

抗日，不要摧残民气，他始终不听，我们才不得已而行之。我们的心地，是绝对纯洁；我们的方法，是绝对正当。如有反对者，必为全国民众所唾弃，终必归于失败！"[1]

16日，在西安革命公园召开的万人群众大会上，张学良发表演讲，再次说明："这次事件，是我们一些人为了实行救国主张，置生死毁誉于度外，不顾一切，为民请命。我们为了国家复兴，早有'生死以之'的决心！我们只求主张实现，此时我们既不要钱，也不要地盘。我们为了实现我们的主张，要立于抗日战线的第一线，要在抗日战线上效死，本人以戴罪之身，做抗日的工作，为公为私都是应该的。本人一定要竭尽智虑，要求实现救国主张，不打倒日本帝国主义，整个中华民族解放的目的，誓不罢休。"[2]

化解战争危机

张学良在进行和平宣传的同时，也积极采取了一系列具体的措施和行动，以开始事变的和平解决进程。

12月12日，张学良、杨虎城在联名向全国发出公开通电的同时，张学良又分别密电南京政府党政军重要负责人孔祥熙、宋美龄、冯玉祥、李烈钧、程潜、唐生智、朱培德、杨杰、宋子文等相关人物，一再重申保证蒋介石的安全，并邀请他们本人或者派人来西安商榷和平解决办法。

张学良致孔祥熙的电报称："弟对国事主张，曾经商讨，区区苦衷，谅蒙鉴及。不意介公违反众论，一意孤行，举整个国家之人力财力，消耗于内战。吾兄职掌财政，当能洞悉。绥东战起，举国振奋，乃介公莅

---

1. 中国第二历史档案馆、云南省档案馆、陕西省档案馆合编：《西安事变档案史料选编》，档案出版社 1986 年版，第 11—12 页。
2. 毕万闻主编：《张学良文集》第 2 卷，新华出版社 1992 年版，第 1079—1081 页。

临西北，对于抗日只字不提，而对于青年救国运动则摧残备至，弟陈辞再再，置若罔闻！伏思中华民国非一人之国家，万不忍以一人而断送整个国家于万劫不复之地。弟爱护介公，八年如一日，今不敢因私害公，暂请介公留住西安，促其反省，决不妄加危害，我兄遇弟至厚，当能谅其无他，披沥奉闻，并乞明示。"[1]

张学良致宋美龄的电报说："学良对国事主张，当在洞鉴之中。不意介公为奸邪所误，违背全国公意，一意孤行，致全国之人力财力尽消耗于对内战争，置国家民族生存于不顾。学良以戴罪之身，海外归来，屡尽谏诤，率东北流亡子弟含泪'剿共'者，原冀以血诚促其觉悟。此次绥东战起，举国振奋，介公以国家最高领袖，当有以慰全国殷殷之望，乃自到西北以来，对于抗日只字不提，而对青年救国运动反横加摧残。伏思为国家、为民族生存计，不忍以一人而断送整个国家于万劫不复。大义当前，学良不忍以私害公，暂请介公留住西安，妥为保护，促其反省，决不妄加危害。学良平生从不负人，耿耿此心，可质天日。敬请夫人放心，如欲来陕，尤所欢迎……挥泪陈词，伫候明教。"[2]

13 日，张学良又致电宋子文、孔祥熙并转上海金融界巨头，请他们维持上海的金融安定，电报说："日寇深入，凛念覆亡，此间所有举措，皆为增强抗战力量，决非从事内争……并转向金融界同人详切说明此间举动决无肇启纠纷之意，务使安定照常，不稍恐慌。"[3]

孔祥熙、宋美龄、宋子文等都是蒋的至亲，与蒋的利害最为攸关，所谓一损百损、一荣百荣，他们顾虑蒋的生命安全压倒了一切，所谓"政府纲纪"在他们的心目中并无多少分量。所以，从一开始他（她）

1. 中国社会科学院近代史研究室现代史研究所编：《西安事变资料》第 1 辑，人民出版社 1980 年版，第 132—133 页。
2. 杨天石：《孔祥熙所藏西安事变期间未刊电报》，《团结报》第 1158 号，第 2 版。
3. 中国第二历史档案馆、云南省档案馆、陕西省档案馆合编：《西安事变档案史料选编》，档案出版社 1986 年版，第 6 页。

们就极力主张和平解决，反对甚至反感、厌恶戴季陶、何应钦等人的武力讨伐叫嚣。尤其是宋美龄，为了确保丈夫的安全，坚决反对南京政府一些人在未明事实真相之前，匆忙于数小时内即决定处罚张学良与立即动员军队讨伐西安的举措，决心竭尽全力以求不流血的和平与迅速之解决。他们接到张学良表示善意的电报后，认为这是张"明予吾人以谈判之机"[1]，从中看到了营救蒋介石、和平解决事变的希望。

为了进一步探明蒋介石在西安的情况和张学良的真实意图，宋美龄决定立即派端纳去西安试探虚实，以便再作决断。

端纳（W.H.Donald，1875—1946），澳大利亚人，1902 年以悉尼《每日电讯报》通讯员身份来香港，1911 年起任《上海远东时报》编辑兼《泰晤士报》驻北京通讯员，1912 年后任过孙中山的私人顾问，1928—1934 年任张学良的顾问，1934 年后任蒋介石的私人顾问。他长期在中国活动，与张学良、蒋介石都有很密切的私人关系，是充当信使的最佳人选。

12 月 13 日上午，宋美龄致电张学良，告知端纳拟即日飞西安。端纳也同时打电报给张学良，要求就他去西安表明态度。为节省时间，端纳在未得到张学良复电的情况下，即于当日中午乘飞机先行赴洛阳，等待张的答复，他随身携带了宋美龄致蒋介石和张学良的亲笔信。晚上，张学良复电表示欢迎。14 日下午 3 点，端纳抵达西安，见到张学良，面交了宋美龄的信件，内容是要求张顾全大局。张学良则把西安事变的意图向端纳详加说明，表示他对蒋并无恶意，只要蒋介石能够停止内战，联共抗日，还将拥护他做领袖。

下午 5 点，端纳在张学良的陪同下，见到了蒋介石，面交宋美龄的信件。信中有"南京的情形是戏中有戏"一句，令蒋介石有所触动。端纳说："我这次是受蒋夫人的委托而来的，到这里之后与张汉卿先生进

---

1. 罗家伦主编：《革命文献》第 94 辑，台北"中央文物供应社"1978 年版，第 119 页。

行了晤谈，对这次事变情况有了一些了解。我首先要告慰您的，就是张将军对您并无加害之意，只要你答应他们的主张，他们还是忠心地拥戴您做领袖。我认为，这不仅是张、杨两将军的个人意愿，也是全中国人民的迫切要求。而且许多西洋人也赞同这样的政见。您若是接受他们的主张，今后将更成为世界的伟人；若是拒绝接受，势必将成为渺小的人物。国家和委员长个人的安危荣辱全系于委员长自己心思的一转。"[1]

接着，端纳又劝蒋介石迁居，并表示愿与他同住。蒋介石经过三天的观察，发现张、杨并无加害他的任何迹象，现在又看了宋美龄的信，加上端纳的一席出自肺腑的衷心话，稍感安心，改变了几天来准备以死来对抗事变的态度，遂表示同意迁居。

搬到高桂滋公馆后，张学良见蒋态度缓和，趁势陈述了抗日救国八大主张，要求蒋接受，但仍遭到拒绝。蒋说："我不回京，无论你有什么条件或主张，都不能谈。"

当晚，端纳致电宋美龄，报告蒋介石平安，并说张学良亟盼孔祥熙偕她来西安。

15日，端纳征得张学良同意，飞往洛阳，在那里与宋美龄通了电话，简要叙述了事变全局，再次告知蒋并未受到苛刻待遇，张希望她和孔祥熙来西安。宋美龄闻讯，更坚定了和平解决的信心。晚上，宋美龄打电话给端纳，说是孔祥熙因医生坚嘱不让飞陕，况又为代理行政院长，势难离职，请端纳征求张学良的意见，可否以宋子文或顾祝同代替孔祥熙去西安？

16日早上，宋美龄又给端纳打来电话，叮嘱端纳把她在南京目前所处之境遇告诉蒋，并详述她阻止南京政府发动战争之经过。当天下午，端纳从洛阳返回西安，向蒋转达了宋美龄的话，使蒋介石进一步了解了南京方面的情形，态度更趋缓和。

---

1. 应德田：《张学良与西安事变》，中华书局1980年版，第110—111页。

但与此同时，南京政府当局的战争叫嚣也开始逐步升级。何应钦在事变发生后一直在调兵遣将，企图造成包围西安之势。在部署完成后，1936年12月16日，国民党中央政治委员会第30次会议决定由国民政府下讨伐令。次日，国民政府正式发布讨伐令，推何应钦为所谓的"讨逆军总司令"，扬言要何应钦"迅速指挥国军，扫荡叛逆"。当天，何应钦在南京宣誓就任，并任命刘峙为"讨逆军"东路集团军总司令、徐庭瑶为东路集团军前敌总指挥；任命重庆行营主任顾祝同为"讨逆军"西路集团军总司令。何应钦拟定的作战方针是："讨逆军"为迅速击灭叛军，营救蒋委员长出险，应趁"共军"部队尚未与张、杨会合之前，由东西两路，向西安夹击，一举捕捉张、杨叛军主力而歼灭之；同时以有力一部，在潼关、华阴间，渡过渭河，向三原、耀县（今陕西铜川耀州区）地区挺进，迂回至西安侧背，以遮断叛军向陕西逃窜之路，并相机阻击南下之"共军"。

在这种战争叫嚣下，中央军空军于15日起轰炸陕西渭南、华县等地，并派飞机在西安上空盘旋，造成十分紧张的战争气氛。16日，中央军与东北军第一〇五师首次发生冲突，国民党空军10余架飞机轰炸陇海铁路上的渭南、华县等地，毁房屋千余间，死伤居民数百人。东北军和十七路军官兵群情激愤，战争大有一触即发之势！

张学良为化解迫在眉睫的内战危机，于16日晚上邀请蒋介石的高等军事顾问蒋方震出面劝说蒋介石。

蒋方震（1882—1938），字百里，后以字行，浙江海宁人。他早年先后留学日本、德国，学习军事，精通中西军事学术与理论，是国内著名的军事理论家、军事教育家。民国初年曾任保定军校校长，桃李满天下。他在南京政府里是一个无党无派的"客卿"。西安事变前几天，他从欧洲考察军事回到上海，然后风尘仆仆地赶到西安，准备向蒋介石汇报考察欧洲军事的情况。他一到西安，正巧赶上西安事变发生，与其他国民党大员一起在西京招待所被拘留。

蒋方震作为南京政府"客卿"的超然地位，颇适合在蒋介石与张学良之间从事调停斡旋。因此，在西安事变发生后，张学良每天均与蒋方震见面。12日晚两人第一次见面时，有一段精彩的对话：

张学良："您的意见怎样？"

蒋方震："今天是力的问题。"

张学良："请您正面指示我一下。"

蒋方震："在西安，你们的力量很够，特别是在这招待所里，有两支枪就足够对付我们了。可是，西安以外又是怎样？"

张学良："西安以外，我们就处于劣势了。"

蒋方震："那么，你知道得很清楚，就用不着来问我了。"

张学良："您还在生我的气……我还有别的事，待会儿再来请教。"

以后连续几天，张学良每天均要抽时间来看一下蒋方震，并交谈几句，同时并让蒋方震从西京招待所搬出来，住到阜丰里，并且下令解除了对他的看管。在张学良的诚意劝说下，蒋方震欣然同意出面斡旋。16日晚，蒋方震在张学良的陪同下，到玄凤桥高桂滋公馆见蒋介石。

蒋介石在《西安半月记》中对此有以下记载："是晚，张挽蒋百里先生来见余……为余言：'此间事已有转机，但中央军如急攻，则又将促之中变。委员长固不辞为国牺牲，然西北民困乍苏，至可悯念，宜稍留回旋余地，为国家保持元气。'再四婉请余致函中央军事当局，告以不久即可出陕，嘱勿遽进攻，且先停轰炸。余谓：'此殊不易做到，如确有一最短期限可送余回京，则余可自动去函，嘱暂停轰炸三天，然不能由张要求停战，则中央或能见信；如照彼等所言须停止七天，则明为缓兵之计，不特中央必不能见信，余亦决不受其欺也。'百里先生谓：'当再商之，总须派一人去传述消息。'"[1]从上述记载看，蒋方震斡旋使蒋

1.蒋中正：《西安半月记》，载中国第二历史档案馆、云南省档案馆、陕西省档案馆合编《西安事变档案史料选编》，档案出版社1986年版，第234页。

介石有了台阶可下，僵持局面开始出现转机。

关于去南京传达蒋介石旨意的人选，蒋方震向张学良建议，应当派一位同南京中央关系很深，而且与张学良感情不太融洽的人，张学良同意这一建议。他们经过商量，认为同何应钦关系密切的蒋鼎文适合去完成这一使命。当晚，张学良即在阜丰里蒋方震住处派他的总务处长周文章去请蒋鼎文。

关于这一经过，蒋鼎文也有回忆。他说："16（日）傍晚，张（学良）在阜丰里百里先生处，派总务处长周文章来邀往晤。既至，张谓拟请先回京一行，余曰：'只要有益于大局，且得委座命，任何使命，在所不辞。'张谓：'拟不日恭送委座还京，但须先有人传令停战，并已陈明委座，请明晨一同谒见。'是晚，余宿阜丰里，并先电陈请饬前线暂停火勿前进，其余次日前来面报。"[1]

在蒋方震、张学良的安排下，蒋鼎文于17日面见蒋介石。蒋当即写了两封信，一封给"讨逆军总司令"何应钦，一封给妻子宋美龄，交蒋鼎文带回南京面交。蒋致何应钦的手令写道：

敬之吾兄：

闻昨日空军在渭南轰炸，望即令停止。以近情观察，中于本星期六日（19日）前可以回京，故星期六以前，万不可冲突，并即停止轰炸为要！顺颂戎祉。

中正手启

12月17日[2]

当天，蒋鼎文由西安飞抵洛阳。临行前，曾致电何应钦，请迅饬前

1. 杨天石主编：《民国掌故》，中国青年出版社1993年版，第295页。
2. 中国社会科学院近代史研究所现代史研究室编：《西安事变资料》第1辑，人民出版社1980年版，第155页。

线陆、空军，停止一切轰炸和冲突。18 日中午，他飞抵南京，立即将手令呈送何应钦。何应钦随即分电前线各部队，暂停轰炸。蒋鼎文还遵照蒋介石"各方镇静，停止谩骂"，"中国不应再有无意识之内战"的指示，[1]分别拜见南京政府各要人，说明西安的实际情形，强调"勿任南京、西安间之裂痕日渐加深，谩骂之无线电广播及恶意之报纸论文，皆以中止为佳。西安事变，非尽如外间所传的那种情况，张汉卿也是国难家仇集于一身……"蒋鼎文此行，对于制止何应钦指挥的军事进攻，具有相当重要的意义和作用。

19 日，张学良再次打电报给孔祥熙、蒋鼎文，一是邀请南京政府正式派代表去西安谈判；二是对南京政府军事进攻予以严厉揭露和谴责，并警告说如不停止进攻，蒋的安全无望，促南京政府讨伐派反省。

中共的和平斡旋

张学良获悉蒋介石已被捉住后，立即于 12 日凌晨 5 时前，致电中共领导人毛泽东、周恩来报告，电报说："蒋之反革命面目已毕现，吾等为中华民族及抗日前途利益计，不顾一切，今已将蒋及重要将领陈诚、朱绍良、蒋鼎文、卫立煌等扣留，迫其释放爱国分子，改组联合政府。兄等有何高见，速复，并望红军全部集中环县，以便共同行动，以防胡敌（胡宗南部）南进。"[2]

蒋介石被捉的消息在陕北高原及红军部队传开，对于处于最困难时刻的红军指战员来说，无疑是一个天大的喜讯。叶子龙回忆说：

1.《西安事变时国民党驻洛办事处密电》第 5 号，《历史档案》，1986 年第 2 期。

2. 中央档案馆编：《中国共产党关于西安事变档案史料选编》，中国档案出版社 1997 年版，第 400 页。

1936 年 12 月 12 日凌晨，我被电台值机员叫醒，说是张学良、杨虎城从西安给毛泽东发来一封电报，是特急件。电报不长，是用半文半白的语言写的，我看不大懂，但记得其中有"兵谏"两字。我立即把电报交给毛泽东，他还没有休息。看过电报以后，高兴地说："喔，去睡吧，明天有好消息！"

我与童小鹏住一间窑洞，他文化水平比我高。送电报回来，我问他，"兵谏"是什么意思，他说也搞不清。

早上起床后，西安事变的消息从四面八方传来。以后的一段日子，给我的突出印象就是来往电报特别多，有西安的，有南京的，还有苏联的，我们都忙得团团转。张闻天和毛泽东的窑洞里，更是连日"高朋满座"，周恩来、朱德、彭德怀、博古、张国焘等等，大家聚集一堂，热烈讨论。整个保安（今志丹县）都笼罩着一种紧张、亢奋的气氛之中。[1]

红军统帅部的反应如此，红军指战员的反应就更加热烈。下面我们摘录几位红军将领的回忆，以见当时情况之一斑。

时任红军西征军总指挥的徐向前回忆说："西安事变来得那么突然，我们既震惊，又兴奋。总指挥部里，一片欢腾。永昌城内，锣鼓喧天，像节日般热闹。蒋介石是屠杀人民的刽子手，红军的死敌。一夜之间，忽然被张学良扣了起来，怎不叫人拍手称快呢？马家军被西安事变闹得张皇失措，暂时停止了对我军的进攻。陈昌浩紧急召开军政委员会会议，研究形势。大家一致向党中央提出了下列建议：（一）党必须用全力来推动这一事件的发展，使之成为组织国防政府和抗日联军，实现全民武装抗日的动力。应迫使蒋介石下令停止内战。否则速予公审枪决，勿留后患……"[2]

1.叶子龙口述、温卫东整理：《叶子龙回忆录》，中央文献出版社 2000 年版，第 38—39 页。

2.徐向前：《历史的回顾》，解放军出版社 1988 年版，第 357—358 页。

时任红二军团团政委的余秋里回忆说："我们到'红大'不久，发生了震惊中外的'西安事变'。蒋介石在西安被扣押的消息传到学校，群情振奋。从 1927 年'四·一二'以来，有多少革命志士死在了蒋介石的屠刀之下，在十年内战中，又有多少红军指战员和革命群众遭到了蒋介石的杀戮，我们身上的累累伤痕，哪一个不是蒋介石给留下的？现在，报仇雪恨的日子终于来到了，大家怎能不高兴呢？"[1]

刚刚调任红四军参谋长的耿飚回忆说："随行的通信班也顾不上我了。他们冲进人群里，一个一个地拉住那些同志哥询问。后来，胡大方跑回来报告说：'千真万确。蒋介石被张学良、杨虎城扣起来了。'好啊！我也跳起来，喊起来。蒋介石自'四·一二'反革命政变以来，欠下中国人民多少血债呀！我不禁想起，在那白色恐怖的日子里，十万农军攻长沙，多少人饮弹身亡；醴陵状元洲上，革命者血流成河；渌江桥头示众柱上那个 18 岁女共产党员的头颅；江西苏区无数被烧杀殆尽的村庄……在长征途中，我们每到一地，总要从监狱里放出一批革命志士，他们受尽酷刑，惨不忍睹……还有我们红三军军长黄公略、红军军长王良……几万名倒在长征路上的红军战友……以及我被子弹洞穿的膝盖，弹片削过的脖颈，还有那些无耻的'赏格'传单……蒋介石啊！你终于有这一天了！那天，我们策马狂奔，到达盐池四军驻地，陈再道、王宏坤同志一见面就问：'知道了吗？''知道了。''快！开个会，给中央发电报。'当夜，红军各驻地灯火通明，谁也顾不上那 5 天才发 1 根蜡烛的规定了，大家议论的中心话题是怎么处置这个独夫民贼？人们在气头上呼喊着：'审判他！''绞死他！''千刀万剐！'……"[2]

在南方坚持游击战争的江渭清回忆说："这一年的冬天来得很早，12月初就下了一场大雪，没几天便发生了著名的西安事变，当我们从国民党

---

1. 余秋里：《余秋里回忆录》，解放军出版社 1996 年版，第 54 页。
2. 耿飚：《耿飚回忆录》，江苏人民出版社 1998 年版，第 307—308 页。

第十一章 "西安捉蒋翻危局" 137

报纸上得到蒋介石被扣押的消息，干部和群众高兴得跳起来，都为张学良、杨虎城将军叫好。也有同志说：'干吗光扣押？干脆杀掉算了！'"[1]

自 1926 年蒋介石在北伐途中于江西南昌公开杀害共产党人开始，在长达 10 年的时间，惨死在蒋介石屠刀下的共产党人及与共产党有联系的老百姓，数以百万计。单纯从复仇的角度讲，中共要求把蒋介石枪毙一万次也不为过。然而，在日本帝国主义虎视眈眈要灭亡中国的特殊国际背景下，如何处理蒋介石就成为对中共和国内各派政治势力的一次严峻考验。

当时，心直口快的中共领导人说："先把这家伙杀了再说！"在 12 月 13 日的政治局常委扩大会议上，还有人说："把蒋除掉，无论在哪个方面，都有好处。"有这种想法的人不少，从感情上讲，有这样的想法也很自然和正常。然而，当时的国际国内形势要求中国共产党抛弃感情因素，从国家民族的最高利益出发来对待蒋介石的处置问题。中国共产党成功地经受了这次严峻的历史考验。特别是当时的中共中央总负责人张闻天以无产阶级革命家的博大胸怀，对西安事变进行了超乎寻常的冷静的、理性的思考分析，他在中共中央政治局会议上的几次有力的发言，为中共确立正确的解决西安事变方针起了关键性的作用。[2]

中共中央在经历了最初的惊讶、高兴之后，经过冷静理性的分析，意识到如果此时杀死蒋介石，南京政府军政实权将落在何应钦、汪精卫这两个著名的亲日派头目手中，这个结局将对中国的抗日战争带来灾难性的严重后果。正因为意识到了这一点，从中华民族的最高利益出发，中国共产党人面对对蒋介石的深仇大恨，及时放弃了杀蒋、审蒋的主张。中国共产党高度赞扬张、杨两将军发动事变是为了实现抗日救国的要求，是正义的行动，但事变的发展前途却存在内战与和平两种可能

---

1. 江渭清：《江渭清回忆录》，江苏人民出版社 1996 年版，第 72 页。
2. 程中原：《张闻天传》，当代中国出版社 1993 年版，第 344—350 页。

性。为争取和平的前途，中国共产党确定了和平解决西安事变的方针，并决定派周恩来、博古、叶剑英等组成中共代表团进驻西安，协助张、杨两位将军处理西安事变后复杂的局势。

12月15日，中共代表周恩来、博古、叶剑英、罗瑞卿等一行从保安出发，16日赶到肤施，17日下午乘张学良派来的专机抵达西安，住进张公馆东楼的3层楼上。当晚，周恩来等与张学良进行了长谈。张学良首先介绍了兵谏的原因、蒋被扣后的表现、南京的动态和各方面的反应，认为：不捉蒋，就无法使他转变，内战就不可能停止；捉了他，就能促他反省，逼他停止内战，联合抗日。现在，已经具备这种可能性，只要蒋答应八项主张，停止内战，一致抗日，就应该放他，并拥护他做全国抗日的领袖，以符合逼蒋抗日的方针。

周恩来表示同意张学良的观点，指出"西安事变"是震惊中外的大事，但方式却是军事阴谋。目前，事变的前途有两种可能性：一种是争取让蒋介石停止内战，一致抗日，争取西安和南京在团结抗日的基础上和平解决矛盾，使中国走上团结抗日的前途；一种是杀掉蒋介石，这会引起新的更大的内战，使中国走上更坏的道路。中国共产党对事变极表同情，决定对张、杨两将军给予积极的实际援助，使"西安事变"的抗日主张能够彻底实现。张学良除对"军事阴谋"的字眼有点不高兴外，完全同意周恩来的分析和主张。[1]

由于宋子文即将来西安谈判，周恩来还同张学良商定了和平谈判的五项条件："（1）立即停止内战，中央军全部开出潼关。（2）下令全国援绥抗敌。（3）宋子文负责成立南京过渡政府，肃清一切亲日派。（4）成立抗日联军。（5）释放政治犯，实现民主，武装群众，开救国会议，先在西安开筹备会。"他们并商定：为了迎击蒋军的进攻，红军兼程南下，主力先开庆阳、环县击退胡宗南部，然后出渭水下游侧击从潼关西进的

---

1. 应德田：《张学良与西安事变》，中华书局1980年版，第114—115页。

刘峙部。根据这项协议，红军先后进据延安、瓦窑堡、延川、延长等城（中共中央于 1937 年 1 月 13 日迁至延安），并在西线控制了庆阳、环县、西峰一带。周恩来还向张学良表明中共中央的态度：保证蒋的安全，但要声明如果南京挑起内战，则蒋的安全无保障。周恩来连夜将与张学良会谈的情况报告中共中央，得到认可。

12 月 19 日，中华苏维埃中央政府、中共中央发表《对西安事变通电》，建议召开和平会议解决问题。"在和平会议前，由各党各派各界各军先提抗日救亡草案，并讨论蒋先生处置问题，但基本纲领，应是团结全国，反对一切内战，一致抗日。"中共中央和平解决事变的方针至此基本确立。

在与张学良会谈后，周恩来在张文彬陪同下于 17 日上午来到九府街公馆拜会杨虎城，解释中共中央的立场。针对杨虎城的疑虑，周恩来指出抗战已经是大势所趋，只要西北三方面联合一致，进而团结全国人民，蒋想报复也不可能。杨虎城听了周的解释，大为感动，他说："我本以为红军一定要报复蒋介石，而你们以民族国家利益为重，不计前嫌，真是伟大！"表示只要红军同张学良磋商好，他自己一定赞成拥护。[1]

随后，周恩来代表中共参与西北抗日临时军事委员会，叶剑英参加参谋团的工作。同时，红军开始南下，驻防渭河以北。彭德怀部进驻肤施、甘泉、三原一带；徐海东部挺进至西安附近的泾阳、淳化、咸阳一带，协助东北军、十七路军共同防御中央军。至此，红军、东北军、十七路军的"三位一体"局面正式形成。

中共的和平主张、中共代表的到达、红军的南下，是张、杨在事变后首先得到的最强有力的支持，更加坚定了张学良和平解决事变的信念，也为西安事变的和平解决创造了必要的条件。

---

1. 刘鼎：《谈西安事变》，载远方编《张学良在一九三六年》，光明日报出版社 1991 年版，第 6 页。

宋氏兄妹的营救

12月17日，张学良致电端纳并转宋美龄，表示欢迎宋子文、蒋鼎文两人来西安，并可确保他们的安全。另外，张学良的私人代表、英国人爱尔德已于16日晚上抵达南京，当日开始与孔祥熙、宋子文进行密谈。

孔祥熙在得到西安方面的确切保证后，决定派妻弟宋子文去西安。12月19日，孔祥熙在南京的官邸召集居正、孙科、叶楚伧、王宠惠、宋美龄等开会，通过了以下两项决议：（1）准许宋子文以私人身份飞赴西安，营救蒋介石；（2）暂停轰炸延长至12月22日。

当天，宋子文偕端纳乘飞机离开南京，于下午5时抵达洛阳。20日上午10时，宋子文抵达西安。

宋子文到达后，首先去见张学良。张坦率地说："东北军、十七路军和红军已经共同商定和平解决的方针，只要蒋答应通电中的八项主张，三方面将一致同意释蒋。"希望宋劝说蒋同意停止内战，一致抗日。随后，张学良陪宋子文去见蒋。蒋、宋进行了单独密谈。

蒋介石见到大舅哥宋子文冒险来西安，十分感动，再也不顾"领袖"的矜持与体面，当着宋子文的面号啕大哭起来。宋子文连忙安慰他，说他并未因西安事变蒙羞，相反，整个世界都在关心他、同情他。在宋子文的一番好言安慰下，蒋才稳定情绪，停止哭泣，与宋子文讨论问题。

宋子文首先转交宋美龄的亲笔信，内有"如子文三日内不回京，则必来与君共生死"，云云。蒋介石授意一面和平谈判，一面不放松武力威胁，以达到他早日离开西安的目的。蒋介石对宋子文说："此时非迅速进兵不能救国家脱离危险。"对宋指示进兵方略，要他转告南京中央执行。[1] 但宋子文不相信武力能解决问题。

---

1. 吴景平：《宋子文政治生涯编年》，福建人民出版社1998年版，第317页。

这时，随宋子文一起来西安的郭增恺[1]从杨虎城口中得知中共领导人周恩来已经来到西安，就对宋子文说："周恩来现在西安，不管周之主张如何，周是关键性人物，你要首先找周。"宋子文听说周恩来已来西安，大吃一惊，说："周恩来一来，西安的事情就更难办了，我料周不会和我们的意见相同。"郭增恺劝说道："共产党是始终主张团结抗日的，他们早就发表了宣言，不会记仇的，不妨试一试。我认为共产党和我们意见一致，张、杨两将军的工作是易于着手的。"[2]之后，宋子文又获知中共事前并未参与，而且主张和平解决，他才放下心来。

当天晚上，宋子文与张学良、杨虎城继续接触，商讨解决办法，甚至谈到请阎锡山出面调停的问题。经过一天多的接触，使宋子文认识到事变必须和平解决。

21日上午10时，宋子文再次面见蒋介石，告以南京局势的内幕。宋子文说他当日即将返回南京，并且将再次前来西安。宋子文告诉蒋："余来无妨，彼等对余之意尚不恶也。"蒋仍然坚持其武力讨伐的立场，他告诉宋子文："如照予之计划，五日内即可围攻西安。宜告京中诸同志，勿为予之生死有所顾虑，以误国家大计。"蒋这时仍然迷信武力。不过，真要照他的办法，恐怕性命难保，还侈谈什么国家大计。蒋随即交给宋子文几份遗嘱，是分别写给全国国民、夫人宋美龄和两个儿子的。蒋让宋子文将遗嘱交张学良过目。张学良随后扣下了，他告诉宋子文："假如发生战事，他以人格保证将这些遗嘱发送，但现在他不会允其发送。"

---

1. 郭增恺（1902—1989），河北省安次县人，早年就读于北平师范学校。五四运动前结识了周恩来、赵世炎等人，在进步思想的影响下积极参加了五四运动，在示威游行中被逮捕拘禁，释放后丢了学籍，1920年加入李大钊创办的"工读互助团"，继续寻求知识。在工读互助团，他一面为上海《国民日报》副刊写稿赚取生活费，一面在北京大学旁听哲学系、中文系的课程。1924年任西北军总司令冯玉祥的秘书，1933年任杨虎城西安绥靖公署参议，后到宋子文手下任西北经济处处长。
2. 郭增恺：《我在西安事变前后的亲身经历》，载中国人民政治协商会议全国委员会文史资料委员会编《文史资料存稿选编——西安事变》，中国文史出版社2002年版，第684页。

宋子文很快在心里形成了一个挽救蒋介石生命的初步方案，他在日记中写道："我不知何种政治解决切实可行，但我决定先行如下几点：（一）应让蒋夫人来西安照顾委员长，并改变其听天由命之态度。（二）由戴雨农（戴笠）代表黄埔系前来西安，亲身观察此地之局势。（三）派一将军来西安，以处理可能产生之军事问题。"宋子文的设想得到张学良、杨虎城的赞同。张学良随即给宋美龄、戴笠写了信交宋子文面交，张在信中表示欢迎他们来西安。

21日，西安《解放日报》发表题为《正告宋子文》的文章，提出三点要求：第一，"我们极诚挚的希望宋先生，将来离陕后，能将西北民众的真实意志和热烈救亡的消息，带到京沪，并传给全国民众"。第二，"我们希望宋先生多多顾及民众意愿，整个国家的前途，站在民族解放立场上，襄助西北的救亡运动；并能运用伟大的力量，提醒一般耽溺在升官发财迷梦中的政府官员，在最短的时间内，召开救国会议，成立真正建立在民意上的革命政府，发动全国抗日战争。"第三，"在这一次民族抗日解放运动展开后，因为南京政府动用着强大的广播电力向世界各国播送谬误反动的言论……宋先生身为政府要员，并在国际上负有极大的声望，西北民众深刻地希望宋先生为正义的驱使，为中华民族的前途着想，立刻起来负责纠正。"[1]

21日下午，宋子文乘坐飞机离开西安返回南京。在飞机上，宋子文把蒋介石秘密写给他的"手令"拿出来观看，只见上面写着"继续用武力威胁"之类的话，宋子文十分气愤，立即将它撕得粉碎，一边撕一边说："我们当作他（指蒋介石）是病人。"[2]

宋子文在西安待了两天一夜，亲眼看到蒋介石是绝对安全的，张、杨发动兵谏确实如他们在通电中所主张的，是为了停止内战，团结抗日，而

1. 吴景平：《宋子文政治生涯编年》，福建人民出版社1998年版，第318页。
2. 郭增恺：《我在西安事变前后的亲身经历》，载中国人民政治协商会议全国委员会文史资料委员会编《文史资料存稿选编——西安事变》，中国文史出版社2002年版，第684页。

别无他意；也了解到蒋介石能否安全离开西安的关键，在于张学良。他把这些情况向他的大姐夫、行政院代理院长孔祥熙做了汇报，然后又向小妹宋美龄做了汇报，这些亲连亲的关系使得南京政府的"国家大事"实际上已经完全变成了蒋家、宋家、孔家的家事。既然是家事就只能用家事的办法解决，国民政府的所谓"纲纪"也就只好放到一边去了。

宋子文回到南京，发现主战派势力仍然很嚣张，有人甚至散布谣言，说西安事变是宋子文一手策划的，掌握调遣大权的军政部长何应钦还逼问宋子文："蒋是不是希望军事解决？"如果宋回答是的话，他就准备以蒋的命令为口实，下令大举进攻。对此，宋子文只能含含糊糊地回答何应钦："若能寻得和平解决之道，委员长不希望看到再发生内战。"

21日晚和22日上午，南京政府中的蒋氏亲信人物连续开会（从军事委员会副委员长冯玉祥的日记看，他根本不知道开会的事）听取宋子文的报告并讨论对策，他们得出的结论是：停战期缩为3天，根本未提停止地面进攻，仅言将停止飞机轰炸。

宋美龄从哥哥宋子文的汇报中受到极大的鼓舞，遂决定亲自赴西安。在赴西安之前，宋美龄与行政院代理院长孔祥熙专程到南京北平路10号拜访张学良旧部高级将领、时任南京政府军事参议院副院长的王树常，就营救蒋介石问题进行了磋商。[1] 22日晚，宋美龄在宋子文、蒋鼎文、

---

1. 王树常之子王冀晚年在回忆录中说："12月12日，西安事变爆发。张学良扣留蒋介石的消息传来，南京震动。我那时年龄还小，不明白是什么意思，但是发现全家人不能自由出入了。因为父亲和张学良的关系，父亲被软禁，街上到处都是便衣。父亲自己倒是不介意，不能出门就待在家里……大家都很紧张，如果张学良处死蒋介石，我们全家都要遭殃。实际上，父亲对西安事变也全然不知情，张学良事前并没有向父亲透露扣留蒋介石的计划。一天，一辆黑色汽车开到家门口，车上下来一男一女。用人告诉我，这就是蒋夫人宋美龄和孔祥熙。他们是来和父亲研究如何解救蒋介石，请父亲给张学良发密电。随后，曾担任过张学良顾问的澳洲特使端纳等人前往西安商谈，孔祥熙也希望父亲与几位东北元老一起前往西安协助。从南京到西安去必须途经太原，父亲一行到了太原后，阎锡山却不让他们继续前往西安……于是，父亲一行又从太原回到南京。到了12月25日圣诞节那天，张学良释放蒋介石并陪同蒋、宋一同回到南京，西安事变顺利解决。"王冀：《从北京到华盛顿——我的中美历史回忆》，华文出版社2012年版，第10—11页。

戴笠、端纳的陪同下来达西安。临行前，南京政府方面交给宋子文等一份停战的条件，但其内容尚不得而知。

宋美龄、宋子文等来到西安，受到张学良等的礼遇和热情接待。随后，宋美龄去看蒋介石，蒋见夫人冒险前来，感动得不可名状，并搬出《圣经》上的一句话来解释："耶和华今将有新作为，将令女子护卫男子。"宋美龄对丈夫好言相劝，说她感觉张、杨"已萌悔悟之意，倘处理得宜，或可立即解决。我等目前应自制，应忍耐"[1]。希望蒋做出让步，考虑张、杨的主张。

到这时，蒋介石自己经过 10 天的观察，确认张、杨除了政治主张外，别无他图，也对自己过去的所作所为进行了一定的反省，他吩咐宋子文要周恩来同意以下条件：（1）取消中华苏维埃政府；（2）取消红军名义；（3）放弃阶级斗争；（4）愿意服从委员长作为总司令的指挥。同时要宋子文告诉周恩来："他一刻亦没忘记改组国民党之必要。他保证将于 3 个月内召集国民大会……重组国民党后，倘若共产党尊其为总理并服从，他将同意：（1）国共联合；（2）抗日容共联俄；（3）将给张学良发布授权令，收编红军，收编人数将视其拥有武器之精良决定。"

在与宋美龄谈话时，张学良郑重表示：兵谏只是要求委员长同意抗日，绝对没有伤害他的意思。并要宋转告蒋："我等实一无要求，不要钱，不要地盘，即签署任何文件，亦非我等所希望。"[2]

蒋介石遂指定由宋子文、宋美龄兄妹代表自己与西安方面进行谈判。他本人不出面，不做任何签字，只以"领袖人格"做保证。[3]

12 月 23 日上午，张学良、杨虎城、周恩来与宋子文在张学良公馆开始正式谈判。周恩来首先代表中共中央及红军提出六项主张：（1）停

---

1. 宋美龄：《西安事变回忆录》，载袁伟、王丽平选编《宋美龄自述》，团结出版社 2004 年版，第 49—50 页。
2. 韩信夫、姜克夫主编：《中华民国大事记》第 3 册，中国文史出版社 1996 年版，第 1035 页。
3. 应德田：《张学良与西安事变》，中华书局 1980 年版，第 117 页。

战，中央军撤兵至潼关外；（2）改组南京政府，排逐亲日派，加入抗日分子；（3）释放政治犯，保障民主权利；（4）停止"剿共"，联合红军抗日，共产党公开活动（红军保存独立组织领导，在召开民主国会前，苏区仍旧，名称可冠抗日或救国）；（5）召开各党各派各界各军救国会议；（6）与同情抗日国家合作。以上六项要求蒋介石接受并保证实行。中共、红军赞助其统一中国，一致对日。对此，宋子文个人表示同意，承诺转达蒋介石。

23日下午，宋子文与张学良、杨虎城、周恩来继续谈判，讨论国民政府新内阁人选，大家一致推举宋子文担任行政院长。

张、杨及中共一致推举宋子文为行政院长是有原因的。宋是国民党内英美派的领袖人物，有强烈的民族主义情绪，他早就主张联合中共抗日，日本侵略者视之为南京政府内"排日的巨头"，甚至说"除了他而外，且没有一个可以视为真有力量的排日派"。[1]明白了这一点，才好理解西安方面推崇宋子文的背景。

由于宋子文本人不同意担任行政院长，最后三方讨论同意：先组织过渡政府，3个月后再改造成抗日政府，目前先将何应钦、张群、张嘉璈、蒋鼎文、吴鼎昌、陈绍宽等赶走，推孔祥熙为行政院长，宋子文为副院长兼掌财政，徐新六或颜惠庆掌外交，赵戴文或邵力子（张、杨推荐）掌内政，严重或胡宗南掌军政，陈季良或沈鸿烈掌海军，孙科或曾养甫掌铁路，朱家骅或俞飞鹏掌交通，卢作孚掌实业，张伯苓或王世杰掌教育。周恩来提议宋庆龄、杜重远、沈钧儒、章乃器等人入行政院。宋力言此为过渡政府，3个月后抗日面目揭开，再彻底改组。张、杨、周原则同意，要宋负责。杜重远、沈钧儒、章乃器等人可改任次长。

宋提议由蒋下令撤兵，蒋即回京，到南京后再释放救国会七领袖；

1.《论中国的亲日家与排日家》，载彭明主编《中国现代史资料选辑》第4册，中国人民大学出版社1989年版，第79—80页。

张、杨、周坚持中央军先撤出潼关，爱国领袖先释放。

张、杨、周提议在过渡政府时期，西北联军先成立，以东北军、十七路军、红军成立联合委员会，受张领导，进行抗日准备，实行训练补充，由南京负责接济。宋子文答复：可以转告蒋介石。在蒋同意上述办法下，张、杨、周准备与蒋直接讨论各项问题。宋答：可先与宋美龄沟通。

当天，周恩来将谈判情况电告中共中央，并请示："如你们同意这些原则，我即以全权与蒋谈判，但要告我，你们决心在何种条件实现下许蒋回京。请即复。"[1]

23日谈判结束后，宋美龄会晤了周恩来，周一再声明：在中国目前阶段，除了蒋委员长之外，别人谁也没有资格成为国家的领袖。周并表示：我们不是说委员长不抗日，我们只是说他在抗日问题上态度不够明朗，行动不够迅速。[2]

23晚，宋子文与宋美龄一道向蒋介石汇报了谈判结果。蒋介石的答复如下：

一、他将不再担任行政院院长，拟命孔（祥熙）博士担任。新内阁绝对不会再有亲日派。

二、返回南京后，他将释放在上海被捕之七人。

三、（1）设立西北行营主任，由张（学良）负责；（2）同意将中央军调离陕、甘；（3）中共军队应当易帜，改编为正规军某师之番号；（4）中日一旦爆发战争，所有军队一视同仁。

12月24日上午，宋美龄加入谈判，双方达成如下协议：（1）由孔（祥熙）、宋（子文）组织行政院，宋负绝对责任保证组织满人意政府，肃清亲日派。（2）撤兵及调胡宗南等中央军离开西北，两宋负绝对责任。

1.《关于西安事变的三个电报》，载《周恩来选集》上卷，人民出版社1980年版，第70—72页。

2. 转引自韩信夫、姜克夫主编：《中华民国大事记》第3册，中国文史出版社1996年版，第1036页。

蒋鼎文已携蒋手令停战撤兵。（3）蒋允许归后释放爱国领袖，我们可先发表，宋负责释放。（4）目前苏维埃、红军仍旧。两宋担保蒋确实停止"剿共"。并可经张手接济（宋担保周与张商定多少即给多少）。3个月后抗战发动，红军再改番号，统一指挥，联合行动。（5）宋表示不开国民代表大会，先开国民党的会议，开放政权，然后再召集各党各派救国会议。蒋表示3个月后改组国民党。（6）宋子文答应一切政治犯分批释放，与孙夫人（庆龄）商定办法。（7）抗战发动，共产党公开。（8）外交政策：联俄，英、美、法联络。（9）蒋回（南京）后发表通电自责，辞行政院长。（10）宋子文表示要中共作为他抗日反亲日派的后盾，并派专人驻沪与他秘密接洽。[1]

当晚，周恩来在张学良的陪同下会见了蒋介石。蒋见周进来，在床上欠了欠身，示意请周坐下。周恩来首先开口说："蒋先生，我们有10年没有见面了，你显得比从前苍老些。"蒋介石点点头，叹口气，然后说道："恩来，你是我的部下，你应该听我的话。"周恩来回答说："只要蒋先生能够改变'攘外必先安内'的政策，停止内战，一致抗日，不但我个人可以听蒋先生的话，就连我们红军也可以听蒋先生的指挥。"

这时，宋美龄在一旁插话说："以后不再'剿共'了。这次多亏周先生千里迢迢来斡旋，实在很感激！"

接着，蒋介石郑重做了3点表示：（1）停止"剿共"，联共抗日，统一中国，由他指挥；（2）由两宋、张全权代表与周解决一切（所谈如前）；（3）他回南京后，周可直接去谈判。[2]谈完这3点后，蒋看起来很疲劳的样子，指着宋氏兄妹说："你们可以同恩来多谈一谈。"周恩来说："蒋先生休息吧，我们今后有机会再谈。"蒋说："好，好。"周恩来

1.《关于西安事变的三个电报》，载《周恩来选集》上卷，人民出版社1980年版，第72—73页。
2.同上，第73页。

就辞出。

与蒋见面后，宋子文坚请周恩来、张学良、杨虎城等信任他，他愿意负全责去执行上述各项，要求今日就放蒋介石、宋美龄走。张学良同意并愿意亲自送蒋走，周恩来和杨虎城虽然原则上表示同意，但认为在走之前还须有一政治文件，不同意立即走。至此，西安事变的目的已初步实现。接下来的问题，便是如何释蒋的关键性问题。

"负荆请罪"

张学良自事变爆发后，就多次表示：只要蒋介石同意停止内战，团结抗日，就释放他，拥护他做领袖，并亲自送他回南京。

12 月 19 日，张学良在致英国《泰晤士报》驻上海记者弗拉塞的电报中，就明确表示："当他（指蒋介石）回京的时候，我准备跟他同去，站在国人面前受冷静的公平的审判。如果他们听了我所述的事实以后，认为我的举动谬误而责罚我，则我愿意受任何责罚，甚至死刑。"[1]

在三方谈判达成协议以后，宋美龄、宋子文等即用种种动听的言辞和巧妙办法来纠缠张学良，宋美龄说她和蒋介石都是基督教徒，最好于圣诞节（12 月 25 日）放蒋回去，图个吉利。

孔祥熙也想起几年前蒋、张关系密切时，张学良在南京扮演圣诞老人为乐，认为可以利用这一点来打动张学良，于 12 月 22 日写信给张学良，信中说：如于圣诞节前后护送蒋公安旋，则实将为圣诞老人最大之赐惠，云云。

宋子文也在一旁敲边鼓，说趁热打铁，联合政府应该早日进行。

---

1. 中国社会科学院近代史研究所现代史研究室编：《西安事变资料》第 1 辑，人民出版社1980 年版，第 138 页。

宋氏兄妹与孔祥熙等一唱一和，完成俘虏了这位感情容易冲动的少帅，促使他决定迅速释放蒋介石。

应当指出，在对待蒋介石的处置问题上，张学良与杨虎城之间显然存在着明显的分歧。

高崇民后来回忆说："迨西安事变，张、杨对蒋的看法始终不一致，杨知蒋的为人不可信赖，而且手段毒辣，不扣则已，扣即不轻易放他。纵然不杀他，亦必使他在政治上失势。张对蒋是拥护的，且认为蒋的实力还很大，不可与争锋。同时张对于汪精卫、何应钦等亲日派是不满的，唯恐他们上台执政，张宁拥蒋，而决不拥汪。张亦知蒋是勾结美帝国主义的，但张亦宁亲美而决不亲日。所以张虽扣蒋，始终未变拥蒋的思想，这一点是与杨不同的。扣蒋后，杨初以为共产党对于蒋介石决不会轻饶他，结果大出杨意料之外，杨一方面敬佩共产党的伟大，一方面想到和平解决之后，十七路军和自己的前途保障如何，因此内心总是不安。"[1]

西安事变后，张学良一再表示，只要蒋介石答应我们的抗日要求，我们还拥护他做领袖。对于张学良的这种表示，杨虎城表面上虽然不置可否，但他内心是不同意的。开始，杨虎城把希望寄托在中共代表身上，他认为，共产党与蒋介石有血海深仇，是不会轻易放过蒋介石的。当杨虎城第一次见周恩来时，周表示，没有保证，不轻易放蒋。杨听了很高兴。但随着时间的推移，中共对蒋介石的态度也发生了变化，杨虎城的处境就变得很微妙。正如申伯纯所描述的：

　　杨虎城对释放蒋介石的确是有顾虑的。他顾虑什么呢？首先是顾虑蒋是不是能抗日，但最主要的顾虑还是怕蒋报复。杨是一个出

---

1. 中国社会科学院近代史研究所现代史研究室编：《西安事变资料》第 2 辑，人民出版社 1981 年版，第 52 页。

身农民、在长期的军事斗争中逐渐形成的地方实力派的首脑。他的政治经验丰富，对政治问题相当敏感，看问题有时有独到之处。多少年来他和蒋介石的关系一直搞不好。蒋对于他这个地方实力派在西北的扩张雄心，处处加以遏制和压迫，发生过不少摩擦，这是一方面；另一方面，他看到蒋介石"先安内而后攘外"的错误政策把国家弄到最危险的地步，感到痛心。在抗日和"剿共"的问题上，蒋介石置整个国家民族的利益于不顾，他同蒋的意见是对立的。在1933年长城抗战的时候，他曾向蒋请缨抗日，受到蒋的阻遏；在1935年被迫与红军作战失利时，又遭蒋的斥责和轻视，甚至仅有的陕西地盘也有难保之势。他因此感到苦闷，但他是不甘心的。他既不甘心在蒋介石消灭异己的政策下做一个牺牲者，也不甘心随着蒋介石走亡国的路，可能的时候，他还是想对国家民族有所贡献，因而发生西安事变。在发动西安事变的过程中，为了国家，为了自己，他是愿意同共产党和张学良合作的。在他说来，干好了，国家得救；干不好，失败了，也落得个轰轰烈烈的下场，总比绵羊似的受蒋介石折磨好些。捉蒋，他和张学良是一致的；但捉蒋以后，他和张学良的想法就不完全一致了。他对蒋是不信任的。捉住蒋介石以后，张学良一再对人表示，只要蒋答应我们抗日的要求，我们还拥护他做领袖。杨对这种说法表面上虽不置可否，但是他的内心总以为共产党与蒋介石有血海深仇，是不会完全同意张的主张的。及至中共代表团来西安以后，他才了解到他们的主张不但同张一致，并且表示更坚定，说法更有道理。这是大出杨的意料以外的。论大道理，杨也承认他们说得对，可是一想到他个人和团体的利害，就不免有所疑虑。他深知蒋的为人狭隘偏私，毫无信义，睚眦必报。他过去同蒋的关系本来就搞不好，又加上这次事变蒋一定最恨他，饶了谁也不会饶了他。放了蒋，他今后怎样同蒋共事呢？不放蒋，他自己的想法又行不通。张学良同周恩来已经意见一致了，论道理他们讲得对，论力量他们比自己大得多。但使他感到苦恼的是，如果照着他们的意见办，自己实在太危险。杨想来想去，心乱如麻，因此曾向王炳南发过脾气。[1]

应当说，杨虎城的这种顾虑显然不是多余的。自从 1929 年杨虎城脱离冯玉祥西北军集团依附蒋介石以来，两人的关系就一直处于凶险的斗法状态。因为蒋的目标很明确，就是要搞垮所有地方实力派，让清一色的蒋系中央势力统治全国。杨虎城在与蒋的斗法中一直处于下风，他总结说："蒋介石这个政治流氓，中国任何军阀，包括我们在内都'缠不下'（陕西话'对付不了'或'斗不过'的同义语），哪一个没有失败在他手里？只有中国共产党才够得上蒋的'敌手'。"因为有这样的经验，所以杨虎城认为绝对不能轻信蒋的所谓领袖"人格担保"，而必须抓到蒋的辫子，才能使他有所顾忌而不至于自食其言，甚至回过头来打击报复西安事变的发动者。当时，杨虎城和他的幕僚们有以下几种设想：（1）由"三位一体"保证蒋的安全，就让蒋在西安发号施令；（2）所谓"诺言"必须有蒋的亲笔签字，但可以绝对保守秘密而不向外泄露；（3）让蒋在西安对全国做一次广播讲话，或有一政治性文件，表明总的态度，不必涉及各项具体内容。照杨虎城的意见，放蒋这样重大的问题，必须三方面取得一致，特别应当尊重中共代表周恩来的意见。杨虎城一贯认为共产党对付蒋介石的办法多，而且高明，所以他不同意匆匆放蒋，更不同意张学良送蒋去南京。杨虎城深知，张学良在东北军中的地位无人可以取代，有张学良在，东北军就是一个整体，"三位一体"才能维持。只要"三位一体"的局面能够维持，即使蒋想翻脸，也不能不有所顾忌。这是最后一张牌。[2]

---

1. 申伯纯：《西安事变纪实》，人民出版社 1979 年版，第 150—152 页。
2. 米暂沉：《杨虎城将军》，中国青年出版社 1998 年版，第 202—203 页。

有条件放蒋，也是中共中央的意见。12月24日深夜，周恩来收到中共中央发来的关于放蒋条件的复电，其内容是：（1）国民政府宣布国内和平，与民更始，蒋介石也发表同样内容的宣言；（2）全部中央军分向豫、绥两省撤退；（3）部分释放爱国分子与共产党员。其中第一项是关键，只要国民政府与蒋介石做了公开正面的表示，就等于承认了西安三方面的合法地位，蒋介石也不好轻易反悔。在放蒋的条件问题上，杨虎城的想法与中共中央比较接近。

从东北军方面来说，高级军官如于学忠、王以哲、何柱国、董英斌等人虽然对放蒋也有顾虑，但他们基本上是服从张学良的命令的，只是建议张学良不要去南京，要送也只能送到洛阳。但是东北军内部的少壮派和部分文官在放蒋的问题上持强烈的保留意见。少壮派头目应德田根本不赞成放蒋，声称"放就是纵虎归山"。大多数人主张有条件地放蒋，但坚决反对张学良亲自送蒋去南京。

12月23日下午，西北抗日联军设计委员会开会，由高崇民主持，大家一致认为在蒋介石离开西安前，绝对需要得到三项保证：（1）中央军先撤出潼关，由阎锡山做保证人，晋军驻防陇海铁路潼关至洛阳段；（2）先释放救国会"七君子"，取信于民；（3）蒋介石在协议上签字，并公诸报端。这些主张反映了东北军和西北军大多数官兵的意见。

会后，高崇民把这些意见向张学良、杨虎城汇报。张听了表示忧虑，担心闹出什么乱子。他对高崇民说："你们所提出的保证，蒋不见得能答应，即使勉强答应了，也不是心甘情愿的，而是被我们逼迫的结果。你想，这样的保证还有什么可靠性？有什么价值呢？你硬逼他签字，以为签了字就万无一失了吗？他回去以后想撕毁，还不是一样可以撕。我必须亲自送他回去，使他能够保证威信和尊严，好见人，好办事，不致使他感到难堪，不致对我们再存怨恨或戒心。这样，他们答应的条件也就不至于反悔了。你担心他不放我回来，我想他不能，他那样做还有什么信用呢？我们东北军能让吗？这里的'三位一体'能答应吗？只要我们东北军团结一致，'三位一体'团结一致，他不会不让我回来的，就是真有些危险，我想应该首先看我们做得对不对，不应该首先看本身有无危险。我们发动这次事变，何曾只顾本身利害？只要于国家民族前途有好处，于联共抗日前途有好处，有危险也应有所不惜。"

杨虎城见张学良如此，只好沉默不语，以避免与张学良直接冲突。周恩来知道后，建议张学良召集西北抗日联军设计委员会成员做说服工作。

24日下午2时，张学良召集西北抗日联军设计委员会成员和王以哲、何柱国、董英斌等东北军的高级将领开会，说明谈判的经过，并向大家阐明放蒋和送蒋的理由。他对大家说："听说你们昨天开会，也有一些意见，这些意见你们可以向我提，但是我现在要警告你们，不许那么在外面乱说，尤其不许你们任意胡闹。这是关系国家民族命运天大的事，做错一点，我们担不起。你们有什么意见，现在可以当面和我说。"

张学良让大家发言，会场上沉默了好一会儿，才有人问："副司令所说的蒋、宋答应我们的这些条件，究竟有什么保证没有？他们将来说了不算怎么办？"

张听了很紧张，急忙问："你们要什么保证？你说！你说！"

在张学良逼问之下，发言人也紧张起来，但还是坚持把昨天会上所议的要求复述了一遍。

张学良诚恳而又自信地说："你们所提的意见，我都考虑过，都是行不通的。你们要知道，蒋现在是关在我们这里，他现在说什么话，何应钦都不见得肯听。我们逼蒋下命令，如结果无效，怎么办？我们且不说这层，即使蒋的命令还生效，可是这是我们逼着他下的，不是他甘心愿意下的。那么他的命令下了，也发生效力了，比如潼关以西的中央军开出潼关以东了，上海爱国领袖'七君子'被释放了，政府也改组了，到那时，你们放他不放？保证实现了，当然要放他。但是他这样做是被逼迫的，不是心甘情愿的，一定心存报复。他回到南京，开出潼关的中央军又开回潼关以西来了，释放的爱国领袖又被逮捕起来了，改组的政府又改组回来了，甚至你们压迫他对日本宣战他都肯，可是回去以后，他又同日本妥协了，到那时，你们怎么办？你们怎么办？所以我说你们那些意见都行不通。我们提出的条件，只能他在原则上承认了，就让他走，签字不签字都没有什么关系，签了字要撕毁，还不是一样地撕毁。"[1]

这时，又有人问："副司令还要亲自送蒋回南京吗？"

张说："是的，我打算亲自送他到南京。我这一招比你们想得高，这一招是要抓住他的心。你们要知道，这次事变，对蒋是个很大的打击，我们现在不但要放他走，而且今后还要拥护他做领袖，还要同他一起共事。所以现在我们万不能再难为他，我们要给他撑面子，使他恢复威信，今后好见人，好说话，好做事。我亲自送他就是这个意思，并且我亲自送他去，也有向他讨债的意思，使他答应我们的事不能反悔。另外，我亲自去也可以压一压南京反动派的气焰，使他们不好再讲什么坏话。总之，做人情要做到家，同人家合作也要合作得彻底。我在这个问题上比你们想得深，想得高，你们这些人都要听我的话，都要受我领导，不许乱说胡闹。"[2]

最后，张学良异常激动地说："我为什么敢于冒天下之大不韪，把蒋委员长扣留在西安？主要是为了争取停止内战，一致抗日。假如我们拖延不决，不把蒋尽快送回南京，中国将出现比今天更大的内乱。假如因我而造成国家内乱，那我张学良真是万世不赦的罪人。如果是这样，我一定自杀，以谢国人！"[3]

---

1. 申伯纯：《西安事变纪实》，人民出版社 1979 年版，第 159—160 页。
2. 同上，第 160 页。
3. 卢广绩：《西安事变亲历记》，载远方编《张学良在一九三六年》，光明日报出版社 1991 年版，第 104 页。

王以哲等高级将领虽然不反对放蒋，但为张学良的安全考虑，不主张张学良送蒋去南京，最多也只能送到洛阳。

至于送蒋的危险性，张说："我们发动这次事变，何曾只顾本身的利害？只要于国家民族前途有好处，有危险也应在所不惜。"又说："他是领袖，以后开会、办事我怎么能不去见他呢？他邀我去南京，我能回避吗？""我本着大公无私、无所畏惧的精神，亲身送他回京，表露了我们的诚心。"

当有人问及红军方面的态度时，张说："红军的态度比我们还软，杨主任虽有不同意见，但他是顾大体的。"

尽管张学良语重心长，但因为事关重大，大家并没有被说服。高崇民也不同意张学良的意见，但又不便同他当场争论。会议结束后，高崇民以个人的名义给张学良写了一封长信，反复说明无保证放蒋的危险性，强调还是应当有条件放比较有把握，如中央军撤出西北和释放"七君子"等，都是蒋介石可以立即下命令做到的。对此，张学良答复："咱们要自己请神自己送，不要自己搬石头砸自己的脚，只要于国家有利益，牺牲我个人，牺牲东北团体，在所不惜。"高崇民平心静气地说："这是'三位一体'的事，不能由咱一家决定。"张学良拍了拍高的肩膀说："周先生比我还和平，只有虎城犹豫不决，我就去说服他。"[1]

24 日晚，张学良与杨虎城就放蒋的问题发生了激烈的争论。张学良后来在《敬告世人书》中记录下了他们的争论：

> 杨虎城反对蒋委员长返京，那不是出诸他自己，而是出诸杨的幕中渗透分子煽动杨，说我出卖他。所以，当时杨虎城对我说：

1. 高崇民：《西安事变杂谈》，载中国社会科学院近代史研究所现代史研究室编《西安事变资料》第 2 辑，人民出版社 1981 年版，第 36 页。

"你是受了蒋夫人、宋子文、端纳情感诱惑，有反初衷，你犯了温情主义，你是同蒋、宋两家有私谊上的关系，可以和平了结。我杨某可是不肯做断头将军的，要干就干到底。"

我说："这样的国家大事，岂是私情问题，我们不顾一切的行动，是为了发动要求蒋委员长领导我们抗日，今日已确知抗日前途有着，那么我们还要蛮干下去，必使内战扩大发生，而使蒋委员长失去领导，而走向相反的方向，那才是真的有反初衷呢！你怕死吗？你若是怕死，何必要发动这种大胆的叛变行为？我将只身护送蒋委员长入京，上断头台我一人承当，我决不牵连任何人。"

张学良晚年在《西安事变回忆录》中也说："因蒋公离陕问题，良与杨虎城发生歧见，亦为此点，良责杨，我等最初动机，是不顾一切，请求蒋公领导抗日，我等既已看过蒋公之日记，确知蒋公有抗日之决心，并已应允准我等把其他意见提出中央会议讨论，我等目的可达，不应畏首畏尾，患失怕死。既然如此，你又何必当初乎？在此争论上，良言语急躁，几乎同杨决裂，乃系由周恩来在座解围，劝良小加休息，容他会议商讨商讨，被周将杨说服。良认为抗日目的可达，其他不应多所顾虑，不应再次拖延，致使走向相反之方面，有违初衷。"[1]

24 日晚，东北军和第十七路军的高级将领联名写了一封信，于 25 日凌晨送给宋子文，表示只有蒋介石做了中央军撤出潼关、释放"七君子"并在商定的条款上亲笔签字这三项工作之后，才能让蒋走。否则虽然张、杨两将军答应，他们也誓死反对。

---

1. 毕万闻主编：《张学良赵一荻合集》第 5 部，时代文艺出版社 2000 年版，第 580 页；杨天石：《张学良说：杨虎城是西安事变主角》，《炎黄春秋》2002 年第 11 期。

宋子文接到此信后，立即送给蒋介石、宋美龄看。蒋、宋都很紧张，要宋子文立即去找张学良、杨虎城商量办法。宋子文来到新城大楼见杨虎城及各位将领，反复说明蒋不回南京，任何一条皆难以实行。张学良看后也感到事态严重，鉴于事变后在南京政府收买分化之下东北军、西北军先后有黄永安、檀自新、冯钦哉、王劲哉等高级将领叛变，万福麟等人的动摇，怕驾驭不了局势，夜长梦多，遂决定个人秘密送蒋回京。为做到万无一失，除原来东北军卫队二营负责看护蒋外，张又加派副官谭海率军士队去负责警戒。

宋子文又找到周恩来，向他提出，必须让蒋介石迅速离开，如果再耽搁，只能令局势更加复杂，战端一开，难以平息。周恩来虽然同意放蒋，但他和博古商量后，也认为蒋走之前须有一政治文件表示，不同意蒋今天走。

当时的局势已经极为紧张，第十七路军军官对蒋"无不恨入骨髓"，特别是第十七路军中原属于冯玉祥的旧部将领、现任第十七路军参谋长李兴中等人，对蒋尤多报复思想。他们都主张把蒋介石枪毙。[1] 东北军中的激烈分子也扬言："西安事变是大家提着脑袋干的，不是张、杨两个人的事情。他们想捉就捉，想放就放，不行！现在蒋介石还在我们手心里，不听我们的话，我们干脆就先把他干掉！据当时担任第十七路军政治处处长的申伯纯透露，当时第十七路的军官们已经"在酝酿什么"[2]行动，同时东北军"内部也有问题"[3]，局势随时有失控的可能！

为了预防万一，张学良采取了一些应变措施，把在其公馆担任警卫的孙铭九营调开，而改由他的副官长谭海指挥的侍卫队接替。孙铭

1. 高崇民：《西安事变杂谈》，载中国社会科学院近代史研究所现代史研究室编《西安事变资料》第 2 辑，人民出版社 1981 年版，第 30 页。
2. 申伯纯：《西安事变纪实》，人民出版社 1979 年版，第 158 页。
3. 应德田：《张学良与西安事变》，中华书局 1980 年版，第 121 页。

九是少壮派头目之一，他的态度比较激进，张学良对他已经不那么放心了。

在这样巨大的政治压力下，爱国心切且年轻的张学良终于沉不住气了。在没有和同盟者杨虎城、周恩来达成一致的情况下决定独自行动。25日下午，张学良电话通知杨虎城前来高桂滋公馆。杨一到，张就急忙说："现在不走不行啦！夜长梦多，不知道会出什么大乱子。我今天决心亲自送蒋走。我想我在几天内就可以回来，请你多偏劳几天。假如万一我回不来，东北军今后即完全归你指挥。"杨虎城问道："马上就去吗？"张答道："现在就去，现在就去！"

杨虎城本想再劝劝张学良，但这时蒋介石和宋氏兄妹等人已经从房间里出来，准备上汽车了，这才没有争论起来。[1]

25日下午3点30分，张学良和蒋介石夫妇同乘一车，杨虎城和宋子文、端纳同乘一车，悄悄地离开高桂滋公馆，向机场飞驰而去。当时飞机场有学生和群众队伍等候准备前来西安的抗日将领傅作义。蒋看到这个场面很紧张，以为群众是来留难他的。于是，蒋又口头向张、杨重述了六条保证："（1）明令中央入（潼）关之部队于25日起调出潼关；从本日起如有内战发生，当由余个人负责。（2）停止内战，集中国力一致对外。（3）改组政府，集中各方人才，容纳抗日主张。（4）改变外交政策，实行联合一切同情中国民族解放之国家。（5）释放上海各被捕领袖，即下令办理。（6）西北各省军政由张、杨两将军负其全责。"

蒋介石并对杨虎城说："我的错误我自己承认，你们的错误，你们承认"，"我所答应你们的那些事，我回南京后一一都可实现，你们放心，不然也不成其为国家民族之领袖"。[2]

---

1. 申伯纯：《西安事变纪实》，人民出版社1979年版，第161页；管宁、张友坤译注：《缄默50余年——张学良开口说话》，辽宁人民出版社1992年版，第132—136页。
2.《关于西安事变的三个电报》，载《周恩来选集》上卷，人民出版社1980年版，第73页。

宋子文鉴于杨虎城的严重疑虑心理，当众拍着胸脯说："副司令（张学良）的安全，完全由我负责！"[1]

　　在飞机旁，张学良用红铅笔在一张纸上，匆匆草拟了一份手谕，交给杨虎城，说了声："我争取3天之内回来，至多不过5天。万一我回不来，今后东北军就完全归你指挥。"[2]然后上了飞机。张学良的手谕全文如下：

> 弟离陕之际，万一发生事故，切请诸兄听从虎臣、孝候（侯）指挥。此致何、王、缪、董各军各师长。
>
> 　　　　　　　　　　　　　　　　　　　　　　张学良
>
> 　　　　　　　　　　　　　　　　　　　　　　25 日
>
> 以杨虎臣代理余之职。即日。[3]

　　下午4点整，飞机升空，向正东方的洛阳方向飞去。

　　此时，蒙在鼓里的西北抗日联军设计委员会委员们还在西安城内热烈地讨论着放蒋的条件问题。正在讨论中间，秘书处处长洪钫来到会议室，附在设计委员会主任委员高崇民的耳边，小声告以副司令已送蒋起飞了。高听了不禁一惊，随即向与会的杜斌丞、申伯纯、王菊人、李维城、吴仲贤、卢广绩等10余位设计委员正式宣布，大家始而愕然，继而大哗，随即垂头丧气。年长且阅历丰富的杜斌丞悲愤地说："我们不是在做梦吧？天地间竟会有这种事！"有人摸着自己的脑袋说："这个吃饭的家伙不牢了！"也有人带着无可奈何的口气说："好了，紧张了半个月了，我们今晚好好打一场麻将吧！"

------

1. 何镜华：《"双十二"事变之后》，载中国人民政治协商会议全国委员会文史资料委员会编《文史资料存稿选编——西安事变》，中国文史出版社2002年版，第521页。
2. 应德田：《张学良与西安事变》，中华书局1980年版，第126页。
3. 毕万闻主编：《张学良文集》第2卷，新华出版社1992年版，第1104页。

杜斌丞随即去见杨虎城，一进门就愤然说："这简直把革命当儿戏，竖子不足与谋也！"

对于张学良亲自送蒋，连张学良的卫队团长孙铭九也不知情。孙铭九得到消息后，立即去见周恩来，问："周先生，你知道张副司令同蒋委员长去飞机场吗？"周恩来也不知情，闻此感到很突然，答道："我不知道，走了多少时候？"孙答："约有十几分钟。"周反问："你怎么不早告诉我？"孙答："我也是刚才听到卫士报告的。"[1]

于是，周恩来同孙铭九立即乘汽车以最快的速度赶到飞机场，此时飞机已经腾空而起，周恩来望着天空，眼里含着泪，口中反复地说："张副司令！张副司令！"[2]

后来，当周恩来提起这段往事，依然叹息说："张汉卿就是看《连环套》那些旧戏中毒了，他不但（像窦尔墩那样）摆队送（黄）天霸，还要负荆请罪啊！"[3]

张学良之所以亲自送蒋介石回京，是为了表达他仍真心拥蒋，证明事变的动机确实是抗日救国，以杜绝何应钦等讨伐派发动军事进攻的借口，博取全国各派政治势力和国民的同情与支持，并敦促蒋介石履行答应的诺言，巩固事变的成果；同时，旨在向世人表明他愿意承担起事变的全部责任。为了停止内战，一致抗日，他决心牺牲自己，到南京请罪，是做了受审，甚至被枪毙的准备的。可以说，这是张学良经过长时间的深思熟虑而做出的一项果敢行动，可谓大义凛然光明磊落。

但长期以来，人们对张学良此举众说纷纭，且多有贬词，有的认为这是张学良一时心血来潮的临时决定，有的认为是一失足成千古恨的大

---

1. 米暂沉：《杨虎城将军》，中国青年出版社 1998 年版，第 204 页。
2. 张沛汉：《十年戎马紧相随》，载中国人民政治协商会议全国委员会文史资料委员会编《文史资料存稿选编——西安事变》，中国文史出版社 2002 年版，第 754 页。
3. 申伯纯：《西安事变纪实》，人民出版社 1979 年版，第 163 页。

错，有的认为是个人英雄主义的表现，险些葬送了和平解决西安事变的成果，等等，不一而足。

其实，早在事变中及事变后不久，中共主要领导人就已经做出了正确的评价。12月25日当天，周恩来在分析形势时指出："蒋（介石）走张（学良）去虽有缺憾，但大体是转好的。"[1]

1937年1月1日，刘少奇在《西安事变的意义及其以后的形势》一文中指出："张学良的认错与请罪，对于南京与各地的左派有很大的帮助。对于争取中派也有很大的帮助，而对于右派借以鼓动内战的口实，则予以取消。张学良在南京的行动，是有助于团结全国抗日，停止一切内战的方针之实行的。这不是表示张学良的无耻与投降，反而表示张学良为团结全国抗日停止内战而不惜牺牲个人的忠诚。张学良是请罪了，西安事变的一切责任他担负了，剩下来的还有什么呢？那就只有南京政府要执行真正足以满足全国人民愿望的抗日救国政策。"[2]

1937年3月1日，毛泽东在与美国女作家史沫特莱的谈话中，更加明确地指出："西安事变中，国内一部分人极力挑拨内战，内战危险是很严重的。如果没有12月25日张汉卿先生送蒋介石先生回南京之一举……则和平解决就不可能。兵连祸结，不知要弄到何种地步。必然给日本一个最好的侵略机会，中国也许因此亡国，至少也要受到极大损害。"[3]

至于张学良本人，从未对自己当年的选择后悔过。

张学良晚年在回答友人关于为何要亲自送蒋回南京的问题时，说了这样一段内心话："好汉做事好汉当。我不怕死，怕死我就不发动西安

1.《关于西安事变的三个电报》，载《周恩来选集》上卷，人民出版社1980年版，第73页。
2. 中央档案馆编：《中国共产党关于西安事变档案史料选编》，中国档案出版社1997年版，第297页。
3. 同上，第385页。

事变了。当时好多人劝我，周恩来、杨虎城、东北军旧部都来劝我，就连宋美龄、蒋介石都劝我不要去南京，南京形势复杂，去了以后恐怕保不住我。我说既然做了就不怕脑袋搬家。再说我不去南京，蒋的面子往哪搁？我是为了抗日，不是要把蒋介石赶下台。"[1]

1991年，他在回答"美国之音"记者关于"假如时光能倒流，您还会如此做吗"的提问时，再一次十分肯定地说："我还是一样那样做。我是军人须负责任，我做的事我负责，没什么后悔的。假使事是如此，我还是那么做，别说软禁50年，枪毙了，我都不在乎。"[2]

这就是张学良，一个敢作敢为，有担当、有血性的真汉子！华夏民族顶天立地的伟大英雄！

但当时，张学良虽然做了万全的打算，内心确实没有想到就此会离开东北军，一去不复返，更未料到会被幽禁长达半个世纪之久。

1. 王冀：《从北京到华盛顿——我的中美历史回忆》，华文出版社2012年版，第218—219页。
2. 毕万闻主编：《张学良文集》第2卷，新华出版社1992年版，第1187页。

第十二章

"西望云天"

　　到此时，有大诚，有大勇，才能支此危局，才能真正抗日，才能有回东北的一天。弟满腔热泪，一眼望东北，一眼望西北，而尤望兄等本我初衷，凡有利于国者，任何牺牲早已不计。盼诸兄计及国家利害，勿专为我个人谋也。

——张学良

　　我们的血是为洒在日敌身上去，不是为内战而流的。切盼诸兄在此短期间设法勿发生内战，弟亦要求委座勿操之过急，兄等务安静一时，使弟有机运用，一本我等救国救亡之苦心，有始有终，而对得起东北三千万父老，对得起国人也。

——张学良

审张赦张的把戏

　　12 月 25 日下午 5 时 40 分，飞机抵达洛阳，这里已经是蒋系中央军势力控制的地区，张、蒋关系立刻主客易位，发生根本性的逆转。蒋介石利用张学良的一片爱国救亡之心，开始盘算如何扣留张学良、铲除东北军、瓦解西北"三位一体"局面等问题。当晚，他试探性地要求张学良致电杨虎城，先让陈诚、卫立煌、陈调元、朱绍良等四人离陕。张学良为表诚意，很爽快地答应了，并且干脆把人情做到底，请杨虎城把留在西安的国民党中央军政要员一律释放。[1]

　　25 日晚，张学良、蒋介石等在洛阳的中央军校分校吃完晚饭，蒋即对张说："明天早晨吃早饭，我坐我的飞机先飞，你坐你的波音飞机晚一个小时起飞，避免发生误会。"

　　26 日上午 10 时，蒋介石、宋美龄夫妇带着他的人乘坐一架飞机从洛阳飞往南京，约两个小时后抵达南京机场，南京政府组织了盛大的欢迎仪式，党政军高官云集机场迎接。蒋走下飞机，首先向站在第一排第一位的国民政府主席林森恭恭敬敬地行了个三鞠躬礼，并以谦恭的口吻说："有累主席

---

1. 26 日，杨虎城接到张学良的电报后，立即转示东北军各将领。王以哲、何柱国主张照办，应德田、孙铭九等少壮派则坚决反对，力主以中央要员为人质，换张学良回来；张一日不归，中央要员一日不放。最后，王以哲拍着桌子说："副司令的电报命令，谁不服从就宰谁！"大家不欢而散，东北军内部的矛盾开始显露。当晚，杨虎城、王以哲等做东，在新城大楼设宴欢送。27 日上午，陈诚、陈调元、朱绍良、钱大钧、蒋作宾、陈继承、万耀煌、卫立煌、蒋百里等十几人飞离西安。

受惊了。"林森连忙回答道："哪里，哪里，倒是让你受惊了！"[1]然后，蒋和前来迎接的人打招呼后，即乘坐汽车离开机场而去。

26日上午11时30分，张学良在宋子文的陪同下，继续乘坐昨天从西安飞来的那架飞机由洛阳起飞。他们的飞机一起飞，就有国民党空军的四架战斗机尾随，这些战斗机忽上忽下、忽左忽右，紧紧追踪监视张学良的座机。据说，蒋还向国民党空军下达了命令，如果一旦发现张学良的座机调头向西安飞，就立即将它击落。不过，真发生这样的事，蒋可要搭上他大舅哥宋子文的一条性命了。张学良的座机飞抵南京上空时，又有几架战斗机升空监视，气氛紧张。在机场迎接的只有特务头子戴笠及几名特务喽啰和宪兵，场面冷清、森严，让张学良相当难堪。张学良一下飞机，就被特务们押送到了南京北极阁上的宋子文的别墅暂住。

说起宋子文的这座别墅倒也不简单。南京北极阁又名钦天山，位于玄武湖南岸，历史上在此山上建立过古观象台，南京国民政府建立后，"中央研究院"气象研究所就建在此山上。宋子文不仅是当朝显宦，而且是"国舅爷"，凭借他的面子终于向"中央研究院"通融要了一块黄金宝地，在接近北极阁山顶处盖了一幢豪华别墅。该处地势之好、风景之佳，在整个南京城内也是数一数二的。别墅共三层，玲珑精巧。第一层北面以山为墙，三面则以岩石筑墙，所用岩石有人说采自北极阁，也有人说由他处购来，第二、三层系以水泥碎石混凝土筑成，外加淡黄色油漆，屋顶纯由茅草铺成，厚约三四寸，草之下有水泥、柏油、木板、铁皮等。据说，如此建造，一来冬暖夏凉，二来可避枪弹。全屋所有窗子均系防弹玻璃，四壁则以四方块瓷砖做成，地板则以小块上等木料铺成，均精致异常，室内装有火炉和自来水系统。因为别墅落成于九一八事变以后不久，在天灾人祸不断、内忧外患的年代建此豪华别墅颇引起国人的注意，成为轰动一时的新闻，邹韬奋主编的《生活》周刊还特地派记者赴南京实地调查，写成调

1.李伟编著：《民国官场现形记》，江苏古籍出版社1998年版，第137页。

查报告刊登在《生活》周刊上。蒋介石将张学良安置到北极阁宋子文别墅，是考虑此处地势较高，易于监视控制。

张学良一住进宋子文别墅，新闻记者就闻讯赶来，登门采访，张学良略称此来待罪，一切唯中央及委员长之命是从，其他无可奉告，云云。

回到南京后，蒋介石就紧锣密鼓地算计对张学良实行报复。对于杨虎城，蒋一时还鞭长莫及，只好暂时放过他，集中整治自投罗网的张学良，并部署挽回面子的一系列政治阴谋活动。

首先，蒋介石让他的"文胆"陈布雷于26日补写了一份所谓的《对张杨的训词》，于27日在国民党《中央日报》等报纸上发表。为了搞得煞有介事，在发表时还特意加上了"宋美龄笔录"字样。这个事后补写的训词声称："此次事变，得此结果，实由于尔等勇于改过……以尔等之人格与精神，能受余此次精神之感召，尚不愧为我之部下……"这样就把事情的本质完全颠倒过来了。

蒋介石吩咐国民党的宣传机器大肆宣传，声称这篇文章是蒋介石在西安对张、杨二人的训话。[1]1938年春，陈立夫当教育部长后，下令将这

---

1. 对于蒋介石伪造的这份所谓训话，中共中央领导人毛泽东于1936年12月28日发表了《关于蒋介石声明的声明》予以揭露和回击。声明指出："蒋介石氏12月26日在洛阳发表了一个声明，即所谓《对张杨的训词》，内容含含糊糊，曲曲折折，实为中国政治文献中一篇有趣的文章。蒋氏果欲从这次事变获得深刻的教训，而为建立国民党的新生命有所努力，结束其传统的对外妥协、对内用兵、对民压迫的错误政策，将国民党引导到和人民愿望不相违背的地位，那末，他就应该有一篇在政治上痛悔已往开辟将来的更好些的文章，以表现其诚意。12月26日的声明，是不能满足中国人民大众的要求的。蒋氏声明中有一段是值得赞扬的，即他所说'言必信，行必果'的那一段。意思是说他在西安对于张杨所提出的条件没有签字，但是愿意采纳那些有利于国家民族的要求，不会因为未签字而不守信用。我们将在蒋氏撤兵后看他是否确守信义，是否实行他所允诺的条件。这些条件是：（一）改组国民党与国民政府，驱逐亲日派，容纳抗日分子；（二）释放上海爱国领袖，释放一切政治犯，保证人民的自由权利；（三）停止'剿共'政策，联合红军抗日；（四）召集各党各派各界各军的救国会议，决定抗日救亡方针；（五）与同情中国抗日的国家建立合作关系；（六）其他具体的救国办法。这些条件的实行，首先需要确守信义，并且需要一些勇气。我们将于蒋氏今后的行动表现中考察之……"《毛泽东选集》第一卷，人民出版社1952年版，第226—227页。

篇伪造的训词收入中小学教科书，让全国的中小学生认识"委员长的伟大人格"。

26日晚上，蒋介石又发表书面谈话，声称"余对西安事变之见解，已见余今日发表之在西安对张、杨二人之训话中，现在一切均应听中央之决定。余身为统帅，率导无方，至发生此事变，深觉负疚"，云云。

接着，蒋介石通过宋子文转告张学良写一份"请罪书"。张学良认为这是例行公事，未做深思，挥笔而就：

> 介公委座钧鉴：
>
> 　　学良生性鲁莽粗野，而造成此次违犯纪律不敬事件之大罪。兹腼颜随节来京，是以至诚，愿领受钧座之责罚，处以应得之罪，振纪纲，警将来。凡有利于吾国者，学良万死不辞。乞钧座不必念及私情，有所顾虑也。学良不文，不能尽意，区区愚忱，伏乞鉴察！专肃。敬叩钧安！
>
> 学良谨肃
> 12 月 26 日 [1]

通过以上几个步骤，蒋介石不仅在表面上扳回了面子，而且把张学良完全打成了等待进一步清算的"罪犯"，可以任由他来任意处置。

事实上，张学良一进入南京北极阁宋子文公馆就被严密监视起来了。傅斯年在一封信中描述了当时的情况："张到此后，住宋宅。全山警备，皆由 cadets（军校学生）为之。此时 cadets 竭力保护他，不许人骂他。程沧波（南京《中央日报》主编）为此挨骂，愤而辞职未准，现

---

1. 中国第二历史档案馆、云南省档案馆、陕西省档案馆合编：《西安事变档案史料选编》，档案出版社 1986 年版，第 80 页；天津《大公报》第 3 版，1936 年 12 月 27 日。

在往常州玩去了。张遇人便见，满不在乎。"[1]

张学良初到南京的前几天，一些朋友、东北籍人士、国民党要员还不时来看望他。张治中来时，与张学良紧紧握手，简单寒暄后，张学良还对他说："文白，我希望能早点回西安去，那里情况极端复杂，我不回去，是一定会发生乱子的。"张治中只能安慰他："是的，不过你到京来才几天，还是暂时放宽心，免得影响身体健康为是。"交谈中，张学良还请张治中向蒋介石转达他的要求，早日放他回西安。对于这次会见，张治中心情很沉重，因为他帮不上忙。多年后，张治中对他的秘书说："我们对不起汉卿！当时除在蒋面前作落井下石的人外，同汉卿平日私交最好的也不敢为他说话。当然，说也无用。我每想起那次的会见，心中就深感内疚。因为我当时从有关方面已知蒋不放汉卿回西安去，不过在这种情况下，我又不能对他明言。看来汉卿很天真，胡汉民、李任潮先后被囚的往事他是知道的，可是他当时一点儿都没想到以后自己可能遭遇的厄运……"[2]

孔祥熙来时，张学良开玩笑说："我这次是听候处分的人了！"孔揣着明白装糊涂，微笑着敷衍道："有处分，我陪绑去。"[3]

29日下午，吴铁城、张群等来访，临走时，吴铁城等还笑着说："我们请你的客。"张学良回答："要请赶快请，晚了赶不上啦！"[4]

这时的张学良情绪虽然有点低落，但还算平静，比较乐观，认为几天之后就能回西安。27日夜，他在给杨虎城的信中，还替蒋介石辩解说："京中空气甚不良，但一切进行尚称顺利，子文兄及蒋夫人十分努力。委座为环境关系，总有许多官样文章，以转圜京中无谓之见，但所

---

1. 曹伯言整理：《胡适日记全编》第6册，安徽教育出版社1996年版，第626页。
2. 余湛邦：《张治中三访张学良》，载《团结报》编辑部编《张学良的往事和近事》，第261页。
3. 王中立：《张学良将军在南京被扣的几天》，载吴福章编《西安事变亲历记》，中国文史出版社1986年版，第379页。
4. 赵维振：《张学良即将军送蒋介石回南京》，载中国人民政治协商会议全国委员会文史资料委员会编《文史资料存稿选编——西安事变》，中国文史出版社2002年版，第561页。

允吾等者，委座再三郑重告弟，必使实现，以重信义。委座在京之困难，恐有过于陕地者。吾等在陕心中仍认蒋先生是领袖，此地恐多些口头恭维，而心存自利也。此函切请秘密，勿公开宣布，恐妨害实际政策之实行，少数人密知可也。"[1]

28日，宋子文在其官邸约见阎宝航，对他说："我与蒋夫人和张副司令已经商量好，请你去西安一趟，告诉东北军、西北军将领，张副司令几天内就回去。副司令有一封信带给杨虎城先生，让他把那批马丁飞机放回来，抗战时还需要这批家伙，不要损坏啦。"交代任务后，宋子文又带阎宝航到隔壁的小客厅见了张学良，张学良也说："我们商量过了，你去一趟吧！我这里有封信你带给杨虎城先生，把飞机给他们放回来。"

阎宝航问张学良："宋子文说让我告诉东北军、西北军将领，你几天内就回去，你对这有什么把握吗？"张学良沉思一会儿后答道："我这次举动是为了国家，也为了领袖，他们对待我怎样我不在乎。"稍后，张学良又手指西北方向说："他们不让我回去，那边能答应吗？"阎宝航领会了张学良的意思，于是说："好吧，我去一趟吧。"最后，张学良吩咐阎宝航："你走以前，还要去和蒋夫人谈谈。"

阎宝航遵照张学良的意思，离开北极阁宋公馆后就去见宋美龄。宋美龄说："阎先生，你辛苦一趟吧，这次事情险些闹出大乱子来，子文和我也跟着吃了苦头，告诉东北、西北军将领，副司令几天就回去，大家要安心，不要再闹出什么问题来。"又说："见着杨虎城先生，说我问候他的老母亲，在西安时没得机会去看望她。"阎宝航答应一一照办，然后又问宋美龄："你和子文都说张副司令几天内就回去，可有什么保证吗？"宋美龄毫不迟疑地答复："我们牺牲一切也要做到。"阎宝航听了也很高兴，立即说："好了，那我就这样对东北军、西北军将

---

1. 毕万闻主编：《张学良文集》第2卷，新华出版社1992年版，第1107页。

领传达罢！"[1]

29 日，阎宝航乘坐蒋介石安排的专机飞抵西安，向东北军、西北军将领传达南京的要求和张学良几天内就回来的消息，并复述了他和张的谈话内容，大家都喜出望外，欢欣踊跃。杨虎城也信以为真，不怀疑这是南京方面精心策划的骗局，在看过张的信后立即表示："这没问题，飞机给他们放回去。"[2] 王以哲、何柱国也主张立即放回。[3] 但应德田、孙铭九等少壮派再次反对，认为这是张学良能够回来的最后一点保证了，但毫无作用。31 日，36 架马丁飞机及空军有关人员 500 余人离陕。

至此，蒋介石顾虑已失，便放开手脚处置张学良。28 日，蒋介石为西安事变呈报国民党中央、国民政府，引咎自请处分，并请求免去本兼各职。蒋介石同时又呈文国民党中央，声称："查西北'剿匪'副司令张学良代理总司令职务，而在其管辖区内，发生如此事变，国法军纪，自难逭免。现该员亲来都门，束身请罪，以中正为其直属上官，到京后即亲笔具书，自认违纪不敬之咎，愿领受应得之罪罚。中正伏以该员统军无状，尚知自认罪衍，足征我中央法纪之严明。故该员有尊国法悔悟自投之表示，理合将该员来书，录呈钧会鉴核。应如何斟酌情事，依法办理，并特予宽大，以励自新之处，伏候钧裁。谨呈中国国民党中央执行委员会。"[4] 蒋的呈文并附上张学良写的"请罪书"。

29 日，国民党中央常务委员会举行第 31 次会议，会议主席居正称，蒋在西安被扣留期间"持浩然之正气，昭示伟大之人格，使倡乱者衷诚

1. 阎宝航：《张学良送蒋介石回南京以后》，载吴福章编《西安事变亲历记》，中国文史出版社 1986 年版，第 335—336 页。
2. 同上。
3. 同上，第 336 页。
4.《进化》1937 年新年号，第 32 页。

感动，悔悟自白"，认为蒋"毫无引咎可言"，对其辞职请求一致决议予以慰留。随即由国民政府发布慰留令称："该委员长勤勉国事，仁勇兼赅，懋绩殊勋，万流景仰。此次西安之变，起于仓卒，能以严肃之精神，昭示伟大之人格，至诚所感，使肇乱者悔悟前非，束身待罪，更使全国军民爱护国家之心，益为激发，纲纪以昭，群情欢慰。所请严加处分，开去本兼各职之处，应毋庸议。"[1]

接着，召开国民党中央政治委员会第 32 次会议，对张学良"请罪"一事，通过如下决议："张学良亲贲都门，束身谢罪，交军事委员会依法办理。"并决定由国民党元老李烈钧担任审判长，组织高等军法会审。接着，军委会开会，提名朱培德、鹿钟麟为审判官。晚上，南京国民政府发布命令，即日停止"讨逆"军事行动，撤销"讨逆"军总司令全部及所属东西两路集团军总司令部。

李烈钧受命后，邀请朱培德、鹿钟麟两位审判官和 20 多位法律专家共同研究案情。曾任最高法院院长的徐元诰说："委员长有伟大功勋于党国，全国人民莫不景仰推戴。而张学良等在西安非特不能护卫，竟敢胁迫统帅，勿论其为正主犯，拟为从犯，其为要犯无疑，斯事异常重大，应请审判长严予处置。"[2]徐元诰如此一说，其他人不便再持异议，纷纷随声附和，并商定了应该向张学良审问哪些问题，归纳为六条，一一写成书面文字，又讨论了一些细节问题。

有人提出，按常规须先询问被告人的姓名、年龄、籍贯等程序，是否给张一个面子，免去这些例行规定。多数则认为高等军法会审是一件非常严肃的事情，举国瞩目，应该严格按审判程序进行。李烈钧清末在云南任陆军小学堂总办兼兵备处提调时，军中军法案件多由他承办，对

---

1. 全国政协文史和学习委员会编：《西安事变历史资料汇编》第 4 册，中央文献出版社 2017 年版，第 262 页。
2. 鹿钟麟：《张学良南京受审纪实》，载吴福章编《西安事变亲历记》，中国文史出版社 1986 年版，第 373 页。

军法审判素有经验，也认为对张学良不能例外。商议既定，李烈钧又调了军法官和书记官各两人，向他们交代清楚审判应注意的事项，又将书面问题传阅，嘱咐须谨慎从事，众人表示遵命。[1]

准备妥当后，李烈钧于 12 月 30 日面见蒋介石请示。坐下后，蒋却先问李："审判长对此案如何办理？"李烈钧是有备而来，便答道："张学良在西安似叛逆行为，有谋害主帅意。但能悛改，亲送委员长返京。愿委员长宽大为怀，赦而释之。"李烈钧接着又给蒋讲了两个历史典故："我国昔有两士，一为齐桓公，置射钩而使管仲相；二为寺人披请见（晋文公），此二者可否作本案参考，尚祈核示。"李烈钧后来说："吾意欲使世人皆崇拜委员长胸襟之宏伟卓绝。"

然而蒋介石绝不可能有古人齐桓公那样的胸襟，一听李烈钧说要放张学良回去，心里就很不高兴，又碍于李烈钧这位军界元老的面子不便当面发作，便以沉默不语来作答。见蒋不吭声，李烈钧知道他不同意自己的意见，遂站起来说："奉国府特任钧为审判长，当依军法办理。"蒋介石这才不阴不阳地说了一句："君慎重办理可也！"[2]

请示蒋介石不得要领，李烈钧又去找鹿钟麟讨教，鹿表示："问而不审是上策，审而不判是中策，问、审、判全承担下来是下策。我们应该力守上策，不得已，适当地采取中策，下策万不可为。"李点头称是。[3]

31 日，南京政府军事委员会高等军法会审开庭。张学良前往受审，宋子文陪同。宋一路上还安慰张学良说："审判只是走个手续，5 天后保证回西安。"

---

1. 李赣驹：《西安事变军法会审张学良纪实》，载中国人民政治协商会议全国委员会文史资料委员会编《文史资料存稿选编——西安事变》，中国文史出版社 2002 年版，第 570 页。
2. 周元高等编：《李烈钧集》下册，中华书局 1996 年版，第 862 页。
3. 鹿钟麟：《张学良南京受审纪实》，载吴福章编《西安事变亲历记》，中国文史出版社 1986 年版，第 373 页。

上午 10 时，张学良面带笑容，神色自若地进入法庭，会审开始。李烈钧让他坐下，但张始终站立，没有就座。

审判开始，李烈钧照例讯问张学良的姓名、年龄、籍贯、职业、住址等，张学良一一回答。李烈钧随后问："这次西安事变到底什么情形，现在我开列八个问题，请你答复。"张学良接过来一看，只见上面写有"你等为何敢出此举动，有无受他人指使？""为何惨杀忠实党员多人？""为何亲送委员长返京？""有无悔改之意？"，等等，张学良看完问："请让我做一总答复如何？"李烈钧表示同意，于是张学良直言不讳，侃侃而谈：

这回的事，由我一人负责，我对蒋委员长是极信服的，我曾将我们的意见，前后数次口头及书面上报告过委员长。我们一切的人都是爱国的人。我们痛切的难过，国土年年失却，汉奸日日增加，而爱国之士所受之压迫反过于汉奸，事实如殷汝耕同沈钧儒相比如何乎？我们也无法表现意见于我们的国人，也无法贡献于委员长，所以用此手段以要求领袖容纳我的主张。我可以说，我们此次并无别的要求及地盘、金钱等，完全为要求委员长准我们作抗日一切的准备及行动，开放一切抗日言论，团结抗日一切力量起见。我们认为目下中国不打倒日本，一切事全难解决。中国抗日非委员长领导不可，不过认为委员长还未能将抗日力量十分发扬，而亲日者之障碍高于抗日者之进行。如果我们有别的方法达到我们希望，也就不作此事了。我此次来京，也有三点意见：（一）维持纪律，不隳我中国在国际地位；（二）恢复及崇高领袖之尊严；（三）此事余一人负责，应当得应得之罪，我并无一点个人的希求，一切的惩罚我甘愿领受。我写给委员长的信，不知道他要发表的，否则我不写。原先我们也想不是这样做。因为事情急迫，无法作出来的。前次我们本想以全体人员去向委员长要求，不料"一二·九"学生运动由警察开枪，以致如此。我始终是信佩委员长的，而看见他的日记和文电更加钦佩。但对亲日者更加认识。现在的要求是极端的抗日，贯彻始终。至于我个人的生死毁誉，早已置之度外。我们的行动，本不是要开枪的，也无要损害任何人的。不幸行动中统制不良，尤其是邵先生翼如（邵元冲），我们心中真是十分不安。如不是信崇蒋先生之伟大精诚，而其他如中枢怎样处置，那我是不在乎，也可以说不接受的。我对于我们之违反纪律之行动，损害领袖之尊严，我是承认的，也愿领罪的。我们的主张，我不觉得是错误的。[1]

张学良一口气说完，仍觉余犹未尽，又问道："我现在想问审判长一句话，可以吗？"

李烈钧说："当然可以。"

张遂问道："民国二年（1913 年），审判长在江西起义讨伐袁世凯，有这回事吗？"

李答："有。"

张问："审判长在江西讨袁，为的是反对袁世凯的专制与独裁，对吗？"

李答："正是。"

张学良乃理直气壮地说："我在西安的行动，也正是制止中央的独断专行……"

李烈钧未等张学良说完，就斥责道："胡说！委员长人格高尚，事业伟大，岂袁世凯所能望其项背？你不自省冒昧，演成西安事变，自寻末路，夫复谁尤？"

---

1. 中国第二历史档案馆、云南省档案馆、陕西省档案馆合编：《西安事变档案史料选编》，档案出版社 1986 年版，第 82—83 页。

审判官朱培德、鹿钟麟见双方渐趋僵持，李烈钧年事已高且患有严重的高血压，不能激动，便提请暂时休庭，以缓和一下气氛。

休息几分钟后，重新开庭，李烈钧劝张学良："你在西安所为的根本目的究竟何在？是否有颠覆政府的意图？应该如实招供，否则将会对你不利……"

为缓和气氛，鹿钟麟再度插话说："汉卿，审判长待人宽厚，你非不知，切勿失去这个良好的机会！"

张学良仍然十分坚定自信地回答："我在西安发动事变，根本目的无非要求委员长团结御侮，抗日救国。现在，委员长既已答应我们提出的停止内战、一致抗日的要求，则个人得失，在所不惜，特随节来京请罪，请给予应得的处分。"[1]

至此，审讯结束。法庭将审判记录交张学良核对签字，张学良一眼未看就在上面签上了自己的名字。李烈钧说："此事重大，有关史料，岂可不细看而竟签押耶？"张学良笑着回答："自古历史，真实事实能有几许呢？！"[2]

张学良签字后，军事法庭全体审判人员，包括审判长李烈钧，审判官朱培德、鹿钟麟，军法官陈恩普、邱毓桢传阅，一一签名于上，然后送请蒋介石核示。片刻（计算时间，蒋根本来不及看完此审判记录），蒋介石即将预先拟好的《军事委员会高等军法审判决书》发下，李烈钧当庭宣判，主文是：

> 张学良首谋伙党，对于上官为暴行胁迫，减处有期徒刑十年，

---

1. 鹿钟麟：《张学良南京受审纪实》，载吴福章编《西安事变亲历记》，中国文史出版社1986年版，第374—375页。
2. 中国人民政治协商会议全国委员会文史资料委员会编：《文史资料存稿选编——军事派系》下册，中国文史出版社2002年版，第370页。

褫夺公权五年。[1]

李烈钧这位军界元老在法庭上尽管声色俱厉，但事后在私下里也不得不承认："那简直是演戏，我不过是奉命扮演这幕戏的主角而已！张汉卿态度光明磊落，对话直率，无所畏惧，真不愧是张作霖之子！"鹿钟麟也认为："所谓高等军法会审，只不过是蒋介石玩弄的一套把戏。立法毁法，在其一人。"[2]

当天下午 2 时，蒋介石向国民政府递交呈文，请求将张学良"应得罪刑予以特赦，并责令戴罪图功，努力自赎"[3]。

1937 年元旦，国民政府主席林森将蒋介石的呈文发交司法院核议。司法院顾不上新年休假，当天即以"尚属可行"呈复国民政府。1 月 4日，林森主持召开国民政府委员会第 22 次会议，决定准予特赦，但要

---

1. 该判决书所列的"事实"是："中华民国二十五年十二月，本会委员长蒋中正因公由洛阳赴陕，驻节临潼。十二日黎明，张学良竟率部劫持至西安，强迫委员长承认其改组政府等主张。当时因公随节赴陕之中央委员邵元冲、侍从室第三组组长蒋孝先、秘书萧乃华及随从公务人员、卫兵等多人，并驻陕宪兵团团长杨震亚等闻变抵抗，悉被戕害；侍从室主任钱大钧亦受枪伤；又在陕大员陈调元、蒋作宾、朱绍良、邵力子、蒋鼎文、陈诚、卫立煌、陈继承、万耀煌等均被拘禁。当经蒋委员长训责，张学良旋即悔悟，于同月二十五日随同蒋委员长回京请罪。事变初起，奉国民政府令本会严办，兹又奉交张学良请罪书到会，经组织高等军法会审审理终结，认定事实如上。"判决书所列的"理由"如下："本案被告张学良，率部劫持统帅，强迫承认其改组政府等主张，有被告之通电可证。至戕割官员、拘禁将领均系公然事实，虽属其部众之行动，但该被告实为主使，发动亦极明显，自应负其罪责。核其所为，实犯陆海空军刑法第六十七条第二款前段，刑法第二百七十一条第一项第二项、第三百零二条第一项之罪。但查其所犯诸罪，乃系一行为而触犯数项罪名或犯一罪之方法与结果而触犯他项罪名，应援陆海空军刑法第十五条、刑法第五十五条，依陆海空军刑法第六十七条第二款前段，从一重处断。惟该被告经奉蒋委员长训责后，尚知悔悟，随同旋京请罪。核其情状，不无可怒，并依刑法第五十九条，于陆海空军刑法第六十七条第二款前段减处有期徒刑十年，并依刑法第三十七条第二项褫夺公权五年，特为判决如主文。"周元高等编：《李烈钧集》下册，中华书局 1996 年版，第 864—865 页。

2. 李烈钧：《南京高等军法会审判张学良的经过》；鹿钟麟：《张学良南京受审纪实》，载吴福章编《西安事变亲历记》，中国文史出版社 1986 年版，第 364—376 页。

3. 南京《中央日报》，1937 年 1 月 1 日。

"严加管束，留京察看"。会中，宋子文虽然竭力争辩，但不可能改变蒋介石的意图，所争的结果只是取消"留京察看"一句。

宋子文、宋美龄兄妹在西安时曾经拍着胸脯一口担保张学良的安全与自由，如今蒋介石翻脸不认账，令宋氏兄妹觉得脸上无光。事实上，蒋介石对宋氏兄妹也只是利用，他们绝对当不了蒋的家，不可能改变蒋介石报复和惩处张学良的意志。

据说，宋氏兄妹为此向蒋介石进行了抗争，但毫无效果。宋子文感到对不起张学良，一怒之下离开南京出走上海。宋美龄也感到内疚，有愧于张学良。此后她在力所能及的范围内对张学良表示了关心。晚年的张学良还认为，他之所以没有像杨虎城那样被蒋介石害死，完全是宋美龄力保的结果。因为这样，到了晚年，事情完全倒了过来，张学良视宋美龄为自己的再生恩人。

1月4日下午，南京国民政府发布命令："张学良所处十年有期徒刑，本刑特予赦免，仍交军事委员会严加管束。此令。"[1]

1月17日，国民政府又颁布恢复张学良公权令，宣布张学良除所处十年有期徒刑本刑业经国府于1月4日明令特予赦免外，其褫夺公权五年之徒刑部分亦明令赦免，准予复权。

"严加管束"四个字，可松可紧，可短可长。最初，除了蒋介石本人外，没有人理解其中包含的险恶用心。后来，随着时间的流逝，人们才慢慢看清，它实际等于终身监禁，无期徒刑。张学良扣了他14天，他要关张学良一辈子！

张学良送蒋回京，虽做了万一的准备，但认为有东北军20万大军，有西北"三位一体"作为坚强后盾，蒋介石不敢把他怎样。而且，他自恃与蒋介石关系特殊，过于相信蒋的所谓领袖人格，又有宋美龄、宋子

1.全国政协文史和学习委员会编：《西安事变历史资料汇编》第4册，中央文献出版社2017年版，第276页。

文的奔走保证，想来不会有什么大的问题。他曾对人说："我这次冒生命危险，亲自护送委员长回京，原想扮演一出从未演出过的好戏。如果委员长也能以大政治家的风度，放我回到西安，这一送一放，岂不可成为千古美谈！"[1]

如今，特赦令下来，张学良才明白蒋介石不想放他回去，"一出极好的戏竟演坏了！"但张学良未及考虑个人的前途，却为局势的恶化而忧心忡忡。

关注西北善后

蒋介石以扣留张学良为契机，决定了以政治为主、军事为辅的方略，以解决西北问题，用军事威胁进行政治上的讹诈，旨在拆散西北的"三位一体"。他不但不遵守诺言撤退西北地区的中央军，反而继续增兵西北，将他们编组为五个强大的集团军：第一集团军（总司令顾祝同）驻华阴、华县；第二集团军（总司令蒋鼎文）驻甘肃；第三集团军（总司令朱绍良）驻宁夏；第四集团军（总司令陈诚）驻渭南；第五集团军（总司令卫立煌）驻商洛，从四面八方威胁西安。

同时，蒋介石采取政治分化手段，于1月5日任命顾祝同为西安行营主任。同时他将西安绥靖公署主任杨虎城、甘肃省政府主席于学忠撤职留任；任命孙蔚如为陕西省政府主席，王树常任兰州绥署公署主任。

面对蒋介石的军事威胁，1月4日，杨虎城、王以哲电请红军主力迅速开到关中地区，全力支援东北军和第十七路军。周恩来、叶剑英与杨虎城及东北军、第十七路军的高级将领共同拟定了三方面的联合作战

1.邵力子：《西安事变追忆》，载吴福章编《西安事变亲历记》，中国文史出版社1986年版，第193页。

方案：在东线渭南的赤水直至长安构筑七道防线。在张学良未回来之前，由杨虎城统一指挥。红军秘密集结后依情况或参加渭北决战，或从蓝田突击中央军李默庵部，然后以主力向潼关迂回。陕南陈先瑞部及杨虎城两个旅依托秦岭，以运动与游击动作相配合，迟滞李默庵纵队前进。西线红军一小部积极监视钳制胡宗南部后尾。

在做好军事应对的同时，决定在政治上表明严正态度，周恩来同东北军与十七路军协商后，由杨虎城领衔，于1月5日发表措辞强硬的通电，以抗议蒋介石扣押张学良和准备重新挑起内战的阴谋。电文大意说：

> 客岁双十二之举，纯出于爱国赤诚，毫无私意。当蒋委员长在陕时，以文电所举八项抗日救国主张反复陈请，业蒙虚怀采听，允于返京后分别实行。忆蒋委员长到京以后，曾令中央军队向东撤出潼关，而离陕以前，更有"有我在决不任再起内战"等语。乃正当蒋委员长休沐还乡，张副司令留京未返之际，中央军队"匪"惟未遵令东还，而反大量西进，计有第六、第十、第二十三、第二十八、第七十九、第九十五、第六十、第十四、第一○三、第八十三各师及教导总队等集结推进至潼关、华阴、华县一带，筑垒布阵，积极作挑战之形势，是殆欲以武力造急性之内战，而以封锁作慢性之迫胁。国危至此，绝不应再有萁豆之争。苟有可以促成举国一致、枪口对外之策，虎城等无不乐于听命。若不问土地主权丧失几何，西北军民之真意为何，全国舆论之向背如何，而惟知以同胞血汗金钱购得之武器，施于对内，自相残杀，则虎城等欲求对内和平而不能，亦惟有起而周旋，至死无悔。张副司令既领罪于都门，虎城等亦惟以救亡为职志，而中央煎迫不已，使不免于兵争，则谁肇内乱之端？谁召亡国之祸？举世自有公评，青史自昭直笔也。[1]

---

1. 中国第二历史档案馆、云南省档案馆、陕西省档案馆合编：《西安事变档案史料选编》，档案出版社1986年版，第91—93页。

同一天，杨虎城另外发表要求恢复张学良公民权并令其返陕的通电，电文称："……尚恳钧座始终爱护，续请国府即将张副司令之公权恢复。此间情形，张副司令一日不来，即军民一日不安。钧座笃念地方，务恳促令早日返陕，主持一切……"[1]

同时，东北军和十七路军在渭南、渭北、华阳、华县一带加强了防线，红军也南下协防。形势骤然紧张，再次出现内战危机。

蒋介石完成对张学良的审判后，即于1月2日回到浙江奉化溪口老家休养，以避开为张学良说情的人。西安方面发表"歌"电后，蒋见来硬的不行，又转而决定从分化西北"三位一体"着手。1月6日，蒋介石给张学良写了一封亲笔信，托戴笠带至南京转交。信中提出了陕甘军事善后初步办法："（1）东北军应集中甘肃，其统率人选可由兄推荐一人前来率领，免使分散，以备为国效命。（2）虎城可酌留若干部队在西安，使其能行使绥靖职权。可嘱其与墨三（顾祝同）磋商办法，余应照已发电令办理，请由兄手谕告虎城及各将领，勉以切实服从中央命令，不可再错到底。如是，不但部队与地方得以保全，亦即所以救国自救也。尤须使虎城知全国公论，此次中央只令虎城撤职留任，而对部队又妥为处置，实已备极宽大。若再不遵中央处置，则即为抗命。国家对于抗命者之制裁，决不能比附于内战。而且，中央此次处置全在于政治而不用军事，亦已表示于国人，故彼等必须立即决心接受，不可有丝毫犹豫，方为自救救国之道。知兄近日关怀时局，必极望早得妥善之解决，以利国家。务望即以此意剀切函告虎城及各将领，使之安心遵从命令。兄如有所见，并请酌为补充为荷。"[2]

张学良看到局势再度紧张，极为伤感，如果战端将起，有违和平初衷。他对王化一说："中央扣留我，西安将领发出歌电，何应钦调兵

1. 中国第二历史档案馆、云南省档案馆、陕西省档案馆合编：《西安事变档案史料选编》，档案出版社1986年版，第93页。
2. 同上，第103页。

遣将，战事有一触即发之势，如果发生冲突，必使抗日力量因内战而受到损失，和我初衷完全相反，这是最令人痛心的事。"说到这里，张学良痛哭失声，并从抽屉里取出写好的两份遗嘱交给王化一，一份给他的家人，一份写给张作相、万福麟、于学忠、王以哲等全体东北军将士，表示如果造成糜烂地方不可收拾的局面，他将自杀以谢天下，以明夙志。[1]

当天，张学良复信蒋介石，表明了自己的这一心情和主张。信中说："雨农同志交来手示，已遵（嘱）派人持良亲笔函去西安矣。良有不得已而欲言者，夫以汤止沸，沸愈不止，去其火，则止矣。陕甘问题，良十分忧心，非只虑于陕甘，所虑者大局形势以及内乱延长，对外问题耳！冒死上陈，俯乞鉴宥。如蒙下问，愿述其详。盼钧座以伟大之精诚，更彻底而伟大之。"[2]

张学良在致蒋介石的信后还附了他写的一个处理西北善后的《意见书》，提出甲、乙两案供蒋介石参考，其内容如下：

甲、"剿匪"

一、调东北军全部驻开封、洛阳或平汉线上，整理训练，担任国防工程，由良负责调出及整理。

二、请虎城出洋考察养病半年，不开缺，以孙蔚如代理，由钧座给予充分之款项，对日发动，即召返国。

三、余陪同墨三等到洛阳，最好到潼关或临潼，由启予（商震——笔者注）或庞炳勋派兵陪同前往，请虎城及各军长来会商。

乙、"匪不剿"

---

1. 王化一：《为了事变和平解决和张将军恢复自由》，载远方编《张学良在一九三六年》，光明日报出版社 1991 年版，第 265 页。
2. 中国第二历史档案馆、云南省档案馆、陕西省档案馆合编：《西安事变档案史料选编》，档案出版社 1986 年版，第 95 页。

一、调虎城到甘，以何雪竹（何成濬）或刘经扶（刘峙）为西北行营主任，以庞（炳勋）、商（震）、萧之楚、万（耀煌）等军驻陕。

二、调东北军驻豫鄂一带整理训练，担任国防，由王树常负责，由良帮助整理完毕，良愿去读书。

关于虎城讲话问题，良以为力子、雪竹（何成濬）兄或于（右任）先生协同良到潼关或冯钦哉防地，请虎城来谈。[1]

同日，张学良又分别致函杨虎城和东北军各将领，连同蒋介石的来信，一并交给王化一、吴瀚涛，让他们带往西安劝告。在给杨虎城的信中，他写道："委座返奉化为其老兄之丧，南京之处置，有多不合其意。兹由奉化7日早之函，委座亦十分难办，但此事仍有转圜办法，切盼勿发生战事，在此星期容弟在此间设法。委座另嘱，彼决不负我等，亦必使我等之目的可达，但时间问题耳。请兄稍忍一时，勿兴乱国之机也。仍能本我等救国之苦心，全始全终为祷！"[2]

在给东北军各将领的信中，张学良说："委座对中央之处置，似亦不满意，但为中央威信计，谅亦有为难处，弟已在此设法运用，使勿生战事，保东北仅有实力，而留为抗日之最前锋。我们的血是为洒在日敌身上去，不是为内战而流的。切盼诸兄在此短期间设法勿发生内战，弟亦要求委座勿操之过急，兄等务安静一时，使弟有机运用，一本我等救国救亡之苦心，有始有终，而对得起东北三千万父老，对得起国人也。"[3]

从这几封信中，我们可以很清楚地看出张学良对蒋介石的认识仍然是模糊的，他主观地认为对西北采取军事行动的主谋是何应钦，不是蒋

1. 中国第二历史档案馆、云南省档案馆、陕西省档案馆合编：《西安事变档案史料选编》，档案出版社1986年版，第96—97页。
2. 张魁堂：《张学良传》，东方出版社1991年版，第228页。
3. 毕万闻主编：《张学良赵一荻合集》第5部，时代文艺出版社2002年版，第521页。

介石。他尤其担心因自己而引发内战，决心不惜牺牲一切，委曲求全。至于他个人的前途问题，张学良仍寄望于东北军的团结，寄望于西北的"三位一体"。他曾面嘱王化一、吴翰涛向东北军将士转达指示："只要精诚团结，我就能回去。否则，回去也没有用。"

1月9日，王化一、吴瀚涛飞抵西安，面交蒋、张的亲笔信及甲、乙两案。甲案：东北军调甘肃，第十七路军不动，归杨虎城指挥，红军返陕北，中央军驻潼关至宝鸡沿铁路各县。乙案：东北军调豫皖，第十七路军调甘肃，红军回陕北，中央军驻潼关至宝鸡沿铁路各县。

王化一、吴瀚涛与东北军、十七路军将领进行了恳谈。10日，西安方面表示同意遵照张学良的意见，停止军事行动。至于张学良恢复自由、军队改编、待遇、善后诸问题，则须双方协商，然后再行决定。孙铭九仍表示："东北军，尤其少壮派军人，一致要求张副司令回陕，否则不惜一战，胜则实行原主张，败则加入红军。"

11日，王化一、吴瀚涛返抵南京，12日在戴笠的陪同下，拜见张学良，报告了西安之行。张学良听了，精神较为愉悦地说："我心平气和地尽我最大力量挽此危机，保存国家元气，准备抗日。"又对戴笠说："不但东北军、十七路军应当同中央军团结在一起，中央军和红军也必须团结在一起，全国抗日力量，都须团结一致。只有全国一致抗日救亡，我个人生死安危，无足计较。"[1]

1月13日上午，为便于处理西北善后问题，张学良在贺耀组、戴笠、米春霖的陪同下，飞往奉化，转赴溪口，与蒋介石商议。蒋介石在张学良提出的甲乙案基础上进行修改，正式提出了处置陕甘善后的甲、乙两种方案。

甲案的要点是：一、东北军全部调驻甘肃；二、第十七路军各部

---

1. 王化一：《为了事变和平解决和张将军恢复自由》，载远方编《张学良在一九三六年》，光明日报出版社1991年版，第267—269页。

仍驻陕西原防，归绥靖主任杨虎城指挥，该路酌留若干部队在西安，以便利行使绥靖主任之职权；三、自潼关至宝鸡沿铁路各县归中央军驻扎。

乙案的要点是：一、东北军全部调驻河南和安徽两省；二、以王树常（或由张学良另保一人）任安徽省政府主席；三、调于学忠任绥靖主任，统率驻在豫鄂皖之东北军；四、调杨虎城为甘肃省政府主席，仍兼十七路总指挥，第十七路军全部调驻甘肃。[1]

1937 年 1 月 13 日下午，张学良等到达奉化溪口，宋子文、徐永昌、贺耀组、戴笠等继续对张学良施压，让张学良出面劝说西安方面接受蒋介石的安排。一生极端反共的徐永昌在与张学良谈话时就委婉地提出了批评，张学良欣然表示接受，并且在日记中写道："次辰（徐永昌）谈欲速则不达之大意，言余爱国心过高，求之过急，反得其反，良言也。"当晚，蒋介石在溪口文昌阁请张学良吃晚饭，宋子文、徐永昌、贺耀组、戴笠等在座，张学良表示："请勿为了我，浪费了为国家之精神，余可自制自了，任何事委座告余，必尽力之所能，余平生不愿负人，最难过欠人之恩义……"[2]显然，这时候的张学良在思想上已经完全为蒋介石控制，对其言听计从。

当晚，张学良遵照蒋的意图致函杨虎城、于学忠等西北军军政要员，要求在甲、乙两案中择一而行。信中说："弟今早同瑞峰（米春霖）来溪口，为目前救此危局，勿为乱国计，商定办法二则（甲、乙两案）。请兄速下最大决心，使委座及弟易收束陕甘之局。关于改组政府及对日问题，准我等可在三中全会（即将召开的国民党五届三中全会）提出，公开讨论。关于两案，盼兄等速即商讨，下最后决断。如有意见补充，盼虎城派人来，更盼来一军长。如兄等认此二案之一案无问题，那是更

1. 中国第二历史档案馆、云南省档案馆、陕西省档案馆合编：《西安事变档案史料选编》，档案出版社 1986 年版，第 97 页。
2. 张之宇：《张学良探微：晚年记事》，江苏人民出版社 2004 年版，第 98—99 页。

好，盼即刻表示受命。委座告弟（以）16 日为限，盼诸兄为国家、为西北、为东北，请详计之。凡有利于国者，弟任何牺牲在所不惜，盼勿专为我个人谋计。西望云天，无任期盼好音。"[1]

张学良另有一信专致东北军各将领："委座之意，对东北军彼始终爱护，决不歧视，在西北环境多所不便，如不遵从委座意旨，决难挽此劫运。弟一时不能离京，也不便离京，盼兄等有决心，有办法。委座讲，要自救才能救国。到此时，有大诚，有大勇，才能支此危局，才能真正抗日，才能回东北之一天。弟满腹热泪，一眼望东北，一眼望西北，而尤望兄等本我初衷，凡有利于国者，任何牺牲早已不计。盼诸兄计及国家利害，勿专为我个人谋也。临书不胜依依。"[2]

为了西安事变的最终和平解决，张学良置个人生死利害于不顾，首先考虑国家民族的利益，至于个人的任何牺牲，在所不惜。14 日，米春霖携带解决西北问题的甲、乙两案及张学良的亲笔信，自奉化飞返南京，15 日飞抵西安。

在看了米春霖带来的材料后，周恩来向杨虎城建议：杨虎城、于学忠通电宣布就职；派人去奉化见蒋；坚决拒绝乙案，对甲案可基本接受，但须中央军全部开出甘肃，西安留东北军、第十七路军各一部；在军事上，红军、东北军、第十七路军靠拢；政治上利用即将召开的国民党五届三中全会。

16 日，周恩来和东北军、第十七路军将领开三方会议。会议决定坚持和平方针，联络川、桂、粤、晋、绥及南京抗日派在国民党三中全会期间共同提出改变国策，改组政府，防区分配与营救张学良同时进行。会后，杨虎城、于学忠发表通电，接受南京政府革职留任处分，取消"双十二"以来成立的一切临时组织，要求准许张学良回西安，请在奉

---

1. 中国第二历史档案馆、云南省档案馆、陕西省档案馆合编：《西安事变档案史料选编》，档案出版社 1986 年版，第 117 页。
2. 同上，第 118 页。

化的蒋介石回南京主持救国大计。

当天，鲍文樾（东北军代表）、李志刚（十七路军代表）携带谈判方案飞抵南京。17 日转赴溪口，与蒋介石谈判，要求罢兵释张。鲍文樾、李志刚携带的谈判方案提出：（1）关于张学良的出处问题：设陕甘绥靖主任，张学良为主任，杨虎城为副主任，行营主任顾祝同驻洛阳；或者设西安行营主任，张学良任主任，顾祝同、杨虎城任副主任。（2）军事善后问题：潼关、华阴一带酌留中央军驻扎，陕西、甘肃及其他地区由东北军、第十七路军、红军分驻。防地由三方商定后，呈请委员长批准。在商谈期间，中央军停止一切军事行动。[1]

鲍文樾、李志刚到溪口见到蒋介石，向蒋问候后，对蒋说："东北军十七路军全体将士要求张早日回去，以便进行善后工作，张不能回去，东北军十七路军全体将士心里非常不安。"

蒋回答："军人不守国家纪律，什么样的乱子也能闹出来。比方，我的腰疼，就不是我个人的问题，就是纪律问题，也就是国家的问题。张汉卿来京以后，他承认了自己的错误，自知读书少，修养不够，再三表示要跟着我读书，学习修养。他自己不愿意回去，你们也不能强迫他回去。"蒋以张学良自己不愿回去为口实回绝了西安方面要求释放张学良的要求。

接着，李志刚、鲍文樾提出停止中央军西进的问题。蒋一听就冒火，声色俱厉地说："他们既然要我领导，我就有调度部队之权，他们不服从我的命令，就是不遵守国家纪律，这是国家绝对不能容许的。"

讲到这里，蒋说："你们先吃饭，休息一下再谈吧。"

鲍文樾鉴于蒋不让张回去，反说张自己不愿回去，觉得蒋根本没有

---

1. 中国第二历史档案馆、云南省档案馆、陕西省档案馆合编：《西安事变档案史料选编》，档案出版社 1986 年版，第 98—99 页。

诚意，很生气。对李志刚说，他从此不再与蒋共事，也没有再同蒋谈的必要。这样，鲍文樾愤而离开溪口，先行返回西安。

李志刚认为要谈的事还没谈完，决定再见蒋谈一次。当天下午，李志刚一个人去见蒋，蒋说："你可以讲一讲，他们究竟打算怎么办？"

李志刚说："自从委员长回来以后，对于答应的事未见实现，又把张先生留住不让回去，并且大量中央军开进潼关，东北军和十七路军都十分愤激，如果张先生不能回去，他们要打仗。"

蒋听到这里，立即翻身从床上坐起来，厉声说："他们要打仗？要打就打，我早就准备好了！因为怕糜烂地方，所以没有进击。要打，我几天以内，就消灭完他们！"蒋的气焰很嚣张。对此，李志刚软中有硬地回答道："现在陕北的红军也正往关中开进，打起仗来，恐怕不好。"

蒋听了这话，才转缓语气说："顾祝同部西进，用意不在打仗，而是调度军队，恢复原来秩序。如果不听国家的调度，才要解决。"

随后，蒋又挑拨张学良与杨虎城两军的关系，说："虎城与十七路军有革命的历史，不能与东北军相提并论。今后东北军即归虎城指挥，陕西省政府主席由虎城的部下充任，他们既然是国家的军队，经费照拨。至于三部分的驻地，已经规定，顾祝同部控制由潼关到省城以西，东北军开到陕西省西部和甘肃，虎城的部队开到渭河以北，红军在国策未定前，暂由虎城决定驻地，并酌给接济。"蒋还说："你回去告诉虎城，只要听我的命令，我答应的话，都能实现。我给他写一封信，交你明天带着，就赶紧回去。"蒋的谈话，中心意思还是拉一个，打一个，分化西北联合的局面。

1月18日早晨，李志刚再去见蒋，蒋交给他一封写给杨虎城的亲笔信，并要李志刚把他的话完整地转告杨虎城，要听从他的命令，立即撤除华阴、华县一带的防线，让顾祝同进驻西安办理善后，并要李志刚两三天内再来一次，告诉他西安方面的反映。

蒋介石给杨虎城的信长达千言，大意为：杨虎城不学无术，也不知好好读书，因此不免于谬误，但杨的部队是有革命历史的，杨不可偏执谬误，毁灭自己。现在东北军即归杨管辖，要把他们分开驻防。对陕西省地方行政，要赶紧促孙蔚如就省主席职，以便恢复地方秩序。杨万不可轻信人言，做战争的打算，以糜烂地方，扰乱人心。杨有什么具体困难或关于人事和物资上的问题，都可以提出来，尽量给杨解决，必要时可再派李志刚来谈。信中并说详细情形，由李志刚回去面陈。

最后，李志刚要求去看一下张学良，在座的戴笠连忙答复："张不会客，更不谈问题。"拒绝李志刚去见张学良。[1] 但蒋同意由张学良给杨虎城写一封信，由李志刚带回西安。张在信中指出："唯关于弟个人出处问题，在陕局未解决前是不便说起，断不可以为解决当前问题之焦点。目下最要者，能本上次瑞峰带去之甲项办法立即行之，以免夜长梦多，或至违反我等救国不祸国之初衷，盼我兄以大仁大勇之精神，躬为倡导，毅然施行。弟在此甚好，请勿以个人为念也。"[2]

20 日，李志刚返回西安，杨虎城立即召集东北军、第十七路军高级军政人员开会，李志刚汇报了赴溪口见蒋介石的情况，转达蒋介石的意见和要求，并宣读了蒋致杨虎城的长信。东北军将领斥责蒋背信弃义，表示对蒋分化瓦解东北军、第十七路军与红军关系的企图绝对不会上当。会议未达成结果。

21 日，东北军、第十七路军、红军三方军政负责人召开通宵会议讨论。这次会议，大家比较冷静，经过讨论后，决定接受甲案，派李志刚携带杨虎城的亲笔信第二次去奉化见蒋介石，向他提出下列要求：（1）中央军暂退华县，待西安方面军队移定后再行动。（2）潼（关）宝（鸡）

---

1. 李志刚：《关于西安事变时间一段曲折的回忆》，载中国人民政治协商会议全国委员会文史资料委员会编《文史资料存稿选编——西安事变》，中国文史出版社 2002 年版，第 451—452 页。

2. 毕万闻主编：《张学良赵一荻合集》第 5 卷，时代文艺出版社 2000 年版，第 527 页。

线上，中央军不多驻兵。（3）东北军留一部在咸阳到邠州的公路上，留一部在西安。（4）第十七路军留一师在西安。（5）给不允回陕的张学良以名义。（6）在三中全会未决定国策之前，由杨虎城接济红军。

21日下午，李志刚乘飞机再次去南京，到南京后即由军统头子戴笠负责"接待"。在南京，李志刚先后见到了何应钦、于右任、冯玉祥、陈立夫等军政要员，这些人立场和心态迥然不同，谈话的腔调也就完全不同。

何应钦是极端的亲日反共分子，他一见面就极力歪曲西安事变的正义性质，污蔑张、杨不是为了抗日，而是存心割据，云云。

国民党元老、监察院长于右任是陕西三原人，且是杨虎城过去的老上司，理应关心事变的善后。但于右任对杨虎城在西安事变发生后严厉拒绝他以所谓"西北宣慰使"的名义进驻西安一事耿耿于怀，认为丢了他的老面子。因此，见到李志刚，于右任就负气说："我对虎城实在生气，今后虎城的事，不要找我，我不再管他的事了！"

冯玉祥原是西北军的统帅，也是杨虎城的老上司，与李志刚也很熟，见面即拍着李志刚的肩膀说："虎城这个小伙子真有出息！"说到蒋介石今后的动向，冯玉祥愤怒地说："蒋今后还有脸再打内战吗？我看他再也打不下去了。极明显的是，他怎么能够回来呢？如果不守旧道，他在政治上还有一点信用吗？"至于说到具体情况，蒋系势力对他这个挂名的军事委员会副委员长一贯是封锁消息的，他一点内幕也不清楚。

陈立夫是CC系头子，蒋的心腹，一见到李志刚，就大吹法螺："领袖是伟大的，什么地方也害不了他，什么人也不敢害他。"当李志刚问他国家政策今后会有什么变化时，陈立夫一点也不愿谈，只是说现在还谈不到这个。

李志刚还在于右任家里见到了《大公报》主笔张季鸾，张氏是陕西榆林人，与杨虎城、李志刚有同乡之谊，又是蒋介石的编外军师，一贯捧蒋护蒋，蒋也经常向他透露一些政治内幕以增强《大公报》消息的权威性，抬高《大公报》在国内新闻界的地位。张季鸾向李志刚分析了当时的局势，他得出的结论是："从此内战必须停止。"但他也认为："至于由此引导到抗日的一途，就非常渺茫了。"[1]

经何应钦同意，在戴笠的安排下，李志刚于23日从南京再次来到溪口。蒋立即召见，并问："我的信交给虎城了吧？我的话告诉了虎城吧？现在他们怎么样？"李志刚回答说："信交了，话也全说到了，虎城和东北、西北各军政负责人还在一起开过两次会，专门讨论这个问题，讨论的结果，大家一致的意见，还是要求让张先生回去。"

蒋听了这话，已是很不高兴，他一面摇头一面说："我在西安上飞机时，张汉卿要送我到南京来。我当时不要他来，他不听，一定要来，我也只好任他来。他现在住在这里，你可以看到他，你问问他是不是那样。他来南京的时候，由他也由我；但他来到南京以后，要想回去，就不能由他也不能由我了。"

李志刚知道蒋介石根本不想恢复张学良的自由，多说无益，于是将话题转到军事善后问题。蒋还是原来的腔调："顾祝同部西进，目的不在打仗，而是调度军队，恢复原来秩序。他们既然要我领导，我就有调度之权，如果他们不听国家的命令，我就要用军事解决，我就通知顾祝同相机处理。因此，你们应当与顾接洽，什么问题也能解决，如果他不能解决，由他请示我。"说完这些，蒋又盛气凌人地吹嘘了一番他的兵力："如果要战，很短的时间就能消灭他们！"

蒋要李志刚将他的话立刻用电报告诉杨虎城，劝他们不要自误。稍后，李志刚以委婉的口气对蒋说："他们极关心委员长对抗日的政策问题。"

1. 李志刚：《关于发动西安事变时间一段曲折的回忆》，载中国人民政治协商会议全国委员会文史资料委员会编《文史资料存稿选编——西安事变》，中国文史出版社2002年版，第453页。

这一下又触到了蒋的痛处，他立即怒气冲冲地说："虎城不学无术，不看我的庐山军训讲演集，不了解军训的精神，不懂得我的意向，怎么你们也不帮助他看呢？你们也不懂得吗？"最后，蒋重复说："你切实告诉虎城，只要他听我的命令，我就一定对得起他们！"

李志刚琢磨蒋介石谈话的意思，用意还是在分化西北"三位一体"的局面，杨虎城如果拆散了西安团体，杨就能得到优待，他西安事变中的诺言也就算数了。

谈话结束后，李志刚把同蒋的谈话和蒋的态度，用电报详细告诉了杨虎城。蒋又命陈布雷起草一个致杨虎城的电报稿，并且让李志刚过目，电报大意是：要杨认清形势，中央一定要恢复原来秩序，劝杨听从命令，不要自误。

蒋最后告诉李志刚，他已经授权顾祝同相机处理。若杨有实际困难问题，应派正式代表与顾商谈解决。其不能解决者，必须由顾转请解决。并劝杨当机立断，势已不能等候，能否同意，应速复电表明态度，等等。[1]

在取得蒋的允许后，李志刚见到了软禁在溪口雪窦山上的张学良。张学良感慨地说："蒋是不会让我回去的，我回去会增加他不喜欢的力量。请告诉虎城多容忍，要团结。我估量除非全面抗日，东北军那时还存在，要利用我在东北发挥作用时，我才可能出去，否则是不能出去的了。"张学良还说："我送蒋先生到南京，完全出自我个人的心意。虎城曾坚决反对，因为我坚决要送，虎城无法，只得任我南下。虎城认为来了，假如不能回去，他维持不了那个局面。我坚持要送，是估计一定很快就能回去，没有想到蒋先生不让我回去。"[2]

1.李志刚：《关于发动西安事变时间一段曲折的回忆》，载中国人民政治协商会议全国委员会文史资料委员会编《文史资料存稿选编——西安事变》，中国文史出版社2002年版，第454页。

2.同上，第454—455页。

1月24日晚，杨虎城复电蒋介石，表示同意派代表与顾祝同谈判。杨虎城同时电告李志刚回西安汇报。

25日，李志刚向蒋介石辞行，蒋又对李志刚说了一番话："我与虎城什么话也说到了，专看他能不能听话，保持他部队的革命历史了。虎城复电已同意派人与顾祝同商谈，不过，他必须把真正困难的地方具体提出与顾祝同商洽解决，他们解决不了的由顾请示我，我一定能给他们解决。以后你们不要再来直接问我了。还有最要紧的，是时机迫切，我不能再等，他应当派人以诚心诚意研究的精神，与顾祝同商洽解决，不得派人试探，贻误时机，这要他们自己负责的。你把这个意思切实告诉虎城"，云云。

在座的陈布雷也对李志刚说："委员长去电词意迫切，要虎城表明态度，复电和缓，同意派代表与顾商谈，看这一复电，虎城有和平的表现。"[1]

少壮派自毁长城

东北军、第十七路军内部各有一批十分活跃的少壮派，东北军少壮派的核心人物是应德田、孙铭九、苗剑秋；而十七路军少壮派的重要角色则是宋文梅、许权中、王劲哉、任云章、李振西等。这批少壮派分子地位虽然不高，但他们分别是东北军统帅张学良和第十七路军总指挥杨虎城身边的亲信人物，活动能量很大，在促成西安事变的爆发方面起了重要的作用。

---

1. 李志刚：《关于发动西安事变时间一段曲折的回忆》，载中国人民政治协商会议全国委员会文史资料委员会编《文史资料存稿选编——西安事变》，中国文史出版社2002年版，第455页。

西安事变后，托派头目张慕陶[1]带着他的党徒来到西安活动。这样一来，托派、国民党中央特务怀着不可告人的目的，与东北军、第十七路军的少壮派等几股势力搞在一起，使事态越来越复杂，最终向着不可控制的危险方向发展。

张慕陶（1902—1941），原名金印，陕西三水（今旬邑）人，早年是西安学生运动的领袖之一，1925年冬加入中国共产党后，历任共青团陕西省委书记，中共陕西省委委员、常委，中共顺直省委常委兼组织部部长、代理省委书记、省委书记等职务。1931年春，因参加罗章龙成立"中央非常委员会"的活动被开除党籍，同年4月被国民党逮捕，11月底被释放出狱，恢复党籍。1933年化名张慕陶参与察哈尔抗日同盟军的领导工作，抗日同盟军失败后潜回天津。因参加托派组织活动再次被开除出共产党。1934年到山西投奔阎锡山，担任阎锡山的高级参议，改名马云程，人称马参议。1935年在山西宣布成立"新共产党"。山西军阀阎锡山利用他进行反共和欺骗人民的活动。张慕陶的信徒赵彦青经常在杨虎城面前吹嘘张慕陶是陕西的人才，杨虎城也是早闻其名而知其人，故在张学良送蒋介石去南京后，杨虎城即于1937年1月初邀请张慕陶来西安。张慕陶到西安后，自称是阎锡山的代表。他先住宋文梅家，后搬到陕西省银行总经理李维城的寓所。当周恩来在陕西省银行总经理李维城的寓所见到张慕陶时，对这个是非之人在此关键时刻来到西安这个是

---

1. 张慕陶也算是中共历史上一个小有名气的人物。1938年2月16日，中共中央专门为张慕陶发布了一个《关于扩大铲除土匪汉奸运动的决定》，其内容如下："（一）二月四日，托匪张慕陶恶贯满盈，在山西临汾为五千余民众所逮捕殴打，现尚在押。第二战区随营学校民族革命大学青年抗敌决死队全体学员及山西广大民众均发布宣言传单，一致要求枪决张慕陶，肃清山西及全国各地土匪汉奸。（二）为充分利用这一事件，扩大铲除托匪汉奸的阴谋活动，各地党部应立即进行下列工作：（甲）在口头上、文字上、各种会议上、报纸上广泛宣传托匪张慕陶的卖国罪状，响应与拥护山西民众公审张慕陶，枪决张慕陶与没收其财产的要求。（乙）利用张慕陶及各地土匪破坏抗日民族统一战线的具体事实，揭破各地托匪的卖国罪状，扩大各地铲除托匪汉奸的斗争。（丙）切实帮助中央政府蒋委员长、阎司令官及各地党政军当局加强铲除土匪汉奸的工作，以巩固抗日民族统一战线，战胜日寇。"中央档案馆编：《中共中央文件选集》第11册，中央中共党校出版社1991年版，第624—625页。

非之地，就深感事情不妙。事后对人说："他怎么到这里来了？要麻烦，要不好，我一定找他谈，要说服他。"[1]至于周恩来后来是否找张慕陶谈过话，不得而知，但周恩来没有能够说服张慕陶则是可以肯定的。

托派分子的基本特点是过左过激，专讲破坏不讲团结，专给帝国主义和反动派效劳。另外一个特点是，狂妄自负，专门说大话，吹大牛，扯大谎，而且大言不惭。他们以极"左"的面目出现，因此往往能迷惑一些人，认为他们才是真正的革命者。张慕陶到西安后，利用东北军、西北军中少壮派急于营救张学良回西安的心理，极力鼓吹和国民党中央军打仗，"打一下再和"，这就使本来就已经十分紧张的"和""战"分歧更加紧张，给和平解决西安事变制造了极大的障碍。

张慕陶既然是由杨虎城专门邀请而来，当然有资格对杨进言，也有条件与杨的亲信如王菊人、宋文梅等接触。宋文梅是陕西富平人，黄埔军校毕业，与戴笠是先后期同学。宋文梅和许权中又都与张慕陶友好。同时，戴笠又暗中将托派分子，即张慕陶的党羽徐维烈、张子奇等送到西安，包围杨虎城的参谋长李兴中。李兴中原是西北军统帅冯玉祥的旧部，他与徐维烈、张子奇都是在冯玉祥老西北军时期的同僚与相识。张子奇是山西人，留学过日本，后来任天津伪组织的电话局长，受戴笠的赏识。这几个人通过西安绥靖公署主任杨虎城、参谋长李兴中的关系，导演着十七路军的少壮派宋文梅、许权中、王劲哉、任云章、李振西等，起破坏"三位一体"的作用。第十七路军方面，当时除杜斌丞、孙蔚如、赵寿山、杨明轩、王炳南、申伯纯和其他革命军人如阎揆要、张希钦、孔从周等而外，几乎直接、间接都在托派的煽动之中。同时直接、间接影响了东北军少壮派苗剑秋、应德田、孙铭九、文英奇、陈旭东等，况且应德田、苗剑秋、文英奇等人的思想和表现，根本上与托派分子就没有多大区别。应、苗等一直主张杀蒋，反对放蒋、反对放中央

---

1. 卢广绩：《西安事变的回忆》，载中国人民政治协商会议全国委员会文史资料委员会编《文史资料存稿选编——西安事变》，中国文史出版社 2002 年版，第 11 页。

大员、反对放中央飞机，实际就是反对和平解决西安事变的方针。苗剑秋常往来于陕西省银行与张慕陶晤谈，孙铭九又与宋文梅保持经常接触，这就不能不受托派的影响。李维城、李兴中二人，听了张慕陶那些似是而非的谬论，一直认为蒋介石是不能抗日的，拥蒋抗日等于与虎谋皮，他们是反对放蒋的。总之，托派于张学良送蒋以后，窜入西安，以极"左"的面目出现，进行各种阴谋煽动，并伙同李兴中、李维城等包围了杨虎城，这才是致命的危险因素。

李维城曾对高崇民转述过张慕陶向杨虎城说的话："共产党主张和平解决西安事变，是犯了右倾机会主义错误，蒋介石是不能抗日的，你不要信共产党的错误主张。为今之计，只有西安与南京打一下再和，打胜也和，打败也和，这是你立功的机会。否则的话，你在西安事变中，杀人连血都未赚到。老实说，张学良捉蒋也是他，放蒋也是他，送蒋还是他，这样蒋是不能把张怎样的，但蒋不会原谅你的，你们的'三位一体'，是临时的结合，到必要时，这两个朋友不一定肯牺牲自己来帮助你。况且甲案，你是在关中，首当其冲，中央军在陇海线上驻 12 个团的兵力，好像 12 把尖刀插入你的腹中，你能受得住吗？现在西安若与南京打一下，胜是不必说，可以保住西安，也可以争取张副司令回来；如果败的话，东北军大部分还存在，红军又不能坐视，蒋是不会打下去，一定也愿意和。所以你主张这个和，表明打仗并不是你的意思，蒋对你会谅解的。"[1]

张慕陶这一套谬论，不但迷惑了杨虎城，更煽动了十七路军的少壮派，主要是参谋长李兴中同意托派的主张。甚至连第十七路军政治处处长申伯纯也在私下里对高崇民说："打一下再和，也可以吧？"可见当时托派鼓动少壮派，主战的气焰之高与压力之大，到了何等地步。[2]这就

---

1. 高崇民：《西安事变杂谈》，载中国社会科学院近代史研究所现代史研究室编《西安事变资料》第 2 辑，人民出版社 1981 年版，第 46 页。
2. 同上，第 47 页。

为西安事变的善后工作埋下了祸根。

当然，幕后操纵利用少壮派的不仅有张慕陶等托派，更有蒋介石、陈立夫、戴笠等更加厉害的幕后人物。蒋介石回南京后，中统掌门陈立夫派中统高级特务马志超潜回西安暗中布置；军统特务头子戴笠也先后派王道成、邹大华等人来西安，利用东北人瓦解东北军。其手段是威胁利诱，对高级将领用金钱收买，对中级干部则宣传高级干部已经接受了金钱暗中投降蒋介石，全都腐化了。同时又唆使孙铭九等少壮派组织所谓新东北军，造成东北军内部的严重对立。[1]

从 1937 年 1 月 26 日起，谈判转由米春霖、谢珂与顾祝同在潼关直接进行。在当日的谈判中，谢珂表示：只有放回张学良，西安方面才能撤兵；张学良未回来之前，中央军不得向前开进。顾祝同则坚持中央军必须开入西安，要求西安方面撤退。谈判陷入僵局。

1 月 27 日，抗日同志会负责人、少壮派的应德田、孙铭九、苗剑秋、何镜华等到金家巷张学良公馆东楼会客厅向中共代表团请愿。中共代表团的主要成员周恩来、秦邦宪、叶剑英、刘鼎出面接见。应德田等激烈反对和平解决方针，主张等张学良回来再撤兵，要红军支持。周恩来说："那样恐怕有引起战争的危险。我们现在不坚持，退兵后'三位一体'好好团结，仍然可以要求张将军回来。"

少壮派仍不同意。应德田慷慨激昂地发表了长篇讲话，陈述他们的理由。周恩来听完应德田的长篇陈述后，耐心地解释道："我们了解东北军的特殊性和副司令在东北军的重要性，我们了解副司令在'三位一体'中的重要性，我们极愿意把副司令营救回来。但现在这种局面，两方面如都坚持，我们'三位一体'一定要求放回副司令，而蒋介石一定不放回，僵持下去，很容易引起战争。引起战争，当不合副司令发动西

---

1. 熊正平等：《东北军在陕甘》，载中国人民政治协商会议全国委员会文史资料委员会编《文史资料存稿选编——西安事变》，中国文史出版社 2002 年版，第 643 页。

安事变希望达到团结抗战的原意。引起战争，对副司令恢复自由和回来的问题更无好处。很明显，战争一起，他们更不会放副司令回来了。我们现在退兵，我们'三位一体'好好地团结，保持这个强大的力量，继续坚持要求，副司令迟早总会回来。我们要求副司令回来的方法应该很多，不一定要现在这样坚持，要求南京即刻放他回来。现在这样坚持，一旦引起战争，不仅张副司令回不来，而且容易造成更加混乱的局面，对国家前途，对团结抗日前途，对东北军前途，对副司令前途，都会没有好处。"

周恩来说到动情处，说出了自己的肺腑之言："共产党与蒋介石的血海深仇，我们永远不会忘记；共产党与东北军和张副司令的血肉关系，我们也永远不会忘怀。凡对副司令有好处的事，我们一定尽力而为，但现在坚持要求副司令回来，不见得对他有好处。"[1]

周恩来的苦口婆心，并没有能够说服这些因冲动而一时失去理智的少壮派。一向有"疯子"之称的苗剑秋一边哭，一边说："你们现在不愿意和我们一同坚持营救副司令，等撤兵之后，大家分散了，你们还怎样和我们一同坚持营救副司令呢？""你们不坚持，我们坚持。蒋介石看我们不是'三位一体'，只是东北军坚持，力量小了，就容易使他生轻敌好战之心，如果蒋介石进军打我们，你们是否就看着袖手旁观呢？""你们不帮助我们打仗，你们红军开到关中干什么来了？是否你们就看着我们让蒋介石消灭掉？"他甚至说了"你们不帮助我们打仗，咱们就先破裂"等威胁性的话。说完，孙铭九扑通跪在周恩来面前，请求红军出兵。一直闹到后半夜，周恩来只好答复他们："这个问题很重要，容我们好好商量一下，再答复你们。"少壮派这才快快离去。[2]

---

1. 应德田：《张学良与西安事变》，中华书局 1980 年版，第 168 页；中共中央文献研究室编：《周恩来传》（一），中央文献出版社 1998 年版，第 422—423 页。

2. 应德田：《张学良与西安事变》，中华书局 1980 年版，第 168—169 页；申伯纯：《西安事变纪实》，人民出版社 1979 年版，第 200 页。

少壮派刚走不久，中共党员南汉宸又匆匆赶来向周恩来报告说，杨虎城于凌晨3时把他从床上叫醒，对他说："你这次来西安，我当然不反对你站在你们党的立场，但是我也希望你要替我打算打算。""共产党主张和平，可以同国民党、蒋介石分庭抗礼，他们是平等的。我是蒋的部下，蒋的为人是睚眦必报的。和平解决以后，叫我怎样对付蒋？所以和平的前途就是牺牲我。我现在不能看着自己就这样完了。"

周恩来听了南汉宸的汇报，深感事态严重，立刻对南汉宸说："请你回去告诉杨先生，就说我今天去三原红军司令部驻地开会，今天晚上一定赶回来，请杨先生放心。我们一定对得起朋友，我们绝不做对不起朋友的事。"[1]

为缓和局面，周恩来于1月28日致电在南京的潘汉年转达蒋介石：我们在西安已尽最大努力，东北军多数干部痛于张学良不能回陕见面，决不先撤兵。务请蒋以手书告东北军将领保证撤兵后给张恢复公职，发表名义许以出席三中全会，并许张来陕训话，以安东北军之心。但这个要求遭到蒋的断然拒绝。

蒋介石已经于1月26日晚7时向刘峙、顾祝同下达了如下命令：东北军如果不按期于27日中午起从前线撤兵，国民党中央就视为和平破裂，空军将对东北军前线阵地及其前方司令部开始轰炸。[2]

形势再度紧张，内战一触即发！张学良心急如焚。他急忙于27日致电东北军将领："知前方仍未接受移防命令，万分焦急。此事如前次瑞峰（米春霖）、志一（鲍文樾）两兄回陕时，兄等接受甲案并即实行，则良之出处此刻已不成问题。今因迁延，引起误会，委座实属为难万分。若今日再不接受，而仍以良之问题为先决条件，则爱我即以害我，不但害我，且害我团体，害我国家矣！时机迫切，务望诸兄立命部队于

---

1. 申伯纯：《西安事变纪实》，人民出版社1979年版，第200页。
2. 中国第二历史档案馆、云南省档案馆、陕西省档案馆合编：《西安事变档案史料选编》，档案出版社1986年版，第150页。

今日正午以前开始移撤，勿再固执误事为要。"[1]

遵照张学良的严令，东北军、十七路军从 28 日起开始自华阴、华县一带撤退。但以孙铭九、应德田等为首的少壮派军人坚决要求张学良先回来而后撤兵。

东北军的核心人物王以哲自 1 月中旬起因感冒引起肺炎就一直卧床不起。少壮派每次几人，甚至一二十人不断来到王的公馆请愿，包围王以哲。有一次，十几名少壮派分子来到王公馆，跪在王军长的病榻前，痛哭流涕，要求王军长下令进攻中央军。王以哲一如既往，耐心开导他们："打仗事关全局，不能轻易行动。现在为了副司令的安全，只有依靠三方面联合的力量，通过和平谈判营救副司令，用武装适得其反。"少壮派达不到目的，便悻悻而去。

1 月 29 日，东北军在渭南东塬张家堡召开团长以上军官及主要幕僚会议，出席会议的有 40 余人，第六十七军军长王以哲因病没有出席会议，委托董英斌代为主持。何柱国军长发言坚持主和。少壮派情绪激昂，强烈反对何柱国无条件撤兵的主张。政治处处长应德田用悲愤的语调做长篇发言，控制了会场的气氛。结果，主战派占了上风，会议决定采用签名的方式，强行通过"在张副司令未回来以前坚决不撤兵，中央军如再进逼，不惜决一死战"的决议。这样，那些本来主和的将领也被迫在决议上签字，到会的 40 余名军官一一签名表示认可。[2]

也就在这一天，张学良再次按照蒋介石的授意致函东北军各将领，劝谕官兵勿再以他个人问题为念，致误大局："顷闻大家皆能接受中央命令，甚为欣快。但又闻各师团长中多有以良之问题尚未能一致者。目

---

1. 中国第二历史档案馆、云南省档案馆、陕西省档案馆合编：《西安事变档案史料选编》，档案出版社 1986 年版，第 150—151 页。

2. 黄振华：《"二二"事件的经过和真相》，载中国人民政治协商会议全国委员会文史资料委员会编载中国人民政治协商会议全国委员会文史资料委员会编《文史资料存稿选编——西安事变》，中国文史出版社 2002 年版，第 671 页。

下大局及国家问题重于良个人问题千百倍，诸兄对良之爱护，听闻之下，十分感愧。但良有求于诸兄者，请恳切转告各师旅长暨各团营长及各级官兵：良与诸位共患难十余载，愚昧之处不知有几，但未尝敢计及个人利益，而将国家利益置为缓图，想为诸同志所见及。夫良之国难亦兄等之国难，良之家仇虽不敢云为兄等之家仇，但兄等亦不能不分担若干。在今日情势之下，切盼兄等劝谕部下，本良救国勿祸国之初衷，万勿斤斤于良个人问题，致误大局。现陕事委座已交由顾主任全权处理，瑞风、韵卿两兄亦已代表兄等前往接洽。务必遵照委座之意旨及前方所商之办法，迅速实施，勿再迁延为幸。良在此一切甚好，请勿过念。兹因顾虑前方情形，特修此书飞送转达。"[1]

1月30日，米春霖、谢珂与顾祝同在潼关的谈判达成初步协议。西安方面考虑到甲案对于东北军、十七路军和红军三方来说，还是集结在一起的，可以继续维持"三位一体"的局面，故最后决定接受甲案。

王以哲、何柱国虽然不同意渭南会议的决定，但他们无法说服少壮派，便于1月30日派飞机将甘肃省政府主席兼第五十一军军长于学忠从兰州接到西安，因为他是张学良临走之前指定的东北军最高领导人。

1月31日晚上，在王以哲家中，杨虎城主持召开了由于学忠、王以哲、何柱国、周恩来5人参加的三方最高会议，以做最后决定。少壮派则聚集在会议室外旁听。会议一开始，就出现了长时间的沉默。杨虎城请周恩来先讲。周恩来说："我们今天是以你们的意见为意见，还是请你们先讲。"杨虎城又请于学忠讲。于学忠这才表示："我的意见还是应该和平解决，不应该打仗。"他分析了当前的军事形势，认为现在西北已面临内外夹攻、腹背受敌之势，要打也是不利的。于学忠明确表态后，王以哲和何柱国也都表示同意。杨虎城见东北军几位高级将领的意见已经一致，也不好单独主

---

1. 中国第二历史档案馆、云南省档案馆、陕西省档案馆合编：《西安事变档案史料选编》，档案出版社1986年版，第153页。

战，他说："从道义上讲，应该主战；从利害上讲，应该主和。东北军方面既是主和，那么我们还是实行同顾祝同谈妥的方案，和平解决吧！"

杨虎城最后又问周恩来的意见。此前一天，周恩来已经到三原红军司令部与洛甫、彭德怀等开过会，确立了无论和战均全力支持东北军与第十七路军的方针，并得到中共中央的批准。周恩来见东北军和第十七路军上层将领均主和，于是松了一口气，他说："我们原来是坚决主张和平解决的，之后你们两方有许多人坚决主战，我们为了团结，只要你们两方一致主战，我们也可保留我们原来的主张。现在你们两方一致主和，我们当然是赞同的。"最后，周恩来郑重地说："不过，请你们要注意内部的团结和设法说服你们的部下，否则恐怕还会发生问题。"

果然不出周恩来的预料，会议的结果立即引起少壮派的激烈反弹。当初，少壮派应德田等人认为于学忠是东北军的外来户，为人老实，容易受蛊惑，他们拟利用于学忠取代王以哲，通过于学忠来做出主战的最后决定。但结果，于学忠也愿意和平，不赞成主战，这是出乎杨虎城和东北军少壮派的意料的。三方最高会议的决定一经做出，立即激起少壮派军人的极大愤慨。他们在大失所望之下，就决定来一个破罐子破摔，最终做出了亲痛仇快的愚蠢之举！

当然，必须指出，作为西北方面代替张学良职务的最高领导人杨虎城虽然在口头上被迫同意和平解决，但他心里的疙瘩一直没有解开，他将三方协商好了的和平通电一直压着不发，内心里总想打一下再和。杨虎城的这种矛盾游移心理正好为少壮派的胡作非为提供了必要的条件。

2月1日，孙铭九在西安城关扣留撤兵命令，遭到何柱国军长的严厉斥责，孙铭九当场承认错误，并痛哭流涕表示悔改，同意遵照和平方案将他所带的特务团和先锋队撤退。但转过身去，孙铭九却在应德田等人的鼓动下，合伙做出了鲁莽灭裂的罪恶行动。

1日下午，应德田、孙铭九、苗剑秋、何镜华等少壮派聚集到金家巷抗日同志会商讨对策。他们认为王以哲、何柱国对营救张学良不热心，是对张学良的背叛，也是对东北军的背叛。他们决定以除奸为由，杀害王以哲、何柱国两位军长，拥护于学忠，执行渭南会议决议，坚持首先营救张学良的方针。因为何镜华是何柱国的人，应德田等借此机会试探何镜华的态度，何镜华对于杀自己的长官有不同意见，应德田等从此把何镜华排除在行动之外。[1]

当时，东北军部队都在前线，何柱国部在咸阳，王以哲部在洛川，西安城内除了杨虎城的部队外，东北军只有孙铭九指挥的特务团，事实上是孙铭九控制了西安城的局面。何柱国听到少壮派要蛮干的消息，感到局势过于严重，立即去看他的学生王以哲，告诉他孙铭九要造反了，赶快把前方的部队调一部分到西安城里来。何柱国还建议王以哲和他一起住到杨虎城的西安绥靖公署去，暂时避一避。王以哲不以为然，卧在床上说："住到杨虎城家里去更危险，是送礼上门，杨的态度不明。"何柱国说："杨纵不怀好意，也不会在他自己家里下我们的手。"王以哲还是不肯听，何柱国只好一个人躲避到杨虎城那里去请求庇护。[2]

2月1日晚6时许，第一〇五师师长刘多荃又从灞桥指挥所给王以哲打来电话，告诉他局势有变，要他迅速躲避。晚8时左右，杨虎城所部孙蔚如军长也给王以哲打来电话，邀请他暂时到新城大楼躲避，王以哲还是婉言谢绝了。这时，在一旁的第六十七军军医处长黄振华向王以哲夫人建议，最好乘夜晚微服出城去。王以哲还是不为所动，他说："我是东北军军长，内部一时出现危机，怎好到友军回避？再说我的主张完全是为大局和张副司令的安全着想。我对一些年轻军友素无宿怨，又无恶意，怕什么？"[3]

12月2日早晨，应德田、孙铭九、苗剑秋等30余名少壮派再次聚

1.《高崇民诗文选集》编委会编：《高崇民诗文选集》，沈阳出版社1991年版，第708页。
2. 何柱国：《忆张学良将军》，载中国社会科学院近代史研究所现代史研究室编《西安事变资料》第2辑，人民出版社1981年版，第286页。
3. 黄振华：《"二二"事件的经过和真相》，载中国人民政治协商会议全国委员会文史资料委员会编《文史资料存稿选编——西安事变》，中国文史出版社2002年版，第671页。

会部署罪恶行动，孙铭九派所部连长于文俊率一个排的士兵去杀王以哲，派连长王协一带一部分人去杀何柱国。连长于文俊率领一个排士兵来到西安粉巷王宅，王以哲当时因病卧床，不能自卫，身中数枪而死。其副官长宋学礼亦在寓所被枪杀。杀宋的口实，系说宋常常举行宴会招待马占山、鲍文樾等东北旧人，给王以哲军长拉帮。另外还杀了王的参谋处长徐方，说他事先把家眷送回南方，是对张副司令不忠诚的表现。此外，还杀了私通南京扣押"双十二通电"的内奸蒋斌。

何柱国因为早已避往杨虎城的绥靖公署请求保护，躲过了一劫。孙铭九还是不准备放过何，他与第十七路军特务营长宋文梅沟通后，得到宋文梅的允许，决定仍由王协一连长到绥署公署执行杀何的任务。杨虎城这才不得不出面训斥王连长说："你们能在我这里枪杀人吗？"杨虎城要宋文梅告诉孙铭九，立即把王连长撤回。事后何柱国送杨虎城一个银鼎，上刻"再生之德"四字。但何始终埋怨杨虎城事前知道少壮派的逆谋，而不加以制止。[1]

孙铭九、苗剑秋等人杀何柱国未能得逞，转而冲进了中共代表团团长周恩来的办公室准备逞凶。机智敏捷的周恩来一见他们气势汹汹的样子，立即明白了他们的来意，他霍地站起身来，厉声斥责孙铭九等人："你们要干什么？你们以为这样干就能救张副司令回来吗？不！这恰恰是害了张副司令。你们破坏了团结，分裂了东北军，你们在做蒋介石想做而做不到的事情，你们是在犯罪！"

在周恩来的严厉训斥下，孙铭九等少壮派气焰顿敛，低头不语。周恩来见他们平静下来了，又进一步开导他们认识错误。这几个青年军官自觉惭愧，流着眼泪跪下来向周恩来认错请罪。周恩来要他们回去找应德田等商量如何处理善后。

---

1. 高崇民：《西安事变杂谈》，载全国政协文史和学习委员会编《西安事变历史资料汇编》第 5 册，中央文献出版社 2017 年版，第 369 页。

之后的西安城内充满着恐怖的气氛，谣言蜂起。别有用心的人趁机进行恶意挑拨，说："少壮派是受共产党的指使行动的，共产党有一张黑名单，要杀一批军长、师长，打出红旗。"

在这样恶劣的气氛下，周恩来依然冷静沉着应付。他完全置个人安危于度外，立刻带着李克农、刘鼎赶往王以哲家吊唁。这时离王以哲被害仅有一个小时。王身中九弹，躺在血泊里，惨不忍睹。王家中乱成一团。周恩来是最早赶到的。他安慰家属，迅速帮助搭起灵堂，料理后事。消息传出后，使东北军高级将领深受感动，解除了一些人对共产党的误会。

少壮派原以为只要杀了王以哲等主和派，就可以堵住和谈的路，可以同中央军打仗，可以救出张学良。结果却事与愿违。王以哲是东北军中享有很有威望的高级将领。[1]他被害的消息传到前线，立即引起东北军内部的混乱。第一〇六师师长沈克、骑兵第十师师长檀自新、骑兵军参谋长安俊才、第一〇六师副师长王掖尘、王在堂以及李世勋等八位团长联名发表通电，宣布"服从中央"。第六十七军、第二十七军（军长缪澂流）则调转枪口，撤出渭南防线，向西安开拔，刘多荃率第一〇五师开回临潼，他们扬言要为王以哲报仇。

面对即将爆发的更大规模的自相残杀局面，周恩来一面向中共中央紧急报告，一面同杨虎城等商讨应对危机的办法。杨虎城同周恩来商量后，派人找来孙铭九等少壮派问他们何以自处，孙铭九、应德田、苗剑秋等这时也慌了，三人经过彻夜商量，在2月3日提出三个方案：第一，他们三人引咎自戕；第二，自首投案，听凭处理；第三，将他们送到红军中去。

周恩来经过权衡，考虑到少壮派在发动西安事变中是有功劳的，他

1.熟悉东北军内情的高崇民说："王以哲是东北军张学良将军的高级将领之一，在东北军中是比较进步的一个军人，于学忠、何柱国等是远远不如的。就东北军来说，张学良是头脑，王以哲便是心脏。"《高崇民诗文选集》编委会编：《高崇民诗文选集》，沈阳出版社1991年版，第713页。

们杀王的动机还是想拯救张学良，因此不能随便处置他们，毅然决定不避袒护少壮派的嫌疑，把他们送往云阳红军驻地。4日下午，东北军少壮派的三大核心人物应德田、孙铭九、苗剑秋由刘鼎等陪同前往云阳红军前线指挥部，然后再转往平津。[1] 这些人一走，要替王以哲报仇的人便失去了目标，从而避免了一场东北军内部大规模的自相残杀。

刘多荃等东北军高级将领因为找不到应德田、孙铭九、苗剑秋等人，便拿刺杀王以哲的凶手于文俊开刀，他们把于文俊杀死后取出他的心脏祭奠王以哲。他们甚至迁怒于最早与中共牵线搭桥的高福源，把他也错误地杀害了。[2]

以上就是少壮派鲁莽灭裂、自毁长城的西安"二二事件"。从此以后，西北局势急转直下。

---

1. 关于应德田、孙铭九、苗剑秋3个人的后半生，高崇民有一个交代："杀王以哲后，应德田开始还不肯撤离西安，想利用孙铭九、刘启文的两部分军队，负隅反抗。幸而孙铭九等这时稍有顾忌不同意应的主张，西安才免于延从混乱。应和苗为势所迫，不得已同孙铭九离开西安。但到了红军地区，由于不满意共产党，不肯长留下去，坚决要求出来。最后他们三人走的道路是，苗剑秋投降国民党特务头子戴笠，抗战胜利后逃亡日本坚持反共立场；应德田、孙铭九投降汉奸汪精卫的伪组织，做了汉奸官（应德田任河南伪教育厅厅长，孙铭九任山东伪保安司令）。后来孙铭九由汉奸又投降了国民党。他于1945年冬，在东北参加国民党反动派的先遣大队被我军俘虏后到哈尔滨，始向中共抗联李兆麟投降。应德田、孙铭九到今天在思想尚未觉悟，他两人对于共产党还有戒心，故不肯老实地说出二二事件真相的经过。"高崇民：《西安事变杂谈》，载全国政协文史和学习委员会编《西安事变历史资料汇编》第5册，中央文献出版社2017年版。
2. 周祖尧回忆说：1936年双十二事变前，张学良重用了一批青年军官，高福源就是其中之一。他被派到一〇五师当旅长，与师长刘多荃意见不一致，常有些矛盾。事变发生后，曾奉命经潼关去开封见刘峙和商震。后来张学良送蒋介石去南京不得返回，西安的情况发生剧烈变化。刘多荃认为处理高福源的时机已到，指令葛宴春团长在西安秘密诱杀了他。据刘多荃说：'据报2日上午王以哲事件发生时，高福源持手枪在粉巷走来走去，2日深夜10时许高始回旅部。3日早我和高通电话，问他到城内干什么，为什么不请假，令他马上来渭南师部，高即偕黎参谋长逃回西安，我即决心令西安二团团长葛宴春立刻将他逮捕就地枪决，对少壮派表示打击。'周祖尧：《高福源其人其事》，载《文史资料选辑》第111辑，中国文史出版社1987年版。

东北军被肢解

"二二事件"严重破坏了西北"三位一体"内部的团结，相互之间的团结合作已经几乎难以维持下去，这就严重削弱了西安方面与南京国民政府谈判和营救张学良的力量。[1]

首先是东北军形成群龙无首、人心涣散的局面，内部新旧两派之间的矛盾已经无法调和。张学良离开西安前指定的东北军临时最高领导人于学忠虽然对张学良始终忠心耿耿，但他是外来户，身份尴尬，在威望上颇有欠缺，无法掌控张学良被扣留后东北军这个封建大团体的复杂局面。后来，他无可奈何地说："副座当年下野赴欧，把大部东北军交给我带，那时我没有什么顾虑的……西安事变送蒋，副座第二次把东北军交我带，这好像南宋岳元帅奉金牌应召去临安，把岳家军交给牛皋带一样。可惜我于某人怎么敢妄和牛大将军相比。特别是副座离陕以后，西安情况陷于复杂混乱，以我和张家两代的关系，连安居在金家巷副座的家都不可能，被局势所迫只好躲避在新城大楼。看到主战主和两派居然以手

1. 对于"二二事件"的危害，高崇民有如下沉痛的论述："应德田经张学良送留美国回国后，一直在张的培植之下，故在武汉任过'剿匪'总部的少校科员，在西安任过张学良的机要秘书以及西安'剿总'的第四处副处长（即行政处），颇得张的信用，遂产生了政治野心。本来整顿旧东北军，把封建集团变成进步的军队是对的；但时机和方式方法，必须选择适当，尤其对人事的去旧换新，更不能鲁莽灭裂。而应、孙等年青躁进，以致被托派国特乘机挑拨利用，终于做出犯上作乱的行动，几乎祸国殃民，毁坏整个革命大业。西安事变过程中，纵然有张学良之放蒋与送蒋，以及张之一时被扣，形成曲折复杂的局面，但杨主任与十七路军和东北军少壮派应德田等，如果信赖共产党，尊重红军代表的意见，西安有'三位一体'的存在，有久经斗争锻炼的共产党，有打不败的红军，蒋介石的任何阴谋，也绝对不能得逞，张副司令终必被放回西安，兵谏之举可大获全胜。最低限底，东北军和十七路军不致很快地就被蒋介石所瓦解，杨虎城、黄显声两将军亦不致遭到那样惨杀的后果，张学良将军更不致而今还在被扣。故西安事变中的二二惨杀事件，不仅为当时的亲者痛仇者快，实更使民族民主革命遭受相当大的损失。"高崇民：《西安事变杂谈》，载全国政协文史和学习委员会编《西安事变历史资料汇编》第5册，中央文献出版社2017年版。

枪相对，王鼎芳军长竟惨遭杀害，而我却束手无策，真痛心极了。"[1]

渭南前线的东北军自动撤退，给国民党中央军进入西安让开了一条大道。2月8日，中央军前锋宋希濂率第三十六师首先进驻西安，接管西安防务。东北军将领原来就不愿移驻贫穷的甘肃，这时在南京方面的政治攻势下进一步发生分化，东北军高级将领主动要求接受乙案单独东开，杨虎城被迫同意，"三位一体"局面无形之中瓦解。这当然最合蒋介石的心意，赶忙指示："安置东北军办法总以调驻豫皖省区为唯一方针。"但东北军内部矛盾仍未平息，广大下级军官和士兵多不愿东开，尤其对张学良的处境深为关切。于是，蒋介石同意何柱国前往溪口探视张学良，再度借张学良之口来安抚东北军。

2月16日，何柱国抵达溪口，王卓然、田雨时同行。何柱国报告了西安方面的各种情形，并详述在西北再也无法维持"三位一体"的局面。相谈之下，张学良黯然神伤。事已至此，只得执行乙案。[2]

第二天，何柱国一行辞别，张学良当即提笔写了两封信，一封给杨虎城，一封致于学忠转东北军各将领。

致杨虎城的信写道："虎城仁兄大鉴：柱国兄来，悉兄苦心支持危局，闻之十分同感。现幸风波已过，迩后盼兄为国努力，不可抱愤事之想。凡利于国者，吾辈尚有何惜乎？弟读书思过，诸事甚好，请勿念。西望云天，不胜依依！弟良启。2月17日。"[3]

这是张学良写给杨虎城的最后一封信。这一年的夏季，杨虎城遭到蒋介石暗算，从此失去自由，长期被国民党军统特务看押，1949年在重庆被国民党特务残忍杀害。发动西安事变的两位将军再也没有通信的机会了。

1. 惠德安：《张学良与于学忠》，载中国人民政治协商会议全国委员会文史资料委员会编《文史资料存稿选编——西安事变》，中国文史出版社2002年版，第762页。
2. 何柱国：《西安事变前后的张学良》，载吴福章编《西安事变亲历记》，中国文史出版社1986年版，第7页。
3. 张魁堂：《身在禁中，心忧国事——张学良将军在奉化写的三封信》，《纵横》1983年第2期。

张学良致于学忠的信较长，全文如下：

孝侯兄大鉴：

　　柱国兄来谈，悉兄苦心孤诣，支此危局。弟不肖，使兄及我同人等为此事受累，犹以鼎芳（王以哲）诸兄之遭殃，真叫弟不知如何说起，泪不知从何处流！目下状况，要兄同诸同人大力维护此东北三千万父老所寄托此一点武装。吾等必须将吾们的血及此一点武装供献与东北父老之前。更要者，大家共济和衷，仍本从来维护大局、拥护领袖之宗旨，以期在抗日战场上显我身手。盼兄将此函转示各军师旅团长，东北军一切，弟已嘱托与兄，中央已命与兄，大家必须对兄如对弟一样。弟同委座皆深知兄胜此任，望各同志一心一德，保此东北军光荣，以期供献于国家及东北父老之前，此良所期祝者也。有良一口气在，为国家之利益，为东北之利益，如有可尽力之处，决不自弃！弟在此地，读书思过，诸甚安谧，乞释远念，西望云天，不胜依依。开源、宪章、静山、芳波同此，并转各干部为祷。此颂近安。

弟张学良手启

2月17日于溪口雪窦山[1]

　　在这封情真意切、感情奔放的书信中，张学良既痛心于心腹爱将王以哲的横死，又悲叹东北军和个人的前途，但最后关注的重点还是抗日大业和东北三千万父老的命运，爱国爱乡的殷切情怀跃然纸上。

　　张学良原本以为只要东北军团结、"三位一体"存在，不仅西安事变可以和平解决，而且他自己也终会获得自由。但他忽略了东北军这个独特的带有浓厚封建和地域色彩的军事政治团体，自他吸取郭松龄事件的

---

1. 毕万闻主编：《张学良赵一荻合集》第5部，时代文艺出版社2000年版，第533页。

教训不再设副手之后，除他本人外，没有第二个人有驾驭全军的能力。于学忠资望够，而关系不够；王以哲关系够，而资望不够，以致最终发生"二二事件"，导致东北军的分化与"三位一体"的解体。如今，他获得自由、重返东北军的日子已是遥遥无期了，只好"西望云天，不胜依依"。

但张学良对此并不后悔。他始终以国事为重，以抗战大局为重。"凡有利于国者，吾辈尚有何惜乎？"这是充满爱国主义激情的闪光语言。只要东北军能在抗日战场上大显身手，只要能驱逐日本帝国主义，收复东北，一切牺牲都是值得的。张学良虽身处逆境，仍表达了只要有一口气在，就要为国尽一份力的高尚意志。

当时，外面谣传张学良已经被蒋介石秘密杀害，东北军将领对此极为关心，纷纷发电报给蒋介石询问真相。蒋回电说："你们如果怀疑，可以亲自到现场看看。"

眼见为实，耳听为虚！东北军将领决定去亲眼看一下。2月27日，东北军各军挑选一名代表到溪口看望张学良。各军推举的代表是：吴克仁（第六十七军军长）、唐君尧（第一〇五师旅长）、李振唐（第五十一军第一一三师长）、周福成（第五十三军第一二九师长）、霍守义（第五十七军一〇九师长）、张守经（骑兵军第二师长）等6人。吴克仁等首先到南京去见蒋介石，蒋一见面就没有好气，很不耐烦地对他们说："张学良并没有遇害，我不会那样做的。你们如果不相信，可以到溪口亲眼看看。"说完，指着身旁的杭州市公安局局长说："你带他们去！"

3月3日，吴克仁等抵达溪口，来到张学良的软禁处。见面后，初则惊讶，继则默然，彼此心中都感到很难过，却又不知道从何说起。沉默了一会儿，张学良首先问："你们是从哪里来的？"吴克仁等回答："我们是特地前来看看副司令的生活怎样，身体是否健康？"

张学良说："我还好，没有什么，无事时看看明史消遣。你们可以转告大家不要惦念。我们还是要抗战。回去好好练军队，好回我们的老家。"[1]

张学良还说："我们只求国家能早一点走上团结抗日的道路，至于我个人什么时候回去都无所谓，实在用不着以我个人为念。""凡是一个现代国家，军队都是国家的，东北军绝不是我张某一人的。将来东北军就是一个连甚至一个排的被分别调到任何地方去作战，都是接受上级的指挥，这样才配做一个现代军人。"临别时，张学良已是泪流满面，背对部下，挥手相送。

3月4日，吴克仁等六人路过上海，曾对新闻记者发表一简短谈话，略称："张副司令向同仁等谆谆告诫，谓陕事已成过去，应一笔勾销，不准再有议论。蒋委员长待东北军甚厚，期望更殷，同仁此后唯有服从蒋委员长命令，使东北军成为劲旅，蔚为国用，以勿负蒋委员长厚望。"[2]

随后，东北军开始陆续东调。至4月中旬，已全部移驻豫、皖、苏三省。其驻地分配大致是：由第一〇五师改编而成的第四十九军刘多荃部驻河南南阳附近；第五十七军缪澂流部驻河南周家口一带；第六十七军吴克仁部驻安徽阜阳；第五十一军于学忠部驻江苏淮阳一带；第五十三军万福麟部仍驻河北保定；骑兵军长何柱国任西安行营副主任，暂时留驻陕西。同时，任命于学忠为江苏绥靖主任，王树常为豫皖绥靖主任，东北元老刘尚清为安徽省主席。6月，东北军整编完毕。至此，东北军驻地分散，不相统属，最终解体，成为一个历史名词，各军直接归南京国民政府军事委员会统辖。张学良也因此结束了他短暂而轰轰烈烈的军事统帅生涯，退出了政治军事舞台，开始了漫长的幽禁生活。

不久，抗日战争爆发，东北军各军相继开赴抗日前线，总是承担艰巨的作战任务，伤亡很大，但南京政府不予补充，这样，东北军伤亡一

---

1. 李振唐：《第五十一军调往西北的经过》，载中国人民政治协商会议全国委员会文史资料委员会编《文史资料存稿选编——西安事变》，中国文史出版社2002年版，第692页。
2. 《国闻周报》第14卷第9期。

个就少一个，蒋介石终于通过抗日这一途径消灭了对他来说恩怨交加的东北军。

在外敌入侵、国难深重、内战连年的危机年代，张学良将军以国家利益为重，抱定牺牲一切的大无畏精神，与杨虎城将军一道毅然发动了西安事变，逼蒋联共抗日。他为了实现"停止内战、一致抗日"的崇高目标，始终以国家民族利益为第一位，抛弃个人利益，不仅捉蒋、放蒋、送蒋，以舍己为国的高尚情操与爱国主义精神，最终实现了西安事变的和平解决，迫使蒋介石停止"剿共"内战，放弃了"攘外必先安内"的反动国策，有力地促成了国共第二次合作与抗日民族统一战线的建立，奠定了全民族抗日的基础，不愧为我们中华民族的伟大英雄。

1956年11月16日，在北京召开的纪念西安事变20周年的座谈会上，周恩来总理在讲话中明确指出："由于西安事变，张、杨两将军是千古功臣，这点是肯定的。即使当时一枪打死蒋介石，也是千古功臣。""张汉卿是个英雄人物，很豪爽。他这个英雄人物是个人英雄主义，但用在抗日上就用对了……无论如何，他是个千古不朽的人物了，他是名垂千古的了。"[1]

这无疑是最为中肯的评价。

---

1. 西北大学等合编：《西安事变资料选辑》，西北大学历史系1979年印，第24—25页。

第十三章

二十二载囚禁

在困厄颠沛的时候能坚定不移，这就是一个真正令人钦佩的不凡之处。

——［德］贝多芬

我国民族性质，以前多为自己谋出路，而不为国家谋幸福，只知道自己之利益，不为民众谋利益，故无良好结果。殊不知牺牲自己为国为民造幸福，其结果亦即为自己造幸福。

——张学良

孔公馆成临时监狱

1936年12月26日，张学良抵达南京，被安排住进了位于北极阁上的宋子文公馆，戴笠奉蒋介石之命调派军统局特务队前往监视，这是张学良幽禁生活的开始，不过这时张学良的行动还有点"自由"。宾客临门的虽然不多，但并不算特别冷清。过去纠缠张学良不放的吴铁城、张群及孔祥熙来看过他。张学良也可以外出拜客。每次出门，总有四部汽车随行：张学良乘一部，多半有宋子文相陪；张从西安带来的秘书、副官乘一部；南京市警察厅的特务乘一部；军统局特务队乘一部。无论张的汽车到哪里，特务们就跟到哪里。

12月31日，张学良由宋子文陪同前往南京政府军事委员会受审，张学良从西安带过来的秘书、副官等[1]被宪兵团缴械、扣押。审判完后，张学良再也没有回到宋公馆，被直接押送到了南京太平门外事先已腾空了的孔祥熙公馆。

从这天起，蒋介石对张学良就从暗中监视变为公开囚禁，命令军统局和宪兵司令部共同执行。当时，军统局由书记周伟龙（又名周道三）负责，带领军统局特务15人，王芳南任组长；宪兵司令部方面由警务处处长丁昌负责，实际上是由该部中校处员欧阳湘负责，派有宪兵特高组

---

1. 关于张学良随从秘书、副官的人数，王中立说有11人。王中立：《张学良将军在南京被扣的几天》，载吴福章编《西安事变亲历记》，中国文史出版社1986年版，第378页。

组员 7 人；另有武装宪兵 1 个排担任孔公馆大门和房屋周围的武装警卫。在张学良二楼住房的楼梯口、房门口，都有宪兵、特务站岗。

至此，张学良完全失去了自由，情绪低落，成天一言不发，蒙头大睡，送去的饭菜也吃得很少。在房门口监视的警卫，发现张在睡觉时把身上穿的一件背心脱下来垫在床上，身子就睡在这背心上，便认为这件背心里一定藏有什么秘密，或是武器，但又不敢公开检查，即向负责的特务反映。于是，特高组一名组员趁张睡后翻身的时候去检查，结果什么也没查到，反而惊醒了张学良。一看此情形，张非常生气，大声说道："你们真缺德！真缺德！"这是他被囚禁后讲的第一句话，足见心中的愤怒。[1]

在孔公馆，张学良住了两个星期。除了负责监视任务的戴笠、丁昌等特务头子可以自由出入；奉派照料张学良生活的励志社总干事黄仁霖，每天可以看他一次，为处理西北善后问题；与张接洽的东北军部属王化一、吴翰涛等人在得到批准的情况下，也可以来见张学良；此外，任何人都不能去看他。时在南京中央军校第十期受训的张学思（张学良的四弟），打听到大哥的消息后赶来孔公馆求见，被大门警卫坚拒，声称"这里没有这个人"。张学思再三恳求，宪兵特务始终严词拒绝。张学思只好在门外站了一个多钟头，才满含热泪，怅然离去。[2]

雪窦山"读书"

1937 年 1 月 2 日，蒋介石带着侍从室第二处主任陈布雷回到了浙江奉化县（今奉化市）溪口镇老家，一面疗养，一面在幕后处理西安事变

1.邱秀虎：《张学良将军被囚琐记》，载吴福章编《西安事变亲历记》，中国文史出版社1986 年版，第 388 页。
2.同上，第 389 页。

的善后事宜。

1月4日，阎宝航、李志刚从西安飞抵南京，先后见了何应钦、张继，何是亲日派兼反共顽固派，张是反共顽固派，这两个人见了阎宝航、李志刚都没有好话，何应钦一味叫嚷"非打不可！"而张继则说："张学良劫持统帅，大逆不道，姑念他拥护中央不无功绩，国民政府将特赦，交军事委员会管束。"

阎宝航在南京不得要领，第二天赶到上海见宋子文、宋美龄兄妹。阎宝航很愤慨地对宋子文说："事情变了，你们的保证落空了。东北军、西北军将领坚决非放回张副司令不可，你们有什么办法呢？"宋子文兄妹当初为了让蒋介石早日离开西安，拍着胸脯一口保证张学良的安全，并且不惜以全家生命做担保。但蒋介石回到南京就翻脸不认账，宋氏兄妹显然也是无可奈何。宋子文对自己的诺言落空感到脸上无光，对阎宝航的质问无言以对。阎宝航把何应钦坚决要打仗的话告诉宋子文后，强调西安事变善后必须和平解决，不能再打仗，张学良的安全必须得到保障。宋子文表示赞同。在阎宝航的要求下，宋子文答应一起去奉化溪口见蒋介石。宋子文鉴于国民党元老李石曾平时在蒋面前能说上话，又拉了李石曾一同前往溪口。在飞机上，阎宝航向宋子文、李石曾建议把张学良接到溪口，一则以安东北军、西北军将领之心，二则可以让张学良协助蒋介石处理西安事变善后问题。宋、李均表示同意阎宝航的建议。宋子文等三人到溪口后，蒋介石吩咐将他们安置在武岭中学。蒋介石知道宋子文等人此来是为张学良做说客的，而且这位大舅哥脾气急躁，两人一旦见面难免要发生争执，故决定拒绝与宋见面，让人打电话通知宋子文，说委员长不想见宋先生。宋子文吃了闭门羹，也无可奈何，在武岭中学吃完午饭，宋子文即对阎宝航说："阎先生，你同李石曾先生在这儿，我要回上海去，有必要时我再来。"阎宝航不知道蒋不见宋，对宋的话感到很愕然："这是怎么回事？没见过委员长，你怎么就要回去呢？"李石曾从旁递了个眼色，意思是说，让他回去吧！宋子文离开溪口后，蒋介石在当天深夜接见了李石曾，李向蒋建议和平解决西安事变善后，并将张学良接到溪口来，以便于就近商洽西北善后。蒋表示同意。

1937年1月13日，张学良在米春霖、贺耀组、戴笠的陪同下，由南京飞往宁波栎社机场，然后换乘汽车赴奉化溪口，蒋介石下令暂时将张学良安置在溪口镇上的别墅文昌阁内。

1月14日晚7时，蒋介石在其母亲王采玉的坟庄——离溪口镇约1.5公里的白岩山中垄请张学良吃了一顿饭，有徐永昌、贺耀组、戴笠等在座作陪，磋商西安事变善后问题。这是蒋、张1936年12月25日在洛阳分别后的首次见面。

1月下旬，张学良移居雪窦山上的中国旅行社招待所。此后，"管束"张学良的责任，即由军统局单独负责。

当时，军统局专门成立了一个监视组织，美其名曰"张学良先生招待所"。军统局特务队的全称是"军统局派驻张学良先生招待所特务队"，设有队长、队副、副官（负责经费开支）、事务员（负责经办生活用品）。队长刘乙光，中校，对外称秘书；队副许建业（四五个月后改为许颖）；便衣特务队员30多人，分为三组：警卫、随护、巡查，担任便衣警卫，每天派有值班人员，将张学良的一言一行、生活情况详细地做秘密记载，向队长汇报。特务队配备有50支快慢机短枪、两支冲锋枪、两支自动步枪，火力相当充足。[1]除便衣特务队，还有一个宪兵连（连长陆文康）担任武装警卫任务。此外，还配备有电台一部、报务员一人、邮电检查员一人、厨师两人、医生一人及高射机枪两挺；便衣警卫、宪兵连及所有人员、装备均归刘乙光直接指挥。另外，还有张学良从西安带来的随从副官两人，夫人于凤至来后又带来一位伺候她的王姓老妈子。

---

1. 李伟：《"随护"在张学良身边的特务们》，《文史春秋》2004年第8期。

军统特务头子戴笠给看守张学良的便衣特务、宪兵规定了森严的纪律，其主要内容是：（1）要严加看管，不准发生任何事故，不准其逃跑和自杀。（2）看守人员不准与张交谈国事，更不准与外人、亲友通信涉及张之住处等事宜。（3）除持蒋之手谕或电谕者外，不准张学良同任何外人接触。（4）张之行动只准在住处的 10 里以内，10 里以外须经请示批准后方能照办。（5）看守人员要各负其责，宪兵连担任外围警戒，发现可疑者要严加检查、询问，内卫由便衣警卫分组轮流值班，室外警戒、室内监视，并要将张学良每天的言论、行动当天电报军统局。[1]

据说，宋美龄曾当着蒋介石、戴笠的面，让蒋吩咐戴："不许对张学良胡来！"宋还交代戴："到溪口后要让张学良自由走动，要命卫士照顾生活，允许老友探望，允许对外通信。"戴笠对此诺诺连声。[2]

从此开始直到 1975 年蒋介石去世为止的近 40 年间，多亏有宋美龄、宋子文兄妹（尤其是宋美龄）的全力关照，张学良的幽居生活才没有遭受太多的磨难。以蒋介石心胸狭隘、睚眦必报的性格，他对张学良实施更严厉的报复是完全可能的。因此之故，张学良在晚年对友人动情地说："我知道为了我的事，宋美龄和蒋介石吵了好多次，吵得都快离婚了。如果不是她，我和小妹（赵一荻）不会活到今天的。"[3]

这里有必要介绍一下刘乙光的身世，因为他负责看管张学良整整 25 年（1937—1962 年）之久，与张的后半生关系极大。

刘乙光（1898—1982），湖南永兴县人。与中华人民共和国开国大将黄克诚不仅是永兴县小同乡，而且是早年的"患难之交"。黄克诚比刘乙光小 4 岁，两人都是衡阳省立第三师范的学生，彼此关系不错。刘乙

1. 韩庆恂：《羁押中的张学良》，载中国人民政治协商会议全国委员会文史资料委员会编《文史资料存稿选编——西安事变》，中国文史出版社 2002 年版，第 793—794 页。
2. 王舜祁：《张学良在奉化》，《民国春秋》1996 年第 5 期。
3. 王冀：《从北京到华盛顿——我的中美历史回忆》，华文出版社 2012 年版，第 220 页。

光从衡阳省立第三师范毕业后，黄克诚鼓励他去投考黄埔军校。刘乙光从黄埔军校第四期毕业后，在北伐军中做政治工作，曾任国民党陆军第二师第二旅某团少校训练官等职务。而黄克诚从师范毕业后前往广州进了国民党中央政治讲习班，加入了中国共产党，1928年领导湘南暴动失败后，流落到南京、上海寻找共产党组织关系，意外地在南京遇到了刘乙光。此时的刘乙光虽然在国民党军中工作，但思想比较"左倾"，他虽然知道黄克诚的共产党员身份，还是积极帮助他。刘乙光亲自把黄克诚送到上海，以后每月还寄钱接济黄克诚，并给他在国民党军队中介绍工作。所以，黄克诚晚年如是说："我与刘乙光这位同乡可算是有点患难交情了。通过这一段的相处，我感到他是一个热情助人又能同情革命的人。因此，在临分别时，我对自己的去向没有向他隐瞒，据实以告。刘乙光听了后对我说，他也有去当红军的想法，等将家属安顿好后，再考虑去苏区参加红军。但他以后并没有去苏区，我也没有再同他联系。可能他以后又向右转，完全投到反革命一边去了。"[1]此后的刘乙光不仅没有去苏区，后来甚至担任过蒋介石的警卫队长，再后来又参加军统特务组织，成为特务头子戴笠手下的红人之一，被戴笠选中为看管张学良的特务队长，可见刘乙光已是蒋介石、戴笠信赖的心腹之人。

雪窦山，在溪口镇以西约11公里，是四明山脉在奉化七十峰中最享盛名的一座山峰，也是我国东南地区的名胜之一，风景幽美。山上有雪窦寺、千丈岩瀑布、飞雪亭、消烦岩、妙高台、伏虎洞、狮子岩、三隐潭等景点。雪窦山中国旅行社是1934年6月建成营业的，位于雪窦山山腰，设备良好，有客房六间，一个餐厅。旅游旺季时借用雪窦寺厢房搭100只帆布床。1937年1月上旬，蒋介石派人与上海中国旅行社签订合同，将雪窦山中国旅行社招待所全部包下来，用来安置张学良，不得对外营业和招徕顾客。雪窦山中国旅行社经理钱君立接到通知后，很快腾

---

1. 黄克诚:《黄克诚自述》，人民出版社2004年版，第73页。

出房间，进行了整修改造。[1]

张学良从武岭学校搬迁到雪窦山中国旅行社时，一看到中国旅行社的牌子，似乎感到有些意外，紧锁的双眉舒展了一下，高兴地说："啊，中国旅行社！"过去，张学良经常在西安的中国旅行社举行宴会，对中旅社印象不错。

此时，中旅社的六间客房被改造成张学良的卧室、会客室、读书室、洗澡间。卧室里布置有羊毛地毯、席梦思软床，卫生间有抽水马桶，还有取暖用的壁炉等，一切布置均十分洋化，符合张学良的口味。刘乙光、许建业与张学良同住在招待所，其余队员和宪兵连全部住在500米远的雪窦寺。

在雪窦山，特务对张学良的监视非常严密。在他的住房、饭厅、前门、后门都布置了监视的特务。旅行社门口有武装宪兵，设有游动步哨。雪窦山脚有一座亭子，名叫"入山亭"，是登上雪窦山的唯一要道，派驻了宪兵一个班，配合特务队四名队员，一面放哨，一面对登山游客进行盘查。只要有人上山，马上用电话通知山上，加强戒备。从此，原来游客众多的雪窦山，就逐渐冷清了下来。

蒋介石在囚禁张学良后，决定解除他们之间的金兰兄弟关系。蒋为了利用张，两人曾于1929年互换帖子，结为金兰兄弟。现在，张已成为阶下囚，蒋必须结束他们的兄弟关系。他准备了四只箱子，里面放了文房四宝、书籍、猎枪、钓鱼竿等物品，将兰谱帖子放在箱子里，命他的"文胆"陈布雷一并送给张学良，了却了他的一桩心事。

张学良初到溪口，孤身独处，情绪十分低落。不久，夫人于凤至和赵四小姐获准轮流到雪窦山陪伴，情况才有所好转。

赵一获自张学良送蒋离陕后，开始茶饭不思，忧虑重重，很少下

---

1. 钱君立：《张学良在奉化溪口雪窦山上》，载中国人民政治协商会议全国委员会文史资料委员会编《文史资料存稿选编——西安事变》，中国文史出版社2002年版，第790页。

楼，也很少和人说话。1月9日，王化一、吴瀚涛赴西安，张学良曾要求赵一获来南京，戴笠同意。11日，王化一等返回南京，赵一获同行，见到张学良后，即去上海。

远在英国的于凤至听到张学良被扣的消息，犹如晴天霹雳。万分焦急之下，她想到了宋美龄这个三妹妹，特致电宋请求把张学良送出国，交她看管，当然不可能得到蒋氏夫妇的回复。于是，于凤至只好日夜兼程赶回南京，面见宋美龄，再次请求。宋美龄表示："事情已到了这种地步，我也无能为力。我为汉卿的事，也不知和委员长闹翻过多少次。事情可不像我们想象的那样简单，目前我实在想不出任何办法来。"百般无奈之下，于凤至毅然决定："既然委员长不肯释放汉卿，我也无法回英国了，愿意陪他一块坐牢，我照顾他的生活，尽到做妻子的责任。"[1]

这样，于凤至和赵四小姐每隔一月，轮流换班，陪伴张学良。这个由上海乘轮船赴宁波转溪口，那个就由溪口赴宁波乘轮船去上海，很少同时居住。于凤至来时，还带了四名副官（分别姓李、杜、于、应）和一名女仆王妈，以照料张学良的起居生活，特务们称张学良为"副司令""副座"或"张先生"，而称于凤至和赵一获为"夫人"。张学良听了不许，叫他们称赵一获为"四小姐"。亲人团聚，张学良精神略为振作，从沉默寡言变为谈笑风生，愁云密布的脸也开始出现了笑容。他们不断外出，到附近的名胜古迹游览参观。每次由张学良事先提出要游览的地名，或把雪窦山的地图给看守人员，看守人员就根据张提出的时间、地点，先行布置，准备好游览和野餐工作。

离招待所最近的景点是有中国禅宗十大名刹之称的雪窦寺，张学良经常来此游玩。寺里有个又新法师喜欢种植花草树木。张学良托他从四川购来四株楠木树苗，亲手将它们种植在大殿后面的一块空地上。这四

1.汪树屏、汪纪泽：《我所认识的张学良》，中国广播电视出版社1990年版，第195—196页。

株楠木生长十分好，可惜有两棵树在 1956 年 8 月的台风中折断，剩下的两棵已经高达 18 米，树围 1.52 米。为了纪念张学良将军，有关部门批准将这两棵楠木命名为"将军楠"，2001 年又被评为宁波市十大名树之一。[1]

1984 年 12 月，原张学良的老部下、中华人民共和国开国上将吕正操到溪口游览，当见到昔日老长官栽下的楠树苗已经长成参天大树，睹物思人，吟了一首怀念张学良的《浙江纪行》诗：

> 雁荡奇突屹浙东，剡溪九曲万山中。
> 以血洗血高格调，逃台迁台小易盈。
> 西京谈和安天下，羑里课易求大同。
> 思君长恨蓬山远，雪窦双楠盼汉公。[2]

诗中的"羑里"是一个古代地名，在今天的河南汤阴北。《史记·殷本纪》有"纣囚西伯羑里"之典故。"羑里"是周武王讲《易经》之地。吕正操借用这个历史掌故来表达他怀念老长官、盼望祖国统一的愿望。张学良读到这首诗后，很快回了一首："白发催人老，虚名误人深。主恩天高厚，世事如浮云。"[3] 完全是一种虔诚基督徒的口吻。

回头再说说 1937 年的事。千丈岩是张学良去的次数最多的一个景点。千丈岩瀑布高约百米，水流湍急，甚为壮观。前有一寺庙，和尚用盘子装了许多枚大爆竹（又名"天地响"），供游客做游戏。游客将大爆竹点燃后，用力向对面大瀑布扔去，聆听爆炸声响彻山谷。张学良对这孩童似的玩乐方式很感兴趣，借着巨大的响声，发泄心中的积愤，聊以

---

1. 李盛仙：《张学良与雪窦山楠木》,《绿化与生活》2003 年第 4 期。
2. 同上。
3. 黄子云：《雪窦双楠盼汉公——吕正操、张学良以诗唱和往来轶闻》,《党史文汇》2001 年第 2 期。

解愁。由于并没有每个都给钱，张学良后来再去时，和尚就不再端出爆竹来，张开口向和尚索要，和尚也只拿出两三枚来。到最后，和尚干脆回答还没有买回来。在归途中，张学良对看守人员说："这可能是我们没有拿钱给和尚，所以他不肯拿出来，以后我们自己买来放吧！"此后，张学良到千丈岩瀑布，总要带着自己买的爆竹去燃放。

经过蒋介石的批准，张学良还到外地游访过几次。第一次是1937年2月26日到宁波东乡天童寺游览。回来时还想去拜访蒋介石平时所敬重的奉化士绅孙表卿先生，就顺道路过肖王庙，碰巧孙不在而归。

另外一次就是到距离溪口100多公里的新昌县大佛寺游玩。张学良和赵四小姐、特务队长、队副乘小车，十余名特务荷枪实弹，乘大车同往。和尚看到这个前呼后拥的架势，还以为是当朝的显贵驾临，忙由方丈出来迎客，陪着张学良在寺内游览一遍。这个大佛寺给张学良的印象是："这个大佛真不小，可惜庙子没有很好修整。"游览完毕，方丈准备了三桌丰富可口的素餐招待。张学良和赵四小姐吃了都赞不绝口，临走时捐了60元钱。

张学良一向爱好运动，经常和警卫打排球、篮球。不久，在招待所前面的院子里修了一个网球场，立了一副单杠，供张学良锻炼。夏天，他常到离山5公里的沙堤大溪游泳，中间有2.5公里险峻和山坡，上下需用藤轿代步。后来，特务们在网球场旁边挖了一个小型游泳池，就不再到沙堤大溪了。警卫中有一名年轻人叫王心德，不会游泳，张学良有一次游泳，要他也下水游，他执意不肯。张看见王心德的那副窘相，便在水中纵声大笑。

碰上阴雨天，张学良就找警卫下象棋。棋艺较好的几个都陪他下过，但由于张学良棋艺高明，陪他下棋的人常常输，有的就不愿和他下。张学良发觉后，说："我让你们一个车。"下得更差的就再让车、马。有一次，张学良找特务胡祥林来下，并风趣地说："我让你车、马、要是谁输了，就打三下手板。"胡连下两盘都输了，硬挨了两次手板。

后来，张学良再喊胡来下棋，胡就不敢下了。张见状，哈哈大笑。

不外出时，张学良的生活作息颇有规律。他每天早晨7时起床后，叫人抬一张椅子放在露天走廊，坐下来呼吸一会儿新鲜空气，才到饭厅吃早点，有时是送到他房间里。他喜欢吃火腿、鸡蛋、牛奶、花旗橘子。吃完后就到书房读书一小时，再回卧室。在未吃午饭以前，他要到饭厅或走廊活动一下。午饭照例是由队长、队副陪着张学良夫妇吃。饭后略微休息，有时找警卫下象棋、打排球。晚饭后，他主要是听收音机，关注外界的动向，有时也找警卫下跳棋、打乒乓球，以消磨时间。晚10时左右就寝。

在饮食方面，供应较为丰富。张学良喜欢吃的花旗橘子、美国苹果、可口可乐汽水等，都能满足。特务队每个星期都要派人去宁波购买他喜欢吃的海味、水果等食品。花旗橘子，有时宁波买不到，就买点外国水果罐头代替。蒋介石通过宋美龄，也经常馈送一些生活日用品、衣服之类的东西。宋子文曾寄来整箱的外国水果和可口可乐汽水，有时军统局也委托中国旅行社代买一些运来。张学良每天都要喝三四瓶可口可乐，有时也喝咖啡。平时，他很少喝酒，也很少抽烟。

3月间的一天，发生了一件令张学良非常不愉快的事。这天，张学良坐着滑竿游山归来，从坡上看见在雪窦寺庙门口有一个女人在那里指手大骂。走近后，才听出来此人骂的正是他张学良。张当时很生气，后来派人了解，才知这女人是西安事变时被打死的宪兵团长蒋孝先的老婆袁静之，她此时在雪窦寺为丈夫做佛事超度，探知张学良被软禁在这里，正所谓"冤家路窄"，见张游山归来，遂破口大骂起来。张学良获悉此情，开始很是生气，什么话也没说就回房里去了。过后一想，张学良认为这妇人年轻守寡，反倒怜悯起来，派人告诉袁静之，她做佛事所需之款由自己支付，以弥补对其的歉疚之情。

蒋孝先的妻子在雪窦寺住了一段时间，特务队发现宪兵连长陆文康对她特别奉承，经常去拉关系。经了解查明，陆文康曾是蒋孝先的部下，便发电报给军统局。不久，宪兵司令部就把陆文康全连调开，另派宪兵第八团第七连（连长童鹤年）配合执行监视任务，以防发生意外。

张学良在中旅社住下不久，觉得自己占用整个中旅社不好，对钱君立经理说："你这么小的一个旅行社招待所，给我包下来，怎么行？"

钱经理回答："有人付钱，你放心住着好了。"

张学良说："不好！我给你一点钱，你在附近找地方给我另造一所房子。"

说完，张学良拿出 500 英镑（相当于当时的中国法币 1.5 万～2 万元）交给钱经理。钱经理按照张学良的意思，花近 100 元在附近水涧岩买了一块靠山向阳的地皮，到奉化县政府办理了买地手续，用 40 多天的时间造了一栋洋铁皮屋顶、三开间的两层楼房，并且添置了家具杂物。房子造好后，张学良向刘乙光提出搬家，刘乙光向上面请示，结果不同意，张学良很气愤，说："算了，不搬也罢。我死也死在这里了。"[1]

据说，张学良被软禁在雪窦山时，原东北军部分下级官兵还策划了一次营救张学良的秘密行动。原来，张学良失去自由后，他的座机——一架德国进口的容克机，即移交浙江杭州笕桥的中央航空学校保管。中央航校有一批原东北空军的官兵对他们的长官被软禁很痛心，他们密谋营救张学良出逃。蒋介石常常询问这架飞机的状况，原东北军军官、主管训练的中央航校副校长冯克昌却都以"机器已坏，不能起飞"搪塞，实际则暗中维修，只待时机一到就能起飞。3 月中旬一天，清晨三四点钟，冯克昌等人将他们所能控制的原东北空军官兵为骨干的几个学员队约一二百人组织起来，分乘几辆卡车，以春游为名，从机场出发直驶溪口雪窦山。冯克昌等人的突然到来，使看守的军统

---

1. 钱君立：《张学良在奉化溪口雪窦山上》，载中国人民政治协商会议全国委员会文史资料委员会编《文史资料存稿选编——西安事变》，中国文史出版社 2002 年版，第 791 页。

特务措手不及，他们势单力薄，不得不同意冯拜望老长官。见面后，冯克昌向张学良恳切陈词，希望张能同他们一起速去笕桥机场，转乘容克机径飞香港，但遭到张学良的拒绝。冯克昌等人见张学良坚持不肯走，只得敬请老长官珍重。张学良随即在客厅里亲书一横幅相赠，勉励他们多多为国尽力。[1]不过，有许多人对这个故事的真实性表示怀疑。如当时担任雪窦山中国旅行社招待所经理、与张学良几乎天天在一起的钱君立就不以为然。[2]

蒋介石在溪口休养期间，国民党一些军政要员前来拜访，经蒋的允许，也顺便到雪窦山看望一下张学良。除前章提及的西安方面的部属外，国民党党政军方面的重要人物有汪精卫、宋子文、邵力子夫妇、钱大钧、陈布雷、吴国桢、贺耀组、祝绍周、董显光、贝祖贻夫妇、宋子良；东北元老与旧属有莫德惠、刘尚清、王树翰、刘哲、王树常、阎宝航、王卓然、田雨时、于学忠诸人。以前的顾问端纳也赶来和张学良见了最后一面。这些人有的只坐了一两个小时就下山了，先后上山被张学良招待吃过饭的有汪精卫、宋子文、莫德惠、端纳等人，宋子文还陪张学良在山上住了一夜。

1937 年 2 月上旬，刘尚清与阎宝航来到溪口，在蒋允许后到雪窦山上见到了张学良。此时山上积雪未化，寒气逼人。张学良先见刘尚清，两人交谈了约半小时，随后接见阎宝航。近两个月来，阎宝航为了营救张学良，几次往返奔波于西安、南京、上海、溪口之间，十分辛劳。见了张学良的面，话反倒不知从何说起。阎宝航本想把几个月来奔波的经过简要地报告一下，但阎刚入话题，张学良便以手势加以制止，示意窗外窃听。阎宝航见此情形，只好把话埋藏到心里，安慰张学良说："汉

1.《人民日报》，1987 年 7 月 10 日。袁绍棠、董有华所著《张学良在溪口》（团结出版社 1990 年版）一书对此有详细的叙述。
2. 文楚：《雪窦山，张学良幽禁第一站》，《台声杂志》2002 年第 11 期。

公，为国为家，还要保重身体，再见吧！"然后含泪告别。[1]从此他们再也没有见面机会了。

宋子文是西安事变和平谈判的当事人，他对自己的妹夫蒋介石食言而毫无办法，只能以对张学良的关怀来减轻自己的负疚感。据说，宋子文曾当面警告蒋介石："你要是对那个小家伙（张学良）有不利的地方，那我就立即把你的内幕都公之于世。"[2]这也成为蒋不敢对张学良下毒手的原因之一。

4月中旬，宋子文以亲戚关系来溪口为蒋介石之兄蒋介卿出殡送行，这次征得蒋之同意，顺便到山上看望张学良。见面后，二人似乎有说不完的话，宋当晚便住在山上，抵足彻夜长谈。第二天，分别时，两人都是依依不舍的样子。这次见面，可能是张、宋这对趣味相投的好友的最后一次见面。不过，此后的岁月里，宋子文仍一如既往地关怀张学良的生活。军统特务头子戴笠因为在经费上有求于宋子文，很买宋子文的账，宋子文也利用这层关系让戴多多关照张学良。

端纳为张学良被扣一事，跟蒋介石闹翻了。他来溪口时，张学良颇感意外，也很感动，特别用西餐招待了端纳。端纳下山后，张学良说："想不到他也跑来看我。"

莫德惠与张学良见面时，双方情绪都很激动，张像见到自己的亲人一样，几乎掉下泪来。

汪精卫来时，有蒋的耳目董显光相陪。吃过午饭，张学良与他们乘轿同游山上名胜。那天，汪的兴致很高，张学良几次问他累不累，汪都回答说不累。游览完毕后两人在半山分别，双方均极客气。

邵力子在西安期间与张学良结下深厚友谊，历经西安事变而未改变。1937年1月，蒋介石召邵力子偕夫人傅学文来溪口陪伴张学良读书，

---

1. 阎宝航：《张学良送蒋介石回南京以后》，载吴福章编《西安事变亲历记》，中国文史出版社1986年版，第340—341页。
2. 张之宇：《张学良探微：晚年记事》，江苏人民出版社2004年版，第338—339页。

在雪窦山住了 1 个月左右。有一天，邵力子与张学良闲谈时，张说："我这次冒生命危险，亲自护送委员长回南京，原想扮演一出从来没有演出过的好戏。如果委员长能以大政治家的风度，放我回到西安，这出戏岂不可成为千古美谈！真可惜，一出极好戏竟演坏了！"张学良讲这席话时，神情似兴奋又似懊丧，邵力子虽然从内心敬佩张学良，但他也只能安慰张学良说："这已是过去的事了。您也不应有所追悔，还是安心多读一些有益的书吧。"[1]2 月中旬，国民党五届三中全会开幕，邵力子离开溪口，从此再也未见到张学良。

邵力子走后，原浙江省会警察局长、军统骨干赵龙文于 1937 年 2 月 16 日奉命来雪窦山陪张学良，3 月 13 日离开，在山上住了 25 天。

3 月 13 日，在戴笠的安排下，上海中国银行总裁贝祖贻携其续弦妻子蒋士云从上海到雪窦山来看张学良，他们夫妇在山上住了一晚才回上海。蒋士云是苏州名媛，曾经一度追求过张学良，甚至到了谈婚论嫁的阶段，不知何故二人还是分手了。蒋士云后来嫁给了已经有 6 个子女的著名银行家贝祖贻做了续弦夫人。但蒋士云对张学良怀有一种复杂的感情，此后一直关注失去自由的张学良。

在雪窦山，张学良还见到了一位特别客人——蒋介石的长子蒋经国。1937 年 4 月 19 日，蒋经国携俄籍妻子蒋方良和儿子蒋孝文由苏联回到中国。蒋介石为清除蒋经国在苏联所受的教育，特安排他回老家闭门读书，并派军统特务跟随他，略加"管束"。蒋经国与张学良两人曾在溪口镇相遇几次，因彼此均不认识，未打招呼。不久，蒋经国知道张学良居住此地，便提出要求，经刘乙光同意，偕妻子到雪窦山拜访了张学良。后来，两人又见了几次面。[2]

刚到溪口时，张学良以为很快就会回西安，加上西安发生"二二事

---

1. 邵黎黎、孙家轩：《我的祖父邵力子》，河海大学出版社 1998 年版第 88 页。
2.［美］傅虹霖：《张学良的幽居岁月》，载晓萧编《张学良与台湾》，光明日报出版社 1991 年版，第 5 页。

件"的刺激，根本没有心思读书，他曾对邵力子说："我在书房里简直坐不住，好像屁股上有刺一样。"邵力子只好劝说："你喜欢在外面，就多在外面玩玩吧！"

3月，东北军东调，张学良断了很快获释的念头。蒋介石认为张学良的用处已不大，来雪窦山看望张的国民党要员也日益减少。只有戴笠定期每月来一次，听取特务队汇报，看看张学良的生活状况。

这时，张学良该游玩的地方、景点都游览过了，只好安下心来读书。他的书房里有三个书架，两米高，上下三层，都摆满了书，大多数是哲学书籍，另有许多外国画报和外文杂志。这些书大都是从他上海寓所运送来的，特务队也给他订了几种报纸，如《申报》《新闻报》《时报》和英文的《字林西报》等。每次报纸来时，张都要先浏览一遍，尤其注意时事新闻。他喜欢看外国画报，特务队订了一种，宋子文也经常寄一些来，每次都有二三十本。张学良经常开书单，趁特务队去宁波购买物品时替他买回。另外，于凤至、赵一荻轮流来时，也常从上海带一些书刊来。

自从张学良住进近雪窦山中旅社后，蒋介石将溪口镇上的一位老儒生、前清老秀才派到雪窦山上来教张学良读四书五经。特务队奉命组织了一个所谓的读书会，有刘乙光、许建业及几个便衣特务参加，陪张学良听课。早晨，这位老秀才坐着轿子上山，从上午8点到9点30分教授一个半钟头的《大学》《论语》《孟子》《中庸》等，大谈孔孟之道和三纲五常之类的陈腐知识。张学良对四书五经之类的陈腐读物提不起丝毫的兴趣，但出于对这位老秀才的尊重，勉强打起精神听他讲；至于陪读的那些特务们文化水平本来就不高，被一口奉化腔调的"之乎者也"弄得昏昏欲睡。这位老秀才不是天天上山，遇到下雨或其他事，他就不上山。这样的讲学前后持续了两个多月。[1]

---

1. 文楚：《雪窦山，张学良幽禁第一站》，《台声杂志》2002年第11期。

6月间，经张学良推荐，刘乙光从北平请来了一位旧学渊博的吴姓老举人。吴老举人主要讲中国古代历史，比前一位老先生讲四书五经效果好得多。张学良还规定特务队全体队员都参加读书会，还要他们每天抽出两三个钟头的时间来读书。每逢星期三、星期六两天，由队员们轮流报告读书心得。一直到张学良后来迁徙到江西萍乡，他顾虑吴老举人年高不堪长途奔波，才商得其同意，请其北返，读书会也宣告结束。在吴老举人讲学期间，张学良每月给他法币 500 元，临走时又送了法币2 000 元，这在当时是一笔不小的数目。

1937 年 7 月 7 日，卢沟桥事变爆发。8 月 13 日，淞沪抗战展开，中国开始了全民族抗战。张学良多年祈盼的这一天终于来到了！他发动西安事变也正是为了加快这一天的到来，他感到异常激动、兴奋。平时一般都是在自己的房间用餐，这天特到餐厅吃饭，激动地对大家说："我唯一的希望就是抗日，这一天终于给我等到了。以后我即使死在这里，也心甘情愿了。"[1]

张学良认为，抗日战争爆发，自己重获自由、杀敌报国的机会来了。于是，张学良立即上书蒋介石请缨，要求允许他率领东北军奔赴前线，参加抗战。蒋介石让宋美龄代为回信，坚决不予同意，叮嘱他"好好读书"。

紧接着，戴笠来到溪口住了两天，以观察张学良的动静。

8 月，张学思和赵一荻在黄仁霖的陪同下，一齐来到溪口，在雪窦山住了 3 天。一连三天，张学良带着弟弟游览各处名胜古迹，只谈风景。直到临别前的晚上，为避免特务偷听，兄弟二人在书房用纸、笔进行无声的文字交谈。

张学思介绍了抗战的形势、东北军的情况与中共的主张，等等。张

---

1. 钱君立：《张学良在奉化溪口雪窦山上》，载中国人民政治协商会议全国委员会文史资料委员会编《文史资料存稿选编——西安事变》，中国文史出版社 2002 年版，第 791 页。

　　　　　　　　　　　　　　　　　　　　　　　张学良传·下

学良谈了西安事变及今后的打算，表示："如果我出不去，今后率东北军打回老家去的责任就全靠你了。你回去以后要多看进步书籍，广交进步人士，和共产党合作抗日，将来收复大好河山，以报国恨家仇。"他还强调："只要东北军团结，抗日战争扩大，我就有恢复自由的可能。"笔谈到最后，两人已是泪流满面，紧紧拥抱在一起。

第二天，张学思告别大哥，张学良送了很远很远，依依不舍，直到看不见这位最喜爱的弟弟的身影，才怅然而返。两人谁也未想到，此次分别，竟成永别。不久，张学思奔赴延安，参加了八路军，成为中国人民解放军的一名高级将领。[1]

农历八月十五中秋节（9月19日），张学良指名要到妙高台赏月过节。特务队准备了三桌饭菜，张学良夫妇和刘乙光全家及队副一桌，便衣警卫两桌。这天，平常不喝酒的张学良连喝了几杯，借酒消愁。他眼看锦绣河山遭日寇蹂躏，全国同胞饱受战火，而自己身为军人，却囚居山中，空怀壮志，报国无门，不禁悲愤交加。他慷慨激昂地对大家说："现在日本鬼子来侵略我们祖国了，一个好青年不能在这里空耗时光。我带你们打日本去！"

第二天，张学良外出游逛，看到农民在吃米制发酵馒头，打听之下，才知道是当地人过节的习俗。他一时好奇，回到住所后，出资让厨师大量仿制，预备分赠全体警卫人员。

11月上旬的一天晚上，招待所发生火灾。这时，警卫人员多数已入睡，待发觉后火势已熊熊，无法扑灭了。不到一个小时，招待所全部被毁，片瓦无存。在急迫之下，张学良指挥大家全力抢救四大箱书画，对其他物品毫不在意。他说："书画是花钱也买不到的。"

对这场大火的原因，外界一时众说纷纭：有人说是张学良不愿久居

---

1. 汪树屏、汪纪泽：《我所认识的张学良》，中国广播电视出版社1990年版，第193—195页；刘永路等：《兄弟情深》，载《团结报》编辑部编《张学良的往事和近事》，岳麓书社1986年版，第257—259页。

山中，希望上前线抗日，故意纵火；有人说张学良被辱软禁，不愿留下这个历史污点，故意引火灭迹。其实，这都是毫无根据的揣测之词，不足为据。[1]

火灾发生后，特务队一面立即向军统请示如何安排，一面叫张学良暂时搬到雪窦寺中居住。蒋介石派宁波市警察局长俞济民前来处理火灾善后。

11 月 13 日，张学良一行离开溪口雪窦山，为了保证张的安全，宋子文特地送来一辆保险车。浙江省保安处增派两辆装有对空高射机关枪的大卡车，由两排人在前面冲锋开路，加上自己的八辆卡车载着特务队和宪兵连，浩浩荡荡地开往安徽黄山。这时，正好轮到夫人于凤至相伴，赵一荻去了上海。上海沦陷后，赵一荻移住香港。

在溪口，张学良住了 10 个月，生活还算不错，行动比较自由，活动范围比较大，住所宽敞舒适。所有费用都由军统局实报实销，尽量满足张学良的要求。而且，经常有人前来看望，陪他游玩、读书，使他并不感到特别寂寞。他住在中国旅行社招待所，对外也没有保密，当地人和外地游客都知道张学良住在这里。从表面上看，张学良这期间情绪还不是很苦闷，但内心的痛苦是不言而喻的，只不过迫于环境，很少爆发出来而已。[2]

"四省驰车不久留"

1937 年 11 月 13 日晚 7 时，张学良一行驱车离开奉化溪口，一路经嵊县（今嵊州市）、东阳、永康、金华到达兰溪永昌镇准备住下来，但

---

1. 张明镐：《张学良被软禁在奉化溪口》，载吴福章编《西安事变亲历记》，中国文史出版社 1986 年版，第 385 页。
2. 邱秀虎：《张学良将军被囚琐记》，载吴福章编《西安事变亲历记》，中国文史出版社 1986 年版，第 389—399 页。

停下来没有几个小时，为躲避日本飞机空袭，不得不紧急出发。14日凌晨5时出发，经威坪、界口、徽州，于下午到达安徽黄山。

此时已是初冬时节，寒气逼人。刘乙光选中了黄山山脚下原北洋皖系军阀首领段祺瑞的一所别墅，作为张学良的下榻之处。这幢宅院很大，环境幽雅、设备良好，但房子刚建成，段就病死了，故一直未来住过。段氏晚年自封为"正道老人"，故其别墅大门上挂着一块横匾，赫然写着"正道居"3个大字。张学良很感兴趣，把那块匾看了好几遍。

在黄山，张学良游览风景之余，还到温泉沐浴，玩得很痛快。有一天，他感到无聊，便提议到河里捉鳗鱼。他们照着当地人抓鱼的办法，先用石头在河边砌起一个圆圈，预留一个缺口，在石圈中间撒下许多用油浸过的白米，静候鱼进入圈内。头天傍晚做好，第二天一大早起来，先把缺口堵上，再到石圈内摸鱼。果然收获不小，抓住了二十几条鳗鱼。[1]

东北元老、时任安徽省政府主席的刘尚清听说张学良到了黄山，不顾长途跋涉，从省城赶来见上一面。两人谈了一个多小时。临别时，刘尚清握着张学良的手，两人眼圈都红了。在张学良离开黄山的第二天（即11月20日），刘尚清就被免去了省主席的职务。刘的被免职是否与他去看张学良有关系，现在还不清楚。

特务队原以为要在黄山多住些时候，浙江省保安处派来的汽车都已经回去，只留下一部1936年出厂的福特车。但住了不到5天，当地县政府就派专人来找刘乙光，说是军委会打来的重要电话。刘乙光赶去接听，才知是蒋介石亲自打来的，命令他们马上离开黄山，到江西萍乡待命。刘回答说："现在没有交通工具，也没有经费了。"蒋介石又指示：

---

1. 佚名：《张学良的隐居生涯》，载晓萧编《张学良与台湾》，光明日报出版社1991年版，第32页。

"没有交通工具，可以就地征用；没有经费可找县长借用。"

随后，刘乙光指挥宪兵连拿着军事委员会的大封条，贴封了江西省公路局的四辆客车、安徽省公路局的三辆福特卡车及一辆私人出租的小包车，一共八辆车，加上司机、助手15人，封车又封人。县长也赶紧送来了3 000元法币的路费。

11月19日凌晨4点，张学良一行离开黄山，当晚6点到达著名的瓷都景德镇，在这里休息一晚，次日凌晨5时出发，下午3时到达江西省会南昌，在这里小停购物后继续前进，6时到达高安，在一户农家的堂屋打地铺睡了一晚。

21日正午12时，张学良一行到达江西西部靠近湖南的萍乡。因一时找不到合适的住所，只好暂时住在一家名叫赣西饭店的大旅社。他们在二楼包了六个房间，张学良夫妇住中间，特务队全体队员分住两旁，以加强监视。宪兵连住在附近的一所学校里。为预备再次迁移，贴封来的汽车、司机及助手也决定不让回去，一起在萍乡待命。

29日，搬到萍乡城内专员公署附近的"绛园"，这是一栋两层小洋房，算是当地最好的房子，园主人姓萧。刘乙光将二楼的七个房间全部租下，楼下三间饭厅共用，每月租金160元。张学良夫妇仍住中间，隔壁两旁住特务队，继续严密监视。所有队员都穿便衣，楼下宪兵连的哨兵也改穿便衣活动。[1]

住进"绛园"，张学良就听说左邻有一名在外省大学任教授的黄姓教授正在老家居住，立即前往拜访，谈话甚欢。这位黄教授告诉张学良甘卓垒故址，张十分兴奋，下午即在刘乙光等人的保护下前往距离萍乡约25公里的芦溪镇，访甘卓庙，登甘卓垒故垒。

萍乡是个小城，街道不多，谈不上热闹，附近也无名胜古迹，无处

---

1. 邱秀虎：《张学良将军被囚琐记》，载吴福章编《西安事变亲历记》，中国文史出版社1986年版，第399—401页。

可去。平时，张学良极少出门，仅去逛过两次街，买点日用品，更多的时间是留在房间里，看书消遣。只有这家一位年轻活泼的小女儿成为他们唯一的客人，增添了许多轻松气氛。这位小女孩和于凤至很谈得来，喜欢唱歌，经常来听留声机放唱的流行歌曲。最初，她给于凤至写字条，要求把某一张唱片多放两次。后来，于凤至不听的时候，就索性借给她听。

因为实在闷得慌，张学良就提议到附近的安源煤矿去参观。12月4日，张学良与刘乙光等骑自行车出发，大约骑了七八公里就到了矿区。该矿张姓工程师是辽宁营口人，留学比利时归来。这位同乡的张工程师对于少帅的到来给予了热情的接待，给他们每人发了一套工作服套在外衣上，又发个小手电筒做照明用。张学良很高兴，最先穿好工作服，由矿主领着，坐小火车进入煤洞。洞子很长，黑得伸手不见五指，小火车行驶10分钟左右才达到工作地点。里面除了煤，没有什么可看的，空气又太闷，张学良顿时兴致大减，匆匆登车出洞，扫兴而归。在张学良晚年，有学者问他何以对一座煤矿感兴趣，他回答："周恩来曾做过矿工，所以很想一探矿井工作情形。"

不久，刘乙光等人又发现距萍乡10公里处有一洞口泉，相传可以一直通到安源，洞里藏有毒蛇猛兽，故从来没有人敢进去。张学良生性乐于冒险，听后大感兴趣，立即嚷着明天就去，同时还叫队员们准备一切应有的装备。12月10日，他们带着火把、手电筒、木棍、鞭炮等东西出发。队员们除随身带着手枪外，还特别带了两支冲锋枪。

到达山洞后，只见洞口高约十几丈，一条小溪从洞外流向洞内。进洞前，队员先点燃一大串鞭炮，丢进洞内，吓一吓"毒蛇猛兽"，然后才鱼贯而入。洞口很大，可容千人，但越往里走就越小，只能容一个人行进。约走半里路，又豁然开朗，阳光从岩石隙射进来。突然，有人发现地下有很多很大的野兽足迹，而且是新印上去的，泥土显得松动。张学良有点担心，便大声叫"不要再往前走了，赶快出洞"，算是一次有惊无险的探险。[1]

张学良在萍乡期间，还先后游览了星子石、禅台、宜春等地。在萍乡的一个月里，张学良情绪十分低落，身体也不太好。由于缺乏维生素B，时常脚肿。这时，上海、南京相继沦陷，时局日益恶化，张学良为此而忧心忡忡。蒋介石已无暇再和刘乙光直接联络，一切由戴笠安排张学良的行动。

12月22日，戴笠来电命令张学良立即赶到湖南郴州。晚上，刘乙光来通知张学良。张学良看着墙上挂着的地图，一边不住地摇头，一连叹息道："唉！日本人打来比我们跑得还要快。我们还没有住定，又要奉命跑了，跑远一点多好呢！"

23日凌晨5时，张学良夫妇坐小车，卡车装运物品，队员和宪兵坐客车，经过江西万载出江西进入湖南浏阳，于当天下午5时到达湖南省会长沙，在长沙小停购书及日用品后，继续前进，准备在湘潭住宿，因为道路泥泞，直到晚上10时才到湘潭。到后才发现，撤退的人多得不得了，住处极其难找，好不容易才找到一处住宿的地方，住了几个小时。

24日晨，张学良一行从湘潭出发，路上发生不少纠纷，首先是同当地汽车厂打架，之后又有一辆卡车坠落于路基下，耽误不少时间。在著名的"南岳"衡山午餐后，他们继续前进，住宿于衡阳城内。

25日上午9时，张学良一行从衡阳出发，经耒阳，在过黑虎口时，恰有一列火车经过，张学良一时兴起，驾车与火车赛跑，突然前方拐弯处冒出来一挑担的农民，张学良躲闪不及，把该挑担的农民撞伤。这时，旁边的人说"这里的人凶悍得很！"，张学良立即给了几个钱，以求息事宁人。

25日下午2时，张学良等抵达湖南郴州，暂时住在城内南门大街上

1.［美］傅虹霖：《张学良的幽居岁月》，载晓萧编《张学良与台湾》，光明日报出版社1991年版，第8—9页。

的上海旅社。这时，军统局发来电令，指定住在郊外苏仙岭上的苏仙观。

苏仙岭离郴州城约2公里，从山脚到山顶约有4公里，山路崎岖，苍松古道，林木耸立，风景宜人。清晨，浓雾弥漫，行人就像是踩着白云登山。苏仙观是为纪念苏仙而建的一座四合院式的古建筑，因为年代久远，早已衰败，只有两个道士居住在这里，附近也无村寨，只有散落的几户人家。

因为苏仙观必须改造后才能居住，故临时住在郴州城内待命。刘乙光将庙里的两个道士赶走，将泥胎神像毁掉，雇人大修一番，于28日早晨浓雾弥漫的时候用轿子将张学良、于凤至夫妇抬上山居住，以免当地人发现，引起不必要的麻烦。上山后，又在当地雇了4顶轿子、8个轿夫，准备给张上下山，或队长、队副接送客人使用。

但张学良上山后就很少下山。他认为这就是目的地，今后都在山上度过，情绪比较安定，很多时间都是看书看报，尤其关心时事，看得很仔细，有时还要查对地图。

张学良生性好动，但自离开溪口后，就一直打不起精神来。迁到郴州后，除了刚搬到山上的头几天游山打猎外，渐渐就不想出去了。这一变化似乎与他迟迟不能恢复自由有关。刘乙光怕他闷出病来，建议到城里逛逛，张学良勉强答应了。出去那天，一路上遇到的多是伤兵，有时由于行车不慎或是按喇叭太响，冲撞、干扰了伤兵，立刻会引起冲突。张学良为了避免麻烦，去了一次，就不再进城了。

1938年1月1日，张学良等下山，再乘汽车到距离县城约4公里的下湄桥，然后步行半公里，发现一处很大的温泉。张学良立即跳下去痛痛快快地洗了一个澡，回到住处，在当天的日记上写了："今日为（民国）二十七年元旦，洗我尘垢，愿做新人。"

1月2日，张学良下山拜访当地乡绅、前清翰林出身的陈九韶，并寻访乡间名胜。途中他因有所感，赋诗一首："刿溪别去又郴州，四省驰车不久留。大好江山难住脚，孰堪砥柱在中流。"对国民党军队望风而败、失地千里表达了强烈不满，希望出现中流砥柱的领袖人物来领导抗战取得胜利。

1月3日，张学良等又发现附近有一处温泉，张学良在日记中写道："此地甚好，余甚喜之。"1月12日，张学良特来此温泉洗浴。

1月22日，于凤至生病。次日，张学良也感冒、发烧。刘乙光从衡阳请来两位医生为张学良夫妇治疗，打针吃药后二人很快康复。

1938年1月31日，张学良在苏仙观迎来了春节。除夕之夜，张学良非常高兴，吃完午饭就在饭厅里和十几个队员推牌九玩，他做庄家。结果，队员们都赢了，最多的达100多元，张大约输了将近1 000元。虽然输了钱，但他精神特别愉快，一直玩到凌晨1点，张学良才说："算了！我也没有现款了，搞不赢你们。"初一正午，有个姓吴的特务队员见到张还说："副司令，再来推牌九，我们来押。"张笑着说："还推？我没有那么多钱来输。"大家都笑了。

过完农历春节后，张学良下山理发，刘乙光带了12名便衣警卫随行。在一家理发店，一个脸上有麻子的十几岁女孩为他理发。回山后，张连称这个女孩修面用手轻，手艺好。不到一个月，张学良又让刘乙光将这个女孩找到山上来给他理发。女孩嫌路远山高，起初不肯来，特务只好雇了轿子去抬，她才上山，理发完后，又用轿子送她下山。此后，张学良理发都是请她到山上来。这位年轻的理发师不仅手艺好，而且嘴巴能说会道，只要她一上山，苏仙观就会立即热闹起来。尽管她的郴州方言叽叽喳喳，别人都是似懂非懂，但大家越是不懂，就越是逗她，从南说到北，从北说到南，在那样的环境里，女孩的到来给大家带来快乐，暂时忘却烦恼。

从2月中旬开始，张学良一行继续开始游玩活动。张学良的记载显示，其行程如下：2月20日参观儒林煤矿；21日至永兴县城，并游览观音岩、参观宝兴煤矿；22日游览白马仙庙；23日乘车至耒阳县城；24日游览永兴县城附近的鸡公山庙；25日游览距永兴县城30公里的大河滩；26 日至车田参观铁工作坊制造铁锅；28 日至衡阳参观船山书院；3月 3 日至湘阴渡游泳。[1]这个日程表明，张学良是一个闲不住的人。

另据回忆，张学良 3 月上旬下山到城内东大街一家浴室洗澡，照例由刘乙光带 12 名便衣警卫随行。行到途中，突然有一位佩戴炮兵中校领章的军官迎面走来，发现张学良后，愣了一下，站住不动，紧盯张的脸，恭敬地立正敬军礼。张学良对此突然发生的意外事件反应十分镇静敏捷，为了不连累那位部下，他装着若无其事的样子，继续走路，没有还礼，也未与那位军官说话。

刘乙光却被这个突如其来的举动吓坏了，他立即派人去浴室联系，那人很快回来谎称："今天洗澡等候的人太多，不会有空。"张学良知道是怎么回事，笑了一笑，说道："那就改天再来，我们回去吧！"

事后，刘乙光马上下令调查，得知有一个炮兵独立旅刚由外地调驻郴州，下辖两个炮兵团，其中有一个团是由东北军改编来的，那位对张学良立正敬礼的军官即为该团中校副团长，是张学良的旧部。刘乙光听了非常着急，唯恐那位军官知道张学良住在苏仙岭，采取突然行动，刘乙光凭现有兵力无法抵抗，万一出了什么事，可不得了。最后，他一面加强警卫戒备，增加岗哨、游动哨，一面急电军统局，请戴笠指示。

刘乙光左思右想，仍怕出事，在请示戴笠后决定立即把张学良先迁往他的家乡暂住。刘是郴州邻县永兴县高亭司镇人，距郴州约 40 公里。第二天清晨，刘乙光即乘小车前往家乡，看有无空房可以搬家，在过了永兴栖风渡镇、快到油麻圩时，突然发现在公路旁有一所小学。停车一看，有 20 间左右房子，门窗尚好，因兵荒马乱已停课，无人居住。学校还有一个小型操场，便于警备。刘乙光喜出望外，立即决定搬到这里。

---

1. 张之宇：《张学良探微：晚年记事》，江苏人民出版社 2004 年版，第 180—181 页。

张学良一行迁到永兴的时间大约是 1938 年 3 月初。[1] 此地离郴州 30 公里，为加强戒备，刘乙光在栖凤渡和高亭司汽车站分别派驻了一个宪兵班和两名便衣警卫，两地相隔 7 公里，小学即被夹在中间，一旦有军队来往，可以提前获悉，便于应付意外。

张学良表面上对于这次搬家毫不在乎，但内心也知道这与那位炮兵中校向他敬礼有关。他曾问刘乙光："那天去洗澡，在路上碰见的那位军官是谁？我不认识他呀！"刘乙光也推说不知。

到了油麻圩小学后，特务们称呼张学良为"张老板"，附近的村民们根本不知道这位张老板就是曾经活捉蒋介石的大英雄。小学离油麻圩有 1 公里多路程，张学良夫妇常到附近走走，散散心。有一次，雨刚停，张学良就来到一条小河边钓鱼，由于河水急，他做的诱饵太轻，怎么也沉不到水中，张学良情急之下取下手指上戴的戒指系在鱼钩上。不料钓到一条大鱼，把钓鱼丝弄断，不仅鱼跑了，还赔上一枚戒指，真是赔了夫人又折兵，张学良懊恼不已。到了晚上，张学良走出房间，发现外面田野里有处处火光游动，张学良从来没有见过这种场面，很好奇，便朝火光走了过去。走近后，张学良问："老乡，你们在干什么？""在照鱼。"老乡回答。张学良看到老乡腰间系着的鱼篓里有不少鱼正跳得欢，也来了兴趣，就跟在老乡后面想看个究竟。只见老乡把火把伸向田间，田里的鱼在火把的照耀下一动不动，这时，老乡用一把铁梳用力地向鱼叉去，几乎一叉一个准，鱼就这样进了老乡的鱼篓。

第二天，张学良对刘乙光说，他也要去"照鱼"。刘乙光命人找来鱼篓、铁梳、松树枝等工具。到了晚上，张学良在特务的陪同下，拿起这几样工具向田间走去，但张学良初次使用这些工具，很不得要

---

1. 1938 年 3 月 4 日张学良致赵一荻的信中有"新由郴州迁至永兴，又将再迁湘西"等语。《民国档案》2003 年第 4 期，第 135 页。

领，不是鱼儿跑了，就是铁梳对不准目标，忙活了两个小时，也没有叉到几条鱼，还弄了一身的泥巴水。最后，张学良以高价收购老乡的鱼而归。[1]

1938年春夏之交，武汉会战全面展开，湖南局势趋于紧张，军统局又命令将张学良迁往湘西沅陵，张学良听到这个消息，闷闷不乐。他看着墙上贴着地图，对警卫说："东北这块好地方，现在不知道成什么样子了！"接着，又指着湖南的位置说："你看，我们就在这里，又要搬到那里，但是又住多久呢？"

张学良一行从湖南永兴迁移到沅陵的时间与路线，迄今为止没有任何史料披露。有关著作的说法也是五花八门，矛盾百出。近年有学者在张学良晚年捐献给台湾东海大学图书馆的藏书上找到了一点线索。研究者发现在张学良所收藏的《马克思及其学说》《马克思、恩格斯论中国》《恩格斯及其事业》《列宁家书集》等著作上都署有"民国二十七年四月十七日路经长沙所购"字样。[2]

笔者判断，张学良一行1938年4月17日路过长沙，显然不是从江西萍乡去湖南郴州那一次，而是从湖南永兴去沅陵时第二次路过长沙。另外联系上面引用的张学良写给赵一荻的信可以知道，迁湘西应是3月4日以前就决定了的。因此，笔者认为张学良离开永兴的时间应该是1938年4月15或16日左右，到达沅陵的时间应该是4月中下旬，当然不排除途中在常德停留一段时间的可能。还有一个有力的资料可以证明，那就是湖南省政府主席张治中于1938年6月上旬到沅陵探视了张学良。显然，张学良到达沅陵的时间肯定在6月上旬之前。[3]

---

1. 李彪、邓福良：《张学良隐姓埋名苏仙岭》，《兰台世界》2002年第12期。
2. 洪波：《张学良在贵州的幽禁生活》，《贵州社会科学》1998年第3期（总第153期）。
3. 台湾司马桑敦所著《张学良评传》及大陆作家赵云声所著《赵四小姐与张学良》都说张学良将军1939年3月到沅陵，同年秋季从沅陵迁到贵州。笔者认为，上述说法都不准确。

从永兴去沅陵途中，张学良一时兴起，要司机让他开车。开着开着，他见前面有一个50多岁的老头挑着柴火，便减速前进，但不知怎的，还是碰倒了老头。张停车询问，老头说："我的脚给轧坏了。"刘乙光下车检查，见只是轻微伤。张掏出30元给他治疗，就开车走了。晚上住宿，张学良对警卫们开玩笑说："今天在路上碰倒那个老头，要是公路上有警察的话，他要抓我去，你们才没有办法呢！"[1]

到达沅陵后，军统局指定住在凤凰山上的凤凰寺。因当时国民党刚成立沅陵行政专员行署，行署专员为湘西有名的土匪头子出身的陈渠珍。陈的土匪旧部很多，未接受改编的土匪旧部也不少，故沅陵的情况较为复杂，社会秩序有点紊乱。

凤凰山位于沅陵县城东南约1公里，北临沅江，比平地高出几百米以上，远观犹如展翅飞翔的凤凰，故此得名凤凰山。自隋文帝开皇九年（589）在沅陵建立州治以来，这里就是湘西著名的风景区。明朝万历年间，在山顶上修建了凤凰古寺，后来又在对面的山头上修建了七层古塔——凤鸣塔，与凤凰寺相对应。张学良到来后，又陆续修建了观江楼、养鱼池、天桥、钓鱼台、网球场、碉堡、高射炮台和防空洞等设施。山上古木参天、浓荫蔽日，山脚江水奔流、赏心悦目，风景十分幽雅。在张学良到来之前，军统局已经指示驻湘西的特务头子晏武将凤凰寺进行了修缮，并加修了防御工事，以利看管。故张学良到后就直接被送往凤凰寺。[2]

到沅陵后，张学良的心情有所好转。凤凰山脚下就是湖南四大河流之一的沅江，江水浩瀚、碧波荡漾，是理想的钓鱼场所，于是张学良在这里过足了钓鱼瘾。

---

1. 邱秀虎：《张学良将军被囚琐记》，载吴福章编《西安事变亲历记》，中国文史出版社1986年版，第401—406页。
2. 姜宏顶：《张学良旧居——凤凰山》，《华人时刊》2003年第5期；张宗高：《张学良幽禁凤凰山轶事》，《党史文苑》2002年第1期。

当地人钓鱼的传统工具，是用一个竹筒，上面缠着很长的粗线，再拴着一个很大的钓鱼钩子，在大钩子上又分出3个小钩，钓鱼时，先在鱼钩上装妥肉类或虾蚯一类的鱼饵，再卷动竹筒把线放到江中，等看见水面涌起波纹，便将粗线往回拉，很少落空。张学良对这种钓鱼的方式颇感兴趣，每次钓鱼出发前，先派人租用四五条大木船划到江心，把船停在江面，开始用竹筒垂钓。每次钓到的鱼都有六七斤重，较大的竟有一二十斤。有一天，张学良钓到一条特大的鱼，几个人都拉不上来，只好叫船夫跳到江里，跟着那条鱼游，直到它挣扎到筋疲力尽时，才把它拖上船，把张学良乐得嘴都合不拢了。

他们一行人以前多是吃了午饭去钓鱼，因为张学良的兴趣越来越浓，天不亮就嚷着要出发，午饭只好由厨师做好后送到船上。他们每次满载而归，晚上便叫厨师展现他的烹调技艺，清蒸、油煎、红烧、白灼等，吃得大家皆大欢喜。

在钓鱼的过程中，张学良与为其撑船的小船工杨绍泉成了好朋友。开始，杨绍泉不知道这位前呼后拥的钓鱼翁是何方神圣，便开口问，张学良回答："我叫老板。"日子久了，杨绍泉听人说他就是大名鼎鼎的张学良副司令，便无意中叫了一声。不料张学良听了，本来和蔼可亲的面孔顿时怒形于色，愤然说道："我是什么司令？早被人撤职了。以后不准叫司令，就叫老板好了！"

随着时间的推移，张学良与杨绍泉的感情也热乎起来。有一天，张学良提出要到杨绍泉的家里过端午节。杨绍泉家里穷，破烂不堪，觉得不好意思让客人上门，所以流露出一副很为难的样子。张学良知道他的意思，连忙说："你不要急，到时我准备东西，你只准备桌子椅子就行了。"到端午节那天，特务们挑着担跟随张学良到杨绍泉家里来了。这次，张学良亲自体会到了杨绍泉家的穷困状况，决定报酬从优，每天的工钱和船钱增加到两块银圆，而且负责他的中午饭。杨绍泉的孩子活泼可爱，张学良特喜欢他，有一天跟杨绍泉开玩笑说："你这小孩活泼可爱，就给我算了，肯不肯？"[1]

夫人于凤至喜静不好动，很少参加户外活动。有时，张学良劝她说："你老在庙里闷着干什么呢？走吧，出去玩玩。"于凤至为了不扫他的兴，也跟着大家去了几次，但对钓鱼丝毫不感兴趣，独自留在船上织毛线，吃完午饭后，就先回山上了。张学良为感谢她陪伴自己一路奔波，辗转迁徙，特写了一首《致于凤至》。诗曰：

> 卿名凤至不一般，凤至落到凤凰山。
>
> 深山古刹多梵语，别有天地非人间。

不久，江苏医学院和上海艺术专科学校相继迁移到沅陵，落脚在凤凰山附近。由于张学良经常到江边钓鱼，被学生认出，很快传开。一些好奇的女学生还成群结队，想看一看这位曾经叱咤风云的少帅之风采。有的就写信给亲友，把张学良在沅陵作为新闻传播，但这些信件全部都被安置在沅陵县邮电局的特务所截获，成为他们莫名其妙的烦恼。

正当张学良钓鱼钓得兴高采烈时，突然传说当地土匪武装即将攻打沅陵县城，局势一下子紧张起来。刘乙光感到事态严重，立即组织宪兵连修建工事。大伙忙了半天，准备得差不多了，便请张学良出来巡视。张看后，不甚满意，就建议道："我们看小说，不是有什么滚石檑木之说吗？今晚土匪若来骚扰，我们何妨试试？"大伙一听，觉得很有道理，遂动员全部人员，分成两队：一队搬运石头，一队砍伐树木。一切布置就绪之后，大家各守岗位，准备迎战土匪。张学良也无心上床休息，一直和刘乙光谈天说地。于凤至默坐一旁，不离开张学良一步，有时叹口气。

不料，等了一夜，始终不见土匪踪影。第二天，紧张气氛已经过去，

1. 张宗高：《张学良幽禁凤凰山轶事》，《党史文苑》2002 年第 1 期；娱人：《张学良结交小船工》，《钟山风雨》2004 年第 1 期。

张学良跑到外面，要大家试一试那些滚石檑木管不管用。队员和宪兵都是年轻人，也很感兴趣，便把一块石头抛下去。只见它顺着山坡翻滚，等滚落到半山腰和石壁相撞，立刻弹了出去，一连几跃就到了江心，把江水砸得水花四溅，蔚为壮观。从此，张学良又找到了滚石头的新奇玩法。[1]

11月18日，长沙大火后的第3天，戴笠突然轻车简从，只带1名随从副官跑到凤凰山来看张学良，一共住了两天。第一天，戴笠主要和张学良谈湖南省政府主席张治中奉蒋介石之命火烧长沙的经过。第二天，戴笠又召集特务队队员做个别谈话，宪兵连连长、排长，甚至厨师都分别被召见。这时，张学良外出游山玩水，以作回避。

一个最想抗日的人却无缘走上抗日战场，张学良一直感到无比的遗憾。[2]

张学良自从被软禁后，连着搬了好几个地方，只有住在溪口和沅陵这两处地方时情绪较好，这是因为两个地方的风景好，环境也好，又有活动的余地，不会感到闷得慌。

1938年12月，由于日军进攻湖南，其中一路逼近湘西北的桃源县，沅陵县城也遭到日本飞机的轰炸，湘西也不安全了，戴笠电令向贵阳方向移动。

"夜郎国"八年

我国西南的贵州省，古代曾是"夜郎国"的所在地，是一个比较闭塞的内陆山地省份。明正德三年（1508），37岁的王阳明因得罪宦官被

---

1. 佚名：《张学良的隐居生涯》，载晓萧编《张学良与台湾》，光明日报出版社1991年版，第37—40页。
2. 许多著作都说张学良于1938年冬在凤凰山写了一首诗以抒发自己的无限惆怅的感怀诗："万里碧空孤影远，故人行程路漫漫。少年鬈发渐渐老，惟有春风今又还。"该诗署名"张汉卿"。后来有人在台湾问张学良是不是他的作品，张学良除极力否认外，还说："拍马屁的，硬把黄河桥题诗往冯玉祥脸上贴金，你们信吗？"张之宇：《张学良探微：晚年记事》，江苏人民出版社2004年版，第334页。

贬到贵州龙场（今修文县）做了两年的驿丞小官。[1] 没有料到，时隔 430 年后，同样是 37 岁的张学良又来到先贤蒙难的地方受难来了。

张学良一行离开沅陵后，经湖南辰溪、芷江、贵州玉屏奔向贵州省会贵阳。沿途情景很乱，时有土匪出没，抢劫军用卡车，于凤至一路上提心吊胆。在玉屏县境内，他们碰到了当地的两种特产：一是洞箫，张学良非常欣赏，买了一对雌雄箫，队员们也几乎每人买了一支。二是地瓜（又名凉薯），不须用刀子削皮，用手一扒，外皮就脱掉了，里面又白又嫩，且水分较多，香甜可口。张学良先尝一个，连称"不错"，就请大家都尝尝。众人吃得很合味，便大量收购地瓜，留着在路上慢慢吃。

3 天后，他们抵达贵阳。刘乙光把张学良夫妇暂时安顿在一家旅店，就立即与军统局驻贵阳的机构联系，得知总部已留有电报，命令移住修文县附近。第二天上午，他们马不停蹄地赶到修文，住进县城郊外的阳明洞。[2]

修文县，位于贵阳以北约 30 公里。阳明洞是王阳明被贬到修文县后读书讲经之地，在修文县城以北约 1.5 公里的龙岗山上，是贵州的名胜古迹之一。洞外建有纪念王阳明的大祠堂——王文成公祠，房屋整齐宽敞，院落也很大。张学良和特务队全体队员就住在祠堂里，宪兵连分驻附近。

那时，西安事变的另一主角——杨虎城将军也被囚禁在距修文县 20 公里的息烽县玄天洞。彼此近在咫尺，却全然不知。蒋介石和军统局为

---

1. 王阳明（1472—1529），浙江余姚人，37 岁被贬到贵州龙场担任驿丞。龙场，在贵州西北部崇山峻岭中，为少数民族杂居荒僻之地，人烟稀少，蛇虺魍魉，蛊毒瘴疠，自然条件十分艰苦。他初到时连栖身的茅屋也没有，只能就穴而居。他原为正六品官，贬为驿丞，没有品级，地位低下，职务是"典邮传递送之事"。他后来说："谪贵州三年，百难备尝"，"横逆之加，无月无有"。王阳明谪居龙场三年，除了应付差事和做些因俗化导、开办书院、教人读书的事情之外，主要精力是修心养性，体验"圣人之道"。他的一套主观唯心主义的哲学体系主要是在这里形成的。

2. 佚名：《张学良的隐居生涯》，载晓萧编《张学良与台湾》，光明日报出版社 1991 年版，第 42—43 页。

加强对张、杨的监视，特别调军事委员会特务第四团前来修文、息烽，并禁止监视张、杨的特务人员互相之间有任务联系。而且，还选派得力的军统特务担任两县的县长兼保安警察大队大队长、大队副，以牢牢控制地方军政警察特务大权，便于监视。

贵州省立高中当时也迁到了修文县，有少数学生知道张学良住在阳明洞，因警卫森严，谁也不敢超越警戒线去见张学良。为了防止学生泄露消息，特务队特派人专门负责邮电检查，每天检查所有的来往信件。但学生放假回家就无法监视了，故知道张学良囚禁在阳明洞的人还是很多的。

张学良自从幽禁到贵州后，对阴冷潮湿的环境与气候很不适应，那里经常阴沉沉、雾茫茫的，使张学良本来就抑郁的心情更加不快，情绪又开始转入低潮，很少说笑。加上长年辗转幽居，面容消瘦，头发脱落，已显得十分苍老。无聊之余，只好以打麻将消磨时间，由于凤至、王妈、杜副官陪他打，刘乙光夫妇和一两个特务队队员也陪他打过。看报则是他每天必做之事，总要感慨万分地说："又失守了！怎么尽打败仗呢？"[1]

不久，又传来昔日东北军老部下鲍文樾叛变投敌做了汉奸的坏消息。自1931年九一八事变以来，原东北军上层特别是张作霖老班底的成员很大一部分认贼作父，成了不齿于人类的汉奸卖国贼，让张学良十分伤心，特别是鲍文樾这种曾经是张学良的亲信幕僚，现在也投靠敌人了，令张学良大为痛心。他于1939年4月5日写信给刘多荃，鼓励原东北军部属努力抗日杀敌，为东北父老争气。该信全文如下：

芳波兄：

　　好久没通信，时常想念。听说你们打得甚好，弟虽隐居山中，

---

1. 邱秀虎：《张学良将军被囚琐记》，载吴福章编《西安事变亲历记》，中国文史出版社1986年版，第407—408页。

听了也十分快慰。但是，又知鲍文樾追随汪逆做了小汉奸，闻之令人发指。他忘了谁是敌人，谁杀害我们的同胞，谁强占了我们的田园，谁来要灭亡我们，九一八的火药气味，他已竟忘了么？真是令人可恨！这真是东北人的耻辱，更是东北军人的耻辱，弟个人更是又气又愧。盼望兄等努力抗战，用我们的血洗去这污点，为东北群众争一口气，弟虽林下息影，也少有荣焉。

我身心两健，可告慰故人者。颂你健康，并祝胜利！

弟良书

4 月 5 日[1]

刚到阳明洞时，张学良跑遍了修文县的郊区，也没有发现什么好景点。游了几天，就没有兴趣外出了。刘乙光怕张学良闷出毛病来，建议他们夫妇到贵阳参观集市。贵州苗族同胞很多，赶集时打扮得花花绿绿，在外人看来总有点奇奇怪怪的感觉。但除了服饰比较引人注目外，也没有什么可看的。张学良第一次还觉得很新鲜，第二次便感到索然无味了。

不久，特务队在阳明洞附近修好了一个篮球场、一个网球场，常常组织一些球类比赛，来打发日子。每逢特务队员和宪兵队组织篮球对抗赛时，张学良都来当义务教练，有时还客串裁判。球兴大发时，他也亲自上场。大伙见他上场，不免有些顾虑，不敢放开打，他总说："上球场就是上战场，要勇敢，否则就会打败仗。"一场球下来，总是跑得满头大汗，连说只有这样才能"过瘾"。[2]

将近 3 年的辗转迁徙和长途奔波，加上精神上的折磨，使于凤至本来就虚弱的身体日益恶化，乳腺癌病情加剧。张学良担心拖下去会有生

---

1. 毕万闻主编：《张学良赵一荻合集》第 5 部，时代文艺出版社 2000 年版，第 539—540 页。
2. 曾磊：《张学良将军在阳明洞的日子》，载晓萧编《张学良与台湾》，光明日报出版社 1991 年版，第 176—177 页。

命危险，便提出让于凤至出国就医，由赵一荻来照顾他的生活。戴笠经请示蒋介石后，一口答应了。

赵一荻在香港获悉此消息，怀着对张学良的一片真挚之爱，毅然抛弃安定舒适的生活，离开将满10岁的爱子，决定返回大陆，与心爱的人同甘苦、共患难。临行前，她为了儿子的安全、教育和前途，秘密去了一趟美国，把张闾琳托付给张学良最忠诚的美国朋友伊雅格。

伊雅格（Jimmy Edder），美国人，出生在东北，与张学良是总角之交。伊雅格一直追随张学良，并负责张学良的家庭财务与子女教养，类似张家总管的角色，是张学良最信得过的朋友。[1]赵一荻请伊雅格照料一切，并对外严格保密，以防意外。母子分手时，幼小的张闾琳还不懂世事，只知道紧紧抱着妈妈的脚，哭叫着非要跟妈妈一起走。

1940年冬，赵一荻来到阳明洞，见到了阔别3年之久的亲人，张学良悲喜交加。1941年2月，于凤至忍痛离开阳明洞，前往美国治病，走时带走了王妈和应副官，只剩下杜副官照料张学良[2]。从此，于凤至再也没能回到中国，也未能回到张学良身边。当时，谁也想不到，于、赵此次"换班"竟成永别。

赵一荻到来后，张学良精神略为振作。张是一个精力充沛、兴趣广泛并且好动的人。赵一荻为了适应他这种活泼好动的天性，便努力陪着做、跟着学，经常陪张学良下棋、打球、钓鱼、读书，争取做到样样都会，都能跟着来。在生活方面，赵一荻心灵手巧，缝纫、烹调手艺都不错，把张学良照顾得无微不至。就这样，张学良与赵四小姐同甘共苦，一道承受这漫长而寂寞的囚禁生活。苦难和幽居并没有把他们拆散，反而使他们更加魂牵梦绕，相依为命。常言道，"患难见真情"，这是最好

---

1. 张之宇：《张学良探微：晚年记事》，江苏人民出版社2004年版，第332页。
2. 于副官到溪口几个月后就和女人走了；李副官到贵州后被捕，关在息烽集中营，1949年在重庆解放前夕国民党特务的疯狂大屠杀中被当作政治犯一起杀掉了。

的写照。[1]

1941年7月6日，张学良突然患急性阑尾炎，病情十分严重。张学良治疗的经过，过去的著作都是依据回忆资料的说法，[2] 但根据邹韬奋1942年8月2日发表在香港《大众生活》新12号上的文章，则又是另外一种说法。文章说："关于张先生的病，最近已有痊愈的消息，据说他于7月6日在修文寓所（即被拘捕之处），突患盲肠炎，情形甚为严重，当时在他左右的人都感到焦急，一时无所措手，不得不请求重庆主管方面设法，事为蒋委员长所闻，特由重庆派一专机送中央医院外科主任沈克非前往医治，但以修文设备不全，于是9日特送往贵阳中央医院，同时蒋委员长即派戴笠前往主持一切，经施行手术后，病渐痊愈，又于16日被送回修文。"[3]

笔者认为，邹韬奋的说法基本上是准确的，但也有一处错了，即张学良首次开刀治疗后并没有马上回修文县阳明洞，而是被送到了贵阳近郊的麒麟洞休养。

张学良生病后，戴笠赶到贵阳，并将张的病情报告给了在美国的宋子文。当时，宋子文以蒋介石私人代表的名义在美国争取支援，他

---

1. 朱洛筠：《忆大嫂赵一荻》，载《团结报》编辑部编《张学良的往事和近事》，岳麓书社1986年版，第272—275页。

2. 流行的说法是：军统局曾有指示，如张学良在贵州患病，外科找名医沈克非，内科找贵阳医学院院长李宗恩。现在，张学良病情严重，刘乙光一面以特急电报向军统局请示，但考虑到重庆军统局指示下来需要一段时间，若等到回电后，人已去世，这个责任谁来承担？刘乙光考虑再三，决定不等军统局回电，就直接去找当时的贵州省政府主席吴鼎昌，向他备案，并请求协助。经吴鼎昌同意，他们把贵阳中央医院的后院全部包下来，让张学良入院及时动了手术。手术由卫生署副署长兼贵阳中央医院院长杨静波亲自主持。经过临床检查发现其阑尾已经化脓，不能做切除手术，在征求张学良同意后，采取姑息疗法，切开腹部，排出脓液，使症状缓和下来。张学良暂时得以为安。张学良住院期间，贵州省会警察局局长夏松指定侦缉队便衣在医院附近放哨监视，外边的人根本不知道张学良在这里。这次刘乙光临机果断处置，挽救了张学良的生命，张学良对这位看管他的特务头子不再完全是憎恨，而是增添了几分感激。

3. 中国韬奋基金会韬奋著作编辑部编：《韬奋全集》第十卷，上海人民出版社1995年版，第399页。

得到戴笠的报告后十分关心，要戴每日报告张学良的病情，并于7月11日发电报给张学良表示慰问。电报说："顷闻兄患盲肠炎，割治经过良好，稍慰悬念。尚祈格外珍卫。已请雨农逐日电告尊况。嫂夫人安吉勿念。"[1]

7月17日，戴笠向宋子文报告说："汉卿先生由盲肠炎溃烂变为腹膜炎，经割治后现已平复。自昨日起热已退清，精神甚佳。委座对汉卿先生病极为关心。晚（戴笠谦称）当慎护一切，请勿念。闻公盛暑过劳不适，至念。敬祝健康。晚笠。筱。贵阳叩。"[2]

张学良病愈后，向戴笠提出，希望不回阳明洞，在贵阳住一段时间。戴笠同意暂住贵阳黔灵山麒麟洞（位于今贵阳市黔灵公园内）。由于贵阳情况比修文复杂，戴笠指示当地的军统局高级特务经常来陪张学良打牌、聊天，以加强监视。

8月中旬，张学良的病情再次恶化，不得不施行第二次手术。这次手术就在麒麟洞里进行，所需医疗设备由贵阳中央医院运来，在此布置了一个简易的手术室。手术由中央医院的杨静波教授主持。切开腹壁，发现手术处的软组织粘连广泛，这是腹部手术中外科医生最感头痛的事，这也说明是阑尾炎复发并溃烂引起，必须先做局部组织的层层剥离后才能找到发炎的阑尾。经过手术，杨教授为张学良成功切除了溃烂发炎的阑尾，手术顺利成功，这是一次"被迫手术"，是不得已而为之，否则后果难料。[3]

8月17日，戴笠将张学良第二次手术的情况报告给宋子文："汉卿先生创口脓尚未清，已续行开刀，但无妨碍，乞勿念。"[4]

1. 杨天石：《海外访史录》，社会科学文献出版社1998年版，第567页。
2. 同上，第568页。
3. 张友坤、钱进主编：《张学良年谱》下册，社会科学文献出版社1996年版，第1343—1344页。
4. 杨天石：《海外访史录》，社会科学文献出版社1998年版，第568页。

在张学良基本恢复后，贵州省政府主席吴鼎昌于9月间邀请张学良到贵阳郊区的著名风景名胜花溪举办了一次诗会，与会者中，有贵州的三位著名教授王梦淹、谢六逸、邹国斌，还有贵阳国民党《中央日报》社社长王亚明、《贵州日报》社社长严慎予、书法家陈恒安等。游览完毕，名士们回汉云楼吃过午饭，禁不住诗兴大发，纷纷填词赋诗赠予他们早就仰慕的将军，诗中充满了景仰安慰之辞。

陈恒安即兴挥毫，将早已填好的一阕《南乡子》题写给张学良。词曰：

> 北国暗云稠，戎马倥偬战未休。半壁山河是旧垒，忧忧！收复故土志未酬。将军胆识优，易帜兵谏有权谋。拟向苍穹摘北斗，休休！醉向花溪垂钓钩。

接着，邹国斌教授站起身，念起了自己的一首四言长诗：

> 壮志欲酬，光我神州。
> 疆场气壮，百战未休。
> 力主杀敌，袍泽同仇。
> 东北易帜，版图固有。
> 西安兵谏，震撼全球。
> 抗日复地，万民效道。
> 促成抗战，扫荡瀛州。
> 将军赋闲，昊天罔求。
> 花溪度夏，韬晦权谋。
> 风雷再起，碧霞畅流。

接下来，在场的几位名士、名流一一赋诗。东道主吴鼎昌也填了一首《鹧鸪天》，词中有句云："甲被卸，任遨游。一让飘踪随他去，花溪伴随度春秋。"

张学良即席吟成《答诗友》以答谢大家的好意。张氏原诗如下：

> 犯上已是祸当头，作乱原非余所求。
>
> 心存广宇壮山河，意挽中流助君舟。
>
> 春秋褒贬分内事，明史鞭策固所由。
>
> 龙场愿学王阳明，权把贵州当荆州。

因麒麟洞离贵阳市区太近，很快就有人知道张学良被软禁于此，军统局总觉不放心，于是又选择离贵阳约80公里的开阳县刘育乡一个叫刘衙的地方，于1941年9月间为张学良修建了幽居的住宅，建筑面积有1500平方米，前有庭院，后有花园，为中西合璧的建筑。为张学良准备了卧室、书房、会客室，另有副官室、礼堂等，环境十分幽静。这是大陆第一处为幽禁张学良而修建的住宅，对外称"行辕"。

1942年2月，张学良由贵阳黔灵山麒麟洞迁到开阳刘衙。为加强监视，贵州省政府主席吴鼎昌指示省党部、民政厅对开阳的官员进行逐一排查，对不可靠的人员立即进行调整，基本上实现"军统化"。委派原军统贵阳站少将站长李毓桢担任开阳县县长；选派中央警官学校特种警察训练班第四期毕业生王尧兼任刘育乡副乡长，军统成员廖文钦任乡长；中统局贵州省党部调查处在开阳建立调查组，县党部书记长秉承上峰旨意，突击发展国民党员67人，县党部建立党员监察网，各区分部设立监察员一人；三青团贵州支团部干事会委派军统骨干何明担任开阳县分团干事长，在三年中突击发展三青团员400余人。通过这一系列的措施，使开阳县官僚机构党团化、特务化，最大限度保证张学良在开阳时不出意外。[1]

在刘育乡，张学良更加苦闷无聊，只好以种菜、养鸡打发时光。他养了七八十只广东良种鸡，不久发生鸡瘟，一夜之间小鸡全死光，令他非常伤心。

张学良在刘衙幽禁期间还有一项活动就是到附近的白安营钓鱼或狩猎。

从刘育乡向东走约 4 公里，就是白安营，是翁荫河西岸崛起的一座小山，坐西向东，远望宛如雄狮委地，极为壮观。周围悬崖峭壁，只有一小径可从西面攀登到峰顶，而且还要经过栅门、山门和韦陀庙几道关口。此山古树参天，晨钟暮鼓，鼓刹烟云，鸟语花香，风景优美如画，是一个游览休息的好出处。1943 年 5 月，李毓桢令刘育乡乡长廖文钦等人筹款，在白安营上为张学良建造了中西结合、外观较为美观的四角、六角亭各一座。张学良每次去白安营，与赵一荻、刘乙光各坐一乘轿子，每乘轿子由三名体格健壮的丁夫肩抬，前排两人，后尾一人。到了山脚阁老寨，或拾阶上山，或临河持竿钓鱼，或到河边密林中狩猎，有时则看着驻足于悬崖峭壁的无数苍鹰或低沉悲咽的溪水穿过崇山峻岭、断岸峡谷，蜿蜒东去，静坐凝思，一坐就是几个小时。

1944 年冬天，几个乡下穷苦的猎人打了一只老虎抬进县城叫卖。县长李毓桢将虎买下来放在刘乙光家属住的北街赵辉山家大院，然后邀请张学良进城观虎。在观虎时，张学良夸奖和犒赏了猎人。老百姓见了，在背后称赞张将军不愧是当今杰出的英雄好汉，敢摸中国"头号老虎"蒋介石的屁股。

1944 年 4 月，日本为打通中国大陆的交通线，发动豫湘桂战役，

---

1. 刘毅：《开阳刘衙——张学良将军幽禁地》，《贵阳文史》2002 年第 2 期；刘毅：《张学良将军幽禁开阳始末》，《贵阳文史》2002 年第 2 期。

国民党军队一溃千里。12 月 2 日，日军先头部队攻陷贵州南部重镇独山，省城贵阳一日数惊，陪都重庆也大为震动。在此人心惶惶的情况下，戴笠从重庆来到贵州息烽部署撤退事宜。在一个寒风凛冽、大雪纷飞的夜晚，张学良被转移到了贵州北部靠近四川的桐梓县南门外小西湖畔。

桐梓县，位于贵阳以北约 300 公里处，县城南门外约 10 里处有一个天门洞，分上天门和下天门，河水穿洞而过。1942 年，国民政府军事委员会兵工署在此修建了一座兵工厂。为发电，在上天门前仿照杭州西湖的格局建了一座蓄水池，有湖心亭、三潭印月、放鹤亭、望湖亭等景点，湖边遍植柳树，人称小西湖。

张学良的住房就建筑在湖边。他有时在湖滨垂钓，有时泛舟湖上，或者到附近山上打猎。这时，张学良带在身边的私人存款也差不多花光了，每逢赶场，购买的食品也变单一了，生活状况越发不如从前，身体也日渐衰弱。[1]

从 1937 年 11 月离开溪口，张学良历经黄山、萍乡、郴州、沅陵、修文、开阳、桐梓，辗转迁徙，长途奔波，处境每况愈下，一天不如一天。长达八年的幽禁生活，他的身体和精神倍受打击，已从一个活泼潇洒的年轻将军，变成了沉默忧郁的中年男子。但他仍保持了乐观、豁达的秉性，顽强地生活着。他曾对看守人员说："男子汉大丈夫，主要是能够拿得起、放得下。你想想，过去的我和今天的我，环境的变化有多么大，在精神方面应该感受到极大的痛苦了！但是你看，我不是照样吃得、睡得吗？！"正是这种乐观主义精神，陪伴张学良度过了漫长的幽禁生涯，使他没有被拖垮、拖死。

1945 年 8 月 25 日，张学良在贵州桐梓小西湖畔，盼来了日本无条

---

1. 邱秀虎：《张学良将军被囚琐记》，载吴福章编《西安事变亲历记》，中国文史出版社 1986 年版，第 408—410 页。

件投降，中国抗日战争取得胜利的喜讯。他不惜牺牲一切，为之而奋斗不止的最高目标终于实现了，但重获自由、返回东北故乡的愿望，依然遥遥无期。

企盼自由到来

张学良自 1936 年 12 月 31 日被判刑，遭囚禁之后，一直渴望重获自由。最初，他寄重望于东北军的团结与西北"三位一体"局面，但因为西安"二二事件"、东北军东调被击碎。七七事变和八一三淞沪会战全面展开后，张学良认为他东山再起的良机已经来临，暗想蒋介石会在团结抗日的旗帜下，放他出去为国效命。凡是关心张学良的人，包括负责监视张的特务都认为他这回可以恢复自由了。但张学良的抗日请缨要求，每每得到的都是蒋介石"好好读书"的答复。

1937 年 11 月离开溪口后，张学良有些失望，一路上情绪低落，只好流连于山水之间，用打球、玩牌、下棋来消磨时光，用吟诗填词来排遣不能参加抗战的苦闷心情。传说张学良曾经在湖南郴州苏仙观的墙壁上题词，其中有"恨天低，大鹏有翅愁难展"一句，可惜没有保留下来。现在，此地被列为文物保护单位，命名"屈将室"[1]。

1938 年 6 月上旬，新任湖南省政府主席张治中巡视湘西期间，听说张学良已经转移到沅陵凤凰山，立即上山探视，同张学良夫妇吃了一顿晚饭。

两位张将军是 1928 年东北易帜后相识的，张治中喜欢张学良说话爽快，待人热诚；张学良也很看重张治中的为人，每次到南京两人都有

---

1. 邹云峰：《张学良被囚苏仙岭》，载河北人民出版社编《张学良囚禁生涯》，河北人民出版社 1986 年版，第 55—56 页。

来往，遂成为很要好的朋友。1936年12月26日张学良到南京后，张治中正在苏州研拟东南地区的抗战计划，不顾南京的险恶气氛，急忙赶回南京，到宋子文公馆看望张学良。那次见面时，张学良就对张治中说："打日本鬼子，我们非团结起来不可，非好好准备不可。现在日本人步步进逼，形势危急，我也非早日回去不可。请文白兄向委员长转达我的要求，早做决定。"

此次湘西重逢，两人都倍感亲切、兴奋，除了互诉别后情况外，主要谈论了抗战形势。张治中介绍了湖南的抗战准备情形：基层人员大多更换了新人，民众组训、学生组训、抗日自卫队组训都在进行，呈现出一派新气象。

张学良则反复表达了参加抗战的强烈愿望，他说："抗战一年多了，全国军民都踊跃参加，我身为军人，反而旁观坐视，实在憋不住了！对我来说，这是国难家仇，我怎能忘得了皇姑屯事件！怎能忘得了九一八！我的部属望着我，全国人民望着我。他们哪能不问张某人到哪里去了？现在，国家正是有事的时候，为什么老把我关在这里？我希望能早日恢复自由，为抗战做点事情，无论什么事都可以。"

最后，张学良再次请求张治中将此意转告蒋介石。张治中很同情他的处境，毅然说："好，你写封信给委员长，我见到他时再做详细说明。"张学良立即写了一封短信，说有许多话，希望能见委员长一面，当面陈述。

张治中离开没几天，戴笠于6月11日给张学良来了一封信。信件原文如下：

汉公赐鉴：

自违教范，无时不在景仰之中，捧诵本月1日手示，敬悉一是。公托文白主席代呈委座之书，有无转呈，刻正在查询中，如未转呈，晚当代为转陈也。委座对公之爱护始终如一，而其期望于我公者亦至深且切。晚则上承委座之意旨与我公之期望，自当竭尽绵薄，以图报命也。理应随时趋候，面陈一切。但自抗战军兴十月来，到处奔驰，既因人事之纷繁，加以贱躯复病倒两月，致屡误趋教之行期，而宋先生与四小姐致公之书亦延搁至今未获面呈，殊深歉仄。致公3月4日寄四小姐之函，因曾叙及新由郴州迁至永兴，又将再迁湘西等语，时闻伤兵在湘到处滋扰，晚适在病中，为缜密我公之行踪，借期保护之周密计划故，未敢遽行转去。睿明如公，谅蒙鉴原。但晚曾以宋先生数月来常往来（香）港（武）汉之便，辄将公之起居状况等请其详为转达四小姐，对公一切请其放心也。晚因策动苏浙行动委员会之忠义救国军事，日内须出发皖浙边境一行，兹特将宋先生与四小姐及公致四小姐以后之函八封，及鹳庄兄寄来之德华银行支票一页，专员送上，至请检收。现宋先生在汉，不久仍须赴港，公可复其一信，并签好德华之支票，复四小姐一信交原手携回，以便转交。但勿请书明现在之住址为常德。以公之声望与晚之处境，不得不慎重将事耳，非有其他之用意也。晚犹有陈者，闻公尝遨游山水，坐钓河干，际此时局紧张，后方不靖之时，万乞深居简出，为国珍重。晚对我公之忠诚始终未敢稍消，用敢竭诚奉陈，幸乞采纳。敌国图攻武汉之情势日急，我军已有以充分之准备，知关厪注，并此奉闻。敬颂康乐，夫人均候！

晚戴笠敬上

6 月 11 日 [1]

从函中可以看出，戴笠尽管用词非常谦卑，但字里行间对张学良的

---

1. 陈红民：《在哥伦比亚大学读"张学良、赵一荻文件与口述资料"》，《民国档案》2003 年第 4 期。

管束依然是十分严厉的，不仅不得在通信上丝毫透露自己的行踪，而且连"遨游山水，坐钓河干"也不被许可。在戴笠看来，张学良最好像庙里的菩萨一样，枯坐家中，不言不语，一动不动，才符合戴笠管制的规范。

张治中回到长沙后，立即派人把张学良的信送给蒋介石。蒋既没有给张治中回话，更没有直接答复张学良。[1]

1938年11月12日，一场大火将具有几千年历史的古城长沙化成焦土，身为湖南省政府主席的张治中为此事焦头烂额，自身难保。25日，蒋介石飞来湖南主持南岳军事会议，张治中也就顾不上向蒋当面为张学良求情了。

张学良既为自己报国无门而苦恼，又为中国抗战军事上的不断失利忧心忡忡，更为抗战中难得的胜利兴奋不已。1939年9月中旬至10月上旬，日军集中12万兵力，从赣北、鄂南、湘北三个方面会攻长沙。中国第九战区以40万兵力相抵抗，英勇奋战，歼敌两万余人，恢复了原有阵地。这是中国军队自七七事变以来首次用武力迫使日军回复到战前态势的一次战役，被称为长沙大捷。参加战斗的第十五集团军总司令关麟征在战后写了一首《鹧鸪天》词，张学良步他的原韵，也填了一首词，表达自己的喜悦心情：

> 欣闻长沙传捷报，敌骑难越旧山河。关军能继先哲志，碧血黄沙把敌却。民欢乐，我亦乐。乘胜直捣长白山，松花江畔奏凯乐。[2]

---

1. 张治中：《三访被幽禁的张学良》，载吴福章编《西安事变亲历记》，中国文史出版社1986年版，第420—421页。

2. 袁化鹏：《我多次见到了张学良将军》，载中国人民政治协商会议贵阳市委员会文史资料研究委员会编《贵阳文史资料选辑》第20辑，1986年版，第106页。

尽管自己不能亲自投身抗日战场，但凡是有益于抗日的事，张学良总是尽力而为。1939年，他应戴笠的请求，写信劝鲍文樾不要当汉奸。鲍文樾终于未听劝告，跑到南京投靠汪精卫，做了可耻的汉奸。张学良闻讯，十分气愤。1939年4月5日，他在给刘多荃的信中，强烈表达了痛恨部属做汉奸，希望旧部英勇杀敌、复土雪耻之情。

　　在抗日战争即将取得胜利的前夕，张学良又应戴笠的要求，在白色绸缎上写了32封密信，以策反在沦陷区投敌的东北军旧部，劝诫他们反正归来，弃暗投明。其中于1945年3月15日写给于珍的信件全文如下：

　　济川我兄大鉴：

　　　　自九一八事变别来于今，已十有四年矣。每一念及，诚如古人所云：肠可九回。想兄亦当有此同感乎？抗战以来，八载于兹。就国内近日大势为兄一陈：盟军迫近柏林，希特勒之败即在目前，不待计而后知之者。日军在太平洋及缅甸屡败，动则全员战死，此乃非其猛勇，是无抵抗、无力可退之地也。日本海空两军，外强中干，不堪为盟军之对手。菲列宾（菲律宾）之海战可以证之。现日本船只损失泰半，致海外日军孤悬，恐不久皆得为全员战死乎！我中美空军联合袭敌，万里航行，如入无人之境。此等情事，想兄早已知之矣。此不过盟军一部分力量而已。转瞬德国问题解决，盟军陆海空将联袂东来，我国五百万大军同时反攻，而我盟友苏联西面之敌已灭，其不忘张鼓峰、哈欣河（诺门坎）之役必得有以报之也。日本之必败，路人皆知。此之实现当在不远矣。古人云：久蛰思启。愿我兄当大军反攻之日，纠合同志，领袖群伦，扰敌后方，断其归路，使其片甲不回，建不世之功，此诚思儿报国之时也。最高当局宽仁下士，对人之诚，当为兄所悉，对兄当能保障，弟亦愿以人格生命担保之，切勿介介于怀，坐失良机。时乎时乎不再来，愿兄好图之！笔挫情深，不能叙心境于万一。谨布区区。并祝顺利。

弟张学良顿首

3 月 15 日[1]

正义的呼声

中国共产党始终没有忘记张学良这位促成国共第二次合作、抗日民族统一战线建立的朋友。周恩来与张学良虽然只相处了八天九夜，却一见如故，建立了非常珍贵的友谊。自张学良失去自由，周恩来念念不忘这位有大功于抗战的民族英雄、千古功臣，并为恢复张学良的自由进行了持续不懈的努力。

根据周恩来的建议，以李杜、李延禄、刘澜波、阎宝航等东北知名人士的名义于 1937 年 4 月下旬在上海八仙桥青年会馆召开东北救亡总会（以下简称东总）筹备会议，决定在北平建立东总机构。6 月 20 日，东总在北平白塔寺东北大学（流亡大学）召开成立大会，到会代表 120 余人。大会选举产生执行委员 30 余人，再由执行委员推举常务委员五人。常务委员会下设秘书处及组织、宣传、训育、联络 4 个部以及军事、政治、经济、救济、教育 5 个委员会。东总内成立了秘密的中共党组，由刘澜波任书记，党组成员有张德厚、宋黎、栗又文、王一夫、于毅夫等，直属中共东北特委领导。周恩来通过刘澜波等东总负责人与一部分东北军高级将领和东北各界人士一直保持密切联系，并对东总行动给予指导。东总机构先后迁到南京、武汉、重庆，成员也经常处于变化之中，但东总所担负的任务一直没有变化，根据周恩来的建议，东总始终以营救张学良将军作为三大任务之一。

---

1. 毕万闻主编：《张学良赵一荻合集》第 5 部. 时代文艺出版社 2002 年版，第 548—550 页。

东总成立初期，决定由张学思出面动员东北军将领和元老呼吁蒋介石释放张学良。为此，东总吸收张学思加入东总，并让他重新加入中国共产党（张学思1934年入党，不久失去联系），由刘澜波直接领导。在刘澜波的领导下，并得到黄显声、高崇民的协助，张学思奔走各地，先后联络第六十七军军长吴克仁、第五十三军军长万福麟、第五十一军军长于学忠、第四十九军军长刘多荃、骑兵第二军军长何柱国及东北元老莫德惠、刘尚清、王树翰等，转达张学良对他们的嘱托，请他们给蒋介石写信，要求他放人。张学思还奉中共党组织的之命，去找宋子文、宋美龄、戴笠，请他们劝蒋释张。这一切虽然没有达到目的，但表明了中共党组织对张学良的关怀。

之后一段时间，东总根据抗日形势急剧变化的现实，不再采取直接行动营救张学良，而是通过东总主办的《反攻》半月刊（于毅夫、高崇民先后任主编）及《时代批评》（周鲸文主编）等杂志做持续的舆论宣传，呼吁恢复张学良将军的自由，请他出山主持东北大计。

1940年，《反攻》刊登了该刊主编（兼东总宣传部副主任）于毅夫写的《九年来东北人民奋斗的总结》一文。文章开头写道："我们丢失了家乡已整整九年了，我们英勇奋斗也整整九年了，我们一直要奋斗下去。"接着文章以翔实的资料记述了东北抗日联军、东北军在关外、关内各战场上血战日寇的悲壮事迹，及散居关内的几十万东北人为支援抗战所做出的牺牲。文章写道："当务之急，就是要进一步把三千万东北人彻底动员起来，团结起来，坚持抗战到底！"谁能担此重任呢？作者指出，只有张学良将军。因为只有他"在东北有号召力量"，所以，我们"不应该叫他投闲置散，应该叫他赶快出来努力东北的工作，而这些迫切工作，都是我们今天应该努力设法使其实现的！"

1941年，于毅夫又在《大众生活》杂志发表《谈张学良将军》，文章列举了中外许多人士包括一些国民党高层人士希望张学良出来的心声，最后说："最近因为德国之侵苏，日本北进的可能性也逐渐增加了。

狄人委任板垣来做朝鲜军司令，冈村做华北军司令，这些都是人事上的准备。无论它是北进也好，西进也好，总是离不开以东北为军事基点来向外侵略的。在这时，我们果真要经营东北，我们就不能丝毫无所准备。难道像张学良这样对东北有号召能力的人物，还容他投闲置散，不出来为国效劳吗？我想这不是一角落一地域的事，而是关系整个抗战的事，全国国民对此是不应该默然而息的。"[1]

进行舆论鼓吹，要求恢复张学良自由的，除了于毅夫，还有发起人权运动的周鲸文[2]。他主编的《时代批评》杂志是东北人的另一个舆论宣传阵地，他以这个杂志为阵地发动了一场人权运动，以恢复张学良自由为主要目的。该杂志先后发表了《全国抗战中张学良尚被囚禁》（李怀琛）、《政府应即释放张学良将军使他参加抗战》（刘希贤等）、《从加强抗战谈到张学良将军等问题》（竞华）、《政府应立即释放张学良》《要求恢复张学良将军自由的呼吁》《东北旅港人士为张学良将军自由致拉铁摩尔先生书》《张学良能不能恢复自由？》《张学良被囚是仇者快亲者痛的悲剧》《张学良的思想与能力》（丁一）、《纪念双十二想起了张学良》（何辛）、《从人权运动声中检讨张学良的半生事业》（张弓）、《从张学良的自由谈到解决国共纠纷》《万人关怀的张学良将军》（于毅夫）、《张学良将军对国事主张与解决当前问题》（何镜华）、《论收复失地与释放张学良》（江山）等一系列文章，为张学良的自由呼吁。这些文章的发表产生了很大影响，以至于国民党中央宣传部部长王世杰在回答外国新闻记者的询问时也不得不谎称，张学良只管束五年，五年之后即可恢复自由云云，以欺骗和应付舆论。名记者邹韬奋感叹这是舆论的力量。邹韬奋还说："张学良先生自西安事变解决以后，他虽然曾经被政府判定了罪，也曾经被政府赦免了他的罪，他仍然是一个无罪的应该自由的公民，他

---

1. 于毅夫：《谈张学良将军》，《大众生活》1941年第11期。
2. 周是张作相的外甥，与张学良是远亲——笔者注。

应该被释放，原是一件不成问题的事情。但是他却仍被囚禁着。"[1]

据说，国民政府军事委员会副参谋总长兼军训部长白崇禧也向蒋介石建议，准张学良出山，担任重要军职，以号召东北军人抗日卫国。

当然，对张学良怀有敌意并且强烈反对恢复张学良自由的人也大有人在，据说对张学良敌意最深的是何应钦、陈诚等人。某国民党中央执行委员在总理纪念周上大骂张学良一身兼有嫖赌饮三种不良的嗜好，这样的人竟有人拥护他，岂不是丧心病狂吗？[2]

邹韬奋认为，反对释放张学良的，不外以下两个理由：（1）"张学良代表着数百万流亡关内的东北军民的要求，坚持打回老家去。这和某些人认为抗战到底的'底'为恢复七七以前原状的目标不同。起用张学良，足以妨害'适可而止'的方针。"（2）"张的地位仅次于蒋委员长，其声望也仅次于蒋委员长……所以必须出全力以日夜媒糵其短。"[3]

蒋介石对《反攻》《时代批评》等杂志的舆论宣传十分惊恐，他命令军统头子戴笠秘密逮捕《反攻》杂志主编于毅夫并下令取消东总。中共南方局得到消息后，秘密通知于毅夫离开重庆，使其免遭罹难。[4]

在抗战期间的多次国共谈判中，周恩来代表中国共产党，屡次严正要求和竭力督促蒋介石、孔祥熙、宋子文、宋美龄等当事人履行诺言，立即释放张学良。

有一次，周恩来在重庆遇到宋子文这位当年西安事变的谈判对手和担保人，即以讽刺的口吻对他说："西安事变时，你答应的诺言，我还没有给你宣布过。"[5]对此，宋子文无可奈何，老老实实地回答："其他事

1. 中国韬奋基金会韬奋著作编辑部编：《韬奋全集》第10卷，上海人民出版社1995年版，第449页。
2. 同上，第570页。
3. 同上，第400页。
4. 王子文：《失地后的民族正气——东北救亡总会与张学良》，《党史纵横》1995年第12期。
5.《周恩来选集》上册，人民出版社1980年版，第193页。

情都做了，就是这件事我无能为力。"并为此向周表示歉意。[1]

1944年12月28日，周恩来致函美国总统罗斯福的特使赫尔利，说明中国共产党不愿在关于"联合政府"的问题上"继续抽象的探讨"，因此，他向国民政府提出四点要求，请赫尔利转达国民政府。四点要求的第一点就是释放全国政治犯，如张学良、杨虎城、叶挺、廖承志及其他大批被监禁的爱国志士。

1945年8月15日，张学良在桐梓终于盼来了抗日战争胜利的喜讯。他拿着报纸，越看越激动，眼中流出了热泪。抗战胜利了，想来这种"管束"也该结束了，张学良重新燃起了希望之火。他把早年从瑞士带回的一块欧米茄表托人送给蒋介石，提醒他释放他的时间该到了。蒋介石也不甘示弱，立即回赠一本1936年的年历和几根漂亮的钓鱼竿，表示自己不会忘记西安事变的耻辱，要张学良安心钓鱼，不要去想释放的事。张学良再次失望。[2]

1946年1月10日，有各党派代表及无党派社会贤达参加的政治协商会议在重庆召开，蒋介石以国民政府主席的身份在开幕式上致辞，迫于当时国内外的压力，蒋言不由衷地宣布了"政府决定实施的事项"，即所谓四项诺言：（1）人民之自由：人民享有身体、信仰、言论、出版、集会、结社之自由。现行法令，依此原则分别予以废止或修正。司法与警察以外机关，不得拘捕、审讯及处罚人民。（2）政党之合法地位：各政党在法律之前一律平等，并得在法律范围之内，公开活动。（3）普选：各地积极推行地方自治，依法实行由下而上之普选。（4）释放政治犯：政治犯除汉奸及确有危害民国之行为者，分别予以释放。[3]

为了验证蒋介石说话是否算数，中共代表周恩来决定利用政协这个讲坛，再次郑重提出恢复张学良、杨虎城两位将军的自由。1月14日，

---

1. 童小鹏：《风雨四十年》第1部，中央文献出版社1996年版，第91页。
2. 汪树屏、汪纪泽：《我所认识的张学良》，中国广播电视出版社1990年版，第207—208页。
3. 《政治协商会议资料》，四川人民出版社1981年版，第133页。

在政协会议讨论人民基本自由权利问题时，周恩来发言说："政府答应的事做几件，各党派无党派人士都欢迎拥护。如蒋主席演辞提出有关民权的宣言，得到全国赞成……蒋主席在本会宣布的四项主张我们非常拥护，全国人民迫切希望全部实现。有些事情当然要有步骤，但放人这件事立即可做。说到这里，有件事感到很沉痛并表示遗憾，本人不愿来说过去历史，但是在道义上不能不说。九年前挽救国家民族一大危机的张、杨两先生，他们做法虽然鲁莽了一点，做了一件政府认为不对的事情，但此事结果，却为民族产生了惊天动地的团结抗战。若没有他两人的赞成，也不会有民族复兴节那天的欢欣。不念旧恶，是中国人民的美德，要是张、杨两先生释放了，西北与东北父老乃至全国人民，谁不欢欣，何必不做！给人民自由只有对国家有好处，望政府当机立断。"[1]

周恩来的发言将了蒋介石一军，出席政协会议的国民党代表孙科、陈立夫、吴铁城、王世杰、邵力子等人面面相觑，无言以对。最后，还是有"和平老人"之称的邵力子硬着头皮起立答言，说"蒋先生和张汉卿先生的关系，与一般长官与僚属的关系不同"，云云，才使国民党代表勉强下台。[2]

1946年4月28日，周恩来在重庆曾家岩50号出席重庆文化界话别茶话会，报告国共谈判的经过。他深有感慨地说："重庆真是一个谈判的城市。""差不多十年了，我一直为团结商谈而奔走渝（重庆）、延（安）之间。谈判耗去了我现有生命的五分之一，我已经谈老了！多少为民主事业努力的朋友却在这样长期的谈判中走向监狱，走向放逐，走向死亡……民主事业的进程是多么艰难啊！"[3]周恩来说完，东北知名人士王卓然接着说："周先生十年谈判生涯虽然太辛苦了，但将来的历史

1.《周恩来一九四六年谈判文选》，中央文献出版社1996年版，第75页。
2. 惠德安：《张学良将军轶事》，辽宁人民出版社1985年版，第184—185页。
3. 中共中央文献研究室编：《周恩来年谱》(1898—1949)，人民出版社、中共中央文献出版社1989年版，第661页。

自有崇高的评价。只可怜那一个远在息烽钓了十年鱼的人[1]，他这十年钓鱼的日子不是容易过的啊！……"这番话使大家欲哭不能，周恩来那严肃的脸上闪过了一丝悲凉的泪光。[2]

与中共及周恩来的努力相配合，在抗战胜利及政治协商会议前后，东北救亡总会、《反攻》《时代批评》杂志及一些关心张学良的东北人士，也积极进行了要求恢复张学良自由的活动。

1945年9月18日出版的《反攻》杂志第17卷第5期发表高崇民的《感怀与希望》一文，其中谈道："我们想起那些为政治而获罪，至今尚在囹圄中的战士……例如，张汉卿先生在抗战前所主张的团结抗战国策，时至今日如不站在党派立场的话，事实证明是正确的。我们凯歌告旋，如不得其相伴而归，不能不使我们感到怆然遗憾。"[3]

1946年3月，高崇民又发表《惨胜归来》一文，指出："张将军有功于国，无负于蒋，计其大者：民国十七年易帜，促成国家之统一；十九年率军入关，摧毁阎（锡山）冯（玉祥）汪（精卫）扩大会议，使国民党南京政府益加巩固；即西安事件，亦公而忘私，国而忘身，使中华民族转入新时代，其历史意义甚为重大。乃竟被囚十年，迄今无释放之意，真理、争议、人情、国法，无一能说得通。"[4]

在此前后，《时代批评》也连续发表相关文章，为张学良的自由呼吁呐喊。其中，于毅夫撰写的《万人关怀的张学良将军》是其中的代表作。文章首先引用了美国作家约翰·根室在《亚洲内幕》一书中对张学良的一段描写："少帅张学良是个心理上令人不可捉摸的谜，我在本书中已提及失意人物，如近卫、甘地等，在这些失意人物之中，我

1. 当时人们误传张学良囚禁在贵州息烽——笔者注。
2. 鱼汲胜：《千古功臣的千古奇冤》，载漠笛编《张学良生涯论集》，光明日报出版社1991年版，第263页。
3.《高崇民诗文选集》编委会编：《高崇民诗文选集》，沈阳出版社1991年版，第58—59页。
4. 同上，第76页。

最感兴味的是少帅。现在让我们先来谈少帅，他现在已没有政治上重要的地位，但将来又当如何？则不能遽下断语。我以为张学良在我所论述的人物中，是最难驯、最执拗而又最动人怜的一个！"文章接着说，这是一外国人对于张学良的看法。至于中国人对张学良的看法，则比较复杂，有的把他看作国家和民族的叛徒，认为他是一个罪不容诛的人；有的则把他看作是民族解放的斗士，认为他是一个应受到尊敬的人物。文章说："他的一身，仿佛是爱与憎的结晶体。中国的古语，所谓'爱之者欲其生，恶之者欲其死'的两种情绪，却集中在他一个人的身上，他到底是什么样人呢？是否如约翰·根室所说的'是个心理学上令人不可捉摸的谜'呢？在我看来，绝不是的。他的心理并不异于常人，也没有什么不可捉摸的地方。他的被人咒骂，是为了他的要求进步，要求改善现状。他的被人尊敬，是为了他的要求进步，要求改善现状，更因为他具有一颗爱国家爱民族的火热心肠。为了国家民族，把个人的得失安危完全置之度外，所以他才有那样自我牺牲的伟大精神。正是因为他有这样一种伟大的精神，所以他才被人认为最难驯、最执拗！"[1] 文章接着对张学良的生平、政治主张、性格特征等做了简要叙述，指出张学良"最难能的是他的自我牺牲的精神"[2]。文章最后说："如果说中国还是一个民主国家的话，那么对于千千万万东北人民的要求，便不应该视作沙漠中的呐喊。如果说中国还有人权保障的话，那么对于张学良的长期幽禁，为了正义和人道，为了抗战建国，每一个中国人民是难安缄默的！"[3]

1946年8月，东北各省代表联席会议全体代表发表由高崇民起草的《要求释放张、杨二将军电》，电文如下：

1. 中共吉林省委党史工作委员会编印：《于毅夫文集》，1987年版，第392—393页。
2. 同上，第396页。
3. 同上，第400页。

南京蒋：张学良、杨虎城二将军无辜被囚已逾十年，无法律依据，凭个人喜怒，摧残爱国，蹂躏人权。曲解政治犯，而曰是家教。即使主之于奴，父之于子，狠毒虐施亦不至如此。况张将军于民国十七年易帜，有完成国家统一之功；民国十九年摧毁扩大会议，有巩固国家政权之劳。即西安事件，主张联共抗日，对内团结，对外抵抗，亦国而忘身、公而忘私者。不然，何以解释特赦之令？乃群小猖狺，排忌不已，致堂堂政党有如虎穴，高高元首食言而肥。中外寒心，人民怨叹，东北父老愤慨尤深。为增加国格，收回人心，盼立即履行双十协定与政协决议，迅将张、杨二将军及其他政治犯予以自由，一律释放。是有利无损之计，应勿惮而不为。[1]

在中共中央的一再交涉下，蒋介石不得不下令释放中共中央委员廖承志、原新四军军长叶挺等，但对要求释放张学良、杨虎城两位将军的呼吁始终置之不理，只是在政治协商会议结束后，蒋介石允许东北人士选派一个代表去看望张学良，算是做了一点让步。1946年4月中旬，莫德惠在得到蒋介石同意后，由重庆赴桐梓，探视阔别八年的张学良。

莫德惠（1883—1968），字柳忱，吉林双城县（今黑龙江哈尔滨双城区）人，历任县长、国会议员、吉林道尹、奉天省长、中东铁路理事会理事长兼督办，是奉系集团的元老人物。他对张作霖、张学良父子有很深的感情，张学良失去自由后，莫德惠说："我身受张氏父子两世厚恩，决同张学良患难与共。"在奔走营救张学良失败后，他煞费苦心，积极联络蒋介石左右戴笠等人，企图以此来阻止蒋介石加害于张学良。抗战爆发后，莫德惠被聘为国民政府国民参政会参政员，成为无党无派的"社会贤达"之一。为了张学良的安全，他奔走于权贵之门，与负责看

1.《高崇民诗文选集》编委会编：《高崇民诗文选集》，沈阳出版社1991年版，第98页。

管张学良的军统特务头子戴笠相处得很好。[1]

1946 年 4 月 15 日，莫德惠在戴笠指派的军统局特检处处长李肖白的陪同下从重庆抵达张学良的幽居地贵州桐梓县小西湖。两鬓斑白的张学良，闻知故人要来访，心情十分激动。当他奔至车前，热烈欢迎莫德惠时，已是泪流满面。自 1937 年离开溪口后，八年中前来探望张学良的国民党要员只有刘尚清、张治中、戴笠、吴鼎昌等寥寥几位。真正是门前冷落鞍马稀了！

晚上，张学良忙着阅读莫德惠带来的亲属和好友的信函，兴奋不已，一夜未能入眠。他后来追记道："莫柳忱来山探视……带了好些信件，与好些东西，把我看个头晕眼花。"[2]

莫德惠在桐梓住了五天。张学良和莫德惠在一起交谈时，李肖白寸步不离，两人只能闲谈家常及读史心得，绝口不论政治。莫德惠告诉张学良，东北人依然对他寄予热情和极大的关注，张学良听了心中充满了感激，同时又感到惭愧，不知不觉热泪长流。在此期间，莫、张两人在小西湖边合影留念。照片上，张学良身着长衫，手持鱼竿，双目凝视湖面，一脸戚容。临行时，张学良又把所作的两首诗赠予莫德惠。回到重庆后，莫德惠把照片冲洗加印多幅，分别赠送给张学良的亲朋好友。

根据莫德惠的意思，张学良给蒋介石、宋美龄、张群、吴铁城、邵力子、孔祥熙、宋子文、吴鼎昌、何应钦、陈诚、徐永昌、曾扩情等几十位国民党当权派大人物及东北老部下、亲属一共写了几十封信，托莫德惠带回重庆转交。[3]

---

1. 王前：《东北闻人莫德惠》，载中国人民政治协商会议全国委员会文史资料委员会编《文史资料存稿选编——西安事变》，中国文史出版社 2002 年版，第 428—429 页。但王前在文中说得到戴笠的特许，莫德惠每年代表张学良部下去探望张学良两次，这个说法似乎不符合事实。
2. 张之宇：《张学良探微：晚年记事》，江苏人民出版社 2004 年版，第 139 页。
3. 同上。

张学良还给东北军部下和东北同乡如胡若愚、周鲸文等写了回信，同时给继母寿夫人及大姐张冠英等亲人各自写了回信。

张学良在《致旧雨同人书》中写道："莫柳老昨忽来山，述及乡长故旧，诸多关怀良之日常生活、健康状况，听闻之下，愧感交集。良每日时为游钓，而涉猎书籍不少。不能算是读书，更谈不到成果，说来惭愧。一切盛情，衷心铭感。"[1]

在给周鲸文的复信中，特别交代"请勿以弟个人事介介"外，仅略称"稳而后方能健，平而后方能正，切请勿河汉之。纸短情长，心照不宣。"[2]

另据学者考证，张学良还背着看守，悄悄给周恩来写了一封密信，让莫德惠捎给周恩来。信中写道："别来十年，时为想念，当有同感。现日寇已经驱出，实最快心之事。尔来兄又奔走国事，再作红娘，愿天相助，早成佳果，此良所视想也。近日友人惨死，数难闻之，为之一痛，只心吊而已。良一切尚好，勿念，余不尽一。"[3]

1946年4月21日，莫德惠由贵州回到重庆。重庆版《大公报》与上海版《大公报》分别于4月26日及29日刊登了该报记者高学逵撰写的题为《张学良的生活——莫德惠由黔归来谈》，对莫德惠探视张学良之行做了公开报道，该文配有张学良个人的照片及张学良与莫德惠在桐梓垂钓的照片。

5月4日，重庆中共南方局机关报《新华日报》发表了莫德惠带出来的照片和《狱中近作》诗二首。这是自1937年被囚禁后，报纸首次刊登张学良的生活照片和作品。原诗如下：

一、发芽

盼发芽早，

---

1. 毕万闻主编：《张学良赵一荻合集》第5部，时代文艺出版社2000年版，第556页。
2. 同上，第551页。
3. 同上，第554页。

愿根叶

长的茂；

深种耕，

勤锄草，

一早起

直到

太阳晒的

似火烧，

呀，

芽，毕竟发了！

二、抢粪

到处打主意，

抢粪

偷尿

活像强盗。

在人前夸口

为的

那样菜

是我的顶好，

呱呱叫。[1]

---

1. 国统区的《周报》等报刊相继转载了这两首诗。但根据毕万闻先生的考证，当时被误传为《发芽》《抢粪》的两首白话诗实际上是一首，原名叫《种菜诗》。当时在报纸上公开发表的讹误甚多。正确的应该是："盼发芽早，愿看叶子长的茂。深耕地，勤锄草。不怕太阳晒，也能起起早。到处打主意，偷粪，抢尿，有似个强盗。为的是，人前夸口，哪样菜算是顶好？"

诗作托事寓意，表达了张学良庆祝抗战胜利的喜悦之情，以及对国民党当局的强烈不满。

著名戏剧家田汉读到报刊上发表的这两首诗，抑制不住心中的怒火，悲愤地作诗和吟，喊出了广大人民的心声。田汉在诗前有如下一段说明文字："客有从息烽来者，带来张将军近作新诗两首，真纯可喜。将军被羁盖十年矣，各方呼吁释放政治犯，将军甚至未被归入政治犯之列，而谓以'家法'处之。十年以来，监视将军一家及其左右者闻达百余人。将军以钓鱼、种菜为其日常功课。晚间在菜油灯下读书精进，亦以此损害其目力，壮年之身御老花镜。将军之兵谏实为神圣抗战之直接推动力。今抗战胜利而东北内战不已，杀人盈野，将军羁系息烽无以为力，其为感慨将何如也！？"[1]

> 某公近从息烽过，带来将军消息多。
>
> 挑灯辛勤读史记，下笔辄复成新歌。
>
> 使君学圃岂得已，子牙垂纶悲蹉跎。
>
> 独疑胜利复员日，长系壮士将如何？[2]

1946年夏，军统局高级特务、总务处处长沈醉奉命到桐梓看张学良，告诉他戴笠已于3月在一次飞机失事中死去。张学良听了，除表示难过外，便对着这位特务头子发起了牢骚，说大家都回去了，连兵工厂也结束关门了，他却还留在这个夜郎国，不知什么时候才能离开？八年抗战中，他是个军人，却没有为抗日出一点力，很觉惭愧，现在已被人遗忘了！[3]

---

1. 田汉：《读张学良近作》，《周报》1946年第36期，第5页。
2. 同上。另见刘经发：《子牙垂纶悲蹉跎》，载河北人民出版社编《张学良囚禁生涯》，河北人民出版社1986年版，第72—74页。
3. 沈醉：《军统内幕》，中国文史出版社1996年版，第164—165页。

这时，张学良的 10 年刑期即将届满。蒋介石于法、于理、于情，似乎都不应再囚禁张学良了。但蒋丝毫没有释放张的意思，反而另外准备了继续囚禁的地方。

过去许多著作根据原军统局总务处处长沈醉的回忆，说蒋介石选定的下一个囚禁张学良的地方是江西兴国县阳明洞，[1] 而最新披露的材料表明这是误传，真正的地点是江西赣州郊区的通天岩。

通天岩位于赣州市西北郊，距离市区约 10 公里。这一带岗峦起伏，林木繁茂，峻峭的崖壁上有唐宋以来的龛像 410 尊，有些造像脸部曲眉丰颐，体态飘逸，衣褶圆润，刀法柔和，堪称壁画艺术的杰作；宋代以来的名人题刻 128 品，这些题刻字体繁复，刻工精致，也是难得的艺术珍品。通天岩不仅是江南的艺术宝库，而且是一处避暑胜地。1946 年 7 月 14 日，蒋介石、宋美龄夫妇飞抵庐山，一边避暑，一边以和谈为烟幕部署全面内战，蒋氏夫妇在庐山一直待了两个多月，美国总统特使马歇尔前后九次往返于南京、庐山之间，让这位高龄的美国陆军元帅辛苦不堪。9 月 21 日，宋美龄与马歇尔夫人从庐山飞往上海，蒋氏则离开庐山前往南昌视察。9 月 24 日，蒋氏在江西省政府主席王陵基和前赣南专员蒋经国等人的陪同下前往赣州巡视新赣南建设。在游览通天岩时，蒋氏发现广福寺地处深山坳谷，唯一小径于密林中蜿蜒，且小道侧陡壁直立，小道下悬崖深谷，颇有"一夫当关，万夫莫开"之险，蒋介石认定这里是个囚禁张学良的理想场所，立即吩咐陪同在侧的王陵基在广福寺

---

1. 沈醉在《张学良将军被囚禁时的情况》一文中说："据当时任过江西省主席的王陵基告诉我，蒋介石曾叫他在江西兴国县阳明洞修建了一些房屋，原来说是为了蒋介石自己准备的。这处房屋修成以后，有次蒋介石带着王陵基亲自去看过一次，才知道是为囚禁张学良用的。所以抗战胜利后张还住在桐梓，是因为江西的房子还未修好。蒋介石看中兴国县阳明洞这个地方，不但是因为这里偏僻便于警戒，主要的是希望张学良能够在荒凉的小城中安心居留下来，学学王阳明，专心治学，不问朝廷大事，所以在贵州给他住修文的阳明洞，胜利后又叫他住兴国的阳明洞，便是这个原因。"沈醉：《军统内幕》，中国文史出版社 1996 年版，第 165 页。

"双桂堂"废址上（1945年上半年日军进攻赣州时将其焚毁）建一幢小别墅。王陵基受命后，派来一个连在"双桂堂"地基上建了一栋两层的小别墅。当时谁也不知道是蒋介石为囚禁张学良而修建的。[1] 但蒋介石尚未来得及下令将张学良转移到通天岩，他很快又在台湾发现了更加理想的地点。

1946年10月21日至28日，蒋介石携夫人宋美龄第一次巡视已经回到祖国怀抱的台湾，经过实地考察后决定立即把张学良迁到离南京远远的台湾，以避免这年12月12日西安事变10周年纪念日，难以应付由此而来的社会各界及各在野党派要求释放张学良的一片呼声。[2]

对此，张学良全然不知，还满怀希望地盼着10年期满，即可重获自由的日子，万万没有想到不久就要告别祖国大陆，难圆复土还乡之夙愿了！

被劫持去台湾

1946年9月下旬，刘乙光就得到了准备离开贵州的通知，刘乙光随即前往重庆请示，得到确切的指示后，刘乙光返回贵州。刘乙光没有告诉张要去台湾，只说先到重庆等候消息。张学良听了非常高兴，认为他一直盼望的时刻就要到了，抗战已取得胜利，10年刑期也将届满，这次绝不会再有问题了。

10月中上旬，在刘乙光的安排下，张学良同赵一荻又游览了桐梓及附近的名胜，如兵工厂大山洞、红花园、元田坝、峰岩洞等。

10月15日凌晨4时20分，张学良一行由桐梓天门洞乘汽车出发前

---

1. 周红兵：《蒋介石曾欲将张学良幽禁在通天岩》，《纵横》2003年第1期。
2. 沈醉：《囚禁中的张学良》，载河北人民出版社编《张学良囚禁生涯》，河北人民出版社1986年版，第35—36页。

往重庆。

临行前，张学良派人给桐梓县县长赵季恒送去了两卷字画、一罐泡海椒和一对波斯猫，并附了一张便条。赵季恒是河北保定人，曾多次探望过张学良，因此地北方人甚少，彼此相谈甚为融洽，结下了友谊。这次因为走得匆忙，来不及告别，张学良特地留下这几样礼物。便条上写道："两卷字画系多年珍藏，泡海椒是赵四小姐亲手所做。猫是我从国外带回来的，解绳本领很强，初到一地必须关好，不然会跑掉，喂熟后很会捕鼠。区区小意，不成敬意，望笑纳。"[1]

10月15日下午6时左右，张学良一行由桐梓抵达重庆。为了保密，他们从市郊的九龙坡渡口过江，没有经过市区，直接住进西郊歌乐山松林坡戴笠生前的豪华公馆，在这里住了17天。

刚到重庆，张学良以为要恢复他的自由，所以显得很兴奋、很乐观。在戴公馆第一次进餐时，张学良看见刘乙光的两个小孩把吃剩的骨头不停地往地下吐，连忙笑着说："这样不行。这不比过去我们住在乡下，以后要留心些，将来我们住的地方都会有漂亮的地毯，可不能再随便向地下吐东西了！"

张学良在重庆停留期间，军统局驻重庆办公处主任张严佛夫妇邀请中央训练团重庆分团主任李觉夫妇、重庆绥靖公署第二处处长徐远举等去陪同张学良打湖南纸牌消遣，并赠送食物。这时的张学良很乐观，以为恢复自由有望，有一天还以幽默的口气对赵一荻开玩笑说："你穿的衣服同李大嫂（李觉夫人）比起来，真是个乡巴佬了。"[2]

1946年11月初，保密局局长郑介民根据蒋介石的指示，下达了将

1. 毕万闻主编：《张学良文集》第2卷，新华出版社1992年版，第1136页；赵季恒：《张学良将军在桐梓》，载《团结报》编辑部编《张学良的近事和往事》，岳麓书社1986年版，第234—237页。
2. 沈醉：《军统内幕》，中国文史出版社1996年版，第165页；李觉：《一九四六年在重庆与张学良的几次会见》，载晓萧编《张学良与台湾》，光明日报出版社1991年版，第191页。

张学良解到台湾的命令。

当联系好专机、一切准备妥当之后，刘乙光突然向张学良宣布送他去台湾，而不是去首都南京。张学良闻言大惊，手拍桌子，咬紧牙齿，半晌说不出话来，隔了一会儿才问什么时候走。

刘乙光刚说了一句"报告副座"，张学良马上打断他的话头，说："还有什么副座不副座，干脆把我看成犯人好了！"气愤之余，张学良也知道和看守人员争吵、发脾气没用，也不能解决问题。他发痴一样睁大眼睛，呆坐了一会儿，极力压制住冲动感情，表示同意去台湾。他走回自己房间向赵一荻谈起这事时，气得声音都还有点发抖。[1]

11月2日早晨6时15分，在重庆西郊白市驿机场，张学良偕赵一荻、杜副官，满怀悲愤，默默地登上了飞机，向东南方向飞去。特务队队长刘乙光、队副熊仲青和六名老队员随行。[2]

张学良在日记中记载了这一全过程：

> 早6点1刻由白市驿飞机场起飞，C59（系运输机型号），8点40分到武昌徐家棚飞机场加油，12点15分抵台北飞机场（系松山机场，张氏方知是台湾，当时张氏着皮革夹克，看到海才觉北归之希望已渺然。此次飞台有李云波陪同）。陈长官（陈仪）派周一鹗处长、刘启光县长、吴明远、连参谋号良顺、调查科长陈达元等来迎，在台北（陈达元公馆）午餐，下午2点15分由台北（新竹县长刘启光陪同）乘汽车出发，约五点半抵新竹下宿于招待所（新竹招待所）。[3]

1. 沈醉：《军统内幕》，中国文史出版社1996年版，第166页。
2. 机长王赐九回忆，飞机上的乘客只有三男一女，似乎不准确。参见王赐九：《我驾机秘密转移张学良去台湾》，《文史精华》1994年第3期。
3. 张之宇：《张学良探微：晚年记事》，江苏人民出版社2004年版，第148页。

据当时的飞机机长王赐九回忆，根据上级的命令，他们的目的地本来是台湾桃园机场，因为当天天气恶劣，王赐九临时请求在台北机场降落，得到同意后飞机在台北机场安全降落。[1]

在新竹县招待所住了一晚，次日上午 9 时 15 分，张学良一行由新竹县长刘启光陪同乘汽车由新竹县城出发，经过竹东，于下午 1 时到达新竹县竹东镇五峰乡井上温泉（后改名为清泉）疗养所，继续其幽禁生活。

井上温泉疗养所，地处人烟稀少的大山深处，背山面谷，谷下溪水清流，谷上横跨一座铁索桥，四周古木参天，峰峦起伏，风景优美。温泉属硫黄水质，适于疗养。日本殖民统治时代在这里建立了疗养所，为并列三排日本和式木结构建筑物。在张学良到达之前，特意为他翻建了新居，室内装饰虽不华丽，却也优雅清洁。除原有的温泉浴室外，还修建了一个网球场。张学良住所对面则是名为传达室的建筑，供看管张学良的特务队和宪兵连 100 多人分住。

1895 年，腐败无能的清朝政府将台湾割让给日本侵略者，整整 50 年的殖民统治，在台湾处处留下了日本殖民者的烙印。不仅日本式建筑处处可见，而且台湾同胞的思想、语言、习惯等各方面都留下了日本人的烙印，和大陆同胞有了很大的距离和隔阂。要清除日本殖民者的烙印，使台湾同胞真正融入祖国大家庭中来，显然还有一段漫长的路要走，还有许多工作要做。对此，张学良也有清醒的认识，他在《台湾——抵台夜语》一诗中写道：

> 台湾！台湾！
> 我信，我确信，
> 你会自为的（地）长成，

---

1. 王赐九：《我驾机秘密转移张学良去台湾》,《文史精华》1994 年第 3 期。

成为这中国大家庭中的一个好弟兄，

也许是一个很得力的弟兄！

台湾！台湾！

我盼望你，

我深切盼望你快快的（地）长成。

你好比一些台湾的女性，

来台湾的人们，

有些败类，

只贪图你的色和肉，

看不见你的心灵。

台湾！台湾！

你值得留恋，

你的遭遇相当的（地）可怜，

当中国被异姓统治的时候，

把你抛弃。

因而这不是你的过错——

你有过些可歌可泣的表现——

英雄（勇）地反抗。

被奴役了五十一年，

也有些认贼作父，

也有些忘了自己的祖宗。

当你回家的时候，

又赶上了暴雨风，

所以弄的（得）你有点模糊不清。[1]

---

1. 窦应泰：《张学良遗稿：幽禁期间自述、日记和信函》，作家出版社 2005 年版，第 58 页。

张学良抵达井上温泉一个多月后，就迎来了西安事变 10 周年纪念日。大陆有关方面利用这个时机再次呼吁恢复西安事变的两位发动者——张学良与杨虎城将军的自由。

在延安举行有各界人士参加的"双十二"（即西安事变）10 周年纪念大会，周恩来发表讲话，高度评价张学良、杨虎城两位将军发动西安事变的历史意义，谴责了那些食言而肥的人，强烈要求恢复张、杨的自由。他说："'双十二'事变本身的意义，是在它成为当时停止内战发动抗战的一个历史上的转变关键……历史应该公断，西安事变是蒋介石自己逼成的。张、杨两将军从此就获得人民的谅解与拥护，不是偶然的。现在抗战已经胜利 1 年多了，然而张、杨两将军却被蒋介石幽囚了 10 年。这段公案，人民会起来给以正当的裁判。也只有人民，才会真正坚持释放张、杨。那些担保张、杨无事的大小先生和太太们，却早已忘恩负义、食言而肥。在纪念'双十二'10 周年的今天，我们要求立即释放张、杨两将军。他们是有大功于抗战事业的。"[1]西安事变的参与者、原第十七路军政治处处长申伯纯在大会上报告了西安事变的真相。大会最后通过请全国人民督促蒋介石立即释放有功于国家与民族的张学良、杨虎城两将军等一系列决议。

而在国民党方面，则又是另外一副面孔。12 月 15 日，台湾行政长官陈仪奉命来井上温泉探视张学良，给他带来了不少书籍和食物。见面寒暄后，二人就国际国内形势、中日关系问题做了长谈。陈仪早年毕业于日本陆军大学，是有名的"日本通"。他对中日问题的独特见解给张学良留下了深刻印象。张学良记载道：

---

1. 中国社会科学院近代史研究所现代史研究室编：《西安事变资料》第 1 辑，人民出版社 1980 年版，第 265—266 页。

陈长官公侠（仪）来寓，谈到国内、国际历史、中日各问题，彼对中日问题，有深刻认识，特殊见解。言到吉田松阴对日本尊王、吞华思想之提倡，伊藤博文、后藤新平灭华之阴谋，彼认为日本分化思想一时难为消除，美国亦将上日本人的当。并言到卅年后中日恐成联邦，但如中国人自己不自强，恐大部政权反落到日人之手，此段甚有记载留给后来之必要。午餐后再谈了一谈，始辞去。[1]

"城门失火"

1947 年元旦，南京政府公布了《中华民国宪法》，宣布定于同年 12 月 25 日实施所谓宪政。同时，也颁布了《大赦令》。东北人士周鲸文、宁武、卢广声等人又重新燃起希望之火，他们群集上海，决定趁此时机向南京中央和蒋介石请愿，认为张学良已被"管束"了 10 年，应准予恢复自由。1947 年 2 月 15 日，周鲸文、宁武、卢广声等联名致函蒋介石要求释放张学良。信中以委婉的语气指责蒋介石背信弃义，违背诺言，当张学良被国民政府判处徒刑 10 年时，蒋介石曾"代呈国府面邀特赦"，但口是心非，出尔反尔，把张学良"严加管束"了 10 年，现在"管束"超过徒刑的期限，"于法于理"，张学良是再没有理由受禁闭的了。[2]

自然，这又是白忙一场，蒋介石岂肯轻易松口，仅答应莫德惠可以赴台湾探望张学良。

然而莫德惠还没来得及动身，台湾岛内即发生了震惊全国的二二八

---

1. 张之宇：《张学良探微：晚年记事》，江苏人民出版社 2004 年版，第 149—150 页。
2.《东北民主人士要求释放张学良》，《人民日报》1947 年 3 月 16 日。

事件，台湾人民奋起反抗国民党的专制腐败统治，国民党政府命令军队镇压，造成重大的人员伤亡，局势特别紧张。[1] 负责看守张学良的特务队、宪兵连封锁了井上温泉对外的唯一通道——铁索桥，与外界断绝了一切联系。张学良和特务队、宪兵连吃完储存的大米后，又连吃了 5 天的番薯，到第 9 天，山下军队才进山联系。这段时间，刘乙光高度紧张，话都不和张学良说，指挥特务、宪兵不分昼夜加倍警戒，如临大敌。宪兵、特务来回不停地在张的房间周围巡逻，并不时向室内窥伺动静。

张学良在日记中记下了当时的情形和他对二二八事件的认识。3 月 1 日的日记写道："刘乙光告诉我，连日台北、竹东民众暴动，袭击衙署，专打外省人在台为官者。我到台湾第二日，已有此感觉，已见我写的莅台初感，非是我事后有先见之明。当局如不善处，台湾问题，真不知道成什么样子。"[2]

3 月 5 日的日记又写道："连日沉闷，昨晚来了一辆卡车，带来米面菜等。赵献瑞也来了，一刹工夫，寓中如临大敌，我的窗前门外，全布有卫兵，并皆手持武器，这是怎么一回事？请老刘过来，想问一问。他说有事，不来。又见他们焚烧文件，收拾行李，人员纷纷乱窜，有什么事？为什么不告诉我哪？令人烦闷。三请老刘，仍不来。余到刘的屋去，看他们十分仓皇，刘太太和孩子都改换了衣服，问刘是怎么一回事，他含混回答，仅说竹东也出事了，把区公所烧了。连日沉闷和鬼

1. 关于二二八事件的起因十分复杂。台湾行政长官公署秘书长葛敬恩认为"28 日暴动原因系日本统治时代遗留之鹰犬与近由海外遣回之台籍浪人受奸徒煽惑"。这是国民党官方的标准说法。其实，这里面包含有台湾人民不满国民党统治的因素是明显的。
2. 张闾蘅等：《张学良、赵一荻私人相册——温泉幽禁岁月（1946—1960）》，生活·读书·新知三联书店 2006 年版，第 71 页。

崇，情形使我十分不痛快。"[1]

据沈醉的回忆，在二二八事件最为紧张的时候，蒋介石曾指示保密局局长毛人凤："如果有人企图劫走张学良的时候，便要刘乙光一面竭力抵抗不使劫走，一面先将张学良击毙，务必不使张被劫或趁混乱时逃走。"[2]沈醉还说："过去配属看守张将军特务队的电台，一向是每周通报一两次，而在台湾事变发生时，毛人凤便规定每天除向南京报告3次情况外，紧急时随时可以叫通。南京总台指定专机日夜不停地收听台湾的呼叫，随时可以取得联系，毛人凤也经常向蒋介石报告。据以后我所了解，当时蒋介石巴不得有人去草山温泉放几枪，好借这一机会把张学良打死，自己可以不负责任。但附近的高山族人，当时还没有来得及向这个地区进攻，张将军的性命才得以保留下来。"[3]

事后，一些同情张学良的特务和宪兵偷偷告诉他，刘乙光已经做好了准备，如果事变闹到不可收拾的时候，为了防止张学良越狱逃跑或台湾人把他劫走，即采取紧急处置，把张学良和赵一荻开枪打死，对上面报告则称台湾乱民前来劫狱所为。听到这个消息，张学良非常震惊，从此对刘乙光恶感倍增。

二二八事件平息后，保密局曾打算把张学良再押解回大陆幽禁，迁到早先准备的地方——江西省赣州市的通天岩，行李都打包了。正等待出发，旋因国民党在反'共'内战中连吃败仗，大陆局势更加紧张而作罢。否则，张学良或许会遭遇与杨虎城同样的命运。

---

1. 张之宇：《张学良探微：晚年记事》，江苏人民出版社2004年版，第153—154页；张闾蘅等：《张学良、赵一荻私人相册——温泉幽禁岁月（1946—1960）》，生活·读书·新知三联书店2006年版，第71页。
2. 沈醉：《军统内幕》，中国文史出版社1996年版，第166页。
3. 同上，第166—167页。

嘉宾远道来访

　　二二八事件平息后，当时担任国民政府委员的莫德惠在征得蒋介石批准后，于5月9日动身前往台湾，以私人身份去探视张学良。[1]这是莫德惠第三次探视软禁中的张学良，也是他第一次到台湾探视。

　　见面后，两人相谈甚欢。这次见面相对比较自由，两人对"政情和私人的事，无所不谈"[2]。莫德惠介绍了东北人事和地方情况，张学良则主要谈论历史。他表示他很想做一名历史教授，在台湾大学教授明史，或者到中央研究院历史语言研究所做一名研究员。他说："我读历史所得的启示，发觉世间最有权威的人，是学术最为渊博的人，没有学术，不足以治人。或者说，世间唯一可以治人者，唯学术而已矣。"

　　5月12日，张学良、赵一荻、刘乙光与莫德惠打了一场网球，然后手持网球拍合影留念。张在照片上题词："网球作戏。于台湾井上温泉。柳老纪念。毅庵。三十六、五、十二。"

　　5月13日，张学良赋诗《柳老渡台来访》，表达其东渡台湾后的心境，并对莫氏的关切表示感谢。诗曰：

> 十载无多病，故人亦未疏；
>
> 余生烽火后，惟一愿读书。

---

1. 关于此次莫氏赴台的时间，以往的著述全都是错误的。《张学良赵一荻合集》的编者也把时间搞混乱了。该合集第5部第560页注释说："1947年5月，莫氏由南京赴台北，5月16日访张氏于新竹井上温泉。"这显然是错误的。莫氏5月9日从大陆动身，抵达井上温泉的时间应当是5月10日或11日。张学良与莫氏在井上温泉打网球后合影标注的时间是5月12日，而不是编者所认定的16日。13日，张学良赠诗莫氏，标明"立夏后七日"，即5月13日。
2. 张闾蘅等：《张学良、赵一荻私人相册——温泉幽禁岁月（1946—1960）》，生活·读书·新知三联书店2006年版，第81页。

莫德惠在井上温泉期间，张学良又写了 20 多封信件，托莫氏带回大陆转交。其中一封是写给蒋介石的，信件全文如下：

介公主席钧鉴：

　　莫委员渡台来视，述及钧座对良爱护周至，聆听之下，感愧无地。钧座日理万机，尤能不忘小子，良安能不惶悚乎？良渡台以来，读书无何心得，只不过多记些姓名掌故耳，惟贱躯康健可慰于钧座者。兹藉莫委员返都之便，肃此敬叩钧安，并祝福体康泰。

5 月 17 日 [1]

张学良也给大姐张冠英写了一封信，同样托莫氏转交：

首芳大姐：

　　您的 4 月 30 日的信和照片 10 张，附函两封，俱已收到。孩子们都已婚嫁，姑老爷亦都不错，闻之欣快。您已 50 之人，亦可以了却一桩心愿了。上次 [2] 莫先生走时，我得写几十封信，把我写的头晕，所以给您写的信有些简略，现在详细说一点……财产有多少？在何处？我是弄不十分清楚的。除了爸爸给留下来的，我自己买的房子，或者股票等等，不是为了好玩就是为了帮朋友忙，我从来不十分注意它们的。如果人家存心欺我骗我，那我是不甘心的；余则，我是向来抱着楚弓楚得的原则，我希望您也是要这样。咱们不会饿死的，就是饿死，亦是应该了。暴民暴物，不晓得做过多少罪孽事。披发缨冠之义，吾愿为之。如果为钱财事，和人家争长论短，那我是不肯做的。如果我是晓得，是为了公益，为了正用，我

1. 陈红民：《在哥伦比亚大学读"张学良、赵一荻文件与口述资料"》，《民国档案》2003 年第 4 期。
2. 指 1946 年莫德惠到贵州桐梓探视张学良——笔者注。

倾囊，全可以。如果我知道他是胡花，就是亲兄亲弟，我一毛也不拨的。我这狗脾气，想您会晓得的。我希望您也这样做。儿孙自有儿孙福，莫为儿孙做马牛。我现在想起了张江陵一首诗，录给您，您看多么大气："千里捎书为一墙，让他几尺又何妨？万里长城今犹在，不见当年秦始皇。"人当如此，啰啰嗦嗦，写得太多，我不写了，纸已满了。附去相片1张。四小姐附问候。

弟良于秦[1]

5月20日

莫德惠5月18日离开井上温泉，经台北返回大陆。莫氏从台湾回到南京后，提供照片及资料，由化名"攻玉"的记者写了一篇《张学良在台湾》的文章，刊登在上海艺文书局发行的《艺文画报》上。这是普通群众从报刊上第一次得知张学良已被送往台湾软禁的消息。

宋美龄仍像过去一样关注张学良，不时派人送食物或写信给张学良，张学良在美国的亲属写信给他也一律由宋美龄转交。信件显示，宋美龄对张学良始终给予相当尊重，中文信件称呼张学良"汉卿"，英文书信则以 Marshal Chang Hsueh-liang（张学良元帅）相称。

1947年9月上旬，宋美龄派人从大陆给张学良送来浙江金华火腿四只，同时将张学良的家信及她本人的亲笔信一起送到井上温泉。张学良收到这些珍贵的礼品，十分感动，立即以极为谦卑的口气给宋美龄回了一封信，以表示感谢的心情。信件原文如下：

夫人钧鉴：

钧札及家信七件，统领到。敬谢夫人的高谊，赏给浙腿四只，这是我到台以来未尝过的南中风味。我在台湾，真可谓享福，气候冬不

---

1. 毕万闻主编：《张学良赵一荻合集》第5部，时代文艺出版社2000年版，第562—563页。

冷夏不热，听见您们在南京那么热，我内心觉得十分愧惭。您们真是得要为国珍卫。您们的健康，已不是个人的事了。爱因斯坦说他的成功三要诀：工作、正当娱乐、沉默各占三分之一。这是有真理在焉，敢敬乞您们留意。我现在吃的用的，倒算方便，此间负责人，照顾十分周到，请夫人释念。您已经对我关照的太多了，我不知道何日得一睹风采，怎样的祝福您。我只是为您祝福罢了。现在又得麻烦您，我给复家信□封、Elder 信一件，乞分神转给他们。夫人请您原谅我，这是太麻烦您了。我现在有点老了，时常眷恋家小，也许这是气短之处。肃复。敬叩钧安。并请代上介公钧前叩名问安。

9 月 5 日 [1]

9 月 19 日，宋美龄给张学良写了回信，附送水果并转交于凤至从美国寄来的药物。张学良于 10 月 5 日复函：

夫人钧鉴：

9 月 19 日用示敬悉，附所赐果物等及凤至的药品均领到，夫人对良护念周至，良感谢无极，展读手示再三，并阅剪报一则，闻道家乡事心中情况难以笔述。夫人，大概您晓得海城是良的原籍，良祖父及上祖的坟墓皆在该地，真不知今日是何景况，兹借东坡二名句诗，可表良现下的心境：'纵有锄犁及田亩，已无面目见丘园。'夫人，请您不要这么挂念，良这里吃穿用度倒还算得周备，假如良必所需，当再上烦钧听，请释念，谨祝康健并请名代叩介公钧安。

10 月 5 日灯下 [2]

---

1. 陈红民：《在哥伦比亚大学读"张学良、赵一获文件与口述资料"》，《民国档案》2003 年第 4 期。
2.《宋美龄 VS 张学良，她和他的友情非比寻常》，新浪网，2003 年 10 月 29 日，https://news.sina.com.cn/o/2003–10–29/13451016374s.shtml，访问日期：2024 年 7 月 20 日。

1947 年 10 月下旬，时任国民政府西北行辕主任的张治中，偕家人（妻子洪希厚、长女张素我、长子张一真、长媳钱妩、四弟张文心等）到台湾做休假旅行。

张治中在 20 世纪 30 年代任南京中央军校教育长时，任时台湾警备司令彭孟缉曾就读于该校，算是张治中的学生。因此张治中一到台湾，即向彭提出要去看张学良。彭孟缉知道蒋介石早已吩咐，没有他的批准，任何人都不许去看张学良，但张治中不仅是自己的老师，而且是蒋最亲信的大员，不好公开顶撞，露出很为难的样子。张治中看出了他的心思，便说："你不要担心，委员长要是怪罪下来，一切责任由我承担，绝不会连累你。"听张治中这么一说，彭孟缉也不便再阻拦，于是点头同意，并做了安排。

10 月 30 日凌晨，张治中一家加上刘仲荻及张姓团长一共 10 余人从台北起程，先乘火车，在新竹下火车，由新竹市长接待，吃过早饭就乘汽车进山。上午 10 时，张治中一家抵达井上温泉，张学良预先已得知消息，站在院子里迎接。时隔 9 年，两人再度相逢，张学良非常高兴。进入客厅后，张治中发现，岁月的流逝在张学良的脸上刻下了一道道皱纹，心灵世界尤其蒙上了残酷的伤痕，尽管年龄还不到 50，但人已经显得很苍老。张治中还发现张学良隔一会儿就眯缝一下眼睛。问起原因，张学良说白天读书，晚间做札记，因为过度疲劳，视力不如以前了，看书也觉得挺吃力。

因为张治中是带妻子洪希厚和女儿张素我去的，所以赵一荻特意换了件藏青呢旗袍，脚上穿的是一双和旗袍一样面料的布鞋，说是她自己做的，显得格外质朴大方。张治中夫人早就听人说赵一荻是名门闺秀，贤淑温柔，没有想到今日见到她时，竟然这么朴素，不禁一个劲儿地夸她"实在难得"。

聊起家常时，张学良高兴地告诉客人："亲人都在美国，儿子闾琳已经有了孩子，我做爷爷了。"说完就让赵一荻把全家福拿出来给大家看。

为了让两位张将军说话方便，赵一荻陪同洪希厚与张素我到室外游玩，屋里只剩下二张倾心相谈。

他们谈了很多。说到国内形势时，张治中对张学良说："现在形势变化很大，政府内外都有很多人在为你的自由奔走呼吁，蒋先生不会看不到这一点。"接着，张治中又介绍了国内各方面的动态，也谈到了国共两党从谈判桌到战场上的情况。

张学良伤感地问："我什么时候能恢复自由呢？"张治中安慰他说："国内总是要和平的，国共终于要恢复和谈的，国共和谈成功之日，即恢复自由之时。"张学良听了非常高兴。

吃完午饭，张治中和张学良继续谈话。张学良请张治中向蒋介石、宋美龄转达两点要求：

第一，他希望能够恢复自由，一旦恢复自由以后，哪里也不去，蒋住在哪里，他就住在哪里。除此之外，没有任何别的要求，也不一定做事情，可以先考察他一个时期以后再说。

第二，他说刘乙光带着家眷，还有几个孩子，同他住在一个房子里，名为照料生活，实际上干涉的地方很多，孩子又吵闹，使他感到不快，既不方便，又不安静。希望能让刘乙光搬出他的房子，由他自己管理生活，以保持一定的自由和清静。

对张学良提出的两点要求，张治中一口答应，保证一定转告蒋介石和宋美龄。

同时，张学良再次给蒋介石写了信，托张治中转交。信中有这样的一段话："再启者，文白来山代述钧座眷念之谊，使良感愧无地。山居以来诸蒙优遇，而照料者周到，一切安适。良托庇康健，体肥如恒……"[1]

在谈话的空隙，张治中环顾了一下张学良的书房，这时才发现房间里有许多书籍，而且多数是线装书。书架上一套《鲁迅全集》，引起张治

---

1. 张之宇：《张学良探微：晚年记事》，江苏人民出版社 2004 年版，第 105 页。

中的特别注意。于是两人又谈起了对鲁迅的看法问题，张学良说："鲁迅这个人笔锋犀利，骂人入木三分。我平时看得最多的还是历史书。"

两人谈到下午 4 时，因为张治中当天还要赶回台北，遂起身告辞。张学良特地写了一首诗赠给张治中，以纪念此次相会。诗曰：

> 总府远来义气深，山居何敢动佳宾？
> 不堪酒贱酬知己，惟有清茗对此心。

临别时，两人依依不舍。张学良送张治中到汽车房，紧紧握住他的手不放，沉痛地说："我在这里，除你以外，很少有人来看我，我对你实在万分感激！我们这一分别，不知何年何日再能见面！"说到这里，两人不禁相对黯然，几乎泪下。没有料到，历史总是很残酷的，世事沧桑，对于二位张将军来说，这是他们最后的相见，此后一人在大陆，一人在台湾，再也没有见面的机会了。

张治中回到南京后，即去见蒋介石，将张学良的信转交，并口头报告了看望张学良的情况，转达张学良的两点请求。蒋听了马上显出很不高兴的样子，只是"啊啊"地哼了几声，对张学良的请求不置一词，连忙用话岔开。

张治中一看这个情形，知道蒋介石还是不愿碰这个话题，只好告辞出来，去找宋美龄商量。宋美龄听后，叹息着说："文白（张治中字）兄，我们对不起张汉卿啊！第一点不容易做到，恐怕现在不可能得到许可。第二点我一定想办法做到。"

蒋介石对张治中未经他批准擅自去看张学良一事，极为不满，并下手谕：以后非经他本人批准，任何人不许见张学良。[1]张治中万万没有料

---

1. 张治中：《张治中回忆录》，中国文史出版社 1985 年版，第 756—757 页；张治中：《三访被幽禁的张学良》，载吴福章编《西安事变亲历记》，中国文史出版社 1986 年版，第 421—423 页；赵杰：《留住张学良——赴美采访实录》，辽宁人民出版社 2002 年版，第 55—56 页。

到，他这次拜访，反而使张学良的处境更加孤寂了。

"枕上泪难干"

保密局局长毛人凤得知张学良和刘乙光关系紧张，为缓和关系，决定让刘乙光休假一个月，由该局设计委员会主任张严佛暂时代替，实地了解张、刘关系并考察张学良。张严佛曾在西北"剿总"时代代理过由戴笠挂名的机要组第二科科长之职，当时与张学良相处不错。11月的一天，张严佛抵达井上温泉。次日，刘乙光赴台北休假。

在这一个月中，张学良把十年囚禁生活中的苦恼、委屈、愤恨一下子倾泻出来，几乎一字一泪，赵一荻也坐在一旁揩眼泪。他说道：

"西安事变，为了制止内战，为了抗日，我没有错，我不该扣留委员长，判刑十年，无话可说，但十年期限已满，如今抗战胜利，日本人都投降了，还把我关下去，这是什么法律？这样对待我，无论如何是非法的。我心中不平，希望你回到南京把这些话告诉郑介民，就说我要求你转达的。

"老戴（戴笠）、老宋（宋子文）当初都对我说：'委员长希望你休息几年，闭门休养，研究学问，派刘乙光是保护你的，为了你的安全，不得不如此，你尽可以在屋里看书，也可以到外面去散步、打球、游泳、钓鱼，刘乙光不得限制你。'我相信老戴他们的话，不应该是骗我的。但十多年来，刘乙光就把我张学良看作江洋大盗，唯恐我越狱逃跑，又怕我自杀，处处限制我，给我难堪，不管我受得了受不了，他要怎么干就怎么干，实在做得太过分了。

"我们每次吃饭，刘乙光一家六七口，大的十几岁，小的一两岁，都同我们一桌，他们吵吵嚷嚷地抢着吃。这些事不值得一谈，可是搞得太脏了，我同四小姐几乎每顿都吃不下饭。刘乙光的老婆有时还指桑骂槐地骂小孩，而暗地却是骂四小姐。可好，你来了，刘乙光一家暂时离开了，我们也可以吃几顿清爽饭。你看这样好的饭菜，难道是专为刘乙光一家预备的吗？这些，十几年了，我都向谁说去？”

接着，张学良又谈到二二八事件时刘乙光的种种做法，甚至准备打死他和赵一荻。最后，他说道：“我不把你当部下，你还有你的身份，算我们是朋友吧，过去的事不过向你谈谈，消消气算了！”

后来，张学良又和张严佛谈论时局。他深有感慨地说：“现在就是明朝末年那个样子，大势已去，人心全失，政府官吏和带兵官都是暮气沉沉的，积习太厉害了，我看已经无可挽回。老百姓实在太苦了。”

那时，正好陈诚走马上任东北行辕主任，代替熊式辉掌握东北军政大权，与林彪、罗荣桓指挥的东北解放军对垒。张学良非常厌恶他，说道：“陈诚到东北去，等于火上加油，更糟，东北的颓势，绝不是陈诚可以挽回得了的。”[1]

临别时，张学良作了一首诗送给张严佛。他说：“你这次来算是难得，这首诗就留作纪念吧！”原诗如下：

> 山居幽处境，旧雨引心寒。
>
> 辗转眠不得，枕上泪难干。

事实上，宋美龄对张治中的承诺也并没有完全兑现，刘乙光一直到 1962 年才卸下担任了 25 年之久的队长之职，回台北担任安全局（由保密局改名）特勤室副主任，队副熊仲青接替刘乙光负责看管张学良。在告别宴中，张学良坦率地说：“刘乙光是我的仇人，也是我的恩人。仇人是他看管我，恩人是他救了我的命[2]。我们在一起这么多

---

1. 张严佛：《张学良被军统局监禁的经过》，载吴福章编《西安事变亲历记》，中国文史出版社 1986 年版，第 416—418 页。
2. 指 1941 年 7 月至 8 月张患急性盲肠炎治疗一事——笔者注。

年，现在他要走了，我知道他家的情况，我想送他一笔钱，算是我的一点心意。"

当时，在座的有蒋经国和彭孟缉，蒋经国立即代刘乙光向张学良婉谢了。刘乙光晚上回到家，把情况讲给长子刘伯涵听，父子俩都觉得张学良讲了公道话。1982年，刘乙光因病在台北去世，时年84岁。

后来，刘伯涵与人谈话，为其父辩解："说'仇人'是张先生幽默的风趣，在餐桌上提高气氛的话。张先生识事明理，知道我父亲是奉命执行任务，有其职责和立场。在相处的时光中，我父亲有时会因限制张先生的行动，加上湖南人的个性，处事不够圆滑，引起了争执不悦是难免的。一家人都会难免争吵，唇齿之间，都会有碰伤，何况他们处那样的环境。"[1]

险恶的年代

在国共内战期间，国民党军队连续遭到惨败，蒋介石以退为进，于1949年1月21日宣布第三次下野，由副总统李宗仁出任代总统。

李宗仁上台后，为了表明他的"和平诚意"，命令行政院采取一系列措施，其中一项重要措施就是释放政治犯。李宗仁以"代电"和亲笔信指示参谋总长顾祝同、台湾省主席陈诚及西南军政长官张群，请他们分别负责释放张学良、杨虎城两人。已经撤退到广州的国民党中央为收买人心，也做出了相应的决议。

其中，李宗仁于1月24日发给台湾省主席陈诚的电报说："兹为表示政府对和平之诚意，促成和谈，顷已决定释放政治犯。张汉卿兄现在台（湾）省，希就近转知监视人员，先恢复（其）自由，（宗）仁并拟约

1.郭冠英：《张学良在台湾》，中国友谊出版公司1993年版，第59—60页。

其来京一晤。除已电饬空军总部日内派机来接外，特此电达，希先转致意，请其届时来京，并复为盼。"[1]陈诚接到李宗仁代总统的电报后，也觉得继续幽禁张学良已经毫无意义，就于25日发电报向退居溪口的蒋介石请示："职以为汉卿之于今日，释之无关重要，久羁适足为累，但惜处置较迟耳。为此，似可听其释放。如何仍乞电示。"[2]

但蒋介石的思路与别人不同，他于1月27日复电陈诚，坚决反对释放张学良，电报中并为陈诚划策说："如有命令到台省释放张学良，似可暂不置复。否则，可以并不知张学良何在，以此事省府向不过问之意复之。"[3]

根据蒋介石的旨意，参谋总长顾祝同为敷衍代总统李宗仁，于2月1日复函如下："德公代总统钧鉴：子迥代电暨元月28日手示奉悉。关于恢复张学良、杨虎城自由一案，业经转电台湾陈主席及重庆张主任知照矣。肃复。敬候崇绥！职顾祝同上。"[4]顾祝同就这样轻轻松松把球踢给了陈诚和张群。

而陈诚见蒋介石不愿意释放张学良，当然不便坚持自己的主张。为了应付李代总统的命令，陈诚于2月2日复电李宗仁："南京李代总统德公：×密。东电奉悉，可否请程思远兄来台一谈？职陈诚叩。"[5]

陈诚之所以指名要程思远去台湾，是因为他们两人曾在三民主义青年团中央共过事，是熟人。2月4日晚，程思远抵达台北。次日，陈诚邀程思远到他的官邸便餐。一见面陈诚就说："有许多事在电报上不好谈，所以请你到台北一行。"

饭后，陈对程说："此次邀你来台，并非专为张学良的事，还有更重要的事需要谈谈，但是此刻还是先从张事说起。张学良现在幽居新竹，

---

1. 台北"国史馆"编印：《陈诚先生书信集——与蒋中正先生往来函电》下册，2007年版，第727页。
2. 同上。
3. 同上。
4. 程思远：《李宗仁先生晚年》，文史资料出版社1985年版，第47页。
5. 同上。

生活由俞济时的军务局负责，警卫由毛人凤的保密局负责。"说到这里，陈诚特别提醒程思远说："蒋先生的事你是了解的，像囚禁张学良这类事件，他从来不使别人过问，所以我也不闻不问。但是，你如果要到新竹去看张，我就派人派车护送你去。"程思远知道张学良释放无望，认为不必有此一行，当即婉辞，离开台北回南京向李代"总统"复命。[1]

李宗仁代总统的命令就这样被蒋介石的亲信们三下两下原封不动地给挡了回来，堂堂代总统的命令终于成为废纸一张。

同时，为了让李宗仁找不到人，蒋介石决定立即将张学良转移。2月1日，刘乙光即告诉张学良："即将迁移，但未言何处去。"2月2日凌晨3点，张学良等乘车离开井上温泉，前往新竹机场。上午11时乘坐的飞机起飞，于12时10分抵达冈山机场，然后再乘汽车前往高雄要塞，将张学良安置于高雄西子湾寿山要塞。

由于这次是仓促转移，张学良住处十分破旧潮湿，条件非常差。高雄要塞司令吕国桢闻讯后，立即赶来看望，设宴招待并赠送了一批食品。5月7日，张学良住进要塞中新修理好的楼房。5月28日，蒋介石由上海乘兵舰抵达高雄，在寿山要塞司令部住了20余天，但始终没有和张学良见面，只召见了刘乙光询问有关情形，并当场交代侍卫室通知保密局给刘乙光等发奖金1万元（约相当于300两黄金），并说道："你们辛苦了！"[2]

中国共产党在领导中国人民取得解放战争全面胜利的背景下，于1949年10月1日在北京宣告中华人民共和国成立。国民党败退台湾，重建"中华民国"的小朝廷。

1950年2月，蒋介石在台北宣布复行"总统"职权，3月又任命蒋经国为"国防部总政治部主任"。父子俩掌握了台湾的最高权力。蒋介

---

1. 程思远：《李宗仁先生晚年》，文史资料出版社1985年版，第47—48页。
2. 郭冠英：《张学良在台湾》，中国友谊出版公司1993年版，第73页。

石把气全出在张学良、杨虎城身上，认为是他们发动西安事变，致使他的"剿共"事业毁于一旦，才有今天的惨败。为了报复，蒋介石终于向西安事变的发动者之一的杨虎城将军举起了血腥的屠刀。

1949年9月17日，国民党特务根据蒋介石的命令制造了一起惊天大血案，用利刃将杨虎城将军残忍杀害于重庆松林坡，杨虎城的幼子、幼女同时遇害。杨虎城的夫人谢葆贞在此前已经病死狱中。同时遇难的还有杨虎城的秘书杨绮云夫妇及副官阎继明、警卫员张醒民等。

蒋介石对张学良，虽然没有像对杨虎城那样仇恨，但自然也谈不上释放。

1950年1月28日，张学良又搬回到井上温泉。这一年，朝鲜战争爆发，美军重返台湾，美国第七舰队盘踞台湾海峡，蒋介石在台湾岛总算站稳了脚跟，对张学良的仇恨情绪又开始慢慢减少。

中华人民共和国成立以后，周恩来等中共领导人一直没有忘记张学良。

1956年12月，在北京举行的纪念西安事变20周年座谈会上，周恩来总理发表讲话，再次高度评价张学良、杨虎城两位将军："由于西安事变，张、杨两将军是千古功臣，这点是肯定的。""张汉卿是个英雄人物，很豪爽。张汉卿将来能援救出来更好，但无论如何，他是千古不朽的人物，他是名垂千古的。"[1]

1961年12月12日，周恩来邀请在北京的当年参与西安事变的有关人士及其家属举行纪念西安事变25周年纪念会，应邀出席的有李维汉、林枫、吴德、南汉宸、赵寿山、杨明轩、高崇民夫妇、阎宝航、张学铭夫妇、张学思夫妇、杨拯民、刘鼎、薛子正、申伯纯、冯仲云、张晓初、邹大鹏、王一夫、王化一、赵毅等数十人，周恩来在讲话中追忆了他同张学良、杨虎城的友谊，赞扬他们在民族危亡关头挺身而出的义举，对至今仍未恢复自由的张学良将军表达深深的思念。张学良的四弟、海军总司令部参谋长张学思想起大哥心情十分激

---

1. 张友坤、钱进主编：《张学良年谱》，社会科学文献出版社1996年版，第1078页。

动，在给周恩来总理敬酒时泣不成声，周总理也忍不住潸然泪下。他说："我的泪是代表党的，不是我个人的。25 年了，杨虎城先生牺牲一家四口，张学良先生还扣留在台湾，没有自由，怎能不使人想起他们就落泪呢？"[1]

高崇民当场赋诗《纪念西安事变二十五周年·有怀张将军》："兵谏功成廿五年，乾坤扭转话凌烟；今日座中皆旺健，一人憔悴在东南。"周总理看后对高崇民说："诗中'憔悴'二字似乎太消极，不如改为'奋斗'。"高崇民深受鼓舞，回家后再赋诗二首："深谋远虑系台湾，炮击金门岂等闲？海隅终当还祖国，将军归卜在何年？轩辕黄帝好儿孙，节义英雄宇宙存；咤起风云留正气，白山黑水忆将军。"[2]

1975 年秋，周恩来在身患癌症且病情十分严重的情况下，仍然在关注着张学良，他在一份《情况反映》上得知张学良患了眼疾，且有失明的危险，他立即提起笔来，用颤抖的手写下批示：要有关部门查清具体情况，想办法给予帮助。周恩来还不放心，在批示后连写三个字："托！托！托！"这是周恩来在中南海西花厅办公室批的最后一份文件。周恩来在弥留之际，命人把负责对台工作的罗青长找来，再三嘱咐："不要忘了台湾的朋友。"[3]

奉命写"反省录"

到台湾后，宋美龄仍一如既往关心张学良，与其丈夫蒋介石的冷酷和记仇形成了鲜明的对比。也许是一由双簧，一个唱黑脸，一个扮红脸。

1. 张友坤、钱进主编：《张学良年谱》，社会科学文献出版社 1996 年版，第 1098 页。
2.《高崇民诗文选集》编委会编：《高崇民诗文选集》，沈阳出版社 1991 年版，第 487—488 页。
3. 张友坤、钱进主编：《张学良年谱》，社会科学文献出版社 1996 年版，第 1111 页。

1950 年 4 月初，宋美龄一度想到新竹井上温泉看望张学良，并且做好了出发的准备。张学良闻讯后立即去信劝阻。宋美龄接受张学良的劝告，中止了新竹之行。

4 月 30 日上午，宋美龄在台北大溪官邸约见了张学良。这一年，张学良 50 岁，宋美龄 53 岁，都已到了知天命的年龄。当年被宋美龄称为"绅士"的张学良少帅，头已谢顶，略显老态，而宋美龄却风采依旧。此番两人相见，却几乎无语相对，同是天涯沦落人，从何谈起呢？两人勉强谈了一些家常，然后午餐。饭后，宋美龄问张学良还有什么话要对她说，张学良回答："国家已到了这样田地，还有什么可说呢？我是没有可以帮助的了，只有两件事，想求一求夫人：一是在私情上想望一望蒋先生；二是请代家中索几个钱用。"宋美龄满口答应，张学良写给家中的信一律由她代转。[1]

1951 年 1 月 12 日，宋美龄写信给张学良，说她开始拜师学习绘画。信中说："自来台后，余忽对绘画兴趣浓烈，大有寄情山水，两眼皆空之感。而蒋先生也主张余以习画养性，余即延请黄君璧先生教山水，而郑曼青先生之花卉，乃是台湾首屈一指之翘楚，两位才华决不逊于张大千和徐悲鸿。如此一来，余反倒觉得每日过得充实起来，再没有刚来台湾时那种终日惶惶、神不守舍的情绪……"

1951 年 2 月，农历春节前夕，张学良又收到宋美龄派人从台北专程送来的年货。在当时台湾物资奇缺的情况下，宋美龄竟把较难买到的食品和肉类运到清泉的深山之中，实在让张学良心中感动。在不安之余，他决定把从大陆辗转带到台湾的珍藏字画，挑选几样托送年货的侍卫们带回台北，作为给宋美龄的回赠。其中有一幅苏轼手卷《少年游》，这是一幅价值连城的国宝，据说是张学良早年在东北用重金从北洋某官僚手里买到的，多少年迁徙始终带在身边。苏轼的真迹实为张学良寂寞中

---

1. 张闾蘅等：《张学良、赵一荻私人相册——温泉幽禁岁月（1946—1960）》，生活·读书·新知三联书店 2006 年版，第 129—132 页。

的最好寄托，但他决定把《少年游》送给关怀自己的宋美龄，因为舍此手边再无其他有价值的礼物相赠了。

宋美龄用土产年货换得张学良用价值连城的国宝来回报，自然是万分惊喜。据说，宋氏对苏轼的这幅手卷爱不释手。但宋美龄收到重礼后一直到次年3月下旬，才提笔给幽禁在深山中的张学良复信，表达她心中的感谢之情："汉卿，得照片与手卷极美，多谢！早当致意，唯两年来苦于气管炎，不便作书，目前始渐愈。《生活》拟刊一文，附余画作照片，出刊后当寄奉一本。余习石涛、沈石田甚勤，以余师谓余笔法风格近此两家之故。然台岛难得真迹亲炙，尽力而已……"

在宋美龄的安排下，张学良于4月22日从井上温泉赶到台北大溪官邸，见到了伊雅格，张学良对此感到十分惊喜。多年不见，两人似乎有说不完的话要倾诉，两人一直谈到下午4点多。此次，伊雅格给张学良带来了几份银行文件让张学良签字，这笔资金对于张学良来说可以说是雪中送炭，弥足珍贵。由于天色已晚，考虑夜行山路不安全，张学良不得不在大溪官邸留宿一晚。第二天早晨7点，张学良带着一车的礼物（包括宋美龄、宋子文的信及家信等）从台北启程回井上温泉。同年11月，伊雅格再次从美国来台湾，这次特地给张学良带来了一台英文打字机，请宋美龄转交。

1952年秋天，莫德惠再次获准前往井上温泉探望张学良，他回到台北时把张学良亲笔信转交宋美龄。张学良在信中说："德公此次进山，带来夫人赠送的兰花，甚喜甚谢。德公也转达了夫人问候，良和四小姐在此一切均好，只是此地潮湿多雨，且所居之处蛇患成灾。因此四小姐希望移往从前住过的井上（温泉）为好，如井上不宜，亦请夫人给予帮助，因此地蛇灾委实难以忍受……"[1]

1955年1月22日，"国防部保密局"局长毛人凤安排张学良、赵一荻到台北过年，住在"保密局"所属的医院。第二天，毛人凤前来探

1.《宋美龄与幽禁中的张学良将军》，《人民政协报》2004年12月24日。

望，希望张学良与赵一荻在台北住一段时间，顺便好好检查一下身体。毛人凤还吩咐给张学良夫妇留一部汽车可以四处看看。除夕之夜，台北市爆竹声不断，张学良习惯了寂静山中的生活，这彻夜不止的爆竹声让他无法入睡，于是在日记本上写了一首诗："万姓不减故乡心，出席来个爆竹声。村佬入城眠不稳，梦中疑觉成金门。"

在台北期间，张学良、赵一荻及用人吴妈都到医院检查了身体。张学良配了两副眼镜，拔掉了两颗坏牙，并割去了肩上的肉瘤。不久，宋美龄的生日（农历2月12日）到了，张学良与赵一荻买了一篮奈瑟康乃馨派人送到宋美龄的官邸。张学良与赵一荻还乘兴游览了台北的几处景点。3月14日，张学良返回井上温泉，赵一荻则继续留在台北准备做喉部手术。4月26日，赵一荻与吴妈回到井上温泉。

6月23日，赵一荻在吴妈陪同下到新竹医院检查时发现尿中带血，医生要求赵一荻入院做进一步检查。刘乙光询问张学良怎么办，张学良回答："那就住院吧。"后经医院初步诊断，赵一荻患的是膀胱结石，用药几天后，赵一荻病情大为好转，原拟转台北医院治疗的计划取消。6月30日，张学良亲自驾车到新竹医院接赵一荻出院返回井上温泉。[1]

8月中旬，赵一荻再次出现尿血，并伴发腰痛、高烧等症状。张学良不敢怠慢，一边请刘乙光联系台北的医院，一边为赵一荻准备入院需要的日常用品。张学良还专门致函"保密局"局长毛人凤，并给毛局长送去自己养的4只土鸡，感谢他对赵一荻的关怀。8月15日，赵一荻由刘乙光护送到台北医院治疗，张学良则留在井上温泉。在分别的近两个月里，赵一荻给张学良寄来书信27封，几乎是每两天一封信，述说别后的思念之情。张学良在信中称赵一荻为Edith，自己署名为H.C.，而赵一荻则自署咪咪（张学良口头呼赵一荻的爱称）。张之宇女士在其著作中

---

1. 张闾蘅等：《张学良、赵一荻私人相册——温泉幽禁岁月（1946—1960）》，生活·读书·新知三联书店2006年版，第166—169页。

首次披露了数封张、赵之间来往书信，弥足珍贵。

下面转录其中两封，以感受张氏夫妻之间相亲相爱的气氛。其中一封是 9 月 30 日中秋节张学良写给在台北的赵一荻的，信是这样写的：

Edith：

自从廿九年夏季你回国以来，咱们俩从未分别这样久，你打上月一日发觉有病，15 日去的台北，到今天整整一个半月。今天是中秋节，昨天晚上，这山上月亮好极了，我同我的小猫在球（场）上走了有半个多钟头的路，才回屋睡觉，假如你在家，多么好玩哪。但是我愿意你把假牙好好地弄合适了……所以不催你回来。我想你在台北，常有朋友来，又有事情做，吃的合胃口，你喜欢吃点心（赵嗜食精致甜点），也许又吃着你所喜欢的点心，所以你胖了，你别"乐不思蜀"哟！这是笑话，我知道你是急于要回来的，别急！还是把牙弄好为要。我在家，吃的也好，张厨子昨天炒了一盘鸡鸭肝，我喜欢吃极了，我只怕吃坏了胃。昨天友芳（蒋介石的曾孙女蒋友芳）送来有苹果廿个好极了的。又有火腿两只。这苹果是四脚型的，已熟了，放不了好久了，又是火腿，又是顶上的月饼，我怎样吃啊！

今晨黄玄（此人专司采买）又送来公家买的月饼和水果。你跟细蛮子、小胖子（刘乙光之孩子）他们说，叫他们快点上山，我借他们的肚子用一用，把这些替我装进去。真可惜，这些好东西，火腿可以留，月饼水果是不能久存了，只有老杜（一直追随张学良的副官杜发）、阿根大开洋荤了。我看了好些小说，有几篇相当的有趣味，假如坐在月光下，给你讲故事听，你说，好不好？九月卅日，本想再写，于伯材等（着）走。

H.C.[1]

---

1. 张之宇：《张学良探微：晚年记事》，江苏人民出版社 2004 年版，第 186—187 页。

10月1日，赵一荻写给张学良的回信（编号为第22号）如下：

昨天，我在刘太太那里过节，吃完晚饭，八点多钟就回医务所。吴妈由王世忠陪着去看热闹，只剩我一个人冷冷清清，真是没有意思。这么多年没有分开过过节，不习惯了。昨天晚上台北月亮很好，街上人山人海，我想你是不是会在球场上赏月。听刘先生说他已打电话给熊队附，请他找几个人陪你去吃饭。我想总比较好一点，不至于太冷静吧！老徐问你要外国酒吃没有？

我到台北来已经一个半月，我真是住够了！金窝、银窝，不如狗窝。在外面总是没有在山上舒服。我几时回去，还没有一定，恐怕还要住一礼拜才能把牙镶好。这一个礼拜碰见两天是放假，所以牙还没有做好。

有几庄（桩）可笑的事，我本来想，我就要回去了，等我到家再给你讲。现在我既然还得一个礼拜才能回去，你在山上不闷得慌？我讲给你听，你亦好解闷。我在中心诊所住着的时候，有一个姓乐的小孩，大概只有两三岁，亦是住在内科病房，肺炎刚好，她的妈妈是肺病，住在外科病房等开刀。据护士们讲，她的妈妈长得很漂亮。她不肯去看她自己的妈妈，每天至少要到我的病房来看我两次。她叫我漂亮妈妈，来了亦不讲话，看看就走。一天到晚吵，要带她的那个女佣人和护士小姐陪她来看漂亮妈妈，你说奇怪不奇怪？

还有一位护士小姐有点二百五，有一点晚上她问我去过外国没有？我问她为什么要问我去过外国没有？她回答得很可笑。她说："我看你有点洋气。"我真不知道我身上哪里带著有洋气。

医务所现在又盖了许多房子，跟以前不同了。在洗澡间和院长室之间盖了一间会议室。在我们从前住的那间屋子和袁大夫住的屋子角上，原来有一个坡，我们在那儿照过相的那个地方，盖了一排房子做厨房和伙食间，预备将来给病人做饭的。在鱼塘那边盖了两所房子，一所是昌小姐盖的，我想你一定记得她。（就是那位最难看的护士小姐）另外一所是刘小姐盖的。她等房子盖好就要结婚了。她的男朋友亦是在局里做事的。

山上有什么新闻没有？篮球场开了没有？丁昌潮他们几时结婚？昨天我请刘太太同我一块回山上去玩，她说她要等吃丁昌潮的喜酒时再去，我想大概亦快了吧？

我给你带去的花瓶合用不合用？我上次托于伯材带去的红铅芯，你收到没有？怎么来信总没有提起？花上用的除虫药水，我已去问过，有是有的。现在已经卖完，过几天亦许会有。

咪咪
十月一日¹

10月15日，赵一荻痊愈归来。张学良见女主人归来，一颗悬着的心才算落地。

1956年12月，是西安事变20周年，蒋介石似乎又想起了张学良。²蒋一直以为西安事变是张学良、杨虎城受中国共产党煽动，不相信是张学良、杨虎城自主发动的，因此希望从张学良口中证实这一点。这年11月间，蒋介石两次召见刘乙光。11月20日，刘乙光第二次见蒋后回到

---

1. 张之宇：《张学良探微：晚年记事》，江苏人民出版社2004年版，第190—191页影印件。

2. 张学良自己说是蒋介石曾当面要他写西安事变的有关情况。张学良曾对王冀说："那时大约在一九五几年，当时先是看管他的刘乙光通知，蒋'总统'要见他，他很紧张，一见面，老先生就说：'你把当时在西安的事情写出来给我看看。'我说：'这不值得写。''你写看看，看这几十年来，有什么想法？'我回答：'先生要看，那我就试验试验。'"张学良回到住处之后，就提笔写了，自定的标题则是《西安事变反省录》。《张学良对"西安事变"的自我评价》，人民网2001年10月17日。张学良的这个说法也有问题，就是张、蒋在台湾见面的时间是1958年11月，而张学良写反省录是1956年，时间上相差数年。笔者估计，这是张学良晚年记忆出现错误所造成的。

井上温泉，传达蒋介石的命令："写一篇西安事变同共产党勾结经过的事实。"再三嘱咐要真实写来，并说"此为历史上一重大事件"。

张学良多年来已刻意回避西安事变这个话题，曾经下定决心永世不再谈此事，完全把它忘掉。现在蒋介石旧话重提，并且命题作文，使张学良心情十分激动。这天晚上，他躺在床上，前思后想，反复追思，大有不知从何下笔之感，在床上辗转反侧，一夜未睡好。但蒋介石既然已经下了命令，张学良其实没有别的选择，他思前想后，终于做出决定："不计个人利害，详述前因后果。"于是，张学良坐下来，开始凭借记忆埋头写作西安事变回忆录。这时，张学良的视力已严重下降，写得很吃力，张学良写草稿，由赵一荻抄正。他先写出初稿，刘乙光看过后向蒋介石汇报，蒋指示"写至离陕时为止"，而且张学良的初稿缺乏事变后的详细记述，要求补上一段。对此，张学良在心里想，事变后的蒋氏是当事人，他应该知道得很清楚，还有必要写吗？心里虽然很不满，但张学良还是根据蒋介石的要求对初稿进行了增补修订，于12月6日完稿誊清后交刘乙光送往台北。

刘乙光赶到台北时，蒋介石却去了外地，只好去见蒋经国。蒋经国看完后，提出西安事变一段要重写。于是，刘乙光将原稿带回井上温泉让张学良修改补充。张学良对此感到非常痛苦，他在日记中写道："余真不知如何下笔，不能不写真实，又不能不为长者讳，夜中未得好睡。再三思量，已得写法，真而可讳也。"[1]看来，少帅是机灵人，他找到了两全其美的办法，并为此感到得意。

12月18日早晨，刘乙光拿着张学良再次修订后的稿子前往台北，将稿子交给了蒋经国。

张学良的稿子，以给蒋介石的信作为开头。信中写道：

---

1. 张闾蘅等：《张学良、赵一荻私人相册——温泉幽禁岁月（1946—1960）》，生活·读书·新知三联书店 2006 年版，第 178—179 页。

"总统"钧鉴：

> 刘乙光同志转下钧示，令良将西安事变前后事实，写一回忆呈阅，聆悉之下，百感交集，惶悚无似，良本下决心，永世不谈此事，所以无任何只字记载存留。而近年来，更不愿自寻苦恼，曾自勉连回想亦不再事回想。忽闻斯命，准良将此历史大事自书，钦佩钧座之伟大，感激对良之高厚，起而自奋，决心坦白追忆，真不知从何下笔。即奉钧示，而如此大事，良不敢不具实以对，亦不能不具实以对，更不应不具实以对……[1]

关于西安事变发生的原因，张学良做了如下的解释："如认为西安之变，由于中国共产党之宣煽，则不如说，由于良之不学无术，鲁莽孟浪，较为真确。祸首为谁？祸首则为我心。自当由良之个人说起，方能容易明了前因后果，整个事体发生之由来也。"[2]

恰在此时，又发生了一件与西安事变有关且让蒋介石极为恼火的事。西安事变参与者之一的郭增恺在香港《热风》杂志连载《一个没有交代清楚的问题——西安事变十八周年感言》，文章公布了当年西安事变及以后张学良、杨虎城遭受迫害的许多内幕，特别是对蒋介石精心炮制的所谓张学良、杨虎城看了他的日记后备受感动、幡然悔悟一说表示质疑。蒋介石对此很恼火，他一面派特务给郭增恺寄去装有子弹的恐吓信，一面动员张学良出来驳斥。1956 年 12 月 20 日上午，蒋召见刘乙光，命他将郭增恺的文章转交张学良，同时要张学良写一篇文章驳斥郭增恺的说法。

这又是一个棘手的任务，张学良在日记中写道："郭（增恺）为何人，余已忘记，要把他插入，甚难写，弄得不三不四。"但是，再难写

---

1. 张之宇：《张学良探微：晚年记事》，江苏人民出版社 2004 年版，第 81—82 页。
2. 同上，第 82 页。

也得写。于是，张学良坐下来，绞尽脑汁，奉命写了《慨中国文人之无行》一文，以十分尖刻的语言批评郭增恺，下面摘录几段：

郭某《西安事变十八周年感言》阅读之下，可气亦殊可笑，中国文人多无行，多如此辈。此人为谁，良诚已忘却，假如良所指的那人是对，彼乃一小丑角色。他不是"共党"，他是属于"共党"尾巴的第三党，在第三党中恐也不是什么重要者。当年曾为杨虎城嬖幸，官僚政客之流亚也。

中国无聊之文人，素以自高身价为职志，捕风捉影，胡说八道。譬如有郭增恺其人者，当年在西北公路局任职，为杨虎城之嬖幸。后因案被捕送京（1936年），当西安事变之初，戴雨农（戴笠）来西安时偕同前来，期其奔走于杨虎城、戴雨农之间。在当时彼何人斯，恐亦早已无人忆记。亦许因此之故，而彼亦来一套西安事变感言，更自高其身价，自大夸为什么见证人，侪与当代闻人蒋夫人、宋子文、周恩来并列，此人真不知耻者。

我等当年读过蒋"总统"日记之后，自认抗日之事已有着落，追悔孟浪，不明领袖谋国苦衷，恭送"总统"回京，自动随从请罪。

就是有见证人的话，恐亦轮不到该郭增恺名下，假如不是他写这篇感言，我早已把郭增恺是谁已竟忘记了？咳！文人之无行，郭增恺可以当之矣！

张学良的文章写好后，刘乙光立即赶往台北，呈送蒋介石。这篇批驳文章算是给蒋介石挽回了面子。但另一方面，为避免郭增恺纠缠不放，后来由张学良在美国的经纪人伊雅格出面斡旋，由张学良出资6 100美金封了郭增恺的口。

1957年，蒋介石在台北正式出版《苏俄在中国——中国与俄共三十年经历纪要》（台北"中央"文物供应社）一书，总结两次国共合作及中苏关系的历史，攻击苏联和中华人民共和国，其结论是绝不能与共产主义共存。该书最后说："若要追问过去大陆上反攻斗争失败的责任，只怪我们国民革命尚未成功，国家建设没有基础，因之对强权侵略者，没有维护我们领土主权的力量。更只有怪我个人自己，在这长期反共斗争中，应该见到的未能预见，已经见到的又未能取信于人。然而'往者不可谏，来者犹可追'，只要我们全体同胞能保持自己国家的人格和民族的正气，只要我们能维护民族崇高的文化和悠久光荣的历史，只要我们能痛定思痛，提高警觉，埋头苦干，雪耻图强，向三民主义国民革命建国的目标直前迈进，深信我们必能克履自己的责任，掌握自己的命运，完成我们反共抗俄复国建国的使命。"[1]蒋在书中引用了张学良回忆录中的部分内容，并使用了"张学良自述"的提法。[2]

蒋介石的《苏俄在中国——中国与俄共三十年经历纪要》一书出版后，蒋介石、蒋经国父子又给张学良下达了一个任务，写一篇读后感，把西安事变的事情写进去。1957年8月中旬，张学良花了一个礼拜写了一篇《恭读〈苏俄在中国〉书后记》。

蒋介石用完张学良写的回忆录后，顺手交给掌管台湾政工和特务系统的儿子蒋经国，并说："该文写得很真实，可以相机运用作为军中政治教材。"蒋经国遂把它交给了"国防部总政治部"副主任王升，王升又转给主管宣传的第二处肖处长。这位肖处长没有体会到所谓"相机运用"的真正含义，以致后来发生了一点风波。

1964年，台湾"国防部总政治部"创办了一本对外发行的综合性刊物——《希望》月刊，创刊号于7月1日出版，该刊将张学良的回忆录

---

1. 张其昀主编：《先总统蒋公全集》第1卷，台北中国文化大学出版部1984年版，第402页。
2. 郭冠英：《张学良在台湾》，中国友谊出版公司1993年版，第39页。

取名为《张学良西安事变忏悔录摘要》作为"特载"加以发表。[1]《张学良西安事变忏悔录摘要》共九段二十七款。台北《民族晚报》迅速分段转载。张学良闻讯，立即写信给蒋介石，表示他那封信若题为《张学良的忏悔》，则他无话可说，但如今写成《忏悔录》，署名张学良，则担心蒋误会是他主动发表的。蒋介石接信后，责怪下来，乃有《希望》月刊只发行一期，就没有希望的事。《希望》月刊被勒令停刊，并把已发行的创刊号悉数收回。第二天，《民族晚报》也奉令停止转载。但香港的报刊纷纷转载，使张学良的这份"自述"很快流传开来。[2]《希望》月刊因为被查禁没收，每本黑市价台币由 10 元涨至 100 元，仍无法购到。以当时台湾的生活水准来衡量，可以看出这本刊物身价不菲。直到蒋介石、蒋经国父子相继去世后，台湾著名的《传记文学》杂志根据读者的建议，以《张学良西安事变回忆录摘要》为题，于 1990 年 6 月出版的第 56 卷第 6 期重新刊登该文，使世人得以窥其全貌。

幽禁中的读书思考

读书研究是张学良漫长幽居生活中的一项重要内容。1946 年 4 月 18 日，张学良在贵州桐梓给蒋介石写了一封信，托莫德惠带回重庆转交。张学良在这封信中汇报了自己在幽居中的读书情况。信件全文如下：

介公钧鉴：

莫柳忱先生奉命来山，述及钧座爱护良之深情，一如往昔。

刘秘书乙光前由渝返，转致钧谕，嘱良静养。并告读书要有系统

---

1. 孙玉清：《张学良在台湾》，载晓萧编《张学良与台湾》，光明日报出版社 1991 年版，第 241 页。
2. 毕万闻主编：《张学良文集》第 2 卷，新华出版社 1992 年版，第 1191 页。

层序，聆听之下，使良感愧莫名。除将良一切日常生活及读书情形详告莫先生外，兹略为钧座一陈：十年以来，良涉猎书籍门类甚广，自从病后，专以明史为目标，一切文艺掌故，皆以明代为着眼。本想研究明清两代史，又恐涉及过广，先未敢存此奢望。因前读《明儒学案》《王文成公集》等等，对明代事小有印象，故先就明史着手，以后如有成就，再进一步研究清史，此良研究明史之大略来由也，兹特禀明。良眼睛见花，日增一日。一因上年腹部开刀，二因年来常在菜油灯下用眼关系。对于小字黑纸之书，不愿阅读，致滞碍不少。知公爱良，故敢如此唠叨。肃此。敬叩钧安！[1]

张学良函中所汇报的读书内容是很不完全的。实际上，张学良幽居中的读书生活可以分为两个阶段，第一阶段在广泛涉猎各种书籍的同时，以研读马列主义书籍为主，这一阶段的时间大约从 1937 年至 1944 年。

张学良在幽禁中读书是从奉化雪窦山开始的。1937 年 1 月 14 日晚，蒋介石在溪口请张学良吃晚饭，在座的还有宋子文、徐永昌、贺耀组、戴笠等人。饭后，蒋介石劝张学良看两本书：《军人模范》和《民族主义》。历史方面的。在雪窦山的 10 个月里，张学良除了先后跟两位老儒生读四书五经与中国古代历史，也读了其他著作，如蒋介石赠送的《明儒学案》、邵力子赠送的《船山遗书》等。张学良在《明儒学案》书上注明："7 月 11 日看完于雪窦山。"[2]

离开雪窦山，一路辗转奔波于浙江、安徽、江西、湖南四省之间，长途劳顿之余，张学良除了游览参观，似乎没有多少时间坐下来读书。

1. 毕万闻主编：《张学良赵一荻合集》第 5 部，时代文艺出版社 2000 年版，第 555 页。
2. 洪波：《张学良将军在贵州的幽禁生活》,《贵州社会科学》1998 年第 3 期（总第 153 期）。

据张学良的日记记载，从江西萍乡去湖南郴州途中，于1937年12月23日下午5时路过湖南省会长沙，在这里"小停购书"。[1]但所购何书，不得而知。之后，在湖南郴州、永兴的3个多月里，张学良未见有购书和读书的记载。直到从湖南永兴迁往湘西沅陵于1938年4月17日第二次路过长沙时，在这里购了一批书，但出乎人们意料的是，他所购的图书大都是马列主义的图书，如《马克思及其学说》《恩格斯及其事业》《马克思、恩格斯论中国》《列宁家书集》《左派幼稚病》《苏联红军中的政治工作》等。幽居沅陵凤凰山期间，又请刘乙光代为购买了《唯物论与经验批判论》《家庭私有财产及国家起源》《怎样研究经济学》《政治经济学讲话》《新经济学大纲》《新史学与社会科学》等图书。张学良在沅陵凤凰山幽居的半年多时间里，以钓鱼游览为主，由于资料限制，笔者尚未见到有张学良在此期间坐下来认真读书的记载。

1938年末，张学良从湖南沅陵移居贵州修文县阳明洞，才再次坐下来认真读些书。在阳明洞期间，张学良又陆续添置了一批图书，如《水产动物学》《鱼类学》《广西省农村调查》《河南省农村调查》《江苏省农村调查》《中国社会经济结构》《中国土地制度》《联共（布）党史简明教程》《论民族问题》《农艺化学》《辩证唯物论与历史唯物论》《新哲学大纲》《回教真相》《哲学选辑》《最新养鲤法》《世界政治》《五大哲学思潮》等。从这个不完全的购书单可以看出，除几本实用的水产动物学著作外，还是以马列主义著作为主。

过去的著作都认为，张学良幽居阳明洞期间，深知自己获释无望，又感到自己与王阳明有相同的身世，对王阳明被贬到修文县后的情况非常关心，"便向当地的县政府要来了一部《修文县志》，准备专心搜寻当地王阳明被贬龙场驿的事迹。从此，他对阳明学说发生了浓厚的兴趣，

1.张之宇：《张学良探微：晚年记事》，江苏人民出版社2004年版，第178页。

由研究阳明学说，而埋头研究明史"[1]。

但从近年披露的第一手史料来看，这一说法显然与事实不符。

1938 年至 1944 年间，张学良在研读马列主义著作的过程中留下了一些读书笔记和心得体会。1939 年 6 月至 7 月，张学良在阳明洞写下了《读辩证法唯物论教程随笔》，内容如下：

> 二十八、六、十一，于阳明洞。毅庵。
>
> 相（像）我这样出身的人，研究哲学，很容易陷入观念论或机械唯物论，应当注意到康德、黑格尔等之缺陷，如鲁宾、德彼林等之错误。时时加以反省，更应当留心新康德、新黑格尔派别之反动理论。
>
> 二十八、七、二，第一章。
>
> 我们这一种人，幼小受了观念派的教育，又是布尔乔亚的胎子，我必须竭力将它克服。克服底（得）一点也无才行。
>
> 我不能完全扫除了我的旧的思想、见解、习气、感情，那末（么）我怎末（么）才能把新的健全哪！
>
> 不把旧的克服了，新的是不可能健全的，也是从来不可能的。
>
> 二十八、七、四。[2]

在以后的日记中，张学良还反省了自己过去的历史。如 1939 年 7 月 9 日的一则日记写道："我在武汉时候，1935 年，错认了对立统一法则，犯了右翼的毛病。这是由于我理解辩证法太浅，我站在了布尔乔亚的立

---

1. 高明流：《张学良幽居生活实录》，香港春秋出版社 1971 年版。转引自吕健：《从对明史研究看张学良西安事变后的心态》，《辽宁师范大学学报》（社会科学版）2002 年 7 月第 25 卷第 4 期。
2. 窦应泰：《张学良在贵州研究过辩证法——从〈狱中日记〉看张学良的思想转化》，《文史天地》2004 年第 3 期。

场，亦且为我讲辩证法的错误，他自身就是一个错误者。"[1]

1939 年九一八那一天，张学良在日记中又写道："伊里奇（指列宁领导的共产国际）给外国的党的教训，就是不给非无产者加入的自由。要把国民的特异性，国际的特殊性，实行调查、研究、探求、考察、把握……这话说的多们（么）有价值，一切事情，本应该如此的办法：调查、研究、探求、考察、把握，才可以从之。"[2]

王阳明是我国明代主观唯心主义的哲学大师，也是蒋介石终生服膺和推崇的意识形态祖师。蒋介石把张学良幽禁到阳明洞，其用心当然是希望张学良接受这位唯心主义大师的洗礼。但张学良却并没有接受这一套，反而用多年的时间认真研读马列主义著作。面对这一事实，笔者不禁产生了以下两个疑问。

第一，张学良研读马列主义著作说明了什么？窦应泰先生认为，这一事实说明张学良在思想深处已经完全和国民党信奉的唯心主义史观和意识形态划清了界限，在思想上倾向马列主义和辩证法，向往共产主义，心仪中国共产党。[3]窦应泰先生的解释当然有一定的道理，但笔者认为也许还有可能有别的解析，这里存疑。

第二，张学良在幽居期间用数年的时间研读马列主义著作，肯定逃不过看管队长刘乙光的眼睛，而且很多马列著作还是刘乙光亲自替张学良购买来的。这里就有两个问题，张学良能够长年研读马列著作，是刘乙光擅自允许的，还是刘乙光报请蒋介石、戴笠批准的？我们知道，马列主义和唯物辩证法是国民党在意识形态上的最大敌人，一向畏之如虎，蒋介石、戴笠亲自批准张学良研读马列主义著作的可能性较小。那么，刘乙光私自同意张学良研读的可能性就比较大。刘乙光虽然参加了

---

1. 窦应泰：《张学良在贵州研究过辩证法——从〈狱中日记〉看张学良的思想转化》，《文史天地》2004 年第 3 期。。
2. 同上。
3. 同上。

国民党，成为看管张学良的牢头，表面看似乎是反动透顶，但他早年也是"左倾"的，同情中共革命，并且资助过黄克诚等共产党人，甚至他本人也有投奔共产党参加红军的想法。[1]故笔者猜想，刘乙光后来虽然加入了国民党军统特务组织，但内心里也许对马列主义理论并不反感，同意张学良研究马列主义理论似乎也就顺理成章。试想，如果刘乙光是一位对马列主义十分敌视的人，那么，他能允许张学良在他眼皮底下长年研读马列主义理论著作吗？

1943 年 7 月 26 日，张学良在开阳县购买了一套《鲁迅全集》，从此爱不释手，成为幽居生活中最爱读的书籍之一。在张学良晚年赠给台湾东海大学的《鲁迅全集》首册扉页上还用钢笔写了一篇《鲁迅先生研究纲领》，其内容如下：

纪念鲁迅：要用业绩；纪念鲁迅：要懂得他，研究他，发展他。鲁迅是每一个不愿做奴隶的中国人底（的）鲁迅。学习，研究，发扬他的学术作品和为人而战斗的精神，这也是每个不愿做奴隶的中国人底（的）权利和义务。

研究纲领：

A、思想方法：哲学、政治、文艺理论三项。研究他的哲学观点、政治思想和主张、文艺理论基础和美学体系的发生、发展、改变表现等。

B、行传方面：（1）生平：包括他的历史环境、家庭环境、学校环境、社会环境、个人奋斗经过等项。（2）事业：他一生中最有价值、最重要、最要我们继承与完成的是些什么？次要的是甚（什）么？以及他于世界的影响与应占的地位等。（3）轶事：一个伟人常在他一件很小很平凡，偶然的事情上也可得出他的某方法价值

---

1. 黄克诚：《黄克诚自述》，人民出版社 2004 年版，第 57—73 页。

来，我们要搜集它、研究它。

C、创作方面：分小说、诗、韵文、杂文等四个部门，精心的（地）研究它们能反映的时代、生活、人物，表现的方法，创作的道理，独特的风格，接受的影响，以及它们能发生何影响和作用，特别是他的杂文，怎样"形象化"他所斩击的敌人。

D、翻译方面：（1）翻译的发展：他为何从事翻译？先译那一人的作品？后来为什么又译了很多的文艺理论的书，以至于《死魂灵》来结事。（2）翻译的主张和见解：起始怎样？后来怎样？与轻视翻译和滥译者们有个怎样的论战？在翻译事业上所发生的影响与业绩——如创办《译文》等。（3）翻译技术和特点：他的翻译技术怎样？在翻译上他的优点和缺点、特点，对原作者的忠实程度怎样？以及对原作者的研究工作，译品的总数量，最好的最坏的等。

E、学术方面：包括他编著的文学史，一般历史，版画研究，绘画介绍和研究，出版的书和画、论著等等。

F、鲁迅作品在外国：搜集各国对于他的作品的介绍与批评，各种纪念文件和文章，帮助我们对他的理解。外国译本中如发现理解不足，或错误的，我们也要帮助他们补足或订正。[1]

鲁迅是我国 20 世纪二三十年代左翼新文化运动的旗手和领袖人物之一，张学良对他的作品十分喜爱，他对鲁迅本人十分敬仰，这个纲领表明他对鲁迅的作品相当熟悉，并且有志于对鲁迅做全面系统研究，至于这个研究取得了怎样的进展，现在还不清楚。张治中回忆，1947 年 10 月 30 日他到台湾新竹井上温泉探视张学良时，他的书案上仍摆放着《鲁迅全集》，说明张学良研读鲁迅作品有数年之久。

---

1. 洪波：《张学良将军在贵州的幽禁生活》，《贵州社会科学》1998 年第 3 期（总第 153 期）。

张学良幽居期间读书生活的另一项重要内容就是进行明史研究。

有学者断定，张学良专心研究明史是从 1946 年 5 月开始的，其动因还是出于蒋介石的敦促。这年 5 月 11 日莫德惠从重庆写信给刘乙光，转达蒋介石的两点意见，其中一点就是蒋介石委托莫德惠为张学良延请一位明史专家。张之宇女士认为："此即张将军拟研究明史之开端。"[1]

当然，张学良涉足有关明史书籍要早得多，最早可追溯到 1934 年。这一年，张学良在武汉就任鄂豫皖三省"剿总"副司令，蒋介石来武汉时送给张学良一部吴梅村所著《绥寇纪略》。这是一部线装书，共 4 函。这部书的内容是记载明朝末年政治腐败、官逼民反、农民大起义及起义军与官军斗争过程以至明朝灭亡的历史。书中对于起义军领袖李自成、张献忠、高迎祥、牛金星和明朝将领孙承宗、洪承畴、杨鹤、何腾蛟等，以及两方面斗争、战争情况和胜负因果，记述得很详细。张学良嘱咐秘书应德田好好看一看，看完后把其中的要点讲给他听。应德田看完后，向张学良介绍了书中的主要内容，并说："这部书的名称实在名不副实，'寇'没有绥得了，而是明朝被'寇'亡了，怎么能叫《绥寇纪略》呢？"

张学良的本意是要从这部书中找到些什么历史经验，但应德田实在找不出来，倒是从中看出了"前车之覆，后车之鉴"的教训来。于是，应德田便向张学良谈了自己的感受，说："明朝末年，政治腐败，官逼民反，军事废弛，外敌纵横。崇祯皇帝和大臣们若能认清局势，彻底改革，刷新政治，整饬军旅，招抚'寇'军，一致对外，坚决抗清，结果当不致败于'寇'而亡于清。然而明朝却认为'寇'是心腹之患，而清是癣疥之疾，于是采取了灭'寇'第一、抗清第二的政策。因此，终致内则'寇'不能绥而反为'寇'破；外则敌乘其敝而入关亡明。现在，中国情形与明末相类似，但实际不同。共产党同李自成、张献忠等农民起义军不可同日语，因为共产党是主张抗日的。为中国前途着想，如联共抗日，中国当不致蹈

---

1. 张之宇：《张学良探微：晚年记事》，江苏人民出版社 2004 年版，第 120 页。

明末的覆辙。否则内战不已，正如鹬蚌相争，必贻渔人之利。"[1]

应德田说完后，张学良没有任何表示，又拿回去自己慢慢咀嚼体会。1935 年 9 月，他以西北"剿总"副司令之职到西安继续贯彻蒋介石的"攘外必先安内"国策，还随身携带了这部《绥寇纪略》，这段历史显然印入了他的脑海。

张学良认为，20 世纪二三十年代中华民国政府面临的国际国内形势，确实有点像明朝。

事实上，不仅晚明内忧外患，整个有明一朝 276 年，大半时间处于紧张的内忧外患之中，其历史背景与中国近现代史颇多相似之处。而且，明朝的内忧外患多集中在东北、华北；早期蒙古贵族企图卷土重来；中后期日本两次侵略朝鲜，窥伺中国；尤其是末期清崛起于东北，大举进攻明朝，并和长达 20 年的关内农民战争交织在一起。这种民族矛盾和阶级矛盾同时尖锐、集中和解决的地方，都是在东北、华北。加上张学良本人历任东北、华北军政长官和内地行营主任、"剿总"副司令等职位，其境遇与明朝当年那些御满、"剿寇"的军政大员有惊人的相似之处。因此，张学良后来专攻明史，潜心研究，特别把重点放在明末，希望从中汲取历史教训，找出应付内忧外患的良策，并中肯地进行自我评价。

在溪口时，邵力子送给张学良一部《船山遗书》，这是张学良研读的第二部有关明代历史的著作。到贵州修文后，张学良又向修文县政府要了一部县志，开始搜寻当年王明阳被贬到此地的一些事迹。

1944 年 5 月 7 日，张学良又托人购买了一部《明亡野史》，从此开始了明史的学习和研究工作。

张学良 1981 年在与台北《联合报》记者于衡谈话时说，他当初的计

---

1. 应德田：《西安事变之前的张学良将军》，载中国人民政治协商会议全国委员会文史资料委员会编《文史资料存稿选编——西安事变》，中国文史出版社 2002 年版，第 194—195 页。

划比较宏大，准备从研究明史入手，进而研究清史、民国史等，可以说是雄心勃勃，然而由于环境和心境的变化，这个宏大计划只做了一小部分。张学良说："我研究明史的动机，是由于近百年中国一直被外国欺凌，我想从明清两代的历史中找出原因。因此，计划先研究明史，接着研究清史，再及于民国史，但当我研究明史告一段落，刚想进入研究清史时，自己却成为虔诚的基督徒……由于专心读《圣经》，研究清史的工作，就放弃了。"[1]

由于蒋介石鼓励张学良研究明史，可能是受到蒋的暗示或鼓励，从1946年开始，有关明史学者相继将他们的有关明史著作赠送给张学良。下列是不完全清单：

1946年春，杨国桢赠《皇明诗选》；

1946年4月20日，宁恩承赠《明纪》；

1946年秋，桐梓兵工厂赠《甲申朝事小记》；

1947年7月，王孟鄰赠《明太祖革命武功记》；

1948年11月15日，王崇武赠《明末四百家遗民诗》；

1949年10月2日，王崇武赠《明靖难史事考证稿》。

此外，在1946年后张学良陆续购买了一批明史的著作。1946月12日在桐梓天门洞购买了《明代版本图录初编》《增订别号索引》《明代思想史》。

1947年5月20日，张学良写信给住在西安的大姐，请她代为购买大字版的《明史》。信中说：

我现在想托您办一件事，如果您去北平，您给我买一部好版大字的《明史》来，也许西安旧书铺里有（南辕门街有两个旧书店，很不错），如果买到，千万用油纸包好，打箱或用他法，总之

---

1. 于衡：《张学良访问记》，台北《联合报》1981年9月18日。

别叫它受湿，或污，或破了。我非常需要一部大字《明史》，我眼花了。开明版的《明史》我看起来太费力了。如果《明史》能在西安买得到，不一定要好版，大字就可以，我是很需要，等着看，并且要在书上胡批胡写，所以纸张不可要太薄的，一碰就破的。注意是《明史》，可不是《明史纪事本末》或《明纪》《明鉴》等等。或者商务印书馆百衲本的，中华书局四部备要版的，那都十分合用。[1]

由此信可知，张学良记忆力惊人，还记得十年前西安街上的旧书店，对各种版本的《明史》及其字体的大小都了如指掌，这些年的潜心研究，当已颇有造诣。

张学良埋头读书，摘笔录、做卡片、写眉语，并写心得笔记。由于长期在昏暗的菜油灯下看书，他的眼睛开始近视，视力从此不佳。赵一荻帮他找资料、整理札记，不露倦容，正所谓"红袖添香，佳人伴读"，也多少减去几许幽居生活的苦闷与寂寞。

经过几年的潜心研究，张学良搜集了不少资料，尤其是野史、民间传说和手抄本之类的资料相当多，做了大量笔记，颇有心得，发现官方所修的明史中有不少错误，很多都是瞎说。他自认他可以成为一个研究明史的专家，有几次还写点"读史心得"寄给蒋介石看，并希望找几位对明史有研究的历史学家经常和他谈谈。1948年5月，刘乙光从台北回井上温泉时，给张学良带来了一位明史专家周念行，他是宋美龄替张学良挑选的陪读者。但不知何故，周念行陪读的时间并不长。周念行走后，张学良只好和稍有文史知识的特务队长刘乙光谈事论史。

---

1. 王益知：《给大姐的信》，载《团结报》编辑部编《张学良的往事和近事》，岳麓书社1986年版，第242—243页。

1990 年 8 月，张学良在接受日本 NHK 记者专访时曾谈到过他研究明史所取得的成就，他说："我还写了不少关于明史的文章，不过后来我把它们全扔了。虽然有些舍不得，但还是扔了。历史上记载的事，不一定全是真的，刚开始学习历史时，我一定要做笔记。《明史》中有许多错误。虽然这是由中国的官吏们编写的历史书，但很多都是瞎说的。我研究明史时，从朝鲜文献中发现了永乐帝的资料。历史研究中也有这种情况，如果我全说了，以后研究历史的人兴趣就没有了。"[1]

1959 年后，张学良接受宋美龄的建议成了一名虔诚的基督教徒，明史研究工作就放弃了。

接受"洗脑"

在大陆时，蒋介石忙于指挥作战，虽然一再要张学良"读书"，但对读什么书，蒋似乎并没有做硬性规定，而是由张学良自由选择，以至于张学良在大陆时期主要研读马列主义著作和左翼文化领袖鲁迅的作品，这显然是出乎蒋介石的意料的。到台湾后，蒋介石对张学良的控制加强了，并且有意要为张学良洗脑，向他灌输反共思想和意识形态。

张学良在写完反省录后的 1956 年 11 月 15 日，刘乙光来到张学良的书房，转达蒋介石的两条禁令：一、不准收听中共广播；二、不许和警卫人员接近。刘乙光并告诉张学良，蒋关心他的身体、读书等情况。张学良在当天的日记中写道："余在心中反复思维，深自内省，当痛下一番功夫，方不愧对斯人也。"次日，张学良又和刘乙光谈蒋介石的禁令，

---

1. 吕健：《从对明史的研究看张学良西安事变后的心态》，《辽宁师范大学学报》（社会科学版）2002 年第 25 卷第 4 期。

并在日记中写道:"死里求生,改头换面,作一番复活工夫!"[1]

同年 12 月 24 日,刘乙光晚饭后来到张学良的书房,转交蒋介石的精装本著作《解决共产党主义思想与方法的根本问题》及蒋介石的日记一册。张学良接受后"不觉泪下"。刘乙光又向张学良传达蒋介石的两句重要话:"共产党必败","对反共抗俄你(将)有贡献处"。张学良听了心情十分激动,中夜反复思量,最后决心给蒋介石夫妇各写一函。张学良写好信后,经过刘乙光看过,根据刘的意见又反复修改了几次,最后定稿托刘乙光送到台北去。由此可见,到台湾后,蒋介石加强了对张学良思想和精神的控制,并对他进行了洗脑,企图清除他头脑中的马列主义和"左倾"思想,灌输反共思想意识形态。

1957 年 7 月,宋美龄从董显光口中了解到张学良常在夜间读书写字、老眼昏花的情况以后,派人给张学良送来一盏台灯,为进一步表示她的关切,宋美龄在送台灯时又像从前一样,照例把于凤至等人从美国寄来的家书,也一并转交过来。宋在亲笔信中说:"汉卿:近闻你患严重眼疾,寄美国台灯一盏,此灯不拘位置角度,极为方便,余在美用之,甚感满意。另奉上旧金山 BIUMS 糖果店名产些许。另附汉卿家书数札,汉卿阅后可将回信托信使带回,以便转达。蒋宋美龄,7 月14 日。"

1957 年 10 月 24 日,张学良再次从新竹井上温泉搬到高雄,住在西子湾 18 号原石觉将军的房子。与上次相比,居住条件大为改观,不仅房屋宽敞,环境也很优美,这是张学良被幽禁 20 余年来住得最舒适的房子。迁到高雄后,宋美龄给张学良、赵一荻送来了书信与礼物,伊雅格送来了照相机、电唱机、电熨斗、电被等家用电器。这时,对张学良的监视有了一定程度上的放松,宪兵连武装已经撤走,但张学良的行动仍

1.《张学良日记信函再现幽禁岁月,与宋美龄交谊深厚》,金羊网—新快报 2002 年 6 月11 日。

然受到三四十人组成的警卫队的控制，警卫队队长仍是刘乙光，直接受蒋介石、蒋经国父子的控制。1957年的圣诞节，张学良与赵一荻坐在宋美龄送来的圣诞树周围，想起远在美国的孩子，情不自禁地发出感叹："寂静的圣诞夜过去了，虽然有那样美的圣诞树，而孩子们不能同聚，不觉歉然！"

1958年5月17日，宋美龄在没有事先通知的情况下悄悄从台北来到高雄西子湾看望张学良。张学良闻讯之下，因为事先毫无准备，顿时显得措手不及。急忙之中，与赵一荻出来迎接。过去，宋美龄给张学良写信，只提"凤姐姐"（干姐姐）于凤至及其子女，从不提及赵一荻。这次见面，宋美龄见赵一荻端庄秀丽，留下了良好的印象。

见面寒暄后，宋美龄将自己带来的糖果与鲜花交给张学良、赵一荻，然后巡视了张学良的住所，到各房间看了一看。巡视完毕，大家坐下谈话。宋美龄问及张学良近况，张答以正在研究佛学。[1]宋美龄立即以严肃的口吻说："汉卿，你又走错了路，你也许认为我信基督很愚蠢，但是世界各国许多名人、伟人都是基督徒，难道他们都是愚蠢的人吗？"于是，张学良夫妇决定接受宋美龄的劝告，选择基督教，以对基督的虔诚代替了十年前对学术权威的钦佩及对菩萨的信仰。这是张学良思想的又一次重大转变。在谈话中，张学良向宋美龄委婉地表示，他自己对于名利无所希求，但希望将来仍能为人类与国家有所贡献，并提出希望见见"总统"（蒋介石）。宋美龄表示，一定要将张学良的愿望与要求转达给"总统"。最后，宋美龄还告诉张学良，她即将去美国，要张学良立即给在美国的家人写信由她带去。

8月初，周鲸文在香港报纸上发表一篇谈话，内容涉及西安事变与张学良等，张学良看到这篇文章后，主动找刘乙光商量，说他准备

---

1. 在漫长的幽禁生涯中，张学良一直祈盼重获自由，但一次又一次失望，渐至绝望，乃转向宗教，寻求新的精神支柱。最初，他一度对佛教极感兴趣，曾请教过顺印等几位台湾的著名法师。

写一篇驳斥周鲸文谈话的文章，要刘乙光请示蒋经国是否可以。张学良这次主动请缨，当即得到刘乙光的表扬与鼓励，于是张学良写了一篇《坦述西安事变痛苦的教训敬告世人》，交刘乙光于 8 月 28 日交给蒋经国。蒋经国看后，对刘乙光说："所写的东西，他已看过，甚为感动，已呈老先生矣。"蒋经国并告诉刘乙光，允许张学良前往台北治疗眼疾。

9 月 4 日晨 7 时，张学良、赵一荻离开高雄西子湾，驱车北上，中午在彰化八卦山招待所午餐，晚 6 点抵达台北，被安排住进了北投幽雅路的招待所。不久，中秋节到了，友人纷纷送来礼品，其中，最引人注目的是，蒋经国送了红葡萄酒两瓶、月饼两盒。

10 月 17 日，蒋经国到北投招待所看望张学良来了。这是两位著名的民国"公子"在台湾的第一次见面。张学良在日记中记录了这次见面的情景："早 9 点蒋经国来寓过访，相谈之下，甚为欢畅。我谢他多方的关怀，并道及我很想望一望赖先生，以慰多年的想念，并说明我之志望，富贵于我为浮云，惟一想一践故土耳。彼频频问到起居饮食，我答以如今我之居处，已使我十分不安，并非矫情，乃现在的我，不应享此优荣也。彼又谈到如感寂寞，可以出去游玩游玩，并要派电影来赏阅，余力辞。约在 10 点左右，大家同摄数相片而去。"[1]

在宋美龄、蒋经国先后看望张学良后，蒋介石召见张学良的时机也终于成熟了。

11 月 23 日下午 2 时，刘乙光临时通知张学良，下午 5 时"总统"在桃园大溪"总统行辕"召见他。这个消息对张学良来说多少有点意外。下午 3 时 15 分，蒋经国派其座车来接，张学良在刘乙光的陪同下于下午 4 时 45 分抵达大溪，刘乙光把张学良安置在一空军上将家中等候，

---

1. 张闾蘅等：《张学良、赵一荻私人相册——温泉幽禁岁月（1946—1960）》，生活·读书·新知三联书店 2006 年版，第 196 页。

然后自己去请示。约 10 分钟后，蒋经国同刘乙光来接张学良前往蒋介石的"行辕"，张学良等刚走到客厅，蒋即出来相见。这是蒋、张自 1937 年 1 月 14 日以来的第一次见面，时间已经过去了整整 22 年。[1]

见面之下，张学良已是泪如流水，而蒋介石却始终面带笑容，他以关切的口气询问了张学良的生活情况和身体状况。张答道："我一切很好，请不必劳神挂念。"寒暄之后，张学良又当面为西安事变对蒋介石"忏悔"了一番。蒋介石对此终生难以释怀，感叹："西安之事，对于国家损失太大了。"张学良"闻之甚为难过，低头不能仰视"。接着，张学良又谈了他的读书计划，并请教蒋："应该看些什么书？"蒋回答："《大学》和《阳明传习录》很好。"

蒋介石对张学良写的西安事变回忆录很满意，当面对张学良说："你很会写文章，可以多写一点，把过去的事情都写一写。"最后，蒋装出很严肃的样子说："汉卿！你要保重身体，国家还有重用你的地方。我叫经国和你经常联系，有什么事可以向他讲。你可以搬来台北住，你和经国商量，看看什么地方适宜……"[2]蒋的谈话表明，管束张学良的事

---

1. 对于这次会见，张学良在日记中有如下的记载：下午两点，老刘通知我，五点"总统"在大溪召见。三点一刻，蒋经国派其座车来接，我同刘同乘，约四点三刻抵大溪……约十分钟，"总统"已到，蒋经国同老刘来会，同至"总统行辕"，我特到客厅，老先生亲自出来，相见之下，不觉得泪从眼出。敬礼之后，老先生让我进入他的小书斋，我说："'总统'你老了！""总统"也说："你头秃了！"老先生的眼圈也湿润了，相对稍为沉默。此情此景，非笔墨所能形容。我恭问"总统"身体安好，精神饮食如何？"总统"答曰："都好。""总统"问我："眼痛好些否？"余详答眼疾近情。又问我近来读些什么书？我答："……自从到高雄以后，我专看《论语》，我很喜欢梁任公的东西……""总统"说："好、好，看《论语》是好的，梁氏文字很好……'谈话时，赐以茶点。我问"总统"，我应该看些什么书？"总统"说，《大学》和《阳明传习录》很好。"总统"又言，我到高雄，我们再谈，我立起辞行，"总统"亲自送我到廊外，使我非常的不安。"总统"止步，乃招呼经国先生送至大门外。"总统"对我太客气，使我真不能受用。经国先生行进时，我对他握手感谢，此番召见，乃是他的从中力量。经国讲他将南下，到高雄再会，并很关心北投的住所，问老刘可生火否，侍卫长亲到门外送。《张学良日记信函再现幽禁岁月，与宋美龄交谊深厚》，金羊网—新快报 2002 年 6 月 1 日。
2. 郭冠英：《张学良在台湾》，中国友谊出版公司 1993 年版，第 90 页。

务他已经移交给儿子蒋经国了。

这次会面后，蒋介石下令解除对张学良的"管束"。至此，张学良已被整整"管束"了22年。十年刑期，可以一纸赦免，而一句"严加管束"，却囚禁了张学良两倍于刑期，这真是世界上罕见的荒唐事！

蒋介石至死都不肯原谅张学良，不忘西安事变的"耻辱"。晚年，蒋介石、宋美龄夫妇和张学良、赵一荻夫妇由于都是基督教徒，每到礼拜天同在台北士林的凯歌教堂做礼拜，所以经常能见面。当蒋介石在礼拜结束与夫人步出教堂时，虽然也会向张学良颔首致意，但表现得十分冷淡。他一再对人说："张汉卿多可恶，事变前他竟找人给我照相。"蒋所谓的"照相"，指的是西安事变前夕，张学良找白凤翔、刘桂五两位军官去华清池见蒋认人一事。[1]

1975年4月5日，蒋介石在台北去世。在还没有入殓前，宋美龄叫秘书带张学良去看了最后一面。他望着这位昔日的对手、盟友和顶头上司，感慨万千，写下一副挽联，总结了他们几十年来的恩恩怨怨：

> 关怀之殷，情同骨肉；
> 政见之争，宛若仇雠。

1.同上，第38页。

第十四章

三十一载幽居

你是个宝贝，大家都怕你跑到对方那边去了，一定要看住你。

——张群

采菊东篱下，悠然见南山。

此中有真意，欲辩已无言。

——张学良

迁居台北"朴园"

张学良的眼疾经过台北眼科医生的治疗，到 1959 年春已经基本痊愈，并重新配了眼镜。这次台北之行，治好了眼疾，见到了蒋经国与蒋介石，收获很多，他心里也很高兴，遂决定返回高雄西子湾。

3 月 17 日，蒋经国再次来到招待所，为张学良送行，两人谈话半小时离去。3 月 21 日，张学良、赵一荻回到了高雄西子湾。5 月间，蒋介石、蒋经国父子到高雄，蒋经国派人给张学良送来一辆汽车，并派人传话自己没有时间来看张学良。

7 月 19 日，张学良接到台北打来的电话，说伊雅格到了台北，要张学良与赵一荻北上见面。21 日，宋美龄派其秘书陪同伊雅格到北投幽雅路的招待所与张学良、赵一荻见面，商谈张学良存在美国的款项的处置事宜。25 日上午 9 时，宋美龄又派车将张学良接到阳明山官邸，两人进行了一次长谈，他们"谈到金子事，间瑛回国事，吴妈、老杜（副官）事"。在结束谈话前，宋美龄意味深长地对张学良说："你的问题，时间还要久哪！要有忍耐，这一切，都是上帝的安排……"

8 月 26 日，张学良、赵一荻返回高雄。

1960 年 1 月 17 日，宋美龄陪同南越总统吴庭艳到高雄参观，其间抽空到张学良住所，商量张学良家事的处理办法，包括张学良在美国的存款管理问题、赵一荻与于凤至关系的处理问题，并推荐董显光到高雄来伴读。

2月2日，在宋美龄的安排下，董显光带着妻子、女儿从台北来到高雄，充当张学良的伴读。

董显光（1887—1971），浙江宁波鄞县（今鄞州区）人，与蒋介石是宁波同乡且同岁，出生于一个基督教家庭，父母都是基督教徒。早年留学美国学习新闻学，回国后从事记者、编辑工作，是著名报人。后追随蒋介石从事新闻及宣传等工作，抗战时期主管国际宣传，曾任国民党中央宣传部副部长等职务。国民党退居台湾后，曾任台湾当局驻日本、美国"大使"等职务。董显光本人也是一位虔诚的基督教徒，在宋美龄看来，董显光的身份、学识、资历等各方面都是张学良最理想的"精神导师"，可以引导张学良成为一名虔诚的基督徒。董显光按照宋美龄的安排，陪张学良、赵一荻学习英文、研读《圣经》、探讨教义、做祷告等。张学良在1960年2月9日的日记中写道："今晨开始祷告，我求上帝坚定我的信心，扫除我的怀疑，我求基督耶稣帮助我来坚定信心。"从此以后，张学良与赵一荻开始成为虔诚的基督徒。

4月3日，董显光从台北回到高雄，给张学良带来宋美龄的一封信，并口头转达宋美龄的意思，让张学良搬到台北去住。接着，刘乙光正式通知张学良，奉蒋经国的命令，让他迁居台北，并吩咐张学良把所有私人物品全部带上，以后不再来高雄。

4月8日早晨6点，张学良一行离开高雄北上，于当天下午5点到达台北，仍然住在以前住过的北投幽雅路招待所。

5月30日，宋美龄悄悄光临招待所，张学良接到门卫通报后"仓皇出迎"。交谈中，宋美龄安排张学良到她与蒋介石的私人礼拜堂做礼拜，并安排赵一荻与董显光夫人到另一处礼拜堂去做礼拜。对于宋美龄的安排，张学良开始不大理解，后来明白了她的用意。

很快，张学良60岁大寿的日子到了。5月31日下午，宋美龄送来了生日蛋糕，其他友人的礼物也陆续送到。晚上，蒋经国与董显光夫妇为张学良设宴祝寿。祝寿宴席结束后，张学良又乘兴去参观了蒋经国的别墅，至晚上 12 点才回到招待所。

6 月 5 日，按照宋美龄的安排，董显光陪同张学良到蒋、宋的私人礼拜堂（即士林礼拜堂）做礼拜。这里是蒋、宋夫妇及国民党上层人士专用的礼拜堂，每次做礼拜，国民党上层人士先到齐坐下，然后等蒋介石与宋美龄到来后，讲台上的牧师即开始布道。这天，等教堂的人到齐了，张学良才在董显光陪同下进入，悄悄坐在最后一排。11 时 30 分，礼拜仪式结束，坐在第一排的蒋介石与宋美龄站起身来缓步向教堂外面走出，宋美龄边走边与教友打招呼，当她走到最后一排时，突然向张学良伸出了手，张学良慌乱中也伸出了手。这突然发生的举动，立即吸引了教堂内所有人的视线，他们惊讶地发现与蒋夫人握手的竟然是张学良将军，当年的少帅、副司令。这样，已经消失了 20 多年的张学良将军再次回到了国民党上层的视线中。等蒋介石、宋美龄离去后，张群、何应钦等国民党要员纷纷上前打招呼。有的走到面前，张学良左右端详却叫不上名字。不是不相识，而是各自的容颜变得不敢认了。至此，张学良才体会到宋美龄安排的良苦用心，信奉基督，利用做礼拜的方式，在教堂这个特殊场所让张学良公开亮相。张学良在日记中动情地写道："夫人深情，岳军（张群）之谊……使我没齿难忘。"

自从高雄搬到台北后，张学良一直住在北投幽雅路的"安全局"招待所。住在招待所毕竟有所不便，宋美龄建议张学良自己买地建房。6 月 27 日，宋美龄在阳明山官邸约见张学良，开门见山，要张学良去买地建房，以便有一个真正属于自己的家。

开始，张学良看中了阳明山，想住在公墓上面，并举出了几个理由：一来因为公墓里埋了许多朋友，可以经常去拜访他们；再者，公墓边没有汽车，走路碰不着；还有，当朋友来访问时容易找到，只要告诉司机住在阳明山公墓上面就可以了。张还举例说，明朝末年就有一个人住在坟墓里面，最喜欢他的一副对联："妻何聪明夫何贵，人何寥落鬼何多。"但终因众人的反对，张学良不得不放弃此一与鬼为邻的计划。[1]

最后，张学良经与蒋经国商量，选定了台北市郊区北投警察分局对面、大屯山下复兴岗的一块空地。因为这里位居山坡之上，视野开阔，似北京西山附近，向南望去有一条河，又恰似通往卢沟桥的永定河，早晚眺望可引起故国山河之思。张学良自己出钱买了3 000坪（后保留900坪）的地皮，建造了一栋二层的灰色小楼，因为房子周围有许多朴树，故命名为"朴园"。院内另修了几间平房，供看管他的安全人员居住，门牌号为复兴三路70号。蒋经国又建议他把周围的地一起买下来，以免别人以后买地建房，打扰他的清静。

在新房建造过程中，张学良与赵一荻在北投招待所过了1960年的圣诞节。宋美龄提前给张学良、赵一荻送来了圣诞卡及礼物。蒋经国派长子蒋孝文送来了节礼，王新衡夫妇派人送来节礼。12月24日，张学良、赵一荻到董显光家共进圣诞晚餐，张学良高兴之余扮演圣诞老人给大家分发礼物，然后一起到凯歌礼拜堂做礼拜，在礼拜堂见到了陈诚、王叔铭、彭孟缉、王宠惠夫人等。

1961年，新屋落成，张学良、赵一荻正式迁居于此地，蒋经国送了一套客厅用的家具。张学良自己又买了一部二手的福特车，在安全人员的陪同下，可以自由进台北市内访问好友莫德惠、张群、王新衡，以及一些亲属，如张作霖的五夫人、六夫人和同父异母的弟弟妹妹——张学森、张学浚、张学英、张怀敏等。

张学良、赵一荻接受宋美龄的劝告，从1958年起放弃对佛教的信仰，转而研究基督教的《圣经》，并先后得到蒋介石的英语教师、前"驻日大使"董显光，东海大学校长曾约农和牧师周联华的大力帮助和启发，成为一名虔诚的基督教徒。他为了感激这三位启蒙者，取他们三人姓名中的各一字，作为自己的教名"曾显华"。赵一荻也同时信基督

---

1. 毕万闻主编：《张学良文集》第2卷，新华出版社1992年版，第1179—1180页。

教，取教名为"赵多珈"。

到台湾后，蒋介石为改善自己的形象，增强"反攻大陆"的资本，发起所谓的阳明山会议，邀请一些海外学者、港台的政团领袖、名流参加。1961年8月25日至31日，台湾当局召集第二次阳明山座谈会，邀请专家学者讨论教育文化问题，交换"反共复国"意见。张学良的女婿陶鹏飞[1]，时任美国加州圣旦克兰大学教授，也在被邀之列，陶鹏飞遂偕夫人同往，抵达台北后要求探望岳父张学良。蒋介石指示"安全局"安排一个小时的会面，这是张学良父女阔别20多年的首次重聚，也是他第一次与女婿陶鹏飞正式见面。

三人见面时，张学良显得很平静，没有流泪，谈话也未涉及政治，仅仅询问了他们在美国的生活情形和夫人于凤至的近况。事后，记者采访陶鹏飞，他不肯谈有关张学良的事，只说道："他们的环境，我很生疏。"[2]

自1945年以来一直为张学良恢复自由而奔走的前东北大学秘书长周鲸文，这次也应邀来台参加阳明山会议。他以见张为先决条件，获台湾当局允诺，也于9月4日到北投看望了张学良。这天正值台风，风雨交加，两人时隔25年之后再度相聚，百感交集，一直谈到凌晨两点。张学良介绍了他1958年11月23日在台北大溪官邸晋见蒋介石和选地建屋的情形，主要谈了他对基督教的信仰，认为如果这25年过的仍是任意独行的生活，很可能会犯许多的错误，也可能因之牺牲了性命。他信奉基督后，有了更多的自由和信仰。[3]

---

1. 陶鹏飞，辽宁人，原东北大学学生，1942年12月4日在美国与张学良的女儿张闾瑛结婚。
2. 李敖：《张学良之女探监记》，载李敖编著《张学良研究》，台北李敖出版社1988年版，第371—373页。
3. 〔美〕傅虹霖：《张学良的幽居岁月》，载晓萧编《张学良与台湾》，光明日报出版社1991年版，第25—26页。

"白首缔盟"

张学良在信仰基督教，决定行洗礼正式成为基督徒时，却遇到了一个障碍。宋美龄对他说："依你现在的情形，是不够格受洗的，因为你和于凤至还有正式的婚姻关系，又和赵四小姐同居了几十年，等于同时有两个太太，这是教规所不许可的。"

原来，按照基督教的规定，教徒在受洗时不能同时有两位妻子，这就要求张学良必须在于凤至和赵一荻之间做出选择。于是，张学良立即写了封信，托朋友带到美国面交于凤至，说明原因，商量办理离婚手续的事情。

于凤至自1941年春离开贵州修文县阳明洞赴美国治疗乳腺癌，就再也没有回到张学良身边，一直和女儿、女婿住在美国。她对赵一荻20多年来牺牲青春，陪伴张学良同甘苦、共患难极为敬佩，并为其坚贞的爱情所感动，慨然答应。她对来人说："只要能帮助她精神快乐，只要能使她高兴，任何事情我都肯为她代做。"于是，于凤至提起笔来，给赵一荻写了一封热情洋溢的回信：

　　媞妹慧鉴：

　　　　时间过得真快，自从1940年我赴美医治乳癌，已经廿余年不曾见面，真是隔海翘首，天各一方！

　　　　记得是1928年秋天，在天津《大公报》上看到你父亲赵燧山因你和汉卿到奉天而发表的《启事》，声称与你断绝父女关系。那时虽然我与你还不相认，但却有耳闻。你是位聪明果断、知书达理的贤惠女子。你住进北陵后，潜心学业，在汉卿宣布东北易帜时，你成了他有力的助手。为了家庭和睦，你深明大义，甚至同意汉卿所提出的苛刻条件：不给你以夫人名义，对外以秘书称谓。从那时开始，你在你父亲和公众舆论的压力下，表现出超人的坚贞和顾全大局的心胸，这都成为我们日后真诚相处的基础与纽带。

你我第一次见面，是1929年的冬天。我记得，那天沈阳大雪纷飞，我是从汉卿的言语上偶尔流露中得知你已产下一子，这本来是件喜事。但是我听说你为间琳的降生而忧虑。因为你和汉卿并无夫妻名分，由你本人抚养婴儿实在是件很困难的事情。你有心把孩子送到天津的姥姥家里，可是你的父亲已经声明与你脱离了关系，你处于困窘的境地。我在你临产以前，就为你备下了乳粉与乳婴的衣物。那时我不想到北陵探望，令你难为情。我思来想去，决定还是亲自到北陵看你。我冒着鹅毛大雪，带着蒋妈赶到你的住处，见了面我才知道你不仅是位聪明贤慧的妹妹，还是位美丽温柔的女子。你那时万没有想到我会在你最困难的时候来"下奶"，当你听我说把孩子抱回大帅府，由我代你托养时，你感动得嘴唇哆嗦，眼泪就像断了线的珠子一样滚落下来，你叫一声"大姐！"就抱住我失声地哭了起来……

汉卿后来被囚于奉化，你已经由上海转香港。我非常理解你的处境，你和间琳暂避香港完全是出于不得已！经我据理力争，宋美龄和蒋介石被迫同意我去奉化陪狱。嗣后，我随汉卿辗转了许多地方，江西萍乡、安徽黄山、湖南郴州，最后又到了凤凰山。转眼就是3年，媞妹，我只陪了汉卿3年，可是你却在牢中陪他20多年。你的意志是一般妇人所不能相比的，在我决心到美国治病时，汉卿提出由你来代替我的主张，说真的，当初我心乱如麻，既想继续陪着他，又担心疾病转重，失去了医治的机会。按说你当时不来相陪也是有理由的，间琳尚幼，且在香港生活安逸。我和你当时面临一个痛苦的选择，要么放弃间琳，要么放弃汉卿，一个女人的心怎能经受得住如此痛苦的折磨？

后来，你为了汉卿终于放弃了孩子……媞妹，回首逝去的岁月，汉卿对于我的敬重，对我的真情都是难以忘怀的。其实，在旧中国依汉卿当时的地位，三妻四妾也不足为怪（依先帅为例，他就是一妻五妾）。可是，汉卿到底是品格高尚的人，他为了尊重我，始终不肯给你以应得的名义……闾瑛和鹏飞带回了汉卿的信，他在信中谈及他在受洗时不能同时有两个妻子。我听后十分理解，事实上 20 多年的患难生活，你早已成为了汉卿最真挚的知己和伴侣了，我对你的忠贞表示敬佩！……现在我正式提出：为了尊重你和汉卿多年的患难深情，我同意与张学良解除婚姻关系，并且真诚地祝你们知己缔盟，偕老百年！特此专复，

　　顺祝钧安！

姊：于凤至

于旧金山多树城

1963 年 10 月 [1]

有了这封信，等于扫除了张、赵结婚的所有障碍。1964 年 7 月 4 日，在台北市杭州南路伊雅格家中，63 岁的张学良和 51 岁的赵一荻秘密举行了一个简单而庄严的结婚仪式。

为了这场迟来的婚礼，新郎张学良和新娘赵一荻都做了精心的准备。张学良身穿白色衬衣、黑色西装，扎一条黑白相间的领带；赵一荻身穿红色旗袍，脖子上挂两串珍珠项链。两人都显得精干清爽，人也好像年轻了许多。一大早，张学良就赶到花店为心爱的人准备了鲜花。

婚礼于当天下午 4 时举行。主持结婚仪式的是将近百岁的陈维屏牧师和周联华牧师。没有男女傧相，出席的嘉宾只有宋美龄、张群、张大

---

1. 何虎生主编：《张学良赵四小姐在台湾的日子》，华文出版社 2002 年版，第 406—408 页。

千、王新衡等 13 人。[1]

在婚礼上，张学良和赵一荻显得非常激动和高兴，尤其是赵一荻，自 1929 年冲破家庭的重重阻挠，毅然出关与张学良同居以来，历经了多少闲言碎语，多少风风雨雨，如今结束了 36 年不明不白的身份，与心爱的人正式结为夫妻，这怎能让她不兴奋！

张学良也深有感慨地说："要不是这些年幽居岁月让我们相依互靠，我早不知到何种地步。能健康地活到今天，要感谢上帝的安排。"

张、赵这对历经 36 年的患难与共的"牢狱鸳鸯"，正式结为白首之盟的消息传出后，一时传为佳话。人们纷纷赞美赵一荻对待爱情的坚贞，人们说，一个女人爱上风流潇洒、权势在握的少帅不奇怪，但能没名分地陪一个失意男人度过数十年寂寞的牢狱生涯的，只有赵四小姐。当然，人们也称道于凤至成人之美的牺牲精神。

7 月 21 日，台北各报刊均补登了张、赵结婚的新闻。《联合报》刊出五行醒目的大标题：

三十载冷暖岁月 / 少帅赵四

红粉知己 / 夜雨秋灯

小楼东风 / 当代冰霜爱情

正式结婚 / 白首缔盟

梨花海棠相伴老 / 往事不堪回首了[2]

婚礼本来是秘密举行的，结果却引起台湾媒体的广泛报道，张学良

1. 孙玉清：《张学良在台湾》，载《团结报》编辑部编《张学良的往事和近事》，岳麓书社1986 年版，299—301 页；张之宇：《张学良探微：晚年记事》，江苏人民出版社 2004 年版，第 343 页。
2. 佚名：《张学良的隐居生涯》，载晓萧编《张学良与台湾》，光明日报出版社 1991 年版，第 46 页。

夫妇对此感到不安，在伊雅格的建议下，张学良致书宋美龄，申明消息泄露，估计是由莫德惠口中传出。张学良大为不满，一怒之下几乎要与这位十分关心他的父辈好友断交。

几位特殊朋友

1979 年 10 月 5 日中秋节，台湾的国民党"中央社"发布消息，报道蒋经国在大直官邸邀请国民党元老与党政军要员赏月，其中张学良夫妇也在被邀之列。报道称蒋经国夫妇与来宾闲话家常，共度佳节。第二天，台北各报纷纷转载。《自立晚报》以"张学良、柏杨和李敖"为题，认为他们三人先后重现大众眼前是一种"宽容形象"。

几天以后，张学良又被邀参加"双十节"阅兵。他戴着眼镜，坐在中央贵宾观礼台上，一直看完所有游行队伍通过主席台，才随着人群离去。由于认识他的人不多，所以未引起人们的注意。

不过，这时候的张学良仍然是高度敏感的人物。1980 年秋，继刘乙光之后负责看管张学良的看守长段毓奇未经批准，擅自做主安排其儿媳——旅美华裔作家陈若曦与张学良秘密会见，事情被人告到蒋经国那里，蒋大发雷霆，命令"国安局"局长汪敬熙立即扣押段毓奇，并由其亲自审讯。段毓奇虽然承认曾经带张学良到她女儿家中吃饭的事实，但矢口否认陈若曦出现在当天的饭局上，汪敬熙始终找不到陈若曦与张学良见面的有力证据，而且陈若曦是美籍华裔名人，蒋经国此前两次接见过她，段毓奇又是陈若曦的公公，台湾当局不能不有所顾虑。最后，这一事件在没有确实证据的情况下以勒令段毓奇退休收尾。可见，张学良在台湾仍然是高度敏感的人物。

1980 年 10 月 20 日，张学良在台湾"总统府"副秘书长张祖诒和"国防部"副部长马安澜的陪同下，参观了被台湾当局称为"国防前线"

的金门岛，用望远镜眺望对面的厦门。马安澜有意问道："你觉得怎么样？"张学良很机智，顾左右而言他，回答说："此地风景很好。"

第二天，台北各报登出"张学良在金门前线以高倍望远镜眺望祖国河山"照片。这是他被囚禁以来媒体公开发表的第三张照片。[1]

事后，张学良在致亲友的一封信中，引用了国民党元老于右任晚年的思乡诗句："葬我于高山兮，望我大陆；大陆不可见兮，只有痛哭。"思乡之情，溢于言表。[2]

蒋经国到台湾后，主管政工和特务系统，同时也接替父亲承担了"管束"张学良的工作。1958年蒋介石在大溪召见张学良后，就叫蒋经国正式与张学良联系，两人关系开始密切起来。他们都有一位做过元首的父亲，经历和背景有相似之处。蒋经国对张学良的为人很欣赏，而且西安事变的和平解决是促成蒋经国从苏联回国的主要因素，故他决定和张学良交朋友。[3]

1960年移居北投后，张学良与蒋经国经常往来，有时加上王新衡。王新衡，西安事变前夕任复兴社特务处西北区主任，与张学良关系良好，此时的职务是"立法院立法委员"。王新衡与张学良和蒋经国都是朋友，蒋经国让王新衡与张学良往来，实际上也赋予了王新衡监视张学良的责任。

张学良与蒋经国经常谈到深夜。有一次，张学良劝蒋经国说："你有那么多钱，又不能反攻，放在那里做什么？还不好好建设？"说着说着，张开始回忆起自己在东北的建设成就来。[4]

不久，蒋经国又派自己的副官罗启去陪张学良，因他懂英语，可以

---

1. 李敖编：《张学良研究》，台北李敖出版社1988年版，第204—205页。
2. 于衡：《张学良访问记》，台北《联合报》1981年9月18日。
3. ［美］傅虹霖：《张学良的幽居岁月》，载晓萧编《张学良与台湾》，光明日报出版社1991年版，第22—25页。
4. 郭冠英：《张学良在台湾》，中国友谊出版公司1993年版，第85—86页。

陪张学良上教堂，做张学良与周联华牧师的联络人。此后，罗启下班后总要去张家一趟。初期，张学良略有戒心，后逐渐喜欢上这个英俊豪放、性格不羁的年轻人。罗启一到，就叫刘乙光把签名簿废了，说只有几个人得以见张学良，留此簿作何用？[1]

1962年，蒋经国对刘乙光跟不上解除"管束"后的形势，不能主动改善与张学良的关系颇为不满，乃调他回"国安局"，由队副熊仲青接替特务队队长一职。熊干到1965年，改由段毓奇接任。段毓奇1980年退休，转交李正源，一直到90年代张学良出国为止。

蒋经国曾经专门面谕几任特务驭队长，对张学良要客气礼貌。要他们对于张学良提出的要求，有例则援例行之，为难者请示后处理，实在办不到才加以婉拒，故彼此相处得愈来愈好。[2]

1962年，美国白雪溜冰团到台北演出，蒋经国特陪同张学良夫妇前去观看。过了两三天，张学良还想看一次，蒋经国又再次陪同观看。有一天深夜两点，蒋经国带着一帮人，乘坐七八部车，浩浩荡荡地开到张公馆，进门就喝酒开闹。张学良已经睡觉，下楼来时，口气有点不高兴。后来，蒋经国就很少来北投了。但据张学良从侧面得到消息，好像是蒋介石不让蒋经国再和张学良频繁往来了。[3]

不过，在担任"行政院长"之前，蒋经国不论工作多忙，仍不时抽空去看望张学良，或邀请他们夫妇到他的官邸小聚。1972年蒋经国担任"行政院长"一职后，张学良主动提出减少彼此间的往来，请他以工作为重。但每逢中秋节、元旦、春节等，张学良夫妇仍应邀参加蒋经国的家庭聚会。前述1979年中秋节那次，只不过是其中的一次，因被报道出来，故惹人注意而已。

在生活方面，蒋经国对张学良可谓关怀备至，彼此的私人友情较为

---

1. 郭冠英:《张学良在台湾》，中国友谊出版公司1993年版，第92—93页。
2. 同上，第81页。
3. 同上，第89—90页。

密切。但在政治上，蒋经国仍很冷酷。他在所写的著述中，对其父亲蒋介石的智谋可谓推崇备至，却把张学良写成"一无所知"的人。1975年，蒋经国在国民党中央全会上，把张学良20年前写的有关西安事变回忆录的部分内容铅印成册，向全体"中央委员"散发，并将原名《忏悔录》改为《反省录》，谎称是张学良在1940年写成的。显然在国民党当局的政治谱系中，张学良永远都是"反面"角色。

1977年，东北籍的元老王铁汉曾向蒋经国建议聘请张学良为"总统府资政"，把上一代的恩怨给解决了，但蒋未予同意。[1]

张学良虽然在1959年就正式解除了"管束"，但"管束"的实质并没有改变，仍有一些有形、无形的管制。他每天都有安全人员跟随，无法获得一般老百姓的自由：不能公开露面，不能会见新闻记者，不能随意会见朋友。

当时，张学良的生活圈子非常狭小。他想跟人见面谈心，或别人想拜访他，有四条线可供联络：一是通过张群与蒋介石联络；二是通过黄仁霖与宋美龄联络；三是经过莫德惠与东北籍人士联络；四是由王新衡与蒋经国联络。再有外人要见张学良，王新衡首先斟酌是否有必要和政治影响，大都会请示蒋经国。蒋经国通常只简单地反问一句："有这个必要吗？"就表示他不同意，事情就此打住。进入20世纪70年代，蒋介石、莫德惠、黄仁霖均已过世，宋美龄远走美国纽约，与各方面的联系大大减少。只剩下一个"三张一王"转转会，四个人经常往来。所谓"三张一王"转转会，即指张学良与张群、张大千和王新衡四人每月一次的定期聚会，轮流做东餐叙。

张学良是1930年在北平任国民政府陆海空军副司令期间，与著名画家张大千结为朋友的。1978年，张大千由美国回到台湾定居，与张学良时隔几十年再度相逢，倍感高兴。在他的建议下，才有了这个转转会。

---

1. 郭冠英：《张学良在台湾》，中国友谊出版公司1993年版，第226、219页。

轮到张学良做东时，赵一荻常常亲自下厨烹调。[1]

1983 年 4 月 2 日，张大千病逝，张学良非常悲痛。张群已年近百岁，身体健康远不如前，行动言谈均不甚方便，因而定期聚会难以继续。张学良虽常去张群家里走动，但已不便坐得太久。20 世纪 80 年代以后，张学良的故交多半已零落，可与他交往的朋友日渐减少，张学良很是寂寞。

于是，吃馆子就成为张学良的一生嗜好。凡是台北新开张的餐厅、饭店，他总会带上安全人员去吃，对胃口的，多去几次；不合意的，一次打住。每次，张学良都很谨慎，先将车子停在附近，然后漫步走进饭店，尽量避免招摇，引人注意。吃完后，就往王新衡家跑，说说哪家餐厅什么菜好、哪家饭店菜不好之类的话。1987 年，王新衡去世，转转会只剩下"二张"，张学良更感孤寂了。

公开接见记者

张学良习惯于受"管束"，与他的自我设限也有一定关系。他知道自己仍是一个极敏感的人物，有些事不能随心所欲，故行动一向非常慎重，不愿在公开场合露面，更怕公开见记者。各新闻单位想尽办法、找尽关系，想采访他，均不得其门而入。因为记者们最喜欢探听的事情，就是西安事变，而这恰恰是张最不愿回答的问题。他曾对一位好友说过："这要我如何回答呢？如果我说是被共产党所欺骗，显然是骂我自己糊涂；如果说我是一时冲动，显然是骂我自己无能；如果说老先生（指蒋介石）该被扣留，显然表示我还没有承认错误，与我当时亲自护送老先生回南京的心愿不符。所以，我绝不能见这些记者，因为我怎么样说都不行。"

---

1. 孙玉清：《张学良在台湾》，载《团结报》编辑部编《张学良的往事和近事》，岳麓书社 1986 年版，第 303 页。

不过，有一次还是让记者抓住了一个机会。1981 年 6 月 17 日至 30 日，张学良因患重感冒在台北"荣总"医院住了 14 天医院。碰巧，《联合报》记者于衡也在这家医院治病，与张学良前后交谈 8 次。这是西安事变之后 45 年来，张学良接见的第一位新闻记者。由于事先约定"不谈政治"，所以始终没有涉及"西安事变"这个敏感的话题。事后，于衡写成了一篇数千字的《张学良访问记》，发表在同年 9 月 18 日即九一八事变 50 周年纪念日当天的《联合报》上。

张学良首先介绍了他研究明史的动机，是由于近百年来，中国一直被外国欺凌，他想从明清两代的历史中找出原因。因此先计划研究明史，接着研究清史，再及民国史。但当他研究明史告一段落，刚想进入研究清史时，自己却成为虔诚的基督教徒。由于专心研读《圣经》，研究清史的工作就放弃了。

接着，他又谈到了研读《圣经》之前，曾计划写回忆录，已拟订了大纲，并自定三项原则：一是写自己经手办的；二是写自己亲眼看见的；三是写自己亲耳听见的。但在研读《圣经》之后，一切都不想了。

在论及老友时，他提到了冯庸、莫德惠、刘哲和在台湾做教授的六妹张怀敏，并感慨地说道："人愈到老年，愈感到朋友的重要。人不是为自己而活着，而是为别人而活着。"

最后，当于衡问张学良何时能够返回大陆时，他答道："上帝会妥善安排的。"[1]

20 世纪 80 年代初，祖国大陆方面先后拍摄了《西安事变》《少帅传奇》等与张学良有关的电影、电视剧，并传入台湾。有朋友请他看，他明确表示："我决不看。看这些有什么意思？我只是个普通的人，作为一个国民，我只是尽了我一个中国国民的责任，我没有干什么特别的

---

1. 孙玉清：《张学良在台湾》，载《团结报》编辑部编《张学良的往事和近事》，岳麓书社 1986 年版，第 297—298、305—307 页。

事。我也不想让别人以为我干了什么特别的事。我写过一首诗，里面有一句是'虚名误人深'。这不是谦虚，但我这个人不喜欢别人的夸奖，也不动心。我发动西安事变，并不是为了显示自己。我不喜欢别人拿我当话料。我最讨厌上报纸。如果可能的话，我希望大家把我忘了。稍微给我一点儿自由。"[1]

"此中有真意"

长达40多年的幽居生活极大地改变了张学良的人生观与生活态度，在晚年终于有了相当多的自由后，他对这种自由反而有些不大适应了。他所需要的是一种与世无争的低调生活，除了研读《圣经》、访友、吃馆子外，还于赏花评画之中，陶冶情操。

张学良喜爱兰花已有很长的历史，据说他的父亲张作霖就喜爱兰花。不过在20世纪20—30年代中国人养兰花的并不多，名贵的兰花往往是千金易得，一花难求。而且张氏父子那时戎马倥偬，也没有多余的时间来养殖兰花。只有到了晚年，张学良才有了条件来赏玩兰花。

张学良首先结识了他的邻居、爱兰家谢有义先生。谢先生带张学良走过台东、花莲很多地方，买兰、养兰，日子过得很愉快。之后，张学良又结识了台湾"世界兰蕙交流协会"会长黄秀球先生，共同的爱好使两人成为亲密的朋友，黄先生请张学良担任台湾"世界兰蕙交流协会"荣誉会长。

张学良在自己寓所庭院里开辟了两个兰园，一个种植国兰，一个种植洋兰。最多时家中养了200多盆兰花，从种植到浇水、施肥、除害虫，

---

1. 管宁、张友坤译注：《缄默50余年——张学良开口说话》，辽宁人民出版社1992年版，第148页。

所有一切都是张学良夫妇躬自操劳，在长年的养花实践中，张学良对兰花的品种、生长习性都有深入细致的观察和研究，成了一名真正的养兰专家。

每逢岁末年初兰花盛开的季节，台北市区及近郊的兰园经常有位"赵老先生"，乘坐一辆白色轿车，带领三男一女，前往赏花。这位"赵老先生"，身材高大，有时穿藏青色长褂，满头灰发，面色红润，声如洪钟，精神健硕，脚穿黑质软质平底布鞋，气度不凡。时间久了，兰界人士才渐渐知道，这位"赵老先生"，就是当年叱咤风云的少帅张学良，那位女士即赵一荻。若遇台北举办兰花展，张学良每展必到。平时，他也经常随兴所至到处游览观赏。台北市区及近郊只要稍有名气、略具规模的兰园，他几乎都去过。若有中意的，他也会买下，价格大都在数千元之谱。兰界人士知道他身份的，都很敬重他，半卖半送，不计利润。

张学良酷爱兰花，还有许多故事。在20世纪70年代台湾举行的一次兰花欣赏会上，一盆开着鲜艳花朵的报岁兰被兰友们推崇为稀世珍品。黄秀球先生经过一年多的查访，才找到兰花的主人，得知此兰于1969年产于台湾新店碧山林中。黄秀球出多少钱，兰主人都不愿出售。张学良得知后，决心将这盆珍品求到自己名下，于是数次拜访兰主，其爱兰之心终于打动了主人，兰园主人同意割爱，张学良以高价购回后加以精心培养，使之成为一代名兰。还有一次，张学良到一处兰园观花，兰园主人开始未看出张学良是内行，故意将8 000元的价格说成2 000元，兰园主人话一出口，张学良立马答应买下，使主人哑巴吃黄连。事后，当这位后来曾任台北市"国兰协会"会长的兰园主人得知买主就是张学良将军时，高兴地大呼"值得"。

张学良不仅喜欢台湾及海外的兰花，也酷爱大陆来的兰花，一旦在台北见到从大陆带过来的兰花，往往不假思索地购买下来。在他的兰园里，浙江产的绿云、四川产的大红朱砂、广东产的报岁白墨、福建产的龙岩素等名贵兰花均被摆放在突出位置。每当大陆举办大型兰花展览，张学良总要将他养的兰花珍品托黄秀球先生带去参展，与大陆爱兰家们一同分享。

张学良酷爱兰花，是因为喜爱它的品格，他说："兰是花中的君子，其香也淡，其姿也雅，正因为如此，我觉得兰的境界幽远。不但我喜欢，内人也喜欢。"张学良还说："国人应发扬它的幽光，以为复兴中华文化之一助，当有赖有心人士共同努力。"

1993年4月21日至5月5日，第三届中国花卉博览会在北京举办，93岁的高龄张学良欣然命笔，为博览会撰写了贺词。这里节录贺词如下：

兰在中国历史上，是一种品格高超的名花，自春秋时孔子自卫适鲁，作《猗兰之操》，誉为"王者之香"……

花卉的爱好，大致说来，与个人的秉性和品德确有关联。晋陶渊明独爱花中隐逸的菊。自李唐以来，国人多爱花中富贵的牡丹，而宋周濂溪则独爱花中君子的莲。其实兰之为品，兼三者之德，又各极其长：王者之香，是富贵之极；容古留芳，是隐逸之最；出淤泥而不染，经岁寒而不凋，它的清介坚劲之美，更非莲所能比拟。因此，凡是痌瘝为怀，而思以亮节高操，风世励俗的人，莫不对于兰花具有深切的爱好……

离却兰品不谈，即以欣赏的角度来论，兰花如在深阿幽谷，林彰筛地，皎魄当空时，兰花每飘放一种清冽的幽香，沁人心脾；如在萧斋静室，凭几晤对，则见其缤纷扶疏，争艳斗奇，如亲良友，如饮醇醪，令人万虑俱消，有潇洒出尘之想。是兰之为名花，不但足以赏心悦目，更可以陶性怡情，兰之为用，岂仅在于观赏而已？因此，兰艺自中国渡海，传至东瀛，进而又扩及世界园艺之林，国人应如何发扬它的幽光，以为复兴中华文化之一助，当有赖有心人士之共同努力。

此次北京举办第三届中国花卉博览会，"世界兰蕙之友"也将前来交流，这对提倡我国兰艺文化深具意义，吾人致表赞同，爰志数语，以资赞贺，并祝大会成功。[1]

张学良的贺词正是他数十年养花之心得，也可见他对兰花的历史和兰文化的独到而又深刻的理解。

这次博览会上，台湾"世界兰蕙交流协会"专门设置了"张学良将军与兰花"展馆。4月25日晚上8点，中国国家主席江泽民来到"张学良将军与兰花"展馆前，展台正面墙上，挂着3幅张学良将军养兰的彩色大照片，江主席仔细端详了一会儿说："看起来张先生的精神很好啊！"这时，台湾"世界兰蕙交流协会"会长黄秀球先生双手捧着一盆兰花走上前来，对江主席说："这盆兰花叫爱国兰，张将军培育了20多年，并亲自命名爱国兰，现在送给您。"江主席接过花说："谢谢，我祝张先生身体健康！"

张学良将军以"爱国兰"送江泽民主席，一时成为两岸媒体报道的题材。黄先生回去后向张学良汇报了向江主席赠送"爱国兰"的经过，张听了很高兴，称赞说："你做得好！"[2]

对中国书画艺术，张学良自早年起就抱有浓厚的兴趣，几十年来，已有较深的研究，可以说达到了"知画、评画、藏画"之味的艺评家与收藏家的境界。20世纪70年代时，台湾逐渐兴起一片艺术热，画廊开始林立。张学良经常前往参观，欣赏画廊。

一次，在看著名画家江兆中的画展时，张学良对其作品欣赏备至，将作品半数搜求而去，认为是生平一大快事。[3]

---

1. 毕万闻主编：《张学良赵一荻合集》第6部，时代文艺出版社2000年版，第155—156页。
2.《张学良近事》，《人民日报》1983年3月12日；吕岩松：《兰花展纪念张学良百岁华诞》，人民网2001年6月5日。
3. 佚名：《张学良的隐居生涯》，载晓萧编《张学良与台湾》，光明日报出版社1991年版，第51—52页。

张学良一直否认自己"精于书画",唯独对于字画的评品,未加否认。他有一次评国画大师张大千的书画,其评品的意境连张大千本人也自叹弗如。

随着年龄的增长,张学良的视网膜炎和重听症日益严重。他幼年时,右边一颗大牙长歪了,后来引起发炎,蔓延至右耳,故在 30 多岁时耳朵就不太灵光,现在只有左耳略为听得见。眼睛则是在幽禁期间读书看坏的,如今看书要用 20 倍的放大镜,很辛苦。本来,这种眼病可以开刀治疗,但医生说要全身麻醉,他不愿冒这个险,乐得眼不见,心不烦。

所以,张学良看人脸都是模糊的,视觉、听觉时好时坏,有时几秒钟看得清楚点,一会儿又模糊了。听觉更怪,有时远在外面说话他听得见,但有时附耳大声叫,他仍问别人在说什么。在家时他看不了电视,只得听电视。每天主要通过听收音机了解国内外大事。他听收音机,声音开得很大,而且有好几个,每一台收音机固定一个电台,开了就听,免得调来调去,很不方便。[1]

在这恬淡的生活中,能给张学良带来最大欢乐的,便是享受天伦之乐。于凤至夫人生了三子一女,长子张闾珣在 20 世纪 20—30 年代留学德国,取英文名马丁。在第二次世界大战期间,住在英国,因躲避德军大轰炸,大受刺激,得了精神病,在张学良的朋友顾维钧(时任驻英国大使)和宋子文(时以蒋介石私人代表的名义在美国)的关怀下,被送到牛津精神病医院治疗。此时父亲陷身牢狱,母亲身在美国且多病,得不到亲人的抚慰,只有在英国飞机厂做工的弟弟张闾玗能够就近给予一点照顾。张闾珣的精神病一直没有得到很好治疗,20 世纪 50 年代后他来到台湾继续治疗,不久病故。张学良的次子张闾玗也在美国早逝。三子张闾琪早年夭折。这样,到了张学良晚年,于凤至所生的子女就只剩下女儿张闾瑛一人了。

---

1. 郭冠英:《张学良在台湾》,中国友谊出版公司 1993 年版,第 158 页。

赵一荻因为一直陪张学良坐牢，一生只生了独子张闾琳。1940年，赵一荻将张闾琳送到美国交友人抚养，此后一直生活在美国。他娶妻陈淑贞（民国时期广东著名地方实力派、"南天王"陈济棠的侄女），为张学良夫妇生下了两位可爱的孙子：长孙张居信，1962年出生；次孙张居仰，1967年出生。名字都是张学良亲自取的。每隔一段时间，多则一年，少则半载，张闾琳夫妇必定千里迢迢，由美国抵台湾探望张学良。每次儿孙来台，便是张家最快乐的时候。张学良很疼爱他的孙子，即使老友来访，谈兴正浓之际，只要一看见孙子出来，便可以立即终止谈话，陪孙子玩耍。[1]张学良曾很得意地对记者说："我现在最高兴的就是和孙子一起玩儿。"[2]真可谓越老越年轻，返老还童了！

1988年1月13日，蒋经国病逝，张学良又失去一位特殊的朋友。第二天，他获准来到台北"荣总"医院怀远堂吊祭，在灵前深深鞠躬，脸上神情哀伤凝重。在这弯腰顿首之间，多少纠缠不清的历史恩怨，从此随风飘散。

张学良对蒋经国本人非常佩服，对其评价颇高。他说他刚来台湾时，台湾很不景气。现在，台湾很有进步，这主要是蒋经国的功劳。蒋经国在经济问题、建设问题、军队的整顿、政治方面的治理，都花了很大的力量。只可惜去世太早了。[3]

随着蒋氏父子先后辞世，继任者与张学良已无恩怨可言，加上台湾岛内外局势的变化，坚冰开始融化，张学良也逐渐从外部的压力与自我的约束中摆脱出来，打破了半个多世纪的沉默，开口说话，并一发而不可收。

---

1. 孙玉清：《张学良在台湾》，载《团结报》编辑部编《张学良的往事和近事》，岳麓书社1986年版，第301页。
2. 管宁、张友坤译注：《缄默50余年——张学良开口说话》，辽宁人民出版社1992年版，第150页。
3. 同上，第149页。

第十五章

最后的岁月

良寄居台湾，遐首云天，无日不有怀乡之感。一有机缘，定当踏上故土。中枢诸公对良之盛意，敬请代为致敬。

——张学良

争取全面自由

蒋经国去世前，台湾政局已开始松动，解除了持续近 40 年的"戒严令"，逐渐放开海峡两岸的间接贸易和人员往来，海峡两岸长期隔绝的局面开始逐步被打破。

1988 年李登辉上台后，形势又有所发展，但关于张学良的政治禁忌仍然存在。例如，蒋经国去世前一天，台湾"国安会议"秘书长蒋纬国就直言不讳地对美国制片人丁恺林说，释放张学良是一件"非常困难的事"，因为"政治上的理由"，只能"终身监禁"，云云。

为了争取张学良的完全自由，在 20 世纪 80 年代末，台湾岛外掀起了争取全面恢复张学良自由及要求平反的政治活动，推动这个活动的就是在美国的东北大学校友会。

1988 年 2 月 27 日，东北大学在美校友会正式成立，推举著名航天气象专家、前台湾"中央研究院"院士张捷迁教授为会长，李圣炎为秘书，陆克难为庶务。次日，即以东北大学校友会的名义给台北的李登辉、宋美龄、张学良分别发出英文电报，同时用双挂号的形式给他们各自发了一封中文信函。因为台湾"行政院长"俞国华在"立法院"答复"立法委员"关于为何不给张学良、孙立人自由的质询时，全面否认张、孙不自由的说法，并且信誓旦旦地说张、孙已经恢复自由，外间说他们没有自由是不正确的。东北大学在美校友会即抓住这一点，在电报和信函中说，东北大学在美校友会准备在原东北大学建校 65 周年之际，即 1988 年

4月26日请老校长张学良到华盛顿参加东北大学建校65周年与张学良兼任校长60周年的纪念活动，希望李登辉等3人在收到电函后及时答复。由于不知道宋美龄、张学良的详细地址，电报和信函都由李登辉收转。

台湾当局收到电报和信函后进行了研究，决定以张学良的名义回复。3月9日，张捷迁收到张学良的复电，是由台湾驻美机构"北美事务协调会"转来的，内称他"近遵医嘱，不宜长途旅行"。

校友会见一计不行，又生另一计。校友会决定成立省师代表团，推张捷迁、李圣炎、陆克难等3人偕夫人前往台北探视老校长并全程录像，以实地证实张学良是否有了自由。校友会把电报刊登在美国各华文报纸上，广为宣传，台湾报纸也进行了转载。面对这样的攻势，台湾当局立即派人与张学良商量，张同意"以发表公开信的方式来处理这件事"。[1]

3月25日，张学良口授、侄女张闾芝笔录，写成一封《致社会各界的公开信》，并亲自签名，注明年、月、日，交由台湾"中央社"代为对外发表。公开信全文如下：

> 学良迁居来台以后，平时生活简单宁静，与内子莳花、饲鱼、读书，怡然自乐，深足自慰。多年前信奉耶稣基督，勤于灵修，颇有领悟，不问外事。近来社会各方对良颇表关怀，至为感激，但评论报道，不无失实。良为保持一贯之平静，虽不欲有所多言，乃连日造访寒舍人士络绎不绝，使良失去居家安定，不得不作如下几点说明，以谢垂注：
>
> （一）本人与内子日常生活行动一向自由，并不受任何限制，亦不愿改变目前宁静之生活方式。
>
> （二）良因年事已高，视听衰退，且往者已逝，故不愿接见宾客探视或接受访问，务恳各方善意人士勿再劳驾枉顾。

1.《人民日报》海外版，1988年3月26日。

（三）海内外团体对良邀请参加集会，或作讲演，遵医嘱概予谢辞，函电亦恕不答复。

（四）良目下心情如保罗在腓立比书三章八节所说的："我为他已丢弃万事，看作粪土。"十四节又说："忘记背后，努力向前的，向着标杆直跑，要得上帝在耶稣基督里从上面召我来得的奖赏。

以上各点均系出自肺腑，敬请惠谅。[1]

公开信所言显然是迫于当局压力的一种托词。

为了做个姿态，李登辉于3月27日下午在寓所邀请张学良夫妇晤谈，并以茶点招待，对张的健康及生活起居表示关注，并询问了张学良的家庭状况。张学良则称"在平淡及宁静的生活中有颇多乐趣"。两人谈了70多分钟，就宗教、文化、国际形势与岛内政情，进行了广泛的交谈。[2]

但舆论并未因此平息下来。这年4月，台湾岛内著名人士李敖出版了他编著的《张学良研究》一书，在封面上采用大字醒目地印着"鞭尸蒋介石！平反张学良！"字样。在书的前言中，李敖写道："为了给张学良做历史定位，为了驳斥蒋介石及其党羽几十年来的诬蔑和谬说，我决心出版《张学良研究》来拍案与翻案。"李敖在书中还批评张学良说："张学良一直不自由，已经不自由到习惯不知自由的程度。他有机会说他不自由，反倒写公开信说他'一向自由'了。"[3]

鉴于台湾当局的搪塞躲闪态度，张捷迁于同年5月发表致李登辉、俞国华、宋美龄的公开信——《为什么怕给张学良将军真正的自由？》公开信指出，张学良3月9日的复电和3月25日的复信，很可能正是"官方代言"，而不是张学良本人的真心话。张学良的两次答复都是经过官方传达的，因此对张学良是否享有私人通信自由表示怀疑。公开信还

1. 毕万闻主编：《张学良文集》第2卷，新华出版社1992年版，第1144页。
2.《人民日报》海外版，1988年3月30日；《人民日报》，1988年3月30日。
3. 李敖编著：《张学良研究》，台北李敖出版社1988年出版，第138页。

指出，在台湾的东北同乡等关心张学良的人，去看望张学良，都遭到守卫副官的拒绝，"证明张将军只有在副官监督范围内的自由，而没有与外界往来的自由"。公开信劝说台湾当局消除顾虑，给张学良以真正的自由，"自由通信，自主会客，自由旅游"，自由回返大陆探亲，对蒋氏父子，对李登辉，对台湾当局，都只有好处，没有坏处。这封公开信，在美国五六家报纸上刊登，台湾报纸也予以转载，东大在美校友会还把原稿复印，给李登辉、俞国华、宋美龄、张学良各寄了一份。[1]

东大在美校友会的行动得到了大陆有关人士的呼应与支持。同年12月10日，由东北大学在美校友会主办，北美20世纪史学会、东北文化教育基金会、全美华人协会、美京华人各界联合会、大华府东北同乡联谊会等在美的华人社团共同协办，在华盛顿美国天主教大学韩南馆举行"张学良将军全面自由研讨会"。东北大学北京校友会会长、中华人民共和国原铁道部部长、西安事变时担任张学良机要秘书的郭维城专程前往参加，并在会上发表主题演讲，讲述张学良将军的思想、性格和为人。在会上做主题演讲的还有柏克莱加州大学傅虹霖教授、前东北大学秘书长宁恩承、原张学良机要秘书田雨时、南伊利诺州立大学吴天威教授等知名人士。

与会的100多位中国和美国人士一致同意成立以张捷迁教授为首的"争取张学良将军全面自由委员会"，并通过了一封致台湾"总统"李登辉的信，要求立刻恢复张学良的全面自由，确保他的言论、通信、旅行等基本公民权利。

主持这次会议的张捷迁对记者说，中国经过西安事变，才由连年内战扭转为统一抗日的趋势。而张学良将军当年因主持兵谏而获罪，招致幽禁52年。对这样一位民族功臣，时至病衰暮年之际仍无真正自由，引起海外人士无限的关怀。他呼吁国际舆论为争取张将军的全面自由做出

---

1. 毕万闻：《东北大学在美校友会为张学良争自由》，《民国春秋》1996年第4期。

努力。[1]

一周后，台湾著名的《新新闻》杂志以"张学良幽囚何时了？"为主题，发表了10余篇文章和社论，社论写道："在为孙立人将军翻案之后，显然已到了我们关心'西安事变'的时候！1959年宣布结束'严加管束'的军令，而其实依然'管束'至今。"张案"开举世幽禁最长之特例"，说张学良的人生"有若晦冥长夜"，杨虎城将军的人生则是"地狱深处的号泣"，批评蒋介石对西安事变的处理，是"虐下以恣情"。社论最后说，对于一个袍泽尽散、来日无几的87岁老人，52年的幽禁恐怕任何人都要说"够了吧"，而这次"张学良将军全面自由研讨会"的整个意义就是：他们正式提出"够了吧"的呼声。

1989年初，东大在美校友会又决定组团前往台北，准备筹备于当年6月3日为张学良举行88岁大寿。为此，该会致函张学良，希望张氏夫妇届时与会接受祝贺，同时，还函请"总统"李登辉赞助参加。

张学良接连几次收到张捷迁的来信也很紧张，并向原东北军老部下王树常之子王冀询问张捷迁的政治背景，问张捷迁是不是地下共产党，确认不是之后，张学良才于3月18日亲笔复信张捷迁，婉转地表达了谦辞祝寿之情：

　　捷迁弟大鉴：

　　　　来函奉悉，余何德何能，诸公对我深厚友爱关怀，良何人斯，敢以言寿？此间亲友，已酝酿为我做寿，我已严词拒绝。你们诸位，如此一来，等于推波助澜，岂不是对我内外夹攻？避寿则不敢言，那么，我只好"逃之夭夭"，离开台北。良对诸位郑重恳求：千万千万不要万里奔波，虚此一行。我再郑重说一句，诸位若是

1.《中美人士研讨会向李登辉发出呼吁，要求全面恢复张学良将军自由》，《人民日报》1988年12月12日及《人民日报》海外版1988年12月12日。

来，也绝对见不着我们俩。良绝对非是不通人情的人，诸公对我如此深厚友爱，我十分了解，我也十分感愧。诸位也能了解我的心情和处境，我已惯于静默安居，逍遥自在。我年来，老眼昏花，又提笔忘字，写信有些困难，如今亲笔作书，乃为示信。兹录近作20字如下："白发催年老，虚名误人深；主恩天高厚，世事如浮云。"良再郑重恳求一句，万里奔波，虚此一行，使我心中多么不安！诸位既然这样爱护我，自然也会体谅原宥我。天假以年，后会有期。愿上帝祝福！

张学良手启
3 月 18 日 [1]

平反风潮没有立竿见影收到效果，张群曾对张学良说："你是个宝贝，大家都怕你跑到对方那边去了，一定要看住你。"[2] 此话可谓一针见血，点出了台湾当局迟迟不肯解除对张学良禁忌的真实原因。

不过，时代在变，张学良的处境也在逐渐在向好的方向转变。自1988年开始，经过允许，张学良陆续会见了原东北军的老部属、老部属后代及自己在海外的亲友。

多年来，王冀（张学良的亲信部属王树常之子，旅居美国的华裔历史学者）就一直试图见张一面，不谈政治，只是问候。王新衡因其关系不同，便向蒋经国请示，蒋回答："有这个必要吗？"遂作罢。1989年3月，王冀又来到台湾，请"行政院新闻局"官员郭冠英帮忙。郭冠英请好友王一方（王新衡之子）问张学良，张一口答应。于是，王冀在郭冠英的陪同下，拜访了张学良。这是张学良第一次接见较为"敏感"的外人。

1.《团结报》第 4 版，1989 年 5 月 6 日；毕万闻主编：《张学良赵一荻合集》第 5 部，时代文艺出版社 2000 年版，第 601—602 页。
2. 郭冠英：《张学良在台湾》，中国友谊出版公司 1993 年版，第 100 页。

张学良见到故人之子，分外高兴，滔滔不绝，极为健谈。他首先主动地说："人家问，不出来说话，是否有隐情？我说，是有，因为：（1）说我好，老王卖瓜；（2）辩我清白，伤害到别人，故从不愿见外人。我本来也想写回忆录，原则是写我亲眼看到的，亲耳听到的，亲手经办的。但后来我放弃了，因为一，丑表功，我不干；二，我会批评别人，会伤人；三，我记的不一定精确，我个别的观点不正确。我过去研究明史，发现历史只是人说，并不一定代表真实，事实在那儿，不说也不会变，尽信书不如无书。另外，要想以前，我心情会激动，我受不了，故算了。"

张学良说到这里，虔诚的基督徒赵一荻插话道："不要说，不必说，上帝那有本账。"

接着，张学良又从自己的少年生活、郭松龄事件，谈到日本的侵略、国民党政府的腐败等诸多方面，信手拈来，妙语横生。最后，他突然对郭冠英说："你在中国社会做事，我有一字相勉：'真'，要真诚，才能成功。"

虽然他为"真"字吃了一辈子亏，至今不怨不悔，仍以这个字来勉励后辈。张学良一生，可谓"真以待人，宽以处世"，凡事看得开，拿得起，放得下，才会在高寿之时，仍能保持一颗赤子之心。[1]

庆祝九十大寿

进入后蒋时代，每逢张学良寿辰来临，各方要求公开祝寿的压力就不断而来。他自知身份敏感，而且恬淡已久，不愿与外界多有接触，但面对外界的盛情，又不能完全不领情。不过，公开出来，公开到什么程

---

1. 郭冠英：《张学良在台湾》，中国友谊出版公司1993年版，第1—15页。

度呢？这都是需要慎重考虑的问题。因此，张学良感到为难时，往往以半开玩笑半认真的口吻说："你们不要逼我，否则我干脆住到金门去！"

1990 年，台湾的东北同乡会又一再声称要为张学良祝寿，张学良仍然坚拒。这时，张群出来发话了。在"三张一王"转转会中，年少的两个已经走了，只剩下最年长的"两张"。时任台湾当局"资政"的张群接到台湾当局的授意，说要为做过自己长官的老朋友张学良过生日。最初，张学良还是不接受，张群几乎有些生气了，坐在轮椅上说："去去去！我不与你辩。"张群说了话，张学良不得不听，无法再推辞了。[1]

张群与张学良相交于 1930 年中原大战期间。当时，张群衔蒋介石之命，前往东北，充当说客，竭力拉拢张学良率东北军入关，支持南京中央政府。后来，1934 年张学良任豫鄂皖三省"剿总"副司令，张群时为湖北省政府主席，算是张学良的部下，从此两人关系更加密切，成为终生朋友。因此，台湾当局让张群出来为张学良操办九十大寿是合适的。

张群生于 1889 年，此时已是 101 岁高龄，行动很不方便，他于 1990 年 2 月间指定秦孝仪、张继正、何世礼、王铁汉、赵自齐等 5 人，要他们每人提一二十个人的名字，从中凑齐 90 人，以示九十之庆。由这 90 人列名筹备会，并共同发出邀请函，列名筹委会的成员包括"行政院长"郝柏村、"立法院长"梁肃戎、国民党中央执行委员会秘书宋楚瑜、"总统府资政"张继正、"故宫博物院"院长秦孝仪等国民党军政要员及台湾方方面面的社会名流。[2]

当然，大陆方面也没有忘记张学良的九十大寿。中华人民共和国成立后，周恩来总是通过各种渠道、各种关系，暗中了解张学良夫妇的状况，关注他们的一切。1974 年，香港一些朋友得悉蒋介石病重，准备

---

1. 同上，第 21—22 页。
2. 《参考消息》，1990 年 6 月 11 日。

乘机发动舆论攻势，要求恢复张学良的自由。周恩来听说后立即说服他们放弃了这种不合时宜的做法，周恩来对他们说："蒋介石还没有去世，但他对张学良的忌恨已经淡化了。你们这一呼吁，戳了蒋介石的疮疤，搞不好，可能刺激蒋介石用西太后对付光绪帝的办法，在自己临死前对张学良下毒手，结果反而对张学良大大不利！"

周恩来一直很钦佩张学良为中华民族做出的杰出贡献。在纪念西安事变10周年、20周年、25周年时，周恩来都要召集原东北军、西北军等各方面的代表人物座谈，表达对张学良、杨虎城两位将军的怀念。在张学良失去自由后，蒋介石一直要张学良承认西安事变是与中共商量好的。但张学良始终坚持历史事实，不说假话为自己开脱。身处逆境而能坚持原则，可以说是够朋友，是个真正大写的中国人。[1]

如今，得悉台湾当局要为张学良公开做寿，大陆方面当然也要有所表示。周恩来总理夫人、全国政协主席邓颖超特于5月30日致电张学良，遥祝他的九十岁寿辰：

台北市士林至善路二段221号汉卿先生如晤：

欣逢先生九秩寿庆，颖超特电表示深挚的祝贺。

忆昔54年前，先生一本爱国赤子之忱，关心民族命运和国家前途，在外侮日亟、国势危殆之秋，毅然促成国共合作，实现全面抗战。去台之后，虽遭长期不公平之待遇，然淡于荣利，为国筹思，赢得人们景仰。恩来在时，每念及先生则云：先生乃千古功臣。先生对近代中国所作的特殊贡献，人民是永远不会忘怀的。

所幸者，近年来，两岸交流日增，长期隔绝之状况已成过去。先生当年为之奋斗、为之牺牲之统一祖国振兴中华大业，为期必当不远。想先生思之亦必欣然而自慰也。

---

1. 童小鹏：《风雨四十年》，中央文献出版社1996年版，第566—567页。

我和同辈朋友们遥祝先生善自珍重，长寿健康，并盼再度聚首，以慰故人之思耳！

问候您的夫人赵女士。

邓颖超

1990 年 5 月 30 日 [1]

6 月 1 日，在大陆的原东北军老部下吕正操、万毅、郭维城及故人（高崇民）之子高存信以门生故旧的身份给张学良发出了祝寿电报。

在为张学良祝寿的前一天下午，即 5 月 31 日，李登辉派"副总统"李元簇作为其代表前往北投张学良寓所，向张表达祝贺之意，并赠寿屏一幅和人参一盒。宋美龄也派人送来了一个精致的花篮祝寿。

1990 年 6 月 1 日，台北圆山饭店 12 楼昆仑厅祝寿会场布置得喜气洋洋。大厅正中是一个红底金字的大"寿"字，旁边是台湾当局正副"总统"李登辉和李元簇致赠的寿屏，下面是两座九层高、直径将近两米的大蛋糕，四周摆满了各界人士赠送的花篮、寿礼和寿屏。大厅正面的墙上，悬着一张放大了的请柬，上面写着：

"中华民国"七十九年国历六月一日为张汉卿先生九秩大庆，谨詹于是正午十二时假座圆山大饭店十二楼昆仑厅洁治壶觞，共申祝嘏之忱。尚祈高轩莅临以介眉寿。

以下是以张群为首的 80 名筹备会成员的署名。

到场祝寿的有张群、陈立夫、孙运璇、郝柏村、梁肃戎、蒋彦士等国民党元老、军政要员，以及东北籍人士、张学良的故旧亲属等，约有 200 多人。新闻记者更是蜂拥而至。圆山大饭店一时冠盖云集，人头

1.《人民日报》及《人民日报》海外版，1990 年 5 月 31 日。

攒动。

中午 12 时，张学良身着深色西装，系枣红色领带，胸前别着一朵兰花，夫人赵一荻则身穿红色套装，夫妇俩在儿子、女儿、女婿等亲属的陪同下出现在会场，大厅里立刻掌声雷动。张学良态度平静，赵一荻神情则略显激动。

庆典开始，首先由 101 岁高龄的"总统府资政"张群致祝词，他坐在专用轮椅上念起了事先准备好了祝寿词。这是一篇辞藻典雅华丽的文言文。

张群念完祝贺词，前"行政院长"、现任"总统府资政"孙运璇也应邀致了辞。孙氏早年毕业于哈尔滨大学，张学良当年是这所学校的校董之一，曾提议给家庭困难的学生每月发 69 元补贴，使他们得以完成学业，孙氏也是当年受益的学生之一，因此他的致辞带有浓厚的感性色彩，他说："我是以学生的心情来拜寿的。"他代表当年的校友们祝贺张学良"福寿无疆""万事如意"。说完，端起酒杯来到张学良跟前，感激地说"没有你就没有我"，然后将酒一口喝完。

在来宾致辞后，张学良站起来挺直腰板，向来宾深深地鞠了一躬，然后致答词。他声音洪亮、字句清晰地说道：

　　承张岳公，还有孙"资政"这样地奖誉我，使我实在不敢当。人家古人说"虚度"，我是虚度九十、对国家、对社会、人民毫无建树，正如《圣经》上所讲的，保罗所说的话："我是一个罪人。"我不但是罪人，保罗说："我是罪人中的罪魁。"我自己感觉真是万分地惭愧。张学良何德，能够蒙诸位亲人这样来给我做寿？我怎么能做寿？我有什么寿？自己真是惭愧得无地自容！

　　我现在可以告慰于关怀我的亲友的，就是我现在一切的生活，蒙基督耶稣的慈爱、上帝的恩典，我现在能这样子站立地活着。我自己从来没想到我还能活到 90 岁，这真是唯有上帝的恩典！我除了感谢上帝之外，我没有什么。

我现在虽然老了，可是我还没有崩溃。我耳朵虽然是听不大好，但是我还没至于全聋。虽然是眼力减退了，但是我还没至于瞎。这都是上帝的恩典。除去感谢上帝之外，我没旁的话。我现在就是在诸位亲友以及友朋之间给上帝作证。

有的友人对我说：你很开心吧，你身体那么好啊！——不是的，我是完全活在耶稣基督内，我有喜怒平安，是由他那里来的。所以，我现在一切事情都交给主耶稣，其他我就没有所求。现在，我虽然是年迈了，假如上帝有什么意旨，我为国家为人民还能效力的，我必尽我的力量，我所能做到的，我还是照着我年轻时一样地情怀（去做），只是我已经老了！[1]

致完答词，张学良、赵一荻夫妇在众多宾客环绕与注视下一起切九层高的生日蛋糕。随后由周联华牧师带领宾客为张氏夫妇祈祷。

整个庆寿典礼仅历时约 15 分钟。大约 12 时 30 分，与会的宾客开始用西式自助餐，并趋前向张氏夫妇敬酒、握手、问候、拍照留念。

这是张学良自 1937 年被囚禁后，54 年以来第一次公开做寿。对此，人们众说纷纭。

很多人说这是当局的有意安排．此举实质上已经隐含当局为张学良"平反"的意义。高层人士表示："资政与'总统府'高级官员列名祝寿筹委会，已表明为张案平反意义。"[2]

但国民党元老陈立夫的见解则有所不同，他对记者说："西安事件已过去半世纪，没有反，哪有平呢？"秦孝仪也说："张先生目前已是

1. 张友坤、钱进主编：《张学良年谱》下册，社会科学文献出版社 1996 年版，第 1423—1430 页；毕万闻主编：《张学良文集》第 2 卷，新华出版社 1992 年版，第 1148 页；毕万闻主编：《张学良赵一荻合集》第 6 部，时代文艺出版社 2000 年版，第 3—4 页。
2.《张学良将公开祝寿》，《人民日报》1990 年 5 月 20 日。

自由之身，没有什么平不平反的问题。"

　　还有人认为此事最初发起时是没有政治考虑的，只是两位相交超过60年的老人间的友情关照而已。但因张学良是个政治人物，当局又未劝阻参与其间的党政要员，因此也可被解释为某种"平反"的意思。海内外舆论也认为，既然台湾当局有那么多人参与祝寿，既然李登辉、李元簇、宋美龄都送了礼，那么张学良显然已经被视为对历史有功德的人物，与蒋介石当年对其施以漫长非法关押相比，这不是平反又是什么？

　　不管人们如何解释台湾当局为张学良公开祝寿的意义，对已经心向上帝基督的张学良来说，尘世中的"平反"早已不在意了。

　　台北圆山大饭店的祝寿典礼过后，在祖国大陆辽宁沈阳，家乡人民也为张学良举行了一场大规模的90寿辰庆祝活动。

　　这次庆寿活动是由张学良暨东北军史研究会、张学良学术研究基金会、东北大学北京校友会、沈阳校友会、长春校友会、在美校友会、长春东北师范大学、沈阳东北工学院等8个单位联合举办的。中共中央顾问委员会委员郭峰、宋黎，全国政协常委李涛，中共中央统战部副部长万绍芬，中共辽宁省委、省顾委、省人大、省政府、省政协负责人全树仁、戴苏理、王光中、李长春、徐少甫等，以及辽宁省各民主党派、工商联及黄埔军校同学会的负责人，专程从美国、台湾、香港及大陆各地赶来的张学良将军的家属、亲朋、旧部，已故的东北军将领和东北著名爱国人士的亲属，东北大学各地校友会的代表和各有关方面人士，共1200余人出席了祝寿大会。

　　张学良暨东北军史研究会名誉会长、东北大学北京校友会理事长郭维城致开幕词。东北大学沈阳校友会名誉理事长宋黎致祝寿词。他们高度赞扬张学良将军为祖国竭勇尽智、牺牲忘我、坚持团结、维护统一的历史功业，抒发了"心系汉公，情牵宝岛"的思念心情。中共辽宁省委书记全树仁在会上代表中共辽宁省委、省政府和张学良将军故乡的人民，向远在台北的张学良先生表示诚挚的祝贺。他在讲话中高度评价了张学良将军为了国家民族利益，把个人生死毁誉置之度外的爱国主义精神。全树仁说，大家翘首盼望张学良先生能重归故里，亲眼看一看他曾日思夜想的已经旧貌换新颜的白山黑水。

张学良将军的旧部吕正操、卢广绩，杨虎城将军之子杨拯民，西安事变时中共代表团人员童小鹏，杜重远的女儿杜毅代表其母侯御之，张学良将军家属代表谢雪萍、李大壮也在祝寿大会上讲了话。

祝寿大会还向张学良将军发了祝寿电。电报全文如下：

汉公钧鉴：

今天，我们在沈阳集会，庆祝您的 90 寿辰，心中十分激动。出席今天集会的有：您的亲属故旧，在您身边工作过的人，原东北大学各级领导人，受过您的教诲的东北大学校友，原东北军政界著名人士的家属、子女，您兴办的学校和有关企事业热心人士人的代表，以及各界来宾。我们来自海外和祖国各地，大家都感到能参加祝寿活动，乃一生幸事。同时又深感您未能亲自回乡办寿为憾。

您和杨虎城将军领导发动的西安事变，震惊中外。壮举空前，薄海同钦，均发挥了重大作用。西安事变堪称中国历史上的重要转折点。您功在国家，功在民族，中共中央领导高度评价您为"民族英雄""千古功臣"。我们以有您这样一位世界性的伟大人物而感到自豪。

您谦虚为怀，爱人以德，六公无私，以德报怨的高贵品德永远值得我们学习。您的教导，虽历经磨难，永不或忘。

我们殷切希望能早日与您团聚。愿您能亲自目睹大好河山一片春光，祖国建设，日新月异。山高路远，怀念无限，云天阻隔，乡思难断。我们深信，与您会晤之期，已非遥远。

谨此电达，并三祝健康长寿！

同一天，"千古功臣张学良将军业绩展览"在沈阳张学良旧居陈列馆正式接待观众。时任中共中央统战部副部长万绍芬、张学良暨东北军史研究会名誉会长郭维城、东北大学沈阳校友会名誉理事长宋黎、张学良的妹妹张怀卿等为展览剪彩。这个展览展出介绍张学良将军生平业绩的照片共550余幅。[1]

此次公开做寿后，张学良打破了保持半个多世纪的沉默，连续接受中外记者的采访，谈古论今，频繁出现在报刊、电视等新闻媒体上，并可以出国探亲、旅游。虽然"国安局"的李正源依然不离张学良左右，但已失去了监视的意义，主要是负责警卫和照顾张学良的日常生活。张学良可以说是真正恢复了全面自由，彻底结束了长达54年之久的幽居生涯。

接见日本记者

寿庆刚过，日本广播协会电视台（NHK）就获准来台北采访张学良。本来，日本人按规矩应向台湾当局申请。"新闻局"问"国安局"，"国安局"拿些以前张学良不肯接受采访的剪报回复，叫"新闻局"自行决定。

在台湾官僚机构相互扯皮之际，NHK驻台湾记者朱慧姬女士另辟蹊径，请王一方直接去问张学良，张又请示"新闻局"。"新闻局"认为只要张学良同意即可。当时欧美各国的记者争先恐后地采访张学良，但张学良从"我的一生被日本断送了，我不希望日本的年轻人再犯过去的错误"这一强烈的愿望出发，决定首先接受日本广播协会的单独采访。[2]

1.《人民日报》，1990年6月7日。
2.《在台湾接受日本广播协会记者采访时张学良谈54年前西安事变》，《人民日报》1990年12月7日。

6月17日，NHK在王一方家中对张学良进行了第一次采访。随后，又于8月3日至5日，在台北市内某饭店进行了连续3天的正式采访。这是张学良1937年后第一次接受外国记者的采访。

张学良首先说："我这次见你们NHK电视台，主要是想对日本青年说明，日本青年不要还是沉醉在过去日本那种军国主义的威风之中。我要说明，不是我们中国人不愿意跟日本人合作，是日本军人实在太霸道。不要用武力，用武力解决不了任何问题，这点历史已经教训了我们。

"这次大战后，哪个问题解决了呢？哪个问题也没解决。不但是战败的人，战胜的人又能怎么样呢？结果是如何，何必还要重蹈那个覆辙呢？给我们的教训已经够了。"[1]

接着，张学良回顾了自己的一生和所经历的重大历史事件，谈到父亲张作霖的教诲、郭松龄事件、东北易帜、杨常事件、中原大战、九一八事变、与汪精卫交恶事件、西安事变等，也讲了他和蒋介石的关系及他们之间的政见分歧。

关于发动西安事变的动机，张学良说："那时我不想与共产党军队作战"，"为什么中国人之间要流血呢？""我当时认为这是不合理的，所以不管对方是谁，我愿意抛弃自己的权力和生命，进行抵制，这就是我的本性"。

张学良说："我是反对内战的，当时部队内比较强烈的愿望是回家乡"，"他们要同日本人打，不愿同共产党作战而失掉力量，想保存力量同日本人作战"。

张学良说："在那之前，我和蒋介石先生有时也发生意见分歧，但还没有像那次那么严重。蒋是'安内攘外'，我就主张攘外安内，就是对外就能安内。"

关于他1936年4月同周恩来的秘密会谈，张学良说，自己与周恩来

1.《参考消息》第2版，1990年12月17日。

都曾在天津南开大学学习，"以前曾听说过他的名字"，"尽管我们是初次见面，却一见如故，情投意合"。他对周恩来的评价是"（他）反应很快，了解事情也很深刻"，"说话一针见血，而且对事情看得很清"。

在谈到西安事变后护送蒋介石回南京而遭到监禁时，张学良说，当时周恩来是反对他这么做的，"甚至到机场想把我追回来"。他说，他知道去南京将被逮捕，但还是去了南京。"我是个军人，我做这件事我自己负责"，"同时我是反对内战的。我对牺牲自己毫不顾虑"。[1]

但在记者追问西安事变中蒋介石与周恩来见面的情形时，张学良突然从口若悬河、滔滔不绝，变得只有片言只语，甚至缄口不言了，一再说道："这是尖锐的问题，请不要再问了。""对不起，我不能再往下讲，请体谅我的苦衷。这件事不应该出自我的口，我也不愿意伤害他人。"[2]

第一天上午采访结束后，采访组人员陪张学良共进午餐。张学良入座后，开始做饭前祈祷。祈祷词竟是："主啊，请允许我只说该说的，不该说的绝对不说吧。感谢赐给我生命的主，阿门！"当担任翻译的朱慧姬把这些话翻译给大家听后，众人全都大笑起来，对张学良的机智、幽默佩服不已，此后不再追问这类问题。[3]

最后，张学良殷切寄望于日本青年：

"我劝日本人不要再和过去一样用武力侵略别人，当然现在也不会了，也不要以经济侵略别人，要帮助别人，帮助别人就是帮助自己，对弱者帮助，弱者强大后也会帮助你。我想对日本青年说，要想想日本过去的错处，不要想过去的威风，要沉思回想。《论语》上说，夫子之道忠恕而已。日本有'忠'，但没有'恕'。日本不光对别人，就是对日本人

1.《在台湾接受日本广播协会记者采访时张学良谈 54 年前西安事变》,《人民日报》1990 年 12 月 7 日。
2.《参考消息》第 2 版，1990 年 12 月 20 日。
3. 管宁、张友坤译注：《缄默 50 余年——张学良开口说话》，辽宁人民出版社 1992 年版，第 107—108 页。

自己也没有'恕'。人应该原谅人、体谅人，这是我的脾气。我希望日本青年和负责任的人，要原谅人和体谅人。合作并不是牺牲，牺牲就是你要得到的。我说了好多话，很不客气，这并不是责备任何人，我只说了事实，让后来的年轻人知道这个经过。至于我的看法对错，那是另外的问题。

"与我们那时候不同了，今天的青年能够相互理解，相互往来，相互认识。我常想，过去要是能与日本的青年互相理解，历史会是什么样子呢？因此，我对世界的青年抱有希望。我希望世界上的青年能够在文化、科学、经济方面互相协力，互相理解。我盼望着世界的繁荣与和平。我已经 90 岁了，不会活多久了。我希望将来的世界会变得更美。"[1]

张作霖、张学良父子两代在东北面对日本侵略首当其冲，张作霖在日本人制造的阴谋暗杀中死于非命，而张学良却因制止蒋介石的不抵抗政策而丧失自由达半个多世纪。对于张氏父子来说，与日本侵略者有着国难家仇的旧账。张学良用自己一生的痛苦经历告诉日本青年一代不要侵略别人，要帮助别人。

1990 年夏季的一天，张学良夫妇在台北士林礼拜堂做完礼拜后，接受了台湾《华视新闻杂志》记者陈月卿的采访，张学良表示，他很不高兴人家问他到底有没有完全的自由，认为这完全是给政府安上一个名称，这是反对政府的人拿这个做名堂、做文章。他今天要上哪儿去，就能上哪儿去，只是不去而已。

同时，张学良还批评现在一些报刊不经调查研究，随便张嘴说话，写些可笑的文章。他说："旁的事情我不知道，说我自己，我常常看着它就笑了，人家愿意怎么写就怎么写。我的朋友要写我的东西，他问我，要给我看，我说我不看。你愿意褒就褒，愿意贬就贬。我说，我这个人毫不在乎。你看，张学良，不但有今天，就是在历史上，我从来不

1.《参考消息》第 2 版，1990 年 12 月 23 日。

申辩一件事情，随便，随便！"[1]

这正如张学良在是年 12 月 31 日写给张捷迁的那几句话，集中体现了他晚年的人生观：

> 不怕死，不爱钱，
> 丈夫决不受人怜。
> 顶天立地男儿汉，
> 磊落光明度余年。

张群好像是完成了最后的心愿似的，在为张学良祝寿半年之后，于 12 月 14 日去世，享年 102 岁。对这位年长老友的去世，张学良非常难过，感伤地说道："'三张一王'就只剩下我了！"

赴美探亲访友

为排遣寂寞，张学良提出去美国探亲，李登辉表示同意。张学良的亲属大多在美国。张学良与于凤至所生的三男一女，三男先后去世，只剩下女儿张闾瑛、女婿陶鹏飞一家；张学良同赵一荻的独生儿子张闾琳一家。另外，张学良的五弟张学森一家住在夏威夷。

1990 年，阔别 50 年的于凤至听说张学良即将访美，很高兴，还特意买了拐杖准备迎接，但未及等到张学良起程，即以 91 岁的高龄去世了，葬在洛杉矶贝佛利山的一个墓地里。她的墓碑上写着"张于凤至，一八九九———一九九〇"。旁边还留有一穴给她 50 年未谋面的丈夫。

---

1. 毕万闻主编：《张学良文集》第 2 卷，新华出版社 1992 年版，第 1170—1171 页。

1991 年 3 月 10 日下午 5 时 30 分，张学良偕夫人赵一荻从台北的桃园中正机场，乘"中华航空公司"航班飞往美国旧金山，这是张学良被幽禁以来第一次离开国民党统治区。

在台北机场，张学良接受了《中国时报》记者杨莹、《自由时报》记者宋申武的专访，回答了二人提出的许多问题，比如个性问题、西安事变、与蒋介石及宋美龄的交往问题、养生之道等，其中最敏感的就是张学良是否从美国回大陆访问的问题。下面是记者杨莹与张学良之间就此话题展开的问答。

杨问：听说中共大使馆很注意您的行程，您有可能转回东北老家看一看吗？

张答：我不知道中共注意我的事，我也从未和大陆亲属联络。我不排除到东北的可能性，大陆是我的国家，我当然愿意回去。

杨问：您的四弟张学思的太太谢雪萍前几年曾经传话想来台湾看您，您知道吗？

张答：我不知道这件事，也没听说过。谢雪萍是谁？我并不认识，可能是我四弟后来娶的老婆，我没有听过她的名字。

问：有没有想过考虑回东北定居？

答：考虑什么？我从来就没有"考虑"这一回事。我要什么时候去就什么时候回去。你大概不知道我这个人，孔老夫子的"三思而后行"对我一点用处都没有，我是"要干就干"！我是莽撞的军人，从来就不用"考虑"这两个字眼。[1]

到旧金山后，张学良夫妇在儿女的陪同下，兴致勃勃地游览了金门大桥、旧金山湾区，一整天下来，张学良仍精神抖擞，常常发出爽朗的笑声。晚上，他们在一家法国餐馆共进晚餐，张学良不但把汤、菜、甜点都吃光了，还吃了水果和面包。胃口之好，令小他几十岁的女婿陶鹏

1.《参考消息》，1991 年 3 月 14 日。

飞自叹不如。[1]

在旧金山待了两天两夜，张学良丝毫不觉疲劳，又直飞纽约。张学良此行有一个心愿，就是要去纽约看望他早年的一个女朋友，此人叫蒋士云，祖籍江苏吴县（今苏州市），出生于苏州，其父亲是外交官。在20世纪20—30年代与张学良有密切的交往，两人甚至一度谈婚论嫁。但因为张学良已经有妻室子女，此段情缘终于没有结果。此后，蒋士云嫁给中年丧妻的著名银行家贝祖贻，即著名美籍华人建筑设计大师贝聿铭的父亲。蒋士云与贝祖贻生有一女，1982年贝祖贻去世后，蒋士云与她的独生女生活在美国。蒋士云婚后大部分时间住在国外，故而和张学良见面的机会很少。1936年西安事变发生时蒋士云在上海，当她惊悉张学良因护送蒋介石而失去自由以后，不禁悲愤欲绝。她参与了营救张学良的活动，与于凤至一起，在国民党上层人士中拼命奔走呼号，但却无济于事。后来，她从秘密渠道获悉张被囚于奉化雪窦山时，决定去探视幽禁中的张学良。在贝祖贻的支持下，得到了军统特务戴笠的同意。1937年春，在戴笠的安排下贝祖贻、蒋士云夫妇到溪口雪窦山上看望了张学良。张学良到台以后，蒋士云于1979年专程从美国飞到台北，在一家餐馆里宴请已届耄耋高龄的张学良，这两件事多年来鲜为人知。

张学良刚到旧金山，就对身边的人说："我想一个人到纽约去会会朋友，而且还是个女朋友！"当时，在旧金山的亲友们都对这91岁高龄老人的惊人之语感到大惑不解。他究竟去纽约会见谁呢？只有了解内情的赵一荻知道张学良说的纽约女友就是蒋士云。这次纽约之行是赵一荻陪同张学良前往的。

张学良到纽约后，就下榻在蒋士云在曼哈顿上乐城公园大道的一幢高级公寓里，一住就是3个月。而赵一荻则先飞回洛杉矶儿子家中。

---

1. 港信：《张学良在美旅游第一天》，载晓萧编《张学良与台湾》，光明日报出版社1991年版，第302页。

张学良在纽约的 3 个月，是他自 1937 年 1 月被幽禁以来最感自由的 90 多天，除了身边再无国民党便衣特务跟随外，也没有赵一荻在场，他终于实现了对友人所说的那种无忧无虑的自由，可以和他早年喜欢过的女人单独相处一段时日了。张学良的到来，给寂寞中的贝夫人带来了意外欢喜。当年光彩照人的江南名媛如今已是华发满鬓的古稀老人，但他（她）们能够在一起度过"柏拉图式"的幸福时光，也不失为人生暮年的一大幸事。张学良在纽约期间，所有活动都由蒋士云代为安排，每天的日程排得满满的，包括与当年他的部下吕正操等重要客人的会面、与哥伦比亚大学口述历史部工作人员的接触、与哥伦比亚大学留学生们的座谈，等等，都是蒋士云代为联络和商定的。

张学良和蒋士云在纽约的 3 个月，是两位老人一生中最难忘的美好时光。让蒋士云颇感困惑的是，自 1991 年 6 月下旬赵一荻把张学良从纽约接回旧金山，并经夏威夷返回台湾，直到一年后张学良夫妇飞到夏威夷长期定居以后，蒋士云竟然再也没有和张学良见面的机会了。纽约的分手原以为是暂别，万没想到竟是人生的诀别。让外界无法相信的是，两人连通电话的机会也没有了。蒋士云说："他在台湾的时候我还跟他通过电话，离开台湾以后就没有消息了。我打过一次，打不进去。我知道有人阻拦。他不便跟外界接触，不能往外打电话。"他大概觉得不方便，也许不自由。

在纽约期间，张学良除了与过去的老朋友一起打打扑克、吃吃饭，就是偶尔去乡间看看亲友。其间，张学良去了一趟华盛顿，去了两次大西洋城，略微过了一下赌瘾。他玩二十一点，输了几百美元，连称那个发牌女厉害。别人劝他换张桌子，他就是不肯，结果连输。[1]

在美期间，张学良曾应"美中文化交流基金会"的邀请，与该会董事及哥伦比亚大学研究生们进行了一次座谈。同时，他还接受了纽约

---

1. 郭冠英：《张学良在台湾》，中国友谊出版公司 1993 年版，第 101—102 页。

《世界日报》和美国之音的记者采访，主要回顾了一些历史事件，表达了怀念故土之情，并希望祖国统一。

不久，张学良的寿辰临近。在纽约的东北同乡、亲友开始筹备为他做寿。5月29日，在曼哈顿中城万寿宫，400名中外宾客共同祝贺张学良91岁生日。场面热烈而略显混乱，人们争先恐后地要和张学良握手、问候、照相，使他根本无法好好地进餐和与老友交谈。闪光灯更是照得他眼睛刺痛，人都有撑不住了的感觉。过九十大寿时，张学良就说做一次寿好比掉一层老皮，而这一次则几乎让他当场累垮，也令家人为他捏了一把汗。张学良的孙子甚至说："这简直是马戏团！"

在致辞中，张学良讲到现在余生不多，想过点真正自由的恬淡生活。对此，包柏漪（美国前"驻中华民国大使"包洛德的夫人）在祝寿贺词中说："要实现张学良这些愿望几乎是不可能的，他不可能做一个普通人，因为没有一个普通人能够改变历史；他也不可能自由自在地做自己想做的事，因为他住在一个闪耀着荣誉的城堡中，它限制了张学良的行动。"[1]

6月25日，张学良结束了为期105天的美国之行。出于对台湾的人情世故，以及由此而引申出来的政治影响的考虑，在权衡利弊之后，他终于决定放弃从美国直飞大陆，返回东北祭扫祖宗庐墓的打算，重新登上台湾"中华航空公司"的班机，返抵台北，表现了他"为人重信义"的一贯风格。

全面自由的滋味

自获得全面自由后，张学良心情舒畅，身体健康，以91岁的高龄，除了耳朵、眼睛不好外，头脑清醒，反应敏捷，令人赞叹不绝。在参加

---

1. 郭冠英：《张学良在台湾》，中国友谊出版公司1993年版，第103—105页。

宴会吃自助餐时，他常常自己持盒取食，牙齿很好，最喜欢吃的水果是台湾土芒果，每吃必引用张群的话说："此果什么都好，就是吃得满鼻、眼、嘴，要洗脸麻烦。"[1]

在宴席间，张学良谈笑风生，不改幽默本性，掌故和笑话说不完。他最爱谈的是他在第二次直奉战争中"月下追韩信"的故事，谈到他与亦师亦友的郭松龄的感情与争执，常常激动得语塞。讲起他与东北军将领的共患难及士兵的可爱，也会眼眶湿润。

一次，张学良与辽宁籍的"立法院长"梁肃戎在台北一家餐厅用餐，两个"东北佬"畅谈东北往事，尽情释放东北人的率直与豪爽。本来，梁肃戎是齐世英（郭松龄部下，郭倒戈失败后，齐继续反奉）一派的，与张学良的东北主流派是对立的两派。现在，两人早已不计较过去的政治是非与恩怨，尽情把酒言欢。

这天，同席的还有刘先生等东北老乡。刘先生怕张学良年纪大不能喝酒，就把张的酒倒出一半在自己的杯里。张学良不肯，说你这做主人的怎么这样小气，不给客人喝酒，然后端起酒杯一饮而尽。

接着，他说了个笑话："有人赴宴喝酒，见杯子奇小，就愁容满面，主人问为何，客人说想起了死去的大哥，就是因为杯子太小，喝酒时不小心，把杯子喝下去噎死了。主人只得换上大杯。一会儿客人又叫要把锯子，主人问为何，说是酒太浅了，杯子上面空出的部分不如锯掉为好。主人只得斟满酒，但仍吝于加酒。饭后，客人说请主人多掌其嘴，主人不知何故，客人说把脸打红点，否则人家还以为我去吃饭的人家没供酒呢！"这样的笑话经常能把人笑得前仰后翻。

几个人天南海北，谈古论今，直说得兴起。张学良谈他1935年在南京出席国民党四届六中全会时如何制服刺客，救汪精卫一命的英雄举动。梁肃戎则讲他在"立法院"怎样对付经常出现的民进党立法委员又

---

1. 一修：《张学良近事和往事》，《团结报》1990年6月13日。

打又骂的场面：一民进党立法委员向他打水枪，他说："我手枪都不躲，还怕你水枪？"另一立法委员与他争执不休，他一怒之下将其轰出院长室，说道："你这流氓，我这东北红胡子还怕你！"此语一出，令全桌大笑不止。张学良笑着说："你还不算我们东北人的'立法院长'，你没说妈拉个巴子。"举座更为之哄然大笑。

席终前，张学良称其为"院长先生"，梁肃戎连称不敢当。张又说："那你们也不要叫我汉公。以前有人叫蒋经国经公，蒋经国说那不是成了'惊弓之鸟'了，叫我汉公我不是成了'汉宫春晓'了吗？你们就叫我张学良吧！"临别时，梁肃戎一本正经地对张学良说："我迟早会说妈拉个巴子的！"[1]

自 1961 年后，张学良夫妇一直住在北投的"朴园"，他对此宅感情甚深，但因年老体衰，上下楼梯不方便，且独立维持这个大宅院也很吃力，故不得不忍痛割爱，卖了近两亿台币。事后，张学良笑着对人说，蒋经国要他买这地，这下可发财了。

1993 年 3 月，张学良夫妇搬到台北天母的一幢公寓中，继续过着怡然自得的生活。他唯一的心愿，就是渴望能够在有生之年，回一趟东北故乡，了结多年的思念之情。

回乡之梦终难圆

关于张学良到底是一个怎样的人，王卓然于 1937 年出版过一本《张学良是怎样个人》的小册子，首次全面介绍、评价了张学良，认为他兼有佛教、道教、基督教及儒家传统观念等多种思想。

---

1. 郭冠英：《张学良在台湾》，中国友谊出版公司 1993 年版，第 122—130 页。

53 年以后，一个与张学良相处 60 年，陪伴他度过漫长而艰辛的幽居生涯的人——赵一荻女士，于 1990 年 6 月 3 日张学良 90 岁生日时，也发表了一篇《张学良是怎么样的一个人》的短文，文章饱含深情，简明扼要，娓娓道来：

　　……张学良是一个非常爱他的国家和他的同胞的人。他诚实而认真，从不欺骗人，而且对他自己所做的事负责，绝不推诿。他原来是希望学医去救人，但是事与愿违，他 19 岁就入了讲武堂。毕业之后，就入伍从军。他之参加内战，不是为名，不是为利，也不是为争地盘。他开始时是为了遵行父亲的意愿，后来是服从中央的命令，实在是不得已而为之。

　　日本帝国主义对东北不断的压迫和无理的要求，暴露了它侵略中国的野心，亦更加激起他抗日的情绪。他不愿看见自己的国家灭亡，人民被奴役，但是单靠东北自己的力量是不能抵抗日本侵略。所以，在皇姑屯他的父亲被日本谋杀之后，他就放弃他的地位和权力，毅然易帜与中央合作，使国家能够统一，希望全国能够团结起来，一致抗日。

　　九一八事变之后，日本占领了东北，他就不忍再看到自己的同胞互相残杀，消减国家抗日的力量，所以他就主张停止内战，团结抗日。他并不爱哪一党，亦不爱哪一派，他所爱的就是他的国家和他的同胞，因为任何对国家有益的事，他都心甘情愿的牺牲自己去做。

　　今天是他 90 岁的生日。真是感谢上帝在过去的岁月中这样的眷顾了他，赐给他健康的身体，又赐给他属灵的智慧，使他因信耶稣基督而得永生。他自己从来亦没有想到他会活得这么久，亦没有想到他会成为一个基督徒。这完全都是上帝的恩典和他的奇妙的安排。他知道上帝既然要他活在世上，他就应该尽心尽意、尽性尽力地去完成上帝所给他的使命。他要在他有生之年去给上帝做见证，传讲耶稣基督的福音，把上帝赐给他的恩典与大家分享。[1]

张学良就是这样一个人——为了国家，为了民族，不惜牺牲自己的一切。祖国的统一和富强，是他一生最大的愿望。这种高尚的爱国主义精神，成为他忠贞不渝的信念。

对于世人的种种赞美之词，张学良一直很谦逊，连称不敢当，唯独对"爱国者"三个字，不仅表示欣然接受，而且自认是个"爱国狂"。他曾于不经意之中，对人说道："人家说我是爱国分子，我真是！"

20世纪60年代初，张学良刚被解除"管束"后不久，游览台湾延平郡王寺，他借赞美郑成功收复台湾的功绩，表达了希望国家统一的情怀。诗曰：

> 孽子孤臣一稚儒，填膺大义抗强胡。
> 丰功岂在尊明朔，确保台湾入版图。[2]

1990年6月1日，台湾有关方面公开为他祝寿时，张学良仍是一样的情怀。他表示虽然自己已经年迈，但如果还能为国家为人民效力，必竭尽全力。在稍后接受记者采访时，他一再说明自己一生的理念就是："我为我的国家，到今天也是这样，我为我的国家！国家要用我，赴汤蹈火，在所不辞！我毫不顾惜我的生命。"[3]

这个时期，张学良思乡心切，想尽快回东北老家看看。1991年初，

1.《团结报》，1990年6月6日；台北《传记文学》第56卷第6期。
2. 毕万闻主编：《张学良赵一获合集》第6部，时代文艺出版社2000年版，第5—6页。
3. 毕万闻主编：《张学良文集》第2卷，新华出版社1992年版，第1172页。

张学良将故友之子王冀¹召到台北，郑重其事地对他说："我打算去大陆老家看看，去东北给父老乡亲认个错。你能不能去大陆帮我先打个招呼？"

王冀听张学良这么一说，立即意识到此事非同小可，下意识地追问了一句："汉公你决定了吗？"

张学良十分肯定地说："决定了！我已经是90多岁的人了，不能等下去了！"

王冀又担心地问："那台湾这边能放行吗？"

张学良回答："应该可以，如果我能拿到邓小平或者杨尚昆的邀请信，就没什么问题。不过先别声张，要保密，对谁都不能说。小妹（指赵一荻）现在都还不知道，如果知道了她肯定要反对，我会做她的工作。"²

1991年2月中旬，美国记者纪思远在台北采访了张学良。在谈话中，张学良表示愿意不久就去美国访问。记者当即追问："是否想到大陆访问？"张学良动情地答道："我非常想访问大陆，因为那是我的家！"

2月20日，美国《纽约时报》以《劫持蒋介石的人结束了长期沉默》为题发表了该记者的访问记。这是张学良几十年幽居生涯中，第一次向外界公开表达了回访故乡的愿望。不过，在当时，他的话没有引起人们的注意。

3月，张学良获准访美探亲。临行前，他接受台湾《中国时报》记者杨莹的专访时说道："我不排除到东北的可能性，大陆是我的国家，我当然愿意回去。"³

---

1. 王冀，时任美国国会图书馆中文部主任，从"文化大革命"后期起多次访问大陆，与大陆外交部、国防部、台办等单位很熟悉。
2. 王冀：《从北京到华盛顿——我的中美历史回忆》，华文出版社2012年版，第222页。
3. 毕万闻主编：《张学良文集》第2卷，新华出版社1992年版，第1176页。

3 月 10 日，在机场登机前，张学良又对闻讯蜂拥而至的记者再次表示："大陆是我的国家，我现在愿意去我就会去。"[1]这才引起了新闻媒体的极大重视，迅速传遍全世界。

大陆有关部门特别是张学良老家辽宁省闻讯后，也兴高采烈，迅速开始了一系列紧锣密鼓的工作，准备隆重热烈迎接离开家乡已经整整半个世纪的游子归来：长期占用张氏"大帅府"的辽宁省图书馆、省文联、省作协等单位择扯迁出，"大帅府"加紧修复；锦州驿马坊张作霖的墓葬和抚顺"元帅林"（待迁的张作霖陵墓）也决定修整；张学良当年创办的沈阳、海城两个中学复校为同泽中学，东北大学也准备复校；等等。

这样，张学良准备回大陆的消息很快就传出去了，台湾有些报刊特派记者相继从沈阳、北京发出了一些不太准确的报道，声称"张学良在北京、东北的亲属透露，少帅将于近期内返乡，现正积极研究如何接待少帅"，"张学良此行回乡，最主要的目的，是将其父张作霖的遗骸，由锦州驿马坊葬到抚顺的元帅林"，等等。这就给人造成了张学良已经与大陆方面商定好返乡事宜的印象，引起台湾当局的不安。[2]

当时，台湾许多与张学良有相当关系的人看到这些报道，也大吃一惊，都认为他应该去返乡探亲，甚至叶落归根，都是天经地义的事，但不应在这次由美国转去。尤其是在台湾的一些东北籍老友更为担忧，建议郭冠英赴美了解一下实际情况。为此，郭冠英专程到纽约，向张学良转达台湾方面的担心。在此情形下，张学良不得不改变初衷。

4 月 22 日，张学良在接受纽约《世界日报》记者魏碧洲的采访时，明确表明了他的态度。他说："我不希望再卷入政治里，而大陆那边的活动搞得太多了，如果回去看看，势必又要引起不必要的麻烦。所以，

---

1. 毕万闻主编：《张学良文集》第 2 卷，新华出版社 1992 年版，第 1179 页。
2. 毕万闻：《张学良父子的回乡情结》，《文摘周报》第 6 版 1996 年 10 月 14 日。

目前我没有回大陆的计划，只计划好好在美国玩几个月。台北也知道我就是出来看看玩玩。"稍后，张学良又指着大陆辽宁人民出版社刚刚出版的《张学良将军》影集说："这里头有幅我父亲和母亲所合葬的'元帅林'照片，那是当年东三省父老所捐修的。但九一八事变爆发后没来得及完成，听说后来共产党给修好了，我是想回去看看。"

张学良第一次离开台湾，确实引起了大陆有关方面的高度重视。3月24日，第七届全国人民代表大会第四次全体会议举行新闻发布会，新闻发言人姚广代表中国共产党和中国政府正式宣布："张学良将军是中国现代史上一位杰出人物，是中华民族的千古功臣，数十年来，我们对他是十分关心的。现在，他和夫人到了美国，从有关报道上得知他身体健朗，我们对此感到高兴。如果他本人愿意回大陆看一看，我们当然非常欢迎。我们尊重他本人的意愿。"

中共中央随即决定派遣张学良当年的老部下吕正操将军作为特使专程前往美国与张学良见面。

吕正操与张学良的关系非同一般，吕也是辽宁海城人，与张学良是小同乡，生于1905年，比张学良小4岁，1922年投入东北军卫队旅当兵，当时卫队旅的旅长就是张学良，从那时起他们就是上下级关系，不久张学良推荐吕正操到他兼任监督的东北讲武堂第五期就读，因此两人又有了师生关系。吕正操一直得到张学良的器重，担任过团长等职务，很长时间在张学良身边工作。1936年西安事变时，吕劝张不要亲自送蒋回南京，说"你去了就回不来"，张不相信，说："有宋子文、宋美龄和端纳作保，没问题，三天准回来。"但事实果如吕正操所料，张学良一去不复返。张学良失去自由后，吕正操参加了共产党，成为人民军队的高级指挥员，先后担任冀中人民自卫军司令员、八路军第三纵队司令员兼冀中军区司令员、晋绥军区司令员，抗日战争时期令日本侵略者闻风丧胆的地道战就是他的杰作。解放战争时期任东北民主联军副总司令兼西满军区司令员、东北军区副司令员、东北人民政府铁道部部长。中华人民共和国成立后，任铁道部代部长、中央军委军事运输司令员、铁道兵政治委员等职务。1955年被授予上将军衔。晚年历任全国政协副主席、中央委员、中顾委委员等。到了晚年，张学良说过，对于留在大陆的老部下，他最牵挂的有两个人，一个是吕正操，另一个是万毅（解放军高级将领，1955年被授予中将军衔）。在台湾当局对张学良的管制放松后，吕正操设法与老长官取得了联系，他们之间经常通电话或写信。1990年5月，张学良给吕正操寄来一封信，信里抄录了自己的旧作，信件内容如下：

> 孽子孤臣一稚儒，填膺大义抗强胡。
>
> 丰功岂在尊明朔，确保台湾入版图。
>
> ——谒延平祠旧作，书寄正操学弟正
>
> 九十老人毅庵书[1]

盼望祖国统一的心情在字里行间得到了充分体现。吕正操曾经一再表示，只要张学良离开台湾，不论到哪里，他都要去见一见，以表示对老长官的敬意。因此，吕正操就成为充当特使的最佳人选。吕正操受中共中央的委托，带着全国政协主席邓颖超女士的亲笔信于1991年5月23日飞抵美国，5月25日在旧金山参加为赵一荻八十寿辰举办的宴会后，于5月26日飞抵美国纽约，探望在那里的张学良。

到纽约后，吕正操先见到了著名美籍华人祖炳民博士。祖博士对吕老说："你这次到美国来，是奉命来邀请张将军呢，还是私人访问？你要是奉命邀请他，就不能到寿堂去。你是很有名气的人物，人家一看就以为你是来统战的。"因此，祖博士建议吕老到贝祖贻夫人家去与张学良单独见面，可以仔细谈谈，吕老接受了祖博士的建议。

---

1. 李国祥：《张学良初衷不改》，《人民日报》海外版2000年4月15日。

5月26日下午，吕正操在贝夫人的寓所与分别50余年的老长官见面，两人都很激动。问候寒暄过后，吕正操送上从北京带来的生日贺礼：一整套张学良最爱听的《中国京剧大全》录音带和大陆著名京剧演员李维康、耿其昌夫妇新录制的京剧带；新采制的碧螺春茶叶；国内画家袁熙坤为张将军画的肖像和一幅由著名书法家启功先生手书的贺幛，书录的是张将军的一首小诗："不怕死，不爱钱，丈夫绝不受人怜。顶天立地男儿汉，磊落光明度余年。"

谈话是在轻松、愉快的气氛中进行的。张将军幽默地说："必之（吕正操的字）呀，我现在迷信了，信上帝。"吕知道他信奉基督教，于是随口接上一句："我也迷信了。"张学良一时纳闷：你是共产党员呀，怎么也迷信呀？于是问："你迷信什么？"吕正操答："我迷信老百姓。"张学良一听马上明白了，吕正操是抗日名将，他领导冀中地区军民运用地道战、地雷战的形式抗击日寇，让日本鬼子闻风丧胆。张笑着说："我知道，你有个外号叫'地老鼠'。"吕说："'地老鼠'也是人民创造的嘛，我能干什么？还不都是人民的功劳，蒋介石、宋美龄都信上帝，800万军队被我们打垮了，最后跑到台湾。"张学良大为感慨："真心话，得民者昌啊，这就对了！"吕紧接着说："那还不都是靠人民群众！"这次见面本来就有探路摸底的性质，毕竟分别50多年了，张学良的思想状况如何，还是一个谜。但出乎意料，两人谈得痛快、舒畅，很投缘，一点也不生分，彼此都很高兴。分手时，吕约张次日下午在外面找个清静的地方再好好谈谈，张欣然同意。

5月30日下午，根据蒋士云女士的安排，吕正操与张学良在纽约曼哈顿一家瑞士银行总经理的办公室第二次见面，吕正操把邓颖超主席的亲笔信交给了张学良，信中诚恳地邀请他回访祖国大陆，信件全文如下：

汉卿先生如晤：

岁月不居，时节如流。数十年海天遥隔，想望之情，历久弥深。恩来生前每念及先生辄慨叹怆然。今先生身体安泰，诸事顺遂，而有兴作万里之游，故人闻之，深以为慰。

先生阔别家乡多年，亲朋故旧均翘首以盼，难尽其言。所幸近来两岸藩篱渐撤，往来日增。又值冬去春来，天气和暖，正宜作故国之游。今颖超受邓小平先生委托，愿以至诚，邀请先生伉俪在方便之时回大陆，看看家乡故土，或扫墓、或省亲、或观光、或叙旧、或定居。兹特介绍本党专使吕正操同志趋前拜候，面陈一切事宜。望先生以尊意示之，以便妥为安排。

问候您的夫人赵女士。即颂春祺！

邓颖超

1991 年 5 月 20 日

吕正操还转达了邓小平等国家最高领导人对张学良的问候和欢迎的口信。

回大陆家乡看看一直是张学良晚年魂牵梦萦的话题，他一直在思考何时以何种方式回去。张学良戴上老花眼镜把邓颖超这封情真意切的邀请信连看了两遍，随后又听了吕正操转达的邓小平口信，想了一想，说："周恩来我熟悉，这个人很好。请替我问候邓（颖超）女士……我这个人，清清楚楚地很想回去，但现在时候不到，我一动就会牵涉到大陆、台湾两方面，我不愿意为我个人的事，弄得政治上很复杂。"这等于是委婉地拒绝了从美国直接回大陆的邀请。但张学良答应吕正操，回台湾后一定尽快找机会回大陆看看。随后，张学良又询问了中国政府领导人邓小平、江泽民、杨尚昆等的情况，对邓小平女儿邓琳向他赠送《梅花》国画表示感谢，并要吕代他向邓小平等领导人致意，表示如果有一天能回去的话，一定要去拜访"中枢诸公"。

5 月 31 日和 6 月 1 日，旅美华侨先后两次为张学良祝寿，吕正操送的贺幛悬挂在祝寿大厅内显眼的位置，正式向外界透露吕正操来美为他祝寿的消息。阎明光（阎宝航之女）代表大陆亲朋故旧出席了寿宴。张学良托阎明光转告吕正操，希望再见面谈一次。

6月2日，张学良静下来认真给邓颖超写了回信，抒发了他热烈的思乡之情，对大陆领导人的深情厚谊表示衷心感谢。复信全文如下：

周夫人颖超大姐惠鉴：

　　吕正操来美交下尊札，无限欣快，又转述中枢诸公对良之深厚关怀，实深感戴。良寄居台湾，遐首云天，无日不有怀乡之感。一有机缘，定当踏上故土。中枢诸公对良之盛意，敬请代向（中枢诸公）致敬。另请转陈愚见，肃此。敬颂夏安！

张学良

6月2日　再拜

6月4日，张学良、吕正操在中国常驻联合国代表团团长李道豫大使的别墅里第三次见面时，张学良将他的复信交给吕正操，请他转交。随后，两人又交谈起来，谈话中自然也谈到了祖国统一的严肃话题。对此，张学良的态度是明确的和一贯的，他前半生为祖国的统一奋斗，后半生虽然失去自由，但始终盼望祖国统一和强大。他对吕正操说："我看，大陆和台湾将来统一是必然的，两岸不能这样长期下去，台湾和大陆总有一天会统一，这只是一个时间问题。我过去就是做这件事的，我愿保存我这个身份，到那一天会用上的。我虽然90多岁了，但是天假之年，还有用得着我的地方，我很愿意尽力。我这不是为国民党，也不是为共产党，我是一个在野的老人，作为一个中国人，我愿为中国出力。"言辞之间仍是一片爱国的赤子之心。

应吕正操的要求，张学良于6月5日为大陆辽宁人民出版社出版的"九一八事变丛书"写了"历史伤痕，痛苦回忆"的题词。张学良还为阎明光题词:"鹤有还巢梦,云无出岫心。"表达了自己想回乡又难以回乡的矛盾心情。

在美国停留期间,张学良于 5 月 11 日接受了"美国之音"记者的采访,就有关问题再次做了公开的表态。

记者问:少帅,自从发生西安事变以后,您的住所一直漂泊不定,事实上,这些年来您一直住在台湾,现在来到美国看家人,您觉得现在您的家究竟在哪里?

张答:我年轻时当然是家在东北。我飘荡不定,随遇而安。我还是想我自己的大陆故土,我还是怀念故土,自九一八后我就没回过东北老家了。[1]

问:您既如此想家,这次您有没有打算就便回东北去看看您的故土,看看父老乡亲?

答:当然我是很愿意回到大陆,但时机尚未成熟。

问:在什么样的状况下您会回去?

答:假若两方敌对问题完全没有了,我就可以回去。

问:两岸都说要和平统一,您对此有何希望?

答:我个人衷心希望两岸双方能和平统一起来,我非常反对中国分裂。当年我有权势在手,我就是赞成统一的,如中原大战种种事我都是如此,我是很反对内战的,我非常希望和平统一,这是我最大的希望。

问:您觉得您对和平统一能做出什么样的贡献?

答:虽然我已衰老了,但仍未昏庸,假如我能有所贡献,我很愿意,我很愿意尽点力。但尽得上尽不上力,很有问题。

问:现在台湾经济繁荣,中国在国际上地位很高,对双方这种成就,您作为一个中国人感到高兴吗?

答:这自然,我住在台湾,等于是台湾人一样,我很希望政治蓬勃

---

1. 实为 1931 年 4 月 17 日离开沈阳赴北平,张学良再也没能回到东北——笔者注。

向上。当然做个中国人，对台湾、对大陆我都有期望，所以我很不愿双方分裂，我希望看到双方以和平方式竞争，看谁干得好，将来还不是统一吗？[1]

这是张学良自 1937 年被囚禁后，第一次公开向媒体记者谈中国的和平统一问题。

6 月 13 日，在纽约寓所接受《世界日报》记者魏碧洲采访时，张学良进一步表示他赞成国共两党谈判，反对"台独"。他说："两边总要开始谈判，否则各自坚持国旗、国号不是办法，国民党不要怕谈判。台湾有些人搞'台独'活动，真是糊涂，台湾根本没有'独立'的条件。如果在和平统一大业上，国家和民族有用得着我的地方，我愿意出来做些事情。"[2]

6 月 26 日，张学良怀着想回东北又不便回去的惆怅心情，返回台北。

吕正操回到北京后，向中央汇报了会见张学良的情况，随后又成立了一个迎接张学良回国的班子，甚至连张学良回大陆后的住处都准备好了，就在北京钓鱼台国宾馆。然而，因为种种原因，张学良归国之事迟迟没有了下文。

1991 年 12 月 12 日，在北京举行仪式隆重纪念西安事变 55 周年，中共中央总书记江泽民发表重要讲话，讲话中说，西安事变给我们留下最重要的启迪是，它表明爱国主义是凝聚中华民族的伟大力量，是推动中国社会发展的巨大精神动力。越是在困难的时候，越是在危急的关头，中国人民的爱国主义精神越加显示出强大的力量。西安事变还表明，中国共产党和中国国民党不管有多少的历史积怨，都可以在民族大义、爱国主义的伟大旗帜下团结起来，携手合作。他说："我们纪念西安事变这一中华民族历史上的重大事件，更加思念张学良将军，更加缅怀杨虎城将军，更加敬佩张、杨两将军的爱国义举。张、杨两将军为中

1.《参考消息》第 2 版，1991 年 5 月 25、26 日。
2.《人民日报》海外版，1991 年 6 月 8 日。

华民族解放事业建立的功勋将永垂青史！我们应该学习张、杨两将军为民族利益英勇奉献的爱国主义精神，学习他们为国家利益求同存异的团结精神。让我们高举爱国主义旗帜，坚定不移地朝着统一祖国、振兴中华的目标奋勇前进！"

邓颖超发表书面发言，说："55 年中，我经常想起张学良和杨虎城两位将军的爱国主义精神和壮举。西安事变已载入史册，永远邀励后人。恩来同志在世时，对张、杨两位将军甚为敬佩和想念。几十年来，赵一荻女士始终陪伴张将军，这是难能可贵的。望张将军和赵女士珍重。"

邓颖超在病重住院期间，又多次表示希望能与丈夫周恩来的老朋友会面晤谈。1992 年 7 月 11 日，邓颖超去世。辞世前，她和周恩来一样，仍念念不忘张学良。在海峡对岸，张学良也一直惦念着邓大姐。张学良从电视中获悉邓大姐逝世的不幸消息，很伤感，立刻委托在北京的侄女张闾蘅代表自己前往吊祭，向设在中南海西华厅邓颖超的灵堂敬献花篮，花篮缎带上写着："邓大姐颖超千古！张学良 赵一荻敬挽。"

为了迎接张学良回乡，有关部门将沈阳张学良旧居——"大帅府"修缮一新，作为张学良旧居于 1992 年 4 月 20 日重新对外开放。旧居陈列馆推出了"千古功臣"张学良将军业绩展。展览由"关东骄子""主政东北""举步维艰""兵谏救国"和"辗转流迁"5 部分组成，共展出 400 余件图片、文物，向人们介绍了张学良将军从青少年时代直至近期的主要历史活动片段。据张学良旧居陈列馆杨景华馆长介绍，自 1988 年 12 月 12 日张学良旧居开放以来的 5 年间，参观者累计已达十三万人次，其中不少是港澳台同胞、海外华人和国外友人。[1]

本来，张学良计划于 1992 年 9 月回到东北，在大陆逗留两三个月再返回台北。而日本天皇明仁夫妇将于 10 月访问中国，势必出现他与日本天皇同时在大陆的情形。这是张学良所不愿看到的，故只好取消了此次

1.《张学良旧居修缮一新重新开放》，1992 年 4 月 27 日《人民日报》。

回乡计划。

1992年9月上旬，大陆四家国家级新闻单位的四位记者首次访问中国台湾。9月10日，翟象乾等四位大陆记者拜访了张学良，张学良在夫人赵一荻的陪同下在北投寓所客厅第一次会见来自大陆的记者，很高兴。交谈中，张学良一再流露出他的思乡之情，他说："对家乡当然是很挂念的，台湾也是我的家。"当记者说到两岸大多数中国人都希望统一时，张学良说："我也是大多数之一，我看时机到了就一定会统一，国家当然要统一。历史上我从来是赞成统一的一个人。"

当记者问到对国共第三次合作和两党谈判的看法时，张学良说："祝这个成功就是了。现在老了，但我能帮忙就很愿意尽我的力量，鞠躬尽瘁，死而后已。我愿意中国统一，为国家、为人民的事情，鞠躬尽瘁我都很愿意。"

谈到海峡两岸的关系时，张学良说："头一个要把敌意取消，这是最要紧，我想还是往好的方向发展，乐观的方面多了。"

交谈中，张学良夫妇也谈了他们自己的情况。张学良说现在他视力和听力都不行了，看书要用放大镜，还要经常戴助听器。赵一荻说他们生活很简单，过得很好，过去二三十年来专心研究神学，闲时散散步。赵一荻特意找出以前张学良翻译的《相遇于骷髅地》及她本人撰写的四本证道小册子赠给记者。大陆记者则回赠一本大陆风光画册和一根刻有100个"寿"字的拐杖。

40分钟很快过去了，采访结束时，张学良说："不但你们希望，我自己也很希望回去看看大陆的变化。谢谢大陆人民关心我们，祝福他们！"[1]

1993年3月26日，蒋介石次子蒋纬国主动写信给张学良，邀请张学良夫妇与他们（指蒋纬国与其妻子）结伴前往大陆扫墓探亲并游览，

1.《张学良第一次接受大陆记者采访，愿中国统一，很希望回去看看》，《人民日报》1992年9月11日。

其目的地，除张、蒋各自的故乡——辽宁沈阳和浙江奉化外，还准备去西安、重庆、南京、北京等地，蒋纬国并拟订了一份计划。蒋纬国的邀请信全文如下：

兹盼能侍老友结伴返乡之旅，以重游旧地、凭吊往事，诚人生一大乐事。料大哥、大嫂亦有同感，亦是为一代名宿，卸下一大责任也。为此，愚夫妇拟敦邀尊伉俪结伴同行。爰拟订计划一份如附件，并请定夺为祷。耑此并颂俪祺百吉！

后学纬国敬上
1993 年 3 月 27 日 [1]

蒋纬国这一计划出台的背景现在还不很清楚。要弄清这一事情的来龙去脉，还有赖于第一手材料的公布。但最后的结果是明确的，张、蒋结伴游大陆的计划最终没有实现。

1993 年 4 月 26 日，是东北大学 70 周年校庆。经过东北大学在美校友会会长张捷迁等知名人士的多方奔走呼吁，国家教育委员会已经于这一年的 3 月 8 日批准原东北大学复校，定于 4 月 26 日那天同时举行东北大学（由东北大学后身之一的东北工学院改名）复校典礼，东北大学借此机会特别邀请老校长张学良亲自来大陆剪彩。

早在 1992 年 11 月 30 日，张学良已在台北家中亲笔题写了"东北大学"校名。为使张学良能够顺利成行，东北大学复校促进会会长张捷迁于 1993 年元旦致函李登辉，称张学良已慨然应允此行，希望李登辉批准他访问大陆的计划。4 月 13 日，张捷迁又受东北大学校长蒋仲乐之委托，从美国专程飞到台北，向张学良面呈东北大学名誉校长与名誉董事长的聘书，并当面邀请他回沈阳参加东大复校典礼。

---

1. 张之宇：《张学良探微：晚年记事》，江苏人民出版社 2004 年版，第 356 页。

张学良欣然接受了这两项名誉职务，但认为自己回乡的条件仍不成熟。这年 4 月 7 日，海峡两岸 40 多年来首次半官方的"汪（道涵）辜（振甫）会谈"将在新加坡举行。张学良不愿在这个敏感时刻返乡，担心卷入政治之中，打算继续等待下去，待两岸关系进一步改善后，选一个合适的时机，回访大陆。张学良委托原东北大学秘书长、代理校长、93 岁的宁恩承作为他的代表从美国前往沈阳参加东北大学复校庆典，并为张学良题写的"东北大学"揭幕。[1]

由于以上种种原因，回乡计划一再打断，直到张学良移居美国，加之年事已高，不宜长途旅行，回乡最终就成了无法实现的梦想，留下了深深的遗憾。

大陆艺术家的问候

20 世纪 90 年代是海峡两岸文化交流的高峰期，中国大陆的著名文艺团体和著名艺术家相继赴台演出或访问。在那时，大陆艺术家或各行各业杰出人士到了台湾，一般都希望见到两位老人：一位是陈立夫，另一位就是张学良。他们两人都生于 1901 年，是世纪老人。他们两位的身世和经历完全不同，但到晚年他们两人有一个共同点，就是坚持一个中国，主张海峡两岸和平统一，因而受到海内外炎黄子孙的尊重。

1992 年 9 月，大陆著名围棋手聂卫平受台湾"中华台北奥委会"副主席李庆华之邀访问台湾。聂卫平后来说，那次访台最大的遗憾就是没有能够见到张学良将军。之所以造成这个遗憾，是当时台湾社会对政治话题比较敏感所致。聂卫平回忆说，当他抵达台北机场后，前来接机的

1.《东北大学复校，张学良受聘担任名誉校长》,《人民日报》1993 年 4 月 23 日；毕万闻：《张学良父子的回乡情结》,《文摘周报》第 6 版，1996 年 10 月 21 日。

李庆华在汽车里问聂，来台湾有什么心愿，聂说自己的心愿之一就是想见一下张学良将军。这本来是聂卫平私下对李庆华说的，可李庆华在记者招待会上还是把这个话题给捅了出来，于是就有记者追问聂为什么会有这种想法，是不是有什么政治背景。聂否认有政治背景，解释说："张学良是抗战英雄，是个传奇式的人物，我从小就崇拜他，听说他快90岁了，所以很想见他。"

　　根据聂卫平的回忆，此事的起因是，他在赴台北前，曾和吕正操将军打过一次桥牌，吕老听说聂要去台湾，就对他说："如果有机会见到张学良，替我转达对他的问候，并希望他有空回来看看，我很想念他。"吕老是张学良的老部下，有半个多世纪没有见面了，人到高年想见老长官一面，这本来是人之常情，而且是在牌桌上偶然谈起的，根本谈不上有什么政治背景。聂卫平怕有人借题发挥，于是多了一个心眼儿，在台湾举行的记者招待会上没敢提及此事。可第二天报纸上还是发表出来了，说聂到台湾的最大心愿是看望张学良，估计是要给中共某些高层人物传递口信，云云。台湾新闻界"炒"得很厉害。后来台湾有关方面告诉聂卫平："张学良身体欠佳，不能接见。"事后，台湾大学校长沈君山告诉聂："本来你是有可能见到张学良的，可让新闻界这么一闹，张学良不愿意招惹麻烦，只好谢绝了你的求见。"[1]

　　张学良回乡计划一再受阻，有关人士鉴于张学良生平酷爱国粹京剧，是一个超级戏迷，决定请大陆著名京剧表演艺术家前往台湾慰问这位老人，以调剂他的寂寞生活，缓解他的乡愁。张学良从年轻时起就特别喜欢京剧，当年的国民政府陆海空三军副司令张学良坐镇北平，掌握着华北、东北的半壁江山，要看谁的戏都能满足。他说当年多次看过谭鑫培的戏，陈德霖是他的好友；至于四大名旦、四大老生更是他家的座上客，他对20世纪二三十年代北方梨园界如数家珍。

1.《黄宏、李金斗等回忆少帅——"我亲眼见到了张学良"》，生活时报2001年10月19日。

张学良最欣赏的京剧老生是余派创始人余叔岩。同时他也喜欢京韵大鼓，推崇有"鼓界大王"之称的刘宝全。自1936年底失去自由后，这点爱好也无法满足了，不得不中断几十年。到了晚年，这两项爱好又成了张学良每天的必修课，每天都要听一段京剧或京韵大鼓的精品录音带。

1993年4月至5月，北京京剧院、中国京剧院相继派遣优秀的演员赴台湾演出。

对于大陆京剧表演艺术家的到来，张学良异常兴奋。以前大陆表演团体到台湾演出，张学良并不到戏院去看，一般在寓所见面时清唱一两段。这次，张学良特意到台北中山堂剧场去看，就坐在第一排。他前后看了9场戏。演员们看到台下坐着张学良将军，往往戏唱完后顾不上卸妆就纷纷跳到台下，竞相和他拍照，张学良乐得合不拢嘴，还念叨着："当年我在北京常看梅兰芳、谭鑫培、杨小楼、金少山老板的戏，和他们结成了朋友。"

有一天，台湾有关方面宴请剧团的几位主演，张学良应邀出席。他拉住梅葆玥、梅葆玖姐弟两人的手回忆起62年前刻骨铭心的往事："那年日本制造九一八事变，当天晚上，我正在北京前门外戏院请外国公使看梅兰芳先生的演出，是手下人找到戏院报告消息的……"

席间，梅葆玖提议边吃边唱。听着两岸京剧同行各显神通的拿手好戏，张学良高兴得再也坐不住了，他向大家拱拱手说："今天我也得过过瘾。"他健步走到正在操琴的琴师姜凤山身旁说："来段《战太平》，我的调门可高哩。"姜凤山把京胡调门调高，张学良开口一唱，是在调门。姜凤山忙又调弦，忽然间，张学良又唱起高调门，弄得这位曾为梅兰芳打食操琴的京胡演奏大师一时手忙脚乱……张学良唱完一段还觉不过瘾，便说："再来段《斩马谡》！"于是，"帐下跪得小王平"，一段"西皮快板"响彻大厅里。张学良先生唱罢，连声向琴师道辛苦。姜凤山感慨道："难得呀，少帅93岁高龄了，戏词还记得真真切切，而且中气很足。我这个年逾古稀之人和他在一起，也顿觉年轻了许多。我有幸给张先生操琴，这可有历史意义啊。"[1]

在演出期间，张学良在他的寓所宴请了袁世海、刘长瑜、于魁智等著名演员，席间外带着飙戏。张学良对大家说："我已有几十年没看国剧了，这次我一连看了你们三场，不看国剧就不算中国人！"他还对袁世海、刘长瑜等名家说："你们知道吗？我看戏的标准很高，我看过谭鑫培的戏，看过杨小楼的戏，最有趣的是钱金福，有一次在余叔岩先生家中，钱先生学唱梆子名旦侯俊山，简直把我笑坏了！"

在此次赴台的众多演员中，于魁智的演唱给张学良留下了深刻的印象。于魁智，辽宁省辽中人，与张学良是辽宁同乡。恰巧他们的年龄整整相差一个甲子（60年），两人很有缘。于魁智1982年毕业于中国戏曲学院，分配到中国京剧院任演员，在京剧艺术上有很深的造诣，他先后获得"梅兰芳金奖""中国京剧之星"等殊荣。张学良看了他主演的李（少春）派名剧《打金砖》、杨（宝森）派名剧《文昭关》，特别欣赏，所以后来在张学良寓所当演出团领导介绍到"这就是唱《打金砖》《文昭关》的小于"时，张学良拉着于魁智的手，连声夸奖："真是唱得好！"[2]

1993年，大陆有好几批艺术家前往台湾。中国京剧院的演员回到北京不久，中央广播说唱艺术团又于7月下旬组团飞抵台北访问演出，代表团成员包括李永泉、姜昆、唐杰忠、李金斗、冯巩、牛群、黄宏及倪萍、马增蕙、孟昭宜等大陆优秀的相声、小品演员和电视主持人，阵营强大。93岁高龄的张学良携全家到剧场观看了演出。之后，中央广播说唱团的艺术家们又来到张学良五弟张学森府上，专门为他们表演了节目。代表团成员、著名小品演员黄宏是沈阳人，与张学良是老乡，乡音未改的张学良再次见到来自家乡的晚辈，自然是高兴万分，话匣子立即

---

1. 参见张友坤、钱进主编：《张学良年谱》下册，社会科学文献出版社1996年版，第1450—1451页；杨连元：《张学良、于魁智的京剧情》，《纵横》1999年第1期。
2. 杨连元：《张学良、于魁智的京剧情》，《纵横》1999年第1期。

392 张学良传·下

打开。黄宏后来撰文对此有十分精彩传神的描述，现转录其中精彩的对白如下：

> ……我一直渴望见到的少帅张学良终于出现了。和我一直在脑海勾画的少帅神话般的形象相比，出现在面前的这位老人显得极为普通和平常。他身穿一件灰色的夹克衫，花白的头发有些谢顶，戴着一副茶色眼镜，脸上有些老人斑。可是，那挺直的鼻梁，依稀可见年轻时的意气风发和英俊潇洒。

> "张伯伯，您好！祝您高寿！"我们向少帅鞠躬。张学良一开口就是地道的东北话："别高寿了，再高寿就成老妖精了！"一句话打破了我们的紧张和拘束，气氛一下子变得轻松起来。

> "听说你们是演员？"张学良问道，"前一阵子中国国剧（指京剧）来了，我去看了。哎呀，真是精彩！"我接着他的话题说："早就听说您老喜爱京剧，还听说您现在每到星期五还要吊嗓子。"他乐了："你们情况摸得挺细啊！你是搞什么的？"

> "我们这些人都是从事说唱艺术的。"最后我说："我是一名军人，是部队文工团的演员。""你是演什么的？""小品！""小品？！"他好像没听说过。

> "我给您表演一段《打电话泄密》吧，您是位老军人，看您能不能听出来我是怎么泄密的。"说着，我表演起来。张学良津津有味地看着，还不时发出会心的笑声。

> 过后，我问："张伯伯，您了不了解东北的二人转？"张学良认真地想了想："是不是叫二人台呀？"他用力地点了点头："那我知道。"沉吟了一下说："那，我就来试一试吧！"他吊了吊嗓子，字正腔圆地唱了起来……

> 张学良问我："你是哪里人啊？""我来自沈阳。"张学良的动作一下子静止了："什么？你是来自奉天？""对。现在叫沈阳。""噢，

我知道那儿，我知道那儿……"我说："东北的父老乡亲都非常想念您。"鼓了鼓勇气，我终于忍不住说出了见到张学良一直想说的一句话："不知道您老什么时候能回家乡看看？大帅府已经粉刷了好几次了！家乡人在等着您哪！"

张学良沉默了。临别之时，我拿出一张纸，恳求地说："张伯伯，能不能给东北老乡写句话呀？"

少帅在纸的一角工工整整地写下了张学良三个字，用缓缓的声调告诉我："我的眼睛不太好使，我就光写名字了。剩下的话，你就替我写了吧！"

张学良没有给我、没有给他的父老乡亲写下一句话。也许，这小小的一方纸片根本承载不了少帅对家乡父老的亲情，也许他真正想说的话不能写在纸上，也许……老人爽快地接受了第二天去国父纪念馆看我们演出的邀请，一直把我们送到门口，才转身回去。[1]

1996 年 6 月底，应台湾一个文化总会的邀请，著名京剧表演艺术家李维康、耿其昌夫妇一行 5 人（包括琴师、鼓师和服装师）抵达台北进行为期一个月的交流与演出，受到台湾各界的热烈欢迎。据说，张学良有两个"最爱"：一是爱启功大师的书画，二是李维康的京剧唱腔。在 1991 年亲友在美国为张学良庆祝 91 岁生日时，寿堂上挂着启功大师书写的祝词，录音机里播放着李维康的京剧《玉堂春》。所以当李维康夫妇来到台湾后，张学良的高兴是不言而喻的。李维康、耿其昌夫妇在台湾演出 6 场，演出的剧目有《四郎探母》《红鬃烈马》《大探二》《游龙戏凤》《乌盆记》《凤还巢》《玉堂春》等，都是传统戏，张学良看了其中的 5 场，几乎每场必到，他和普通观众一样，为他们的精彩演出鼓掌、喝彩。更令李维康夫妇难忘的是最后一场演出。由

1.《黄宏、李金斗等回忆少帅——"我亲眼见到了张学良"》，生活时报 2001 年 10 月 19 日。

于第二天他们就要启程返回北京，演完之后，便有当地剧团举办欢送酒会在等着他们，而张学良将军看完戏之后久久不愿离去，直到凌晨两点，他们多次劝他回去都没能奏效，考虑到老人的身体，无奈之下只好使出撒手锏，跟他说："再不走的话，赵四小姐可要着急了啊！"老人这才恋恋不舍地离开。

除了到剧场看演出，张学良还和李维康夫妇在张学森家见了8次面，每次少则一个多小时，多则几个小时。每次相聚，除了打牌、聊天、吃饭，唱京剧便是每次茶余饭后的雅兴和高潮。除了李维康夫妇的清唱之外，张学良的唱段更成了众人瞩目的焦点。张学良每次唱的时候，都由与李维康夫妇同行的琴师和鼓师伴奏。他一般都是坐着，手上打着拍子，嘴里轻轻地哼唱。令李维康夫妇惊讶的是，张学良会的戏极多，每次都要唱八九出不同戏目和唱段。而且老人的记忆力非常好，只要头一句张嘴起唱，整段的唱词他都记得完整无误。老人"戏瘾"之大，给大家留下了深刻印象。只要一唱起京剧，将军似乎不知疲倦，而且越唱越有精神。也是在那个时刻，李维康夫妇不仅感受到了老人对京剧的热爱，也深深地体会到他浓浓的思乡之情。[1]

1993年8月下旬，张学良突然发现自己站立不起来了。8月27日，张学良被送进台北"荣总"医院。29日，经过电脑断层扫描，发现脑膜下有出血现象，医生在会诊后，认为病情危急，随时可能引发昏迷，甚至更严重的后果，决定当天中午立即进行手术。主刀医生在张学良的头上打了两个洞，抽出180CC的血水，稳住了病情。手术后他身体复原颇佳，三四天后就可下床活动。医生介绍，张学良手术后仅服消炎药，以防伤口发炎。两周后完全康复。这么大年纪的老人恢复得如此快，医生

---

1. 徐军：《李维康、耿其昌夫妇忆访台演出，与张学良将军八次见面》，《文化交流》2002年第6期；张友坤、钱进主编：《张学良年谱》下册，社会科学文献出版社1996年版，第1451—1452页。

们都说是一个奇迹。[1]

1993 年是杨虎城将军的百岁诞辰。杨虎城将军当年与张学良一道发动西安事变，1949 年 9 月 17 日被蒋介石残忍杀害。对于杨虎城将军的遇难，张学良深感悲痛。晚年他与杨虎城之子女杨拯民、杨拯美建立了联系。1990 年张学良题写了"爱人如己"四个大字托人送给杨拯民。1993 年 11 月 25 日，张学良致电杨虎城将军之子、全国政协常委杨拯民："敬念杨虎城先生百岁诞辰。"[2]

定居美国檀岛

夏威夷位于浩瀚无垠的太平洋，是最后加入美国的一个州，面积16 705 平方公里，人口近 100 万。其州府火奴鲁鲁，还有一个响亮的中文名字——檀香山，说明它与早期华侨关系密切。夏威夷由众多火山岛组成，这里位于北回归线以南，四季温暖宜人，风景优美，是闻名世界的旅游胜地。人们不可能想到，这个地方成了张学良将军的最后归宿。

在决定赴美定居前，张学良悄悄地进行了周密的安排，并做好了不再回台湾的所有准备。1993 年 12 月 15 日，张学良与夫人赵一荻以探亲的名义离开台湾飞往美国。

在台北机场，有记者问："张将军与夫人此行去美国的目的为何？"

张学良回答："我跟太太去旧金山看望儿子和孙子后，再搭飞机转夏威夷会我弟弟，并在当地游玩几天。"[3]

显然，张学良对记者说的不是真心话，赴美定居的意图是保密的。

下午 3 时，张学良夫妇乘坐台湾"中华航空公司"的 CH003 大型客

1.《张学良接受手术后复原良好》，《人民日报》1993 年 9 月 6 日。
2.《张学良致电杨拯民，敬念杨虎城先生百岁诞辰》，《人民日报》1993 年 11 月 26 日。
3. 毕万闻主编：《张学良赵一荻合集》第 6 部，时代文艺出版社 2000 年版，第 170 页。

机飞往美国西海岸的旧金山。在这里与亲友盘旋几天后，于 12 月 24 日飞往夏威夷过圣诞节，他们下榻于希尔顿饭店集团所属的"彩虹楼"。

12 月 28 日，旅居夏威夷的华人华侨组织了一个盛大的欢迎会，在一家豪华酒店设宴 20 多桌，来宾有 200 余人，并邀请了大陆京剧名角到场演唱。开始大家担心张学良不会来，有心人知道他五弟张学森也是个京剧票友，便请他代为出面邀请。不太愿意抛头露面的张学良一听到有大陆京剧界名角参加，立刻很爽快地答应赴约。来自江苏南京的京剧表演艺术家沈小梅首先唱了《宇宙锋》选段，随后与北京京剧团女花脸齐啸云合唱了一段《霸王别姬》。看完京剧艺术家们的演出，只见张学良站起来，向胡琴的方向走去，在胡琴前坐下来，一张嘴就唱起了《空城计》，虽然他的嗓音有些沙哑，但从那字正腔圆、韵味绵长中依然可以感觉到，他是酷爱京剧的戏迷。虽然因为身体原因，他不能起身做动作，但那天张学良兴致很高，连续唱了好几段京剧，令在场的几百名华人华侨兴奋不已。[1]

在夏威夷过完圣诞节，张学良夫妇又飞回旧金山与子女们一起过新年。

1994 年新年开始后的两个半月时间里，当地华人中的京剧票友先后 5 次做东邀请张学良参加演唱会。1994 年元旦那天，友人以京剧演唱会招待张学良。中国江苏省京剧团演员沈小梅[2]，北京京剧团演员齐啸云，

---

1. 王晔、冯海青：《江苏省著名京剧表演艺术家沈小梅深情回忆张学良》，《扬子晚报》 2001 年 10 月 16 日。

2. 据沈小梅回忆，1994 年春，除了演唱会，他们也常在一些小规模的私人聚会里碰面。在这些场合，张学良和沈小梅一起探讨京剧艺术，也聊起过自己当年的戎马生涯和年少时在沈阳的生活情景。令沈小梅印象深刻的是，她还和张学良一起看了抗战初期张学良的一次演讲的录像，看着荧屏上倜傥的少帅和坐在身边的老人，沈小梅感慨万千。1994 年、1995 年和 1997 年，沈小梅又先后三次应夏威夷大学之邀前往教学，每次她都去拜访张学良先生。沈小梅告诉记者，张学良非常关心国内的情况。沈小梅问起张学良有没有考虑过回家乡看看，张学良沉默了好久，告诉沈小梅，虽然自己很想家乡，但身体已经不允许自己回去了。王晔、冯海青：《江苏省著名京剧表演艺术家沈小梅深情回忆张学良》，《扬子晚报》 2001 年 10 月 16 日。

旧金山名票友宋祖莲、汪文娟等相继演唱了各自的拿手节目，张学良听得十分入神，他摇头击节，不断叫好。最后，兴致勃勃的张学良也自告奋勇地唱了《战太平》《失街亭》《空城计》《斩马谡》《斩黄袍》等唱段，他的演唱字正腔圆，吐字清晰，张学良每唱一段，大家均报以热烈的掌声。晚会上，张学良还当场挥毫赋诗一首："自古英雄多好色，未必好色尽英雄；我虽并非英雄汉，惟（唯）有好色似英雄。"

1994 年 1 月 24 日，张学良夫妇取道洛杉矶飞往夏威夷，在夏威夷市中心希尔顿夏威夷村租了一套公寓住了下来。

张学良夫妇感到夏威夷的气候和居住环境均适合二人的心愿，就决定在这里定居下来。过去，因为台北天气潮湿郁闷，张学良夫妇多年来一直为其所苦；此外，曾经在台北亲密接触的老友张群、张大千及王新衡等相继谢世，也是张学良决定在美国定居的重要原因。张学良夫妇决定在夏威夷安度晚年，他们以年老无依靠投奔儿子张闾琳为由，委托张之宇向美国移民局申请长期居住的"绿卡"。

美国移民局按照惯例，要求张学良提供张闾琳出生在中国大陆的证明文件。张闾琳 1930 年 11 月 28 日出生于北平协和医院。1939 年冬季，在香港的赵一获得悉在湖南沅陵凤凰山陪护张学良的于凤至因患乳腺癌急需赴美国治疗的消息后，立即将年仅 9 岁的儿子张闾琳托付给可信赖的美国朋友伊雅格，然后自己赴张学良的幽居地陪伴张学良。张闾琳到美国后，加入了美国籍。张闾琳后来娶了民国时期广东著名地方实力派领袖、"南天王"陈济棠的侄女陈淑贞，张闾琳夫妇育有两子，即张居信、张居仰。在友人的帮助下，张闾琳出生在中国大陆的证明文件几经周折才办好。张学良夫妇所持的半年期签证到期后两次办理延期手续，直到 1995 年 4 月下旬才领到美国移民局发放的"绿卡"。[1]

1.《张学良在夏威夷的日子》，《参考消息》2001 年 10 月 6 日；《张学良夫妇移居夏威夷将在那里安度晚年》，《人民日报》1995 年 4 月 26 日。

张学良夫妇定居后的一项固定活动就是到教堂做礼拜。他们做礼拜的地方是夏威夷火奴鲁鲁的"京街华人基督教公理会"教堂，这是一座典型的中式建筑。教徒做礼拜时，经常要发表讲话，教会谓之曰"见证"。下面是张学良1994年1月21日在教堂发表的一篇"见证"：

诸位同学，诸位弟兄姐妹：

我张学良虽然没有糊涂，但已经是过去的人了。今天看到诸位，非常高兴。感谢主使我能够活到现在。我一生兵马生涯，可说什么事情都做过。我能做一个基督徒，实在是主的恩典。简单地说，在国内不幸的动乱时代，我参加过许多次的内战，杀人如麻。像我这样的人，能够做基督徒实在是出于主的恩典。

我们做基督徒没有别的，只有从心里真正跟随基督。我现在无论大事小事，随时祷告。应该做的，求主领我。不应该的，求主拦阻。我曾是一个放荡的人，现在我把自己投入基督里面，一切事情交给主。

大家对我有种种说法，我实在不敢当。我这个人是没有用的人，像我这样出身行伍，一生在军队里混的人，能做一个基督徒，不是靠我自己，完全出于主的恩典。

在座许多同学，都比我年轻。我这样大年岁的人不知道有没有？我劝诸位同学，要成为一个基督徒，很简单、最要紧的一件事，就是要真正从心里跟随基督，求基督与你同在。

主实在恩待我，我现在很自由。为什么有自由？就是有耶稣基督与我同在。我什么都无所畏惧。我建议诸位同学，要做一个真正的基督徒，从内心里，不是在口头上，也不是外表上来做基督徒。要把自己投入主的怀抱中。

谢谢大家。[1]

---

1. 毕万闻主编：《张学良赵一荻合集》第6部，时代文艺出版社2000年版，第174—175页。

张学良去世后，来自中国上海的教堂牧师程嘉禾先生在接受中国大陆记者的采访时，如此描述张学良这位虔诚的基督教教友："他是一个好人，一个虔诚的基督徒。""我们不叫他少帅，也不叫他张将军，只是叫他张先生。"程嘉禾牧师还告诉记者："他是习惯晚起的，平时总要到上午 11 点才会起床。只是到了礼拜天，张太（指赵一荻女士）总要叫他早起，两位老人行动不便，都依赖轮椅。但总是九点差十分准时来教堂礼拜。"[1]

除了做礼拜，张学良平时的活动就是约朋友打打麻将牌，张家客厅桌子上总是摆放一副麻将牌，牌友到齐就玩几把。张学良视力不济，打牌全靠手摸，其摸牌的技术简直到了神奇的地步，打出的牌从未出错。与张学良玩牌的是当地的华人老太太。他不迷恋于麻将，也不是为了赌博，而是为了防止老年痴呆。不玩牌的时候，他就坐着轮椅让看护人员推着到海滨和人工湖畔观风景，晒太阳。

在当地人看来，张学良夫妇是一对慈祥恩爱的中国老伴，邻居们称张学良为"张先生"，赵一荻为"张夫人"，很少有人知道这对老人的传奇身世。

张学良夫妇定居夏威夷后，陆续处理了在台北的财产：首先将台北天母的公寓退了租，至于收藏的书画文物则委托美国在台湾的索思比拍卖公司进行公开拍卖。

张学良的"定远斋"收藏有一批宋元珍本古书，以及宋朝以来至民国时期的名画。在 20 世纪二三十年代，张学良几次入主北京，一些别有用心的不肖之徒为了取悦这位大权在握的少帅，居然拿故宫及颐和园的珍贵书画文物作为向张学良献媚的见面礼，陷主人于不义之境地。据说，"定远斋"的拍卖品诸多有"武英殿宝"等内廷钤记。《定远斋中国书画特辑》介绍道："明清作品除外，最为瞩目的是有 800 多年

1.《张学良平静结束传奇一生》，《参考消息》2001 年 10 月 16 日。

历史，宋朝御用画家谢元的一张设色绢本手卷《桃花》，拍卖估价为 300 万～500 万新台币（约港币 87 万～145 万），手卷两端的内府旧藏印记，足以证明该画一直保存在宫中。"[1]取之于宫中的珍品如果能还之于公众，那当然是一件好事。但年事已高的张学良见不及此，这当然是一件令人遗憾的事情。

1994 年 3 月，台北《联合报》以《张学良将拍卖所收藏的书画》为题进行了报道，这个消息立即成为岛内外收藏界的热门话题，吸引了岛内外收藏家的极大注意。台湾报刊说："由于张学良个人的神秘色彩，加上收藏界早已耳闻他的收藏数量相当惊人，同时他深居简出，交往不多，少有人亲见他的收藏品。因此，张学良收藏品即将拍卖的消息已成近日收藏界热门话题。张学良早年收藏一批质精的宋元古书，一直未曾公开，这次拍卖的画作究竟是他的收藏精品还是一般画作，收藏界也相当好奇。"报刊还说："索思比此次拍卖会所以如此惊天动地，其原因不在于所拍卖的文物价值如何，全在于这些收藏品的主人。张学良这个名字无疑为那些拍卖品增添了神奇的感召力！"[2]

拍卖前，拍卖客大批涌入台北，以至于台北的圆山、晶晶、凯悦等几家豪华大酒店出现爆满的局面。1995 年 4 月 10 日，索思比拍卖公司开槌拍卖，现场气氛十分热烈。张学良收藏了 70 年的宋代宫廷画家谢元的绢本画《桃花》，最后以 1 500 万台币的高价成交。当代国画大师张大千赠给张学良收藏的《湖山轻舟》《秋声图》和《水竹幽居》3 幅画也分别拍出了 950 万、350 万和 520 万台币的高价。207 件拍卖品全部拍出，拍卖所得总值达到 13 289.55 万元，比事前预计高出三四倍之多。由此可以看出，物以人贵，张学良的收藏品也因此

---

1. 张之宇：《张学良探微：晚年记事》，江苏人民出版社 2004 年版，第 51、199 页。
2. 窦应泰：《张学良三次口述历史》，华文出版社 2002 年版，第 399 页。

而身价大增。

张学良收藏的 1 468 册洋装中文图书、156 种 1 008 册线装书和 59 册外文书全部捐献给了位于台湾省台中市的东海大学图书馆。这些图书中不仅有孤本和善本，还有张学良在贵州幽居期间千方百计搜集到的明史书籍等。

张学良定居夏威夷后，鉴于自己亲自回乡已经不大现实，于是于 1994、1995 年两次派儿子回大陆，并到老家辽宁访问，代他了却了多年的心愿。

张闾琳 1990 年从美国太空署高级工程师职位上退休，从此有了更多的时间陪伴年迈的父母。1994 年 5 月 6 日，张闾琳夫妇应北京有关部门的邀请抵达北京，以华裔航天专家的身份参加了航天部门举办的活动，中共中央统战部副部长万绍芬宴请了他们。5 月 9 日，张闾琳夫妇乘坐特快列车来到沈阳，受到辽宁省外办和台办负责人的热烈欢迎，辽宁省政府负责人也宴请了他们。夫妇俩仔细参观了故居和祖先的坟墓以及九一八事变纪念塔、东北大学旧址、东三省讲武堂等有张氏家族有关的建筑。对于人民政府花费巨款修缮和维护这些设施，张闾琳夫妇充满了感激之情。张闾琳夫妇在沈阳期间，不仅有政府官员的热情接待，父亲过去的老部下和亲友来纷纷前来相会问候，对于乡亲的热情款待，张闾琳夫妇也同样感到无比温暖。此行给他们留下了十分美好的印象。

1995 年 6 月 18 日，是张学良的亲密朋友和忠实老部下、东北著名爱国人士阎宝航 100 周年诞辰的纪念日，辽宁省和沈阳市及各界人士准备隆重纪念。张学良对此很重视，他亲自为《阎宝航纪念文集》题写书名并作序。应阎宝航子女阎明光、阎明复姐弟的邀请，张闾琳夫妇于 6 月 15 日再次来沈阳代表父亲参加纪念活动。在 6 月 18 日的纪念大会上，张闾琳代表父亲用英语讲了话，以了父亲之心愿。纪念大会后，张闾琳又参观了大连和海城。在此期间，南京梅园新村纪念馆和重庆红岩村纪念馆分别派代表到沈阳，向张学良将军赠送礼品，其中南京梅园新村纪念馆送的是一盒精致的雨花石，盒内刻有"千古英雄张学良"字样；重庆红岩村纪念馆赠送的是两只龙凤手杖，托张闾琳带到夏威夷，以表示他们对张学良将军的敬意。

1995年8月30日，张学良五弟张学森率夫人和3个女儿从夏威夷到北京参加海内外抗日将领、爱国人士及亲属纪念抗日战争胜利50周年座谈会。9月3日，张学森在北京突发心脏病，虽经大陆医学专家全力抢救，还是无力回天，于9月8日去世。五弟的去世，使张学良少了一位亲人，让他十分伤感，也无形中增添了几分在异域的孤寂。据张学良的朋友说，那时探访少帅，感觉他似乎心灰意冷，对许多事都不再谈，甚至出口说过对人生不大感兴趣等话。

1996年6月，是张学良的96岁寿辰。阎明光（阎宝航之女，上海申大集团董事长兼总经理）以及著名京剧表演艺术家于魁智带琴师赵建华、鼓师苏广忠、旦角演员马小曼（著名京剧表演大师马连良之女）飞抵夏威夷，为张学良祝寿，让张学良再次过了戏瘾。

6月1日晚5时30分，在夏威夷希尔顿大酒店举行的祝寿会开始，于魁智首先代表中国京剧院和此行的艺术家，向张学良赠送了用京剧脸谱精心绘制的大幅"寿字图"，并当场清唱表现汉光武帝刘秀上朝时喜悦心情的传统戏《上天台》中的一段二黄三眼。板鼓一敲，胡琴一响，一晚上没说几句话的张学良神情为之一振，他洗耳恭听，手上还阵阵击节，听到"金钟响玉鼓催王登九重"的俏丽甩腔处还情不自禁叫了声"好！"

于魁智精彩的演出让在场的每个人大饱耳福。张学良开始是洗耳恭听，双手还不停击节附和，最后，张学良在京胡、板鼓的伴奏下唱了京剧传统戏《失街亭》《斩马谡》《珠帘寨》等选段，还与唱梅派的马小曼对唱了《武家坡》。他不用话筒，有板有眼，极富韵味，令人叫绝。他唱"两国交锋龙虎斗"一段，前几句唱词都在谱，后两句却唱成"将军此番出征后，近山靠水把营收"；他唱快板"一见马谡跪帐下，不由老夫咬钢牙，敢拿军令当玩耍，失守街亭你差不差！"尺寸很严，干净利落，一气呵成；他唱《珠帘寨》，还很内行地与琴师赵建华对对腔；对唱《武家坡》"为君的要人我是不要钱"时，他还即兴表演来了个手势，惹得在场的亲友们捧腹大笑。寿宴持续了近5个小时，张学良还意犹未尽。

从6月2日至8日，张学良每天下午5时准时来到约好的亲友家中与于魁智等唱京剧、听京剧。先听于魁智他（她）们唱，随后自己开唱。几天下来，嗓子越唱越好，调门越唱越高，每天都唱到晚上近10点。张学良自己哼唱最多的是《失街亭》中的"两国交锋龙虎斗"、《斩马谡》中的"火在心头难消恨"、《战太平》中的"叹英雄失势入落网"等唱词，这显然与他自身的遭遇有关，所谓言为心声，戏文同样也体现了心声。于魁智在离开美国夏威夷前为张学良唱了全部《乌盆计》，听完后张学良抱拳连连致意："唱得真是没话讲！"在演唱中，张学良还不经意透露了一个小小的秘密："你们不知道，其实她（赵一荻）唱得最好！"可惜，赵一荻从未向外人显露她的才能。[1]

张学良在夏威夷定居期间，与美国哥伦比亚大学口述历史部的历史学者张之丙等合作完成了《张学良口述历史》资料，共录制了145盒录音带，交由哥伦比亚大学口述历史部档案室保存。之后，张学良将属于自己的最后一批文物无偿交给哥伦比亚大学收藏，其中包括他珍藏多年的书籍、字画、印章、照片和手稿、文电、信函，以及自己的日记本。张学良的日记从1937年在奉化溪口雪窦山幽居时开始，数十年累积达到百万言以上。

哥伦比亚大学接受捐赠后，专门在哥大图书馆开辟了一个"毅荻书斋"来收藏。1996年10月21日，"毅荻书斋"揭幕仪式在哥大举行，

---

1. 杨连元：《张学良、于魁智的京剧情》，《纵横》1999年第1期。

台湾士林凯歌教堂基督教牧师周联华专程飞往美国，代表张学良在揭幕仪式致辞：

　　各位女士，各位先生：

　　感谢上帝，"毅荻书斋"即将开幕。我们也要谢谢哥伦比亚大学供给我们这么好的阅览室来保存和展出我们在 1936 年以后尚存的文物。

　　现在所要展出的是中国近百年以来，我所参与和亲身经历的事实记录，和我自己研究明史、中国近代史、基督教神学心得的一部分。其余的将在 2002 年，与哥大为我所作的口述历史，全部公开展出。希望这些文物和资料，能够供给国际上研究历史的学者们参考。我们更希望这个阅览室能传扬上帝的大能，和她的奇妙的安排。在我的笔记和手稿中，可以看到上帝怎么启示我和带领我，使我能成为基督徒来主的名给世人传福音、完成主所给我的使命。

　　我也要谢谢哥大的各位女士和先生，特别是苏张之丙女士（Mrs C.P.Sobrmun）、罗福先生（Mr Kenneth Lohf）、陆斌涛先生（Mr Peter Ronx Esq）和傅阆森先生（Mr Anthony Estguson）帮助我们建立起这个"毅荻书斋"，使之书斋对学术研究与传福音有贡献。

　　谢谢各位！

张学良
1996 年 10 月 21 日
于夏威夷 [1]

　　在"毅荻书斋"的展厅内，还陈列了张学良 1995 年 1 月 18 日写的一首诗：

---

1. 窦应泰：《张学良三次口述历史》，华文出版社 2002 年版，第 417 页。

白发催人老，虚名误人深。

主恩天高厚，富贵如浮云。

庆祝百岁大寿

1996 年 12 月 12 日，北京隆重举行纪念西安事变 60 周年纪念大会，江泽民总书记在大会上讲话，对西安事变的伟大历史意义和张学良、杨虎城两位将军发动西安事变的历史功勋做了最权威的阐释。他说：

> 今天是西安事变六十周年纪念日，我们在这里隆重集会，共同回顾那段令人难忘的历史，追忆张学良、杨虎城将军为中华民族解放事业建立的卓越功勋。
>
> 首先，我代表中共中央、国务院和全国各族人民，向张学良将军，向在西安事变中做出贡献的爱国志士们，致以崇高的敬意！向杨虎城将军，向所有为国家独立和民族解放而牺牲的先烈们，表示深切的怀念！
>
> 六十年前，我们的祖国正面临着一场严重的民族危难。日本帝国主义发动"九一八"事变，强占我东北三省后，进而侵犯江南，侵占东北，妄图霸占整个中国。国民党蒋介石置民族危亡于不顾，顽固坚持所谓"攘外必先安内"，加紧进行反共反人民的内战。张学良、杨虎城两位将军痛感"国权凌夷，疆土日蹙"，对蒋介石一味不抵抗、并再三迫令他们率领东北军和十七路军进攻陕北红军十分愤慨。他们赞同中国共产党提出的抗日民族统一战线政策，他们出于民族大义，毅然于 1936 年 12 月 12 日在西安举行兵谏，扣留蒋介石，通电全中国，逼蒋停止内战，联共抗日。经过中国共产党和张、杨两将军的共同努力，蒋介石被迫

接受停止内战、一致抗日的正义主张。西安事变的发生及和平解决，结束了十年内战，促成了第二次国共合作，推动了中国从长期内战到全面抗日的重要历史转折。正如周恩来同志所说的，张、杨两将军的义举"有大功于抗战事业"，是中华民族的"千古功臣"。

西安事变是一件大事，在中华民族解放斗争史上写下了光辉的篇章。今天我们纪念它，就是要弘扬张学良、杨虎城将军和中国人表现出来的高度的爱国主义精神和民族团结精神……[1]

1999年6月，张学良在夏威夷过了99岁生日。

8月间，张学良因肺炎住进了医院，病情一度相当严重，靠呼吸管和胃管维持。但张学良的生命力十分顽强，终于战胜病魔，挺了过来。但出院后身体一直非常虚弱，双耳严重失聪，眼睛已经看不见人，只能看见一个大致的十分模糊的轮廓，夫妇俩不得不从原先住的公寓搬到一处僻静而且生活设施齐全的老年公寓，谢绝一切来访和会客。一家当地的华人报纸曾经报道说："每天早上由两位专业护士，推着两只轮椅到院子里散步，9时到10时，赵一荻读圣经给张学良听，偶尔也有熟人来打个招呼……"[2]

2000年6月，张学良迎来了他的百岁大寿。对于民族英雄的百岁诞辰，自然应该予以隆重的庆祝，大陆有关方面给予了高度重视。有关庆典及其他活动主要由张学良基金会和张学良研究会出面筹备。为此，上述两会的负责人张德良、周毅等于2000年3月专程飞往美国，商讨有关事宜，并沟通。到美国后，张德良等会见了张闾瑛、于凤至的义子肖朝智（美国亚洲商务会会长兼美国东北同乡会会长），双方达成协议，由

---

1. 江泽民：《在西安事变六十周年纪念大会上的讲话》，《人民日报》1996年12月13日。
2. 宋丽叶：《夏威夷的葬礼——赵四小姐与张学良的爱情故事落幕》，《人民日报》海外版2000年8月9日。

中国大陆张学良基金会和张学良研究会为主办单位，领衔组织张学良
100周年诞辰的庆祝活动，并且将张学良的百岁庆典放在5月28日赵一
荻88岁生日那一天合并举行。随后，张德良等飞往夏威夷，与张学良夫
妇见了面，将庆祝计划告诉他们，得到他（她）们的认可。[1]

作为一系列庆祝活动的开始，由《人民日报》海外版和张学良基金
会主办，于4月16日在北京人民大会堂举行了庆贺张学良将军百龄华诞
座谈会，全国人大常委会副委员长布赫、全国政协副主席赵南起等100
多名代表参加了会议。与会人士高度评价了张学良将军为中国抗日战
争、为促进民族解放和祖国统一做出的巨大贡献，他所凝聚的爱国主义
精神力量，激励着两岸及海外华人为祖国完全统一而继续奋斗。[2]

对于自己能够活过整整一个世纪，张学良本人也感到特别高兴和幸
运。在寿辰前夕，他在接受纽约《世界日报》记者采访时，有如下的
问答：

记者问：即将满百岁了，您的感受怎么样？

张答：做个小老百姓，最舒服。我也感谢主，给我那么好的生活，
那么长的寿命。

问：对于百岁以后的生活，您觉得该怎么过？

答：还是做个小老百姓吧。我现在是政治思想一点也不碰。

问：国民党现在在台湾已经不执政了，张先生知道吧？

答：我连知道都不想知道，我现在就是要做个小小老百姓。

问：您对当前海峡两岸，中国大陆及台湾关系的发展，有没有什么
看法或呼吁？

答：这我没有意见。

问：对您的东北故乡，您现在还想回去看看吗？

---

1. 刘水：《"有缘人"操办张学良百岁华诞》，《羊城晚报·新闻周刊》2000年6月8日。
2. 《庆祝张学良百龄华诞座谈会举行》，《人民日报》海外版2000年4月17日。

答：我当然愿意回我这个家去。

问：身体状况允许您走这么一趟吗？

答：我的身体很好。

问：有没有打算安排回东北老家？

答：当然我愿意回去，但我回不去。

问：为什么回不去，什么原因？

答：没什么原因，我回去就受不了。

问：怎么说受不了？是气候、感情，还是政治？

答：不是政治，是感情上的因素。

问：对台湾的友人，谁是您特别想念的？

答：（想了想）我一下子说不出来，我这个人就是马马虎虎的……

这段答记者问表明，张学良脑子还很清楚，说话明白，还会巧妙周旋，避开敏感的政治话题。客居异乡，他一直怀念阔别已近70载的东北老家。以前不能回家，是因为政治时机不合适，现在还是回不去。他说回去受不了，这不是由于政治原因，而是感情的因素。他担心有一天真的踏上故土，那激动的情绪恐怕不是百岁之躯所能承担得了的。这也许就是古人所说的"近乡情更怯"吧！[1]

5月26日，张学良基金会和张学良研究会负责人从中国飞往美国夏威夷准备祝寿活动。

6月1日，中共中央总书记、国家主席江泽民以贺电和花篮向张学良祝贺百岁华诞。贺电全文如下：

汉卿先生：

　欣逢先生百年华诞，特致电深表贺忱！先生当年之殊勋早已彪

_____

1. 潘力：《少帅今年年初100岁，怀念东北老家，关心两岸统一》，《环球时报》第5版，2000年6月6日。

炳史册，为海内外华夏子孙所景仰铭记，先生之爱国精神，更将发扬光大。遥祝先生善自珍重，颐养天年。谨此问候您的夫人赵女士。[1]

同一天，全国政协主席李瑞环也向张学良先生和赵一荻发出了贺信。

当天，中国驻洛杉矶代总领事许士国专程将贺电、贺信和花篮送到夏威夷，亲自交到张学良手中。张学良对许代总领事说："收到江泽民主席的贺电和花篮，非常高兴，请向江主席表示衷心的谢意。"[2]

在张学良百岁生日到来前夕，一部形象生动反映他一生的大型画册《张学良世纪风采》由中共中央统战部主管的华文出版社出版。画册精选了张学良将军不同时期的近 600 幅珍贵照片，其中大量的照片为首次公开，最新的照片为当年 3 月拍摄的。

张学良的百岁祝寿活动在美国夏威夷、中国的北京及沈阳三地隆重举行。

夏威夷的祝寿活动于当地时间 28 日上午开始，同乡和亲友依照张学良的心意，首先在檀香山第一华人基督教会参加主日礼拜和生日感恩会，然后在张学良夫妇所居住的老年公寓交谊厅里，参加暖寿宴。"少帅"对七八十位近亲和世交说："能活到 100 岁是福气，我很开心。谢谢大家对我的关心。"

参加祝寿活动的亲友见百岁老将军眼不花、耳不聋，都很惊奇，于是有人问他："少帅，您怎么活这么久？"一贯幽默的少帅立即很睿智地回答："不是我活得久呀！而是他们活得太短了！"这风趣睿智的回答又赢得阵阵掌声。

在檀香山华人第一基督教堂内举办的"张学良将军生平图片展"，展出张学良各个时期的图片 100 多幅。

1.《江泽民主席电贺张学良百年华诞》,《人民日报》2000 年 6 月 3 日。
2. 同上。

在北京，5月29日至31日，在全国政协礼堂隆重举行"张学良将军百岁祝寿书画展"及新近整理的生平图片展。

6月1日上午，辽宁省各界人士在沈阳举行座谈会，向远在美国夏威夷的张学良遥祝华诞。

参加座谈会的有辽宁省政协、省各民主党派、工商联负责人和省史学界的专家、学者。此外，张学良将军的家乡海城市、台安县的代表及张学良将军旧居陈列馆的有关人士也应邀参加了座谈。辽宁省政协副主席、省民建主委姜笑琴在发言中说："今天，当东北社会主义现代化建设取得更加繁荣成就之时，我们不会忘记张学良将军热爱祖国，并为建设家乡、重视教育、发展经济所做出的贡献，值张学良将军百岁华诞之际，我们遥祝张学良将军健康长寿，并期望他能早日回归故里，看看东北故乡的变化。"

在沈阳张学良旧居陈列馆，同时举行了"张学良生平事迹展""张学良将军百岁祝寿书画展"和兰花展等三个展览。"张学良生平事迹展"展出近300幅不同时期的历史照片和资料，生动地反映了这位伟大爱国者一生的不朽事迹。

"张学良将军百岁祝寿书画展"则展出我国各地著名书画家饱含深情地为张学良将军百岁华诞的专题创作及历年为张将军祝寿的书画精品。

张学良旧居楼上悬挂着"室有芝兰春自韵，人如松柏岁长青"的红色横幅。横幅中间，张学良的大幅照片挂于门楣，银发凝眸。照片下的长案上摆满社会各界恭献给张学良将军及陈列馆的贺礼。其中有张学良将军最喜欢的兰花珍品爱国兰。在众多兰花中，13盆生机盎然的兰花格外引人注目。这13盆兰花是张学良亲手培育的。陈列馆的工作人员告诉记者，1994年底张学良将军离台前，将他心爱的兰花交给兰友。1998年在台湾"世界兰蕙交流协会"黄秀球会长的热心联络下，13盆兰花精品被送至沈阳"大帅府"，使内地兰友有幸目睹。

从6月3日起，在夏威夷火奴鲁鲁市举行的祝寿活动达到高潮。这些活动均由张学良基金会、《人民日报》海外版主办，辽宁省政协文史委员会、张学良旧居陈列馆、美国张学良研究中心、夏威夷华人摄影协会等单位协办。

6月3日下午1时，在夏威夷火奴鲁鲁市威基基皇后饭店举行了"恭贺张学良将军百岁华诞大会"。出席的各界来宾共有500余人，包括来自北京、东北、台湾和美国等地的同乡和亲友，其中有张学良研究会、张学良基金会等的成员；有美籍华裔名人孙穗芳（孙中山孙女）、前美国华裔参议员邝友良等；有从台湾专程赶来的前"行政院长"郝柏村及乌钺等人。大厅内陈列着各方赠送的祝寿礼品，其中引人注目的有家乡辽宁赠送的有东北特色的工艺品——由养育东北父老乡亲的大豆、高粱、谷子三样特产镶嵌的筐箩状木雕和一个花生木雕，分别装着岫岩玉刻制的张学良、赵一荻二人的名章。杨虎城之孙杨瀚送来的贺礼是一尺多高的老鹰铜雕。阎明光在寿宴上宣读了祖国大陆各界发来的贺电。来宾们观看了少帅各个时期的幻灯片，那模样或气宇轩昂，或风流倜傥，或儒雅谦和，或神清气定……让人深感世事难料。

张学良将军百岁华诞宴会在当地时间晚上6时开始，火奴鲁鲁市市长柯礼士与夫人出席了祝寿宴会并发表了热情洋溢的讲话，当场宣布每年6月3日为火奴鲁鲁市的"张学良日"。老寿星张学良在生日的前两天就高兴地对老友说："我有新洋装了！"在正式祝寿这天，张学良身穿崭新的藏青西服，头戴瓜皮帽，颈上围着花环。夫人赵一荻身穿紫红色套裙，像往常一样插着氧气管。三个多小时的寿宴，老寿星几乎一言未发，他耳背，人家说什么，全靠夫人俯耳转述。

同一天，还举行了"张学良国际学术研讨会"。这次研讨会除由张学良基金会主办外，还有杨虎城将军社会福利会、南加州东北同乡会、美国张学良研究中心等单位共襄盛举。出席会议的有近100人，其中有来自中国大陆、美国、日本等三地20多位历史系教授与专家。中国大陆方面，曾和张学良一起出生入死的吕正操将军，张学良研究会与张学友基金会负责人周毅、张德良，西安事变中的另一位主角杨虎城的孙子杨翰，辽宁省政协文史委员会主任赵杰，《人民日报》国际交流中心负责人等。学术研讨会对张学良将军这位世纪老人对国家及中华民族做出的贡献给予高度的颂扬。

此外，还有"张学良将军生平图片展览""张学良百岁华诞书画展""张学良暨东北军史系列从书展"等。[1]

听从上帝安排

就在张学良庆祝百岁生日后不到 10 天，赵一荻就因呼吸困难被送往当地的史特劳比医院进行急救。

赵一荻的身体状况一直要比张学良差许多。她身患红斑狼疮，有过骨折；早年与张学良一道吸毒成瘾，1933 年与丈夫一道戒了毒品[2]，但是之后在长期陪张学良幽居期间为了消解寂寞学会了抽烟，抽烟多年后肺部出现癌变而动了一次大手术，切除了半边肺叶，手术后一直呼吸困难，成为影响她晚年健康的主要因素，晚年很长时间以呼吸机维持生命。2000 年 6 月 11 日，赵一荻从床上摔下来，开始并无大碍，但随后就出现呼吸困难等症状，被送进夏威夷的一家医院，住进了加护病房。张学良与赵一荻的儿子张间琳获悉母亲病情转危之后，19 日特地从加利福尼亚州赶到夏威夷侍奉老母亲。6 月 22 日清晨，赵一荻还醒着，但她

---

1. 解丹梅：《木雕作礼，祝张学良百岁华诞》，《人民日报》海外版 2000 年 5 月 31 日；潘力：《少帅今年 100 岁，怀念东北老家，关心两岸统一》，《环球时报》2000 年 6 月 6 日；《张学良百岁贺寿活动在夏威夷掀起高潮》，《辽宁日报》2000 年 6 月 8 日；《庆贺张学良将军百岁华诞活动举行》，《人民日报》2000 年 6 月 9 日。
2. 关于赵一荻与张学良一道吸毒的材料，见赵一荻胞兄赵燕生：《关于张学良与四妹绮霞的点滴回忆》，载中国人民政治协商会议全国委员会文史资料委员会编《文史资料存稿选编——西安事变》，中国文史出版社 2002 年版，第 789 页。

已经不能讲话，只能目视着每位围在床边的亲友们。

约在 8 时 45 分，张学良坐着轮椅来到床边，伸手握住夫人的手，嘴里不停地喊着自己私下对老伴的昵称，无限依恋。赵一荻看着张学良，无法开口说话。

9 时，医生拔掉了她的氧气管，并注射了镇静剂，赵四小姐昏昏而睡，张学良依然抓着妻子的右手不放。又过了两个多小时，上午 11 时 11 分，监视脉搏跳动的仪器显示她已离开人世，终年 88 岁。牧师带领亲友向上帝祷告。张学良此时还一直握着妻子的手，就这样又握了将近一个小时，才在众人的劝说下回到家中。

这位中国女杰、一代名媛与张学良共同生活了 72 年之久，这对苦难的"牢狱鸳鸯"在 1940 年后几乎形影不离地厮守了整整 61 年，风雨同舟，相依为命，夫妻感情至深。张学良曾说，他一生中有两位女性对他恩同再造，一是宋美龄，一是赵一荻。

百岁高龄的张学良对赵一荻的突然去世，显出难以言喻的哀痛。他沉默不语地坐在轮椅上，泪水缓缓地流下来。张学良曾说过，他这一生欠赵四小姐太多。张学良曾有意回祖国大陆的想法一直未能成行，赵一荻健康不佳也是主要障碍之一。上了年纪、疾病缠身的她始终耳聪目明，而张学良耳背眼花，但只要是妻子在耳旁讲话，他总能听得清清楚楚。赵一荻在生前的最后这段时光里，仍尽心竭力地亲自料理张学良的各种生活琐事。张学良在百岁寿辰之际接受记者采访时动情地说，"我太太非常好，最关心我的是她"。

同命鸳鸯失去一只，对于另一只就是致命的打击。据程嘉禾牧师说："张太太过世后，对张先生打击颇大，精神和身体状况不大如前，就再也没有来本堂做过礼拜了。"[1]

---

1. 吴琳琳：《赵四小姐：年轻追随张学良，无怨无悔共白发》，《环球时报》第 3 版 2000 年 6 月 27 日；《张学良将军的夫人赵一荻女士病逝》，《人民日报》2000 年 6 月 24 日；《张学良平静结束传奇一生》，《参考消息》2001 年 10 月 16 日。

安葬夫人后，张学良变得沉默少语。有时他还会像以前那样习惯性地提醒家人："太太正在睡觉，别吵醒她！"

为了安慰这位百岁老人，中国残疾人联合会主席邓朴方亲自率领中国残疾人艺术团赴美国访问演出期间，于 2000 年 9 月 26 日上午 10 时带领艺术团的部分演员专程到夏威夷张学良的寓所拜访。邓朴方很可能成了张学良最后接待的一位来自中国大陆的重要客人。

在寓所客厅的玻璃窗前，坐在轮椅上的张学良显得十分安祥。从大陆来的客人使这个小客厅顿时热闹起来，张学良用和蔼的目光看着大家。当看到同是坐在轮椅上的邓朴方时脸上露出了笑容，两个人紧紧地握手。邓朴方大声地向老人问候，说："您是中国人民心目中的民族英雄，大家都很敬仰和挂念您。"由于张学良听力差，一位女士附在他耳边大声提示，张学良终于听懂了，笑着点了点头。这时残疾演员孙晓梅为老人献上了一个玫瑰花篮。

在听邓朴方介绍这次中国残疾人艺术团来美国演出的情况时，老人很认真地问起演出的内容。接着，他神情专注地翻看着艺术团的节目画册。随后，就在小客厅里，肢残演员孙晓梅为老人演唱了歌曲《我爱你，中国》，老人高兴地鼓起掌来。盲人演员毕寅生用民族乐器葫芦丝吹奏了一首《瑶族舞曲》，老人认真地看了看葫芦丝的构造，并随着音乐的节奏轻轻点头。一曲奏罢，有人问他还想听点什么曲子，他说："什么都可。"于是，毕寅生就坐在老人身边又演奏了一曲排箫《太行山上》。因为怕影响老人休息，艺术团只安排了两个节目。但张学良却要求再看一个。一同前来拜访的聋哑演员邰丽华又即兴为老人表演了舞蹈《雀之灵》的片段，老人脸上露出了欣喜的笑容，边鼓掌，边说谢谢。

表演结束后，邓朴方又和老人聊了一会儿家常。他关切地问起老人的身体和日常起居情况，听说老人平时还打打纸牌，精神不错，邓朴方十分高兴，并祝他健康长寿，越活越年轻。老先生高兴地笑了起来。当残疾人艺术团成员与他道别时，张学良先生坐在轮椅上频频挥手，依依惜别。[1]

2001 年 6 月，张学良迎来了他的 101 岁生日，也是夫人去世后的第一个生日。身体虽然硬朗，但常常念叨起夫人，他常说："她最关心我，我们两个人最好。"有时不经意间突然冒出一句："太太已经走了。"讲话时神色平静，常常会接着说："上帝都有安排。"[2]

2001 年 5 月 30 日，张闾琳为父亲搞了个家庭式的祝寿会，祝贺他的 101 岁生日。

2001 年 9 月 28 日，张学良因肺炎发作，从老年公寓送往火奴鲁鲁市中心的史特劳比医院 6 楼普通病房。住院就诊的原因与赵一荻同样都是老年慢性肺炎。经过医院的治疗，张学良曾于 10 月上旬痊愈返回老年公寓；不料在逝世前一周又告复发，而且病情不断恶化，因此再度送院急诊后转到 3 楼加护病房观察。在此期间，由于媒体披露呼吸器等维生系统被拔除，家属深恐"少帅"行踪曝光，而在病房外加派两位全天候的医院保安人员防卫，严禁外人前往探视。

由于呼吸困难，医生为他插管维持生命，并进行紧急抢救。10 月 10 日，一度拔除呼吸管。10 月 11 日下午，张闾琳针对外界川流不息的"关切与支持"发出新闻稿，宣称："我们会尽一切力量确保父亲的舒适与健康。我们也感谢来自各地对父亲的支持与关切。"张闾琳还说，如有必要，他们家属会提供有关病情的进一步讯息。

13 日上午 7 时 20 分，家属发现张学良血压降低，在呼吸缓慢到每分钟只有 6 次的情况下，要求医生关掉他的心律调节器，只用吗啡点滴以止痛。张学良展现了顽强的生命力，在只有胃管灌食的情况下，一度心脏恢复有力的跳动，让医生惊讶不已。在和死神搏斗两天后，于 10 月

---

1. 崔士鑫、符泉生：《桑梓情浓——中国残疾人艺术团与张学良相见》，《人民日报》2000 年 9 月 28 日；程铁良：《我在夏威夷拍到了张学良》，《北京青年报》2001 年 10 月 16 日。
2.《张学良在夏威夷安度 101 岁华诞》，人民网 2001 年 5 月 29 日。

15 日下午 2 时 50 分（当地时间 14 日晚 8 时 50 分），在儿子、女儿和 3 个孙子的哀伤低泣中，张学良平静地离去。

在 14 日这漫长的一天里，家属在医院静候最后一刻的到来。而距离医院仅有数百米的同条大街上的华人第一教堂里，教徒们在上周从报端获悉张学良与病魔搏斗的消息，都请牧师程嘉禾一齐祷告。教堂大厅处还特地摆置赵一荻生前以"赵多珈"笔名撰述的《好消息》《新生命》《真自由》《大使命》及《毅荻见证集》等 5 本书以供教友们取阅。前 4 本是赵一荻 10 年前在台湾出版的旧作，最后一本则是张学良伉俪定居夏威夷后的中英文感恩证词，总计收录有张学良的 7 篇见证，另有夫人赵一荻写的 3 篇。

张学良病重期间，中国驻洛杉矶代总领事许士国和领事薛冰曾专程到夏威夷代表中国政府看望张学良，向他赠送花篮，向他表示慰问，并转达了中共中央领导人、中国政府以及外交部门对他的问候，祝他早日康复。许士国赞扬张学良为祖国的统一和民族的解放作出了特殊的贡献，海内外中国人永远铭记他的功绩。

炎黄子孙同悼

对于张学良的逝世，海内外炎黄子孙都深感哀痛，分别以不同的方式表达了他们对其悼念之情。

在获悉张学良逝世的消息后，中共中央总书记、中华人民共和国主席江泽民向张学良亲属发出了唁电，高度评价了张学良的历史功绩，代表中国共产党和中国人民表示深切哀悼。唁电全文如下：

张学良先生亲属：

惊悉张学良先生逝世，十分悲痛。我谨代表中国共产党和中国人民表示深切哀悼！

张学良先生是伟大的爱国者。65 年前，在民族危亡的紧急关头，张学良将军和杨虎城将军以爱国的赤诚之心，秉持抗日救亡的民族大义，毅然发动西安事变，联共抗日，为结束十年内战、促成第二次国共合作、实行全民族抗战作出了历史性的贡献，堪称中华民族的千古功臣。此后，张学良先生虽长期遭受不公正待遇，却始终淡泊荣利，晚年仍心系海峡两岸和平统一大业，企盼民族振兴和国家强盛。张学良先生的卓越功勋和爱国风范，彪炳青史，为世人景仰。中国共产党和中国人民永远怀念张学良先生。

张学良先生千古！

中国共产党中央委员会总书记

中华人民共和国主席

江泽民

2001 年 10 月 15 日 [1]

同一天，中国人民政治协商会议全国委员会也向张学良的亲属发了唁电，唁电全文如下：

张学良先生亲属：

闻悉张学良先生逝世，谨代表参加中国人民政治协商会议的各党派、各团体和各界代表人士表示沉痛哀悼和深切怀念！

作为伟大的爱国者，张学良将军曾和杨虎城将军一起，为了联共抗日，结束内战，发动了举世闻名的"西安事变"，为促成国共两党的再次合作，推动全民族的抗日战争，作出了有功于国家和民族的历史性贡献。在以后几十年的生涯中，张学良先生爱国怀乡，

1.《江泽民向张学良亲属发去唁电》，《光明日报》2001 年 10 月 16 日。

始终关心祖国的统一和民族的昌盛。我们将永远铭记张学良先生的不朽功绩和爱国精神，为推动祖国完成统一和中华民族的伟大复兴不断作出新的努力。

中国人民政治协商会议全国委员会办公厅

2001 年 10 月 15 日 [1]

受中共中央总书记、国家主席江泽民的委托，夏威夷时间 15 日下午，中国驻美大使杨洁篪专程飞抵夏威夷，代表中国政府，向张学良的亲属转交中共中央总书记、国家主席江泽民的唁电，并转交江主席、全国政协主席李瑞环和全国政协副主席、中共中央统战部部长王兆国敬献的花圈。杨大使代表江主席等国家领导人向张学良亲属表示慰问。他说："张学良先生是受到海内外炎黄子孙景仰的伟大的爱国者和中华民族的千古功臣，他为中华民族抗战做出的历史贡献将永垂史册。"张学良子女张闾琳、张闾瑛表示，在父亲去世的悲痛时刻，江主席发来唁电并表示慰问，他们家属深受感动，终生难忘。他们请杨大使转达对江主席和其他中国领导人的衷心谢意。[2]

向张学良亲属发出唁电的还有中国国民党革命委员会中央委员会主席何鲁丽，中国人民政治协商会议全国委员会副主席孙孚凌、万国权，张学良的老部下吕正操，周恩来的侄女周秉德、侄子周秉钧，张学良旧居陈列馆，陕西省政协、陕西省西安事变研究会等。

张学良逝世的消息传到他的家乡辽宁，家乡人民以最真挚的方式向自己的英雄表示了沉痛的哀悼之情。

在沈阳"大帅府"——张学良旧居陈列馆从 16 日傍晚开始就笼罩在一片哀痛之中。张学良旧居陈列馆大门口挂出了巨大的黑色横幅："七

1.《全国政协向张学良亲属发去唁电》，《参考消息》2001 年 10 月 16 日。

2.《江泽民委托我驻美大使向张学良亲属转交唁电》，《人民日报》第 1 版，2001 年 10月 17 日。

尺男儿生能舍己，千秋鬼雄死不还家。"黑色横幅上面用白色大字写着
"沉痛悼念张学良将军"，在夜色中十分醒目。在旧居陈列馆院内，窗
口、门边、檐下、廊前都挂出了黑色的挽幛和白色的轻纱。在夜色中，
陈列馆工作人员连夜布置"千古功臣张学良将军"的大型纪念展览，以
便在明天早晨使前来悼念的人们能一睹张将军的丰功伟绩。旧居陈列馆
有三进院落，每进院里都挂着黑色挽幛和白色青纱。一进院黑色挽联上
面写着："千古功臣蠹起巍巍丰碑神采长存；百龄寿星遗下莹莹瑰宝仙
游远去。"横批是"四海同哀"。二进院门旁的对联是："沈水扬波送汉
公，旧居挥泪悼尊主。"横批是"伟大的爱国者张学良将军永垂不朽"。
在三进院则是一副"双百字"长联：

昔赤县狼烟苍原凋敝关东骄子韶光图强家仇未雪国难紧逼置生
死于度外担道义在铁肩以漫长自由代价换取万众同心团结御侮盼吾
昌盛中华昂然屹立世界民族之林纵观汉卿壮举伟哉宇宙寰球炎黄后
裔有口皆赞英雄十方飞鸿广播功劢；
现九州炳蔚碧野葱茏夏岛客翁老骥伏枥风韵犹存乡音依旧抛毁
誉而不屑视荣辱如尘土其超凡人格魅力赢得千夫景仰青史垂碑循公
坎坷履历确乎古今天下传奇者冠惊闻将军噩耗悲矣白山黑水故里亲
朋无言泪别寿星百载乘鹤远驾逍遥。

来张学良旧居陈列馆参观凭吊的各界群众络绎不绝，很多人手捧鲜
花以表达对英雄的敬意。一位年轻人告诉记者："张学良将军是我们心
目中的英雄。"

张学良旧居陈列馆馆长张力在接受中国新闻社记者采访时说："听
到将军辞世的噩耗，大帅府陷入巨大悲痛之中，张将军以牺牲自己大
半生自由的代价，换得了中华民族解放的大好前景，其巨大的人格魅
力令人景仰。我们为能在大帅府工作而感到百倍的自豪与骄傲，也为

大帅府的主人没能在有生之年再回到故乡、回到自己的家中来看看而感到万分的遗憾。可以说，张学良将军没有能实现这一夙愿，留下了千古遗憾。"

10月19日，辽宁省各界人士200余人在张学良的家乡海城隆重集会，沉痛悼念张学良，寄托家乡人民的哀思。时任辽宁省相关领导及辽宁省各界代表分别讲话，深切缅怀张学良的丰功伟绩，表达各界人民对张学良的思念。

"寂寞梧桐人何在，呢喃紫燕是故园。"故乡人民永远怀念远游的骄子！

在天津和北京，有张学良的许多亲属居住在这里，他（她）们以自己的方式表达了哀悼和思念之情。在天津张学良二弟张学铭故居，亲属及其后代临时布置了一个灵堂，举行了"追思会"，灵堂正中放着张学良将军30岁时的彩照，风度翩翩，英姿焕发。这张照片在这里一挂就是数十年。灵堂花篮上写着一副挽联："永年不朽忠肝义胆谱云天，举世同悲德高望重悬日月。"

在西安事变的发生地西安市，人们以各种方式悼念张学良。陕西省政协、陕西省西安事变研究会、西安事变纪念馆、西安市临潼区人民政府与杨虎城将军家属等都向张学良的亲属发去唁电，深切哀悼张学良先生逝世。陕西省政协在唁电中说："陕西是西安事变的发生地，陕西人民将永远记住先生的功绩。"西安事变研究会的唁电说："张将军一生胸怀大义，热爱祖国和人民，为人光明磊落。特别是1936年同杨虎城将军一起发动了震惊中外的兵谏，促成了国共第二次合作，为推动全国全面抗日战争局面的形成起了巨大作用。张将军是无愧于'千古功臣'这一光荣称号的。我们将永远铭记他的丰功伟绩和高尚人品。"

在得到张学良病逝的消息后，杨虎城将军的女儿杨拯美、杨拯英、杨拯汉等于当天深夜赶到西安事变纪念馆（即张学良在西安的公馆）敬献鲜花，并向张学良发出唁电："世叔光辉一生，将永远是我们学习的榜样。"

西北大学是在当年东北大学流亡迁校到西安的旧址上发展起来的。这里至今还保留着张学良当年捐款修建的学校大礼堂，礼堂前还矗立着1936年8月张学良亲笔书写的"东北大学校舍奠基纪念碑"，碑文记录了一段民族的辛酸历史。西北大学文博学院和文学院的学生们手持"深切缅怀爱国将军张学良先生"的标语，聚集在纪念碑前，一遍遍地读着充满爱国激情的碑文，心中激起振兴中华繁荣强烈愿望。

从15日开始，一批又一批西安市民与学生前往西安事变纪念馆敬献鲜花，表达哀思。

张学良逝世的消息传到台湾，台湾各界人士也纷纷表达了哀悼之情。

在张学良病危和逝世后，台湾"中央社"及时报道了有关消息。台北各大报纸都以大量的篇幅报道了张学良去世的消息及张学良的生平事迹，以表达他们对张学良的悼念。台湾各大电视台以最快的速度滚动报道了有关的最新消息和张学良的生平事迹。远在夏威夷的张学良，也同样牵动着台湾同胞的心。

政党方面，中国国民党主席连战在张学良逝世后发表谈话，表达了非常沉痛的哀悼之情。他说，张学良将军的一生，是中国现代史上相当重要的一页。张学良的民族大义及爱国情操，令他感到非常钦佩。而今，张将军走入历史，留给后人无限追思。连战除了致电张学良亲属表示哀悼，同时指示国民党海外党部全力协助家属治丧。

台湾亲民党主席宋楚瑜在得知张学良逝世的消息后，立即给张学良亲属发出了唁电，赞扬张学良先生是一位伟大的爱国者，赞其谦冲为怀的长者风范和真诚坦率的忧国忧民情怀。

此外，台湾知名人士也纷纷发表谈话，表示哀悼之意。前"监察院长"王作荣称赞张学良一生光明磊落。

前"立法院长"、时任海峡两岸和平统一促进会会长梁肃戎与张学良是辽宁老乡,两人从张学良庆祝九十大寿开始有了密切交往,两位东北汉子在一起,几乎无话不谈,当然也包括西安事变那段敏感的历史。张学良对此很谦虚,说:"功臣不敢当,这是我分内事。"张学良移居美国后,两人仍保持着联系。1998年,梁肃戎还亲自去夏威夷为张学良祝寿。谈到病危中的张将军,梁肃戎表示:"人生总是百年而已,他已享高龄,应是无憾。张学良先生对国家、对民族的贡献有目共睹,作为他的晚辈,作为他的同乡,我引以为荣。"在获悉张学良去世的消息后,梁肃戎表示,他将与在台湾的东北同乡为张将军举行追思纪念会。

　　张学良的去世,对于顽固坚持"台独"立场的台湾当局来说,其心情显然是复杂而微妙的。但不管如何,表面的文章还是要做的。据说,在张学良去世后,"总统"陈水扁也给张学良亲属发出了唁电,但唁电全文不到30个字,没有任何评价性的语言。这也难怪,张学良是毕生坚持祖国统一并为之奋斗多年的千古功臣,而陈水扁则是顽固坚持"台独"分裂立场的罪魁祸首,他们之间本来就没有任何共同的语言。可笑的是,10月19日台湾当局又以"总统"陈水扁、"行政院长"张俊雄的名义签署了所谓的"褒扬令"。"褒扬令"称:"东北耆宿张学良,早预戎行,勇略夙昭,英隽秀发,蜚声于时。民国十七年,临危受命,主政东北。怀民族大义,秉爱国志节,勇拒日人威逼利诱,毅然宣布易帜,拥护中央,促成统一奠定。训政时期,建设根基,旋于中原大战期间,通电支持国民政府,调停各方,止息战祸,厥功至伟。终其生平,爱国情殷,慷慨贞固,淡泊恬静,寿登期颐。惊闻殂谢,悼惜良深,应予明令褒扬,以示政府笃念耆贤之至意。"顽固的"台独"头子却在"褒扬令"中一本正经地称赞起张学良将军毕生追求国家统一的"民族大义"来,真是不知所云,让人哭笑不得!

　　在美国纽约,与张学良有着70多年交往历史的宋美龄女士得知张学良病逝的消息,心情同样十分沉重,她长时间不说一句话,完全沉浸在对漫长往事的追忆中。此时她已经是103岁高龄,风烛残年,行动十分不便。17 日晚，宋美龄女士心情略为好转，当即决定请多年好友、台湾"妇联会"秘书长辜严倬云代表她去夏威夷向"少帅"做最后的告别，并向"少帅"家属致意。宋美龄女士特别交代辜严倬云女士预备一束十字架鲜花，置于"少帅"灵前。以宋美龄名义送的花圈缎带上写着："送张汉卿先生远行。蒋宋美龄敬挽。"

10 月 16 日，张学良之子张闾琳发布公告，宣布其父亲的葬礼将于 10 月 23 日在檀香山（火奴鲁鲁）的博思威克殡仪馆举行，宗教仪式后举行公祭。公告说，所有祭奠张学良先生的款项将全部捐献给慈善事业。

葬礼于当地时间 23 日上午在檀香山的博思威克殡仪馆隆重举行。从上午 10 时开始，来自各地各界的 500 多名华人华侨迈着沉重的步伐，默默地走进博思威克殡仪馆，来向这位伟大的爱国者做最后的告别。受中国政府委托，中国驻美国大使馆临时代办何亚非以及驻洛杉矶代总领事许士国等参加了葬礼活动。

博思威克殡仪馆的气氛庄严肃穆。中共中央总书记、中国国家主席江泽民敬献的花圈摆放在灵堂前排正中位置，挽联上书"张学良先生千古"。灵堂里还摆放着中共中央政治局常委、全国政协主席李瑞环，全国政协副主席、中共中央统战部部长王兆国和民革中央主席何鲁丽等人敬献的花圈。

张学良先生的遗体安放在紫铜棺中，鲜花覆盖着铜棺。

当地时间 11 时，葬礼在宗教仪式中开始，宗教仪式后举行公祭。何亚非率中方人员向张学良先生遗体告别，他代表江泽民主席和中国政府再次对张学良先生去世表示哀悼，并向张学良先生的亲属表示慰问。何亚非说，张学良将军是伟大的爱国者，是中华民族的千古功臣，他为中华民族所作出的历史贡献将永载史册。张学良之子张闾琳、女儿张闾瑛等亲属请何亚非代办转达他们对江泽民主席等国家领导人、中国政府及各界人士的衷心感谢。他们表示，张学良先生非常热爱祖国，始终主张和企盼中国的统一。

张学良的孙子张居信在接受《人民日报》记者采访时也表示：自他的祖父逝世后，他们全家人一直处于无比悲痛之中，全家人对江泽民主席和其他中国领导人发来的唁电和慰问电非常感动和感激，对中共中央总书记、中国国家主席江泽民对其祖父的高度评价感到非常荣耀和自豪。今天悼念祖父，回顾他一个世纪的人生历程，对他的爱国主义精神更加敬佩。他说，他的祖父生前虽然没能再回祖国大陆，但他始终关心和热爱祖国，对故乡充满思念和感情。令人欣慰的是，他不能实现的愿望，他的后代为他实现了一些。"我父亲和我们兄弟都多次去过中国。为了加强交往，我还专门去北京大学进行了一段时间的中文培训。"最后，他深情地说，他对中国同样充满感情，对中国发生的巨大变化感到高兴，希望中国更加强大，更加繁荣昌盛。

台湾当局派"外交部"部长田弘茂参加了张学良的葬礼。

公祭之后，张学良先生的遗体随即安葬于当地的神殿谷纪念陵园，与上年谢世的夫人赵一荻合葬一处。

早在几年前，张学良夫妇就已经对身后之事做了安排，身后不归葬东北家乡，也不葬在台湾，而是就近葬在檀香山。他们在当地购置了墓地，并修筑了两人的合葬坟冢。张学良夫妇的合葬坟冢位神殿谷纪念陵园之内。该地位于檀岛北边，距市区约五六十公里，张学良五弟张学森去世后也埋葬在这里。

张学良夫妇的墓园就在张学森墓上方的山坡上，占地约200平方米，入口处有块大理石，上刻希伯来文"以马内利"，意即"神与我们同在"。进门之后，约30米的曲折步道完全没有台阶，轮椅可以直达黑色大理石墓台。墓台四周，以夫桑及扁柏间隔栽植。在拱形墓台外围，另一块大理石则以中英文刻着《圣经·约翰福音》第十一章第二十五节经文："复活在我，生命在我，信我的人虽然死了，亦必复活。"大理石墓台前方则是用英文刻的"以马内利"。整个墓园的后方正中是白色十字架。整个墓园坐南朝北，风水很好，以"中国海景"名之。

整个丧事的办理过程，充分尊重了张学良生前遗愿和他亲属的意愿。熟悉内情的人士表示，张学良与赵一荻携手走过极不平凡的一生，鹣鲽情深，两人死后合葬在一处，永不分开，使这对传奇的历史人物留下一段佳话。

尽管张学良已经入土为安，但人们的思念还在继续。

在张学良去世后，旅台东北同乡会随即举行了临时座谈会，包括宋长志、梁肃戎、乌钺、赵自齐、冯沪祥、石永贵等一批东北籍名流全部出席，临时座谈会除决定以东北同乡会名义向张学良家属发出唁电外，还决定在台北举行一场追思纪念会。

张学良追思纪念会于 12 月 27 日上午举行。追思会场设在台北市延平南路。临时搭就的灵台，白幔委地，花环簇拥。张学良的遗照安放在鲜花丛中，照片上，先生一身戎装，英气勃勃。会场布置得简朴、庄重、肃穆。"纪念张学良先生追思大会"横幅，蓝底黄字，悬挂堂中。大会由台湾东北同乡会主办，台北市辽宁同乡会名誉会长宋长志主持。10时整，主持人率同乡起立默哀，追念东北乡亲心中最敬爱的"少帅"。台湾海峡两岸和平统一促进会会长梁肃戎以《永远的中国人》为题，追忆了张学良先生不平凡的人生历程，并以张学良一生追求国家独立自由和统一的历史事实，谴责了某些"台独"分裂分子分裂祖国的图谋。东北同乡会强调，张学良先生一生爱国家、守疆土，对国家统一和疆土维护做了许多努力，东北同乡均表感佩。

12 月 3 日，香港大屿山宝莲寺为张学良举行了追思法会，张学良侄女、全国政协委员张闾蘅与多名香港人大代表、政协委员及中联办代表出席了追思会。追思会由宝莲禅寺释智慧法师主持，众法师为"少帅"念诵阿弥陀佛经，祈愿"少帅"亡灵早登天界。出席者低头默哀，气氛庄严而肃穆。法会上两副挽联充分反映了追思法会同人的心志，一副是

"民族英雄群伦共仰，国家柱石千古功臣"；另一副是"民族英雄万人敬仰作典范，国家元勋千古功臣后人看"。

　　作为中华民族的英雄，作为有大功于祖国的千古功臣，伟大的爱国者，张学良一生的伟大功勋完全可以盖棺定论，他高尚的爱国主义精神达到了他那个时代、那个阶级所能达到的顶峰，正如一首小诗所说的：

　　　　菩萨是泥塑的，
　　　　围墙是土堆的，
　　　　石头再坚硬，
　　　　也会被风化，
　　　　只有活在人心中，
　　　　才能得永生。

　　张学良将军，将永远铭刻在人们心中，与历史同在！

附录一　张学良生平大事年表

1901 年　1 岁
6 月 3 日（清朝光绪二十七年四月十七日）出生。

1906 年　6 岁
开始接受教育。

1916 年　16 岁
春，与于凤至结婚。于氏，辽宁辽源人（今吉林辽源），比张学良大 3 岁。婚后张学良一直以大姐相称。张、于育有一女三儿，即张闾瑛、张闾珣、张闾玗、张闾琪。

11 年下旬，南开学校校长、著名教育家张伯苓来到沈阳在辽宁基督教青年会作《中国之希望》的演讲，强调"中国之希望在每一个中国人之发奋图强，努力救国"。这个演讲对于张学良起到了振聋发聩、指点迷津的作用。从此，他立志救国，成为一个"爱国狂"。1930 年 12 月 10 日，已是中华民国陆海空副司令的张学良来到南开大学演讲，称："予之有今日，张先生一言之力也。"

1917 年　17 岁
是年，经周大文等人介绍加入奉天（辽宁）基督教青年会（后担任会董），结识了该会总干事普赖德、干事华茂山、学者惠特和佩克夫妇，也结识了东北新派人物阎宝航、王卓然等。青年会还邀请北京、天津、上海等地的名流到沈阳演讲。

1919 年　19 岁

3 月，入东三省陆军讲武堂第一期炮兵科学习，与战术教官郭松龄成为忘年交的师生兼朋友。

1920 年　20 岁

3 月，从讲武堂毕业，授陆军炮兵少校，任东三省巡阅使公署卫队营长、团长。

4 月，升任卫队旅旅长。

6 月，改任奉天陆军第三混成旅旅长，晋升陆军上校。

11 月，晋升陆军少将。

1922 年　22 岁

3 月，与郭松龄指挥奉天第三、四混成旅入关参加第一次直奉战争，5 月，奉系大败。

6 月 18 日，与孙烈臣代表奉军，在秦皇岛英国"克尔富"号军舰上与直军代表王承斌、杨清臣签订停战协定，规定双方自 19 日起撤退军队，直军司令部撤回天津，不得向东三省进兵；奉军全部开到山海关以外。第一次直奉战争结束。

7 月，任东三省陆军整理处军参谋长，协助其父整军经武，发誓报战败之仇。

1923 年　23 岁

3 月，兼任东北航空处总办和航空学校校长，着手创建东北空军。先后向德国、意大利购买飞机约 300 架，编成 4 个大队。

1924 年　24 岁

5 月，升任奉军第二十七师师长。

9 月，率部参加第二次直奉战争。

12 月，兼任奉军东北航空大队大队长。

1925 年　25 岁

3 月，改任东北边防军第三师师长。

4 月，任第三军军长，晋升陆军中将。

11 月，奉军第三军团副军团长郭松龄倒戈反奉，要求张作霖下台，由张学良接任。张学良拒绝接受，随后以讨逆军前敌总指挥兼中路军司令名义指挥对郭松龄部作战。

1926 年　26 岁

8 月，兼任东北陆军讲武堂监督。

1927 年　27 岁

2 月 8 日，任安国军第三方面军军团长。

3 月，与韩麟春指挥安国军第三、四方面军进攻河南，解决吴佩孚残部。

5 月，与韩麟春指挥安国军第三、四方面军在河南境内与从武汉出师的国民革命军北伐部队唐生智、张发奎部激战。

6 月 18 日，晋升陆军上将。

7 月，兼任陆军大学监督。

9 月 30 月，晋奉战争爆发，与韩麟春负责在京汉线对阎锡山部作战。从 10 月 19 日至 11 月 17 日，指挥奉军对晋军第四师师长傅作义部扼守的涿州城发起 9 次围攻，但均告失败。最后，弹尽粮绝的傅作义经阎锡山同意，与奉军谈判，傅作义部接受改编，退出涿州城。

1928 年　28 岁

4 月，南京国民政府蒋介石、冯玉祥、阎锡山、李宗仁四个集团军宣布北伐，奉军与直鲁联军节节败退。

6 月 3 日，张作霖从北京撤退回奉天途中，在皇姑屯为日本关东军炸死。18 日，张学良被推举为奉天军务督办。

7 月，就任东三省保安总司令兼奉天保安司令。

8 月，兼任东北海军司令部总司令，沈鸿烈任副司令。

同月，兼任东北大学校长。

12 月 29 日，排除日本的严重干扰，通电全国，宣布东三省自即日起"遵守三民主义，服从国民政府，改易旗帜"。

1929 年　29 岁

1 月 1 日，个人捐款 500 万元作为奉天省中小学教育永久基金，以常年息金补助教育，并组织董事会保管支配。

1 月 4 日，被国民政府特任为东北边防军司令长官。

1 月 7 日，被公推为东北政务委员会主席。

1 月 10 日，以"暗结党羽，图谋内乱，勾结共产，颠覆政府，阻挠和议，把持庶政，侵款渎职"的罪名枪决奉系实权派——东三省兵工厂督办杨宇霆、黑龙江省省长常荫槐，是为震惊国内的"杨常事件"。

3 月 22 日，召集辽宁、吉林、黑龙江、热河四省军政长官会议，讨论制定《治理东北大纲》。

5 月 23 日，与东北将领联名发表通电，反对西北军将领刘郁芬等对抗南京国民政府。声称："学良等效忠党国，不敢后人，拥护中央，尤为素志。其有甘冒不韪自绝于人者，宜当仗义执言，与众共弃。"

6 月中旬，主持制订东北移民计划。

7 月，在蒋介石授意下，单方面以武力收回原由中、苏共管的中东铁路，将苏联驻哈尔滨代理领事及中东铁路局局长等 59 名苏方人员驱逐出境，一手制造了中东路事件。8 月，苏联出兵东北，东北军不堪一击，被迫求和，接受苏方条件，承诺中东路恢复原状。同年 12 月 22 日，蔡运升与苏联代表西曼诺夫斯基签订《伯力协定》，确认两国停战，恢复 7 月冲突以前之状态，中东路争议及恢复两国国交问题由中苏会议解决，中东路事件结束。

1930 年　30 岁

3 月 1 日，发表劝告蒋、阎息争通电，"望介、百二公，融袍泽之意见，凛兵战之凶危，一本党国付与之权能，实施领袖群伦之工作"。

3 月 22 日，被国民政府授予青天白日章及一等宝鼎章。

3 月 31 日，兼任东北航空司令部正司令，张焕相代司令，徐世英为副司令。

9 月 18 日，发表明确倒向蒋介石的"和平通电"称："良委身党国，素以爱护民族、维持统一为怀，不忍见各地同胞再罹惨劫，用敢不揣庸陋，本诸'东'电所述，与夫民意所归，呼请各方，即日罢兵以纾民困。至解决国是，自有正当之途径，应如何补救目前，计划永久，所以定大局而餍人心者，凡我袍泽，均宜静候中央措置；海内贤达，不妨各抒伟见，共谋长治久安之策。"随即出兵关内，从阎锡山手中接收华北。

10 月 9 日，在沈阳宣誓就任中华民国陆海空军副司令。

11 月中旬至 12 月中旬，前往南京，受到蒋介石及南京政府上下最热烈的欢迎。在此期间，还参观游览了南京、镇江等地，拜访南京政府党政军各要人，多次与蒋介石及国府有关负责人就东北的内政外交及华北善后问题达成一系列协议。

12 月中下旬，主持制定晋军及西北军整编方案。

1931 年　31 岁

3 月 3 日，改任东北大学委员长，宁恩承兼秘书长，代行校长职务。

3 月 26 日，被推举为国民党东北党务指导委员会主任委员。

4 月 24 日，在北平设立陆海空军副司令部行营，以行营副司令名义，代表陆海空军总司令蒋介石处理河北、山西、察哈尔、绥远、热河、辽宁、吉林、黑龙江八省军事问题。

5 月上旬至中旬，至南京出席国民会议，参与制定《中华民国训政时期约法》。

6 月 1 日，因发高烧住进北平协和医院治疗。

7 月中旬至 8 月上旬，主持讨伐石友三叛乱。

9 月 18 日，日寇制造九一八事变，进攻东北。奉蒋介石电令，对日持不抵抗方针，导致东北三省沦陷，被日本殖民统治 14 年。

12 月 16 日，奉国民政府令辞陆军空军副司令，改任北平绥靖公署主任。同日，被国民政府委任为北平政务委员会委员长。

12 月中下旬，下令将东北军由旅制改为师制。

1932 年　32 岁

2 月 11 日，兼任华北军事整理委员会理事长。

8 月上旬，与国民政府行政院长汪精卫发生公开冲突。胡适来函劝张下野，在种种压力下不得不呈请辞职。

8 月 15 日，国民党中央常务委员会决定裁撤北平绥靖公署，另设军事委员会北平分会，蒋介石以军事委员会委员长兼北平分会委员长。根据蒋介石的命令，张学良以军事委员会委员资格主持北平分会工作。

1933 年　33 岁

1 月 1 日，日寇制造榆关事件，指挥所部迎击日寇，长城抗战开始。

2 月 12 日，指挥热河抗战。因汤玉麟不战而放弃热河，再次受到舆论指责，与蒋介石协商后于 3 月 11 日通电下野，以谢国人。

3 月 12 日从北平飞上海，在戒毒专家米勒博士帮助下进行戒毒治疗，自书戒毒条幅："陋习好改志为鉴，顽症难治心作医。"

4 月 11 日，偕夫人于凤至、赵一荻及子女从上海启程前往欧洲游历。首先到意大利，对法西斯制度进行了专门研究。7 月 22 日离开意大利，先后游历并考察法国、瑞士、英国、德国、丹麦、瑞典、芬兰等国，于 1934 年 1 月 8 日到上海。

1934 年　34 岁

3 月 1 日，在武昌宣誓就任豫鄂皖三省"剿总"副司令，以副司令代行总司令职权，负责指挥"围剿"三省境内的工农红军。

1935 年　35 岁

3 月 1 日，改任国民政府军事委员会委员长驻武昌行营主任。

4 月 2 日，晋升为陆军一级上将。

10 月 2 日，根据国民政府特任，兼任西北"剿总"副司令。总部设西安，指挥"围剿"西北红军。

11 月 1 日，出席国民党四届六中全会。在集体合影时，亲日派的行政院长汪精卫为爱国志士连击三枪，张学良与张继联合制服刺客孙凤鸣。

1936 年　36 岁

1 月 20 日，自西安秘密飞抵洛川会见中共中央联络局局长李克农，就停止内战联合抗日问题举行秘密会谈。

4 月 9 日，与王以哲、刘鼎飞抵肤施（今延安），与周恩来、李克农在城内天主教堂内举行秘密会谈，达成停止内战、联合抗日的一系列谅解。会谈中，张还提出统一战线应包括蒋介石在内。因为蒋介石是最大的实力派，掌握着军政大权，要抗日，不联合蒋介石不行。张的意见被中共采纳，并及时将"反蒋抗日"改为"逼蒋抗日"，后来进一步发展为"联蒋抗日"。

4月下旬，刘鼎自肤施返回洛川，带来周恩来的亲笔信。周在信中说："为抗日固足惜蒋氏，但不能以抗日殉蒋氏。为抗日战线计，为东北军前途计，先生当有以准备之也。"

5月12日，与周恩来在肤施（今延安）举行第二次秘密会谈，讨论"西北发动大计"问题。张学良同意东北军给西征红军让路，并配合红二、四方面军北上以利打通国际路线。

9月中旬，任东北军"抗日同志会"主席。

10月下旬，陪蒋介石游华山，赋诗一首："偶来此地竟忘归，凤景依稀梦欲飞。回首故乡心已碎，山河无恙主人非。"

12月8日，与杨虎城决定对蒋介石实行兵谏。10日下午3时，与杨虎城做出兵谏部署。

12月12日，与杨虎城将军联合发动兵谏，扣留蒋介石及在西安城内的国民党军政大员，随即发表《对时局宣言》，提出抗日救亡的八大主张，这就是震惊中外的西安事变。经过半个多月惊心动魄的斗争，迫使蒋介石停止内战。25日，亲自陪蒋介石离开西安，于26日抵达南京。

12月31日，受到蒋介石组织的军事法庭审判，审判长李烈钧宣布判处张学良有期徒刑十年，褫夺公权五年。

1937年 37岁

1月4日，蒋介石操纵国民政府做出决议：张学良所处十年有期徒刑，本刑准予特赦，仍交军事委员会严加管束。从此，张学良开始了漫长的幽禁生涯。

1月7日，致函蒋介石，就解决陕甘问题提出《意见书》。

1月13日，由军统特务头子戴笠亲自押送，从南京经杭州前往奉化溪口，被软禁在溪口的中国旅行社招待所9个多月。

11月13日晚，由军统特务押送离开溪口，经嵊县（今嵊州市）、东阳、永康、金华、兰溪、威坪、界口、徽州于14日下午达到安徽黄山，19日凌晨离开黄山于21日达到江西萍乡。

12月23日，离开江西萍乡，经湖南长沙、湘潭、衡阳，于25日下午抵达湖南郴州，先住郊区苏仙岭上的苏仙观，后搬永兴油麻圩小学。

1938 年　38 岁
4 月中旬离开湖南永兴，经长沙前往湘西沅陵县凤凰山凤凰寺。

本年冬，在刘乙光的押送下，离开凤凰山前往贵州修文县阳明洞。

1939 年　39 岁
继续幽禁在贵州修文县阳明洞。

1940 年　40 岁
继续幽居在阳明洞。冬，夫人于凤至前往美国治病，赵一荻小姐从香港来到阳明洞陪伴张学良，成为相依为命的患难夫妻。

1941 年　41 岁
7 月 6 日，因急性阑尾炎发作，被送到贵阳的中央医院治疗。病愈后暂住贵阳黔灵山麒麟洞。8 月中旬，病情再度恶化，在黔灵山麒麟洞施行第二次手术。病情痊愈后，应贵州省政府主席吴鼎昌之邀到贵阳花溪参加过一次诗会，即席赋诗一首："犯上已是祸当头，作乱原非余所求。心存广宇壮山河，意挽中流助君舟。春秋褒贬分内事，明史鞭策固所由。龙场愿学王阳明，权把贵州当荆州。"

1942 年　42 岁
2 月，从贵阳黔灵山麒麟洞迁往贵州开阳县刘衙。

1944 年　44 岁
12 月，因日军进攻贵州，逼近贵阳，张学良被迁往桐梓县南门外小西湖畔。

1946 年　46 岁
4 月 15 日至 20 日，东北元老莫德惠来桐梓探视，书写了致蒋介石、宋美龄、何应钦、张群等国民党军政大员以及旧雨同人、亲属的信数十封托莫氏带回重庆转交，同时赋《种菜诗》一并托莫氏带出。

10月15日，由刘乙光押送，离开桐梓天门洞，被送到重庆郊外歌乐山已逝戴笠的公馆幽禁，等候押送去台湾。

11月2日，经重庆乘飞机抵达台北，然后被送到新竹县竹东镇井上温泉继续其幽禁生活。

1947年　47岁

5月12日至18日，莫德惠获准从大陆到井上温泉探视，赋诗一首相赠："十载无多病，故人亦未疏；余生烽火后，惟一愿读书。"

10月30日，张治中来井上温泉探视，亦赋诗一首相赠："总府远来义气深，山居何敢动佳宾；不堪酒贱酬知己，惟有清茗对此心。"

1948年　48岁

继续在井上温泉幽居。

1949年　49岁

2月初，从井上温泉秘密转移到高雄西子湾寿山要塞幽禁。

1950年　50岁

1月下旬，从高雄搬回井上温泉。

4月30日，宋美龄在台北大溪官邸约见张学良。

1951年　51岁

4月22日，在宋美龄的安排下，到台北大溪官邸会见美国友人伊雅格。

1955年　55岁

与赵一荻在毛人凤的安排下，到台北过春节，顺便到台北的医院检查身体、治疗疾病。

1956年　56岁

在西安事变20周年之际，应蒋介石的要求，撰写《西安事变回忆录》。

1957 年　57 岁

10 月 24 日，从井上温泉迁移到高雄西子湾，住在原高雄要塞司令石觉的官邸。

1958 年　58 岁

5 月 17 日，宋美龄从台北到高雄西子湾探视张学良、赵一荻。

9 月 4 日，经蒋介石同意，与赵一荻从高雄前往台北，被安排住在台北北投幽雅路招待所，准备治疗眼疾。

10 月 17 日，蒋经国到招待所看望。

11 月 23 日，应邀到台北大溪官邸与蒋介石作短暂会见。

1959　59 岁

3 月下旬，从台北返回高雄。

7 月 21 日，前往台北会见伊雅格，商量家事。

7 月 25 日，宋美龄派车将张学良接到阳明山官邸，商量张学良家事处理问题。

1960 年　60 岁

1 月 17 日，宋美龄到高雄张学良寓所，商量张学良家事处理问题。

2 月 2 日，董显光在宋美龄的安排下到高雄，做张学良的"伴读"。

4 月 8 日，从高雄迁居台北，开始住在北投幽雅路招待所。

6 月 5 日，根据宋美龄的安排，到蒋介石的士林礼拜堂做礼拜，在国民党上层中公开亮相。

1964 年　64 岁

7 月 4 日，在台北杭州南路美籍友人伊雅格寓所与赵一荻（英文名 Edith, 音译为一荻）秘密举行结婚仪式。这对"牢狱鸳鸯"在基督十字架下结为正式夫妻，而这时他们已经相濡以沫度过了 36 个春秋。

1975 年　75 岁

4 月上旬，在蒋介石入殓前向遗体做最后的告别，并书写挽联："关怀之殷，情同骨肉；政见之争，宛如仇雠。"

12月20日，周恩来在病床上召见中共中央对台工作办公室负责人罗青长，再三嘱咐："不要忘了台湾的朋友。"

1980 年　80 岁
10月20日，在台湾当局"总统府"副秘书长张祖诒、"国防部"副部长马安澜的陪同下，到金门岛用望远镜眺望祖国大陆。

1988 年　88 岁
1月14日，到台北"荣总"医院怀远堂向蒋经国遗体告别。

3月25日，发表《致社会各方的公开信》。

3月27日，应邀到台湾当局"总统"李登辉寓所做客。

1990 年　90 岁
5月30日，邓颖超致电遥祝张学良的90大寿。贺电称："先生当年为之奋斗、为之牺牲之统一祖国、振兴中华大业，为期必当不远。"

6月1日，台湾当局由元老张群等出面在台北圆山大饭店为张学良庆祝90大寿。

6月3日，夫人赵一荻发表《张学良是怎么样的一个人》，文章说："张学良是一个非常爱他的国家和他的同胞的人。他诚实而认真，从不欺骗人，而且对他自己所做的事负责，绝不推诿……"

6月17日、8月3日至5日，三次接受日本广播协会电视台记者的采访，这是他被囚禁半个世纪以来第一次正式接见并回答记者的提问。他语重心长地寄语日本青年："不要和过去一样用武力侵略别人……也不要以经济侵略别人，要帮助别人。"

12月31日，为杨虎城将军长子杨拯民题写了"爱人如己"四个大字。

同日，向东北大学在美国校友会会长张捷迁教授赠诗："不怕死，不爱钱，丈夫决不受人怜。顶天立地男儿汉，磊落光明度余年。"

1991 年　91 岁
3月10日，偕夫人赵一荻乘飞机前往美国探亲访友，这是他们第一次离开国民党统治区，受到海内外的极大关注。在美国期间，多次接受记者访问。5月下旬，原东北军老部下吕正操受中共中央的委托，专程赴美国探望张学良，向他转交了周恩来夫人邓颖超的一封信，信中转达了邓小平的邀请，诚恳欢迎他回家乡看一看。

6月5日，应邀为大陆辽宁人民出版社出版的《九一八事变丛书》题词："历史伤痕，痛苦回忆。"

6月25日，偕夫人返回台北。

1992年　92岁

7月12日，委托侄女张闾蘅到邓颖超灵堂敬献花篮，花篮缎带上书："邓颖超大姐颖超千古！张学良 赵一荻敬挽。"

9月10日，在台北寓所首次接受大陆赴台访问的人民日报、新华社、中央电视台、中央人民广播电台四位记者的采访。

11月30日，为复校的东北大学题写校名。

1993年　93岁

应邀担任辽宁东北大学名誉校长和名誉董事长。

12月上旬，为杨虎城百年诞辰题词："敬念杨虎城先生百岁诞辰。"

12月15日，第三次赴美国探亲。之后定居美国，再也没有回台湾。

1994年　94岁

5月，派儿子张闾琳、儿媳妇陈淑贞回中国大陆参观访问。张闾琳夫妇先后参观了沈阳"大帅"府及张作霖陵墓。

1995年　95岁

4月，收到美国移民局发放的"绿卡"，正式定居美国。

1996年　96岁

3月14日，为南开大学创办人、著名教育家张伯苓120岁诞辰题写"桃李满天下"。

10月，会见张学良基金会、张学良研究会负责人周毅教授。

2000 年　100 岁

3 月 12 日，会见张学良暨东北军史研究会会长张德良、副会长王维凡、秘书长周毅等人，并合影留念。

5 月底 6 月初，在美国夏威夷、中国北京、沈阳等地分别举行了隆重的百岁庆典活动。中共中央总书记、国家主席江泽民发出贺电。

2001 年　101 岁

当地时间 10 月 14 日 20 时 50 分在美国夏威夷去世，享年 101 岁。中国共产党中央委员会总书记、中华人民共和国主席江泽民，全国政协主席李瑞环，民革中央主席何鲁丽以及全国政协办公厅、辽宁省政协等单位和个人向其亲属发去唁电。江主席的唁电称："张学良先生是伟大的爱国者……张学良先生的卓越勋和爱国风范，彪炳青史，为世人景仰。中国共产党和中国人民永远怀念张学良先生。"

附录二　1928 年东北军序列表

　　1928 年 7 月 4 日，张学良就任东三省保安总司令兼奉天保安司令，接管了其父遗下的奉军指挥权。同年 12 月 30 日，被南京国民政府任命为东北边防司令长官。张学良接掌兵权后，对奉军进行了整顿和改编，将奉军改编为东北边防军或省防军，奉军成为历史名词。编制上，取消方面军、军、师（热河仍保留军、师）等大编制，国防军中步兵、骑兵以旅为单位，炮兵以团为单位，工兵以营为单位；省防军中，步兵、骑兵以旅或团为单位。整编后的东北军有国防军 30 个步兵旅、6 个骑兵旅、10 个炮兵团。省防军中，辽宁省有 7 个团，黑龙江省有 7 个旅，热河省有 3 个旅。东北海军有 3 个舰队，3 个陆战大队。空军有 1 个航空大队（辖 5 个航空队）。此外，还有东北工兵（8 个工兵营），东北宪兵（9 个宪兵队），1 个通讯大队，1 个战车队，1 个铁甲车队及 3 个屯垦团。总兵力 30 余万人，在当时国内五大军事集团中，仅次于蒋介石集团。

一、东北边防军

步兵第一旅　　　旅长王以哲

步兵第二旅　　　旅长丁喜春

步兵第三旅　　　旅长何柱国

步兵第四旅　　　旅长刘翼飞

步兵第五旅　　　旅长董英斌

步兵第六旅　　　旅长李振唐

步兵第七旅　　　旅长赵维祯

步兵第八旅　　　旅长丁　超

步兵第九旅　　　旅长李　杜

步兵第十旅　　　旅长张作舟

步兵第十一旅　　旅长不详

步兵第十二旅　　旅长张廷枢

步兵第十三旅　　旅长吉　兴

步兵第十四旅　　旅长徐永和

步兵第十五旅　　旅长梁中甲

步兵第十六旅　　旅长应振复

步兵第十七旅　　旅长韩光第

步兵第十八旅　　旅长张焕相

步兵第十九旅　　旅长孙德荃

步兵第二十旅　　旅长富占魁

步兵第二十一旅　旅长赵芷香

步兵第二十二旅　旅长富　春

步兵第二十三旅　旅长马廷福

步兵第二十四旅　旅长黄师岳

步兵第二十五旅　旅长孙旭昌

步兵第二十六旅　旅长邢占清

步兵第二十七旅　旅长刘乃昌

步兵第十一师（热河）　师长汤玉麟

步兵第七旅　　　旅长张从云

步兵第二十八旅　旅长董福亭

步兵第五十一旅　旅长刘香九

骑兵第一旅　　　旅长郭希鹏

骑兵第二旅　　　旅长程志远

骑兵第三旅　　　旅长张树森

骑兵第四旅　　　旅长常尧臣

暂编骑兵第一师　师长郑泽生

骑兵第一旅　　　旅长宝振荣
骑兵第二旅　　　旅长白凤翔

炮兵第一团　　　团长汲绍峰
炮兵第二团　　　团长黄永安
炮兵第三团　　　团长谢维哲
炮兵第四团　　　团长王和华
炮兵第五团　　　团长张福山
炮兵第六团　　　团长汲绍岚
炮兵第七团　　　团长刘翰东
炮兵第八团　　　团长张思慕
炮兵第九团　　　团长朴炳珊
炮兵第十团　　　团长穆纯昌

东北海军　　　　司令张学良兼，副司令沈鸿烈
海防第一舰队　　司令凌　宵
海防第二舰队　　司令袁方乔
江防舰队　　　　司令谢雕哲
东北航空大队　　大队长徐世英

二、省防军

辽宁步兵第一团　　团长姜全我
辽宁步兵第二团　　团长廖弼臣
辽宁步兵第三团　　团长田得胜
辽宁骑兵第一团　　团长王翰臣
辽宁骑兵第二团　　团长徐景隆
辽宁骑兵第三团　　团长傅铭勋
辽宁骑兵第四团　　团长鹏　飞
黑龙江步兵第一旅　旅长张殿九
黑龙江步兵第二旅　旅长苏炳文
黑龙江步兵第三旅　旅长巴暮年

黑龙江骑兵第一旅　旅长王南屏

黑龙江骑兵第二旅　旅长王尧镇

黑龙江骑兵第三旅　旅长刘　斌

黑龙江骑兵第四旅　旅长徐景德

热河暂编骑兵第十七旅　旅长崔新五

热河暂编骑兵第十九旅　旅长石文华

三、宪兵

东北宪兵司令部　司令陈兴亚

四、屯垦军

兴安屯垦第一团　团长苑崇古

兴安屯垦第二团　团长张毓龙

兴安屯垦第三团　团长赵冠伍

附录三 1936 年东北军驻陕甘部队序列表

1935 年 10 月 2 日，蒋介石任命张学良为西北"剿总"副司令，代理总司令（蒋介石兼）职务。东北军陆续从华北、华中调往陕西、甘肃两省。先后开赴陕甘参加"剿共"的东北军计有 15 个步兵师、3 个骑兵师（骑兵第二军辖 5 个师，有 3 个师调往陕甘）、1 个炮兵刅、1 个工兵团、1 个辎重总队、1 个通讯大队，总兵力约 22 万人，占东北军总兵力的五分之四。其余陆军第五十三军（军长万福麟，驻河北保定）、海军（驻青岛）炮兵旅分别驻武汉和洛阳。

东北军番号及主官姓名如下：

第五十一军　军长于学忠
第一一三师　师长李振唐
第一一四师　师长陈冠群（前）、牟中珩（后）
第一一八师　师长周光烈

第五十七军　军长董英斌
第一〇六师　师长沈　克
第一〇九师　师长牛元峰
第一一一师　师长常恩多
第一一五师　师长熊正平（前）、刘启文（后）
第一二〇师　师长常经武（前）、赵毅（后）

第六十七军　军长王以哲

第一〇七师　师长刘翰东

第一一七师　师长吴克仁

第一一〇师　师长何立中

第一二九师　师长周福成

第五十三军　军长万福麟

第一一六师　师长缪澂流（前）、刘元勋（后）

第一三〇师　师长朱鸿勋

第九一师　　师长冯占海

第一〇五独立师　师长刘多荃

第一旅　　　　旅长董彦平

第二旅　　　　旅长唐君尧

第三旅　　　　旅长高鹏云

师直辖高射炮大队（辖 27 个高射炮连）　大队长张伟斌

第一一二师（"剿总"直辖，辖第六三四、六三五、六三六团）

师长张廷枢（前）、霍守义（后）

第一〇八师（"剿总"直辖，辖第六二二、六二三、六二四团）

师长姜维仁

骑兵第二军　　　军长何柱国

骑兵第三师　　　师长郭希鹏

骑兵第四师　　　师长王奇峰

骑兵第六师　　　师长白凤翔

骑兵第七师　　　师长门炳岳

骑兵第十师　　　师长檀自新

炮兵第六独立旅　旅长王和华

炮兵第七独立旅　旅长乔方（驻武汉）

炮兵第八独立旅　旅长黄永安（驻洛阳）

炮兵第十一团　　团长刘佩苇
工兵团　　　　　团长杜维纲
辎重总队　　　　总队长唐述吉
通讯大队　　　　大队长何世礼

附录四 1936年第十七路军序列表

　　西安绥靖公署主任杨虎城兼第十七路军总指挥。第十七路军辖第三十八军（仅1师3旅）、第四十二军、3个警备旅。其中，第四十二军编制人数未知，西安事变爆发后，该军军长冯钦哉立即背叛杨虎城，投靠南京政府。第十七路军总兵力约10万人。

　　第十七路军　　总指挥杨虎城
　　第三十八军　　军长孙蔚如
　　第十七师　　　师长孙蔚如兼
　　第四十九旅　　旅长杨子衡
　　第五十旅　　　旅长段相式
　　第五十一旅　　旅长赵寿山

　　第四十二军　　军长冯钦哉

　　警备第一旅　　旅长唐嗣桐
　　警备第二旅　　旅长孔从周
　　警备第三旅　　旅长孙友仁

参考文献

一、著作类

《国闻周报—周间国内外大事述评》第4—14卷，1927年至1937年。

《苏俄在中国》，蒋介石，台北"中央文物供应社"1957年版。

《九一八事变史述》，梁敬淳，台北世界书局1968年版。

《张学良幽居生活实录》，高山流，香港春秋出版社1971年版。

《日本帝国主义对外侵略史料选编》，复旦大学历史系日本史组编译，上海人民出版社1975年版。

《黄膺白先生年谱长编》下册，沈云龙，台北联经出版事业公司1976年版。

《九一八事变史料》，李云汉主编，台北正中书局1977年版。

《蒋总统秘录》全译本第9、10册，[日]古屋奎二，台北"中央日报社"1977年版。

《宋哲元与七七抗战》，李云汉，台北传记文学出版社1978年版。

《革命文献》第34、35、37、38辑，罗家伦主编，台北"中央文物供应社"1978年版。

《西安事变纪实》，申伯纯，人民出版社1979年版。

《张学良与西安事变》，应德田，中华书局1980年版。

《西安事变资料》第1、2辑，中国社会科学院近代史研究所现代史研究室编，人民出版社1980年、1981年版。

《中华民国重要史料初编·绪编》，秦孝仪主编，台北国民党中央委员会1981年版。

《九一八事变史》，易显石，辽宁人民出版社1981年版。

《抗战前华北政局史料》，李云汉主编，台北正中书局1982年出版。

《六十年来中国与日本》第8卷，王芸生主编，生活·读书·新知三联书店1982年版。

《重光葵外交回忆录》，〔日〕重光葵，知识出版社1982年版。

《张作霖》，常城主编，辽宁人民出版社1982年版。

《西安事变亲历记》，李金洲，台北传记文学出版社1982年版。

《西安事变始末之研究》，李云汉，台北近代中国出版社1982年版。

《华北事变资料选编》，南开大学马列主义教研室中共党史教编组编，河南人民出版社1983年版。

《满洲事变》，〔日〕关宽治、岛田俊彦，上海译文出版社1983年版。

《我与日本七十年》，张群，台北中日关系研究会1983年版。

《奉系军阀密电》第1、3、4、5、6册，辽宁省档案馆编，中华书局1984、1986、1987年版。

《何应钦将军九五纪事长编》上册，《何应钦将军九五纪事长编》编辑委员会编，台湾黎明文化事业公司1984年版。

《阎锡山统治山西史实》，山西省政协编，山西人民出版社1984年版。

《中国国民党历次代表大会及中央全会资料》上下册，荣孟源、孙彩霞编，光明日报出版社1985年版。

《中华民国史纲》，张宪文主编，河南人民出版社1985年版。

《张学良将军轶事》，惠德安，辽宁人民出版社1985年版。

《马占山》，王鸿宾等，黑龙江人民出版社1985年版。

《张治中回忆录》，张治中，中国文史出版社1985年版。

《西安事变档案史料选编》，中国第二历史档案馆、云南省档案馆、陕西省档案馆合编，档案出版社1986年版。

《现代东北史》，常城等，黑龙江教育出版社1986年版。

《张学良和东北军》，方正等编，中国文史出版社1986年版。

《张学良的往事和近事》,《团结报》编辑部编,岳麓书社 1986 年版。

《在同张学良相处的日子里》,中国人民政治协商会议辽宁省委员会文史资料研究委员会编,辽宁人民出版社 1986 年版。

《张学良囚禁生涯》,河北人民出版社 1986 年版。

《九一八事变研究》,刘庭华,国防大学出版社 1986 年版。

《东北抗日义勇军史》,潘喜廷等,辽宁人民出版社 1986 年版。

《西安事变亲历记》,吴福章编,中国文史出版社 1986 年版。

《辽宁文史资料》第 1、2、4、6、7、8、10、15、16、18 辑辽宁省政协文史资料研究委员会编,辽宁人民出版社 1986 年版。

《日本帝国主义侵华资料长编》上册,日本防卫厅战史室编纂,四川人民出版社 1987 年版。

《从九一八到七七事变》,中国人民政治协商会议全国委员会文史资料研究委员会编,中国文史出版社 1987 年版。

《张学良将军传略》,武育文等,辽宁大学出版社 1987 年版。

《九一八事变》,中央档案馆等合编,中华书局 1988 年版。

《张学良将军》,常城,黑龙江教育出版社 1988 年版。

《张学良的政治生涯》,[美] 傅虹霖著,王海晨等译,辽宁大学出版社 1988 年版。

《张学良到底是个怎样人》,王卓然,辽宁大学出版社 1988 年再版。

《张学良研究》,李敖编著,台北李敖出版社 1988 年版。

《蒋介石传》,王俯民,经济日报出版社 1988 年版。

《西安事变研究》,丛一平,陕西人民出版社 1988 年版。

《张学良外纪》,王益知,香港南粤出版社 1989 年版。

《细说西安事变》,王禹廷,台北传记文学出版社 1989 年版。

《中国国民党史》,宋春主编,吉林文史出版社 1990 年版。

《张学良在台湾》,张魁堂,新华出版社 1990 年版。

《我所认识的张学良》,汪树屏、汪纪泽,中国广播电视出版社 1990 年版。

《西安事变临潼兵谏回忆》,中国人民政治协商会议陕西省临潼县委员会文史资料委员会 1990 年编印。

《张学良传》,张魁堂,东方出版社 1991 年版。

《张学两次与东北军》,陆军、杜连庆,辽宁人民出版社 1991 年版。

《张学良与中国》，［日］林本一男著，王枝忠等译，北京师范学院出版社1991年版。

《张学良在一九三六年》，远方编，光明日报出版社1991年版。

《张学良与台湾》，晓萧编，光明日报出版社1991年版。

《张学良生涯论集》，漠笛编，光明日报出版社1991年版。

《端纳与民国政坛秘闻》，符致兴编译，湖南出版社1991年版。

《高崇民诗文选集》，《高崇民诗文选集》编委会，沈阳出版社1991年版。

《张学良文集》第1、2卷，毕万闻主编，新华出版社1992年版。

《抗战时期国共合作纪实》上卷，重庆市政协文史资料研究委员会、中共重庆市委党校、红岩革命纪念馆编，重庆出版社1992年版。

《日本侵华七十年史》，中国社科院近代史研究所，中国社会科学院出版社1992年版。

《北洋军阀史话》，丁中江，中国友谊出版公司1992年版。

《张学良——西安事变主角的命运》，［日］林本一男著，吴常春译，中国青年出版社1992年版。

《缄默50余年——张学良开口说话》，管宁、张友坤译注，辽宁人民出版社1992年版。

《蒋介石传稿》，严如平、郑则民，中华书局1992年版。

《张学良将军戎幕见闻》，惠德安，辽宁人民出版社1993年版。

《张学良在台湾》，郭冠英，中国友谊出版公司1993年版。

《长城风云录》，余子道，上海书店1993年版。

《汪精卫生平纪事》，蔡德金、王升编著，中国文史出版社1993年版。

《蒋介石和张学良》，王维礼、范广杰，吉林文史出版社1994年版。

《韬奋全集》第1—10卷，中国韬奋基金会韬奋著作编辑部编，上海人民出版社1995年版。

《张学良年谱》上下册，张友坤、钱进主编，社会科学文献出版社1996年版。

《抗日战争》第一卷，章伯锋、庄建平主编，四川大学出版社1997年版。

《中国共产党关于西安事变档案史料选编》，中央档案馆编，中国档案出版社1997年版。

《杨虎城将军》，米暂沉，中国青年出版社1998年版。

《张学良去台之后》，赵杰，辽宁人民出版社 1999 年版。

《张学良赵一荻合集》第 1—6 部，毕万闻主编，时代文艺出版社 2000 年版。

《奉系纵横》，胡玉海，辽海出版社 2001 年版。

《留住张学良——赴美采访实录》，赵杰，辽宁人民出版社 2002 年版。

《张学良世纪传奇》上下卷，[美] 康德刚访录，[美] 王书君著述，山东友谊出版社 2002 年版。

《张学良三次口述历史》，窦应泰，华文出版社 2002 年版。

《张学良探微：晚年记事》，张之宇，江苏人民出版社 2004 年版。

《张学良、赵一荻私人相册——温泉幽禁岁月（1946—1960）》，张闾蘅等，生活·读书·新知三联书店 2006 年版。

《西安事变》，刘方富辑，广西师范大学出版社 2009 年版。

《张学良年谱》（修订版），张友坤、钱进、李学群编，社会科学文献出版社 2009 年版。

《从北京到华盛顿——我的中美历史回忆》，王冀，华文出版社 2012 年版。

《张学良口述历史》，张学良口述、[美] 唐德刚撰写，山西人民出版社 2013 年版。

《张学良身影集》，张友坤，当代中国出版社 2014 年版。

《张学良口述历史》（1—7 册），张学良口述，张之丙、张之宇访谈，当代中国出版社 2014 年版。

《张学良身边的共产党人暨西安事变记事》，张友坤，社会科学文献出版社 2017 年版。

《西安事变历史资料汇编》（1—8 册），全国政协文史和学习委员会编，中央文献出版社 2017 年版。

《文史资料选辑》（全国）第 3、4、6、9、11、14、16、17、22、37、41、51、52、76 辑。

二、论文类

《张学良将军与东北易帜》，潘喜廷、武育文，《社会科学辑刊》1979 年第 1 期。

《九一八事变前后蒋总统的对日政策》，李云汉，《中国现代史论和史料》中册，台湾商务印书馆 1979 年版。

《关于西安事变的新材料》，吴天威，台湾《近代中国》1984 年 1 月号。

《张学良与西安事变的和平解决》，张学君，《近代史研究》1985 年第 1 期。

《对民国史若干问题的看法》，李新，《江海学刊》1985 年第 2 期。

《从九一八事变到一·二八事变中国对日政策之争议》，蒋永敬，《抗战前十年国家建设史研讨会论文集》，台北"中央研究院"近代史研究所 1985 年版。

《宋子文、顾维钧与张学良往来电文选》，《民国档案》1985 年第 1—2 期。

《马占山江桥抗战电报选》，张风兰，《历史档案》1985 年第 4 期。

《东北易帜探析》，朱汉国，《江海学刊》1986 年第 1 期。

《略论张学良将军》，常城，《东北师范大学学报》（哲学社会科学版）1986 年第 6 期。

《评"中东路事件"》，冯国民，《世界历史》1986 年第 12 期。

《试评西安事变中几个人物的来历与作用》，李淑，《南京师大学报》（哲学社会科学版）1987 年第 1 期。

《西安事变和平解决原因初探》，侯雄飞，《历史研究》1987 年第 2 期。

《张学良与"中东路事件"》，杜连庆、陆军，《北方论丛》1987 年第 2 期。

《十月革命后中苏关于中东铁路问题的交涉》，李嘉谷，《近代史研究》1989 年第 2 期。

《张学良研究之我见》，常城，《近代史研究》1989 年第 2 期。

《张学良与不抵抗政策》，[日]土田哲夫，《南京大学学报》1989 年第 3 期。

《中东路事件是非评议》，刘萍华，《北方论丛》1989 年第 5 期。

《九一八事变研究综述》，张劲松、马依弘，《抗日战争研究》1991 年第 1 期。

《本庄繁与九一八事变》，高培，《抗日战争研究》1991 年第 2 期。

《爱国何所罪，青史有定评——张学良爱国获罪略析》，张友坤，《近代史研究》1991 年第 4 期。

《张学良与"九·一八"事变》，张德良，《社会科学辑刊》1991 年第 5 期。

《"九·一八"事变前后的蒋介石和张学良》，孙向远、孟森，《辽宁大学学报》1991 年第 6 期。

《西安事变几则史实辨正》，张学继，《党史研究资料》1991 年第 8 期。

《从九一八、一·二八到七七、八·一三》，张振鹍，《抗日战争研究》1992 年第 1 期。

《蒋介石与九一八事变》，吴天威，《抗日战争研究》1992 年第 2 期。

《论宋子文的对日强硬态度（1931—1933）》，吴景平，《抗日战争研究》1992 年第 2 期。

《蒋介石同张杨矛盾激化与西安事变》，张魁堂，《抗日战争研究》1992 年第 4 期。

《对西安事变的再探讨》，张学继，《抗日战争研究》1992 年第 4 期。

《蒋介石逼张学良下野新探》，郑志廷、徐玉增，《河北大学学报》（哲学社会科学版）1993 年第 1 期。

《评美国对九一八事变和一·二八事变的态度——兼析"史汀生主义"的提出及局限性》，吴景平、赵哲，《抗日战争研究》1993 年第 3 期。

《中原大战中的张学良》，赵焕林等，《民国档案》1993 年第 4 期。

《"天下为公"的厚望——张学良与孙中山》，崔文瑾，《党史纵横》1994 年第 1 期。

《张学良向蒋介石送表的真相》，王舜祁，《民国春秋》1994 年第 1 期。

《罕见的历史奇迹——张学良、张作相互让"帅位"纪实》，陈崇桥、肖鸿，《社会科学辑刊》1994 年第 1 期。

《对张学良送蒋返宁的再认识》，张友坤，《近代史研究》1994 年第 1 期。

《谊在民族利益的挚友——张学良与潘汉年的友情》，李波，《党史纵横》1994 年第 2 期。

《张学良五访阎锡山》，任振河，《近代史研究》1994 年第 2 期。

《周恩来给张学良的密信是怎样送往台湾的》，《广东党史》1994 年第 3 期。

《赵四小姐的祖籍和家世》，叶炳南，《民国春秋》1994 年第 4 期。

《张学良在幽禁期间读的政治书籍》，唐志，《民国春秋》1994 年第 4 期。

《蒋介石临终前谈张学良——告诫蒋经国："不可放虎"》，《科技文萃》1994 年第 4 期。

《九一八事变后张学良致蒋介石等密电一组》，柯绛、张开寿辑，《民国档案》1994 年第 4 期。

《中原大战后冯玉祥策动石友三继续反张倒蒋的有关史料》，中国第二历史档案馆，《民国档案》1994 年第 4 期。

《斯大林宋庆龄与西安事变》，毕万闻，《社会科学战线》1994 年第 5 期。

《略论张学良将军执行不抵抗政策的心态及其原因》，杨奎松，《社会科学辑刊》1995 年第 1 期。

《张学良在北平协和医院》，里蓉，《中国档案》1995 年第 3 期。

《论张学良从新军阀到民族英雄的转变》，高景生、宋福财，《辽宁大学学报》（哲学社会科学版）1995 年第 3 期。

《张学良、蒋介石对解决锦州危机态度的差异》，于耀洲，《辽宁大学学报》（哲学社会科学版）1995 年第 4 期。

《张学良在凤凰山被幽禁的岁月》，《民国春秋》1995 年第 4 期。

《有关张学良加入中共问题的探讨》，杨奎松，《近代史研究》1995 年第 4 期。

《从新发现的两份史料谈张学良人生转折》，毕万闻，《民国春秋》1995 年第 5 期。

《北伐战争时期的奉张宁蒋议和》，陈铁健、黄岭峻，《近代史研究》1995 年第 6 期。

《从新发现的史料谈张学良的抗日主张》，毕万闻，台北《历史》月刊，1995 年 12 月号。

《西安事变前的张学良与共产党》，苏墱基，台北《传记文学》1995 年 12 月号。

《张学良与东北大学》，董伟、赵丽明，《民国春秋》1996 年第 1 期。

《究竟谁说服了谁？——关于 1936 年延安会谈结果的再探讨》，杨奎松，《抗日战争研究》1996 年第 1 期。

《一九三三年张学良的欧洲之行》，［日］西村成雄，《档案与史学》1996 年第 1 期。

《试论"杨常事件"》，陈崇桥，《近代史研究》1996 年第 2 期。

《张学良赴台的绝密飞行》，牛强，《党史天地》1996 年第 3 期。

《张学良恳求普赖德调停直奉战争》，王福时，《炎黄春秋》1996 年第 3 期。

《常荫槐因何招致杀身之祸》，窦应泰，《民国春秋》1996 年第 4 期。

《九一八事变张学良执行不抵抗政策原因初探》，王维远，《辽宁师范大学学报》（社会科学版）1996 年第 4 期。

《东北大学在美校友会为张学良争自由》，毕万闻，《民国春秋》1996 年第 4 期。

《张学良爱国诗词简论》，何联华，《中南民族学院学报》（社会科学版）1996 年第 4 期。

《张学良在大陆的十一个秘密囚禁地》，《北京科技大学学报》（社会科学版）

1996 年第 4 期。

《张学良"送蒋返京"举措之评析》，季云飞，《学术界》1996 年第 4 期。

《简评张学良送蒋返宁》，陈九如，《民国档案》1996 年第 4 期。

《张学良送蒋回宁原因新探》，罗玉明，《人文杂志》1996 年第 4 期。

《张学良"临潼兵谏"抉择之探析》，季云飞，《江海学刊》1996 年第 4 期。

《跨海越洋祝寿记——于魁智赴美祝张学良先生 95 诞辰》，杨连元，《中国京剧》1996 年第 4 期。

《张学良在奉化》，王舜祁，《民国春秋》1996 年第 5 期。

《"西安事变"前中国共产党为联合抗日与张学良、杨虎城两将军所建立的统一战线关系》，齐俊歧、刘玉川，《陕西档案》1996 年第 5 期。

《张学良与西安事变之解决》，杨奎松，《中国社会科学》1996 年第 5 期。

《毛泽东与洛川会谈》，牛桂云，《中共党史研究》1996 年第 6 期。

《张、杨捉蒋行动中的"倒戈将军"》，剑来、周伟芳，《上海档案》1996 年第 6 期。

《张学良与红军——从新发现的写给周恩来的亲笔密函谈张学良何时要与红军"合在一起干"》，毕万闻，《社会科学战线》1996 年第 6 期。

《张学良与周恩来第二次延安密谈前后》，毕万闻，《民国春秋》1996 年第 6 期。

《张学良与红军长征三大主力胜利会师》，牛桂云，《上海党史与党建》1996 年第 6 期。

《张学良转移开阳二三事》，伍家文，《文史天地》1996 年第 6 期。

《别有天地非人间——张学良将军在凤凰山》，姜宏顶、胡兰宁，《党史博采》1996 年第 12 期。

《他看守张学良 25 年》，窦应泰，《炎黄春秋》1997 年第 1 期。

《东北民众抗日救国会与张学良的关系》，王生杰、周志强，《抗日战争研究》1997 年第 1 期。

《张学良与西安事变再研究》，吴天威，《中共党史研究》1997 年第 2 期。

《评"中东路事件"》，王凤贤，《学术交流》1997 年第 2 期。

《吕正操与张学良交谈"迷信老百姓"》，徐恒足，《人民论坛》1997 年第 4 期。

《张学良反蒋问题之探讨》，杨奎松，《中共党史研究》1997 年第 6 期。

《论张学良在武汉时期（1934—1935）的思想变化及其影响》，钱进，《民国档案》1998 年第 1 期。

《张学良将军在贵州的幽禁生活》，洪波，《贵州社会科学》1998 年第 3 期。

《张学良平静的异国生活》，张国刚，《北京档案》1998 年第 5 期。

《蒋介石、张学良与不抵抗政策之关系》，关志刚，《社会科学研究》1998 年第 6 期。

《张学良祖籍大城考证》，李玉川，《廊坊师范学院学报》1999 年第 3 期。

《张学良幽禁期间的心路探析》，熊宗任，《贵州社会科学》1999 年第 6 期。

《西安事变期间的李克农与张学良——李克农与张学良的三次会谈》，欧阳吉平、石旭光，《党史纵横》1999 年第 12 期。

《张学良研究（专题）——张学良的民族观》，王海晨，《辽宁大学学报》（哲学社会科学版）2000 年第 3 期。

《张学良的国家统一观》，胡玉海，《辽宁大学学报》（哲学社会科学版）2000 年第 3 期。

《论张学良的富国观》，王海晨，《辽宁大学学报》（哲学社会科学版）2000 年第 3 期。

《张学良的人生观》，杨小红，《辽宁大学学报》（哲学社会科学版）2000 年第 3 期。

《西安事变前后的黎天才》，罗健，《抗日战争研究》2000 年第 3 期。

《张学良与东北易帜新释》，钱进，《民国档案》2000 年第 4 期。

《张学良与杜重远的爱国友谊》，徐建东，《党史文汇》2000 年第 5 期。

《东北军与中原大战》，陈进金，《近代史研究》2000 年第 5 期。

《张学良与蒋经国的交往》，张春、欧阳吉平，《文史精华》2000 年第 5 期。

《张学良将军与滦河会战》，张建基，《兰台世界》2000 年第 8 期。

《"雪窦双楠盼汉公"——吕正操、张学良以诗唱和往来轶闻》，黄子云，《党史文汇》2001 年第 2 期。

《另一个中央：一九三〇年的扩大会议》，陈进金，《近代史研究》2001 年第 2 期。

《80 年代以来的张学良研究》，焦润明，《近代史研究》2001 年第 3 期。

《试论西安事变发生后张学良的应变决策》，李仲明，《民国档案》2001 年第 4 期。

《张学良与东北大学》，曾维强，《民国春秋》2001 年第 5 期。

《张学良从盲从到兵谏的领袖观》，徐畅，《民国春秋》2001 年第 6 期。

《张学良的心腹谋士黎天才》，无文，《炎黄春秋》2001 年第 8 期。

《张学良在武汉时期的思想与西安事变的关系》，张春英，《江汉论坛》2001 年第 9 期。

《张学良将军在东北》，辽宁档案馆，《中国档案》2001 年第 11 期。

《张学良口述西安事变内幕》，《湖北档案》2001 年第 11 期。

《胡汉民与张学良关系述论（1931—1936）》，陈红民，《江苏社会科学》2002 年第 1 期。

《张学思与张学良的手足情——从档案里发现的一桩尘封数十载的秘闻》，刘水，《兰台世界》2002 年第 1 期。

《在夏威夷拜谒张学良》，成丽春，《党史文汇》2002 年第 1 期。

《张学良将军幽禁开阳始末》，刘毅，《贵阳文史》（社会科学版）2002 年第 2 期。

《张学良先生与"东北易帜"内外诸因素》，罗能勤、郑德权，《西安交通大学学报》（社会科学版）2002 年第 3 期。

《从对明史的研究看张学良西安事变后的心态》，吕健，《辽宁师范大学学报》（社会科学版）2002 年第 4 期。

《我听叶剑英谈西安事变中的张学良》，纪希晨，《炎黄春秋》2002 年第 5 期。

《与张学良将军八次见面：李维康、耿其昌夫妇忆访台演出》，徐军，《文化交流》（社会科学版）2002 年第 6 期。

《张学良说：杨虎城是西安事变主角——美国所藏档案新发现》，杨天石，《炎黄春秋》2002 年第 11 期。

《于学忠致张学良函》，巍明，《民国档案》2003 年第 3 期。

《西安事变张学良释蒋送蒋的深层动因》，张天社，《唐都月刊》2003 年第 3 期。

《在哥伦比亚大学读"张学良赵一荻文件与口述资料"》，，陈红民，《民国档案》2003 年第 4 期。

《张学良申请加入中共的新考证》，《党史博采》2003 年第 8 期。

《张学良与九一八事变再探讨》，徐畅，《史学月刊》2003 年第 8 期。

《蒋介石的不抵抗和张学良的不抵抗》，范德伟、庄兴成，《史学月刊》2003

年第 9 期。

《少年张学良的奇闻趣事》，张树纯，《档案时空》2003 年第 11 期。

《宋美龄与张学良》，王琴，《文史天地》2004 年第 3 期。

《张学良在贵州研究过辩证法——从〈狱中日记〉看张学良的思想转化》，窦应泰，《文史天地》2004 年第 3 期。

《张学良将军身边的"三剑客"》，韩文宁，《钟山风雨》2004 年第 5 期。

《论 1928—1836 年张学良对日外交观》，赵英兰、赵建明，《社会科学战线》2004 年第 6 期。

《"随护"在张学良身边的特务们》，李伟，《文史春秋》2004 年第 8 期。

《张学良参与"围剿"鄂豫皖苏区前后》，祝辉，《党史纵览》2004 年第 11 期。

《蒋介石、张学良与中东路事件之交涉》，杨奎松，《近代史研究》2005 年第 1 期。

后　记

　　笔者研究张学良已经陆续进行了很多年，从 1990 年起，先后在《抗日战争研究》《党史研究》《团结报》等报刊上发表《对西安事变的再探讨》《对西安事变几则史实的辨证》《马君武与张学良的一桩公案》《蒋百里与西安事变的和平解决》等论文以及专著《张作霖幕府》，这些研究成果为写张学良传记打下了一定的基础。

　　1996 年初秋，笔者与研究生时代的同学、西南财经大学的刘红副教授约定，两人合作撰写一部比较完整的张学良传记。经过数年的努力，刘红副教授于 2000 年底完成了 20 多万字的传记初稿，并将稿子寄给我，由我负责对初稿进行增补定稿，并对史料进行核对。因为我同时还承担着其他课题的研究任务，此项工作只能陆续进行，一拖就是数年之久。

　　改革开放以来，海内外有关张学良的传记陆续出版了多部，但过去写张学良的传记有一个客观条件的限制，就是 1936 年底张学良将军失去人身自由后就从公众视线中消失了，他幽居的地点、时间都是严格保密的，外人很难知道他的行踪和活动情况。这样，张学良后半生 60 多年的生活，就只能依赖当事人一鳞半爪且很不准确的回忆录，很多地方都是空白。面对这样的局面，严肃的学者只能望而却步，如张魁堂先生撰写的《张学良传》（东方出版社，1991）是大陆学者撰写的一部严整的学术传记，但全书21万余字，1937年以后60余年的生平只有2万余字，仅占全书篇幅的十分之一，这是令严肃的历史学者无可奈何的状况。

2001年10月，张学良将军以101岁的高龄在美国夏威夷辞世，一时成为海内外炎黄子孙关注的焦点之一。笔者正是在这样的背景下放下其他科研任务，集中近两年的时间对张学良传进行修订补充，2006年由北京经济日报出版社以《张学良全传》出版。图书出版后，反响较好，在不少地区进了图书畅销榜的前列，读者给予了较高的评价，使笔者深受鼓舞。

进入21世纪后，有关张学良的文集、合集、书信、日记等第一手陆续出版或披露出来，使研究者第一次有可能比较完整清晰地勾画张学良将军长达101年的漫长人生。近年来，笔者又对书稿进行了较大的修改补充，内容更加完善。当然，由于资料上的限制等种种原因，书稿要做到完全没有错误是困难的。衷心希望方家批评指正，以便将来继续修订。

张学良将军是制止国共内战、促成国共合作和抗日民族统一战线建立的第一功臣，是中华民族的英雄，一位伟大的爱国者。我们谨以此书缅怀张学良将军为中华民族的独立与自由所作出的杰出贡献，并向即将到来的抗日战争胜利80周年献礼！

张学继

2024年7月

"纵横百家"丛书书单

"纵横百家"是中国大百科全书出版社旗下的社科学术出版品牌。"纵横百家"丛书主要出版人文社科通识读物和有思想、有创见的学人专著。

01 《我的父亲顾颉刚》 顾潮著 88.00 元

02 《沈尹默传》 郦千明著 88.00 元

03 《梁启超和他的儿女们》（增订本） 吴荔明著 88.00 元

04 《但有温情在世间：爸爸丰子恺》 丰一吟著 98.00 元

05 《九十年沧桑：我的文学之路》 乐黛云著 79.00 元

06 《字字有文化》 张闻玉著 69.00 元

07 《一个教书人的心史：宁宗一九十口述》 宁宗一口述，陈鑫采访整理 99.00 元

08 《乾隆帝：盛世光环下的多面人生》 郭成康著 118.00 元

09 《但愿世界会更好：我的父亲梁漱溟》 梁培恕著 88.00 元

10 《中国的人文信仰》 楼宇烈著 68.00 元

11 《"李"解故宫之美》 李文儒撰文，李少白摄影 88.00 元

12 《法律、立法与自由》（全三册）［英］弗里德利希·冯·哈耶克著，邓正来、张守东、李静冰译 258.00 元

纵横百家视频号，欢迎关注！